U0632341

中华学术 · 有道

靖海
澄疆

马幼垣——

著

**中国近代海军
史事新诠**

中华书局

图书在版编目(CIP)数据

靖海澄疆:中国近代海军史事新诠/马幼垣著. —北京:中华书局,2025.6. —(中华学术·有道). —ISBN 978-7-101-17027-6

Ⅰ.E295

中国国家版本馆 CIP 数据核字第 2025W14S02 号

北京市版权局登记号:图字:01-2011-1797
本书中文简体字版由联经出版事业公司授权出版

书　　名	靖海澄疆——中国近代海军史事新诠
著　　者	马幼垣
丛 书 名	中华学术·有道
责任编辑	刘　方
装帧设计	刘　丽
责任印制	管　斌
出版发行	中华书局
	(北京市丰台区太平桥西里38号　100073)
	http://www.zhbc.com.cn
	E-mail:zhbc@zhbc.com.cn
印　　刷	北京盛通印刷股份有限公司
版　　次	2025 年 6 月第 1 版
	2025 年 6 月第 1 次印刷
规　　格	开本/920×1250 毫米　1/32
	印张 28⅝　插页 2　字数 890 千字
印　　数	1-4000 册
国际书号	ISBN 978-7-101-17027-6
定　　价	128.00 元

给

不断扩展我视野的三个海军史网友

纪荣松

陈　悦

周达仁

图 1

清季统筹全国海防事业的直隶总督兼北洋大臣李鸿章（1823—1901）。（见
本书页 viii,62,150,216,240,293,319,431）

图 2

北洋海军提督丁汝昌（1836—1895）。（见本书页 xv, 95, 172, 215, 239, 300, 339）

图 3

自民国十六年至抗战胜利后复员初期统领中央政府海军的陈绍宽（1889—1969）。（见本书页 xv，487，669）

图 4

奥意利萨海战（1866 年 7 月 20 日）时，奥方（采纵阵）旗舰撞沉意方（用纵阵）旗舰。（见本书页 32）

图 5

北洋海军右翼总兵刘步蟾（1852—1895）。（见本书页 34,55,216,305）

图6

甲午战争时,日本海军联合舰队司令伊东祐亨(1843—1914)。(见本书页34,
63,243)

图 7

甲午战争时,日本海军联合舰队第一游击队司令坪井航三(1843—1898)。

(见本书页 34,63)

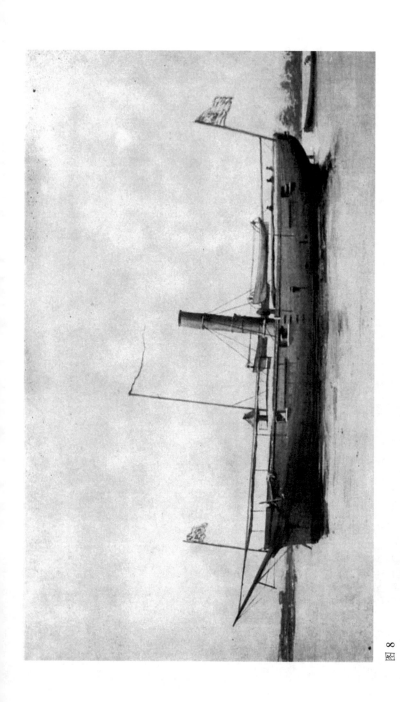

图 8

美国南北内战时北方海军的"阁挂金钟花"（Fuchsia）舰就是美国人亨利华尔（Henry Gamaliel Ward, 1834—1867）替上海在美订制的三艘舰只之一的"江苏"号。其余两艘舰均无绘画或照片存世。这张是水彩画。此舰虽另有一张照片，但素质不佳。（见本书页 47）

图 9

任"浪速"号巡洋舰舰长时的东乡平八郎（1848—1934），日后他成为史上有数的世界级海军名将。（见本书页 55）

图 10

北洋海军两德制铁甲舰之一的"镇远"号。拍摄此照时,该舰已落入日人之手。(见本书页 56, 150, 215, 239, 292, 326, 571)

图 11

东乡平八郎在教导商业航海人员的泰晤士航海训练学院就读时，用作校址的半除役四级风帆战舰"乌斯特"（Worcester）号，较刘步蟾实习所上的两现役战舰（参看图 12、13）落伍得多。（见本书页 59）

图 12

刘步蟾赴英习海军，并未进海军军学堂学习受训而已，仅上两舰受训而已，其中一艘为舷炮型铁甲舰"敏诺图"（Minotaur）号。这是该舰初建时（1867）的样子（五桅），后来（1893）改建为三桅舰。（见本书页 83）

图 13

刘步蟾赴英习海军，并未进海军学堂学堂修读，仅上两舰受训而已，其中一艘为铁壳无装甲巡航舰"雷利"（Raleigh）号。（见本书页 84）

图 14

李鸿章向英国借调来华,出任北洋海军总查(总教习)的琅威理(William Metcalfe Lang,1843—1906),注意其制服袖口绣上龙形装饰。(见本书页 98,174,265,301)

图 15

参役甲午战争黄海海战的英人戴理尔（William Ferdinand Tyler,1865—1954），
其日后发表的回忆录为中方当事人少有的纪录。（见本书页 99,243,293）

图 16

黄海海战时,任"镇远"舰帮带的美国人马吉芬(Philo Norton
McGiffin, 1860—1897),受伤颇重,后因返美治疗无效,在医院吞
枪自杀。西方人士至今仍视其为传奇人物。(见本书页 103, 292)

图 17

宣统元年（1909）时的詹天佑。（见本书页 109）

图 18

1884 年 8 月 23 日，中法两国海军在福州附近的马江水域交战。（见本书页 111）

图 19

马江之战时,中方的旗舰"扬武"号。(见本书页 112)

图 20

福州船政局出身的造舰工程师以魏瀚（1851—1929）最有名，最见成绩，
"平远"舰（参看图 25）即其代表作。魏瀚此礼服照承其孙、前深圳大学
校长魏佑海惠赠。（见本书页 145）

图 21

福州船政局建造"平远"舰(参看图 25)以法国"黄泉"(Archeron)级装甲海防炮舰为模型。这是该级舰之首制舰"黄泉"号的照片。(见本书页 157,188)

图 22

这是"黄泉"级舰的最后一艘(第四艘)"冥河"(Styx)号。从这张照片不难看出福州船政局建造"平远"舰(参看图 25)时的模仿程度。
(见本书页 157)

图 23

"黄泉"级舰是法国装甲海防炮舰"引信"（Fusee）级舰的改良放大型（照片中的为首制舰"引信"号），故此级舰为"平远"舰（参看图 25）的间接模型。（见本书页 161）

图 24

"引信"级舰及"黄泉"级舰（参看图 21、23）均发展自德国的"黄蜂"（Wespe）级装甲炮舰，如此建造"平远"舰（参看图 25）所采用的模型就可以更上溯一层。照片中的是"黄蜂"级舰的"毒蛇"（Viper）号。（见本书页 161）

图 25

福州船政局建造"平远"舰,1895年5月14日摄于日本吴军港,时已为日人所有。(见本书页 176,320)

图 26

日人建造三艘仿克虏伯"定远"、"镇远"的巡洋舰,均以风景区为名,故称三景舰,其一为甲午战争时用作旗舰的"松岛"号(参看图 27,29)。(见本书页 201,219,239,307)

图 27

"严岛"为三景舰之一（参看图 26,29）。（见本书页 201,219,239）

图 28

替日本海军设计三景舰及其他舰只的法国造舰专家白劳易（Louis-Emile
Bertin, 1840—1924）。（见本书页 217, 273）

图 29

"桥立"为三景舰之一（参看图 26、27）。（见本书页 219,239）

图 30

日人得"镇远"舰后,送之往旅顺入旱坞修理近两月。前此"定远"、"镇远"
于 1886 年夏赴长崎入旱坞,一切尽露,付款让日人任看任验之情景正会如
此。(见本书页 256)

图 31

甲午战争期间，李鸿章急谋添置外舰，一番折腾，仅购得两艘鱼雷炮舰，其一为英制"飞霆"号战事结束以后始能来华的鱼雷炮舰，其一为英制"飞霆"号

（参看图图 32）。（见本书页 365，435）

图 32

李鸿章于甲午战争期间购得的另一艘鱼雷炮舰为德制"飞鹰"号（参看图 31）。（见本书页 365,436,718）

图 33

福州船政局建造的"福安"号运输舰。（见本书页 377，427，461）

图 34

甲午战争期间，捐客总臬李鸿章抢购的智利主力舰"卜拉德舰长"（Capitan Prat）号。（见本书页 385）

图 35

李鸿章和日本争购之智利利巡洋舰"翡翠"(Esmeralda)号，终由日本用暗渡陈仓之法购得，易其名为"和泉"。(见本书页252,386)

图 36

甲午战争期间，捐客总惠李鸿章速购的智利巡洋舰"艾拉苏力总统"（Presidente Errazuriz）号。（见本书页 388）

图 37

甲午战争期间，捐客恐愚李鸿章抢购的智利巡洋舰"恩嘉拉达"（Blanco Encalada）号。（见本书页 388）

图 38

甲午战争期间，掮客怂恿李鸿章抢购的智利鱼雷炮舰“康德尔将军”（Almirante Condell）号。其姊妹舰（亦在李鸿章的购买单内）在其后，隐约可见。（见本书页 389）

图 39

甲午战争期间，捐客总愿李鸿章抢购的阿根廷巡洋舰"五月二十五日"（Veinticino de Mayo）号。（见本书页 400）

图 40

甲午战争期间，揽客总兼李鸿章抢购的阿根廷海防舰"布朗将军"（Almirante Brown）号。（见本书页 400）

图 41

1894 年初向德国订购的鱼雷艇"宿"字号，其姊妹舰"辰"字号并无分别。（见本书页 433）

图 42

1894 年初向德国订购的鱼雷艇"列"字号，其姊妹舰"张"字号并无分别。（见本书页 434）

图 43

在香港勇助英军抗日的独脚将军陈策（1893—1949）（右），旁立者为
第七战区司令余汉谋（1897—1981）。（见本书页 437,594,596,611）

图 44

甲午战后向德国订购的巡洋舰"海琛"号，其姊妹舰"海容"、"海筹"并无分别。（见本书页 437，517）

图 45

甲午战后向英国订购的巡洋舰"海圻"号，其姊妹舰"海天"号并无分别。（见本书页 440，517）

图 46

甲午战后向德国订购的驱逐舰"海龙"号，其姊妹舰"海犀"、"海青"、"海华"并无分别，且悉于庚子事变时为联军所夺。

照片中的英舰"大沽"（Taku）号即原"海龙"号。（见本书页 440）

图 47

光绪末年向日本订购的炮舰"江元"号，其姊妹舰"江亨"、"江利"、"江贞"并无分别。（见本书页 442）

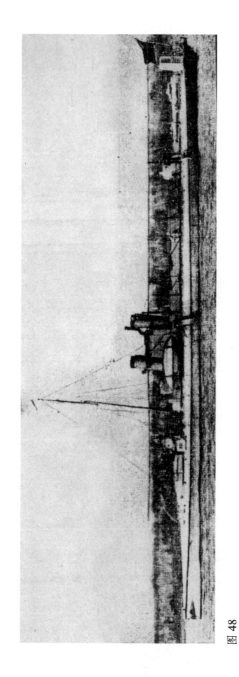

图 48

光绪末年向日本订购的鱼雷艇"湖隼"号，其姊妹舰"湖鹏"、"湖鹗"、"湖鹰"并无分别。（见本书页 446）

图 49

光绪末年向日本订购的炮舰"楚豫"号，其姊妹舰"楚泰"、"楚同"、"楚有"、"楚谦"、"楚观"并无分别。（见本书页 449）

图 50

宣统年间向德国订购,入民国始建成来华的驱逐舰“豫章”号,其姊妹舰“建康”、“同安”并无分别。(见本书页 451,481, 519)

图 51

宣统年间向英国订购,入民国始建成来华,专用作训练巡洋舰"应瑞"号,其在英国别厂建造的姊妹舰"肇和"号(参看图 52)有小异。(见本书页 452,481)

图 52

宣统年间向英国订购，入民国始建成来华，专用作训练的巡洋舰"肇和"号，其在英国别厂建造的姊妹舰"应瑞"号（参看图 51）有小异。（见本书页 453,481,718）

图 53

宣统年间向德国订购，入民国始建成，组伴运华的河用炮舰"江犀"号，其姊妹舰"江鲲"号并无分别。（见本书页 453，481）

图 54

宣统年间向日本订购，入民国后始建成来华的炮舰"永翔"号，其姊妹舰"永丰"（即后来的"中山"舰，参看图 55）并无分别。（见本书页 455,481,518）

图 55

日制炮舰"永丰"号（参看图 54）于 1925 年 4 月 16 日易名"中山"舰以纪念刚逝世的孙中山。（见本书页 456，481）

图 56

宣统年间向美国订购的巡洋舰"飞鸿"号为"应瑞"、"肇和"（参看图 51,52）大同小异的姊妹舰，因付款不继等故，厂方卖之给希腊，遂成为该国海军之"海勒"（Helle）舰。（见本书页 457,481）

图 57

宣统年间向奥匈帝国订购的驱逐舰"光漪"号,建成时因因欧洲战事被奥匈帝国收入其海军,并易其名为"华兰士单亚"(Warasdiner)号。(见本书页 458, 481)

图 58

宣统年间向意大利订购的驱逐舰"鲸波"号,建造期间为意大利接收以应所需,并易其名为"艾思嘉罗"(Ascaro)号。

(见本书页459,481)

图 59

宣统年间启工、入民国后始建成的国产炮舰"永健"号，其姊妹舰"永绩"并无分别。（见本书页 468）

图 60

电雷学校颜果卿中队的英制鱼雷快艇就是属于这型款。（见本书页 485）

图 61

中国向德国所订潜艇的姊妹艇 U-9。这艘潜艇尚存，现为俄国黑海舰队博物馆的展览品。（见本书页 488，508）

图 62

1936 年间，电雷学校向德国购四艘现成鱼雷快艇（S2、S3、S4、S5），这是 S4 的照片。但这批鱼雷艇终不能来华，而成了西班牙海军的单位。（见本书页 497）

图 63

德国海军接收中国订购的鱼雷艇母舰（原或拟名"戚继光"号，未能确定），易其名为"坦加"（Tanga）号。（见本书页 499）

图 64

中国官方纪录说巡洋舰"平海"号因遭日机攻击而沉没。这是日人送该舰往上海修理,抵达时所拍的照片。该舰的状态并不算坏,主炮亦尚存,中国海军人员撤退时并没有拆下主要炮械,移为岸用。(见本书页 516)

图 65

汪伪海军的"海祥"舰原为国府海军的"永翔"舰(参看图54)。(见本书页517)

图 66

汪伪海军从日人手中接收"海绥"舰（原为国府海军的"建康"舰）时的情形，中立穿海军制服者为汪精卫（1833—1944）。（见本书页517）

图 67

中国官方纪录说鱼雷艇"湖鹗"因遭日机攻击而沉没或沉搁。这是日军到达现场时所拍的照片，该鱼雷艇受损程度殊低。（见本书页 516, 517, 524）

图 68

汪伪海军的旗舰"海兴"号原为国府海军的"永绩"舰（参看图 59，"永绩"的姊妹舰"永健"号的照片）。（见本书页 528）

图 69

"灵甫"舰来华途中，经过星加坡时所拍的照片（承已故"灵甫"舰舰长邦天杰惠赠）。（见本书页 572）

图 70

"灵甫"舰的主炮尚存，现为以色列海法港海军博物馆的陈列品。（见本书页 586）

图 71

英国海军在香港用来抵抗日军进攻的薄弱兵力包括早成废物的炮舰"矢车菊"（Cornflower）号。（见本书页 592）

图 72

英海军在香港港利用方树圆凿的河用炮舰去抗拒日军的进攻，"蝉"（Cicala）号就是其中一艘。（见本书页 592）

图 73

英海军赖以在香港抗日的另一艘河用炮舰"燕鸥"（Tern）号。（见本书页 592）

图 74

英海军赖以在香港抗日的又一艘河用炮舰"知更鸟"（Robin）号。（见本书页 592）

图 75

英海军在香港借以抗拒日军进攻，数量有限的鱼雷艇之一。（见本书页 592）

图 76

日人占领香港后，把英人尚未完工的一艘扫雷舰改建为"南阳"号炮舰。（见本书页 601）

图 77

英国借强大海军力量重返香港时的舰队旗舰"安逊"（Anson）号主力舰。（见本书页 616）

图 78

英人重返香港时，海防舰"满珠"号是日人留下的较大舰只之一。（见本书页 653）

图 79

英人重返香港时，水雷艇（小型驱逐舰）"初雁"号是日人留下的较大舰只之一。（见本书页 654）

图 80

参加万山战役（台湾称为南山卫保卫战）后之"先锋"号，显然不是台方声称的被击沉。（见本书页 666）

目　录

香港篇

评论篇

自　序

　　我对古典小说和海军史产生浓厚兴趣,迅即进入独立研究阶段,是差不多同时间的事,即甫入高中之际。和现在不少研究生连学术文章的格式都弄不清楚的情形比较起来,自然得承认是早熟了。所以说独立研究,除因中学时期没有遇上本身进行独立研究的老师外(那时还没有中学老师课余修读高等学位的风气。当然续念学位一般与实际利益有关,往往算不上是为了推拓学术新知而进行的独立研究),更因待考入大学甚至入了研究院,同样没有机缘遇到在古典小说方面基于自己有足够研究经验而能确实指导我的老师。这段凭直觉,靠灵感,综合传统国学与西方汉学方法,独行独断,自我探研的日子前后维持了约十年,到六十年代中期,随着陆续发表研究成果,开始建立声名,得借以和行内确有成就的学者联络问难,才渐次踏入正常的研究状态。

　　谈我的研究海军史,得先说这些,因探讨海军史所走过的路较此尤更曲折,还要独立。任何大学课程都不会正面论述海军史,连海峡两岸的海军学校也充其量只开设第二次世界大战结束前世界海军简史的课,而尚未闻有设立专讲中国海军史课程的。情形既如此,在大学图书馆里可望找得到的海军史书籍和学报多是普及性的,不系统地选购的,甚至仅靠偶然机会得以流入的。加上绝不可能有老师指导,图治海军史就非得走一段盲目摸索的路不可。

对我来说,治海军史难纳入学术主流外,一度还另有职业上的障碍。香港大学毕业后赴耶鲁大学深造,念的是文学,离校后往夏威夷任教,负责的课程也是文学。这是一段奋发求存,必须善用时间,切忌错立形象的日子。等到确实在夏威夷大学稳定了,上距离港赴美已十二三年。在这段时间内,心不二用,只顾文学,海军资料哪敢多看一眼。凑巧西方海军史家和舰只爱好者在这十数年活动频密,著述繁杂,但多不是一般学术渠道内之事,过后追补,费时破钞往往至惊人程度。我自七十年代末重新出发研究海军史,竟花了二十年去竭力穷搜才终算差不多把应看者找回来,真是事数倍始为功。近年网业纵横,大陆开放,治海军史者数目剧增而水准锐进,新资料涌现(包括检读各国档案方便程度的大为改善),出版数量的急升和出版形式的五花八门,均非六七十年代所可梦想。因此敢奉劝今日对海军史有兴趣者切勿拖延,需知除立刻积极参与外别无他法,现在拖一日,以后花四五日去追都未必见效,况且将来还有将来的书要追读。

然而现在种种一片大好的表面情况,并不代表治海军史者可以避免在成长中得走一段盲目摸索之路的必经历程,更不代表彼等终必能从这条路走出去。关键在探究者能否明了掌握研治时段世界海军状态的重要程度。海军是高科技的兵种(在空军足左右战局以前,海军的关要性尤其如此),但作战工具和海战观念(战术等等)是互动的,恒变的,没有必然准则的,时间一过,连基本意识都可以截然不同。自同治末年开始发展新式海军至国共内战,中国海军的所有装备全部源出外国(国产者仍不脱外国根源),不明白当时世界海军是怎样子的,如何对中国海军作出公平评价?时人喜谓卢沟桥事变时,日本海军舰只总排水量共多少,中国海军的数字则仅是多少,因而指前者的实力是后者的多少倍,毫不理会装备的品质和层次，这种荒唐语便冲口而出。治某时段的国别海军史必须明白那时段的世界海军状态，道理很明显。

海军史是专门史，除了交代史事外，还得充分照料海军作为高科技兵种特有的项目。涉及海军的科技以舰只为核心，写海军史不从科技的角度去交代舰只就会沦为重心失调的货色。试问不解管弦、五音莫辨者怎样写音乐史？不懂方程式者能负责化学史的编著吗？不明白金融运作者去写银行史可以不避重就轻吗？中国海军史的撰著有八九十年历史了，刊印出来厚薄不一的书数目也不算少，但哪一本的作者留给读者他确实明白所涉舰只的情况？哪一本不是随意用些来历不明的数据编为若干点缀一下的表格便算交代过舰只了？哪一本确曾提供舰只型线图以及主要舰只的主炮的射程、射界、炮口能量、穿甲力、射速等详细数据？此等海军史基本上仅在串连史事，完全不明白海军是怎样的兵种者，恒以为只要办得到排列史事（包括将领履历、海军编制之类看似颇内行，其实不外排比史料的事项），写出来的便足称为海军史。这与不理音乐而只管音乐家生平的所谓音乐史有何分别？没有从盲目摸索的路走出来者，表现很难超过这层次。

我走出盲目摸索之路的方法很简单，却甚费时。我逐期细读十九世纪七、八、九十年代欧美几种主要海军年鉴、海军学报，以及造舰工程学报。自十九世纪中叶迄今，西方所刊讲舰只发展的专书，虽绝大部分表面与中国毫无关系，购得到者一定买（通过网站中的旧书市场，购买十九世纪后半期的书刊并不算难），出价再高也买不到者就影印（善用图书馆互借制度，经常可以借来十九世纪的出版物）。这样地毡式遍读莫非是为了要充分明白这数十年间舰只是怎样演变的，新舰种是怎样产生的，称得上是主要海军国者在兵力和主导发展力上有何表现，以及科技与海战观念是如何互动互变的。近二三十年在欧美出版关于世界海军史的书刊，我同样用渔翁撒网的方式去购买。这样培养好知识后才去评价中国海军，就不会为了表扬民族大义有所凭借而又因不明白当时世界各国的海军是怎样子的，便随意澎涨或贬低中国海军的品质了。

以前撰写中国海军史者，以及现在从事这工作而年纪在五十岁以上者，从没有一人觉得明了有关时段的世界海军状态是绝对不能减省的基础功夫。缺乏这种学识而去著述中国海军史，乱发井蛙语的错误就会像烙印般明显。

不过这情形近来已有显著的改善。好几位和我有联络，年纪在五十以下的研究者，在大陆和在海外都有，且有年仅二十出头者，真是后生可畏，掌握西方海军资料已到炉火纯青的阶段。下一浪潮的作品在质和量的突破是可以预期的。

我的研究也到了关键时刻。因职业的需求，我至目前出版的书全属古典小说范围(特别是《水浒传》)，海军史的书这还是第一本。退休将届，得考虑以后的治学时间当如何分配。小说方面既然质和量都算成绩满意，在时间怎也不会够用的实况下，小说研究大可下调至第四位。第二的位置会留给念大学本科时的喜爱——中西海路交通史。第三是重新研治冰镇了三十多年的包公文学传统。那么海军史呢？四十多年来集得的海军资料即盈室满屋亦未足以形容，却仅用过很少，今后放海军史在第一位应最合理。在此以前，先把已写出来的文章整理结集，既是给自己来个成绩报告，也是为将来的工作部署基础。

我写海军史的历程，可分为三个阶段。

刚入大学前后，写过两篇学报式的短文:(一)《首届海军学生出洋留学之始末》，《大陆杂志》，27卷7期(1963年10月)，页8—11。(二)《甲午战役前旅顺威海卫大连等地之经营》，《大陆杂志》，29卷8期(1964年10月)，页8—13。早早学会了如何组织和撰写学报文章自然很重要，但写出来的只是串连史料便成文章那类货色。资料不足,乏独立思考,这些第一阶段作品都是不必入集的少作。

二十多年后,我才再执笔写海军史文章。那就是八十年代后期为台湾几份报纸副刊写的稿件,题目不少随时事而定,如参加"二代舰"选购问题的论战。这些文章有因学术成分不高,有因内容过时,都不必保留。正因如此,收入集中之文源出报纸副刊者只有讲"灵甫"舰历史的一篇。但该文已彻底改写多次,且补入注释,与原先见报者相同之处很有限。这就是说,第二阶段之所作也不入集。

本书所收诸文代表的就是第三阶段的成绩。除了"灵甫"舰文的底本,以及讲利萨海战和三景舰的两篇成于尚执铎夏威夷大学之时,其余尽是在香港,特别是移席岭南以后写的。岭南时期诸作有好几篇十分复杂,修订频仍,幸悉赖系秘书李颖芝小姐不厌其烦地不断替我易稿,最后并把全稿整理得事事统一,前后照应。近年我的学术作品源源而出,她居功至伟。

这些文章虽各自成篇,归组起来并不难,就按时地分为清季、民国、香港、评论四组。这样归类,加上合集必须的调整过程,还足带出文章之间的连贯性来。

书中收入之文数目虽有限,文章则可以颇长。这是因为我写学术文章向主尽所知而为,不肯受制于长度的框限(研讨会出论集,我的文章可能较规定长好几倍,如会方不愿破格通融,就宁可不登),文章即使写到六七万字,仍坚持要把话说完才收笔。

文章的实际长度经常还超过字数所能反映出来的。所以弄得这样长,部分原因是由于讲舰只时尽可能加入型线图。舰只是否交代得清楚详细直接决定海军史文章素质的高下,而一图胜千言,多用虽不复杂却能容纳足够细节的型线图是活现舰只的最佳法子,亦是显示考论海军史事有别于研治一般近代史课题的有效方法。这就是说,强调舰只在海军的核心地位是我所写海军史文章的特色,用型线图来助释舰只的设计和特征,更是我解说舰只之方明显与其他研究者有别之处。文章本身的长度,配上型线图的效应,成果可以相当惊人。讲李鸿章在甲午战争期间的购舰计划和行动的一篇,初在学报刊登时竟长达116页,便是一例。如此一文,稍稍调整形式,便可印为一本独立的书来。

除内容外,尚有待申说者,即此书何以取名《靖海澄疆》?这是一个具反讽意味的选择。发展海防事业以靖海澄疆为最终目标,海军是海防的主干,所树目标更应如此。无论是清季"师夷制夷"的标语,还是抗战时期的种种口号,总离不了靖海澄疆。可是自同治末年以来,哪一件与海军有关的事确曾带出靖海澄疆的结果来?在自民元至卢沟桥事变的好一段日子里,海军经常充当沿海军阀抢夺地盘的工具,形象尤更成问题。本书的副题标明以"新诠"为方针,用靖海澄疆为衡量尺度去重评中国发展海军所走过的路当合新诠之义。

这些都讲过了,还得交代凡例。

开宗明义,海军史文章自有其特色,与一般学术文章不尽相类。要在这里说明者有四事:(一)"舰只"指军事用途,且多数有武装的"舰"和"艇",所属单位不一定限于海军,可以延及海关、水警等组织。"舰船"则包括商用船只,不过由于本书叙事的性质,这名词很少用。(二)舰船首见时,用括号交代其排水量和建成年份(一般海军史多用下水年份,我觉得选用建成年份意义较大)。舰的建成年代,一般都能交代;船的建成年代,则多数尚找不到。(三)记钟点用二十四小时法,如1715是下午5时15分。(四)记炮械用口径(尽可能采制造者选用的单位,不强求易为十进单位)/身倍,如6吋/35代表炮的口径是6吋,炮管长度是6吋的35倍。舰船的长宽吃水和排水量如原用英制衡量,同样不强求易为十进法。（四）另有一性质类似的项目更应在此说明。十九世纪最后三四十年至两次世界大战之间，海军所用的小口径炮械（尤其是速射炮）恒按炮弹的重量来区分，如一磅弹炮（one-pounder）、三磅弹炮（three-pounder）、六磅弹炮（six-pounder），意指整个炮弹（包括弹头、弹壳、火药、引信等）约重一磅、三磅、六磅。在本书所收诸文里，多的是这种例子。如强易为十进法，就唯有说三磅弹炮的炮弹约重 1.3608 公斤，准教人莫名其妙，无法明白为何称之为三磅弹炮了。这是庸人自扰的做法。更有不明就里的人称上述炮械为一磅炮、三磅炮、六磅炮，那就等于说那些炮械整门只有一磅、三磅、六磅重了！这种混乱导源于治史者缺乏"名从主人"的观念，以致轻率作出无谓的改动。简单地说，凡是英美（或仿英美）来源的舰只、炮械和物件都应用英制来记录，而不该平添麻烦地易为十进法。这样做才符合"名从主人"的治史原则。治海军史者尤应铭记这一点。起码迟至二十世纪五十年代，度量衡用英制是世界的潮流。强易为十进法本身是违反治史精神的行径（我们不能称皇帝为总统，为国家主席，道理何尝不是一样）。谈那段时期的历史，就应用那段时期的名词和准则。这些话本来是不必叮咛治史者的。

收入书中诸文有曾发表的，有在此首次公布者。发表过的现都已作不同程度的修订，而尽量避免用后记之类附加物。凡遇前后版面有别之处，均以此版为准。

写这些文章，我的基本态度是一二手中外资料尽用，且力求用原文，因此参考资料的总数十分可观。常用的资料用简称（简称表放在书末），既省篇幅，复利行文。不采简称的资料，则各文独立处理，资料在该文首见处列齐出版数据。至于在一文之内重复引用而在别的文章少用的资料，会用仅限于该文的简称（解释附在首见处）。这种种安排为的是免读者上下求索地去配齐某书某文的出版数据。书末另有参考书目。经过这几番不同角度的照料，参考资料就不再列入索引了。

《参考资料简称表》足以交代该等书籍的出版数据和（如有此需）说明其特别背景。至于异常重要的直隶总督兼北洋大臣李鸿章（1823—1901，见图1）的档案，则刊布情形太复杂了，如在简称表中讲清楚，势必破坏体例；要是用注在正文中解释，又难普遍照料各有关之处。李鸿章毕竟是清季发展海军最重要的关键人物，因此书中所收文章不少都和他有关，而出版他的档案的情形又殊不简单，牵涉到如何选用的问题，得解释清楚。衡量之下，还是以在此说明为最适当。李鸿章的档案虽早经其幕僚吴汝纶（1840—1903）编为《李文忠公全集》，却有不少删减改易之处，以致既不全，复不可靠。幸李鸿章档案的原件虽几经动乱，仍存于上海图书馆，顾廷龙（1904—1998）等沪图领导阶层遂据馆藏原物重新排印。可惜，1985—1987年间出了三册电稿后，连该类档案也未刊完，便放弃了计划。接手的安徽淮系集团研究中心在沪图藏品外复添上其他新资料。但彼等另起炉灶，连顾等已刊部分都拟重排再刊；计划大略，见刘申宁，《关于李鸿章文稿的发掘和整理》，《中华文史论丛》，52期（1993年12月），页168—182。自刘文公布消息至今已悠长十二年有奇，若自顾编停刊算起更是快二十年了，尚未见淮系集团有任何出版物。待这个手续折腾，刊物重复的新全集整套出齐，真不知是何年何月矣。目前只有拼合吴编和顾编来用。电稿日期包括在顾编起迄范围内者，用顾编；其他各式档案用吴编。就本书诸文而言，因恒用顾编，故顾编有简称（《李鸿章电稿》），列入简称表内；吴编仅偶用，故按一般参考资料处理，无需设简称。

类似之事还另有一件，涉及之处遍布全书，倘仅用一注系于首见处，诚难收周全照料之效，那条注也会太长了。在此解释，效果会较佳。那就是清季向英订舰恒常光顾的阿摩士庄厂的本名。此厂的历史很复杂,合并别厂与遭人所并,层出不穷,厂名由是屡易。凡得注明此厂之本名时,就不能笼统地称之为 Armstrong and Company,而须按事件所涉的时间,注出其在该时段的正名。此厂的发展历程和名称的种种变化,见 J.D. Scott, *Vickers: A History*（London: Weidenfeld and Nicolson, 1962）, pp. 88-94; David Douglan, *The Great Gunmaker: The Life of Lord Armstrong*（Northumberland: Sandhill Press, 1970）, p. 153; Michael R. Lane, *The Rendel Connection: A Dynasty of Engineers*（London: Quiller Press, 1989）, pp. 49, 64-65, 68-73, 78, 103; Kenneth Warren, *Armstrongs of Elswick: Growth in Engineering and Armaments to the Merger with Vickers*（London: Macmillan, 1989）, various chapters; Norman L. Middlemiss, *British Shipbuilding Yards*, Volume 1: *North-East Coast*（Newcastle-Upon-Tyne: Shield Publications, 1993）, pp. 52-74, and Volume 3: *Belfast, Merseyside, Barrow and All other Areas*（1995）, pp. 87-101; Peter Brook, *Warships for Export: Armstrong Warships, 1867-1927*（Gravesend, Kent: World Ship Society, 1999）（简称表作 *Export*）, pp. 9-15; Robert J. Winklareth, *Naval Shipbuilders of the World from the Age of Sail to the Present Day*（London: Chatham Publishing, 2000）, pp. 94-97, 103-106; H.C.G. Matthew and Brian Harrison, ed., *Oxford Dictionary of National Biography*（Oxford: Oxford University Press, 2004）中各有关人物的传记; Marshall J. Bastable, *Arms and the State: Sir William Armstrong and the Remaking of British Naval Power, 1854-1914*（Aldershot, Hants: Ashgate Publishing Company, 2004）, various chapters; 李钢、李玉生,《阿姆斯特朗的造舰帝国》,《舰船知识》,318 期（2006 年 2 月）,页 58—61 :（一）1847 年 10 月—1863 年 12 月,阿摩士庄厂采东主 William George

Armstrong（1810—1900）的姓名,用 W.G. Armstrong and Company 名称在泰恩新堡（Newcastle-upon-Tyne）西郊艾斯伟（Elswick）区开业。初年业务包括起重机、水力机、水闸、水雷、炮械的制造。其间子公司"艾斯伟炮械公司"（Elswick Ordnance Company）于 1859 年成立,由合伙人伦道尔（George Wightwick Rendel, 1833—1902）经营。（二）1864 年 1 月—1882 年 5 月,机械与炮械两公司合并,新公司取名 Sir W.G. Armstrong and Company。这段时期足述之事颇多:（1）1867 年,和泰恩河下游 6 哩下霍嘉（Lower Walker）地区的米曹公司（Charles Mitchell and Company,成立于 1852 年）签约,合作建舰。米曹公司的下霍嘉厂负责建造舰身,阿摩士庄厂装配武器。年底,第一艘合建的舰只"坚定"（Staunch, 180 吨）于 12 月 4 日下水（同日试航）。中国总税务司赫德（Robert Hart, 1835—1911）经手为北洋及其他沿海地区订购的各舰即全为两厂合建之品。（2）取得制售美国格林机关枪（Gatling gun）的代理权。（3）日本代表团来访。（4）和俄国商议在俄建造阿摩士庄厂设计的舰只。（5）1877 年,与巴西及中国商议代建舰只。（6）1882 年,伦道尔辞职,转往海军部任文官委员（Civil Lord of Admiralty）。（三）1882 年 6 月—12 月,公司易名 Sir W.G. Armstrong and Company, Limited。11 月间,吞并米曹公司。（四）1883 年 1 月—1896 年 12 月,合并后的新公司取名 Sir W.G. Armstrong, Mitchell and Company, Limited。其后下霍嘉的船厂以建造商船为主要业务。1884 年 10 月,在艾斯伟建造的船厂投入生产,专责建舰,至第一次世界大战前夕才渐次结束,总计建舰:英国 40、中国 22、日本 13、巴西 11、智利 9、俄国 8、阿根廷 5、意大利 5、挪威 3、奥地利 2、西班牙 2、荷兰 2、土耳其 2、罗马尼亚 1、葡萄牙 1、美国 1,共 127 艘。正因中国是英国海军部以外的最大主顾,研究中国海军史者应对该公司的情形有起码的认识。（五）1897 年 1 月—1927 年 12 月,因购入制造枪炮的 Sir Joseph Whitworth and

Company, 公司的名称遂又改作 Sir W.G. Armstrong, Whitworth and Company, Limited。其间东主阿摩士庄于 1900 年 12 月逝世, 公司自此走下坡。至 1927 年 12 月, 阿摩士庄厂终在长期亏损下为维克斯公司（Vickers Limited）所吞并。（六）1928 年 1 月—　, 遭合并后, 公司之名换作 Vickers-Armstrong Limited。至于吞并阿摩士庄厂之维克斯公司, 其名称在吞并前亦曾数易:（1）1867 年时, 其名为 Vickers, Son and Company, （2）1897 年 11 月易名为 Vickers, Son and Maxim Limited, （3）1911 年 4 月更名作 Vickers Limited。吞并了阿摩士庄厂以后, 其名称仍续变下去, 终于 1965 年删去 Armstrong 字样。历史的长河不断前迈, 该公司近年接连遭分割出售, 现在的名称是 BAE Systems Land System, 经营的只是从前业务的一部分而已。经过如此长期的层层吞并以后, 现要追查当年阿摩士庄厂的造舰档案恐已变得十分困难矣。

　　类似之事还有一项。书中所收各文经常涉及风帆时期的舰只。那时计算舰船大小不是用以吨为单位的排水量, 而是用"建造者单位"（builder's measurement, 简称 bm）。这点书中第一篇《鸦片战争期间的侵华英舰》在开始处已有足够说明（页 8）, 该文又适排在书首, 故不必在此重述。

　　解释至此, 名词翻译的选择仍得说明。名词指人名、地名, 以及舰船名、厂名、洋行名、枪炮名等专有名词。处理的原则有四:

（一）尊重历史

　　举个很易明白的例。西伯利亚濒临北太平洋的军港 Vladivostok, 原为中国属土, 迟至咸丰十年（1860）方割予俄, 较香港归英治还要后十多年, 故直至二十世纪中叶此地之汉名始终沿用其海参崴本名。治理明清史者若采新译作"符拉迪沃斯托克", 就是不尊重历史。处理在华服务的西方人士的姓名, 情形也是一样。为了工作之便, 彼等多数有法定汉名或惯用汉名,至今尚如此。后人只能沿用,绝不可另来别译,不然就违反"名从主人"的治史原则和不尊重历史。当然找寻这些洋人的法定汉名或惯用汉名可以是相当考功夫的。

(二)扣紧文献资料和研究报告间的距离

不尊重历史和不遵守"名从主人"法则往往拉远了文献资料和研究报告间的距离。明显之例很易找。研究清季海军史非深深倚赖李鸿章的各款文件不可。刚花了不少篇幅去讲述的 Armstrong 厂与洋务运动的各种措施根盘密结,经常在原始资料中出现。李鸿章恒称之为阿摩士庄,其他从事洋务的大员亦多采相同或近似的译名。后之研究者倘不跟从就非得有十分强烈的理由不可。不少现代学者却别树一帜,称之为在原始资料中难得一见的"阿姆斯特朗"!这样就无端端给意图查对引用资料的读者制造困难。这分明是治史而不尊重历史所产生的毛病。凡遇西方人士经营的洋行、银行、兵工厂、船厂(不管那些机构设在何处),以及枪炮的名称(往往源出制造厂的名称)都应尽法保留当日的通用译名(除非原有的明显弄错了),而避免重新再译。中国机构也不少有自定的洋名称,治史者同样得尊重,切不可代其杜撰从来没有的新洋名(本书页 301—302 有这样的一例)。治史者屡屡不肯尊重历史说来是很奇怪的事。

(三)译名求简练

把 Vladivostok 音译成七个字,过分冗长了,读来更佶屈聱牙。Armstrong 是个发音简单的字,竟也译出五个字来!毛病出于试图一音译成一字,而所谓一音往往只是丁点儿的部分发音而已。矫揉造作难以过之。译名简练配入中文文句之内才易读得通顺。译 Armstrong 为阿摩士庄,形音义均不错,逼近大家都欣赏的译 Coca Cola 为"可口可乐"的层次,怎料百余年后竟退化为笨拙的"阿姆斯特朗"！未尝来华服务的洋人自然没有法定汉名或惯用汉名，音译起来更应务求简练，切忌弄一音译一字，中置小圆黑点那种玩意。其中道理，本书《中日甲午战争黄海海战新探一例》文中注 3 已有说明，不赘。有时或因涉及的洋人和舰只与述事无直接关连，或因篇幅难容，洋人或舰只均仅录原名就算了。《甲午战争期间李鸿章谋速购外舰始末》后半解释若干南美舰取名之所由时，提及的人士并无逐一音译其姓名的必要，即可作为前者之例。《刘步蟾和东乡平八郎》的注 39 已相当长，后半谈及的英国舰只和将领复多，实无因迻译而再增长度之理，便是后者之例。

（四）善用意译

对研治中国近代海军史者而言，上述所言得容有一例外。西方海军舰只取名，主要依据人名、地名、一般名词和一般形容词。前两类只能音译，后两类则必须意译，理由明显得不用解释。清人却不管三七二十一，全部一股脑儿音译，而且还经常同样推出一音译一字，那套无微音不包的法宝，于是简简单单的名词和形容词便遭译为莫测高深，毫无意义的音译来：Monarch（帝皇）成了"门那次"，Invincible（常胜）变作"英芬昔索耳"，Black Prince（黑皇子，指英皇爱德华三世［Edward Ⅲ, 1312—1377］的长子 Edward ［Prince of Wales, 1330—1376］）被弄成"孛来克珀林"。这类胡闹透顶的莽举怎可以再用下去！重新意译是唯一可行之方。入民国后，意译的比例高了些，这种荒谬绝伦的音译也就少见点。

有一项我没有采用的常见凡例同样需要解释。有些行家在提及英舰的原名时，冠以 H.M.S.（His/Her Majesty's Ship），列举美舰之名时，便加 U.S.S.（United States Ship）。这样炫耀一知半解的知识，毫无必要。须知若替英美舰名添上这类前置词，则任何国家的舰只悉得均衡作同样处理，而不应有彼此之分。只要想想几个简单的情况,便不难明白仅替英美舰名加前置词,而不理会其他国家或政权的舰只,是画蛇添足,自暴其短的做法:国与国之间所用的舰名前置词本已分别殊大,倘遇上政权替易(如由帝国演为共和国,或遭外国侵占而成为沦陷区或傀儡政权),即使仅谈一国的海军舰只,其所用前置词亦可能会出现很大的变动。不要忘记,现在世上约有一百六十个国家或政权有海军,此等国家 / 政权的政治环境大多数在发展新式海军以来都曾经历过巨大的变化。既有此背景,舰名前置词总数之大和杂乱的程度就不难想象。谁(包括我在内)有掌握兼运用此等信息的本领? 看几个实例便可知其难矣:日本海军舰只英文名称的前置词以往为 H.I.J.M.S.(His Imperial Japanese Majesty's Ship),美国南北内战时南方海军所用的舰名前置词为 C.S.S.(Confederate States Ship),德国海军在帝国时期所用的舰名前置词为 S.M.S.(Seine Majestäte Schiff),荷兰海军舰只用 H.N.L.M.S.(Her/His Netherlands Majesty's Ship)或 H.N.I.M.S.(Her/His Netherlands Imperial Majesty's Ship。这两个都是英语世界用的前置词,谅还有荷兰文的版本),英属时期的印度海军用 H.M.I.S.(His/Her Majesty's Indian Ship),独立后用 I.N.S.(Indian Navy Ship)。情形既如此,就不妨问问,随意添加 H.M.S. 和 U.S.S. 者有几人知道其他相类的前置词如 A.R.A.、O.R.P.、L.E.、F.G.S.、K.M.S.、A.R.C.、R.P.S.、H.T.M.S.、P.N.S. 和 K.N.M. 等究竟代表什么? 更不妨指出,H.M.S. 根本就不是英国海军的专用品,瑞典、挪威、丹麦等国的海军舰只所用的前置词何尝不是 H.M.S.! 说到这里,还得恕我卖弄一下。O.R.P. 是 Okret Rzeczpospolite Polskiej。事情复杂程度尚不止此,有些国家还按舰种来用不同的前置词。1945 年投降以前的意大利海军就是这样子。他们的巡洋舰用 R.T. 作前置词,驱逐舰用 R.C.T.,炮舰用 R. MAS,潜艇用 R. Cann.,练习舰用 R.N. Scuola,驻殖民地舰只用

R.N. Colon.……这显然是龌龊者不宜企图借以夸耀学问的区域。本书述事涵盖二十多国的舰只（看看书后的《舰船名索引》便可知数量之众与广被地域之大），且往往纵贯不同的政权时段，涉及的舰名前置词的殊异和变化的程度均无需强调。就算确有把握可准确集齐有关资料，每遇各舰的欧文原名便机械地冠以五花八门的前置词也必是烦极的无谓负累。哪有玩这游戏的必要？本书各文提及舰只的欧文原名时均不加前置词，起码有简净去统一处理的好处。

此外，书后的索引也得讲讲。索引有三个：人名索引、舰船名索引和特别名词索引[1]。

剩下来待解释者尚有一事。选用作封面封底设计的是清季和民国（抗战胜利以前）期间海军的两个代表人物[2]：北洋海军提督丁汝昌（1836—1895，见图 2）和自二十年代后期至四十年代中期掌领中央海军的陈绍宽（1889—1969，见图 3），以图反映两个不同时代的共同特质——领导人物海军知识和统理能耐同样严重不足。

正如前述，书中所收诸文绝大部分都是移席岭南后写的。说句老实话，要是我当年没有在夏威夷安排早退休，返港执教，且旋即移驻岭南，我不单没有快速写就这些文章的机会，更不可能在这行头广结善缘。岭南容许，甚至可说鼓励，我把海军史研究列为正式学术活动。这是在夏威夷绝对办不到的事，那时这类活动只能在独学无侣的情况下充作不便公开的课余消遣节目。在港得尽天时地利人和之明证就是广交各地志同道合的朋友。频密的讨论，无私的互惠资料，处处提升了收入本书诸文的素质。按认识的先后，这些无法足以言谢的朋友包括（恕都不用尊称）：香港珠海学

---

1 本次再版删除。
2 此指 2009 年本书初版封面封底设计。

院中文系的萧国健、香港浸会大学历史系的李金强、"中央研究院"近代史研究所的张力、前在海军指挥学院海军史馆(南京)的高晓星、成功大学的曾金兰、海军军官学校(左营)的吴守成、"海军总司令部"(台北)的陈孝惇、前在海军军史馆(左营)的何耀光、山东社会科学院的戚其章、海军航空工程学院(烟台)的苏小东、在上海从事证券交易的姜鸣、四川师范大学历史系的王川、美国地质测量局(United States Geological Service)的纪荣松、在澳洲Anglesea从事化学工程的周达仁、在山东威海市负责建造原尺寸的"定远"舰模型的陈悦。这是一张无法列全的单子,任何遗漏都是出于无心之失。因篇幅和归类的关系,题献页仅书三位之名,并无分彼此之意。

学界朋友经常有一疑问。我既是个杂家,有兴趣的行头毫无相连之处,我怎能每治一题目均可达到网罗天下资料的境界。锲而不舍,触类旁通外,我还有舍弟泰来这特别法宝。他接连掌理芝加哥大学、香港大学、普林斯顿大学三校庋藏特丰的东亚图书馆数十载。我能长期取材于这些大馆不是每个学者都有的机会和方便。

这篇序文不图自谦,仅求说明理想的海军史当具备些什么特色。我笔下写出来的符合这些准则吗?西俚云"The Proof of the Pudding is in the Eating"(真理还须实践来检验),还是让读者看后提出确切批评,使我得知续写海军史文章时当如何改进。理想与实践之间一定有差距的。

马幼垣

2006 年 6 月 20 日

于香港屯门望海之居,

时距退休离港不过两周

后 记

退休返回夏威夷家中不觉已快十一个月了。各种正事杂务缠身,想不到竟较退休前忙碌。虽则如此,读书的机会还是多了,且幸已交卷的稿本尚未进入编印程序,可容我随意增修,和添入返夏后新写的关于"长崎入坞"一篇,使全书共收文十七篇。现更趁返港两周之便,和颖芝配合,打字校对同时进行,把近一年来所做的各种增修添改融会成新稿,兼做好编出参考书目和索引的工作。这份厚厚的稿子至此才算达到称心快意的程度。

2007 年 5 月 22 日
于岭南大学中文系

再后记

等候了近二十年的《李鸿章全集》终由合肥的安徽教育出版社于 2007 年底刊行了,精装三十八册,学报般开本,订价几达港币三万元。在清季人物的集子当中,数量之大是无法超越的。闻说所收之件有三分之二不见于传统的《李文忠公全集》(我订购的一套尚未寄到)。倘果如此,很多近代史的课题都要重新研究了。

2008 年 3 月 10 日

又再后记

本书的三个索引不是电脑作业,原先人手编制起来已耗时整个月,到二校时填入页码又另花了个半月。所以如此,因涉及的辞汇太繁杂了,如同国同名舰,异国同名舰,一舰数名,一舰在不同国家或政权间几度易手,舰种别称既多复恒随舰种演化而更易,种种分别与变化诚难教电脑分辨清楚,厘别必须与整理和校对工作配合来做。

等到看三校时,仍有不少欧美人士的全名和生卒年无法补入。这些幸老同学杨庆仪不厌其烦代我全找齐了。

自序和各篇后记的日期互隔殊远,亦足见此书编印工程之繁浩。

2009 年 3 月 24 日

清季篇

鸦片战争期间的侵华英舰

一、一个长期被忽略的研究课题

鸦片战争向为近代史研究的热门课题，论著量丰质高。这些汗牛充栋的报告却漏了一项重要信息。英人挟雄视寰宇的海军东来，中国仅能应以传统水师，自然无法御侮。这样说虽没有错，却不一定正确。况且情形虽然很明显，倘说不出英国所遣海军究属何层次，则始终只是想当然之语。英国虽为世界第一海军大国，但利益遍全球，近邻法国更老是虎视眈眈 [1]，东侵行动是要从整体配合的角度筹策的。鸦片战争既早为热门的研究课题，英国能够及愿意为其侵华行动派遣多少海军兵力应是早有答案的问题。事实竟非如此。

鸦片战争时期，国人用舰长名之译音作为英舰之名。鉴于当日音译漫无标准，消息来源不可靠的情形，这种帮倒忙的原始资料我们可以不管 [2]。

---

1 有关背景，参看 C.I. Hamilton, *Anglo-French Naval Rivalry, 1840-1870* （Oxford: Clarendon Press, 1993）。

2 《筹办夷务始末》之属史料集所能提供的信息，即是此类。

简言之,时至今日,在国人的著述里充其量仅能偶见若干艘英舰音译和意译合用,且多不附原名的名单而已。齐备和准确的要求悉谈不上。究其原因,并不尽出于闭门造车,漠视西方汉学著述(当然这是国人治近代史的通病,肯引些外文资料,稍稍点缀,已令人有难得一遇之感),因为在一般汉学著述中舰只资料亦不多见[3]。

问题的关键在向来研究鸦片战争者,不论是国人,还是外国汉学家,均不考虑世界海军史这个探讨角度。连目前最详尽的中国海军史,中国海军司令部主编的《近代中国海军》(简称表中作《近代海军》),也没有作这样的照顾。现成得很的资料也就给轻易错过了。

本文的目标很简单,就是整理出一份代表英国侵华海军力量的舰只清单。记录鸦片战争过程的英方一手资料甚多,倘从此等资料入手,程序势必乱七八糟,且难有弄全纪录的保证。军事科学院的茅海建(1954—)即曾据其中两款此等资料,爬梳出一份名单来(但不连贯成一张简明的清单;详后)。他没有留意到一张相当齐全的单子存在快一世纪了,而且还是在一个对留心世界海军史者来说,十分显眼的地方。

不管说的是英国海军通史,还是世界上任何一国的海军通史,都没有一本在精详程度上能超越英国海军史专家黎柯昔(William Laird-Clowes, 1856—1905)厚厚七巨册的 *The Royal Navy: A*

3　张馨保(1922—1965)学贯中西,其 Hsin-pao Chang, *Commissioner Lin and the Opium War* (Cambridge, MA; Harvard University Press, 1964)足为中外资料兼顾的典范之作。但书中讲英海军的地方聊胜于无。他没有用正文随后要说的黎柯昔书不足为奇。另外 Peter Ward Fay (1924—)后十年出版之 *The Opium War, 1840-1842: Barbarians in the Celestial Empire in the Early Part of the Nineteenth Century and the War by which They Forced Her Gates Ajar* (Chapel Hill: University of North Carolina Press, 1975),参考西方资料虽比张馨保还要多,但也没有用黎柯昔书。

History from the Earliest Times to 1900（London: Sampson Low,
Marston and Company, 1897—1903）（简称表作 *Royal Navy
History*）。无论鸦片战争的政治和经济因素如何浓厚，英国所采
的毕竟是海军军事行动，而英国借以得逞者正是海军力量。明白
了这一点，又怎可以不检阅黎柯昔这套讲述二十世纪以前英国海
军史最成功，且足为任何一国海军史撰著模范的经典之作。可是，
连久以哈佛大学（Harvard University）为根据地的张馨保也没有
用过此书（哈佛必有此书，甚至不只一套）! 研究涉及海军行动的
近代史事而不通晓世界海军史和懂得运用有关资料，结果就是这
样子。

　　黎柯昔书第六册，页 279—304，讲鸦片战争期间英方的海军
活动，其中页 288 表列 1839—1842 年间曾参加在华军事行动的
英海军舰只四十一艘和东印度公司（East India Company）舰船
十三艘，共五十四艘。相形之下，《近代海军》仅列出开战之初，只
记译名，不录原名的英海军舰只和东印度公司参战的舰船二十一
艘（也不注明何者属英海军，何者属东印度公司）[4]。这是何等不科
学，不负责任的做法。读者既不知道那些译名是怎样译出来的，自
然无法据以还原。原来这张看似用来填塞篇幅的单子，连记述舰
只所用的次序都丝毫不动地抄自茅海建的一篇文章[5]。茅文多处开
列侵华英舰，负责《近代海军》有关章节者随便抄了开宗明义的第
一组舰就算了事。茅海建处理外舰舰名虽多采音译法（这是不对

---

[4] 《近代海军》，页 44—45。要想知道这本由中国海军司令部主持编著之书
盲目地见音译音的译名法无理取闹至何程度，单看 blonde 那么常见的英
文名词竟被此书译为莫名其妙的"布朗底"便够了。遇到普通名词用作舰
名时，除了意译，别无选择。
[5] 茅海建，《鸦片战争时期的中英兵力》，《历史研究》，1983 年 5 期（1983 年
10 月），页 28—29。

的），但附原名（拼音常弄错），读者仍可按图索骥。茅文共列出英舰五十二艘（内东印度公司者八艘）。其后茅海建又在别处多列出武装商船七艘[6]。

相较之下，黎柯昔开列者有四艘不见于茅海建的考述，而茅增黎十艘。两者合计，共得知五十四艘。二人所提供的数据性质有同有异。同者为列出各舰的炮数和若干艘的舰种。异者为仅黎柯昔开列各舰舰长的姓名及有关任期；对国人而言，此项资料或不算重要[7]。炮数一类资料其实都嫌太表面化，不够帮助理解实情，故有关各舰的基本数据得作起码的补充。

先说一句解释背景的话。十九世纪三四十年代交接之际，西方海军虽有以蒸汽取代风力为动力的发展趋势，主要舰只还是风动的（连早期的蒸汽动力舰只也多配备风帆以为助力），所以鸦片战争期间英海军的在华活动仍归入风帆时期。

记录 1860 年以来世界和各国机动舰只的书籍数目虽多，但对我们要追查的数据显然帮不上忙。可幸提供风帆舰只数据也有详细的专书。随后的舰只清单，就是先按黎柯昔书确定有关舰只（排列次序亦依黎柯昔）和茅海建已确定的有关舰只，再加上二人均遗漏者（均用注说明），别为分属英海军部者五十艘（此等舰只在舰名前冠有 HM［Her Majesty's］字样）和东印度公司者十六艘（舰名前冠有 HC［Honourable Company］字样）两组，合计得六十六

---

6 茅海建，《天朝的崩溃——鸦片战争再研究》（北京：生活・读书・新知三联书店，1995 年），页 439。茅氏追查侵华英舰主要依据 *Chinese Repository*, 9（1840）-11（1842），以及 William Dallas Bernard, *Narrative of the Voyages and Services of the Nemesis, from 1840 to 1843, and of the Combined Naval and Military Operations in China*（London: Henry Colburn, 1844），Vol. 2, pp. 511-512.

7 此等消息也不能说全无用处，起码可以用来核对中国原始资料用舰长名作外舰名的准确程度。

艘，每组各按字母排次（黎柯昔虽依字母排列诸舰，但有小误），然后从以下十书补入应知的数据（按出版日期排次）：

Halton Stirling Lecky, *The King's Ships* (London: Horrace Muirhead, 1913—1914), 3 volumes（简称表作 Lecky）

T.D. Manning and C.F. Walker, *British Warship Names* (London: Putnam and Company, 1959)

E.H.H. Archibald, *The Fighting Ship of the Royal Navy, 1897-1984*, Revised edition (Poole, Dorset: Blandford Press, 1984)（简称表作 Archibald ）

Andrew Lambert, *Battleships in Transition: The Creation of the Steam Battlefleet, 1815-1860* (London: Conway Maritime Press, 1984)

John Bastock, *Ships of the Australia Station* (Frenchs Forest, New South Wales: C. & A. Child and Associates Publishing, 1988)

David K. Brown, *Before the Ironclad: Development of Ship Design, Propulsion, and Armament in the Royal Navy, 1815-1860* (London: Conway Maritime Press, 1990)

Andrew Lambert, *The Last Sailing Battlefleet: Maintaining Naval Mastery, 1815-1850* (London: Conway Maritime Press, 1991)

David Lyon, *The Sailing Navy List: All the Ships of the Royal Navy — Built, Purchased, and Captured, 1688-1860* (London: Conway Maritime Press, 1993)

David Lyon and Rif Winfield, *The Sail and Steam Navy List: All the Ships of the Royal Navy, 1815-1889* (London: Chatham Publishing, 2004)（简称表作 *Sail-Steam List* ）

J.J. Colledge and Ben Warlow, *Ships of the Royal Navy: The Complete Record of All Fighting Ships of the Royal Navy from the*

15th Century to the Present（London: Chatham Publishing, 2006）
（简称表作 *Royal Navy Ships*）

这些书籍或按字母排次舰只，或有详细索引，故参据时除特别情形外，不逐一注明。另外有些特别书籍仅与某舰有关，则加注交代。

中国近代史事与中外海军及海军军事行动有关者甚多，研究起来，涉及的中外海军资料固应网罗，连与中国无明显关联的世界海军史事和资料也得广涉，始易收串连发微之效。上列十书表面上均与中国毫无关系，却足助解决现正讨论的问题。其间的关键，举一例来说明即足。为何英国驻澳洲的舰只会与鸦片战争有关（上列第五本书）？稍作解释就会很易明白。澳洲距华较英国近多了，急需时调驻澳舰只北上是合逻辑的事。不单鸦片战争期间有如此的部署，日后庚子事变时同样有这样的安排，故讲英国驻澳舰只的书对研究鸦片战争期间的侵华英舰亦有用。由此可见，研究中国海军史如果不放宽视野就等于进度自限了。

此外还有一事得说明。风帆时期舰船的大小，不是用排水量计算的，而是用"建造者单位"（builder's measurement，简称 bm）。排水量是重量计算法，bm 是容量计算法，二者南辕北辙，很难算出等值。求等值的程式是有的，但需要有多项不是每艘舰船都有保存纪录的详细数据。本文不需要谈得如此精细。因此，舰的大小均用 bm 为计算单位（通常一 bm 的容量所载负的重量稍超过一英吨）。

二、侵华英舰逐艘看

应交代的话都说过了，就让我们看看鸦片战争期间的侵华英舰究竟是什么样子。遇同级舰只再出现，容量和武器数据从简：

（一）英海军舰只

"阿尔及利亚人"（Algerine）号："彻罗基人"（Cherokee）级双桅炮舰（brig-sloop）；1827 年 10 月安龙骨（即启工），1829 年 8 月 1 日下水；235 bm；炮十门（六磅弹炮二门、十八磅弹短程重弹轻炮［carronade］八门）；1844 年 4 月 30 日抛售。

"美洲鳄鱼"（Alligator）号："雅图"（Atholl）级六等（sixth rate）战舰；1819 年 11 月安龙骨，1821 年 3 月 29 日下水；500 bm；炮二十八门（三十二磅弹短程重弹轻炮二十门、十八磅弹短程重弹轻炮六门、九磅弹炮二门）；1854 年除役为杂务船；1865 年 10 月 30 日在香港抛售。

"太阳神"（Apollo）号："活力"（Lively）级五等（fifth rate）巡航舰（frigate）；1804 年 4 月安龙骨；1805 年 6 月 27 日下水；1,071 bm，炮四十六门（十八磅弹炮二十八门、九磅弹炮四门、三十二磅弹短程重弹轻炮十四门）；1834 年用作运兵舰，炮数当减少；1853 年除役为杂役船；1856 年解体。

"雅丽亚典"（Ariadne，神话人物）号：木壳明轮炮舰；1839 年 12 月下水；432bm；70 匹马力；炮数不详；1842 年 6 月 28 日在舟山群岛沉没[8]。

"拜耳岛"（Belleisle）号："却敌"（Repulse）级三等（third rate）战舰；1816 年 2 月安龙骨，1819 年 4 月 26 日下水；1,709 bm；炮七十四门（三十二磅弹炮二十八门、十八磅弹三十二炮门、三十二磅弹短程重弹轻炮十四门、十八磅弹短程重弹轻炮六门）；1841 年用作运兵舰，炮数减为二十门；1854 年除役为杂务船；

---

8 黎柯昔及茅海建不录此舰，然 *Chinese Repository*, 11:2（Feb., 1842），p. 119 有此舰之侵华纪录。

1872 年 10 月 12 日解体。

"布伦克"（Blenheim，地名）号："舰队"（Armada）级三等战舰；1808 年 8 月安龙骨，1813 年 5 月 31 日下水；1,741 bm；炮七十四门（三十二磅弹炮二十八门、十八磅弹炮二十八门、十二磅弹炮六门、三十二磅弹短程重弹轻炮十二门）；1847 年改装为机动；1858 年除役为杂务船；1865 年解体。

"金发人"（Blonde）号：五等战舰；1816 年 3 月安龙骨，1819 年 1 月 12 日下水；1,103 bm；炮四十六门（十八磅弹炮二十八门、九磅弹炮二门、三十二磅弹短程重弹轻炮十六门）；1870 年 3 月 9 日易名"嘉吕普素"（Calypso，神话人物）号；1895 年 2 月 28 日抛售。

"史诗女神"（Calliope）号：该级六等战舰的首制舰；1831 年 1 月安龙骨，1837 年 10 月 5 日下水；717bm；炮二十八门（三十二磅弹炮二十八门）；1855 年除役为杂务船；1883 年 11 月 1 日解体。

"康碧亚人"（Cambrian）号："激怒"（Pique）级五等巡航舰；1837 年 8 月安龙骨，1841 年 7 月 5 日下水；1,622 bm；炮四十门（8 吋炮八门、三十二磅弹炮三十二门）；1869 年除役为杂务船；1892 年 1 月 12 日抛售。

"美洲变色蜥蜴"（Cameleon）号："彻罗基人"级双桅炮舰；1815 年安龙骨，1816 年 1 月 15 日下水；1849 年 4 月解体。

"查德士"（Childers，人名）号："蛇"（Snake）级通甲板（flush decked）型炮舰；1825 年 11 月安龙骨，1827 年 8 月 23 日下水；382 bm；炮十八门（六磅弹炮二门、三十二磅弹短程重弹轻炮十六门）；1834 年改装为双桅炮舰；1865 年 8 月 19 日抛售。

"历史女神"（Clio）号："巡航者"（Cruiser）级双桅炮舰；1806 年 5 月安龙骨，1807 年 1 月 10 日下水；389 bm；炮十八门（六磅弹炮二门、三十二磅弹短程重弹轻炮十六门）；1845 年 3 月解体。

"柯伦碧"（Columbine，神话人物）号：该级双桅炮舰的首制舰（该级仅一艘）；1826 年 1 月安龙骨，1826 年 12 月 1 日下水；
492 bm；炮十八门（六磅弹炮二门、三十二磅弹短程重弹轻炮十六
门）；1854 年 4 月除役为杂务船；1892 年 1 月 12 日抛售。

"康威"（Conway，地名）号："泰恩河"（Tyne）级六等战舰；
1829 年 12 月安龙骨，1832 年 2 月 2 日下水；632 bm；炮二十八
门（九磅弹炮二门、三十二磅弹短程重弹炮二十门、十八磅弹短程
重弹轻炮六门）；1859 年 2 月除役为杂务船；1861 年 8 月 28 日易
名为"卫哲斯达"（Winchester，地名）号；1871 年 6 月解体。

"康华里"（Cornwallis，人名）号：该级三等战舰的首制舰；1812
年安龙骨，1813 年 5 月 12 日下水；1,809 bm；炮八十门（三十二磅
弹炮二十八门、十八磅弹炮二十八门、十二磅弹炮六门、三十二磅弹
短程重弹轻炮十二门、十八磅弹短程重弹轻炮六门）；1855 年改装
为机动，787 匹马力；1865 年除役为杂务船；1957 年解体。

"巡航者"（Cruiser）号："蛇"级通甲板型炮舰；1826 年 1 月
安龙骨，1828 年 1 月 19 日下水；1849 年 3 月抛售。

"狄多"（Dido，神话人物）号：该级六等战舰的首制舰；1834
年 9 月安龙骨，1836 年 6 月 13 日下水；730 bm；炮十八门（三十二
磅弹炮十八门）；1860 年除役为杂务船；1903 年 3 月 3 日抛售。

"监工"（Driver）号：木壳明轮炮舰；1840 年 6 月安龙骨，
1840 年 12 月 24 日下水；1,058bm；280 匹马力；炮六门（110 磅
弹炮一门、10 吋炮一门、三十二磅弹炮四门）；1861 年 8 月 3 日在
西印度群岛沉没[9]。

---

9 此舰黎柯昔及茅海建不录，其为侵华舰只见 William D. Bernard, *Narrative of the Voyages of the Nemesis*, Vol. 2, p. 512. 该舰之资料，除见于 *Royal Navy Ships*, p. 240, 及 *Sail-Steam List*, p. 160 者外，参据 David K. Brown, *Paddle Warships: The Earliest Steam Powered Fighting Ships, 1815-1850* (London: Conway Maritime Press, 1993), pp. 30-31.

"督伊德教祭司"（Druid）号："室利嘉培谭"（Seringapatam，地名）级五等巡航舰；1817 年 11 月安龙骨，1825 年 7 月 1 日下水；1,162 bm；炮四十四门（8 吋炮二门、三十二磅弹炮十二门、三十二磅弹短程重弹轻炮三十门）；1847 年除役为杂务船；1863 年 4 月抛售。

"恩德弥安"（Endymion，神话人物）号：该级四等（fourth rate）巡航舰的首制舰（该级仅一艘）；1795 年 11 月安龙骨，1797 年 3 月 29 日下水；1,238 bm；炮五十门（二十四磅弹炮二十六门、三十二磅弹短程重弹轻炮二十二门、九磅弹炮二门）；1860 年除役为杂务船；1868 年 8 月 18 日解体。

"谐角"（Harlequin）号："竞赛者"（Racer）级双桅炮舰；1832 年 11 月安龙骨，1836 年 3 月 18 日下水；428 bm；炮十六门（九磅弹炮二门、三十二磅弹短程重弹轻炮十四门）；1859 年除役为杂务船；1898 年抛售。

"冒险"（Hazard）号："喜爱"（Favourite）级通甲板型炮舰；1825 年 3 月安龙骨，1837 年 4 月 21 日下水；429 bm；炮十八门（九磅弹炮二门、三十二磅弹短程重弹轻炮十六门）；1859 年除役为杂务船；1866 年 2 月 12 日解体。

"前锋"（Herald）号："雅图"级六等战舰，1819 年 11 月安龙骨，1822 年 11 月 15 日下水；原名"穆斯林神"（Termagant）号，1824 年 5 月易名；1854 年除役为杂务船；1862 年 4 月 28 日抛售。

"海安仙芙"（Hyacinth，神话人物）号："喜爱"级通甲板型炮舰；1826 年 3 月安龙骨，1829 年 5 月 6 日下水；1860 年 10 月除役为杂务船；1871 年 11 月 27 日解体。

"木星"（Jupiter）号：该级四等战舰的首制舰（该级仅一艘）；1810 年 7 月安龙骨，1813 年 11 月 22 日下水；1,167 bm；原备炮五十八门（二十四磅弹炮二十二门、十二磅弹炮二十四门、二十四磅弹短程重量轻炮十门、六磅弹炮二门）；1836 年用作运兵舰，备炮不详；1846 年除役为杂务船；1870 年 1 月 28 日解体。

"勒里"（Larne，地名）号："俄瑞特斯"（Orestes，神话人物）级炮舰；1828 年 7 月安龙骨，1829 年 6 月 2 日下水；原名"照明"（Lighting）号，1839 年 9 月易名；459 bm；炮十八门（九磅弹炮二门、三十二磅弹短程重弹轻炮十六门）；1866 年 3 月解体。

"路易莎"（Louisa，女子名）号：1835 年在广州购入，供广州英国商行作巡逻船之用；无武装；1841 年 7 月 21 日沉没于香港与澳门之间。

"梅尔维"（Melville，人名）号："黑皇子"（Black Prince）级三等战舰；1815 年 7 月安龙骨，1817 年 2 月 17 日下水；1,738bm；炮八十门（三十二磅弹炮二十八门、十八磅弹炮二十八门、十二磅弹炮六门、三十二磅弹短程重弹轻炮十二门、十八磅弹短程重弹轻炮六门）；1857 年 3 月除役为杂务船；1873 年抛售。

"敏顿"（Minden，地名）号："恒河"（Ganges）级三等战舰；1810 年 6 月 19 日下水；1,721bm；炮十八门（十八磅弹炮四门、三十二磅弹短程重弹轻炮十四门）；1842 年 4 月除役为驻香港的医院船；1861 年 7 月 4 日在港抛售 [10]。

"谦虚"（Modeste）号：该级通甲板型炮舰的首制舰（该级仅一艘）；1837 年 5 月安龙骨，1837 年 10 月 31 日下水；562bm；炮十八门（三十二磅弹炮二门、三十二磅弹短程重弹轻炮十六门）；1866 年 3 月抛售。

"善猎者"（Nimrod）号："雅图"级六等战舰；1821 年 10 月安

10　此舰黎柯昔及茅海建均不录，其充作驻港医院船见 William D. Bernard, *Narrative of the Voyages of the Nemesis*, Vol. 2, p. 512.

龙骨，1828 年 8 月 26 日下水；原名"安德路墨达"（Andromeda，神话人物）号，1827 年 5 月 10 日易名；1853 年 2 月除役为杂务船；1907 年 7 月 9 日抛售。

"北极星"（North Star）号："雅图"级六等战舰；1820 年 4 月安龙骨，1824 年 12 月 7 日下水；1849 年除役为杂务船；1860 年 3 月 15 日解体。

"鹈鹕"（Pelican）号："巡航者"级双桅炮舰；1812 年 1 月安龙骨，1812 年 8 月下水；1845 年拨归海岸巡防队；1863 年 6 月 7 日抛售。

"鸻"（Plover）号：1842 年 2 月购入"彭廷克"（Lady William Bentinck，人名）号商船改装而成的测量巡逻舰；213 bm；原备炮十门；1854 年 11 月 24 日抛售。

"皮兰德"（Pylades，神话人物）号：该级炮舰的首制舰（该级仅一艘）；1823 年 3 月安龙骨，1824 年 6 月 29 日下水；431 bm；炮十八门（九磅弹炮二门、三十二磅弹短程重弹轻炮十六门）；1845 年 5 月解体。

"响尾蛇"（Rattlesnake）号："雅图"级六等战舰；1819 年 8 月安龙骨，1822 年 3 月 26 日下水；1839 年用作运兵舰，炮械当减少；1846 年改装为测量舰，仅备炮二门；1860 年 1 月 30 日解体。

"保皇者"（Royalist）号：1841 年 7 月 9 日在中国购入之前"玛莉哥顿"（Mary Gordon）号商船；249bm；炮八门（十二磅弹炮四门、六磅弹炮四门）；1857 年除役为杂务船；1895 年 2 月 14 日抛售。

"三宝垄"（Samarang，地名）号："雅图"级六等战舰；1821 年 3 月安龙骨，1822 年 1 月 1 日下水；1847 年 5 月除役为杂务船；1883 年 10 月抛售。

"蓝宝石"（Sapphire）号：该级六等战舰的首制舰（该级仅一

艘）；1825 年 11 月安龙骨，1827 年 1 月 31 日下水；604 bm；炮二十八门（九磅弹炮二门、三十二磅弹短程重弹轻炮二十门、十八磅弹短程重弹轻炮六门）；1839 年用作运兵舰，炮械当减少；1847年除役为杂务船；1864 年 11 月 5 日抛售。

　　"毒蛇"（Serpent）号："蛇"（Snake）级双桅炮舰；1832 年 2月安龙骨，1832 年 7 月 14 日下水；418bm；炮十六门（十八磅弹炮二门、三十二磅弹短程重弹轻炮十四门）；1857 年 12 月除役，作炮靶用；1861 年 7 月解体 [11]。

　　"椋鸟"（Starling）号："云雀"（Lark）级巡逻供应舰；1829年 6 月安龙骨，1829 年 10 月 31 日下水；107bm；炮四门（六磅弹炮二门、六磅弹短程重弹轻炮二门）；1834 年用作测量舰；1849—1858 年借给利比里亚政府；1860 年解体 [12]。

　　"硫磺"（Sulphur）号："赫克拉火山"（Hecla）级投弹舰（bomb vessel）；1824 年 5 月安龙骨，1826 年 1 月 26 日下水；372 bm；炮十二门（13 吋臼炮一门、10 吋臼炮一门、六磅弹炮二门、二十四磅弹短程重弹轻炮八门）；此为英海军最后一艘投弹舰；1835 年用作测量舰，备炮八门（仅剩那些二十四磅弹轻炮？）；1843 年除役

11　舰名重用是欧美海军的惯常运作方式（日本亦然），但同名舰不可以同时存在。本文所讲诸舰即涉及两种不同的"蛇"级舰，前者（通甲板型）含舰四艘，后者含舰两艘，而通甲板型的一组内有舰取名"巡航者"，该名又是另一级舰的首制舰之名。虽然有关舰只都不是并存的，还是有说明以免误会的必要。参见 David Lyon, *The Sailing Navy List,* pp. 135, 140, 178.

12　前列的基本参考书外，兼看 Edward Belcher, *Narrative of a Voyage Round the World Performed in Her Majesty's Ship Sulphur during the Years 1836-1842, Including Details of the Naval Operations in China from December 1840 to November 1841*（London: Henry Colburn, 1843）, Vol. 1, p. 1.

为杂务船；1857 年 11 月 20 日解体 [13]。

"塞莉亚"（Thalia，神话人物）号："莉达"（Leda，神话人物）级五等巡航舰；1828 年 2 月安龙骨，1830 年 1 月下水；1,052bm；炮四十六门（十八磅弹炮二十八门、九磅弹炮十门、三十二磅弹短程重弹轻炮八门）；1855 年 12 月除役为杂务船；1867 年 11 月 25 日解体。

"复仇性的"（Vindictive）号："舰队"级三等战舰；1808 年 7 月安龙骨，1813 年 11 月 23 日下水；1832 年 10 月改装为四等巡航舰，炮数减为五十门（全为三十二磅弹炮）；1862 年除役为杂务船；1871 年试图抛售时沉搁，终在是年 11 月 24 日以残骸形式售出。

"雌狐"（Vixen）号："监工"级木壳明轮炮舰；1840 年 6 月安龙骨，1841 年 2 月 4 日下水；1862 年 11 月 12 日抛售 [14]。

"飞驰"（Volage）号：该级六等战舰（该级仅一艘）；1819 年 8 月安龙骨，1825 年 2 月 19 日下水；521 bm；炮二十八门（九磅弹炮二门、三十二磅弹短程重弹轻炮二十门、十八磅弹短程重弹轻炮六门）；1847 年用作测量舰；1855 年除役为杂务船；1874 年 12 月 12 日解体。

"漫游者"（Wanderer）号："竞赛者"级双桅炮舰；1833 年 2

13　Edward Belcher, *Narrative of a Voyage Round the World*, Vol 1, p. 16; Vol 2, pp. 140-241; Chris Ware, *The Bomb Vessel: Shore Bombardment Ships of the Age of Sail*（London: Conway Maritime Press, 1994）, p. 68.

14　David K. Brown, *Paddle Warships*, pp. 30-31, 及 *Sail-Steam List*, p. 160. 茅海建虽录此舰，却误指为武装商船。那是对原始资料记其为 armed steamer 的误解。Steamer 不作日后汽轮之义，而是特别指明这是以蒸汽为动力的新颖舰只，以别于前此单靠风力航行者。按今人所用的名称，此等舰只（包括上述的"雅丽亚典"和"监工"）该归类为 wood paddle sloop（木壳明轮炮舰）。

月安龙骨,1835 年 7 月 10 日下水;1850 年解体。

"威尔斯利"(Wellesley,人名)号:"康华里"级三级战舰;1813 年 5 月安龙骨,1815 年 2 月 24 日下水;1854 年用作警戒舰;1868 年 6 月 18 日易名"康华里"号,并用作练习舰;1940 年 9 月 24 日遭空袭,沉于泰晤士河(Thames)。

"狼獾"(Wolverine)号:"竞赛者"级双桅炮舰;1832 年 2 月安龙骨,1836 年 10 月 13 日下水;1855 年 8 月 11 日沉没。

"青春女神"(Young Hebe)号:1839 年在中国购入之 22bm 供应船;无武装;1847 年抛售。

(二)东印度公司舰船 [15]

"棒条"(Ackbar)号:木壳明轮炮舰;1841 年建成;1,143bm;

---

[15] 东印度公司舰船的资料十分零碎,不易追查,主要原因在于它们不算是海军单位,一般记述海军舰只的书籍都不会理会它们。即使马士(Hosea Ballou Morse, 1855—1934)的 *The Chronicles of the East India Company Trading to China, 1635-1834*(Oxford: Clarendon Press, 1926—1929),5 vols,详记 1635—1833 年间该公司与华贸易诸舰船,亦未见鸦片战争期间侵华舰船有任何一艘在书中各舰船名单内出现。后来查检出版不久的 Jean Sutton, *Lords of the East: The East India Company and Its Ships*(*1600-1874*)(London: Conway Maritime Press, 2000),满以为必能帮忙。岂料所录东印度公司舰船亦止于 1833 年服务者,在书中 pp. 147-155 所提供的单子里仍然不见该公司的任何侵华舰船。这情形有一可能的解释,即鸦片战争期间东印度公司派遣参加侵华活动的舰船都很新,故在止于 1833 年的名单内找不到它们。这样去理解可以和下文结论部分的第(四)项观察相配合。很幸运,此等东印度公司舰船还是有若干艘包括在 Sutton 书中讲蒸汽动力轮船的一章内(pp. 116-126),而更幸运的是,此等舰船绝大多数终都在新书 *Sail-Steam List* 内找到了;另有两篇最近偶能检及的四五十年代旧文, Victor F.L. Millard, "Ships of India, 1834-1934," *MM*, 30:3(July 1944), pp. 144-153; C.A. Gibson-Hill, "The Steamers Employed in Asian Waters, 1819-39," *Journal of the Malayan Branch of the Royal Asiatic Society*, 27:1(May 1954),(转下页)

350 匹马力；炮六门；1859 年 2 月抛售[16]。

"艾达兰特"（Atalanta, 神话人物）号：木壳明轮炮舰；1836 年建成；620 bm；210 匹马力；炮五门（六十八磅弹炮一门、三十二磅弹炮四门）约 1850 年解体。

"奥克兰"（Auckland, 地名）号：木壳明轮巡航舰；1840 年 1 月 9 日下水；946 bm；220 匹马力；炮六门（8 吋炮六门）；1863 年除役为杂务船；约 1874 年抛售。

"曙光女神"（Aurora）号：不详。

"事业"（Enterprize）号：约 580bm；120 匹马力；1838 年 7 月下水；余不详。

"胡格利"（Hooghly, 印度河名）号：木壳明轮炮舰；约 160bm；50 匹马力；1828 年月下水；余不详。

"马达嘉斯加"（Madagascar, 地名）号：木壳明轮炮舰；炮数不详；1841 年 8 月在台湾海峡意外焚毁。

"美杜莎"（Medusa, 神话人物）号：铁壳明轮炮舰；1839 年 12 月下水；432bm；炮数不详；1853 年 12 月 9 日在孟加拉（Bengal）海岸失事告毁。

"勉郎"（Memnon, 神话人物）号：木壳明轮炮舰；1841 年下水；1,140bm；400 匹马力；炮六门（六十四磅弹炮二门、三十二磅弹炮四门）；1843 年 8 月 4 日在东非索马里兰（Somaliland）海岸

（接上页）pp. 120-162，也提供若干难求别处的消息，资料遂可补入文中。有数据可稽者，果绝大多数为 1839 年前后所建成的新舰船。这些自印度调来的舰只，战事结束后，除一艘留在中国沿海做测量工作外，其余都重返在印度的原来岗位；见 D.J. Hasting, *The Royal Indian Navy, 1612-1950*（Jefferson, NC: McFarland and Company, 1988），pp. 24-25.

16 此舰不见于黎柯昔和茅海建的报告，惟见于 *Chinese Repository*, 11:9（September 1842），p. 517, 及 William D. Bernard, *Narrative of the Voyages of the Nemesis*, Vol. 2, p. 512.

失事告毁 [17]。

"复仇女神"（Nemesis）号：铁壳明轮巡航舰；1839 年 11 月 23 日下水；660 bm；120 匹马力；炮六门（三十二磅弹炮二门、六磅弹炮五门）、火箭发射器一个；1852 年抛售 [18]。

"地狱火河"（Phlegethon）号：铁壳明轮炮舰；1840 年 4 月 30 日下水；530 bm；90 匹马力；炮 4 门；1853 年仍服役。

"冥王"（Pluto）号：木壳明轮炮舰；1840 年建成；450 bm；100 匹马力；三十二磅弹炮一门。

"蒲尚皮娜"（Prosperine，神话人物）号：铁壳明轮炮舰；1840 年建成；400 bm；90 匹马力；十八磅弹炮二门。

"皇后"（Queen）号：木壳明轮炮舰；1839 年下水；760 bm；220 匹马力；炮二门；1860 年仍服务。

"塞索"（Sesotris，人名）号：木壳明轮炮舰；876 bm；220 匹马力；炮四门；服役起码至 1853 年。

"德兰尚依"（Tenasserim，地名）号：木壳明轮炮舰；1841 年下水；760 bm；220 匹马力；炮四门；约在 1853 年退役。

---

17 黎柯昔及茅海建不录此舰，惟 William D. Bernard, *Narrative of the Voyages of the Nemesis*, Vol. 2, p. 512 有该舰的在华纪录。

18 此舰在鸦片战争研究史上十分有名，因有本近千页之书记述其参役之经过，即注 6 所引的 William D. Bernard, *Narrative of the Voyages of the Nemesis*。Peter Ward Fay 之 *Opium War* 对此舰亦再三讲述（pp. 261-263 等页）；但从其视此舰之 660 bm 为 660 英吨去看（应是约 700 吨），此君对风帆时期的海军并没有足够的认识。另外，Ian Marshall, *Ironclads and Paddlers*（Charlottesville, VA: Howell Press, 1993）, p. 21; Gerald S. Graham, *The China Station: War and Diplomacy, 1830-1860*（Oxford: Clarendon Press, 1978）, pp. 140-167, 也有专章讲述该舰在鸦片战争期间的侵华活动，而从造舰技术角度去讨论此舰的报导当推 D.K. Brown, "The Introduction of Iron Warships into the Royal Navy," *The Naval Architect*, 1977, No. 2（March 1977）, p. 49.

三、结语

这张单子所显示的再清楚不过[19]。那支形同儿戏的遣华舰队完全反映不出英国是世界第一海军大国这个事实。英国因利益关系，兵力散布全球，除非遇到危及国家存亡的大战，海军实力不可能过分集中一处。这虽是实话，但那时英国用兵之处，全球仅中国一地，派遣支稍像样子的舰队绝不致影响其他地方的防卫力量。真的这样做，就算不求保证战果，起码也可给海军提供实战的经验。然而英国并没有这样做。要明了此事的底蕴，遣华舰队的特征就是最好的说明：

（一）舰队不单没有作为英海军皇牌单位的一等（first rate）舰，连下一层次的二等（second rate）舰也没有[20]。再其次的三等舰也不多；五十艘直属英海军的舰只当中，仅四艘（"布伦克"、"康华

19　这张单子没有收录一艘难于证实的"珍珠"（Pearl）号。此舰见于赵幼雄，《鸦片战争中的英国军舰》，《舰船知识》，213 期（1997 年 6 月），页 26—27。鸦片战争时期，英国虽确有一艘取名"珍珠"的小舰（558bm；炮二十门［九磅弹炮二门、三十二磅弹短程重弹轻炮十八门］），但未能从英国文献中确指其曾参加侵华行动。又赵文简略，所提供资料远不及茅海建诸作丰富（莫名其妙的错误却不少），且不交代史源，故上文考述诸英舰时，不列之为参考物。

20　风帆时期舰只的等次虽无绝对的划分准则，但称得上一等者最少该有一百门炮分置在三、四个炮甲板（gun deck）上。二等者的起码炮数是八十门。参见 Brian Lavery, *The Ships of the Line*, Volume 1: *The Development of the Battlefleet, 1650-1850*（London: Conway Maritime Press, 1983）, pp. 190-191; Andrew Lambert, *Battleships in Transition*, pp. 149-150; Brian Lavery, *The Arming and Fitting of English Ships of War, 1600-1815*（London: Conway Maritime Press, 1987）, pp. 120-121；George, pp. 50-51; Lincoln P. Paine, *Warships of the World to 1900*（Boston: Houghton Mifflin Company, 2000）, pp. 229-230.

里"、"梅尔维"、"威尔斯利")三等舰是战斗性的[21],远不及总数十分之一。

（二）复其次的是四等舰二艘（"恩德弥安"、"复仇性的"）、五等舰四艘（"金发人"、"康碧亚人"、"督伊德教祭司"、"塞莉亚"）[22]，和九艘六等舰[23]，以及排不上等次的各式小舰。这是一支头轻脚重，以杂牌军充数而舰只数目又小的舰队！

（三）英海军派遣五十艘舰只来华之事得从三个不同角度去看。除去十艘运兵舰、测量舰和杂务船，作战单位充其量是四十艘。此其一。五十艘是整个鸦片战争期间曾经在华的各式英舰的总数，不是某一个时段它们都悉数在华（譬如"硫磺"号的在华日期为1840年12月至1841年11月，尚不满一年）[24]。东印度公司的十六艘也不是全部同时在中国水域的。个别时段的真实作战力量还得再打折扣。此其二。应付风帆时期的一场重要海战，单方面动辄出动舰只以百艘计。鸦片战争历时数载，英海军遣华的舰只，不管是战斗性的还是辅助性的，前后合起来仅寥寥五十艘，在英国筹策侵华行动者的心目中，中国的海防力量究属何层次，不问而知。此其三。

（四）鸦片战争时期虽是风动和机动的转接期，明轮的机动舰只在英海军服役已二十多年。但遣华诸舰当中，仅三艘是这种新玩意（"雅丽亚典"、"监工"、"雌狐"）[25]。东印度公司参战的十六艘

---

21 "拜耳岛"号和"敏顿"号不算，因遣华前已分别改装为炮械大减的运兵舰和很可能全无武装的医院船。

22 原为四等舰之"木星"号和原为五等舰"太阳神"号不算，二者均在鸦片战争以前已改装为炮械大减的运兵舰。

23 原为六等舰之"蓝宝石"号在鸦片战争以前已改装为减少炮械的运兵舰。

24 这点注12所录Edward Belcher书之全名已说得够清楚。

25 "布伦克"号和"康华里"号在鸦片战争以后改装为机动。那是后话。

舰,倒包括明轮机动者最少十四艘(余下两艘虽属不详,内也可能有机动者):木壳者十、铁壳者二、不详木铁者二。铁壳者比木壳者进步,而英海军调来的三艘全是木壳的。英海军和东印度公司两来源的舰只显然有代沟。东印度公司以精品上阵,英海军则以快将除役之物充数[26]。

(五)英海军遣华诸舰虽有很旧之物(如上世纪遗留的"恩德弥安"号),但在比例上也有不少是舰龄不高者(特别是较小之舰)。可是,它们有一几乎共通的特点,就是鸦片战争结束后不算久,绝大部分都退役为各式各样的杂务船(医院船、监狱船、储煤船、弹药船等),甚至有不经过利用剩余价值的杂务船阶段便直接抛售或解体的,亦有径然充作炮靶的。如果说英海军故意拣选残旧舰只上阵,不该是夸张之言。

(六)风帆时期的海战所以每每要出动以百艘计的舰只,因为舰炮射击不准确,射程短,正规主炮的确实有效射程不出三百码(即 270 公尺)[27],拼杀只可能在短距离内进行[28],且因炮位固定朝左和朝右装置,通常仅有机会发射半数,甚至不足半数的炮械,故以舰多炮多来弥补这些缺陷。小舰为求以有限的空间和承载力提供较大的火力,通常都以短程重弹轻炮为主要炮械(这种炮的重量

---

26 何以英海军出动的单位几全是风帆舰,而主要的机动舰只均自印度调来,以及此等机动舰只在侵华活动中所扮演的角色,Basil Greenhill and Ann Giffard, *Steam, Politics and Patronage: The Transformation of the Royal Navy, 1815-54* (London: Conway Maritime Press, 1994), pp. 108-131, 有专章讲述。

27 Wayne P. Hughes, Jr., *Fleet Tactics: Theory and Practice* (Annapolis: Naval Institute Press, 1986), p. 41.

28 如近距离炮战不能击毁对方的话,就设法靠贴对方舰只,让水兵跳过去拼杀。因此舰只的设计多采舰壳内倾(tumblehome)之法,以增加对方水兵跳到自己舰上来的困难。

和长度约为同样口径正规炮者的四分之一）[29]，而仅备很小数的小型正规炮械。英海军遣华舰只大多数都属此类。这类舰只的特性很明显。它们是为在海面短距拼杀而设计的，主要炮械的近距离杀伤力虽大，射程却比射程本已很有限的正规炮械还要短。英海军不可能预期和中国水师在海面进行西方式的海战，所遣舰只的

---

29 不论短程重弹轻炮本身优劣如何，这种十八世纪七十年代已投入生产，上市之初确曾畅销一时的炮械，到了十九世纪中叶已是相当落伍之物。参考 [Lewis R. Hamersly], *A Naval Encyclopedia* (Philadeplhia: L.R. Hamersly, 1884), p. 114; Frederick Leslie Robertson, *The Evolution of Naval Armament* (London: Constable and Company, 1921), pp. 125-139; Wladimir V. Mendl, "Notes on Old Guns," *USNIP*, 63:10 (October 1937), pp. 1479-1483; Archibald, pp. 61, 63-64; Sidney John Gooding, *An Introduction to British Artillery in North America* (Ottowa: Museum Restoration Service, 1972), pp. 8-9; Peter Padfield, *Guns at Sea* (London: Hugh Evelyn, 1973), pp. 97, 100, 104-105, 108-110, 133, 154, 158, 160; Spencer Tucker, "The Carronade," *USNIP*, 99:8 (August, 1973), pp. 65-70; Ian Hogg, *A History of Artillery* (London: Hamlyn Publishing Group, 1974), pp. 71-72; 黛治夫，《艦炮射撃の歴史》（东京：原书房，1977 年），页 38—40 ;Ian Hogg, and John Batchelor, *Naval Gun* (Poole, Dorset: Blandford Press, 1978), pp. 20-24; David Harding, ed., *Weapons: An International Encyclopedia from 5000B.C. to 2000 A.D.* (New York: St. Martin's Press, 1980), p. 173; Brian Lavery, *Arming and Fitting of English Ships of War,* pp. 104-109, 123-125; John Munday, *Naval Cannon* (Aylesbury, Bucks: Shire Publications, 1987), pp. 23-30; John E. Talbot, "The Rise and Fall of the Carronade," *History Today*, 39 (August 1989), pp. 24-30; Spencer Tucker, *Arming the Fleet: U.S. Navy Ordnance in the Muzzle-Loading Era* (Annapolis: Naval Institute Press, 1989), pp. 41-42, 85, 93, 120-125, 134, 141, 159, 162, 264; William Roberts, "That Imperfect Arm: Quantifying the Carronade," *WI*, 33:3 (September 1996), pp. 231-240; Lincoln Paine, *Warships of the World to 1900*, p. 227; Hans Mehl, *Naval Guns: 500 Years of Ship and Coastal Artillery* (London: Chatham Publishing, 2002), pp. 39-42. 侵华英舰数目本已奇小，复以此等落伍炮械为主要武器，实力之弱，不必再表。中国守土者掌握时空优势，以逸待劳，就算把来犯的英海军打得落花流水，也胜之不武。林则徐辈采弃洋就河笨计，以致无法御侮，竟被后人誉为英明果断，评论之颠倒乾坤当以此为极。

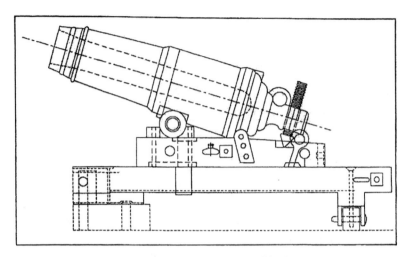

装在滑架上的 32 磅弹短程重弹轻炮

主要任务为对岸作战（如支援海军陆战队的行动）。即使不怕岸上炮火，舰只为防搁浅，还是不能太接近岸边的。既然大多数舰只的大部分炮械都射程极短，攻岸的收效岂不大打折扣？诸舰当中，本来有一艘专为攻岸而设计的投弹舰。但那艘"硫磺"号在鸦片战争前好几年已改装为测量舰了。

　　看完这些，不难得出英国不把中国的海防力量看作是一回事，仅派遣一支量弱质差，且性能与使命不符的舰队来执行侵华的任务之结论。在整个鸦片战争期间，英国只损失了三艘舰：1841 年7 月 21 日，巡逻船"路易莎"号在香港遇台风沉没[30]，东印度公司的"马达嘉斯加"号于 1841 年 8 月在台湾海峡失事焚毁[31]；1842

30　W.P. Gosset, *The Lost Ships of the Royal Navy, 1793-1900*（London: Mansell Publishing, 1986），p. 108; *Royal Navy Ships*, p. 208.

31　W.P. Gosset, *Lost Ships of the Royal Navy*, p. 108; *Royal Navy Ships*, p. 214.

年 6 月 28 日(《南京条约》签订前二月），明轮炮舰"雅丽亚典"号在舟山群岛遇事沉没 [32]。三事均与中国所采的军事行动毫无关系。上文分记各舰的终结日期和情况，亦足证明没有一艘侵华英舰是在鸦片战争期间在华毁于战火的。英国并没有估低中国的海防力量。

这并不等于说中国只有挨打的份儿，更不等于说中国应采弃外洋，守内河，专赖岸上炮台的被动性策略。聪明之法当是利用沿海地形设伏，候英舰驶近时，万舟齐发(各船拆下炮械，以增速度，根本不准备和英方打彼优我劣之海上炮战)，效果必可期。彼方一轮炮火的破坏力是有限的。那时的舰炮都是单发的，每舰复只有不超过半数的炮械能用以应付来自陆上方向的攻击，加上舰只数目本来就很有限，不可能发射一次排炮便结束战斗。再装弹，手续繁琐，未必有此机会。我方未毁船艇一旦靠近彼舰，即可飞索攀登，短兵攻击。那时我众彼寡，情势就大不同了(只有一发的步枪和手枪也难让英人占大便宜)。这是仅宜在近海采用的战术，用于内河就会自受环境所困。中国的筹策者如林则徐(1785—1850)却盲目自屈，弃洋就河，倚靠岸上装备陈旧的死炮台去应付海上的活敌舰！迄来论鸦片战争者恒盛称此为高明之策！欲治中国海军史，得先熟悉世界海军史，才能避免陷入井蛙乱鸣的窘境。此例是很好的说明。

解释中国为何不能抗拒英人入侵的文章数目相当，但说来说去，总离不了清廷腐败、国防硬件老旧、队伍(包括水师)训练疏懈等陈腔滥调 [33]。何曾有人在没有否定这些因素之余，考虑过侵华英

32　W.P. Gosset, *Lost Ships of the Royal Navy*, p. 108; *Royal Navy Ships*, p. 37.

33　这类文章甚多，兹举一篇较近期者以例其余：沈波，《从清朝海防看鸦片战争失败的原因》，《杭州大学学报》(哲学社会科学版)，1993 年 2 期(6 月)，页 86—91。

海军会否是银样镴枪头？本文就是试图说明，倘御侮者按英海军之弱点策定战术，凭我之长攻彼之短，且肯付出不计火力差距，以众拼寡的代价，中国确应有赢得漂漂亮亮的机会。至于英国被打败后，会否不断增兵东来，务求必胜，那是另外的问题，不能混为一谈。

> ——《海军学术月刊》，34 卷 9 期（2000 年 9 月）；修订本收入林启彦、朱益宜编，《鸦片战争的再认识》（香港：香港中文大学出版社，2003 年）

后 记

这篇以不同版本发表过两次的文章还有可以再改良的机会。前次修订时虽补入了不少资料，因而与首刊时颇有不同，却仍以未能稍多解说东印度公司诸舰船为憾。幸而 Lyon and Winfield 新出版的 *Sail-Steam List* 有不少这种可遇不可求的资料。此书亦提供了若干零星小舰船前所未闻的资料。原先开列侵华英舰的数据时用了五本书，现除增用 Lyon and Winfield 的新书外，还添入以前漏了的 John Bastock, *Ships of the Australia Station* 和 Andrew Lambert, *Battleships in Transition*，而 *Royal Navy Ships* 则换用刚出版的扩充修订本。这十本表面上与中国毫无关系的书都是治中国近代海军史者，即使参用西方资料，也不大可能会顾及的。

另外，正文和注释也有若干增订之处，这些都不必特别说明。这篇文章修补至此已十分满意了。

2007 年 1 月 15 日

奥意利萨海战及其对北洋海军黄海海战布阵的影响

倘若舰数、总排水量、舰龄、炮数等表面数据足够反映一国海军的实力的话，1866年的意大利海军应坐三望二，直逼英法。奥地利的情形刚刚相反，海军传统浅，舰只数量小，新旧杂陈（且旧多新少），仅能勉强拼凑成军。等级如此悬殊的两支海军要是决一死战，战果可说不待交锋而明。然而强者竟被杀得惨败，加上胜者用横阵，负方采纵阵，遂有人援以证明北洋海军在甲午战争黄海之役（1894年9月17日）用横阵应战是正确的。不管所论正误如何，利萨海战的过程和性质还是得先弄清楚的。关于此役的中文评述，尚未见超过七八百字者。在此说得详细点，谅读者不会嫌冗长。

十九世纪中期，普鲁士（Prussia）和奥地利争夺德意志统一权。1866年6月14日，普鲁士在铁血首相俾斯麦（Otto Edward Leopold von Bismarck, 1815—1898）领导下首先进攻奥地利。和普鲁士有盟约的意大利在6月20日对奥宣战，以谋收复威尼斯（Venice）。普鲁士陆军旋屡报捷，意国陆军则在6月24日遭奥军打得溃败。意大利希望利用海军优势，打一两场漂亮的海战，议和时可多些谈判的筹码。

意大利宣战之日，该国海军总司令伯爵蒲桑诺上将（Carlo Pellion di Persano, 1806—1883）奉命率舰队（他拖延数日才采取行动）自南部的大兰多湾（Taranto）驶往亚得里亚海（Adriatic Sea）海岸中段的安科纳港（Ancona），以便监视驻守普拉（Pola，东北去安科纳 90 哩）的奥国舰只；继且得扫荡敌舰，封锁敌港之令。

奥国有自知之明，统率海军的铁吉豪少将（Wilhelm von Tegetthoff, 1827—1871）仅获令南以东南距普拉 165 哩的利萨岛（Lissa，此为意大利名。该处现名 Vis［维斯岛］，后为南斯拉夫属土）为活动界限。然而勇者果断而不惧，意国舰队抵安科纳后仅两日，铁吉豪便于 6 月 27 日在港外列阵挑战。蒲桑诺竟不理。期望他主动向弱敌索战，更是不可能之事。

缺乏斗志的蒲桑诺其后仅在亚得里亚海中段作布阵和打旗号的演习，而不利用这机会去让数目相当，却未经训练的炮手操习一下不少还是新装的炮械。等到意皇下令他向对方舰只及堡垒采行动时，他才决定夺取西南离安科纳仅 130 哩的利萨岛。此岛控制达尔马希亚（Dalmatia）海岸，占领了它确可用作谈判和约的筹码。况且岛上虽有堡垒，但驻军不足两千人，在岛东北端的主要港口圣乔柯基奥港（Porio San Giorgio）又既没有布雷，复无防军，看似是唾手可得之物。蒲桑诺分明企图取易舍难，弄点可向上级交代的战功便算了事。

奥方在铁吉豪指导下的备战全不是这样子的。年未满四十一，但自十八岁即服务海军，两年前还在北海海姑兰岛（Helgoland）海面和丹麦海军打过一场胜负难分的海战的铁吉豪胸有成竹。自 4 月受命以来，短短两三个月，他便把手上那批多属破铁朽木的舰只修复到可以上阵的程度（虽然仍不免是互协性不高的杂牌军），天天严督诸舰练习射击。他明白自己的炮械绝大多数为射程极短的前装滑膛炮，而对方多的是来福线炮，故非逼近作战不可。他因此计划通过阵法去创造利己的场面。当时海军用的是有烟火药，加上烟囱喷出来的煤烟，近战等于在浓烟中混战！铁吉豪对此早有准备。他把自己的舰只全漆黑色（烟囱则用不同颜色以资区分），以便和漆灰色的意舰分别开来。不单如此，他还早和各将佐说明全盘计划，使能共朝目标努力。他更对大家说，倘他战死，就由旗舰"麦心"（Erzherzod Ferdinand Max，5,130吨，1866年）号巡航舰的舰长史顿理（Max von Sterneck，1829—1897）接替；但主帅旗不下，以免影响军心。铁吉豪确是难得一见的将才。

利萨海战就在双方激烈备战的情形下展开。

蒲桑诺于7月15日自安科纳出发，短短的路程，17日才抵利萨岛。其后两日意国舰队用六百门炮向该岛攻击。因岛上的防御工事多设于高地，意方要消耗大量弹药才能射中它们（蒲桑诺事前没有调查这座山岛的地势和防御工事的分布情形）。单是旗舰"意大利"（Re d'Italia，5,610吨，1864年）号巡航舰在首日就射了一千三百发。守军的八十余门小口径炮很难伤及意方的舰只，黄昏时不支之势已现。蒲桑诺却不登陆（他有步兵六百人），而用要求增援作为不采行动的借口。

次日（19日），意大利在英国订制的撞击舰（ram）"亚风达多利"（Affondatore，4,006吨，1866年）号刚建成，赶到利萨岛；有人说，单凭此舰便足扫荡美国整国的海军。同时抵达者还有数船援兵，蒲桑诺可以调动二千二百人去抢滩了。于是他下令炮轰圣乔柯基奥港，并派舰队中数一数二的中央炮台型铁甲舰（central battery ironclad）"可畏"（Formidabile，2,682吨，1862年）号入港主持接收。他的副手，海军中将欧宾尼伯爵（Giovanni Battista Albini，1812—1876），同时带兵在附近登陆。蒲桑诺哪能预料，他昨日不乘机登陆，对方已彻夜重新部署。"可畏"号一入港，顿成笼中鸟，被打得起火燃烧，舰员亦伤亡惨重，逼得割锚而退。欧宾尼的兵也没有登陆。天渐黑,意方只好退兵。

同一天,1400,铁吉豪带队自普拉出发。天阴浪大,舰队以5.5浬时速挣扎南下,看来好几艘舰根本不可能在这种情形下开火攻击。

20日清晨,虽然意国舰队已消耗了大半数的弹药,舰只又伤了几艘("可畏"号驶返安科纳),燃料复普遍不足,且风浪极大,能见度差,蒲桑诺还是计划再试登陆。

0750接获侦察舰说西北偏西有可疑舰只的消息后,蒲桑诺命欧宾尼中止已开始的登陆行动,把已上岸的兵士留在那里,待后救出,先率舰队去和他配合行动。其实,奥方的侦察舰在差不多一小时前已向铁吉豪报告了意方的位置。

奥方采楔形横阵三排。首排为铁甲舰七艘(都是巡航舰),以旗舰"麦心"号居中。次排为风帆时期双层主线舰(ship-of-the-line)(已机动化)一艘、木质巡航舰五艘,和木质轻巡航舰(corvette)一艘,以居中的那艘风帆双层舰"凯撒"(Kaiser,5,194bm,1863年)号为该组的旗舰。其余小木质舰七艘组为第三排。另有机动侦察舰一艘、明轮侦察舰三艘、双桅纵帆船二艘。排与排之间,同样位置的舰只前后成纵线。这阵法的用意很明显。奥军要冲断对方的阵形,再掌握随后的混乱场面,各舰悉数投入,觅机采用舰首撞击战术。这样对方的炮火和装甲便难发挥作用。这是创意高,利于应付被动性对手,却难在不同的环境仿效的战术。

蒲桑诺采前后夹攻法。他集合附近的九艘铁甲舰(巡航舰七艘、炮舰一艘、撞击舰一艘),组成三段纵阵(除在返基地途中的"可畏"号外,另有两艘铁甲舰自岛南来晚了,终没有参战),自领去横掠敌阵,攻其左翼。欧宾尼则率诸木质舰去包抄敌后。果真如此,铁吉豪的计划实施起来就必然效果大打折扣。可是,意方迎战的只是那九艘铁甲舰。不管蒲桑诺如何用旗号急命夹攻,未战先怯的欧宾尼终不肯带队参战（事后他辩说未接到命令）!

1000，双方已接近到看见对手了。

双方愈驶愈近之际，蒲桑诺突发奇想，觉得主帅应在战线外指挥，便和属僚自排列第四的旗舰"意大利"号移驻靠右平驶的"亚风达多利"号。因为不少舰只不察觉主帅换了座舰，遂不知所从，传达命令大费周章。其尤甚者，当"意大利"号停下来，让蒲桑诺等下船时，前三舰不知究竟，继续前航，拉远了它们和其后诸舰的距离，中间弄出一大空隙。

就在这时候（1045），意方开火，奥方还击。在浓烟遽起之际，奥方首排各舰就从空隙直冲过去，把意方切成两截。前三艘意舰即射击这组奥舰的左翼，这些奥舰则左转还击。同时，首排奥舰右翼诸舰右转去攻意方列阵的居中舰只，而这些意舰则成单纵线左转去射击奥方的第二排大木质舰。指挥第二排的皮施准将（Anton von Petz）率舰右转避开，继而和左转来迎的意舰队末尾各舰互射一阵子，然后续右转去攻击尾随的意方木质舰。那些抗命不参战的意方木质舰旋即漫无目标地往南驶离战场。

其后雾、煤烟、炮烟使战场的能见度大减，战斗亦转为混战。作为蒲桑诺座舰的"亚风达多利"号在到处找寻撞击对象无结果后，两次试图碰撞"凯撒"号都不成。"凯撒"号倒在1100撞中意舰"钵托嘉劳"（Re di Portogallo，"意大利"号同年建成的姊妹舰）号，双方都受伤不轻，木质的"凯撒"号且在互碰时被对方的炮火击中致起火焚烧。最后在"亚风达多利"号和另一艘意舰连环攻击下，"凯撒"号只好由其他木质舰护送于1315进入圣乔柯基奥港。其后，这批奥方木质舰再转回战场（同是木质舰，奥意双方者竟有天渊之别的表现）。

整场海战中最惊人者为奥方旗舰"麦心"号撞击"意大利"号的一幕（奥方一直以为这是意人的旗舰，故屡成攻击对象）。混战当中，"意大利"号的左舷不单横拦在"麦心"号之前，而且还因船舵失灵（或者是早些时候被"麦心"号撞过一次的结果），仅能向前直驶或向后直退，前面又给另一艘奥舰挡住，遂呆在水中。眼见此千载一时机会，史顿理下令"麦心"号全速拦腰撞过去，正中机房部分，直撞入6呎许。"意大利"号给撞得向右极度倾斜。当"麦心"号徐徐后退时（这是预先训示各舰的作战程序），"意大利"号猛烈自动扶正，逼使数以吨计的海水从300平方呎的破洞（半在水线下）灌入，旋即失去控制，翻身沉入海中。时为1120。沉没时，士气激昂而训练差透的舰员还高呼"天佑我皇"（见图4）!

铁吉豪把"麦心"号唯一的救生艇放下海去抢救"意大利"号的舰员，并命通报舰（despatch vessel）"伊莉莎伯皇后"（Kaiserin Elizabeth，1,470吨，1861年）号去参加拯救工作。附近的意舰不分青红皂白地向"伊莉莎伯皇后"号射击，使之连中四弹，救敌之举只好放弃。

时意方的装甲炮舰（armoured gunboat）"巴勒士图露"（Palestro，2,165吨，1866年）号舰尾无护甲部分中弹起火，退出战场。

午后不久，双方重新组配，而两军位置对易。奥方背岛面海，舰只仍分三横排，以铁甲舰居外。蒲桑诺训令诸舰务必作近战（算不算即席偷师？），自己却不带队逼近，而数艘铁甲舰又传告无法保持列位。欧宾尼率领的诸木质舰（组内还有一艘铁甲舰）更抗命到底，不肯列位。这一切弄到蒲桑诺不知如何是好。

这样双方对峙好一段时间。意方愈弄就离利萨岛愈远，终于在晚间向安科纳返航。铁吉豪见没有再战的机会，自己的舰只又缺乏追逐的速度，便于1400率队胜利地驶往圣乔柯基奥港。

1430，还在燃烧的"巴勒士图露"号因火焰延及弹药，爆炸起来。舰员死者泰半。

到了1600，蒲桑诺才问"意大利"号究竟在哪里！部下以实情告之。明早回安科纳后,蒲桑纳以捷报上呈。他的理由是,交战后他仍坚守阵地数小时!

是役也,奥方死三十八人,伤一百三十八人。铁吉豪以弱驱强,得全利萨岛,而且受伤诸舰悉保存战斗力(连古董明轮舰也不例外),连暂得退避的"凯撒"号亦在两天后修复,战功不可谓不伟。

意方在是役(连同登陆时的损失)死六百十二人,伤三十八人,被俘十二人,新舰"意大利"号和"巴勒士图露"号沉没,巡航舰"圣马丁诺"(San Martino,4,201吨,1864年)号重伤。8月6日,"亚风达多利"号在风雨中沉没于安科纳港内,当与战役中所受损伤有关。

蒲桑诺此役之表现实在莫名其妙。凭意方的优厚条件(奥意是役的比例为,舰数1对1.99、总炮数1对1.66、来福线炮数1对11.48、排水量1对2.64、马力1对2.57),他绝对有自始即积极索战,夺取制海权的本钱,而不该浪费大量人力物力去抢一小岛。如果他觉得不宜在太接近对方基地的水域和铁吉豪交锋,起码也应采防范敌人干挠的措施。虽然两国战事已经进行了好一段日子,到奥国舰队直扑而来,他才仓皇应战,召集散乱,甚至公然抗命的单位,匆匆列阵出战。明白蒲桑诺是个政坛有成,论海军功业则平平无奇,且年近退休的人物,才易理解他的乏斗志和应付海战时所表现的草率、愚昧和犹豫。

如果说蒲桑诺的表现一无是处,当然言过其辞。他之采单纵阵,企图绕攻对方左翼,表示他想利用自己在炮火和速度的优势(这点和日人在黄海海战的决策正同)。夹攻之法,倘能实施,自然是更高明的招数。可惜,这被他驾御部下无方和临阵易旗舰抵消有余。一旦双方陷入混战之局,炮火、装甲和速度的优势本来就会大打折扣,更何况意方的射击在整场战役中都差到离谱(有时竟慌张到未装上弹药便发炮)。

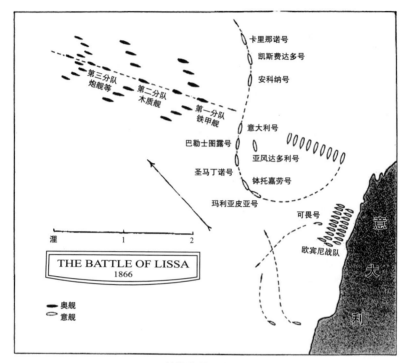

利萨海战示意图

战后,蒲桑诺以无能、疏忽、抗命、胆怯、叛国诸罪受审。除最后两项外,其余判决罪名都成立。他被革除官阶,与欧宾尼一同被逐出意国海军。

铁吉豪是役的成功之处,综合言之,当为知彼知己、果断敢为、目标明确、计划周详、领导有方。具显示性的是,如用这些准则去衡量指挥黄海之战的中日将领,就不难发现,这些项目没有一项能适当地用来形容丁汝昌、刘步蟾(1852—1895,见图5)诸中方领导人物,而日将伊东祐亨(1843—1914,见图6)、坪井航三(1843—1898,见图7)却均可无愧色地悉数接受这些美誉。

铁吉豪凯旋后,即升为海军中将。两年后,他当了奥国海军总司令,续尽一己之力去发展该国海军。1871 年 4 月 7 日,这位一代名将以急疾卒,年仅四十四岁。

因为这场历时仅一小时许的战役战果既出人意表,又是世界海军进入铁甲舰时代后的第一场大规模海战,而下一场规模相似且备受世界触目的海战就要待黄海海战了。在这两场海战之间的近三十年里,利萨海战深深影响海军界的作战观念和对舰只设计的要求。这些影响最明显的三点是:舰首撞击战术、横阵和舰首直射。到采用这一套的北洋海军黄海失利,利萨海战的影响才告一段落,转归历史讨论的篇章里去。

在那近三十年的日子里,利萨海战的典范作用被极度夸张,主要是因为当时西方的海军领导人物在激赏弱胜强的罕例之余,忽略了器械规限战术的道理。铁吉豪拥有的器械虽殊不理想,奥方所采的战术倒与这些器械配合得仿如天授。这不等于说意方不采用同样的战术就必定错了,更不能说假如意方回避混战,而与奥方平衡而驶,以舷边炮火猛烈攻击的话,铁吉豪所采的战术仍会是正确的。

正因为北洋海军在黄海海战所布以主舰居中的人字形横阵与铁吉豪所采者如出一辙(一排与三排之分出于参战舰只数目之别,如果北洋海军提督丁汝昌有二十多艘舰只投入战阵,他也无可能全部排作一行的),模仿得很明显,因此有人援引铁吉豪之功来试证北洋海军选阵够正确。今人采此解释者,其食古不化的程度较北洋海军的主导将领还要严重,因为今人能看得到的利萨海战的讨论绝大多数都是甲午战争以后,甚至晚至二十世纪的刊物,此战役的真义早已大明[1]。如此偏颇地去引证还涉及基本治学

---

1 林濂藩,《中日甲午海战百年祭》(北京:中国社会科学出版社,1995 年),页 94—104,煞有介事地用颇长的篇幅搬出利萨海战如何如何来试图证明中方在黄海之战采横阵之正确,正是今人食古不化之佳例。本文(转下页)

法——考据不容引用自己不理解之事去充实证。

北洋海军所采战阵类似奥国舰队所用者固需解释,最值得注意的还是北洋海军的作战态度、将领才干、训练素质,甚至连作战过程(如若干舰只或故意留在战圈边缘,或迟迟不肯投入战圈)竟有不少地方酷似意方表现的翻版!

甲午前清廷海军学生往英国学习虽有三届之多,归国后居要职,可以向掌海防事宜的直隶总督兼北洋大臣李鸿章和统率北洋海军的丁汝昌等大员提供意见者还是限于首届者。该届学生刘步蟾、林泰曾(1851—1894)等在英学习时,正是舰首撞击法、横阵、舰首直射那一套处处深受利萨海战影响的时候。后来西方海军界对那场海战渐趋冷静,异议纷起,对上举三端的诚信程度遂颇不一。其中舰首冲角视为不可或缺确长久流行,数十年间,世界各国较大的外海舰只(中日舰只自不例外)几全装配突显的冲角(ram)。三者之中,很快便遭辩倒者就是横阵。这是舰速普遍增高、主炮射界扩大、舷炮作用提升、速射炮和机关炮世面等等因素所造成的必然结果。最值得留意的是,到了十九世纪八十年代末连奥国海军也认为横阵不可以再用了,要复以纵阵为本[2]。那时距甲午战争爆发尚有好一段时间。看来自英归国至甲午启衅,世界海军思想的转易、西方海军热烈争论的问题,刘步蟾辈都觉得无关

(接上页)随后列出西方自十九世纪末年以来讨论利萨海战之作,数量并不算少,出版背景也每有分别,一辈子当职业海军,前曾留学德国,后复长居美国(找洋资料也就方便)的林濂藩(1918— ,福州海军学校航海班第六届[1936年])竟孤陋寡闻至一款也没有用过。他唯一依靠的洋书却是一本作者背景一无所知,全不交代史源的通俗读物! 此君之一知半解,虚张声势,可兼看收入本书的《大陆上的中国近代海军史研究》一文之注42。

2 Lawrence Sondhaus, *The Naval Policy of Austria-Hungary, 1867-1918: Navalism, Industrial Development, and the Politics of Dualism* (West Lafayette: Purdue University Press, 1994), p. 97.

痛痒,并无留意(丁汝昌最倚重,委任为总兵的刘步蟾和林泰曾,以第一届留英海军学生的身份在英学习期间,根本未入海军学堂修读过[3],难怪对这类学科性之事不感兴趣),到头来不管七十年代流行的一套是否早属明日黄花,更不顾对方舰只性能如何(或应说知道极有限),舰首撞击、横阵、舰首直射这些古董战术便照本宣科,全体上阵。晚至在二十世纪长期当职业海军者,仍有人不单懵然不知,还振振有词地强调横阵如何正确[4]。

要明白北洋海军何以黄海铩羽,只要看看领导诸将对海战的本质,上不通(丁汝昌),下不明(刘步蟾辈),仅以盲目抄袭为满足,便知过半矣。

资料诠释

企图从利萨海战去解释北洋海军在黄海海战布阵之所由或布阵的得失,除了世界海战史(或海权史)这类浅谈即止的一般性读物外,不易找到较深入的参考著述。原始史料和详细评论并不缺乏,但绝大多数都是只有往德国和意大利去访求才有机会找得到的十九世纪德意两国的刊物。这场海战虽然对其后三十年西方的造舰观念和海战战术深具影响,但自从甲午海战、美西海战(1898)、日俄海战(1904—1905)等规模更大、牵涉更广、影响更深的战役发生后,久已乏人问津到连在百科全书也未必能找到稍长记述的冷落程度。

现还找得到的早期论著可以 John Knox Laughton(1830—1915),*Studies in Naval History: Biographies*(London: Longmans,

---

3 详见马幼垣,《刘步蟾和东乡平八郎——中日海军两主将比较研究四题》,《九州学林》,4 卷 2 期(2006 年夏季),页 178—234(此文收入本书)。
4 高挂马尾出身和留学德国招牌的林濒藩便是一例。

Green and Company, 1887）, pp. 148-193 为例。但真能代表早期探索的成就者, 则为韦鲁信（Herbert Wrigley Wilson, 1866—1940）可译作《铁甲舰战史》和《主力舰战史》的两部久享盛誉的名著中之有关章节: *Ironclads in Action: A Sketch of Naval Warfare from 1855 to 1895*（Boston: Little, Brown and Company, 1896）, Vol. 1, pp. 211-251; *Battleships in Action*（Boston: Little Brown and Company, 1926）, Vol. 1, pp. 42-55. 后者基本上是前者的提要, 仍应算是十九世纪的著述。

入二十世纪以后的论著虽数目有限, 且自第一次世界大战前夕至六十年代中期有一段漫长的沉寂时期, 然较平实中肯, 主要者有: William Laird-Clowes, "The Naval Campaign of Lissa: Its History, Strategy and Tactics," *USNIP*, 27:2（June 1901）, pp. 311-370, reprinted in William Laird Clowes, *Four Modern Naval Campaigns: Historical, Strategical, and Tactical*（London: Unit Library, 1902）, pp. 1-71; Michel Méryo, *La guerre navale moderne: de Lissa à Tsoushima*（Paris: Augustin Challamel, 1906）; Reginald Custance, *The Ship of the Line in Battle*（Edinburgh: William Blackwood and Sons, 1912）, pp. 47-73; Angelo Iachino, *La Campaign Navale di Lissa 1866*（Milano: Casa editrice Il Saggiatore, 1966）; Anthony E. Sokol, *The Imperial and Royal Austro-Hungarian Navy*（Annapolis: United States Naval Institute, 1968）, pp. 37-55; Jack Greene, "The Re d' Italia," *WI*, 13:4（December 1976）, pp. 308-313; Jack Greene, "The Re d' Italia," *WI*, 16:1（March 1979）, pp. 10-14; Lawrence Sondhaus, *The Habsburg Empire and the Sea: Austrian Naval Policy, 1797-1866*（West Lafayette: Purdue University Press, 1989）, pp. 252-259, 263-264。

——《海军学术月刊》, 28 卷 8 期（1994 年 8 月）

亨利华尔代沪所购美制舰考

一、引言

在清季发展新海军的历程中,发生两次遭委托代购舰的洋人乘机吞款,或吞款外兼侵权,终至清廷或地方势力,体面、舰只、钱财均蒙受严重损失的骇人事件。其一为咸丰十年(1860)至同治六年(1867)间,困扰数载,耗损七十余万两[1],连一艘小舰也得不到的阿思本(Sherard Osborn, 1822—1875)兵轮案。另一为常胜军统带华尔(Frederick Townsend Ward, 1831—1862)之弟亨利华尔(Henry Gamaliel Ward, 1834—1867,李鸿章等时人称之为亨楞华尔;下简称亨利以与其兄习用的汉名有别)于同治元年(1862)代沪订舰事件。阿思本兵轮案备受中外史家重视,故有关著述甚富[2],一般细节早有

---

1 阿思本兵轮案如何在支收之间令清廷损失七十余万两,戚其章,《晚清海军兴衰史》(北京:人民出版社,1998年),页135—136,有简明表列。

2 研究阿思本兵轮案有成者,以下列三书最为代表:吕实强,《中国早期轮船经营》(台北:"中央研究院"近代史研究所,1962年),页43—119;Jack J. Gerson, *Horatio Nelson Lay and Sino-British Relations, 1854-1864* (Cambridge, MA: Harvard University Press, 1972), pp. 68-69, 138-207, 217-243, 310-329; *Steam Navy*, pp. 16-19.

明确纪录。亨利代沪订舰之事则鲜有人道及,知见者仅一篇不算长之文和司马富(Richard J. Smith, 1944—　)研究华尔及其常胜军一书中旁涉之语而已[3]。

那篇文章就是于醒民的《一八六二年亨利华尔购买炮舰案》,《史林》(上海),1986 年 2 期(1986 年),页 62—71。此文(下简称于文)写得不错,事情的来龙去脉交代殊详,但有三个典型的缺点:(一)治中国近代史者多乏海军知识,中外学者皆然,苟遇海军问题(特别是与舰只有关者),几必捉襟见肘,漏误难免,而中国学者因更缺乏这种知识,犯此失时往往尤为严重。于文的情形即如此。(二)中国学者引用涉及外事的域外著述时,原著所用的资料经常仅以翻译形式列出来,而不录原文,害得连识晓涉及的外文者读来也仿如天书,徒浪费篇幅而毫不为读者提供按图索骥,继续追查的机制[4]。与此相关的,尚有更可怕的一面,即把人家列出的史源照搬过来,翻译出之,收为自己的注,而不重检原物,制造自己用过的假象。这些移抄的东西既仅翻译列出,就变成一失二错,连学者应有的诚实都不顾了。于文采用者正是这种双重陋习。(三)利用域外著述时,除体制之失和不够诚实外,还有更严重的毛病,即利用此等著述者通常仅有移抄的本领,鲜能补订,原著的失误遂照单全收,甚至弄到变本加

3　那本书是 Richard J. Smith, *Mercenaries and Mandarins: The Ever-Victorious Army in Nineteenth Century China*(Millwood, NY: KTO Press, 1978). 有关页数,以下有关注释分别列出。

4　于文列司马富之书作"史密斯:《雇佣兵们和老爷们》"而不附原文便是罔顾读者需要的显例。Smith 是欧美社会常见的姓氏,仅以"史密斯"出之便毫无识辨性。如果不先读过司马富之书,本有印象,谁能指认?要是根本不打算让读者能指认,方便他们按图索骥,列出来除了填充形式,还有什么作用可言?外文书目原文列出,不附翻译,直截了当,正确兼省篇幅,何乐不为?为何非要乱翻一顿,炮制成天书不可?

厉。于文就是跌进这种陷阱的代表。

亨利既借代沪购舰中饱私囊,购买的舰只是什么货色,那些舰只何去何从,该是探索此事时的一焦点。于文于此漏得厉害,错得糊涂。本文即为弥补这些缺失而写。

二、亨利华尔代沪订购舰只的始末大略

1829 年底华尔及其弟亨利自美来华觅职。这是华尔第三次来华;亨利则属首次。时太平天国之活动已威胁及上海外商的利益,华尔抵埠后即从军,不久便组织常胜军(初名洋枪队)以拒太平军,因不无成绩,遂赚得李鸿章的信任。经商的亨利与华尔配合,负起常胜军武器、弹药、船舶的供应,旋且通过其所设之华尔洋行(又名会乐洋行,Ward and Company)招揽生意而成为上海区的军火大代理商。在美采购事宜则由其老父承办,俨然成了家庭事业。华尔兄弟之活动使他们与买办杨坊(1803—1865)、江苏布政使吴煦(1809—1873)、江苏巡抚兼上海通商大臣薛焕(1815—1880)等官商权贵结为一集团。杨坊更以女妻华尔。

1862 年初,形势转变。太平军占领宁波,因而有港口可用,且谋置备舰只。上海亦觉得有备舰自保之必要。这可不纯是军事问题,政治环境使事情变得异常复杂。清廷、沪方、英方、美方、海关(也属英国势力范围)在拥有权、指挥权、生意利益、制御考虑,种种冲突和争持,以及求均衡的心态下,一时不易作出各方均能接受的安排。这形势加上华尔兄弟的巧妙布局终使沪方认为最妥当之法莫如集资托亨利在美国订购一支小型的私有舰队。亨利也搬出不切实际的低价预算,谓四十万两即可购得大兵轮一艘、小兵轮四艘,且连同水脚、炮械,和首批弹药都包括在此数之内来促成其事。

加上美国驻华公使蒲安臣（Anson Burlingame, 1820—1870），英
国驻远东海军总司令何伯（James Hope, 1808—1881）、法国驻远
东海军总司令卜罗德（Auguste-Leopold Protet, 1808—1862）均充
当他的说客，委任终告敲定，亨利乃于 1862 年 3 月携巨款自沪出
发，经香港、欧洲，赴美采购，沿途挥霍。

　　孰料事情旋起大变。9 月 21 日，华尔在浙江慈溪城外被太平
军击伤；次日于宁波毙命。亨利也就失去了靠山。开始了几年的
南北内战也使美国无力在中国与英国争夺利益，而认为若美国续
为中国训练陆军，海军的训练则由英国主持，已是理想的安排[5]。
亨利在美代沪购得的舰只都在相隔颇短的时间内转售给时正要
应付内战的美（北方）海军。亨利不久便在美国结婚，再也不回中
国了。

　　亨利在中国骗取的购舰费可能高达一百万两，使臭名远播的
阿思本兵轮案也屈居其下。在美售舰所得当然也进了他的私囊[6]。

5　继华尔出任常胜军统带者确为美国人白齐文（Henry Andrea Burgevine,
　　1836—1865），惟旋即为英人戈登（Charles George Gordon, 1833—1885）
　　所代取；见 Hosea Ballou Morse, *The International Relations of the Chinese
　　Empire*, Volume II（Shanghai: Kelly and Walsh, 1918），pp. 84-89.

6　事件始末的陈述，依据于文和 Smith, *Mercenaries*, pp. 28, 79, 90, 91, 95-
　　97. 另附以 Robert S. Rantoul, "Frederick Townsend Ward," *Historical
　　Collections of the Essex Institute*, 44:1（January 1908），pp. 1-49; Holger
　　Cahill, *A Yankee Adventurer: The Story of Ward and the Taiping Rebellion*
　　（New York: The Macaulay Company, 1930）; Richard Oakes Paterson,
　　"The Mandarin from Salem," *USNIP*, 79:2（February 1953），pp. 156-
　　167; Caleb Carr, *The Devil Soldier: The Story of Frederick Townsend Ward*
　　（New York: Random House, 1992）.

三、于文最大的失误

骗局虽终是骗局,但亨利用代沪订制的名义在美购得舰只数艘确是事实。这些舰只是怎样子的?是否有用之物?其后下落如何?转售价如何?追寻此等问题的答案怎也该算是考察这事件时的核心工作。有了这些答案才易判亨利的罪。于文于此只有寥寥数语(误字代他更正):

> 一八六二年秋末,所谓亨利从美国购来的"大清"(Dai Ching)号、"浙江"(Chikiang)号、"江苏"(Kiangsoo)号、"唐纳德"(Donald)号在上海仅作短暂停留,转瞬便全都返航美国。亨利把它们转售给美国政府。

下加一注,解释史源为:"《美国海事杂志》,一九五七年四月号,第一四七页;《雇佣兵们和老爷们》,第九一页。"[7]

这短短的几句话有二失:该说的(如那些舰的数据)不说,说了的(如舰队远航来沪)又错得滑天下之大稽。

在下文逐艘介绍这些舰只之前,不妨先把真相说出来:亨利只订购了舰三艘;这些舰只在转售给美海军之前,从没有一艘曾经驶离美国东岸,更不要说远道来沪后又返航美东了。

---

[7] 此注又是一错成二失之例。注之后半不成问题,说明于文此处的消息得自司马富书 p. 91。前半则是问题所在。第一,抄了司马富书中一注中所列之史源而未必曾检看原物(参看下文注 13)。第二,美国所刊期刊可译作《美国海事杂志》者不知凡几,如果不并读司马富书原文,有几人能指认出来?这期刊注 11 和随后正文都有交代,是 *American Neptune*; Neptune 是罗马神话中的海神尼普顿(即希腊神话中的 Poseidon [波惜冬]),怎容随意变之为"海事杂志"而仍期望读者能指认?胡乱翻译外文资料名称而不附原文简直就是唯恐天下不乱。

四、在美国南北内战显威风的"大清"舰

亨利所购三舰中以"大清"舰排水量最大,战斗力最强。其基本数据如下[8]:

---

8 James Russell Soley, *The Blockade and the Cruisers* (New York: Scribner, 1883), pp. 131, 146, 155; *Official Records of the Union and Confederate Navies in the War of the Rebellion*, Series Ⅰ, Volume 2 (Washington: Government Printing Office, 1895), pp. 275-277, 294, 304, 316, 334, 346; Series Ⅰ, Volume 9 (1899), pp. 96, 100; Series Ⅰ, Volume 14 (1902), pp. 373, 387-390, 395, 397, 402, 407, 413, 441-442, 452, 455, 476-477, 480-482, 501, 514, 594-595; Series Ⅰ, Volume 15 (1902), pp. 69, 113, 144, 176, 183, 217, 242, 258, 266-267, 274, 276-277, 282-283, 286-289, 291, 325, 347, 366, 387-388, 390, 400, 402, 417-419, 421, 431, 434, 462-463, 465, 506, 523-525, 542, 550, 555, 570, 588-590, 621, 656, 668, 671, 676; Series Ⅰ, Volume 16 (1903), pp. 4, 17, 28, 35, 38, 54, 118, 126, 133-134, 138, 155, 158, 170, 188, 190-202, 215-216, 311, 344, 357, 366-367; Series Ⅰ, Volume 27 (1917), pp. 518, 617; Series Ⅱ, Volume 1 (1921), p. 70; Eugene B. Canfield, *Notes on Naval Ordnance of the American Civil War, 1861-1865* (Washington, D.C.: The American Ordnance Association, 1960), p. 8; Navy Department, Naval History Division, *Civil War Naval Chronology, 1861-1865* (Washington, D.C.: Government Printing Office [?], 1961), PartⅢ, pp. 119, 129, 156; PartⅣ, pp. 12, 14, 62-63, 138; PartⅤ, pp. 30-31, 116; Bern Anderson, *By Sea and By Land: The Naval History of the Civil War* (New York: Knopf, 1962), p. 176; Jack Coggins, *Arms and Equipment of the Civil War* (New York: Doubleday and Company, 1962), p. 145; *DANFS*, Volume Ⅱ (1963), p. 232; Gibbons Ⅱ, p. 161; Spenar Tucker, *Arming the Fleet: U.S. Navy Ordnance in the Muzzle-Loading Era* (Annapolis: Naval Institute Press, 1989), pp. 231, 264; Chester G. Hearn, *Gray Raiders of the Sea: How Eight Confederate Warships Destroyed the Union's High Seas Command* (Baton Rouge: Louisiana State University Press, 1992), p. 87; Donald L. Canney, *Lincoln's Navy: The Ships, Men and Organization, 1861-1865* (London: Conway Maritime Press, 1998), p. 220; Silverstone Ⅱ, p. 73 (Silverstone 是书已取代其于 1989 年由同一出版社刊行之 *Warships of the Civil War Navies*)。

舰型	四等沿岸木壳炮舰
建造期	1862—1863年
建造厂	纽约市布鲁克林（Brooklyn）区之James C. Jewett and Company
注册纪录	1862年12月24日用亨利华尔之名首次注册
美海军购入日期和购价	1863年4月21日由浦定（Hiram Paulding, 1797—1878）少将代表美海军用117,575美元自物主R.B. Catherwood购入。送往纽约海军船坞（New York Navy Yard）装配
开始服役日期	1863年6月11日，舰名依旧作Dai Ching（大清）
排水量	520吨
长宽吃水	170呎6吋×29呎4吋×9呎6吋
时速	最高6浬；平均4浬
武器	6.4吋一百磅弹来福线前装炮一门（仰角5度，射程约2,250码[1码=0.9144公尺]）、5.82吋二十四磅弹滑膛榴弹炮四门（仰角5度，射程1,270码）、3.67吋二十磅弹来福线前装炮二门（仰角5度，射程1,900—2,100码）
服役纪录	作战任务频密，有捕获南方二船的纪录。1865年1月26日在南卡罗莱纳州（South Carolina）Combahee河作战时搁浅，中弹三十发，自焚，以免资敌

　　"大清"以及随后即介绍之其他两舰的武器装备需要解释。三艘所列的炮械都是美海军购入后才装上去的。亨利原先如打算替它们武装的话，所拟装配者必有别。不过舰只可配备什么武器与舰身设计、甲板布置等因素深有关系，除非亨利有特别的想法，原先的装配计划和后来美海军装上去者分别应不会很大。

五、灯塔后勤船"浙江"号

　　"浙江"及其姊妹号"江苏"都是按灯塔后勤船（light-house tender）的模式建造的。为何如此不易理解，在未见有关史料前不必强作解人。"浙江"号的基本数据("江苏"号者多与之同)则是知道的[9]：

舰型	由灯塔后勤船变更而成的四等沿岸炮舰及拖船
建造期	1862—1863 年
建造厂	James C. Jewett & Co.
注册纪录	1862 年 12 月 24 日用亨利华尔之名首次注册。后曾归 H. Fogg and Co. 之东主 William H. Fogg 所有。售给美海军前之最后物主仍是亨利华尔
美海军购入日期和购价	1863 年 6 月 22 日由浦定少将代表美海军用 30,000 美元自亨利华尔购入，后进行改装工程
开始服役日期	1863 年 8 月，易名作"郁甘香"（Tulip）
排水量	183 吨
长宽吃水	97 呎 3 吋 ×21 呎 9 吋 ×8 呎
武器	初备 5.82 吋二十四磅弹滑膛榴弹炮二门、3.67 吋二十磅弹前装来福线炮一门。1864 年 9 月加配 4.62 吋十二磅弹滑膛炮一或二门（仰角 5 度，射程 1,200 码）
服役纪录	负责巡逻、拖运、运兵等工作。1864 年 11 月 11 日锅炉故障，往修理途中在维珍尼亚州（Virginia）Ragged Point 发生爆炸而沉没，舰员伤亡甚众。

说完这些，还可加点后记。1940 年 6 月 15 日按美国国会的批准，在"郁甘香"号沉没处之岸边设纪念碑。六十年代及 1994

---

9 *Official Records of the Union and Confederate Navies*, Series I, Volume 5, pp. 323, 328, 352-354, 362-363, 367, 372, 374, 380, 383, 388, 391, 393, 401-402, 406-408, 425, 436, 448, 472, 591; Series I, Volume 9, pp. 178, 544; Series II, Volume 1, p. 226; Eugene Canfield, *Notes on Naval Ordnance*, p. 8; *Civil War Naval Chronology*, Part IV, pp. 5, 29, 50; Gibbons II, p. 169; Spencer Tucker, *Arming the Fleet*, p. 264; *DANFS*, Volume VII (1981), p. 329; Donald Canney, *Lincoln's Navy*, p. 220; Silverstone II, pp. xxi-xxii, 74.

年考古家均曾在沉没处进行发掘,得文物不少 [10]。

六、"浙江"的姊妹舰"江苏"号

"江苏"号(见图 8)的舰型、建造期、建造厂、注册纪录、美海军购入日期和购价、排水量、长宽吃水均与"浙江"同。不同的数据有以下几项 [11]:

开始服役日期	1863 年 8 月,更名为"倒挂金钟花"(Fuchsia)
武器	初备与"郁甘香"号相同之炮械外,1864 年 3 月加配 3.4 吋十二磅弹来福线前装炮一门(仰角 5 度,射程 1,750 码)
服役纪录	负责巡逻、运兵等工作
退役及其后之事	1865 年 8 月 5 日除役。同年 9 月 23 日用拍卖方式以 11,000 美元之价抛售,转作商用。新主为旗昌洋行(Russell and Company)属下机构。新主替它装上风帆后,送之去美国西岸从事商业活动(其间有二事留后才说)。1871 年再换新主。1889 年报废。

10 有两篇文讲"浙江"号后身"郁甘香"号沉没后的残骸和考古发现:Terry Morr, "Been Blown to Atoms," *Naval History*, 10:3 (June 1996), pp. 34-36; Bruce F. Thompson, "Legacy of a Fourth-Rate Steam Screw," *Naval History*, 10:3, pp. 36-39.

11 *Official Records of the Union and Confederate Navies*, Series I, Volume 5, pp. 196, 347, 351, 362, 366, 368-370, 374, 396, 400, 402, 405, 408, 410-411, 415, 417, 422-424, 426, 431, 434, 436-437, 441-451, 455-457, 460, 462-463, 465-466, 471, 473-474, 476-477, 482, 484-485, 496, 502, 505-506, 508, 531, 567, 574-575, 583-584, 592-593, 601-602, 611-612; Series I, Volume 9, p. 544; Series II, p. 89; Edward Kenneth Haviland, "American Steam Navigation in China, 1845-1878, Part I," *American Neptune*, 16:3 (July 1956), p. 173; Haviland, "American Steam Navigation in China, Part IV," *American Neptune*, 17:2 (April 1957), p. 147; Eugene Canfield, *Notes on Naval Ordnance*, p. 8; *Civil War Naval Chronology*, Part III, p. 149; Part IV, pp. 50, 124; *DANFS*, Volume II, p. 454; Gibbons II, pp. 76, 162; Silverstone II, pp. xxii, 74-75.

七、在美售舰之款

"大清"号卖给美海军时,合约上写的物主已不是亨利华尔。假如 Catherwood 不是亨利的代理人或手下,而确是新主,那么亨利原先入袋之款就会少于美海军支付之数。打个折,算它是95,000 美元吧。加上"浙江"和"江苏"两艘的售价,亨利起码共进账 155,000 美元。

这究竟是多少钱? 当时的汇率为 1 美元约等于 0.62 两 [12]。如此进账额足 96,100 两。和沪方所耗之数比较,这虽不是个大数目,但对亨利而言,总是额外的,不能说是小数目的收入。

八、"唐纳德"号之谜

于文谓亨利替沪方买了"大清"、"浙江"、"江苏"、"唐纳德"四舰。这是盲目抄用外文著述,收人家之误为自己之失的典型例子。司马富书列出此四舰,说是亨利购舰的成绩,并加注说用了两件资料,一为 Edward Kenneth Haviland, "American Steam Navigation in China, 1845-1878, Part IV," *American Neptune*, 17:2(April 1957),p. 147(pp. 146-147 才对),另一为 *Mesny's Chinese Miscellany*, Volume 1, p. 356。但 Haviland 文仅列出"大清"、"浙江"、"江苏"三艘,而绝口不提 Donald [13]。那么加入 Donald 的,就是 *Mesny's Chinese Miscellany* 了。我虽未及检此书,但查出这是晚至 1895 年

---

12 Caleb Carr, *The Devil Soldier*, p. 239, 谓当时 55,000 美元约等于 34,000 两。据此算出汇率。

13 故本人十分怀疑于文虽抄了司马富所列的史源,却未必确看过 *American Neptune* 所载 Haviland 文之 Part IV(参看注 7)。

9 月才创刊的期刊式杂录；书的性质及其在亨利购舰事件过了三十多年方出版的事实都很难使其足用作可靠的史料。

其实不用查检也当知 Donald 用作中国所购舰只之名十分不妥。其他三艘之名既全是中国式的，何独这艘取名不伦不类的 Donald？ Donald 只可能是人名，以人名命名舰只当是为了纪念。那么纪念哪个 Donald？ 只要从这角度想想便知 Donald 之名必误。司马富显然错了，于文乱抄一顿，也就把别人之失收为己有了。

要是纯为辩驳，也可以替 Donald 之名找个理论性的解释。即谓第四艘舰的中国式名称失记了，仅存下美海军购入后所换的新名。这样一说，不娴世界海军史者（仅熟悉中国海军史者当然回答不了此等问题）确难解招。幸本人所藏世界海军史的书籍够丰富，这样的问题在书房里翻检几分钟便有答案。美国海军自革命时期至今，从未以 Donald 命名任何舰只。

不过，为何另有取名 Donald 的第四艘舰之说仍是侥幸可以解释的。真相很简单。原来前身是"江苏"号的"倒挂金钟花"号自美海军除役，卖作商用后，易名为 Donald。代表旗昌洋行购入此舰的人为 Donald Beadle。这就是以 Donald 为船名的原由（这也是前面所说留后才讲的二事之一）[14]！三十年后，这消息变了质，遂令 *Mesny's Chinese Miscellany* 误以为还有第四艘舰，并错指其名为 Donald。直至二十世纪七八十年代尚有中外治近代史者因不察而套用此不实消息，致使那艘从未存在过的所谓第四艘舰仍在学术报告内煞有介事地连番出现。

---

14 Haviland, "American Steam Navigation in China, Part Ⅰ," p. 173; Silverstone Ⅱ, p. 74. 惟 Gibbons Ⅱ, p. 76, 所说者则殊误。

九、亨利舰队不仅赴沪更重返美东说之大谬

司马富并没有说哪些船只曾赴上海,然后又驶返美东。言之凿凿者是于文,却不作任何史源的交代。

说法委实太荒谬了,不管于文用的是什么材料,逻辑一关就绝对过不了。

按当时的交通情况,自沪乘速度不慢的客轮赴欧,纵使中途不作无谓停留,总要五六十日[15]。亨利在香港停了一段日子,待抵欧最早也要到 5 月杪 6 月初了。他停留在欧洲的时间只可能较在香港长,游览完毕方横渡大西洋抵纽约时怎么也会是夏末秋初时分矣。随后还得花不少时间和船厂谈妥设计、费用等必要事项始能启工。因此华尔逝世时(中秋刚过)三舰绝不可能动工已达一月。按常理,到 1862 年终结时这些舰只的建造工作充其量仅能达到可下水的阶段。此三舰正如前述,到了 1862 年 12 月底才首次办理注册手续,至 1863 年方造好。说它们早在 1862 年秋末(即华尔死后不过一个月左右)已结队在上海出现严重违背逻辑原则。到了 1863 年春末夏初三舰先后完成卖给美国海军的交割手续,旋即投入内战的军事行动,其后更无可能远赴上海了。

购舰巨款是杨坊、吴煦诸人筹得的,来源多不能公开。若三舰既建成抵沪,他们会让舰队在不充分解释下公然离埠远去吗? 舰

---

15 当时国际旅行最快的交通工具为客轮。郭嵩焘(1818—1891)和曾纪泽(1839—1890)曾先后赴欧任公使,行程均记录清楚。郭嵩焘于光绪二年十月十七日(1876 年 12 月 2 日)自上海启程,十二月初八日(1877 年 1 月 21 日)抵伦敦,全程五十一日;见《郭嵩焘日记》(长沙:湖南人民出版社,1982 年),册 3,页 65、139。曾纪泽于光绪四年十月二十八日(1878 年 11 月 22 日)自沪启程,五年一月初四日(1879 年 1 月 25 日)抵伦敦,前后六十二日;见曾纪泽,《出使英法俄国日记》(长沙:岳麓书社,1985 年),页 134、157。

队可以在沪随意行动,来去自如的说法太不合逻辑了。

在巴拿马运河于1914年启用前,自美国东岸航赴中国(不妨假设以上海为终点)有同样艰辛的二途:其一为东向横越大西洋后,再依次穿过地中海、苏彝士运河、红海、印度洋、南中国海而来。其二为南赴南美洲尽头,穿过南美洲与南极洲之间地球上最险恶的航道,其中包括几如鬼门关的麦哲伦海峡(Strait of Magellan)[16],以抵太平洋南端,再斜斜西北向横越太平洋而来。不足两百吨的"浙江"和"江苏"号仅能勉强应付部分航程,即装上风帆,沿岸挨次而进以增加航程的安全性和解决补给与维修的问题。这就是为何"江苏"号的后身日后能够在美国西岸从事商业航运数年的原因。这就补充了前面未说清楚的第二事。至于在无法解决补给和维修困难的情形下横越空荡荡的太平洋(或大西洋,如采东航线),不要说不满两百吨之物根本没有被考虑的资格,连稍大的"大清"号也绝无可能担当。不要忘记,"大清"号的平均时速仅有可怜至极的4浬!就算沿途全无气象风险,补给和维修也悉不成问题(不成问题,指技术而言,并不等于不需要这种支援),要它自美东驶往上海恐耗上半年也未必能到达目的地!其间要补给多少次?维修多少次?远涉汪洋大海,旁无港埠,谁来提供补给和维修?这种情形,一般知识分子都会明白,何需具备海事学识始晓得!谓这三艘舰可以轻易往返美东与上海之间无异天方夜谭。

于文看不出此事层层不合逻辑,反而当这天方夜谭是史实来公布。

---

16 见 H.L. Jenkin, *Ocean Passages for the World*, Third edition(London: Hydrographer of the Navy, 1973), pp. 50, 55, 96, 115, 118, 133.

十、结论

明白了这些舰只的性能大有助看清楚亨利的嘴脸。不论环境因素如何，他早就计划替上海订购一组建成以后根本无法来华的舰只。在美东建造此等小舰要运往中国只有一法，就是用组件的办法分单位造好（设计和制造的过程都复杂多了），来华后再并合起来。十九世纪五六十年代即使已有这种技术，上海的船厂亦未必有配合的能耐。这点不妨引一后事来把事情说清楚。

自清末至抗战初期，西方列强均有海军驻华。他们用来穿梭内河湖泊的小舰通常只有二三百吨重。这种小舰不能在欧美造好后运过来；体积既不容放在货轮上托运，却又不能靠其本身的动力越洋远航。解决之法不外三个：组件运来，在华合拢；在华（包括香港）的船厂整艘建造；用大船拖运。这几种法子之间，各国运用起来会有偏好。其中美国喜欢委托上海的江南造船所依其提供的蓝图建造。在他们看来，就算在夏威夷造，省了横越太平洋的半程路，剩下来的半程风浪还是没有冒险的必要。组件法又大增成本和建造之难。这是迟至二十世纪二三十年代的看法。亨利代沪购舰前此六七十年，航海技术和造舰技巧只会尚不如。在美东造些百余吨的小舰和虽较大而时速仅得4浬的舰只绝对不能妥当地把它们送达上海的。治中国近代史者几乎必缺乏世界海军史的知识（这点一般西方学者亦难免），遇到与海军有关之事，恒错误叠出。这里所说的错失通常得很，毫不特别。

如果亨利确有试图把差事办好的意念，他起码得做二事：其一为在美国西岸建造，缩短远航路程（亨利是美东人士，人脉关系和进行各种联络之便，西岸当然远不及东岸）。其二为即使减少所造舰只的数目，每艘的排水量怎也不容低过一千吨，以期确保有足够能力横越太平洋。亨利并没有这样做就等于说他从来不打算诚实完成任务,送舰至上海。自舰只造好至卖给美海军时间甚短,各舰的物主竟变换频仍,却又终多重回到亨利之手。此事说明亨利善商场速战和喜谋快利。

华尔一死,整件事情就变得更方便亨利去处理了。他已无后顾之忧,不怕害到哥哥难于脱身。不管他用什么借口把舰卖了,杨坊诸人既远隔重洋,复投鼠忌器(钱的来源固然多不能公开,企图拥有一支不受命于中央的舰队更不能明言),他又不打算再回中国,根本奈他莫何。结果让他稳骗舰款外,还平平安安地(起码就美国法律而言,因为那些舰刚建成时都是由亨利华尔用他的名字注册的)再纳卖舰所得入私囊,连赚两次。

亨利华尔把这骗局安排得周详细微,杨坊等人哑子吃黄连,事后连公开咒骂他都不敢,更不要说追讨舰款了。

阿思本兵轮案涉及的舰只达八艘之众,绝大多数都比“大清”号大不少,还均确曾一度远道来华。亨利代购的舰只不过寥寥三艘,且包括小得可怜的“浙江”号和“江苏”号,却在转售给美海军前全未离开过美国东岸的近岸海域。亨利直接间接(即在美卖舰所得)骗得之款竟超过阿思本案所耗损者近半数。这是中央与地方相轧,各怀鬼胎,致让存心不良而又机智灵巧的外人有隙可乘的好例子。

这事的荒谬程度,细算一下究竟亨利骗取了多少便知道了。他直接自上海骗得之数可以高达一百万两;按当时 1 美元等于 0.62 两计算,就是 1,600,000 美元(用整数计),加上在美卖舰所得,计共 1,755,000 美元。十九世纪六十年代初美元对 2004 年美元的等值是可以算得出来的——三千一百多万美元[17]!

---

17 用美国俄勒冈州州立大学(Oregon State University)教授沙诺百(Robert C. Sahr)的计算法;见 oregon state.edu/dept/pol-sci/fac/sahr/sahr.htm, "Inflation Conversion Factors for Dollars 1665 to Estimated 2014".

1867 年 7 月，亨利华尔以剧疾卒[18]，上距"大清"等三舰卖给美国海军仅四年，不管其如何挥霍，骗得之款殊难尽享。报应也。亨利死时，只三十二、三岁（他在沪诈获巨款时，年仅二十八）。老子云"天网恢恢，疏而不失"，此之谓也！

迄未见有论述中国近代海军史的专书讲及这件事，连治海军史者奉为圭臬的池仲祐（1861—1923 以后）诸作也不例外。倘此文能改变这种情形并引起研究者对类似课题的注意，当是朝可续发展的方向走出了第一步。何况美国海军购入本属中国的战斗性舰只（combatant）多艘，其中一艘更沿用其"大清"本名，诸舰且旋即悉数投入美国境内的长期战事，此史无别例之事本身就十分值得写入史书。

——《九州学林》，2 卷 4 期（2004 年冬季）；《海军学术月刊》，
　　39 卷 6 期（2005 年 6 月）

18　*The New York Supplement*, Volume 148（13 July-7 September 1914）（i.e.,
　　New York State Report, Volume 182），"In Re Amidon"（#6009），pp. 680-
　　691. 本书看三校时，老同学杨庆仪替我找到这份十分重要的资料，尚可及
　　时补入这消息。

刘步蟾和东乡平八郎
——中日海军两主将比较研究四题

一、引言

自中日两国差不多同步同轨地开始发展新式海军，至甲午决战，有两个甚具代表性，可通过不同角度的比较，去探求两国海军实况的人物：刘步蟾（见图 5）和东乡平八郎（1848—1934，见图 9）。二人年纪仅差四岁，又比例相同地于六年间先后赴英习海军，在经历长短不同时段后复分别在各自的海军攀上巅峰。这些相同点虽够明晰，却只反映表面的层次。彼此迥异之处才真具显示作用。以下四个例案的考察就是为发掘真相而进行的，希望治史者可以借此扩展视野，以追求真理为务，得而自为宣扬民族意识而从事研究，甚至不惜说曲为直以谋达到政治目标的褊狭心态解放开来。

二、刘步蟾和东乡平八郎是否留英同学？

每个研究领域都有牢不可破的神话。尽管那些神话确够动听感人，足援以励志，神话始终是神话，不可以充作真相。然而察觉神话之为神话本已不易（故不少神话之得以传播往往是由于不明究竟的学者代其宣传），要证实其为神话更不易。

清季海军史的研究亦免不了神话充斥：甲午战争前的北洋海军全球排名第八（且不说排名更高）；北洋海军用作主力的两铁甲舰"定远"（7,144 吨，1883 年）、"镇远"（7,220 吨，1884 年，见图10）十分威猛（此两姊妹舰其实是失败实验的产品）；刘步蟾、林泰曾等均为高明负责、具远见的北洋海军将领；严宗光（入仕时易名严复，1854—1921）热爱海军，诸如此类，悉为远离事实的神话。要逐一证实这些都是不足信的神话，还得期诸异日。容先解说一较少人提及的神话——北洋海军右翼总兵刘步蟾和日后成为世界级名将的东乡平八郎为留英同学。

这神话传播至何程度虽不易详考，近来倒有一相当触目之例可用来说明。

唐德刚（1920—2009）于 1994 年 8 至 10 月间在《传记文学》（台北）65 卷 2 至 4 期发表一系列以海军为中心去论述甲午战争的文章，随后又与尝据从军经验在《传记文学》长期讲述四五十年代海军史事的杨元忠（1908—2004，青岛海军学校第三届［航海班，1931 年］）讨论有关事项，更使此系列备受注意。《传记文学》畅销四海，读过这些文章者可以达到相当的数目。近年这系列的文章复收入唐氏销路不错的专书（《晚清七十年（叁）——甲午战争与戊戌变法》［台北：远流出版事业公司，1998 年］，此书还另有大陆版），遂使其见解更有长期的稳定传播。

在这系列文章内，唐德刚就刘步蟾和东乡平八郎二人的留英经历说过好些前后相应的话（页码用台版《晚清七十年》者）：

> 严复和他的同班同学刘步蟾、林泰曾等人似乎都是一窝"格林威治"（页 32）。

（刘）步蟾显然没有严复的文采，但是他在本行学术科的成就可能远超过严宗光。……步蟾其后留学格林威治，并在英国舰队见习。归国后……他奉命率队赴欧接舰可能不只一次（页 33—34）。

东乡（平八郎）也是个小格林威治。在英国海校与海军中搞了七年之久，与严复、刘步蟾等同学（页 54）。

一八九一年（光绪十七年）七月九日，循日本政府之邀请，李鸿章特派丁汝昌率"定远"、"镇远"等六舰驶往东京湾正式报聘。……东京湾防卫司令官东乡平八郎……原为刘步蟾的留英同学（页 79）。

中日黄海之战时，双方实际指挥官皆为副帅。在我方为副帅刘步蟾，在日方则为副帅东乡平八郎——这两位格林威治的老同学（页 102）。

所说全仗贩抄和添上想当然的幻觉，而绝非得自原始资料的探研，再配以合用于爬普及读物方格子的摆龙门阵语调，结果就是动听有余，实情悉缺。

这样严重的控诉要慢慢说明的。

首先得指出刘步蟾从未在格林威治（时译作格林尼茨）皇家海军学院（Royal Naval College, Greenwich）念过书（后来官至北洋海军左翼总兵的林泰曾也未尝是该校的学生）。第一届中国留英海军学生十二人可按彼等在英读书的情形分为三组：（一）外国学生进入格林威治学院就读务须先通过入学试。刘步蟾、林泰曾、蒋超英（？—1912）三个胆小鬼连参加入学试的勇气也没有，自然无法入学。他们仅要求上舰见习，整套留学过程就算功德完满，可向清廷交代了。（二）黄建勋（1852—1894）、林颖启（1852—1914）、江懋祉（？—1882）三人虽有胆量参加入学试，但因考试失败,不能入学,结果亦是仅以上舰见习充作留学的全部程序。(三)余下的严宗光、方伯谦(1854—1894)、何心川(?—1926)、林永升(1853—1894)、叶祖珪(1852—1905)、萨镇冰(1859—1952)六人均通过考试,进入格林威治,且都顺利毕业,然后上舰见习。其中严宗光更留校深造。

这就是说,首届留英海军学生十二人之中仅六人与格林威治有缘。入学率仅达半数是否可称为"一窝"格林威治,由读者决定好了。

很明显,指刘步蟾是格林威治的学生固然是无根之语,说"他在本行学术科的成就可能远超过严宗光"更是纯为了要在稿纸上多爬几个格子,才凭空捏造出来的废话。

要知道真相本来就不算难,因为有关的英国 Foreign Office 及 Admiralty 档案(F.O. 17/768, F.O. 17/794, F.O. 17/844, ADM 1/2426, ADM 1/6423, ADM 1/6426)公开了起码大半世纪,而且不少研究机构都买了显微胶卷,不必长途跋涉跑去英国查阅。退一步说,觉得看胶卷太麻烦的仍可以从王家俭(1925—)的研究得知真相[1]。虽然王家俭的文章只是平铺直述地开列事项,并没有说明事情的负面成分,基本资料都已列出来。自王文见刊至唐德刚写那系列的文章整整过了二十年!学术研究如此往后倒退是很可怕的现象。长期在美国学术圈子活动的唐德刚要看台湾出版的学术刊物应易如借火。虽然他挂出海军史专家的招牌,恐怕他根本不知道王家俭有关著作的存在。

刘步蟾既与格林威治无关,东乡平八郎又如何?

---

1 王家俭,《清末海军留英学生的派遣及其影响(一八七六～一八八五)》,《历史学报》(台湾师大),2 期(1974 年 2 月),页 161—187;修订本见《海军史论集》,页 27—59。

东乡平八郎是扫荡俄国海军，在世界海军史难得一见的名将。但他也不是格林威治的学生。他留英之初，就读的是以一艘半除役的四级风帆战舰"乌斯特"（Worcester, 1,468bm, 1843）号（见图 11）长期停泊在泰晤士河作为校址[2]，专意训练商船驾驶人员的泰晤士航海训练学院（Thames Nautical Training College）。这是随意略翻任何东乡传记（甚至名人辞典里的条

2　这里有一件张冠李戴的事要解释。寓目的东乡平八郎传记倘附有"乌斯特"号的照片，如注 3 所引小笠原长生书（以及该书的英译本）和野村直郎书，所刊照片几必为误植。解释此事，得先讲清楚前后用作泰晤士海校校址的舰只是怎样子的。据 *Royal Navy Ships, Conway 1947-1995*, 以及 1995 年以后出版的各期 *Jane's Fighting Ships*, 和 F.J. Dittmar and J.J. Colledge, *British Warships, 1914-1919*（London: Ian Allan, 1972），p. 324, 英海军舰只取名"乌斯特"者迄今共八艘，泰晤士海校 1862 年开办时英国海军部借拨用作校址者为第六代"乌斯特"号，即正文刚介绍的那一艘。后以学生人数增加等因，此舰渐不敷用，海军部遂于 1875 年初决定换借 1860 年建成、容量大一倍多（3,241bm）的一级风帆战舰"费威廉"（Frederick William）号，并于 1876 年 10 月易其名为"乌斯特"号（即第七代），以充海校新址。东乡平八郎于 1873—1874 年在该校就读两年。那段时期海校设在那艘小得多的四级风帆舰上。新旧两舰的交替，甚至连交替的日期（1877 年 2 月）日人均知道；见及川清，《"ウースター"商船學校と東鄉元帥の學籍簿》，《東鄉》，141 期（1979 年 7 月），页 9，岂料各处选用作插图者却几必是那艘大一倍有余的一级风帆舰的照片！东乡毕业后，仅重返母校一次，那是 1911 年 6 月之事。或者他因而得到一张新舰的照片，藏于家中，遂成了以后复制为插图之源（用作插图者经常都是同样一张）。原先一舰的照片十分罕见，有它的照片就很易分辨得出二舰的不同——原先的一艘炮甲板只有一层，更换的一艘有两层炮甲板（虽然两舰长度差上三十多呎，分别拍摄的照片则显示不出大小的比例）。要想知道两舰在数据上之别，除上引 *Royal Navy Ships*, pp. 133, 390 外，还可看 David Lyon, *The Sailing Navy List: All the Ships of the Royal Navy - Built, Purchased and Captured - 1688-1860*（London: Conway Maritime Press, 1993），pp. 116, 170; *Sail-Steam List*, pp. 104, 194.

项），便一检即有的消息 [3]。若非凭井蛙之勇，谁敢发明这种史事，硬派格林威治给东乡作母校？

时间的不相配也足证刘步蟾与东乡平八郎不可能是留英同学。东乡在 1871 年 4 月离日赴英，抵英后先花半年学习英语和生活习惯，然后进泰晤士海校修读两年 [4]。刘步蟾迟至 1877 年 3 月才启程往英国 [5]。时间的不相配不可能更明显了。待迟了六年始出发的刘步蟾抵达英国，东乡在英的学习时期已结束了好一段日子，他在英的第二项任务——监察日本所订铁甲舰"扶桑"（数据详

---

3 如 Arthur Lloyd, *Admiral Togo*（Tokyo: Kinkodo Publishing, 1905），p. 43；小笠原长生，《聖將東鄉全傳》，第一卷（东京：圣将东乡全传刊行会，1940），页 49；R.V.C. Bodley, *Admiral Togo: The Authorized Life*（London: Jarrolds, 1935），p. 60; Edwin A. Falk, *Togo and the Rise of Japanese Sea Power*（New York: Longmans, Green and Company, 1936），p. 90; Georges Blond, *L' Amiral Togo: Samouraï de la mer*（Paris: Arthème Fayard, 1958），pp. 58-59；安艺一郎，《東鄉さんの英国留學》，《東鄉》，4 期（1967 年 11 月），页 24—28；野村直郎，《元帥東鄉平八郎》（东京：日本海防协会，1968 年），页 135、272；Noel F. Busch, *The Emperor's Sword: Japan VS Russia in the Battle of Tsushima*（New York: Funk & Wagnalls, 1969），p. 33；及川清，《"ウ-スター"商船學校と東鄉元帥の學籍簿》，页 8—10；筑土龙男，《東鄉平八郎滯英七年の足迹》，《東鄉》，246 期（1988 年 4 月），页 4—8；Trevor N. Dupuy, et al., *The Harper Encyclopedia of Military Biography*（New York: HarperCollins Publishers, 1992），p. 746；Edwin P. Hoyt, *Three Military Leaders: Heihachiro Togo, Isoroku Yamamoto, Tomoyuki Yamashita*（Tokyo: Kodansha International, 1993），p. 27；嘉濑秀彦，《東鄉平八郎——日本海海戰に勝利》，收入《日本陸海軍名將名參謀總覽》（东京：新人物往来社，1995 年），页 71；冈光吉彦，《東鄉さんの英国留學（5）——練習船"ウ-スター"號ての研修》，《東鄉》，358 期（1998 年 10 月），页 2—3。

4 查检东乡事迹及其日期，以小笠原长生，《聖將東鄉全傳》；Edwin Falk, *Togo and the Rise of Japanese Sea Power*；和野村直郎，《元帥東鄉平八郎》三书最方便。

5 见王家俭，《清末海军留英学生》，《海军史论集》，页 40。

后）号的建造——也早开始了。纵使二人先后进同一海校，因时期相隔太远，连在校内碰头的机会也没有，故不能说他们是同学，更何况刘步蟾此次留英并未在任何海校修读（他和林泰曾首次留英时均尝入海校，那是另一回事；详后），连校友也没有。

为何唐德刚会喋喋不休地左一句格林威治，右一句格林威治？这导源于误解和幻觉。一则以为英国的海校以格林威治最著名，外国海军学生往英国修读就非入此校不可（按此逻辑，岂非等于说往美国读书的外国学生如不进哈佛、耶鲁就自打折扣了）。二则以为日后威风十足的格林威治海校就是严宗光等中国学生修读时的格林威治海校。殊不知道那是一所迟至 1873 年 2 月（即第一届中国海军学生赴英留学前仅四年）才利用前皇家海军伤残除役人员疗养院（Royal Naval Hospital，非一般海军医院）留下的房舍来开设的新海校！这样说并不是低评该校，而是说那时该校传统尚浅。到了 1878 年（正是严宗光等六人在该校读书的时候）仍有该校学生因在校念得满腹牢骚，遂撰文公开骂学校的："谁在那所海校读过书都不会否认它是出闹剧"（For that college is a farce no one who has studied there will deny）[6]。虽然泰晤士海校自有其

---

6 有关格林威治海校早期情况的参考资料并不少，见 A Naval Nobody, "On Naval Education," *MacMillan's Magazine*, 37（November 1877-April 1878），pp. 315-322; F.E. Chadwick, *Report on the Training Systems for the Navy and the Mercantile Marine of England and on the Naval Training System of France*（Washington: Government Printing Office, 1880），pp. 59-112; James Russell Soley, *Report on Foreign Systems of Naval Education*（Washington: Government Printing Office, 1880），pp. 49-77; P.H. Colomb, *Memoirs of Admiral the Right Honble. Sir Astley Cooper Key*（London: Methuen and Company, 1898），pp. 392-405; E.C. Millington, *Seamen in the Making: A Short History of Nautical Training*（London: J.D. Potter, 1935），p. 63; Richard Ollard, "Greenwich," *History Today*, 5:11（November 1955），pp. 777-784; Chistopher Lloyd, （转下页）

辉煌传统,因为唐德刚既不知道东乡出自该校,也未必知道曾有此海校存在过,就不必在此多说了。为文时祭起洋法宝者,得先弄清楚那些法宝的底蕴,以免带出适得其反的效果来。

上文自唐氏那系列文章虽只引录了五段,除了刘步蟾和东乡平八郎为同学之空中楼阁语外,其他的错误还有好一些可以分题讲明。

谓刘步蟾"奉命率队赴欧接舰可能不只一次",是另一不查考资料即随意便说之例。甲午战争以前,由直隶总督兼北洋大臣李鸿章(见图 1)主导向欧订舰主要共四次:(一)"镇北"等蚊子船(Rendel gunboat,炮巨,吃水浅,速慢的小炮舰,数据见后);(二)"超勇"和"扬威"两姊妹巡洋舰(同为 1,350 吨,1881 年);(三)"经远"和"来远"两姊妹巡洋舰(同为 2,900 吨,1887 年),以及"致远"和"靖远"两姊妹巡洋舰(当时称为快船,同为 2,300 吨,1887 年);(四)"定远"和"镇远"两姊妹铁甲舰,以及"济远"巡洋舰(2,300吨,1885 年)。这四组舰的来华,仅那些蚊子船是纯由洋员送货东来的,其余都遣专人往欧接舰,其中"超勇"、"扬威"和"经远"、"致远"那两次更有成员做详细日记,且公开发售为书刊[7]。这些纪录清楚指出,那两次接舰行动全与刘步蟾无关。刘步蟾确负责接舰的是"定远"、"镇远"、"济远"那一次。这点中西文献都有明确纪录,何用猜谜。治史必须严守有几分材料方说几分话的原则,宁可少说,

---

(接上页)"The Royal Naval Colleges at Portsmouth and Greenwich," *MM*, 52:2(May 1966), pp. 145-156; John Winton, "Life and Education in a Technically Evolving Navy, 1815-1925," in J.R. Hill, ed., *The Oxford Illustrated History of the Royal Navy*(Oxford: Oxford University Press, 1995), p. 269.

7 即池仲祐的《西行日记》(光绪二十四年商务印书馆)和余思诒(1835—1907)的《楼船日记》(光绪三十二年《航海琐记》本)。

切勿乱说。即使加上"可能"、"似乎"一类字样也不容随意猜谜。读者会以为此等幻想之言在报导实事的。

说 1891 年北洋海军访日时，东乡是东京湾防卫司令官同样远离事实。北洋海军访日是该年 7 月上旬之事[8]。那时东乡的职位是吴镇守府参谋长。此其一。东乡一辈子也未当过什么东京湾防卫司令官（这头衔根本就不像日人用的官职名）。此其二。

指黄海海战时，刘步蟾和东乡平八郎分为中日两方的副帅亦反映出作者所知的程度。谓刘步蟾是中方的副帅，问题不大。东乡则绝非日方的副帅，他只是日方直接参战的十一艘军舰（即不计仅图观战的"西京丸"）中之一艘的舰长。自愧孤闻，从未见任何资料说东乡是黄海海战时的日方副帅。当时东乡的官阶是大佐，也不足任副帅。这显然又是唐德刚信口雌黄之语。

黄海海战时，日方第一游击队的司令坪井航三（见图 7）才是副帅。他的官阶是少将。但指日方以副帅为实际指挥官仍是错的。这样讲既置日后官至海军大将的日方主帅伊东祐亨（见图 6）于何地？复不免教人怀疑唐德刚对此役的日方两主将究竟有多少认识？有没有读过厚近六百页，现成得很的伊东祐亨传记[9]？海战史要写得好必须要对双方都有同样具深度的认识。对中方的情形仅知道得很有限，对日方懂得更少，便大放厥词评论黄海海战，太可怕了。

唐德刚这系列文章谈到很多海军史事，反映出来的却是他对当时的中国海军和世界海军所知皮毛之极，对现代的海军更是全无认识可言。什么林则徐自美商买入一艘 1,050 吨的大洋船"剑

---

8 《海军日志》，页 181。
9 小笠原长生，《元帅伊東祐亨》（东京：南方出版社，1942）。

桥"（Cambridge）号 [10]，什么组成北洋海军的基本舰只包括"福州船厂"所造的"湄云"、"泰安"、"镇海"、"海靖"诸舰 [11]，什么"定远"、"镇远"不必掉头便可以反方向行驶，什么若现在置北洋海军的舰只于台湾海峡，"也还是一支可观的钢铁长城" [12]，什么日本海军"一分钟打五炮"，中国海军"五分钟打一炮"，全是不经大脑，不查查可靠点的基本书籍，便冲口而出的无稽话。因为这些都不涉及刘步蟾和东乡平八郎是否为留英同学的问题，故不必在此多说。仅指出按唐德刚所言，绝对可以断言他从未尝花工夫去研究中国

10 量度风帆时期舰船的大小，不是用计算重量的"吨"，而是用计算容量的 bm，这点本书所收的第一篇文章已有足够说明。"剑桥"号的大小是 768bm；见 Hosea Ballou Morse, *The Chronicles of the East India Company, Trading to China, 1634-1834*, Volume 3（Oxford: The Clardeon Press, 1926），书中 "East India Company's Ships at Canton, 1805-1820" 长表（该表无页码）中之 1814 年项下。这是在西方治近代史者惯用的老书。按唐德刚的背景，自然不会陌生。

11 史料中鲜见称福州船政局为"福州船厂"。这算是小小的发明吧。随意指"湄云"、"泰安"、"镇海"、"海靖"为北洋海军的基本单位错失就严重得多。"湄云"（550 吨，1870 年）、"泰安"（1,258 吨，1877 年）和"镇海"（572 吨，1872 年）虽确为闽厂的产品（见沈传经，页 337、338、340；《船政造船表》，页 488—494），但它们从未归属北洋。查检北洋海军的组成单位，一本早已复印得唾手可得的《北洋海军章程》，如上研究者人手一册的《海军日志》就够用了，何需如其劳动罗林森（John Lang Rawlinson, 1920— ）那本错漏百出、资料贫乏（特别是洋资料）的老书 *Struggle*，以及那些陈陈相因、乱抄一顿、不知出自何方神圣之手的废文那样费劲而反盲抄了一堆错误！更严重的事还有。清季各舰队从来没有一艘舰只取名"海靖"！海军舰只以"海靖"为名要迟至二十世纪三十年代末日伪维新政府的海军出现才有这情形，见收入本书的《汪伪海军舰只初探》一文。

12 唐德刚却又不断强调日人火力猛于北洋，如此岂非等于说曾置昔日的日本舰队于台湾海峡就更足称霸了！治史怎容这样任意说话！其实现在一艘百余吨，甚至只有几十吨重的小小导弹快艇便可远远在"定远"级舰主炮有效射程（不过三数千码）之外把它击沉。只要有足够导引数据，快艇在水平线（二十余浬）以外发射导弹平常得很。说曾计划写海军史的唐德刚毫无现代海军知识可言。

海军史或世界海军史,更未直接分析过有关的一手资料,甚至连较重要的二手资料也不曾多接触些,却有胆量胡扯一顿就足够了。

总而言之,治史最忌不查足资料便依幻觉奢言放论。刊物求普及,文章读来要轻松都不可以用作凭空乱说的借口。

三、从刘步蟾和东乡平八郎在甲午战争前的委任情形看北洋海军运作制度的不健全

东乡平八郎在留英学习和执行任务结束后,于 1878 年 5 月 23 日返抵横滨,由此至甲午战争爆发共十六年。中国第一届留英海军学生大率于 1879 年夏秋两季返国,下距甲午之战约十五年。两者在有关军官毕生事业中所占的阶段,以及战前服务期的长度均差可比拟。既有此相同背景,委任的情形足可反映两国海军运作制度强弱之别。

各人参役之事多寡有别,性质亦不同,不必列为比较项目,因为海军是否沾手某事往往决定于国策,而非海军可以自主[13]。现在

13　如 1893 年 1 月,夏威夷发生革命,帝国被亲美的临时共和国取代了。日本仅派东乡平八郎率一舰(即正文随后介绍的巡洋舰"浪速")远赴护侨(2 月底抵埠),另外练习舰"金刚"(随后正文也有介绍)在三藩市返日途中较早到达,但在"浪速"到后不久即续航返日,故负责护侨者可说只得"浪速"一舰。旋一自监狱逃脱的日籍犯人游泳登上"浪速"舰,请求保护,东乡应允。夏威夷临时政府及日本领事均要求东乡放还犯人。东乡断然拒绝,强调"浪速"舰是日本的领土和自己有护侨之责,且几与日领事反目。当时港内有拥护临时政府的美舰两艘(巡洋舰"波士顿"[Boston, 3,189 吨,1887 年])号和时为美国太平洋舰队司令旗舰的"摩希根族"([Mohican, 1,900 吨,1885 年]号炮舰)和英舰一艘("柘榴石"[Garnet, 2,120 吨,1878 年]号轻巡航舰),日舰则仅得"浪速"一艘,形势异常紧张。最后东京来电,命东乡放人,他亦仅肯把犯人(转下页)

仅分析一项纯属海军内务之事 : 就东乡平八郎和中国首届留英海军学生中其后事功最显著的刘步蟾, 二人在返国后至甲午战争爆发, 这十五六年间的委任情形试作比较。

先说东乡平八郎, 因为有关他在这段时期委任情形的资料殊丰, 很多细节都说得出来 [14], 容易据以定出衡量的准则。为了说明任务的分量, 涉及的舰只也作起码的介绍 [15] :

(接上页)交给日领事, 并责成领事善为处理, 而不肯交给临时政府。半年后, 夏威夷由帝国转为美国属土的历程尚未完结, 日本觉得仍有护侨之需, 遂派东乡平八郎再率"浪速"舰前往守护。那时英美依然派舰驻守。英国换上火力较"柘榴石"号猛的"冠军"(Champion, 2,380 吨, 1878年)号钢壳轻巡航舰。美国则有火力远超过"浪速"的新建巡洋舰"费城"(Philadelphia, 4,324 吨, 1890 年)号来代替"波士顿"和"摩希根族"二舰。日方仍如前只有"浪速"一艘。那几艘英美舰只的基本情形, 见 Lecky, Vol. 2, p. 43; *Conway 1860-1905*, pp. 51-52, 127, 150, 152;"浪速"者随后正文有解释。"浪速"舰在一年之内前后两度远赴夏威夷护侨, 均以寡御众, 甚至面对火力悬殊(特别是第二次)的局面, 而毫不畏缩, 事见 Edwin Falk, *Togo and the Rise of Japanese Sea Power*, pp. 133-151。因为这种事情绝不可能发生在北洋海军及其将领身上, 故本文用作比较的事项不会带入这类事件, 虽然刘步蟾在任何情形之下都不可能有近似的胆识。由此事不难想到一问题。中国人大批远赴夏威夷侨居较日人先差不多一世纪, 到了十九世纪末夏威夷华侨数目早已相当多, 为何当夏威夷发生翻天覆地的政变时, 清廷中枢、沿海大员、海军将领从不提出遣舰往护侨之议? 日本则不避与英美海军交锋的可能两次派海军去护侨。有人以前中国于十九世纪八十年代购入几艘外制舰便足一度雄霸东亚海上了, 何啻浅人莽语。

14 有关东乡平八郎在这段时期的委任情形, 资料主要来自小笠原长生, 《聖將東鄉全傳》, 第一卷, 页 54—84 ; Edwin Falk, *Togo and the Rise of Japanese Sea*, pp. 104-151, 和野村直郎, 《元帥東鄉平八郎》, 页 272—275。其中小笠原长生(1867—1958)之书要稍解释。小笠原曾为东乡属员, 生平锐意宏扬东乡事迹, 刊此书以前已有他的《東鄉元帥詳傳》(东京 : 春阳堂, 1926), 所刊东乡留英及返国后至甲午战事爆发一段时期的事迹虽与此书无大异, 然此书后刊多了, 故以此书为据。

15 本文讲及的日本舰只一般交代基本情形即足。除得特别注明者外, 各舰的简要数据主要来自 : WG; JJM; *Conway 1860-1905* ; 许秋明 ; 片桐大自 ;《日艦全史》, 别册(资料篇) ;《日海軍史》, 册 7。

1878 年 3 月 23 日—1878 年 8 月 15 日　日本在英所订购之"比叡"舰建成后，留英七年，即将返日的东乡平八郎以接舰团三成员之一的身份随舰东航。抵日后仍留在该舰服役。7 月 3 日，由见习士官升为海军中尉。"比叡"为"金刚"级铁甲舰，2,200吨，2,490 匹马力，最高时速 14 浬，备单装 170 公厘 /20 克虏伯（Krupp）炮三门、单装 150 公厘克虏伯炮六门、单装一磅弹速射炮四门、机关炮七门、单装 14 吋鱼雷发射管二个（水线上）。甲午战争后，转作测量用途。1911 年 4 月 1 日除役。

1878 年 8 月 16 日—1879 年 9 月 4 日　转往"扶桑"舰服役。1878 年 12 月 28 日升任海军大尉。东乡未领"比叡"赴日前，其原先监制之"扶桑"舰已于 1878 年 2 月建成赴日。这艘后因屡次改建而排水量稍增的中央炮台型铁甲舰，初建时为 3,717 吨，马力3,932 匹，最高时速 13 浬。甲午战争前夕改建，除去主桅（原有三桅），前桅及后桅则装上战盘（military top/fighting top），炮械亦改为单装克虏伯 240 公厘 /20 炮四门（原有）、单装 152 公厘 /40 速射炮四门、47 公厘速射炮十四门、单装 380 公厘鱼雷发射管二个。后连续经历失事、改建、改编，终于 1909 年初报废，并在同年底抛售，旋解体[16]。

1879 年 9 月 5 日—1880 年 1 月 4 日　重返"比叡"号服役。1879 年 12 月 27 日升任海军少佐。

1880 年 1 月 5 日—1881 年 12 月 27 日　任"迅鲸"舰副长。1,465 吨，备 120 公厘 /25 炮二门的明轮"迅鲸"号是横须贺造船所耗时八载，建成于 1881 年的日本国产舰，马力 1,450 匹，最高时速 14 浬。因用作皇家游艇，故舰内设备豪华。自 1886 年，用作鱼

16　除注 15 所列的一般参考资料外，"扶桑"舰另复据 C. H. Bogart, "Fu-So," *WI*, 9:3（September 1972），pp. 276-279.

雷训练舰。1903 年除役。1909 年抛售 [17]。

1881 年 12 月 28 日—1883 年 3 月 11 日　任"天城"舰副长。建成于 1878 年的"天城"号是横须贺造船所的产品。这艘木壳炮舰的基本数据为：938 吨，720 匹马力，最高时速 11 浬，备 170 公厘 /20 克虏伯炮一门、单装 120 公厘 /25 炮四门、单装 80 公厘十二磅弹炮三门、25 公厘努登飞（Nordenfelt）四管机关炮三门。1905 年除役。

1883 年 3 月 12 日—1884 年 5 月 14 日　任"第二丁卯"舰舰长。原名"第二丁卯丸"的"第二丁卯"是日本海军最早置备的西式炮舰之一。这是长洲藩向英国订购，于 1867 年（庆应三年丁卯）下水的两艘配上风帆的机动军舰之一（其姊妹舰原名"第一丁卯丸"）。此舰的主要数据为：排水量 125 吨，60 匹马力，最高时速 10 浬。备 6.5 吋后装来福线阿摩士庄炮二门，另有若干副炮。日本废藩后，两姊妹舰均献予政府，随易新名。其后此舰主要用作测量；东乡离开此舰不足一年后，它便于 1885 年 4 月 3 日在三重县安乘崎沉没。

1884 年 5 月 15 日—1885 年 6 月 22 日　任"天城"舰舰长。1885 年 6 月 20 日升为海军中佐。在此任内，东乡随"天城"舰巡视中国中南海岸，包括台湾和香港，甚至沿长江直赴汉口，又调查中法海战的战迹 [18]。

1885 年 6 月 23 日—1885 年 7 月 6 日　在海军省主船局任职。

17　关于"迅鲸"舰的历史，有一详细报告，水泽静男，《御召艦"迅鲸"（初代）曲折の建造始末記》，《東鄉》，367 期（1999 年 9 月），页 34—36；368 期（1999 年 10 月），页 12—14；369 期（1999 年 11 月），页 20—22。

18　除注 4 所列举的资料外，东乡任"天城"舰舰长时巡视中国海岸和长江水道之事可参考筑土龙男，《提督東鄉と清国》，《東鄉》，140 期（1979 年 6 月），页 8—9。

1885 年 7 月 7 日—1886 年 5 月 12 日　在神户的小野滨造船所监察"大和"舰的建造工程。

1886 年 5 月 13 日—1886 年 11 月 21 日　任"大和"舰舰长[19]。1886 年 7 月 13 日升为海军二等大佐。1,480 吨的"葛城"级舰"大和"号是小野滨造船所建成于 1887 年 11 月的铁胁木壳舰（即东乡任舰长时尚未竣工）。该舰的其他主要数据包括：1,622 匹马力，最高时速 13 浬，备单装 170 公厘克虏伯炮二门、单装 120公厘克虏伯炮五门、单装 75 公厘克虏伯炮一门、单装 15 公厘努登飞四管机关炮四门、单装 15 吋鱼雷发射管二个。1935 年除役。1950 年解体。

1886 年 11 月 22 日—1887 年 2 月 2 日　任"浅间"舰舰长兼横须贺镇守府兵器部部长。这虽然是让他在陆上养病的闲职，东乡亦仅能任此职一段相当短的时间。"浅间"是 1868 年在法国竣工的 1,432 吨炮舰，原名"北海丸"，1874 年由北海道开拓使献给天皇，随后易新名。该舰的其他主要数据：300 匹马力，最高时速11 浬，备单装 170 公厘 /20 克虏伯炮八门、单装 4.5 吋前装炮四门。1891 年除役。

1887 年 1 月—1889 年 6 月　东乡连续数年疾病缠身。在这段历时三年多的治疗养病时期，东乡获得的勋衔接二连三而来，官阶则仍为大佐。更重要的是东乡利用这段不短的养病时间来研读国际法[20]，这事可助解释为何在若干日后的国际事件中他敢采取绝非寻常的行动（如在夏威夷护侨和在丰岛之役击沉英轮）。

19　东乡这段时期的事迹，见筑土龙男，《初代"大和"の東鄉初代艦長》，《東鄉》，126 期（1978 年 4 月），页 10—12。

20　有关东乡利用养病时期进修国际法，除注 4 所列举的资料外，另可看筑土龙男，《東鄉大佐の鬥病譜》，《東鄉》，174 期（1982 年 4 月），页 19。

1889 年 7 月 2 日—1890 年 5 月 12 日　再任"浅间"舰舰长。

1890 年 5 月 13 日—1891 年 12 月 13 日　任吴镇守府参谋长。

1891 年 12 月 14 日—1895 年 11 月 15 日　任"浪速"舰舰长。排水量 3,708 吨的"浪速"号为阿摩士庄厂建成于 1885 年 12 月的加护巡洋舰(protected cruiser)[21]。此舰的其他主要数据包括：7,235 匹马力，最高时速 18.72 浬，备单装 260 公厘 /35 克虏伯炮二门、单装 150 公厘 /35 克虏伯炮六门、单装 57 公厘努登飞六磅弹速射炮二门、单装 25.4 公厘努登飞四管机关炮十门、单装 0.45

---

[21] Protected cruiser 一词不易翻译，因为一则此舰种存在时间不长(主要是十九世纪八九十年代)，二则今人不易明白其特殊结构，三则要先弄清楚 protected 一词的语义。简言之，这是二十世纪三四十年代把巡洋舰分为轻重两大类以前，几乎无法数得清的分类尝试之一(各种分类法的依据经常重叠)。说某些巡洋舰是 protected cruisers 主要的根据在加护甲板(protective deck)的有无。有者在机器和弹舱部分加盖一层装甲的甲板，故清季所用译名为穿甲快船。如果舰的边旁(甚或连同上层建筑)有垂直护甲，就称为装甲巡洋舰(armoured/armored cruisers)。译 armoured cruiser 为装甲巡洋舰，谁也不会反对。处理 protected crusier 一词则要注意 protected 在文法上是受格，意谓那些舰只受到额外保护(这种舰只法文称为 croiseur protégé，protégé 一词同样是受格)。如译之为"防御巡洋舰"、"防护巡洋舰"一类名词，文法上就变成主格了，即指那些舰只的功能在提供"防御"或"防护"。Armoured cruiser 一词的 armoured 也是受格，译为"装甲"亦保持其受格特征。Protected cruiser 这名词翻译起来，还得留意没有加上额外保护装设的巡洋舰称为 unprotected cruiser。Protected 和 unprotected 是要平衡相辅地处理的；总不能译 unprotected cruiser 为"无防御巡洋舰"吧！译 protected cruiser 为加护巡洋舰，译 unprotected cruiser 为无加护装设巡洋舰，上述的各种考虑都照顾到了。Protected cruisers 的参考资料不少，可看 :Hovgaard, pp. 170-193; G. Dollé, *Frégates et croiseurs* (Paris: Horizons de France, 1948), pp. 26-30; David Lyon, *The Ship: Steam, Steel and Torpedoes—The Warship in the 19th Century* (London: Her Majesty's Stationery Office, 1980), pp. 36-40; Archibald, pp. 134-135; *Cruisers*, p. 249; Galuppini, pp. 150-158; George, pp. 111-115; Christopher Chant, *The History of the World's Warships* (Edison, NJ: Chartwell Books, 2000), pp. 182-183.

吋格林十管机关枪四座、单装 14 吋鱼雷发射管四个。"浪速"是日本海军史上的名舰，夏威夷护侨、甲午战争、日俄战争，不论舰长是否东乡，都有相当特殊的表现。1907 年，进入半除役状态。1912 年 6 月 6 日在日本东北之千岛群岛触礁搁浅；同年 8 月 5 日报废[22]。

从自英返日，至甲午战争终结，东乡平八郎履历纪录齐全，足供分析。比较之下，刘步蟾的相应资料则十分简陋（纪录的齐全与否可视为一国海军发展健全程度的指标）。综合起来，仅得如下的话可说。

刘步蟾于 1879 年（光绪五年）夏自英返国后，任"镇北"号炮舰管带（舰长）。1882 年（光绪八年）初夏，奉命与其他人员赴德国学习驾驶"定远"等新造舰只。1885 年（光绪十一年）夏，随"定远"等舰回国，派充"定远"管带，授参将。不久，获升副将并得强勇巴图鲁名号。1888 年 9 月（光绪十四年八月），北洋海军正式成立，任右翼总兵兼旗舰"定远"号管带。自此至甲午事发，职位再无改变[23]。

---

22 关于"浪速"舰的历史，除注 15 所引的一般用书外，另有三种不容错过的参考：S. McKenzie, "Japanese Cruiser Naniwa," *WI*, 6:4（December 1969）, pp. 339-341; *Export*, pp. 58-60 ;Kathrin Milanovich, "Naniwa and Takachiho: Elswick-Built Protected Cruisers of the Imperial Japanese Navy," in Martin Robson and Stephen Dent, comp., *Warship 2004*（London: Conway Maritime Press, 2004）, pp. 29-56.

23 此段综合以下资料而成：池仲祐，《刘军门子香事略》，收入氏著《海军实纪——述战篇》（民国十五年海军部本）的附录《战役阵亡群公事略》；王家俭，《清末海军留英学生》，《海军史论集》，页 41 ;戚其章，《刘步蟾小传》，《东岳论丛》，1980 年 2 期（1980 年 5 月），封三；戚其章，《刘步蟾》，收入孙克复、关捷主编，《甲午中日战争人物传》（哈尔滨：黑龙江人民出版社，1984 年），页 146—151 ;《海军日志》，页 65—68、91、93、103、126、157、161 ;《海军职官表》，页 18、20、28。

即使除去在德的三年多,在这漫长的十三年间刘步蟾管带的舰只就仅两艘,而且都是当时中国海军最威猛的新舰。这就是最佳人选不必经过磨练阶段,就只应配用最佳硬件配件的糊涂思想。连所谓最佳硬件配件也得加上大问号。

这样讲当然得从李鸿章等筹策人士所知的角度去看。重 490 吨,马力 472 匹,最高时速 10.2 浬,备 11 吋 /23 前装炮一门、3 吋十二磅弹炮二门、格林机关枪二座的 "镇北" 舰(该级舰共四艘)是李鸿章听随不学有术的总税务司英人赫德的怂恿,大量购入,却要和近岸地形和岸上炮火配合才能发挥作为,运作灵活程度始终有限,绝不能用于外海作战,对当时尚在起步阶段的中国海军来说有如废物的蚊子船的第三批中之一艘[24]。

这第三批蚊子船四艘于光绪五年十月初六日(1879 年 11 月 19 日)抵天津大沽[25],正好碰上第一届海军留英学生开始陆续有人返国。最早返国的刘步蟾和林泰曾于 1879 年 7 月离英(随后返国的四人,四个月后才起程)[26],加上三个月航程,虽较那四舰稍后才

---

24 有关蚊子船的种种,见 Hovgaard, pp. 244-248; Richard M. Anderson, "Flatirons: The Rendel Gunboats," *WI*, 13:1(March 1976), pp. 49-78(有关中国所购蚊子船的讨论,见 pp. 53-54, 60, 68, 70-74);姚开阳,《甲午海战时的北洋水师与蚊炮船》,《全球防卫杂志》,184 期(1999 年 12 月),页 74—79;*Export*, pp. 27-32;*Steam Navy*, pp. 42-47;姜鸣,《清末的伦道尔式炮艇》,《舰船知识》,274 期(2002 年 7 月),页 14—16;陈悦,《迷途武士——北洋海军装备的蚊子船》,《现代舰船》,246 期(2005 年 8 月),页 43—56,修订本收入《北洋舰船》,页 94—105。另还有一讲中国向英国阿摩士庄厂所订的首批蚊子船,且附有颇佳的结构图的报告,见 Parkes, p. 284。但 Parkes 误记首号订购的 "龙骧" 为 "龙威",因而错指此等舰只为 "龙威" 级舰。这样讲有二失:"龙威" 是日后福州船政局所建 "平远" 舰的本名,此其一;阿摩士庄厂代清廷所造蚊子船共三批,互有分别,故应为三个级别而不能笼统为只有一个级别,此其二。

25 《海军日志》,页 66;《海军职官表》,页 28。

26 王家俭,《清末海军留英学生》,《海军史论集》,页 40—41。

抵津,时间总算配合得天衣无缝,就由刘和林分别当上"镇北"和"镇西"的首任管带(刘、林未抵津前有人暂代),"镇东"及"镇南"两艘则由虽未出洋留学而在国内服役已有表现的邱宝仁(1851前后—?)和邓世昌(1849—1894)来管带[27]。李鸿章厚待首届留英海军学生,其中尤以刘步蟾和林泰曾所得为显,态度至甲午丰岛海役失利方开始有改变。

这样说还未能点明刘步蟾和林泰曾二人在李鸿章心目中的分别。刘步蟾抵津后不久即出任"镇北"号管带。林泰曾则先被派往管带来华已两年许的"飞霆"号(第一批蚊子船两艘中之一艘)一段日子后,方调任为较新的"镇西"号的管带[28]。

刘步蟾之获李鸿章殊待,以其与"定远"舰之关系最为明显。自"定远"来华至该舰告毁,刘步蟾亦自尽,差不多十年,该舰的管带就只有他一人(他与该舰之不可分割,还应自该舰建造期之后半,他往德督制[说是学习观摩方不致夸张]时算起,才合实情)[29]。一舰(除非存在时间极短)自始至终仅由一人当舰长,在机动时期的世界海军史上恐难找到别例。对北洋海军而言,这不合逻辑的安排竟是整支舰队所采用的常规。

北洋海军处理人舰配合的极端胡闹歪僻,多看些例子就会更

27 戚其章,《邓世昌》,收入孙克复、关捷主编,《甲午中日战争人物传》,页8;戚其章,《邱宝仁》,收入孙克复、关捷主编,《甲午中日战争人物传》,页173;《海军日志》,页66;《海军职官表》,页28。邱宝仁于1883年以第二届留英学生名义赴英留学,那是日后之事;见王家俭,《清末海军留英学生》,《海军史论集》,页45。
28 《海军职官表》,页11。
29 林泰曾虽亦是"定远"的姊妹舰"镇远"号的唯一管带,但他并没有赴德参与"镇远"舰的建造事宜。林泰曾在那段时期(1882年初夏至1885年夏)的职务,见戚其章,《林泰曾》,收入孙克复、关捷主编,《甲午中日战争人物传》,页152;《海军职官表》,页26。并参看注28。

清楚。北洋订购英、德两国的七艘"远"字号巡洋舰自来华至甲午启衅，全都是由同一人始终任管带。连同早前购自英国的姊妹巡洋舰"超勇"、"扬威"亦长期没有更换管带[30]，变成整支舰队在漫长岁月内主要战斗性舰只的管带毫无调动。这情形无异使那些舰只成了这批舰长的私人海上别墅！如果不是甲午战事爆发，那批"幸运"军官长驻此等舰只还不知会干到何年何月！这是在世界海军史上绝无可能找到另外一例的长期自杀性行动。说此举无异自杀，因为这样的一支舰队必定迟钝不前，暮气消沉。亏还有人单凭些大有问题的硬件数字，全不管此舰队在软件方面如何千疮百孔，便贸然胡吹一顿，瞎说甲午战争以前的北洋海军环球排名第几，在亚洲排名第几！

在最佳人选于其从业生涯的任何时段里只该配最佳硬件的观念下，刘步蟾上达青云之路较林泰曾还要直。观念既如此，"定远"及其姊妹舰"镇远"号抵华后又久无续添新舰的计划，刘步蟾管带"定远"就成了长期的必然安排。北洋海军其他主要战斗性舰只的管带为何悉数长期毫不更调亦可从视为配合正宜，无需多此一举这角度去理解。

令本已够糟的人舰配合制度变得更糟的是向外购舰频频选错了。新舰买错了，任何人员配搭都会事倍功半，难收预期效果。李

---

30 自于光绪七年七月（1881 年 8 月）至光绪十一年九月（1885 年 10 月）任"超勇"管带的林泰曾调充"镇远"舰的管带，然后就到黄建勋于光绪十三年三月（1887 年 4 月）出任该舰的代管带，中间有一段不详何人管带该舰的乏纪录日子。虽则如此，仍可说该舰在甲午开战前起码超过七年管带并无更调；见戚其章，《黄建勋》，收入孙克复、关捷主编，《甲午中日战争人物传》，页 156；《海军职官表》，页 26。"扬威"的情形较简单。该舰因首任管带邓世昌于光绪十三年春往英接收新舰，管带职即由林履中（1852—1894）接任，下迄甲午事发管带仍是他；见戚其章，《林履中》，收入孙克复、关捷主编，《甲午中日战争人物传》，页 154；《海军职官表》，页 26。

鸿章购入的一大堆近乎废物的蚊子船正是这样的例子。若谓蚊子船是作用本有限的小舰，误购这种西方传媒和海军界胡乱吹嘘的小舰是中国在建立新海军初期尝试中很难避免的付学费阶段，代表钟摆另一端的"定远"级舰又何尝不是中看不中吃，基本上是德人利用中国出资去做的失败实验的产品，本就不该买（那时清廷已付过不少学费，应聪明多了），购后反促成有损无益的自我陶醉局面之物（今人谈起"定远"级舰仍自我陶醉不已，唐德刚就是显例）。因为涉及的问题多而复杂，而"定远"舰的基本数据复不难得 31，故不必在此多谈，待有机会方专题论之，仅在此指出以问题舰和连参加入学试都没有胆量，且在欧洲前后待过不少时日却始终难说学到什么的刘步蟾和林泰曾配搭，效果几可预言也就够了。

　　讲完北洋海军处理海军军官调配和培植人员如何一副窝囊相后 32，就可以回头再看东乡平八郎之例。

31 夸耀"定远"级舰如何威猛者绝大多数都掌握不到足够的正确数据，只是随意抄录（经常还是转抄又转抄）些主炮口径多少、排水量多少、准确不到哪里去的所谓数据，便算足证哪级舰够威猛了。要找寻确实数据者，可用：J. F. von Kronenfels, *Die Kriegsschiffbauten, 1881-1882*（Wien: A. Hartleben's Verlag, 1883），pp. 25-30; Lord Brassey, *The Naval Annual, 1890*（Portsmouth: J. Griffin and Company, 1890），pp. 277, Pl. 43（在我零星购得这套十分重要的海军年鉴十多册中，此册最早）; *China War Vessels*, pp. 12-13, 37-39, Pl. 1; *Conway 1860-1905*, p. 395; Gibbons I, p. 105; Silverstone I, p. 46; Mach, pp. 9-18（用了承建二舰的船厂的档案）; *Steam Navy*, pp. 50-52.

32 于此李鸿章和丁汝昌固然当负首责，长期充当丁汝昌左右手的刘步蟾和林泰曾又何曾给予这个始终是外行的上司正确的指导。或者应该说，真出洋、假留学的刘步蟾和林泰曾根本就没有给上司正确指引的能耐。在近代学者的笔下却长期频见李、丁、刘、林诸人如何海军知识丰富，如何建功海防事业的瞎吹文章。这般写下去终无法解释为何北洋海军会有屡次误购外舰、军纪不良、弹药供配失调、射击本领低劣、每战必败、临阵先逸、舰只失修，诸多自加于己的致命伤。

在约略相同的时间,经历同样的事业阶段的东乡平八郎,在返国至甲午事发这段日子里共当过十四次海上陆上性质殊异的差事(虽然间有调回以前当过的职务),涉及的舰只竟达八艘之多。在这段转职频仍的时段里,他还病了几年!这绝非如刘步蟾所走,平步青云的直路。东乡所管的舰只,新旧悬殊,舰种杂陈,体积参差,品质迥异。调任起来,舰的等第时高时低,却不代表职位的忽升忽降。这是何等费煞苦心的安排。今人讲商战,每谓人才得从基层做起,自不同的任务广汲经验,培育知识,东乡的经历正是这样子。单看那八艘大小不一的舰只所配的炮械五花八门(连旧式前装炮也有),便可知东乡所受训练的阔度和深度。

倘谓刘步蟾在英学习期间表现特优,故值得为其铺设康庄大道,那就是因为李鸿章过信留学监督李凤苞(1834—1887)不知凭什么准则写出来的总评报告(详下节)。其实若按毕业率以及留学后是否选择终身当前线海军军官的比例,东乡平八郎在他的一届留学生中的稀罕程度远在刘步蟾之上(亦详下节),但日人不采铺置平坦大路之法,而用多方磨琢之策来培育人才。

假如说北洋海军的选择受制于舰只数目不敷用或人员之数不足分配,都是讲不过去的。

中国有的是日本海军"天城"、"第二丁卯"、"浅间"那层次的舰只。这类舰只虽然多在南洋海军和粤洋海军[33],以李鸿章的权势,安排北洋的军官南下去短期管带南洋、粤洋的舰只以广见闻(熟悉北洋以外海域的环境绝对是明显的好处),不该是办不到的

---

33 这里采用"粤洋海军"一词,为行文之便而已,其实广东所置西式海军舰只从未如北洋、南洋之于传统水师以外另起炉灶,另立系统,而仅是在传统水师之体制内添置新式舰只罢了;说见陈悦,《异路同归(下)——北洋海军的外援军舰》,《现代舰船》,252期(2005年11月),页44—45;修订本收入《北洋舰船》,页129—130。

事。但礼尚往来,倘果有此安排,李鸿章就很难不同意他认为品质不如的南洋、粤洋军官要求北上互换了。要是舰只数目确不容北洋作日本式的军官调动,关键在政治问题,在李鸿章的胸怀问题,而不在数量问题。

若说够资格的人员数目有限,只好让北洋主要舰只(都是外购舰)的管带集体长期不调动更是不通。即使事实果如此,为何不可以规范地在北洋海军的体系内循环调迁(这样可免厚此薄彼之嫌)?何尝有若干北洋海军管带曾任陆上职务(东乡平八郎在成长时期即数度如此),以增空缺和使制度灵活化?北洋九艘主要的外购舰共分为四个级别,何以那些管带不可以在这四组舰间按时调任,以期让他们多与在不同舰上服役的员弁接触[34]?这是牵涉有限,最起码能内部做得到之事。况且人员不足之说根本就不符事实。北洋的管带优缺泰半给第一届留英学生长期占了,仅第二届有两人能分一羹,第二届的其他毕业生以及第三届的全体毕业生都要慢慢等机会(大率要等到清鼎将革才有较多的机会出现)[35]。国产的海军军官更唯有邓世昌一人当上北洋主要舰只的管带。这就是说人员只怕供过于求,而绝不能说求过于供。

这就不难看出中日两国海军处理舰长级人事立场之大异。日海军视归国后为成长期之始,要求从低层干起,并强调管理不同舰种和做不同工作的重要性。北洋则把刚返国的看成是知识和经验均已达到成熟阶段,可立当大任者。或者可以说北洋采此立场基本上仅局限于第一届诸生。待第一届返国者占了大多数优缺后,

---

34 "超勇"、"扬威"较其他七舰老弱得多,或不应混合来谈,但丁汝昌不这样想,故此二舰列阵黄海之战。为与丁的看法配合,这里仍视此两舰为北洋海军的主要战斗性舰只。

35 要想知道第二、三届诸生返国后的个别经历,可自《海军职官表》中清季初部分的大量表格找出资料来。

第二、三届毕业生返国后所走的历程倒正常得多[36]。

清廷遣往英国留学的首届海军学生,归国得入北洋海军充管带者幸运如天之骄子。对他们个人来说,自是福分。对北洋海军和筹海事业而言,容许他们在长期不调动的情况下,永据主要舰只使本已粗劣的人事制度僵化,损害的程度是难以估计的。

四、刘步蟾、东乡平八郎所属两届中日留英海军 学生出路和事业情况的比较

比较刘步蟾和东乡平八郎分属的两届中日留英海军学生在出路和事业上的异同亦可助理解两国培育前线海军军官立场与方法的有别。

刘步蟾所属的一届,在中国来说是破题儿的创举。东乡平八郎的一届不单早六年出发,在日本来说,赴欧美习海军(不管是官

36　王家俭的《北洋舰队》,页265—268,有长表记述各届留英学生诸事,其中"回国后担任职务"一栏颇多错误。栏中谓第三届的刘冠雄(1858—1927)曾任英制巡洋舰"靖远"号管带便错得离谱。对清季海军史稍有认识者都知道在"靖远"号的整个历史里只有一人当过它的管带,那是叶祖珪。怎会胡乱标贴至此程度!自返国至甲午事起,刘冠雄当的职务为"靖远"舰的帮带大副和"超勇"舰的枪炮大副;见《海军职官表》,页25—26。刘冠雄确曾当过管带,但那是迟至光绪二十五年(1899)之事。那艘崭新的英制巡洋舰"海天"号(4,515吨,1899年)却在他驾驶下触礁沉没(1904年4月26日),遂遭革职。入民国后,刘冠雄当过北洋政府的首任海军总长(1912—1919);见沈来秋,《我们知道的刘冠雄》,《福建文史资料》,8期(1984年10月),页158—161;*Export*, pp. 93-94;《海军职官表》,页38、76。这些与刘冠雄有关的海军史上大事,该栏却只字不提。该栏又说第三届留英学生有多人返国后在北洋水师学堂当教习;但清季的海校根本就没有一所取名北洋水师学堂!一个研究中国近代海军史三十多年,著述丰富,享誉迩远的学者怎会连这类基本常识也没有!

方或是私人性质）次数早已相当频密[37]。中日两国发展新式海军，方向和所采途径都颇接近，步骤因而往往相同，但日本几乎每一步都领先。派员留学，中国就迟得多，便是一显例。这点虽是题外话，对理解事情的背景还是有用的。

刘步蟾的一届留英学生共十二人，不论能否进海校，在清廷看来全皆完成留学程序，且悉数准备返国后投身建设海军的事业。监督李凤苞在报告总成绩时定此十二人为高低分明的三组：（甲）刘步蟾、林泰曾、严宗光、蒋超英；（乙）萨镇冰、方伯谦、何心川、叶祖珪；（丙）林永升、林颖启、江懋祉、黄建勋[38]。这是一张荒唐绝伦的所谓成绩单：（一）把连参加入学试的勇气也没有的三人全放入最佳的一组。在此组内，修毕海校课后复留校深造的严宗光竟排名后于这次留学未尝入海校修读的刘步蟾和林泰曾。（二）全看不出入读海校与否和归组及排名次应有何关系，是故念毕海校的林永升被放在最下的第三组内。（三）毫不考虑各人分别曾在多少艘舰上实习，以及这些舰只的舰种和

37 东乡平八郎那一届出洋以前，日人往欧美习海军的情形，可看：秀岛成忠，《佐賀藩海軍史》（东京：知新会，1917 年）；Kato Katsuji, "Japanese Students at Annapolis," *The Japanese Student*, 3:2（October 1918），pp. 57-61；水田信利，《黎明期の我が海軍と和蘭》（东京：雄风馆书房，1940 年）；水田信利，《摇籃時代の日本海軍》（东京：海军有终会，1943 年）；J. M. Ellicott, "Japanese Students at the United States Naval Academy," *UNSIP*, 73:3（March 1947），pp. 302-307；公爵岛津家编纂所，《薩藩海軍史》（东京：原书房，1968 年）；犬冢孝明，《薩摩藩英国留學生》（东京：中央公论社，1974 年）；正木幹人，《初期海軍の留學生》，《東郷》，217 期（1985 年 11 月），页 13—17；219 期（1986 年 1 月），页 44—47；220 期（1986 年 2 月），页 32—34；221 期（1986 年 3 月），页 41—43；222 期（1986 年 4 月），页 43—46；篠原宏，《海軍創設史——イギリス軍事顧問團の影》（东京：リブロポート，1986 年）；宫永孝，《幕末オラング留學生の研究》（东京：日本经济评论社，1990 年）。
38 有关档案转据王家俭，《清末海军留英学生》，《海军史论集》，页 43、55。

等第。上舰实习尽管是别人安排的被动性程序，所接触的舰种的多寡和涉及的舰只的数目总会影响训练的素质，理应在成绩单上反映出来。（四）不管表现如何，实际成绩如何，去了回来就是合格毕业，全无淘汰的观念[39]。今人读这张荒谬成绩单竟有视之

---

[39] 这批留学生上舰实习的纪录,以及那些舰只的舰种和基本数据等资料,见马幼垣,《严复在英国习海军时受训所上的"新堡"舰》,《海军学术月刊》,35 卷 5 期(2001 年 5 月),页 84—89。各人上舰实习的纪录虽早见注 1 所引王家俭,《清末海军留英学生》一文,但王先生自那些手书档案抄录涉及的舰名时,字母分辨不清,既不懂得那些名词本身的涵义,又不明白英国名命舰只的习惯和传统,复不查检唾手可得的英国舰只资料(可用之书多如牛毛,看完档案后慢慢查对,多的是机会),以致弄出很多莫名其妙的错误来,如 Minotaur（希腊神话人物）作 Minotour（继复另误作 Mirotour）,Euryalus（希腊历史人物,该舰为第二代）错成 Emryafus,Boadicea（英国历史人物）误为 Bouducea,Invincible 变了 Invicidle,Duke of Wellington 更惨被错减成 Willington！后来这艘伟大发明的 Willington 还跑进《海军日志》页 59 里去！抄录第二、三届留英学生所上实习的舰只的舰名时同样毛病仍不断出现。王先生阅读英文手书档案的能耐显然有问题。此文在海峡两岸备受欢迎,不覆查便竞相转抄者大不乏人,结果这堆错误如何泛滥还用多说！二十多年后,王家俭出版厚厚的《北洋舰队》,在书中的页 253—261 此等错误全部一模一样地重现,故前后都不是印刷之失。抄几个舰名都弄得错误重重(抄录英人姓名也经常出现同样情形),且历二十多年仍察觉不出来,怎教人放心接纳他读那些档案所得出来的结论？近见其《甲午战争前英国远东海军"中国舰队"在华之活动与影响》,《北洋海军研究》,3 期(2006 年 8 月),页 541—562（显据以前读英国档案的旧笔记写成）,开列的舰名和人名同样左错右误,毛病始终一贯！例如, Thalea（误）/Thalia（正）、Charyadies（误）/Charybdis（正）、Curlew（误）/Curler（正）, Lopwing（误）/Lapwing（正）、Campton（误）/Campion（正）、Wander（误）/Wanderer（正）、Espair（误）/Espoir（正）、Wyvern（误）/Wivern（正）、Syhille（误）/Sybille（正）、Barrocouta（误）/Barracouta（正）、Colcutta（误）/Calcutta（正）、Camille（误）/Camilla（正）、Staney（误）/Slaney（正）、Sposum（误）/Opossum（正）、Groveler（误）/Growler（正）,舰名错至如此程度,谁敢说不严重？有时甚至同一艘舰竟前后拼法不一,如页 546 之 Hernet 和页 555 之 Harnet 并误,应作 Hornet；页 546 之 Kestrel（正）在页 547 就成了 Kesrel（误）；页 550 的 Cormandel（误）和页 553 （转下页）

为美满留学成绩的公平评定。这样去处理史料基本错误在以为硬生生地排列史料便成客观研究报告，而不肯或根本不懂如何批判

（接上页）的 Cormorent（误），原来是页 552 的 Cormorant（正）。人名之讹夺同样厉害，仅就页 549 的远东舰队总司令名单就可扫满一箩筐，如 Charles Austin（误）/Charles John Austen（正）、Henry Kellelt（误）/Henry Kellett（正）、A.J. Ryder（中名误）/Alfred Phillipps Ryder（正）、M. Hillyal（姓名均误）/Charles Farrel Hillyar（正）、Verey Homilton（姓名均误）/Vesey Hamilton（正，其教名为 Richard）、Namell Salman（姓名均误）/Nowell Salmon（正）。错误尚不止这模式。单中说 1861—1862 年间当远东总司令的是 Cooper Key（其教名为 Astley），其实接何伯之任者为 Augustus Leopold Kuper（此人在王先生的单内连影子也没有）。自 1860 年 7 月至 1863 年 7 月，Key 任长驻英国得文港（Devonport）充作海港警备舰（guardship）的二等风帆战舰"印度河"（Indus，2,098bm，1841 年）号的舰长，而且他一辈子从未当过远东舰队总司令。他有本厚五百页的传记在，即注 6 所引的 P.H. Colomb 书，记事详尽，怎容王先生信口雌黄，任意创造！ Key 与中国海军结缘完全是另外一回事。他负起筹办格林威治海校之责，并出任其首位校长，但当其于 1876 年 2 月离职，转任英国驻北美舰队总司令时，严宗光等首届留英海军学生尚有一年才出发赴英。凭空杜撰还有更严重的例子。王先生说 1847—1849 年间任总司令的是 Black Wood。这是王先生英文程度的写照。Wood 固然是姓氏，但 Black 只会是姓而不会是名！其实王先生单上所列的 Samuel H. Inglefield 和 Collier（不能光列姓氏，该作 Francis Augustus Collier）二人任期是连接的，中间并无另外一人！这个额外之人是怎样发明出来的？或问会否是 Blackwood 误抄为 Black Wood？即使如此亦难作辩护。早在 1819—1822 年间确有 Henry Blackwood 任此职，但远早过王先生单子的年份上限（1844 年）。单子内另有好几处无纪录的空隙：1863—1868、1872—1874、1881、1885。如果上述各点尚未必反映学养的话，不妨再看二例。页 551—554 从中文二手资料（也仅限于一书而已）抄了 1856 年英法联军侵华舰只之译名，全不还原（声明"颇难——查对"）。对专治清季海军史超过三十年，且经常引用洋资料，又长居加拿大有年者而言，查对当易如借火，在书房中查检半小时就绝对够了，根本不应外求之需。另一例更可怕。页 557 说中法战争期间，日本为了护侨"原拟派遣三艘战舰（往上海），后减为二艘，分别为 Faso 及 Kan，由 Rear-Adm. M. Junzo 率领"。大概是半抄半译英国档案而来，但算得上是什么程度的学术报告？日海军舰只以汉字命名，为何不还原？ Faso？分明是抄错了 Fuso！（转下页）

地利用史料去进行分析。王家俭七十年代所写的海军史文章虽有
发掘英国档案之功，却每每明显有这种毛病。

这十二人按成绩该如何排次并不是这里要谈的问题。需要
指出的是，这张成绩单李鸿章囫囵吞枣地接受得差不多，十二人中
纳用了九人（刘步蟾、林泰曾、严宗光、萨镇冰、方伯谦、叶祖珪、林
永升、林颖启、黄建勋），分配工作的重要性也基本依从名单上的先
后。归北洋所用的九人都有基本的行事纪录，不必多说。得弄清
楚的是余下来的三人是否亦投身海军。纪录虽不多，事情还是够

（接上页）那是在清季海军史中经常出现的日舰"扶桑"号。王先生怎会
陌生！英文原文一定作 Fuso Kan，即"扶桑"舰（日文 kan 是"舰"字。连
这种基本常识也没有，怎样研治海军史？难怪遇到还原几艘英法舰只的
舰名这样简单而必须照料的研究程序便捉襟见肘，一筹莫展）。经常作
出伟大发明的王先生却读之为 Faso 和 Kan 两舰，一错成二误！日本将
领 M. Junzo 同样是滑天下之大稽。日人哪有 Junzo 这个姓氏！这十分
明显之事不难解释。负责那档案的英人不明白日人姓名拉丁拼出后仍经
常保持姓前名后的次序，遂误名为姓（洋人犯此失至今仍普遍）。幸而这
种陷阱学者很易便可避开。线索虽有限（姓氏拼音的第一个字母为 M，名
Junzo，1884—1885 年间的官阶为少将），还是足用的，指认起来，花十分
钟（我不会用电脑，一切靠传统治学法）就够了。还是让我献丑吧，那日海
军少将是松村淳藏（1842—1919），其姓名拉丁拼音为 Matsumura Junzo。
学术探讨贵乎穷追深究，不留余义，怎可以这项不管，那项不理，抄抄凑
凑，任意虚构，便成文章。说到这里不禁要问，学报的审核工作究竟是怎
样进行的？引用王先生文章者，几乎都不会先检对资料原件，且大多数外
文程度尤在其下，却往往一抄算数，造成的危险何容忽视。諟正起来，必
须严格要求，转引资料务要先重检原件。不具备重检原件的条件者，抗拒
引用王氏的著述未尝不是釜底抽薪之法。这是宁缺勿误的简单道理。因
为不少人视王先生所提供的资料珍贵正确，故不得不费辞指出其英文阅
读能力差，以及不时乱抄一顿（而且一经抄错，以后便重复照样再错，长久
不更正。自七十年代初以来，凡遇 Nowell Salmon 之名，必定错作 Namell
Salman，便是恐怖之一例），乱说一顿，以致其文章遍布陷阱！贪便宜抄用
者，跌进陷阱实在活该。

清楚：蒋超英、何心川、江懋祉三人俱以海军为终身事业（尤以在南洋海军的活动为主），事功虽均不显，甚至表现低劣，他们以海军为终身事业这观察仍是不成问题的[40]。

在十二人全部算完成留学程序，个个归国后留在海军服役的情形下，留学期间的成绩要算突出就必得符合如下的条件：修毕海校课程和上舰实习时，舰只数目不少，舰种层次较高和涉及不同的舰种。用这些条件去衡量，刘步蟾就算尚不足指为彻底失败（参加入学试的胆量也没有，自然进不了海校，留学的目标根本就失落了大半），再慷慨也只能说他表现一般而已（他上过两舰实习，数目上并不特别，因上两舰者有四人，更有一人上四舰之多〔林泰曾〕，而他上的两舰，一艘是已被取代的舷炮型铁甲舰〔broadside ironclad，见图 12〕，一艘是层次殊低的铁壳无装甲巡航舰〔unarmoured iron

---

40 蒋超英，见《海军职官表》，页 3、10、11、28、78。何心川，见《海军职官表》，页 10、78、81、100、112。江懋祉，见《海军职官表》，页 5。此等海军人员的尸位素餐，视海军职位为长期粮票，何心川的表现最足惊人。光绪二十九年（1903）初，时任两江总督兼南洋大臣的张之洞（1837—1909）上奏狠批何心川："管带'寰泰'练船福建补用参将何心川，平日并不遵章教督课练，虚縻经费，旷废岁月，贻误水师人才，实堪痛恨。除此次学生不准作为毕业及另派管带'寰泰'练船并将练船教习撤差示儆外，相应请旨将福建补用参将何心川即行革职，以为将来管带兵船练船各官及堂内学生不讲求操练者戒"；见苑书义等编，《张之洞全集》（石家庄：河北人民出版社，1998 年），册 3，页 1538。按常理，自英返国后二十余年仅官至补用参将（就年纪，事业当早达巅峰期）的何心川，被大员张之洞杀鸡儆猴般抽出来严治，其海军生涯总该完结了。岂料此君竟尚可以闲职接闲职地续在海军再混二十多年，入民国仍一路无阻，名副其实地以海军职务终其生。清季民初发展海军之所以不振，看这种渣滓人物可以任意长期占居高职便知究竟矣。不要忘记，何心川是当年考进格林威治海校且顺利完成学业的六个留学生中的一个，他的海军知识理应较刘步蟾、林泰曾辈为佳。由他管理练习舰，态度之劣尚且如此，清季民初海军将官的一般素质由是可见。治近代史者，切勿一见到留学生，便乱送高帽子。

frigate，见图 13]，都不代表当时英国海军实力的新发展）[41]。刘步蟾这份任谁看了也说不出恭维话(李凤苞那类黑白不辨之人自是例外)的成绩还得再加一项负面的消息。上舰实习期间，刘步蟾病了好几个月[42]，故其真正实习时间较其他一般学生为短。派往何舰和患病虽均非刘步蟾所可自主，造成的负性结果则不容否认。

刘步蟾凭李凤苞的报告，得李鸿章青顾，平步直上，是他个人的幸运，对中国发展海军来说，带来的却是厄运。（这种品流的将领怎会有作战的勇气，怎会有领导发展的本领？）

东乡平八郎的情形与此适正相反，他是那届学生当中即时便淘汰剩余无几的产品。

东乡那一届共十五人[43]。其中十二人赴英(系以 * 者，后有解释)：石田鼎藏、东乡平八郎、伊地知弘一 *、原田宗介 *、志道贯一、西村伊三郎、八田裕二郎 *、佐双左仲 *、赤峰伍作 *、土师外次郎、山县小太郎、土方坚吉。另有三人同时出发赴美：横井平次

---

41 各种有关细节，见注 39 所引马幼垣，《严复在英受训所上的"新堡"舰》一文。此事也足证刘步蟾是一个如何重复浪费天赐良机的大笨蛋。他受训的两英舰虽不反映当时英国海军的真正实力，总是正规的战斗性舰只。东乡平八郎留英期间，实习上的仅是一艘开往澳洲的风帆货船"汉普夏"（Hamsphire）号。该轮回航时，取道南美洲南端和南极洲间鬼门关般的水道，再斜斜北渡大西洋返英。次年，东乡便离英回日！有关诸事，见 Sachiko Noguchi and Alan Davidson, "The Makado's Navy and Australia: Visits of the Imperial Japanese Majesty's Training Ships, 1878-1912," as *Working Papers in Japanese Studies*, 3（October 1993），pp. 3-4. 换言之，东乡在英所学者海军成分少之又少，却获得穿越世界最险水道的经验(这是刘步蟾辈没有的经验)。日后他竟成为史上罕见的超级世界名将。相较之下，刘步蟾的庸劣程度可以想见，不知世界水平为何物的史家却把他捧上半天高！

42 见王家俭，《清末海军留英学生》，《海军史论集》，页 41。

43 名单见小笠原长生，《聖將東鄉全傳》，第一卷，页 50。其中有弄错者，径改，不逐一注明。

郎、曾根直之进、有马干太郎。

东乡一组抵英后，原意要入读正式海军学校，但英海军部诸多刁难，这就是为何东乡平八郎进了以训练商船驾驶人员为宗旨的泰晤士海校的原因[44]。在此阶段，英国对中日两国计划发展海军的态度显是厚中薄日。英人根本不准许日本学生参加考进正式海军学校的入学试。中国学生只要通过考试便可入学。考试是有赏无罚的没本钱生意（不参加考试和考试不售，无法入学的结果全无分别，绝无不一搏的理由，除非他们毫无入校就读的意念），烂泥糊不上壁的刘步蟾、林泰曾、蒋超英身在福中不知福，竟连那丁点儿的勇气也提不起来！这还是刘步蟾和林泰曾两人第二次留学英国，前一次（1875 年 5 月至 1876 年 4 月在欧，时间分配在英法二地）已在海军军官学校读过书[45]，熟习环境和运用英文等条件分明较其他从未赴欧的同学优越。未料怕考试的却偏就是他们，将来官

44　见小笠原长生，《聖將東鄉全傳》，第一卷，页 52—53。

45　见 Steven A. Leibo, *Transferring Technology to China: Prosper Giquel and the Self-Strengthening Movement*（Berkeley: Institute of East Asian Studies, University of California, 1985），p. 127；巴斯蒂（Marianne Bastid-Bruguiere, 1940—　）（张富强、赵军译），《清末赴欧的留学生们——福州船政局引进近代技术的前前后后》，《辛亥革命史丛刊》，8 期（1991 年 9 月），页 193。巴斯蒂文中与此事最有关的一句，译文作"刘步蟾与林泰曾则进入英国戈斯波特海军军官学校深造"。此文的法文原稿迄今尚未发表，本无从检讨，幸巴斯蒂惠寄标题作 "Premiere contacts chinois avec la culture et la science en Europe au XIXe siècle: Les étudiants de l'arsenal de Fuzhou en France, en Angleterre et en Allemagne" 的该文未刊稿，始知有关部分原作 "pendant que Liu Buchan et Lin Taizeng sont accueillis dans l'école navale anglaise de Gosport"，"戈斯波特" 就是 Gosport。《海防档》（台北："中央研究院" 近代史研究所，1957 年），"福州船厂"（该书的编者应用 "福州船政" 才对），册 2，页 663，所收光绪二年二月初十日船政大臣丁日昌（1823—1882）致总理衙门函，称此海校为 "高士堡学堂"，可用作清人对 Gosport 所采的译名。这虽是所初级的海校，这经验总给了刘步蟾和林泰曾别的后来才一同出洋的同学没有的先前准备，英文起码会基础好些，孰料回避考试的却是这对宝贝。

做得最高的又是他们,说来真够讽刺。筹海多年终仍是门外汉的李鸿章和丁汝昌,误信李凤苞胡诌之言,选拔这种渣滓人物为最高层的支柱,海军能发展成功才是怪事。自伤之失绝非靠外购些硬件配件所可弥补的。

那届留英留美日本学生的返日与新订制的"比叡"、"扶桑"、"金刚"(与"比叡"同级;自1887年,主要用作练习和测量,1909年除役)三舰的建成赴日配合起来,每舰置三名学生以便利用此远航机会来学习[46]。因为这批归国学生把原先赴美留学的也并合在一起,即等于说几年的留学生涯带出很高的淘汰率。

真正的淘汰率尚不止此。九人当中包括自美国转来的曾根直之进和横井平次郎。表面看来,好像此二君已在美完成学业。其实他们根本未报读海军学校,而前往美国的三人当中仅一人确进过海校,但他(有马幹太郎)未修毕课程便退学了[47]。

在现在查得到的泰晤士海校纪录中[48],日本学生之名仅见东乡平八郎者。换言之,即使有其他日本留学生进了该校,也终不能毕业。从别的资料得知,若干人把时间花在船厂,也有人延长留英时间(均详后)。不管如何,事实仍是只有东乡一人自泰晤士海校毕业。

记录日本海军军官生平的书籍数量多而内容准确,近更复有资

---

46 此九人之名,见小笠原长生,《聖將東鄉全傳》,第一卷,页54。彼等为"扶桑":赤峰伍作、松田(有误,小笠原在此名单仅记姓氏,而与其前列之出国学生名单不合)、土师外次郎;"金刚":横井平次郎、曾根直之进、志道贯一;"比叡":山县小太郎、佐双左仲、东乡平八郎。

47 消息见 Kato Katsuji, "Japanese Students at Annapolis," p. 59.

48 有两本专书讲此海校的历史,但即使在欧美也极罕见,各大图书馆均无踪影。我花了三十多年去追寻,才终到手,为寒斋添入此两书的原版:A. H. Ryley, *The Thames Nautical Training College H.M.S. Worcester, 1862-1919* (London: Charles Griffin, 1929); Frederick H. Stafford, *The History of the Worcester: The Official Account of the Thames Nautical Training College, H.M.S. Worcester, 1862-1929* (London: Frederick Warne, 1929).

料齐备的网站可用。不妨保险一点，用此等纪录把当年分赴英美的十五人全查检一次。这方法难免有局限。这些书籍和网站都不是人物全单，事功难说值得一记者（如蒋超英、何心川、江懋祉那层次的所谓事功）就不会见于此等资料。然而这种情形不会影响考察的结果，因不列载者就难说有可纪事功。查检所得，除东乡平八郎不算外，共五人（即前列系以＊者）[49]，全出自赴英的一组[50]。

伊地知弘一（1845—1895）：留英前曾在"春日"舰服役[51]，并曾任"龙骧"舰见习士官[52]；1871 年 3 月—1875 年 2 月，留英；返

49 日本近代史料研究会，《日本陸海軍の制度・組織・人事》（东京：东京大学出版会，1971 年），页 96；外山操，《陸海軍將官人事總覽（海軍篇）》（东京：芙蓉书房，1981 年），页 335；秦郁彦，《日本陸海軍總合事典》（东京：东京大学出版会，1991 年），页 166、193—194、223；福川秀树，《日本海軍將官辭典》（东京：芙蓉书房，2000 年），页 14、179、309；《日海军史》，册 9，页 563—564，册 10，页 756；http://homepage2.nifty.com/nishidah/p-index.htm#index.

50 随后介绍与此五人有关的舰只时，为求在提供足够解说和简明列述之间取得平衡，不致占去正文失比例的篇幅，产生跟上文介绍与东乡有关诸舰时所用篇幅喧宾夺主的情形，故采注释形式来交代。参考资料基本上仍为注 15 所开列者，遇到特别情形时则另作个别添补。

51 日海军的英制"春日"（第一代）舰就是阿思本兵轮案的"江苏"（Keangsoo，1,289 吨，1863 年）号。抵华后，这艘备 7 吋前装炮一门、4.5 吋后装炮四门、三十磅弹前装炮二门的明轮木壳舰曾一度以"金台"为名。阿思本舰队解散后，日本的萨摩藩于 1867 年 11 月 3 日购入此舰，并取"春日"为其新名。1870 年 4 月萨摩藩献之维新政府，同年 11 月 27 日编入日本海军。1877 年用作天皇的座舰。1894 年 2 月 2 日除役，拨归对马水雷团。1896 年 4 月 1 日改作杂务船，1903 年报废抛售。有关此舰诸事，注 15 所列参考外，还可看 David L. Williams, *White's of Cowes*（Peterborough: Silver Link Publishing, 1993），pp. 21, 85; *Steam Navy*, pp. 15-19.

52 建成于 1869 年 7 月的 1,429 吨，木质铁胁装甲海防舰"龙骧"号原为苏格兰亚伯丁（Aberdeen）造船厂专意为售予美国内战期间的南方海军而制造者。接洽不成后，始公开发售，遂由熊本藩购入。1870 年 3 月航抵日后不久，熊本藩即以之献给政府。备 6.5 吋后装炮二门、5.5 吋后装炮十门，此为日海军草创期的主要舰只。1893 年除役后用作炮术训练舰。迟至 1904 年始解体。

国后历任 "迅鲸" 舰副舰长 、"孟春"[53]、"天城"、"清辉"[54]、"东"[55]、

53 炮舰 "孟春" 的前身为建成于 1867 年的英国商船 "于金妮"（Eugénie）号。
   1868 年 2 月由佐贺藩购后,这艘排水量仅得 305 吨,却备 7 吋前装炮一门、
   5.5 吋后装炮一门,并两门较小之炮的小炮舰,旋成为戊辰战役中主要兵力
   的一部分。其后海外事件的参与和测量任务的遣派更使之成为明治初年
   最活动频仍的舰只之一。1887 年 10 月除役,移交递信省处理。

54 建成于 1876 年、重 897 吨的 "清辉" 号为日本第一艘国产战斗性舰只,也
   是第一艘远航欧洲的日舰（1878 年）。1888 年 12 月 7 日在伊豆半岛骏河
   湾触礁告毁。

55 "东" 是艘其历史涉及美欧亚三洲,美国、法国、丹麦、西班牙、葡萄牙、日本
   六国的传奇舰只。1,358 吨、建成于 1864 年的 "东" 号,日人初名之 "甲铁"
   号,原为法制美国南北内战时南方海军的装甲撞击舰（armored ram）"石
   墙"（Stonewall）号。建成时,战事已结束,遂由幕府政府购入,于 1867
   年 5 月驶抵日本,旋且成为扭转戊辰战争形势的关键舰只。这艘结构及
   外海航行性能均不良之舰,1874 年 8 月 19 日在长崎遇风沉没,后修复再
   役,终至 1888 年 1 月 28 日才除役;除役后售给一渔业公司,至 1908 年才
   解体。除注 13 所列出的基本参考外,此舰的情形还可看 Jane, pp. 22-26;
   Hyman Kublin, "Admiral Enomoto and the Imperial Restoration," *USNIP*, 79:4
   （April 1953）, pp. 409-419; Philip Van Doren Stern, *The Confederate Navy:
   A Pictorial History*（Garden City: Doubleday, 1962）, pp. 64, 217, 223, 246-
   249; *DANFS*, Volume II（1963）, p. 569; Lee Kennett, "The Strange Career of
   the Stonewill," *USNIP*, 94:2（February 1968）, pp. 74-85; *DANFS*, Volume VI
   （1976）, p. 645; William T. Spencer, *Confederate Navy in Europe*（Tuscaloosa:
   University of Alabama Press, 1985）, pp. 27, 124, 174, 196-197, 200-207, 209,
   217; Gibbons II, p. 66; Ivan Musicant, *Divided Waters*: *The Naval History
   of the Civil War*（New York: HarperCollins Publishers, 1995）, pp. 361-
   363; R. Thomas Campbell, *Southern Fire: Exploits of the Confederate States
   Navy*（Shippensburg, PA: Burd Street Press, 1997）, pp. 211-228;
   Jack Greene and Alessandro Massignani, *Ironclads at War: The Origin
   and Development of the Armored Warships, 1854-1891*（Conshohocken,
   PA: Combined Publishing, 1998）, pp. 346-349; Silverstone I, pp. 55,
   308; Silverstone II, pp. 151-152; William R. Hawkins, "The Emperor's
   Confederate Ironclad," *Naval History*, 18:6（Dec. 2004）, pp. 57-60.

"比叡"、"高千穗"[56]、"严岛"诸舰舰长[57];调度局挂长、海军兵学校次长、火药工厂厂长等陆上职务;甲午战争前夕由"严岛"舰长转为待命,旋又易为休职;1895 年 1 月 28 日(时威海卫陷落在即)因胸疾逝世。东乡平八郎和伊地知弘一早有交谊,在戊辰战争(1868—1869)中为在同一舰("春日"号)上并肩作战的战友[58]。

　　原田宗介(1848—1907):留英前曾在"乾行"[59]、"摄津"[60]、"阳

56　"高千穗"为"浪速"的姊妹舰,建成仅后"浪速"数天而已。

57　"严岛"为日海军建造来对付"定远"、"镇远"二舰的三景舰之一,详见马幼垣,《中日甲午战争黄海海战新探一例——法人白劳易与日本海军三景舰的建造》,《清华学报》,新 24 卷 3 期(1994 年 9 月),页 297—318(此文收入本书)。此文见于别处的版本均有删简。

58　关于东乡平八郎和伊地知弘一的友谊和并肩作战的经历,见(《東鄉》)编集部,《戊辰戰爭の海戰——宮古海戰》,《東鄉》,342 期(1997 年 3 月),页 29—31;(《東鄉》)编集部,《戊辰戰爭の海戰——函館海戰》,《東鄉》,344 期(1997 年 5 月),页 25—27;并河义孝,《東鄉平八郎と伊地知弘一》,《東鄉》,369 期(1999 年 11 月),页 15—17;常广荣一,《戊辰戰爭における海の戰い——東鄉平八郎三等士官の活躍》,《東鄉》,396 期(2002 年 7—8 月),页 14—19;397 期(2002 年 9 月),页 4—11。

59　"乾行"原为建成于 1854 年的 522 吨英国炮舰"小猎犬"(Beagle)号。除役后于 1863 年 7 月在香港抛售;日人购得后,易其名为"乾行"。1881 年又自日海军除役,1889 年解体。注 15 所列诸基本参考中仅片桐大自之书有此舰的纪录,现另参考 *The Chinese Times*(Tientsin),9 June 1888; Lecky, Vol. 1, pp. 173-176; *Royal Navy Ships*, p. 34, *Sail-Steam List*, p. 219.

60　920 吨的"摄津"1868 年采购自美国,日人纪录说其原名 Koyahog。但美国并没有以此为舰名的舰只的纪录,这点很易证明。若说其为商船,资料甚齐全的 William M. Lytle and Forrest R. Holdeamper, *Merchant Steam Vessels of the United States, 1790-1868*, Revised and edited by C. Bradford Mitchell(Staten Island, NY: The Steamship Historical Society of America, 1975)也不载此船。此书在 1978,1982 和 1984 年所刊的三份补遗同样不说曾有一船取名 Koyahog。还有, Koyahog 一词既非人名,也不是地名,更不是普通名词。日人纪录有误是可能的解释。此舰归日人所有后,主要用作练习舰。1886 年除役。1888 年报废。

春丸"诸舰服役[61]，并曾任军舰炮铳教练；1871 年 2 月—1877 年 5
月，先差遣赴英，继转为留学；返国后至甲午战争，在兵工厂任职；
1886 年下半年，随海军大臣访问欧美各国；官至海军造兵总监。

八田裕二郎（1849—1930）：留英前曾任海军操练所寮长；
1871 年 3 月—1881 年 3 月（留英时期较东乡长），其间曾于 1877
年 12 月—1878 年 6 月在格林威治海校就读；返国后任行政职务，
如在驻英国及法国公使馆供职；1891 年 4 月休职；1907 年 10 月
退休；1912 年 5 月—1917 年 4 月，任参议院议员。

佐双左仲（1852—1905）：留英前入读新设的海军兵学寮；1871
年 3 月—1878 年 5 月留英，专攻造船学；返国后任造船所造船课
长；1883 年 1 月—1884 年 10 月，在欧参与"浪速"、"高千穗"、"亩
傍"诸舰的建造[62]；官至海军造船总监、海军省舰政本部部长。

赤峰伍作（1847—1924）：1871 年 2 月—1878 年 6 月，在英
留学；返国后长期在横须贺造船所服务；官至吴造船厂厂长。

此五人中，仅伊地知弘一为可能参加前线作战的海军军官。

---

61 "阳春"原为美国南北内战时北方海军的"酋长"（Sagamore［印第安人
语］，507 吨，1861 年）号炮舰，战后除役，1865 年 6 月 13 日在纽约抛售，
由秋田藩购入，后借予政府使用。有关此舰的参考资料，除注 15 所列出
者外，还应看 Edward Kenneth Haviland, "American Steam Navigation in
China, 1845-1878, Part V," *American Neptune*, 17:3（July 1957），p. 233
（此文美方资料够详细，可惜没有参用日方资料，致弄出不少严重错误来）；
DANFS, Volume VI, p. 227; Gibbons II, pp. 84-85, 167; Silverstone II, pp.
30, 32-33.

62 法制加护巡洋舰"亩傍"（3,615 吨）号是日本海军史上最倒霉的舰只，建
成自法赴日途中在星加坡至日本之间失踪，时间（1887 年 10 月某日）、地
点、原因迄今仍无法确定。设计不良，遇风翻转是可能的解释。佐双左仲
参与其建造并不能说是一项光荣纪录。关于该舰种种，除注 15 所列诸参
考外，近还有 Peter Brook, "Two Unfortunate Warships: Unebi and Reina
Regente," *MM*, 87:1（February 2001），pp. 53-62; 常广荣一，《軍艦"畝
傍"の亡没》，《東郷》，415 期（2004 年 6 月），页 11—16。

他返国后出任副舰长及舰长的舰只达八艘之多,且新旧大小杂陈,其间复混配陆上职务,根本就是见于东乡一例的模式。雷同之处尚有其他。东乡自返国至甲午开战,服役的舰只也是八艘,其中更有三艘与伊地知者同("迅鲸"、"天城"、"比叡")。倘非中年而逝,伊地知可以有一番不错的表现的。

其他四人走的路线全然不同。制造兵器的原田宗介和造舰的佐双左仲虽都有不错的事功,要说出类拔萃,则显然未到此层次。唯一有机会进格林威治海校读过六七个月书(且在抵英六年多以后才入校),日后在海军范围内做过些外交工作的八田裕二郎,以及返国后长期在船厂服务的赤峰伍作,表现更仅能说是乏善可陈。

这就是说,此届日本留英留美海军学生返国时(延期回去者不必另归类),被淘汰的比例本已不低,学成者还分属好几条不同路线,而淘汰的现实并不因返国而终结[63],故整体而言是届出国的十五人中有望能成为可用前线将材者仅得东乡和伊地知二人而已。其中东乡明显较佳,起码他在英如何学习有足够的纪录,伊地知在英的学习过程则迄无所闻。物以罕为贵,假如此二人是清廷派往英国留学者,回来后怎会不把他们捧上半天高,尽量用高职位和最新硬件配件和他们配合,更绝不会命他们在陆上供职。日本海军不来这一套,并不把他们看成是洞悉西方海军堂奥之士,而务要他们从基层学起,遂连番送他们上既小且旧的杂舰磨练,又夹上各种陆上职务,以求他们整体明了日本海军的运作。

东乡和伊地知二人之事也非孤例。甲午黄海海战时领导第一

---

63 自美赴英,会同返国的横井平次郎和曾根直之进,其后就不见纪录。留英而随"扶桑"等舰赴日的土师外次郎、志道贯一、山县小太郎(甚至松田,假如他不是原田宗介或八田裕二郎之误)亦不见于此等纪录。这等于说,即使此五六人果留在海军服务,事功亦尤在八田裕二郎和赤峰伍作那层次之下,根本就不消提。

游击队的坪井航三所经历者,同样属于这模式[64]。坪井于 1871 年
9 月起在美国亚洲舰队的旗舰"科罗拉多"(Colorado,3,425 吨,
1858 年)号机动巡航舰(steam frigate)上实习数月[65],随后于 1872
年 4 月至 1874 年 7 月间在美国名学府哥伦比亚大学(Columbia
University)就读。1874 年 8 月返国,其后长达七年他的官阶只
是少佐。自返国至甲午开战,他服役过的舰只包括"第一丁卯"[66]、
"迅鲸"、"天城"、"扶桑"、"金刚"、"比叡"、"磐城"[67]、"日进"[68]、

---

64 坪井航三生平资料,见佐伯为藏,《坪井航三小傳》,《防長史學》,4 卷 1 期
   (1933 年),页 36—42 ;福本诚,《坪井(航三)海軍中將小傳》,《有終》,24
   卷 9 期(1937 年 9 月),页 98—107 ;《海將の履歴調(其十八)——故海
   軍中將男爵坪井航三》,《有終》,29 卷 9 期(1942 年 9 月),页 93—96 ;日
   本近代史料研究会,《日本陸海軍の制度・組織・人事》,页 105 ;外山操,
   《陸海軍將官人事總覽(海軍篇)》,页 9 ;秦郁彦,《日本陸海軍總合事典》,
   页 211 ;David C. Evans and Mark R. Peattie, *Kaigun: Strategy, Tactics,
   and Technology in the Imperial Japanese Navy, 1887-1941* (Annapolis:
   Naval Institute Press, 1997), p. 536; 福川秀树,《日本海軍將官辭典》,
   页 251 ;《日海軍史》,册 9,页 315 ;http://homepage2.nifty.com/nishidah/
   p-index.htm#index.
65 这里所说的"科罗拉多"号并不是著名的"宾夕法尼亚"(Pennsylvania)
   级同名巡洋舰(13,680 吨,1905 年)。这艘于 1870 年 4 月 9 日至 1873
   年 3 月 15 日充当美国亚洲舰队旗舰的机动巡航舰不见于 *Conway 1860-
   1905*,而收入 *DANFS*, Volume II, pp. 144-145; Donald Canney, *The
   Old Steam Navy*, Volume 1: *Frigates, Sloops, and Gunboats, 1815-1885*
   (Annapolis: Naval Institute Press, 1990), pp. 45-52.
66 此舰为前述"第二丁卯"的姊妹舰。
67 656 吨的"磐城"(1880 年)为日本国产的小炮舰,1907 年除役,用作杂务
   船,1911 年报废,后抛售。
68 1869 年建成的 1,468 吨"日进"(第一代)号原为佐贺的锅岛藩向荷兰订
   造的海防舰,后因废藩而献给政府,并沿用"日进"之名。多年调动频仍
   后,此舰于 1883 年归类为巡洋舰。1892 年 5 月 30 日除役,翌年售出。

"海门"[69]、"高千穗"。谈到这里,不少这些舰名已够熟悉了,特别值得留意的是那些日海军恒用作训练场所的小舰和旧舰;坪井、东乡、伊地知全都管带过"迅鲸"和"天城"舰,坪井和东乡又曾先后出掌两艘极不起眼的老姊妹舰"第一丁卯"和"第二丁卯"。要是说这是日海军应付舰只不足分配的权宜之策,清廷又何曾有足够舰只运用[70]?把本已不够分配的舰只长期固定拨给一小撮绝大多数有留英背景的军官(甚至在这小圈子也鲜有调动),只会使舰只数目不足的情形弄得更恶化。其他永远连短期的,轮替的舰长任命也不容梦想的军官又怎会有士气可言?但若清廷调派返国后的刘步蟾、林泰曾辈往管带粤洋海军和南洋海军早期购入,既不中看也不中用的外制舰(不少还是改装货),或福州船政局造出来的国产品,而且还是用日式的短期轮替任命方式,不朝野哗然,猛诋为浪费人材才怪。在日本,当事者和旁观者却都欣然接受这种安排。政策之异如此,民情之别如此,又怎会不影响海军发展。

坪井航三之例的显示作用还可以再说下去。他返国后七八年间接连在好几艘舰上担任的职务仅是管理装备的"舣装挂",当上主要舰只("高千穗")的舰长是迟至甲午战前五年之事(时自美回来已漫长十五年矣)。在各种上舰任命之间调充陆上职不下十二次之多(包括当过"高千穗"舰长以后,仍调任陆职多次)。这就是完整履历的由来。清海军的首届留英学生谁有稍稍近似的经历?谁不是蒙李鸿章招入北洋海军以后,便在涉及的舰只数目

---

69 建成于 1884 年的 1,358 吨日本国产舰"海门"号初称为巡洋舰,后于 1898 年改列为三等海防舰。日俄战争期间,在大连湾外触雷沉没(1904 年 7 月 5 日)。

70 各国海军自进入机动(取代风力)时期以来,舰只不敷用是常见的情形,迄今如此。分别仅在不足用的程度、添增的速度和调动之方。

极有限下长期当主要舰只的舰长[71]？

中日两国海军的人事制度和将领素质在优劣的分水岭两旁呈强烈对比，甲午交锋（特别是黄海之战）战绩遂同样成优劣的强烈对比。

五、刘步蟾和东乡平八郎对人生意义的不同看法

东乡平八郎终生献身海军事业，国际法原非其兴趣所在，但在昔日通讯缓慢的环境里，海军军官率舰在外，不难遇到涉及国际法，而得由其处理的场合，懂法律总会有帮助。国际法并不简单，负责前线工作的海军军官本难找到修读的机会。然而成功之人恒常不会错过自我增值的机会。东乡即如此，养疴之际不忘追求行业以外的学问，便利用这段时间来研修国际法。日后他在外所采的异常行动，不少都可从他懂得国际法这角度去解释。这是私生活严正，岗位意识坚强，前瞻目标明确的表现。

刘步蟾对人生的看法截然不同。单看他在战败自尽时"仰药以殉"[72]，真相早该够明显了。军官在战场自尽，最方便，最配合身份的法子莫如利用身边的枪械。怎可能会选择仰药？仰药就是吞

---

71 唯一例外是从不任舰上职务的严复。严返国后不久，李鸿章即召之往掌天津水师学堂，并执行此务至该校毁于庚子之役。北洋海军的主要将官除陆军出身的提督丁汝昌外，全是福州船政局后学堂训练出来的，且绝大多数为闽人，次为粤人。不管李鸿章对他们个人观感如何，这与他以淮系力量为组织核心的观念格格不相入，故绝非足令他快意的局面。突破就唯有寄望由自己地盘培养出来的下一代将官终能接手。严复此职的重要程度应视为不次于北洋海军提督之职。今人每评严复返国后从未在舰上任职为李鸿章不识用人的憾事。这样说既不明李鸿章力求培养淮系海军将才的苦心，还得考虑李鸿章是否顾及严复对鸦片烟的极度倚赖。烟瘾发作时，人在陆上办公室总较在作战时的舰桥好吧！

72 池仲祐，《刘军门子香事略》，叶 40 上。

鸦片！没有抽鸦片习惯的人，手边何来鸦片？况且威海卫那儿不是家中，不是别墅，不是应酬社交的场合，而是战事进行已久的战场！难道可以相信，在战场上萌自尽之念的军官有必要放弃身旁的武器去遍寻鸦片来作代用品吗？不要忘记吞鸦片自尽，弥留时间不短，痛苦必增，真是活该。刘步蟾选择此毫无英雄气概之举（不难想到日人切腹的武士道精神），可否解释为把握最后一次享用的机会，由读者决定好了。无论如何，刘步蟾鸦片烟瘾大，在长期战斗中仍烟具随身，实在无需细表！刘步蟾活动的时间去鸦片战争远矣，鸦片残害健康，荼毒社会之烈，还用别人提醒他，规劝他吗？亏他往欧学习和工作前后有三次之多，地域包括制度与文化背景殊异的英法德三国（得到不同学识和经验的机会随而增加），时间加起来差不多有七年之久 [73]，和东乡平八郎经历简单得多的甲午战争前留英一次的时间长度相若。按时间计，刘步蟾爱上阿芙蓉应是随"定远"舰在 1885 年底来华而返国，结束第三次旅欧以后之事；在欧抽鸦片，环境和供应都成问题。

东乡平八郎在这方面的表现虽够明显，比较还是要做的。按东乡的性格，他绝不会把空闲时间浪费在烟床上，更不会用治病为借口来抽鸦片，虽然他曾与病魔苦斗多年 [74]。

北洋海军领导阶层中有鸦片瘾的，刘步蟾并非孤例。提督丁汝昌（见图 2）在威海燖师后自尽也是"仰药以殉" [75]。在一支舰队

---

[73] 刘步蟾三次旅欧，时间的长度见注 45 所引 Leibo 及巴斯蒂两资料（第一次）；王家俭，《清末海军留英学生》，《海军史论集》，页 39—41（第二次）；《海军日志》，页 92—93、133（第三次）。

[74] 不少崇拜严复者即企图用治病来解释为何这个推动输入西方文化者会吸食阿芙蓉。

[75] 池仲祐，《丁军门禹廷事略》，收入氏著《海军实纪——述战篇》的附录《战役阵亡群公事略》，叶 37 上。

的三个最高统领当中,起码有两人爱阿芙蓉,这支舰队的硬件再威猛,人事软件也必腐烂透顶,更何况北洋海军的硬件只是一堆购置前乏长远平衡方策,选购时缺技术指导,购入后复长期失修的问题舰。

就算北洋海军在甲午战争前十年能增置新舰和多添换快炮(不少头脑简单的人以为,果如此,北洋海军就有望战胜了),舰队充斥低能苟且将官这本质始终存在[76]。继续误选舰只和炮械的可能同样丝毫没有改变[77]。靠这种彻头彻尾由垃圾成分组成的舰队去巩国御外,结果可以预期。企图用北洋海军(不管以人物还是以舰只为重点)作为民族大义和爱国情操的体现,例证显然选错了。北洋海军是人劣舰劣制度劣,一无是处的臭组合,只配充作反面教材。

六、结论

硬件之于舰队十分重要,比较也易按数据进行,固不待言。软件的素质则因很难用数字来表达,除非确异常悬殊,舰队与舰队之间(或国与国之间)不易就软件作比较。

76 苏小东,《北洋海军管带群体与甲午海战》,《近代史研究》,1999 年 2 期(1999 年 3 月),页 151—172,也曾用同样角度去探讨北洋海军将官的本质。可惜讲得还是太客气了,不够彻底,收不到一针见血之效。此文亦用《北洋海军管带(舰长)群体与甲午海战》篇名,另见《北洋海军研究》,1 期(1999 年 11 月),页 416—437。

77 清季负责筹海者从来没有正确选购舰只的本领,这种情形北洋海军尤为明显;见马幼垣,《甲午战争期间李鸿章谋速购外舰始末》,《九州学林》,3 卷 2 期(2005 年夏季),页 130—183;3 卷 3 期(2005 年秋季),页 118—182(此文收入本书)。

世人论北洋海军,恒谓其硬件原甚威猛,寰宇排次相当高[78]。这是国人往自己脸上贴金,实则可笑之极的说法。作为北洋海军作战主力的四款"远"字号全都有明显的设计缺点。早前购入的"超勇"、"扬威",设计问题尤更严重。余下来的作战单位,就只有一堆始终不懂得如何运用的鱼雷艇和那些好不过废物多少的蚊子船。对一支全球排次甚高的舰队而言,硬件实力就仅该如此吗?今人每把北洋海军甲午战事的失利归咎于甲午战争前十年没有增舰和没有及时添置速射炮。但如果选购舰只的标准不提升,射击本领不改良,战术知识不增进,添些舰,加点炮,整体硬件素质的改善仍只可能是很有限度的。

软件的情况较硬件还要更差。人事制度和军官素质是软件的重要成分。本文通过不同角度去考察中日最具代表性的两将领以及若干其他军官的种种分别,得出来的结论清楚简单:中日两方在人事制度和军官素质所表现出来的绝对相反。日海军的人事制度稳健而具远见,军官在调动频仍、忽陆忽海、恒易于新旧大小舰只之间无怨无悔,一心与国家所定的磨练模式和程序配合。既然北洋海军在有关方面所呈的情况刚正相反,也就不必把那些丑事再一一开列了。仍需一提的还有四事。人事制度和军官素质的俱劣带给北洋海军四个明显的,殊不光荣的特征:(一)舰只失修严

---

[78] 多说是世界第八名,唐德刚即如此强调。殊不知这样讲既无聊,复无知。十九世纪下半,从没有任何机构定期替世界各国海军排名次超过首五六名。现在世上起码有 160 个国家或政权有海军(见 2004—2005 年版的 *Jane's Fighting Ships*);排上第八自足可喜。甲午战争前夕,全球只有二十个海军国;好些靠后排次的国家,即使用当日的标准去衡量,拥有的舰只值得登记入国际年鉴者不过寥寥几艘而已(见 1894 年版 *Naval Annual* 中的长表)。在这情况下,排名第八就难说值得骄傲了!况且若真要排名次,软件所占的比重绝不该轻于硬件。正如本文从不同角度所论证的,北洋海军人事制度千疮百孔,军官素质庸劣,这样一支外未必强而中绝对干的舰队堪称世界第八吗?说它排得尤高于八,就更离谱了!

重,速度因而大减[79]。(二)军纪败坏[80]。(三)射击本领低劣,命中率奇差[81]。(四)中日两国海军领导阶层所掌握的世界海军知识同样

---

[79] 甲午黄海之战时,中方诸舰艘艘速度慢得惊人,让日人可以像练靶般从容射击;见 Jane, p. 120。这是整支舰队长期忽视维修之害。那些十年八载一人固定管一舰的舰长尽职至何程度,爱国至何程度,还用多说。这批尸位素餐、祸国殃民之辈罪孽大极,今人却因他们多在作战时被击毙,或战败后自尽而喜封这批败类为爱国将领和优秀军官!治史定要套上民族大义不可,而非以发掘真相为务,流弊便是如此。

[80] 军纪败坏的程度可用当事者之言来证明,如盛宣怀(1844—1916)档案中所保留"来远"舰帮带大副张哲溁的控诉,其中更特别指出刘步蟾借撤旗事件逼走借调来华任北洋海军总查(总教习),以严厉督训见称的英海军军官琅威理(William Metcalfe Lang, 1843—1906,见图14)后,自己却没本领及意志去取代琅威理在军中的作用,军纪遂急剧转劣:"前琅威理在军中时,日夜操练,士卒欲求离船甚难。是琅之精神所及,人无敢差错者。自琅去后,渐放渐松,将士纷纷移眷,晚间住岸者,一船有半。日间虽照章操作,未必认真,至有事之秋,安耐劳苦。"见齐国华、季平子编,《甲午中日战争——盛宣怀档案资料选辑之三》(上海:上海人民出版社,1982年),下册,页399。刘步蟾分明是成事不足,败事有余的混蛋!力图在渣滓领导群中找到可用作表扬民族大义的凭借,因而封这种鼠辈为爱国将官是很可悲的事。治史以求真为目标是正确的,不可取代的。今人读近代史,凡在战场上被击毙者,或自尽者,就封为爱国好汉,抱持这种态度去治史者怎能保持客观判断能力?盲目吹捧由是成为撰写中国近代海军史的定规。用吹捧伎俩来代替深入研究和独立分析,唐德刚正是显例。在他的笔下,北洋海军军官个个英雄,舰只艘艘威猛,哪知实情竟是完全相反。

[81] 黄海海战中,中日两国海军的命中率呈天渊之别。北洋海军诸舰除"济远"因先逸而仅中弹15发外,其余"定远"中弹159发、"镇远"200发、"来远"225发、"靖远"110发,而被击沉的五舰("致远"、"广甲"、"经远"、"超勇"、"扬威")必每艘中弹不下二百发。日方舰只不仅全没有被击沉者,受伤最烈的"赤城"不过中弹30发,其次的"比叡"23发、"松岛"13发、"西京丸"12发、"桥立"11发、"浪速"9发、"吉野"8发、"严岛"8发、"扶桑"8发、"高千穗"5发、"秋津洲"4发、"千代田"3发。日方的射击本领算否高超虽不必即下定论,北洋海军的命中率则绝对差透!此等数据见黛治夫,《海军砲战史谈》(东京:原书房,1972年),页106;黛治夫,《舰砲射击の历史》(东京:原书房,1977年),页84—85。需知黄海之役绝非一场胜负难分的战事。日方出动战斗性舰只十一艘,(转下页)

呈天渊之别,日方知道的既快且新复广泛。中方所知者又慢又旧
又有限[82]。

综合这些情况,倘说北洋海军在黄海之役还未致一仗而全军
覆没可算是奇迹,当不是偏激的失实之言。

附　论

刘步蟾和东乡平八郎留英期间并无过从(即使果尝碰头)、二
人品禀之异、中日两国处理海军人事立场与制度之殊,种种极端分
别虽已说明,尚有余义,因与东乡无关,交代起来宜别为附论。

参加甲午战争黄海海战的英人戴理尔(William Ferdinand
Tyler, 1865—1954,见图 15)晚年在其自传 *Pulling Strings in
China*(London: Constable and Company, 1929)(简 称 表 作 *Pulling
Strings*)讲述此役时,对刘步蟾极恶诋之能事,谓刘临阵胆怯,置
两铁甲舰("定远"、"镇远")于阵之中央,布余舰于两旁以图自保。

(接上页)中方先以十艘应战,后复添入四艘,故若说中方在作战单位的
数量上占了便宜绝对正确,且还得加上没有被非作战单位所拖累的重大
优势,而日方则因要照料战斗能力低的"西京丸"(2,913 吨,1888 年)
和"赤城"(614 吨,1890 年)而被拖累。近五小时的战斗过后,中方却
沉了五舰,余逸了一舰,余舰均中弹累累,日舰则艘艘俱在,而中弹最多
者亦不过被击中 30 发,更有七艘之多只中弹三数发而已。这就是说,接
近五小时的战斗仅能令对方百分之三十六的舰只中弹数超过单位数字!
日方所以不沉一舰还需解释吗? 这分明是胜负立判,不容强辩的局面。
这极端情况所反映者无疑是双方将官素质的高下和舰队训练的优劣。
北洋海军连虚有其表的评价都不配。亏那些读书有限(尤以域外刊物为
然),却被民族意识和阿 Q 精神冲昏脑袋者竟有胆量曲说中方是黄海海
战的胜利者,甚至无中生有,不顾逻辑地说,失掉五舰,余舰又航速艘艘
慢腾腾的北洋海军在战斗结束后还追赶已离开战场的日舰队好一段路
程。让读书少,又乏逻辑观念,却事事政治挂帅者治史,破坏多过建设。
82 中日海军界世界海军知识的悬殊,见注 77 所引马幼垣,《甲午战争期间李
鸿章谋速购外舰始末》长文。

黄海海战牵涉殊广,中方布阵的正误、刘步蟾扮演的角色、戴理尔的品格与意图,这类复杂问题的讨论自无足够篇幅在此作适当分析。可以在此讨论者还是有好几事。

虽然戴理尔多半不知道刘步蟾当年不敢考试的蠢事,但胆小是极难改进,亦难长久遮掩的性格特征。戴理尔观察所得,本不易判其准确程度,现既知刘步蟾(以及在北洋海军居相同地位的林泰曾)连有百利而无一害的考试也提不起勇气参加,又怎能期望他(和林泰曾)面对生死攸关的决战会果勇十足,毫不作自私的部署? 戴理尔的话不可能全无真实成分[83]。

其次得说明戴理尔此自传以及类似的域外资料该如何运用。此书讲述黄海海战部分久经张荫麟(1906—1942)译出[84],早为中

---

[83] 这里带出一个类似的问题。放洋前,归国后,刘步蟾和林泰曾两人在北洋服务的时间相当长,李鸿章有没有看出他们是胆小鬼? 有关刘步蟾的这类评语尚未见,而李鸿章有指出"林泰曾向来胆小"的纪录,见《李鸿章电稿》,册3,页186,《覆译署》(光绪二十年十月二十二日)。但这话作不得准。迟至林泰曾已自杀,李鸿章才这样说,所言就大有图自保的意味。实情应是李鸿章始终不察觉刘、李二人胆小,不然如何解释他从不怀疑长期把北洋海军最主要的两艘舰只放在此二人之手的不妥。

[84] 张荫麟译,《甲午中日海战见闻记》,《东方杂志》,28卷6期(1931年3月),页65—76;28卷7期(1931年4月),页63—72;并收入伦伟良编,《张荫麟文集》(台北:中华丛书委员会,1956年),页551—585。这里涉及一项不能不说之事。Tyler此件,通过张荫麟的翻译,不知被人引用过多少次了。引用时,几乎全沿张荫麟之失,用"泰莱"等译名来称呼Tyler。这事犯了史家最不该犯的毛病——名不从主。长期在中国服务的外人,即使本人不懂中文,没有自订汉名,同事为了应付公文之便,也会替他们安排惯用汉名,甚至法定汉名。这是治近代史者不该陌生,更不应不尊重的事实。黄海海战后,清廷依李鸿章的建议,赏恤参战洋员的上谕中有谓"受伤之哈卜门(A. Heckmann)、戴理尔、阿璧成(Albrecht)、马吉芬均着以水师游击用。哈卜门等四员并赏戴花翎,给予三等第一宝星";见朱寿朋编(张静庐等校点),《光绪朝东华录》(北京:中华书局,1958年),册3,页176(李鸿章推荐的原件当然也用此等名称)。不管后人替Tyler胡搞出多少个音译来,"戴理尔"一名和那些音译背景(转下页)

国史家所惯用。治涉外史事固应广用域外资料,若不穷搜勤读地去网罗,就只能满足于善用别人用过之物(连这点都办不到,根本就不该加入研究行列)。但一经这样自限,何由发明?何从开展新境界?要是所用的有限资料复非原物,而仅是别人的翻译,情形就更糟(所以我绝不赞成出版翻译资料集那种设害人陷阱的行径)。这几十年来戴理尔自传的运用情形正是如此。据戴理尔原文去论黄海海战者固十无一二,读此书其他部分者更几无所闻。这样就错过了许多可用资料。

戴理尔和刘步蟾关系恶劣,原因之一是戴理尔瞧刘不起(尽管今人不详他知否刘从未进格林威治海校),因为一则他正是泰晤士航海学院的毕业生(1881—1883年就读),接受与东乡平八郎同样的海事教育而在校时间较长(东乡在校仅两年),二则他航海本领高超,曾乘风帆沿极险恶的 Roaring Forties 水道(自南纬四十度至五十度之间终年吹凶猛西风的风暴地带)自南非南端闯往南美南端,三则他在来华前曾在多艘异常特殊的英舰上服役[85]。评论起

(接上页)和法律层次都截然不同,不能相提并论,故明理者只应称 Tyler 为戴理尔,别无选择,而绝不能用"泰莱"那类无根的音译。近且有谓日人音译 Tyler 之名为"铁威洛路",其说就更滑稽了。日人最迟在明治初中期已普遍用片假名来音译西方人名地名和特别名词(不要忘记,Tyler 书 1929年才面世),怎会用汉字!况且日人读汉字另有其读法,"铁威洛路"可以读作 Tetsuirakuro 或其他类似读法,悉与 Tyler 沾不上边。若谓连姓带名也包括在此汉字音译内,岂非更离谱了。

85 琅威理加入北洋海军以前在英海军服役的舰只不少是只有几百吨重,毫不起眼的炮舰。现在不宜在此详说,因除原始史料外,目前此等舰只仅见于王家俭,《琅威理(Capt. William Metcalfe Lang)之借聘来华及其辞职风波》,《历史学报》(台湾师大),6期(1978年5月),页183;修订本见《海军史论集》,页61,而文内的单子并没有交代任何一舰的情形,错误和遗漏却不少(他列出五舰之名,错了三艘!)。重整工作应视为处理琅威理来华与辞职整个事件的一部分,故得另文为之。既已说明琅威理投效北洋海军前主要在排水量有限的辅助性舰只上服役,(转下页)

来,不能轻描淡写地说戴理尔来华前不过在一艘铁甲舰和两艘巡洋舰上服役过,算不得什么,而必须先明白那些舰只在英国海军

（接上页）现仅讲清楚戴理尔来华前在什么舰上服役当已足。那些舰共三艘:铁甲舰"破坏"（Devastation, 9,387 吨,1873 年）号、二等巡洋舰"利安达"（Leander, 4,300 吨,1885 年,用该舰名的第四代舰）号、装甲巡洋舰"专横"（Impérieuse, 8,400 吨,1886 年）号。要找这些舰只的基本数据,不过是举手之劳,一本 Conway 1860-1905 就够用了。如果这样说尚不足指出戴理尔服役过的三舰的重要程度,不妨补说:"破坏"号是艘在舰只设计发展史上特具革命意义的无帆杆独立炮塔型铁甲舰（mastless turret ship, 又称 breastwork monitor）,是二十世纪主力舰的始祖,而那两艘巡洋舰是十九世纪八十年代中期英国建造的两级最具代表性的巡洋舰的首制舰,其中"专横"号更先后充当英国驻远东舰队的旗舰（1889—1894 年）和英国驻太平洋舰队（Pacific Station）的旗舰（1896—1899 年）。三艘舰当中,有两艘排水量尤在"定远"级舰之上;见 Philip Hichborn, *Report on European Dock-Yards*（Washington: Government Printing Office, 1886）, pp. 16-17; S. Eardley-Wilmot, *The Development of Navies during the Last Half Century*（London: Seeley and Company, 1892）, pp. 81-84, 154-157; Parkes, pp. 195-202, 307-313; John Leather, *World Warships in Review 1860/1906*（London: Macdonald & Jane's, 1976）, pp. 19-21; J.M. Thorton, *Men-of-War, 1770-1970*（Watford, Hertfordshire: Argus Books, 1978）, p. 8; Stanley Sandler, *The Emergence of the Modern Capital Ship*（Newark: University of Delaware Press, 1979）, pp. 234-249; G.A. Ballard, *The Black Battlefleet*（Lymington and Greenwich: Nautical Publishing Company and the Society for Nautical Research, 1980）, pp. 223-227; Richard Humble, *Naval Warfare: An Illustrated History*（London: Orbis Publishing, 1983）, pp. 134, 136; Conrad Dixon, *Ships of the Victorian Navy*（Southampton: Ashford Press Publishing, 1987）, pp. 38-39; *Cruisers*, pp. 14-15, 30-31; David K. Brown, *Warrior to Dreadnought: Warship Development, 1860-1905*（London: Chatham Publishing, 1997）, pp. 58-63, 111-113; George, pp. 72-73, 113; Peter Padfield, *Battleship*, Revised edition（Edinburgh: Birlinn Limited, 2000）, pp. 52-54, 77-78; Spencer C. Tucker, *Handbook of 19th Century Naval Warfare*（Stroud, Gloucestershire: Sutton Publishing, 2000）, pp. 141-143, 154; Lincoln P. Paine, *Warships of the World to 1990*（Boston: Houghton Mifflin Company, 2000）, pp. 49-50. 这是难得一见的连中三元现象。哪一个清末民初借调来华的英国海军军官有此经历? 琅威理应聘来华前曾服役的英舰有几艘属于这层次? 北洋海军没有好好利用（转下页）

史，甚至世界海军史上所代表的特别意义（所以我经常强调，懂得舰只以及世界舰只发展史是治任何国别海军史的先决条件）。连续在此等舰只上服役本已十分难得，对戴理尔而言，还得加上泰晤士海校受训和罕见的航海经验。这是特殊资历重重叠叠集中在一人身上的异常现象。戴理尔既有此背景，以己量人地去看刘步蟾辈，加上他难与人交的性格（他和"镇远"舰的帮带美人马吉芬[Philo Norton McGiffin, 1860—1897，见图 16]即感情殊劣），他瞧不起刘等，不论行径对否，是不难理解的事。今人每谓刘步蟾在英受足正规海军训练，眼中没有散兵游勇戴理尔，是既不读洋书，又不懂当时英海军的情况，却大胆妄言者所说的梦话[86]。实情正该反过来说。刘步蟾、林泰曾辈只是真出洋，假留学之徒而已。

治海军史者起码得查明中国人向来敬佩的琅威理，来华前服役的舰只究竟属何类型，属何层次。不然凭何作比较，据何下判断？研究北洋海军者数目甚众，却从无一人肯照料这基本课题。倘曾在这方面花过工夫，就不难发现琅威理来华前所服役的英海军舰只若非一般炮舰便是不起眼的次要舰只。北洋海军却奉送他提督衔（不管是实的还是虚的）！北洋海军无论如何是一支乱七八糟，谈不上具备靖海澄疆本领的舰队。归根究柢，差透的领导阶层（丁汝昌、刘步蟾、林泰曾可以不算入领导阶层吗？）怎样说也是导

（接上页）主动来华的戴理尔是明显的损失，刘步蟾辈的阻挠是导致这损失的原因之一。说刘步蟾是混蛋绝不会冤枉他的。不分青红皂白地推崇刘步蟾，因而痛骂戴理尔的研究者，有几人确实查清楚戴理尔的底细才骂？治中国海军史而不肯花工夫去详悉当时世界海军的情况，怎能避免因孤陋寡闻而乱发评论的陷阱？强调研治国别海军史者必须理解世界海军舰只的发展过程，道理即在此。

86 若要找这种梦话的例子，可看林濂藩，《中日甲午海战百年祭》（北京：中国社会科学出版社，1995 年），页 110、128。此君还是马尾福州海军学校训练出来，后长期服役海军的正规海军军官。

致此处境的主因之一。

要知道戴理尔来华前的种种事迹并不需用神秘独得的资料。他的自传的首两章就讲得够详细[87],可惜自张荫麟公布此书以来,七十多年间,中国的治史者不是满足于仅用张氏译出来的黄海海战部分,便是即使检用原书也只看此部分。其实此书既公布已久,细读全书也不算是特别之举,仅是按责任做完研究程序而已。连这点功夫都图省,却要奢言放论就只好援用偷工减料、欺世盗名的伎俩[88]。

说到域外史料的独得,我倒有一多年未用的发现。说出来首届留英海军学生的总成绩就要大打折扣。

1892—1895 年间任英国驻远东舰队(China Station 或作 China Squadron)[89]总司令的斐利曼特(Edmund Robert Fremantle, 1836—1929)是世界知名的海军战术专家。他晚年刊行的自传,*The Navy As I Have Known It, 1849-1899*(London: Cassell and Company, 1904),内有不少从未为研究中国海军史者用过的资料(甲午战争正是他任内发生之事)。书中 p. 422,在讲完参观 1894 年 5 月的北洋海军检阅后,有如下几句话:

---

87 戴理尔和泰晤士海校的因缘,除了他在自传所说者外,注 48 所引的两专史也有纪录:Ryley, *Thames Nautical Training College*, p. 160; Stafford, *History of the Worcester*, p. 232.

88 近渐常见一种极不诚实之举出自大陆学者之手,即把别人在注中引用的洋书和洋档案抄为自己的注,做出确曾用过原物的假象。很不幸,在海军史研究的领域里近年已见过好几次这种偷天换日的不名誉勾当,有的甚至出于盛名学者之手。

89 China Station 或 China Squadron 不能译作英国驻华海军或舰队,因其巡察范围远超过中国海域(包括内河水域),而是北达白令海(Bering Sea),南及荷属东印度群岛(今印度尼西亚),西括马六甲海峡,东包日本;见随后正文介绍之 E.R. Fremantle, *The Navy As I Have Known It*, p. 396.

I visited several of the Chinese ships, which seemed in tolerable order. The Ching Yuen, a third-class cruiser, built by Armstrong, was commanded by Yeh Tsookwei, who had served with me in the Invincible, where, however, he was not allowed to do duty.

此段恕我不译出,因我向不主张提供译件给不明究竟的人,让彼辈可以装模作样地用作史料。没有足够外文阅读能力者治涉外史事,必会导致破坏多于建设的局面。这里我仅需要说明一事。斐利曼特当舷炮型铁甲舰"常胜"(Invincible, 5,630吨,1862年)号的舰长时,叶祖珪上舰实习。说过这些,就得指出"he was not allowed to do duty"一句可圈可点!原来首届中国海军学生在英舰上实习,按当时英海军所定的规矩,仅可眼看,而不准直接承担工作的(以后各届,情形是否改进是另一回事)!由是观之,上舰实习仅求在形式上完成一个程序而已。今人论刘步蟾辈在英留学,只说某人上某舰实习,便算是货真价实,确证洞悉西方海军堂奥了。舰只可大可小,可新可旧,舰种层次更是可高可低,这些关键彼等全然不管,留学生在舰上干些什么更不觉得有追查的必要。这样有限度的研究要求,难免教人怀疑治中国海军史者究有几人明白海军是怎样的兵种?

关于首届留英海军学生实习所上的舰只,我早交代过它们的数据和舰种层次了[90],现又讲清楚上舰实习究竟是怎样一回事。这些加起来,很易便看得出首届留英海军学生的在英所获实在难说有多少骄人之处[91]。成绩所以如此可怜,环境的不利因素自然有,

---

90 即注39引用的马幼垣,《严复在英受训所上的"新堡"舰》一文。

91 倘问严复在译学的成就不足骄人吗?回答起来,客气的可以说这是随意插柳而柳成荫;严厉的可以责乎荒废正业,全代之以嗜好。正业与嗜好毫无关连,并悉干出非凡成绩者,不难举例(我佩服的海军史朋友当中,(转下页)

人的劣质因素才是主因。看看愚笨的混蛋刘步蟾可以在北洋海军长居崇位便不难明白，在北洋海军的建设过程中，人的因素所带来的破坏远超过少买些舰、少添点炮所可能造成的损失。从这个混蛋长久被一窝蜂地瞎封为优秀的爱国将领更可见治史者遭民族情操掩眼至何严重程度，遂看不出治史只应以发掘真相为务（尽管真相说出来有损民族大义和爱国情操），而不该掺入其他足以干挠的成分。

假如刘步蟾这流别的货色也配称优秀的话，其他未被捧为优秀的众多清季海军军官岂非更不知差到什么地步了！况且海军这兵种攘外重于安内，须随时准备应付外患，军官优秀与否得用世界尺度（起码当时的世界尺度）去衡量的。要是刘步蟾辈足称优秀，

（接上页）即有以地球物理为业者，有从事证券贸易者，有专业化学工程者，都可以两者同样照料得出色。我自己的三个行头［明清小说是正业，海军史和中西交通是嗜好］互不关连，更不必细表）。严复在海军界（特别在海界教育方面，因他长期掌理天津水师学堂）不特了无成绩可言，还遭学生骂为教学偷工减料，马虎从事，令学生"一听他就感到恶心"的老师；见容闳（1828—1912）带往美国留学，后来以美、日、秘三国钦差大臣职驻美四年，向美交涉退还庚子赔款的梁诚（1861—1917）写给美国友人的信，收入高宗鲁编译，《中国留美幼童书信集（续五）》，《传记文学》（台北），36卷6期（1980年6月），页75；并见高宗鲁编译，《中国留美幼童书信集》（台北：传记文学出版社，1986年），页64（在最近刊行的珠海出版社［珠海］2006年简体字重排本里，有关段落在页24）。今人以为严复独创译学天地，又在格林威治海校毕业兼深造，必然也是海军界奇才，凭这种逻辑去推论，错得离谱。严复靠海军得到求学机会（特别是难得的公费出洋留学机会），一辈子以海军为长期饭票，其实他对海军贡献过什么？恐怕谁也答不出来。严复之于海军，很易归纳起来：身在海军，心不在海军！他一辈子最感兴趣的是译学、烟枪、小老婆，晚年更推拥枭雄袁世凯（1859—1916）和搞复辟，丝毫没有一个海军人物应有的形象！切勿因为他在译学的成绩便誉之为海军界伟人。两岸的中国海军界均视严复为史上罕见的表表者，准则实在成问题。愈推许严复在译学的成就，愈足显他始终只管占海军便宜，而不肯思图回馈。

那么还有什么词汇可用来形容东乡平八郎那品级的将领?

——《九州学林》,4 卷 2 期(2006 年夏季)

后 记

最近观察到一事,尚能及时在这里提出来以供讨论。参役黄海海战的中方舰只管带,曾在英舰受训者八人(刘步蟾、林泰曾、林永升、邱宝仁、叶祖珪、方伯谦、黄建勋、林履中),在格林威治皇家海军学院修毕课程者五人(林永升、邱宝仁、叶祖珪、方伯谦、林履中。这五人全亦都上过英舰受训)。日方参战舰只的舰长并没有格林威治海校的毕业生;彼等也悉未在英舰上受过训(这两种资历均以在甲午战争前获得者为限)。这强烈的对比不可申释为在英受训是坏事,却足援以指出这一代中国海军的前线军官普遍质劣的现象。今之治史者不应再向他们乱送高帽子。继续瞎把这群烂泥糊不上壁的癞蛤蟆吹捧为天鹅只会造成对理解真相难以克服的障碍。至于论者喜强调北洋海军特多曾在英受训的管带,以为这就是精英群聚的特征,殊不知反映出来的却是浓厚的讽刺意味。有优良机会而不下决心去利用,遇到战事的考验时,充其量只能拿出愚勇来,才是这群破底饭桶的统一特征。

看不清楚事情者每以为首届留英海军学生组成的是一个异常优秀的班子,而这班子复有不少成员参役甲午诸海战,表现更是十分出色。说的尽是一派梦话。这类不知就里,纯为吹嘘而写的文章(尤其是闽人捧闽人,后裔捧先人,若非乡土观念作祟,便是图借光耀先人来向自己脸上贴金),可以叶芳骐,《我国首批留英海军生与甲午海战》,《福州师专学报》(社会科学版),14 卷 1 期(1994 年3 月),页 65—69,一文为代表。叶芳骐是叶祖珪的后人。另外关捷、陈勇,《论留学生与北洋舰队》,收入辽宁大学科研处编,《中日关系史论文集》（沈阳：辽宁大学，1984），页 41—56，同样是在乱捧海军留学生之余，却解释不了为何以此等留学生当主要管带的舰队终落得屡战屡败这惨局的可悲现象。

2006 年 6 月 25 日

詹天佑曾否参加甲申中法海军马江战役问题平议

一、引言

　　以京张铁路扬名立万的詹天佑（1861—1919，见图17）无需介绍。除了发展中国铁路的殊勋外，他另有较少人知道的一面——即曾在福建马尾接受海军教育，故尝在固非所愿的情形下，一度拟以海军军职为终身事业。惟在其所受海军训练完结后不久，中法两国在越南的冲突已令战火远延至闽省，中法海军且在福州附近的马江交锋[1]。中方参役此战的海军单位虽全军覆灭，中方海军人员则不无英勇表现。战事刚结束，詹天佑等前留美学生奋战其间的消息即已传播开去。消息可靠与否迟至二十世纪六十年代初方成为学术界争议的课题。这一开始便闹得颇情绪化的争议迄无定论。我留心此事凡四十余年，可望得到的资料终全集齐（这

---

[1] 马江为闽江分流后其支流乌龙江在福州下游和台江汇合的江段。其北岸即马尾；见林萱治主编，《福州马尾港图志》（福州：福建省地图出版社，1984年），"概述"，页1；郑剑顺，《甲申中法马江战役》（厦门：厦门大学出版社，1990年），页2。

当然不是说再没有添增有用新资料的可能）。凭理性论断看来可以办得到了。

二、詹天佑习海军与马江之战

容闳于同治光绪交替的几年间挈四批幼童一百二十人赴美留学是中国近代史上的大事。惜该等学生于光绪七年（1881）半途悉数被召回国时，仅得二人完成大学教育。例外之一即为毕业于耶鲁大学薛菲尔工程学院（Sheffield Scientific School, Yale University）的詹天佑。然清廷安置返国诸生时并没有顾及这因素（诸生绝大多数未学有所成，当是导致清廷采漠视态度的原因之一），致遣三十一人之众分赴马尾、天津、大沽三处的海军教育机构续学[2]。表面看来，整整四分之一的留美学生被安排作职业海军人员。实际比例还要高得多。由于在美病故、选择留美、早已奉召返国等因，光绪七年遣返的学生实仅得九十四人[3]。如此清廷安排以海军为职业者，人数便高达三分之一！容闳及其挈美学生虽久为热门的研究课题，探讨者却鲜留意到这桩异常得很的遣返后安排和涉及人数的特高比例。

赴马尾的一组人数最众，共十六人；詹天佑就在其中。他们

2　有关数字尚未见现成资料，特别是遣往天津水师学堂及大沽船坞鱼雷营的人数需要说明是怎样查考出来的，均非在此能交代清楚。容后另文为之。也有以为总数还要更大，是三十五人；见高宗鲁，《有关詹天佑的史料问题》，收入凌鸿勋、高宗鲁合编，《詹天佑与中国铁路》（台北："中央研究院"近代史研究所，1977年），页66。高氏亦没有交代细节，大概把送往天津海军西医学堂的学生也算在内。

3　《洋务运动》，册2，页167，《光绪十一年三月初三日直隶总督李鸿章奏》。

进入位于马尾的福州船政局(简称闽厂)之后学堂习驾驶(即准备毕业后当管带一类职位)。后学堂别彼等为一班,毕业时(即修毕课程时)列作第八届[4]。毕业后尚有一段上舰实习,甚至随后还另有充任教职的日子。1884年8月23日(光绪十年七月初三日)中法海军战于马江之役(见图18)正发生在这时段,故那班前留美学生多人参役其间。我们要寻找答案的问题为詹天佑有否参战?

三、论战的登场和经过

六十年代初,台湾学界就詹天佑曾否参加马江战役掀起一场热闹异常的论战。一方是铁路界名工程师凌鸿勋(1894—1981),另一方是海军史学家包遵彭(1916—1970)。凌鸿勋主张詹天佑以海军人员的身份亲历马江之役,英勇作战。包遵彭反对这说法。虽然包遵彭仅写过一篇措辞很不客气的评论,凌鸿勋却写了好几篇文章来反驳,甚至在包逝世后多年,仍续辩下去。看来包的评论对凌的自尊心造成很大的损害。其后别人也有就詹天佑参战与否发表意见的。为了说明凌包二人立场如何分歧,他们之间论战的各回合下文均有介绍。其他人士随后发表的意见则择其要者亦作

4　名单见《清末史料》,页437;《海军各学校历届毕业生姓名录》,第一辑(台北:"海军总司令部",1996年),页16。但毕业者不会超过十四人,因其中最少有二人(陆永泉、邓桂庭)未及毕业便离校他去;见 Yung Shang Him 容尚谦,"The Chinese Educational Mission and Its Influence," *T'ien Hsia Monthly* 天下月刊,9:3(October 1939),pp. 246, 249. 容尚谦此文前有李喜所加注释的节译本,《中国近代早期留美学生小传》,《南开史学》,1984年1期(1984年),页172—188;近更全文由王敏若译出,用译文和原文并收,再配上其他资料的方式合刊为一单行本:《创办出洋局及官学生历史》(珠海:珠海出版社,2006年)。

陈述。

毕生献身铁路事业,且曾一度为詹天佑下层属从的凌鸿勋对詹氏衷心景仰,故晚年以替詹天佑撰写年谱为职志。1961年适逢詹天佑百岁冥寿,遂以早一年时间修撰所得刊为《詹天佑先生年谱》(台北:"中国工程师学会",1961年)[5]。书内光绪八至十年各条所记多与福州船政后学堂(凌氏称之为水师学堂,虽嫌泛,但詹天佑本人亦用此词,见随后引录的詹氏自撰小传)有关。光绪八年(1882)年首条谓詹天佑于该年六月在学堂肄习,八月派赴"扬武"舰(1,608吨,1873年[6],见图19)服务(按时间计,当为上舰实习期,但未知这是否凌鸿勋所指"服务"之意),仅述事而没有注明史源(页23)。光绪九年唯一的一条只有"仍回水师学堂教习英文和驾驶"一句,也不交代史源(页24)。光绪十年首条说"先生在马尾'扬武'服务,兼在水师学堂任教",同样不讲以何为据。该年的次条则颇长,内云:

> 是年五月法国舰队进犯闽海。七月法将孤拔率舰五艘袭马尾炮台及船厂,我军不及准备,海军几全毁。先生时在"扬武"舰,与留美回国同学黄季良、吴其藻等专司燃炮,还攻敌船。嗣"扬武"舰被孤拔坐舰轰击着火,先生仍继续发炮。既而火势益烈,管带官下令学生速离船,先生方跃下水。其时先生最镇定,有胆勇,船临危时尚救活多人。

说得绘影绘声,并在此处加注解释所用的史料:"上海晋源西字

---

5 这本凌著年谱并不厚,后来整本收入凌鸿勋、高宗鲁,《詹天佑与中国铁路》,页59—155。有关讨论的三年见页90—91。

6 "扬武"为福州船政局所造的第十号舰船,其基本数据,见沈传经,页338;《舰艇工业史料》,页928—929;《船政造船表》,页489—491。

报一八八四年七月初五日所载福州消息,见'中央研究院'所藏越南档"(页 24)。另外,书后的《参考书籍》复有"越南档:民国四十九年'中央研究院'近代史研究所编印行"的说明(页 103)。

单看这条注便知凌鸿勋的史学功夫并未到家。那张报纸的名称究竟是《上海晋源西字报》,还是上海的《晋源西字报》? 档案上当然只有那七个字而没有新式标点(在本文未说出其名称究为如何以前,这几个字暂不加书名号,仅作专有名词处理),但若该报名称的首一个字不弄清楚,追查起来就事倍功半。显然凌鸿勋并不打算追检报纸原物。虽然在六十年代的台湾绝无查检十九世纪上海报纸的可能,正规的研究程序还是必须要守的。开列战斗那天的日期更是弄得莫名其妙之极,怎会搬出个公历(1884 年)和农历(七月初五)合并的日期出来。史学功夫表现如此难免会影响读者的信心。

这点不能说凌鸿勋乏自知之明。年谱甫出版,他便撰文交代资料的由来(早在年谱的序跋里讲这些话合适多了)[7]。关于詹氏在那三年涉及海军的事迹,特别是有否参加马江之役的问题,凌鸿勋解释他先后参考过三款资料:

(一)藏于"中央研究院"近代史研究所的越南档案。至于如何处理与此档案有关的诸问题,待后再说。

(二)后来(意指看过越南档以后)查出当时的上海某西报也有讲詹天佑奋战的近似的记载。这样讲,无助于澄清局面,反带来新的疑问。既然查出有此相应纪录,为何说得这样含糊? 为何不能直接简单地列出该报的名称和该段记载的日期? 即使说一时忘记抄下来,既已查出,为何不可以覆查? 难道真的期望读者会接受

---

7 凌鸿勋,《我怎样写詹天佑年谱》,《新时代》,1 卷 5 期(1961 年 5 月),页 54—55;并收入凌鸿勋、高宗鲁,《詹天佑与中国铁路》,页 157—166。

这种"证据"吗？最启人疑惑之处尚不在此，而是在六十年代初期的台湾怎会有查检十九世纪八十年代上海所出西文报纸的机会？在凌鸿勋看来，这项资料既与越南档相配，合起来就成为有力的证据，故以詹氏英勇作战为真相，写入年谱。

（三）詹天佑逝世后不久，其长婿，亦为铁路工程师的王金职所撰，甚为详细的詹氏传记。

年谱刊行后，有名李满康者来信，谓其先人曾访詹天佑，亲闻其所述马江战役时事，殆詹氏适离舰上岸后，法人始启衅，乃幸免于难。凌鸿勋以此说与越南档所言大异，且年谱已刊，故仅以存疑方式记下来。

要言之，凌鸿勋除强调越南档所录西文报纸的权威性和正确性，尚肯增录一项他本人并不相信的别说。

六十年代初，包遵彭是大中华区唯一有著述的中国海军史学家[8]。他对凌著年谱所讲詹天佑在福州船政的研习情形，及其在马江之役如何英勇作战均极不同意，遂于凌鸿勋登文交代史料的同一期刊撰文批判[9]。包文论及的话题很多，却流于吹毛求疵，教人读后感到彼借此机会大声疾呼，图使不娴海军史者明了充内行去谈海军史事殊为不智。包氏文中那些与詹天佑曾否参加马江战役

8　包遵彭的《中国海军史》初版（一册本）由海军出版社（左营）刊于1951年，不可谓不早。

9　包遵彭，《对凌著〈詹天佑先生年谱〉的几点商榷》，《新时代》，1卷7期（1961年7月），页41—46。此文后来以列为一条注的方式，几乎一字不易地收入包遵彭，《清季海军教育史》（台北："国防研究院"，1969年），页31—46。这条在形式上不该是注的注，在包遵彭增修其《中国海军史》为两册本时（台北：中华丛书编审委员会，1970年），复一字不易地又用注的形式收入书之下册，页717—741。这里涉及治学态度不佳的问题（正文随后有交代）。到凌鸿勋、高宗鲁编《詹天佑与中国铁路》时，复收《新时代》的版本入书内（页167—190）。

无关的话题既超越本文的范围,现均不理。

包遵彭的论点相当简单。在他查检得到的一手资料中并无詹天佑参加此役的纪录,连他认为可靠的二手资料也不提此事。对他来说,他一时找不到纪录就等于事情没有发生过了。他并不考虑当时当地在台湾,史料的运用绝不可能是万物俱备的。至于凌鸿勋倚重的越南档,他查阅不到,也就视作不得要领了。

凌鸿勋对包遵彭猛烈抨击的反应是可以预料的。他立刻在同一期刊作出回应,加引他认为足证詹天佑勇战马江的资料[10]。除了补说"中央研究院"所藏越南档原为总理各国事务衙门的档案和前引之件"中央研究院"编号为 1024 外,还自这组档案内添引一编号为 1021 的文件:

> 七月十三日,美国公使杨约翰函总理各国事务衙门,以(以上十字,原件作"函称:'昨阅新闻纸内云:'")中法闽省之战,中国官兵均甚出力,其中尤为出力者,则系"扬武"船内由美国撤回之学生。该学生计共五名,点放炮位甚为合法,极其灵巧,均(系)奋不顾身,直至该船临沉时,众人均已赴水逃生,该学生等方行赴水。内有一学生战殁于阵,(漏录:系前驻美国副使荣[误:容]公之犹子云云。)本大臣接阅之余实深款钦佩。想该学生等出洋习业,曾有谓其惟务洋学,恐于中国事理诸多未谙,难为有用之才,兹阅前因,足见其深明大义,均能以死力报效,实为不负所学。是该学生等上足以仰副贵国之栽培,下

---

10 凌鸿勋,《詹天佑先生曾否参加马江战役问题之商榷》,《新时代》,1 卷 9 期(1961 年 9 月),页 25—26。这一连串的往返辩论顿使这本薄薄的,特色不显的月刊一时成为学界注目的焦点。后来此文复收入凌鸿勋、高宗鲁,《詹天佑与中国铁路》,页 191—215,除题目稍简化外,放在文末的附录还有一大改变(这点随后正文有交代)。

亦足以特表一时之英俊,(漏录:安见其难为有用耶?)尚望贵国于幼童出洋一事,嗣后仍按时举办,将见人才辈出,贵国兴盛之基自必蒸蒸日上(矣)。……

凌鸿勋指此件虽未列出学生之姓名,述事既与"晋源西字报"同,所举五人之数亦同,故认为可信。至此他才补述 1021 号档据"晋源西字报"列出黄季良、詹天佑、吴其藻、容良(即注 4 引及其著述的容尚谦,1863—1954)、薛有福五名自美回华学生参加马江之役[11]。

他并自 1024 号档案之末补引一段:

> 江南制造局内有一由美回华学生名祁祖彝,接"扬武"船之出洋学生寄来电云:"扬武"船将沉之顷,由美回华学生五名自船跳跃下水。除不见容良外,余四名俱平安到岸。(引文内漏字、衍字、误字均代更正。)

凌鸿勋在引文内注谓祁祖彝为第三批选派之幼童,这消息是对的。引录后,他说此段所言与美国驻华公使杨约翰(John Russell Young, 1840—1899)函相符,并推测谓"生还四人中,詹氏应在其内"。换言之,凌鸿勋相信此役中殉国的前留美学生仅容尚谦一人。

---

11 薛有福之名,注 4 所引容尚谦文作薛佑福,或不够准确。这份 1021 号档外,研究者恒据以考定容闳挈美学生姓名之徐润(1838—1911)《徐愚斋自叙年谱》(民国十四年香山徐氏印本)(薛有福之名见叶 21 上),以及随后正文引述之《申报》和张佩纶、池仲祐诸人的资料均作薛有福。另注 4 所引《清末史料》及《海军各学校历届毕业生姓名录》的名单虽不能称为一手资料,但有其辗转因承之据,亦均作薛有福。

此外上次所说还另外查出当时上海某西报也有近似的记载一事,亦附加解释:

> 香港友人也抄到一类似之记载,且有"扬武"兵舰管带张成之姓名。又转载当时上海《字林西报》一段新闻,与"晋源西字报"所述大致相同。惟《字林西报》是否即"晋源西报",则尚待考证。

看来他的香港朋友提供的是文内声称引用《字林西报》的中文(?)报导[12]。说这是又发现上海另一份西报的相似纪录未免夸大其辞。其实连转引都称不上。"晋源西字报"是稀见引用之物,不知不足为奇。《字林西报》为 North China Daily News 则是治近代史者的常识而已。不管"晋源西字报"究竟是什么,它总不会即是《字林西报》。欠史学训练是凌鸿勋每一篇文章都连续自况的话,固为自谦之词,实情确也如此。

此短文之末还自王金职所撰詹天佑传记抽选与其海军事迹有关的两段,刊为附录。但该传所言并不能证实詹天佑曾参加马江战役,反可用来旁证他未尝参役(此点随后有说明)。

---

12 凌鸿勋的香港友人向他提供什么报导不易理解。六十年代初在香港看不到上海《申报》和那时段在上海刊行的西文报纸。现存的香港中文报纸以创刊于 1864 年的《华字日报》为最早(创刊日期见胡道静,《新闻史上的新时代》[上海:世界书局,1946 年],"报坛逸话",页 24)。可惜该报 1895 年 1 月以前者全佚了,自然无助于追查詹天佑参战的问题。香港的西文报纸与此时段有关而尚存者只有 Hong Kong Daily Press (《香港孖剌西报》)一种,有关纪事也帮不了多少忙;这点正文随后有解释。最关要之处尚不在此,而是在《字林西报》根本没有与"晋源西字报"大致相同的报导(详随后正文)。

凌鸿勋此文发表后,包遵彭没有回应[13]。这大概因为论点已集中在他看不到的档案和上海旧报纸上。不久档案得读的问题虽解决了(见后),或因不知该如何应付档案所言与他的看法背道而驰之局面,致终至好几年后其逝世仍不就此事再发表意见。

凌鸿勋对包遵彭的批评始终耿耿于怀,在包氏去世后四年仍为文反驳,可惜只是重复些旧话,既没有新资料,连句语也出现重抄的[14]。稍后凌鸿勋托以追寻留美的幼童书信和詹天佑文物特享盛誉的高宗鲁(1935—2006)替其在美觅资料以回应十多年前包遵彭在评论所提出的各问题。高宗鲁的文章成于1976年8月(时包遵彭已卒六年多矣)后并未独立发表,而是收入他旋即和凌鸿勋合编的文集内[15]。高文平实公允,引证充足,于凌包二氏之正之误,逐一点明,不示偏颇,十分难得。对于詹天佑究竟有无参役马江这至关重要的问题,他虽引述一参战的前遣返学生的话,尚不明

---

13 包遵彭虽不理会凌鸿勋的回应,却在事隔七至九年后仍把他那篇评论几乎原封不动地收入其《清季海军教育史》和补修本《中国海军史》内(见注9)。这态度极不佳,一则摆出不屑理会凌鸿勋再有什么话说的嘴脸,二则他原先看不到的越南档在1969年和1970年出版那两书时,早应已看过多时了(见随后正文的讲述),他仍不肯把自己那些过时已久、含有责备意味的话修订一下,反要替那些足造成不必要纷乱的话制造广散开去的机会。这不是学者应有的态度。

14 凌鸿勋,《关于詹天佑的三个问题》,《传记文学》(台北),25卷6期(1974年12月),页41—46;其中第一个问题即马江战役诸事(页41—42)。此文虽整篇重刊于《广东文献》,5卷2期(1975年9月),页67—73,他和高宗鲁合编《詹天佑与中国铁路》时却仅抽出该文讲车辆挂钩的部分(即文内讨论的第二个问题),算作独立的一篇,收入该集。

15 高宗鲁,《有关詹天佑的史料问题》,收入凌鸿勋、高宗鲁编,《詹天佑与中国铁路》,页253—281。

下判语。或者仅可说当时他倾向相信詹天佑未曾与役其间[16]。

即使以高宗鲁网罗资料的高明和观察分析的精细,他也没有照料到"上海晋源西字报"的问题。

除了凌、包、高三人有连锁性的互应外,仅需再补入一人,讨论过程的代表性已足。别的人云亦云,互相抄袭,哗众取宠地随意说詹天佑如何勇战马江者皆不必费辞记述[17]。

得补入者为詹天佑之孙詹同济(1929—　　)的意见[18]。他根据詹天佑的自撰英文履历和"光绪十年詹天佑立族谱"(标题语义不清楚,不知是文章还是书籍,或仅指在现成的族谱上加几句话),列出几项重要日期:

1882 年 7 月	毕业于福州水师学堂
1882 年 7 月—1884 年 2 月	在"扬武"舰实习
1884 年 2—10 月	在福州船政后学堂任教习
1884 年 10 月—1888 年 7 月	在广州任教职

16　前此两年,高宗鲁用笔名发表一文:高岩,《怀念民族杰出铁路专家——詹天佑》,《明报月刊》,107 期(1974 年 11 月),尚说"詹天佑在'扬武'号着火下沉时,仍继续发炮,并在水中救起袍泽多人"(页 41),并附注谓以"中央研究院"所藏越南档为据。看来他写完此文后方得读容尚谦文。

17　在此不妨用注的形式交代可算是半例外之一例。福建船政学校史志编纂委员会,《福建船政学校校志》(厦门:鹭江出版社,1996 年),页 221,说詹天佑"与当地军民一道,参加抗击法国侵略军的战斗,抢救死伤人员"。这分明是骑墙派,虽不说詹天佑在舰上作战,却强调他在陆上英勇救人。对于想象力如此丰富之作,自不必要求其清楚说明史源。

18　他的意见分见二处:詹同济,《詹天佑和他在甲申海战中的几点史实》,《福建史志》,1987 年 1 期(1987 年 2 月),页 46、73;詹同济、黄志扬、邓海成,《詹天佑生平志——詹天佑与中国铁路及工程建设》(广州:广东人民出版社,1995 年),页 32—36、297。

这些不能得自别处的日期确能解决问题[19]。据此马江之役爆发时,詹天佑离开"扬武"舰已有好几个月了。履历之事,随后还会说清楚一点。

詹同济另说得闻自父辈,詹天佑尝于战乱中泅水终日,遂衍之谓马江战役之际,詹天佑奋勇入水救人。此说充其量只能视为人证,姑妄听之可也。凌鸿勋年谱记詹天佑子女数目,次第和出生日期,消息来自时在台湾的詹天佑孙辈,竟有不少错误[20],可见人证和没有可信文字纪录的家族传闻终仅能视作另类资料。

三、与越南档有关的问题

凌鸿勋环绕越南档建立他的辨证。就算不同意他的观点都要找那份档案来看。包遵彭找不到那本书,问"中央研究院"近代史研究所又不得要领,遂厉声质问,大有指凌鸿勋所引档案来历不明的意味。

回应包遵彭的评论时,凌鸿勋说出那份以"上海晋源西字报"为中心的档案的编号为1024,复另引一份也说得出编号的档案(1021)。凌鸿勋总不会笨到伪造史料,他必定看过那些档案。当时的情形也很容易猜得出来,即凌鸿勋人脉佳,看得到整理好而尚未出版的档案,因为到引用时已过了一段时间,遂误列为已出版之物。包遵彭则打不通关节,询问时只得到官样文章式的回复,且不让他看那时尚未刊的资料。

---

19 各项的月份与凌著年谱所提供者颇有分别。看来这是凌鸿勋倚赖推算来定日期所导致的结果。

20 高宗鲁,《有关詹天佑的史料问题》,页 275—277。

这些本来都不重要，因凌鸿勋回应包遵彭的评论后一年多，越南档终正式出版了：《中法越南交涉档》（台北："中央研究院"近代史研究所，1962 年）。很快在一般具规模的图书馆都可以找得到这套书。可是多少年后包遵彭两度重印他那篇评论时，找不到档案来看的话仍只字不动地保留下来，简直以为读者都与世隔绝似的。

只要拿《越南交涉档》（1021、1024 两件都在第四册）来和凌鸿勋的引文比读，就不难会发现引文虽有改动和漏录，以及手民之失，基本上仍是照录出来的，绝不能说是伪件。

至此就非得把"上海晋源西字报"的原文找出来不可。

四、"上海晋源西字报"之谜

凌鸿勋讲詹天佑勇战马江最主要的依据就是越南交涉档中转录自"上海晋源西字报"的消息。不论所载消息可靠与否，正确的研究程序绝不容缺少找原物来看的步骤。何况从那份档案的背景以及"上海晋源西字报"这名称的性质去看，这无疑是份欧文报纸。原文与译文之间难免有差距（研究中国近代史最忌用翻译资料来代替原文，理由即在此），不看原物便下断语是不负责任的轻率之举。凌鸿勋并没有为找这份报纸烦过心（找不到也该说明做过什么，好让后人省脚步）。包遵彭因门径之限，连那份档案也看不到，更不用说了。以后谈论詹天佑与马江战役者除了继续引用该档和凌氏之言外，不管相信其可靠与否，也未闻谁曾下决心去把那份报纸找出来。

我花了近二十年的时间，用过关斩将，层层追索之法，终找到了那份报纸。现在把过程说出来，也可为寻找近代史史料之法存一例证。

首先可以肯定地说，"上海晋源西字报"必定是份西文报纸。但自十九世纪初至 1949 年中国沿海各地刊行的西文报纸数以百计，而这些报纸虽绝大多数没有印在首叶的中文名称，流通起来却时配上（往往限于口传）中文称谓。可惜那些中文报名既多不见于报端，复恒与西文原名不相称（*China Mail* 是《德臣西报》、*Hong Kong Telegraph* 是《士蔑新闻》，*Shanghai Mercury* 是《文汇报》，就是这种情形的显例），大增指认之难。要指出"上海晋源西字报"究竟是什么玩意，困难就在这里。

处理这类问题本来有一捷径，那就是查检 Frank H. H. King 景复朗 and Prescott Clarke, *A Research Guide to China-Coast Newspapers, 1822-1911*（Cambridge, MA: Harvard University Press, 1965）。书中把很多西文报纸和它们的中文称谓串连起来。可是在这书中找不到"上海晋源西字报"、"晋源西字报"及类似的名称。

后来遍查讲中国近代报业发展的书，终有答案。原来 *Shanghai Courier and China Gazette* 俗称《晋源报》（其惯用中文名称则为《上海差报》）[21]。所谓"晋源西字报"看似是画蛇添足的结果。写那份档案的文案也许故意加上"西字"来强调这是洋文报纸。

景复朗之书注明那些西文报纸在中国大陆以外尚有何年何月何日者存世，可按图索骥地追检原物。一查却很失望，那份报纸只有 1873 年尚称为 *Shanghai Budget and Weekly Courier* 时零零碎

---

21 查检过的有胡道静，《上海的日报》，《上海市通志馆期刊》，2 卷 1 期（1934 年 6 月），页 20；杨光辉等，《中国近代报刊发展概况》（北京：新华出版社，1986 年），页 303；史和等编，《中国近代报刊名录》（福州：福建人民出版社，1991 年），页 376；方汉奇编，《中国新闻事业通史》，第一卷（北京：中国人民大学出版社，1992 年），页 313。

碎的三十余日仍存于美国东岸一研究所内[22]。上海看来是唯一可望找到讲马江战役那天的该报原物的地方了。

其后十多年又过去了。幸终得舍弟泰来和治海军史特见成绩的友人姜鸣（1957—　）之助，*Shanghai Courier* 1884 年 8 月 24 日那天全日整张报纸的影件和钞件都到了我手。如此辛苦找来之物不应自秘，就按向来不赞成用翻译材料治中国近代史和史料应保持原貌的原则，抄存与档案所录文字相应（或接近相应）的原文于下（大小写的选用和字的拼连，处理起来稍作现代化）：

Our news is that fighting commenced at the Pagoda Anchorage at a quarter past two o'clock on Saturday. The first shot was fired by Admiral Courbet's flagship, the Bayard, (? Volta) which is an ironclad with fourteen guns, and it was immediately returned by the Chinese admiral's flagship, the wooden corvette yang-woo, the two flagships lying broadside to broadside, and less than 200 yards apart.

... last Monday the French fleet consisted of seven vessels only ⋯ the Chinese fleet, eleven gun vessels in all, and from forty to fifty war junks, was about equally divided and a subdivision stationed at either end of the simi-circle formed by the French vessels ⋯

The following is an approximate list of Chinese men-of-war engaged at Foochow on the 23rd instant:

22　见 King and Clarke, *China-Coast Newspapers*, p. 178. 追查到这阶段已是十多年前之事。那时景复朗已退休多年。我查得他在英国的地址，写信给他，出版那报纸名录以后有无做增补的工作？有没有找到更多的 *Shanghai Courier*？他回信说，书出版后他已没有为那课题再花工夫了。

Yang-woo, composite corvette, eleven guns, one 11-ton gun
(150 lb-shot or shell), eight 56-pounder Vavaseur breach-
loading guns and two 28-pounder brass howitzer, 270 men,
captain Chang Cheng.

Wan-nien Tsing, Fu-po, and Fei-yuen, transports, each
carrying six Vavaseur breach-loading 56-pounders and one
9-ton muzzle-loading gun, and a complement of 180 men.

Ting-hai, 100 men, one 11-ton gun and four Vavaseur
56-pounder breach-loaders.

An-lan, Captain Lun Kok-cheon, seven guns, 100 men.

Tsing-an, 75 men, three guns.

The last-named two gunboats arrived last month, from Canton.

Four "Mosquito" gunboats two carrying each a 35-ton
gun at the bow, and two breach loading 12-pounders at the
stern, and two carrying each a 18-ton gun at the bow and two
24-pounders at the stern.

This makes the number of the Chinese fleet in action at
Foochow to be eleven, carrying a total armament of fifty-seven
guns of different sizes, from a 35-ton gun which fires a shot of
560 pounds to a 12-pounder breach-loader. Besides these there
were some sixteen Cantonese war junks each armed with eight
guns, 9-pounder muzzle loaders, and about thirty Foochow and
Amoy war junks indifferently armed and worse than useless.

Five students lately returned from the United States were on
board the Yang-woo as midshipmen during the action, namely
Messrs. Yung Liang, a nephew of Yung Wing, late Vice-Minister to
the U.S.; Sit Yew-fuh, Wang Kwai-leong, Chim Tien-yow, and Woo

Ki-tsau. These had charge of the guns in conjunction with other midshipmen who had studied in the Naval School at Foochow; and while the Yang-woo was on fired they stuck to their guns while many others were jumping over the ship's side to strike for land. The Yang-woo returned broadside for broadside the fire of the French admiral's ship. The naval students did not leave their ship until ordered to do so by Captain Chang, who finding it impossible to extinguish the fire, gave the necessary orders to abandon the ship. Captain Chang is reported to be safe as well as the returned U.S. students, except one. Mr. Yung Liang, Yung Wing's nephew, about whose safety we have not yet heard of ; but it is probable that, unless killed while at the guns, he must have escaped with the rest of his comrades. Mr. Chim Tien-yow, by his courage, coolness and presence of mind was the means of saving a number of his men from the burning wreak ...

We hear that Mr. Ki, one of the Chinese who went as a student to America, and the Manager of the Kiangnan Arsenal, received a telegram from another American student who was on board the Yang-woo to the following effect: − Five American students took to the water when Yang-woo was sinking; four reached the shore, one missing. Courbet dead. Three French vessels badly disabled; seven of our boats sank.

见于那份编号 1024 的档案的引述相当浓缩，也有改写的地方[23]，讲及前留美学生的段落则变动不大。档案标出在"扬武"舰

23　如 *Shanghai Courier* 并没有说出在江南制造局接得战情的前留美学生的姓名。祁祖彝之名是 1024 号档补入的。

上参战的五名由美回华学生之姓名,并谓除容尚谦一人下落不明外,余皆平安,说即自此出。凌鸿勋所讲詹天佑的英勇奋战基本上就如这张报纸所说的一样。

找到这份报纸还有一异常意外的收获:中方参战此役各舰的武装情形,从未见有这样详细的纪录。

五、其他认为詹天佑勇战马江的资料

Shanghai Courier 不是当时唯一说詹天佑勇战马江的报纸。要多找若干份类似的报导并不算难。以下一段见于光绪十年七月初七日(即马江之战后第四日)的上海《申报》:

> 又闻"扬武"兵船上有曾经出洋之学生詹天佑、薛有福、容良、吴其藻、黄桂良(黄季良之误)等五名,打仗均甚出力。惜以孤掌难鸣,未克大展其技。"扬武"船被毁时,船中有人凫水得生者,惟容姓不知下落。

所言和 1024 号档引述 *Shanghai Courier* 以及该档末尾附加祁祖彝提供的消息基本上一致。

香港的 *Hong Kong Daily Press* 8 月 30 日刊登一段题为 "Recent Engagement at Pagoda Anchorage" 的报导,声明源出 *Shanghai Courier*。字句果与上引者近似,甚至雷同,也就不必再提了。也许凌鸿勋的香港朋友提供给他的资料正是从 *Hong Kong Daily Press* 抄来的(那时尚没有电子复印机),而他的朋友误指 *Shanghai Courier* 为《字林西报》。这假设可以用来解释上面提到此事时带出的疑问。

《字林西报》对此役的报导又如何？《字林西报》是当时在中国刊行的西文报纸中的大报。马江之役后，它当然连日有详细报导。但由于撰稿者的不同，在报导此役的过程中，它并没有出现与 *Shanghai Courier* 所纪大致相同的文字。况且詹天佑之名在战役过了超过半个月才首次在该报出现，说的也不是什么勇战事迹（详后）。简言之，不少书籍和文章所说《字林西报》也报导詹天佑英勇作战，根本就是一派胡言。这只是不核对资料原物者人云亦云，随意乱说。

至此讲及的中英文报纸都有浓厚的英资背景。那些学生全是留美的，美国究竟掌握了什么消息和采何立场自然值得留意。

自 1861 年至 1976 年（或更后）美国国务院每年年底就该年的重要外交文件选刊为 *Papers Relating to the Foreign Relations of the United States* 一册（间为两册），以便呈交国会并于次年公开发售。1885 年的一册（1886 年刊行）收了与中法战争有关的文件。该册不仅收入上面讲过的美国驻华公使杨约翰致总理各国事务衙门函的原文（pp. 145-146，由此也得知 1021 号档所收者为简本），也附了总理衙门给杨约翰的回信（p. 146），更收入马江之役四个月后杨约翰上呈国务院的报告（1884 年 12 月 12 日寄发）：

A conspicuous incident of the affair at Foochow was the gallantry shown by several of the young Chinese students who had been educated in the United States and were afterwards assigned to duty in various branches of government service. Five were, as is reported, on the Chinese gunboats during the action at Foochow, and one of them lost his life（p. 144）.

原来美国政府的情报工作做得如此差劲。且不说战情如何，初时全赖见于报纸的消息,四个月后,真相早大白(详后),所知竟仍停留在原先的层次,毫无增益可言。

六、詹天佑的自传、日记和可靠的传记

詹天佑曾否勇战马江所以成为足资争辩的悬案是因为讨论者(詹同济除外)看不到有关他的可靠原始传记资料。要是他有日记,很多答案一检即有。詹天佑确有写日记的习惯,也有日记存世,可惜未见甲申那年的[24]。

说参加论战者未能掌握可靠传记资料也许言之过实。王金职写的詹天佑传十分详实,因为王是詹的长婿,年纪和同行的关系使他必和詹天佑过从甚密[25]。那篇写于詹辞世后一年的传记确是难得一见之物。如果凌鸿勋不是铁路工程界的老前辈,在六十年代初的台湾学术环境根本不可能知道有此传和能够找来看。凌鸿勋在论战期间曾两次录刊这篇传记:J. G. Wong, "Memoir of Tien Yow Jeme," *Transactions of the American Society of Civil Engineers*, 83(1920), pp. 2246-2256; 在回应包遵彭指责的那篇短文后用附录形式抄刊了与詹氏海军生涯有关的两段,在与高宗鲁合编的集子里更

---

24 詹天佑有写日记的习惯,且其日记尚有存世者,见詹同济等《詹天佑生平志》,页291—310。詹同济编的《詹天佑日记书信文章选》更曾于1989年由燕山出版社(北京)刊行;见詹同济,《詹天佑——大江南北主持筑路文献资料集》(成都:四川大学出版社,1992年),页69。

25 虽然目前仍找不到王金职的生卒年,但按詹天佑的长女顺容生于1888年(卒于1914年)这点去看(詹的长女比长子大四岁),王生于1888年以后的可能性不高;詹的长女的生年见高宗鲁,《有关詹天佑的史料问题》,页275—276;生卒年并见詹同济等,《詹天佑生平志》,页276。詹同济,《詹天佑照片手迹故事集》(澳门:澳门出版社,2003年),页152—153,更另有专文讲詹顺容和其夫婿生平之事。凌鸿勋《年谱》所记有关诸事则有误。

整篇传全登出来。王金职当然知道詹天佑究竟和马江之役有无关系，可惜传中讲及马江战役之处，语焉不详。那前后的几句话说（我用原来的学会会刊校对过，此段在 p. 2247）：

Mr. Jeme with fifteen others was sent to the Foochow Arsenal, on the coast opposite Formosa. While at the arsenal, he took a course in navigation in the Naval School there, and studied under a foreigner by the name of Taylor. After one year of study, he received his certificate and was immediately placed on a cruiser in the Chinese navy for further training to become a naval cadet. After a short period on the cruiser he was asked to return to the arsenal as a teacher in the Naval School. Soon afterward, war with France was declared, and the French squadron began its attack on the arsenal, causing confusion in the school. Just at this time the Viceroy of Canton requisitioned Mr. Jeme to go to Canton to build fortifications.

文内的 Foochow Arsenal 为福州船政局自定的西文名称；名称中所用的法文（英文亦同）arsenal 指海军船坞或兵工厂。Viceroy of Canton 指两广总督张之洞。对解决目前的问题而言，Just at this time 说得太含糊了。究竟指马江战役前或后？若就顺序述事的文理去看，既已讲法海军发动攻击在先，则张之洞的人事调动要求当为后来（即使相隔不久）才发生之事。且就前后述事的细微程度看来，要是法人攻击时詹天佑仍在舰上，参加作战，如此大事王金职绝不会跳开不提，更何况自调返后学堂当教习至法人寻衅中间必有一段时差。因此即使王金职之言不能直接解答问题，实则间接可用作詹天佑并无参战之证。凌鸿勋拿这篇当时别人根本无可能知道的传记出来,却想不到会产生这种搬石头砸自己脚的效果。

王金职与詹天佑关系再密切,他笔下所写仍不能算是自传。算得上是詹天佑的自传者幸尚有好几种。

第一、二两种同属一类,即见于名人录/同学录的条项。编印这类刊物都是先由编辑订好体例,然后由收录者本人填写,所以是自传之属。这里要介绍者一为名人录,一为同学录。

那本名人录为 *Who's Who in China*（Shanghai: The China Weekly Review, 1918）。此书有一特色,收录者的传记都有不尽同的中英文两款;正因为分别以中英文出之者有不同之处,等于提供更多资料。詹天佑传中的有关部分为:

> 光绪七年(一八八一年八月)回国,肄业福州船政局水师学堂。光绪八年(一八八二年七月)毕业,任该校教员。光绪十年(一八八四年)任黄埔官立学校教员。After graduation, Jeme returned to China, and entered the Naval School in the Foochow Arsenal, graduated in July 1882, at twenty-two. During 1882 and 1883, he served as a midshipman on board a training ship in the Chinese Navy, and the following year he became a teacher in the Naval school in the Foochow Arsenal. From 1884 to 1888, he was a teacher in the Whampoa Government School, Kwangtung Province.[26]

---

26 此书罕见,我未得读。J. B. Powell, ed., *Who's Who in China,* Vol. 1（Shanghai: Millard's Review, 1919）,是另一本书。这套只收英文小传的系列出版至 1950 年。其第一册并无詹天佑传(或者书中原有詹天佑传,因出版时他已去世而抽出;詹天佑逝世于 1919 年 3 月 24 日,该册编者的序言写于该年 7 月 1 日)。此处引用的一段文字据高宗鲁,《有关詹天佑的史料问题》,页 256 所录者及高先生在 2003 年 9 月 24 日和 10 月 12 日两电邮中所提供的补充资料。

那本同学录为 Tsing Hua College 清华学校，*Who's Who of American Returned Students*《游美同学录》（Peking: Tsing Hua College, 1917）。此书也是中英合璧的。每个收录者同样有不尽同的中英文两小传。此书中的詹天佑传的有关部分如下：

> 光绪七年，回国，肄业福州船政局水师学堂。光绪八年，毕业，任该校教员。光绪十年，任霞浦官立学校教员。Returned to China, August 1881. Graduated from Naval School in Foochow Arsenal, July 1882. Teacher: Foochow Arsenal Naval School, 1884; Whampoo Government School, 1884-1888（pp. 159-160）.

这两本名人录和同学录是同时期的刊物。二者所载的四款詹天佑中英文小传之间并无矛盾，而有相辅相补之功。四款小传中有三款不提上舰实习不算是问题，因为这是每个毕业生都要经过，才算学习完满结束的阶段。返校任教则不是每个毕业生都有的机会，才真正是个人的成就。毕业与返校任教之间有一年多的空隙，正好用来填入必然的上舰实习期。四传的互协外，还可加上一特征来证明资料的来源。名人录记詹天佑当时住在"汉口鄂哈街九号"，职称为"汉粤川铁路督办"。同学录说他的办公地址是"汉口川粤汉铁路总公所"。其间并无抵牾，都是若非传主自己提供不易得到的资料。这就是说，二书中的四款小传虽然长度有限，实是十分可靠的自传。

更符合自传形式和根本就是以自传出之者起码还有五种。

一种是詹天佑在 1913—1915 年间主持汉粤川铁路时写在该办公所信纸上的手书中文履历。其中与本文讨论有关的部分如下：

光绪七年,毕业领凭回国。派往福州船政局学习驾驶操练。后充当教习。十四年,天津铁路公司调充工程司。[27]

这份简单得很的履历不仅不提马江战役,连随后在广东长达数年的服务都不讲。在传主眼中,这些事都显属若非与他无直接关系,便是乏善可陈。詹同济开列出来的一连串日期显然不是以这份中文履历为据。

如果说这篇中文履历简短,容不下细节,还有长度相当,根本就是用自传形式写出来之物可供引证。1913 年,耶鲁大学薛菲尔工程学院为 1879、1880、1881 年毕业的各届学生编刊传记合集,书内有詹天佑(1881 年夏毕业)写得很长的自传。无巧不成话,该书詹天佑自藏一册(内有詹天佑的手书修正),现归广州市荔湾区地方志编纂委员会办公室所有。该处的主任胡文中替我复印了一份。传中的有关段落为:

After graduation Jeme returned to China, and entered the Naval School in Foochow Arsenal, graduating in July, 1882. During 1882 and 1883 he served as a midshipman on board a training ship in the Chinese navy, and the following year he became a teacher in the Naval School in the Foochow Arsenal. From 1884 to 1888 he was a teacher in the Whampoa Government School,

---

27 整份履历承香港历史博物馆丁新豹总馆长惠寄;与讨论有关部分的照片亦曾收入《詹天佑生平志》书首作插图。其后广州市荔湾区地方志编纂委员会办公室胡文中主任也以该履历影件寄赠。

Kwangtung Province…[28]

与后来见于 1918 年版 *Who's Who in China* 者分别很微。可见对于刚返中国后数年间之事，詹天佑希望能上纪录者不过如此而已。

以上六传尚有一美中不足之处，就是没有说出几桩关键事情的月份，以致仍容支持詹天佑勇战马江说者有强辩的空间。此等月份纪录尚存，即詹同济列出那些数据时所用的史料。

1906 年 3 月 24 日詹天佑自北京写了一封信给他在耶鲁时的同学毕奇洛（Frank L. Bigelow），并附一详列年月的履历表，内云：

After graduation, returned to China and entered the Naval School in Foochow Arsenal and graduated at the head of the class in July 1882.

1882-1883, Midshipman on board traing ship for Chinese navy.

February-October 1884, Taught in Naval School in Foochow Arsenal.

October 1884-July 1888, Taught in Whampoa Government School, Kwangtung Province.[29]

---

28 *Biographical Record of the Classes of '79, '80, '81, Sheffield Scientific School, Yale University*（New Haven: The Class Secretaries Bureau, 1913），p. 238. 这篇自传的英文原文近年复整篇收入广州市荔湾区地方志编纂委员会办公室编，《广州西关风华》，第四册：《西关与詹天佑》（广州：广东省地图出版社，1997 年），页 25—28。

29 原件现藏北京的国家图书馆（即前北京图书馆）。原文照片收入詹同济，《詹天佑照片手迹故事集》，页 33。译文见詹同济编译，《詹天佑文选》（北京：北京燕山出版社，1993 年），页 65。

此件带来三个很重要的信息 :(一)中法两国海军在马江交锋时,詹天佑离开"扬武"舰往船政后学堂任教总会有半年了。(二)马江战役后过了一个多月,詹天佑才离闽赴粤就新职。(三)在闽厂特别为这批遣返学生安排的后学堂第八届诸生中,詹天佑成绩名列前茅。

詹天佑在信件中附列这类履历表,这并不是唯一的一次。现在知道的其他例子起码还有两个。

其一为 1906 年 10 月 6 日詹天佑自北京寄给一位姓吴朋友的信。该信所附的履历表仅列年不注月,也没有较上列各件多增新知 [30]。

另一为 1907 年 12 月 9 日詹天佑写信给美国驻天津总领事若士得(J. W. Ragsdale,1848—1932)时 [31],所附的履历表。此表虽注月,但消息也没有增出 [32]。

这七篇出自詹天佑笔下的传记有一重要的共通点,即七者都不说詹天佑勇战马江 [33]。

---

30 此件原文未见。译文见詹同济编译,《詹天佑文选》,页 77。

31 J. W. Ragsdale 的汉名依从故宫博物院明清档案部、福建师范大学历史系合编,《清季中外使领年表》(北京 : 中华书局,1985 年),页 187、276。

32 此件原文未见。译文见詹同济编译,《詹天佑文选》,页 102。

33 詹天佑前后写过多少份履历是个不易解答的问题。声称引用履历之人还留下不可解的分别。除詹同济外,其他包括:徐启恒、李希泌,《詹天佑和中国铁路》,增订本(上海 : 上海人民出版社,1978),页 18 ;郑国珍,《马江海战时詹天佑在福建船政学堂并未参战》,收入福建社会科学院历史研究所编,《中法战争史学术讨论会论文集——纪念马江战役一百周年》(福州 : 福建论坛杂志社,1984 年),页 209—216 ;以以《甲申马江海战时詹天佑在福州船政学堂当教员并未参战》为题,另刊《福建文博》,1985 年 1 期(1985),页 59—62。诸人引用詹天佑的履历时,不可解的分别有:(一)詹同济主要依据的履历是用英文手书的。徐启恒(算他是那本薄书的主要作者)说是詹天佑"自己所写的"(这与手书意义不同),(转下页)

王金职所写传记和这几种自传性的资料均不提马江战役。按当时詹天佑的年纪（中国算法二十四岁）、刚完成海军训练的背景，尚未有可纪事功的资历，参加马江之役，与法国海军交手，应是足以自豪，绝对值得一记的大事。但事主先后有那么多次机会都不讲，女婿作传亦不书，这情形只可能有一个解释，就是怎能要求从未发生过的事会有纪录！但"以无证无"并不能确算是否定詹天佑曾参役的实证（包遵彭的考论就止于"以无证无"的层次）。

现在既知道中法两国海军战于马江时，詹天佑在后学堂任教已半年矣，这本可算是实证。然而这样引用履历资料还是有演衍的成分在，不算理想，那就需要再看看有没有更直接，更明确的证据了。

七、真相与致误之由

应记詹天佑参战的传记都只字不提此事。这点既尚不能算是实证，有效的证据就得另换方向去找。

（接上页）也不说用何文字写出来，但从他那本小书去看，他似不娴英文，连看王金职用浅近英文写的传记都要靠翻译。郑国珍用福州市文物管理委员会藏的复制件，也说是手书的，但没有说是用什么文字写的（他引录出来的文字则与詹天佑主持汉粤川铁路工程时所写的中文履历者同）。（二）詹同济在注18所列的著述里都没有说出所用履历的日期。徐启恒说是光绪二十九年（1903年；用光绪年号是否表示履历以中文出之？）。郑国珍则说是1915年。（三）用英文写的履历既标明詹天佑October 1884南返广州，因何看过履历的郑国珍却舍近求远，用转引而来的凌谱作光绪十年十月（差了一个月）？如果徐启恒用过履历，情形就更离谱。履历分明只字不提马江战役，徐著却大书詹天佑如何勇战马江和在战役过后才在学堂当过一段短时间的教习（页16—17）。

研究容闳所挈幼童日后成就者都知道最齐备确实的(特别就以后成就不彰,成不了名人者而言)是容尚谦写的一篇集体分传[34]。征引者虽众[35],首次利用此文考研詹天佑曾否参役马江之战者当为高宗鲁[36]。

容氏此文的一手性质是不许置疑的。容尚谦是容闳侄儿,他和詹天佑有两共通点:同为容闳挈美的第一批学生,同往闽厂后学堂习海军并同届毕业。

容文讲及此问题者有二事。在詹天佑的小传中,他说:

> After graduation was appointed an instructor in the school. On the outbreak of the Sino-French War of 1884, he was transferred to the teaching staff of the Whampoo Naval School in Canton.[37]

此小传不提上舰实习的常规阶段,情形前已有解释。倒是 on the outbreak 那句不易明其所指的话值得注意。高宗鲁译之为"中法战争爆发之际",李喜所的译文则作"中法战争爆发后",二者之间显有距离。中法两国在越南等地交战了好一段时间,战火才延至东南沿海,如果说詹氏 on the outbreak of the Sino-French War 已调往广州,则马江之役发生时他在穗多时矣。似乎从无此说法。我相信这是容尚谦选词不慎所导致的混乱。

---

34 见注 4 所引 Yung Shang Him, "Chinese Educational Mission," 全文长 pp. 225-256.

35 首次征引容氏此文者大概是罗香林,《香港与中西文化之交流》(香港:中国学社,1961 年),页 77—134。

36 高宗鲁,《有关詹天佑的史料问题》,页 264—265。

37 Yung Shang Him, "Chinese Educational Mission," p. 243.

另外一事他就说得清楚多了。在自己以及其他留美留闽同学的小传中,他指出这组同学参战马江者共六人:容尚谦(在"扬武"),生还;吴其藻(未说明在何舰),生还;邝咏鐘(容文作邝咏鐘,未指在何舰),殉国;杨兆南(或作杨兆楠,在"扬武"),殉国;黄季良(在"扬武"),殉国;薛有福(容文作薛佑福,在"扬武"),殉国[38]。容尚谦亲历其事,且是死中幸存的大事,讲的又是背景全同的同学,故除非有足力的反证,四人参战,二人殉国之说应可整体接受。那就是说詹天佑与马江之战无关了。

高宗鲁虽引容文,却未以为是最终证据,仅达到"似乎詹天佑未参加海战"的犹疑结论[39]。那是因为他未敢全然否决凌鸿勋所引两越南档里的话,又疑容尚谦之言仅属孤证[40]。

容尚谦所言是可以用其他一手资料来辅证的。时会办福建海疆事宜的张佩纶(1848—1903)在战役后开列的阵亡员弁请恤名单内就有平行且增益的资料[41]:

---

38 Yung Shang Him, "Chinese Educational Mission," pp. 242, 250, 252-253.

39 高宗鲁,《有关詹天佑的史料问题》,页 264—265。

40 高宗鲁以为"对其他殉职的薛佑良(有福)、邝咏锺(鐘)及黄季良,则张佩纶似乎也并未提及"(《有关詹天佑的史料问题》,页 265)。这话是因为怀疑容氏之言为孤证才说出来的,其实张佩纶对薛有福、黄季良、邝詠鐘都有交代,见随后正文的说明。

41 张佩纶,《涧于集》(宣统十年[?]家刻本),"奏议",卷 6,叶 50 上、51 上,《水陆员弁学生请恤单》(光绪十年七月二十八日)。张佩纶是整个马江战役的关键人物,他的《涧于集》是很易想得起的必检要籍。但为何这条史料迄今才由我首次引用? 可能的解释是不少人查了不全的《涧于集》,便不再追索下去。1995 年由上海古籍出版社斥巨资刊行的《续修四库全书》是动员不知多少硕学鸿儒编出来的辉煌大典,内里所收的《涧于集》用民国十五年张氏涧于草堂刻本。该本奏议部分的最后一卷(卷 6)只有十八叶,收的最后一份奏议(该卷所收的第十一件)是光绪十年三月二十四日的;马江战役是三个多月以后的事。内容较我用的本子少了。高宗鲁觉得张佩纶似未提及薛有福等人的殉职,或者是因为仅看过不全的《涧于集》。

| "扬武"轮 | 六品军功练童杨兆楠、薛有福
七品军功黄季良 |
| "振威"[42]轮 | 二副六品军功邝诚鐘("诚"为"詠"之误) |

北洋政府海军部副官池仲祐是研究中国近代海军史的鼻祖，著述殊丰。虽然他的书几尽是千疮百孔之作(包遵彭以及不少行内的研究者则视此等书本本悉为行内的《圣经》)，但因其出身闽厂，又是闽侯人，记录马江战役阵亡员弁得近水楼台之便，做得十分齐全(起码已至后人难于修订的程度)。其《海军实纪——述战篇》(民国十五年海军部本)，"上"，叶10下、12上，所记与张佩纶全同。池书虽非一手资料，但既与张佩纶及容尚谦所说无矛盾之处，则可用来证明容氏之言无误。

由是观之，谓在闽厂后学堂继续求学且毕业的留美学生中有六人参加马江之役，詹天佑不在其内，说应可信。

致误之由也不难明白。始作俑者大有可能就是 *Shanghai Courier*。战役后，福州地区一切凌乱，消息远传至沪，还能在战役后的次日见报，且可把某一舰上发生之事说得详细异常，人名落齐，有如亲历。按昔日资讯传递的方法和素质，次日便能详细报导远在别省发生之事是很难没有幻想成分渗入其间的(不要忘记，当时排印西文报纸需逐个字母检出铅粒来排次成字，再由字组句，始能积聚成版。这是无法快得来的手续，故光是排版这程序就必耗一段不短时间)。此其一。西报读者关心者为战场水域一带外轮洋舰的动态、战区内洋人的安危。留美学生在彼等眼中声气相通，又素视被召回及无再遣派留学为憾事，故亦受关注。苟有制作新闻之举，此等前留美学生乃成理想人选。此其二。留美后留闽学

---

42 "振威"为福州船政局所造的第十艘舰船，572吨，建成于1873年；见沈传经，页338；《舰艇工业史料》，页928—929；《船政造船表》，页489。

生多为粤人,姓名习用粤语拼音,在福州语区学习和工作仍如此,易引起记录传递之误。此其三,新闻务速销,一得惊人消息,不问真假,抢先报导。闻者喜其骇人动听,又转相传递而广散开去,假遂成真。此其四。美国有意利用留美学生英勇之例鼓吹清廷应续办公费留学计划。此其五。

等到事情告一段落,尘埃落定,真相大白,倒已无人对此感兴趣,更不要说主动諟正前失了。

真相究竟是怎样的?原来也是经由报纸发表的,且发表不只一次。只是读者情绪冷却后,真实消息就如刊载那段报导的报纸一样,生命仅得一日。

1884 年 9 月 8 日(即战事后稍过两周)的《字林西报》登了这样一段发自福州的消息:

I am glad to report two of the young men on the Yang-wu who studied for a time in the United States, safe and sound. They are Yung Shang-him and Woo Kie-jo. The other four of these American students are reported killed. They are Yang Sue-nam, Sik Yao-fook and Wang Kwai-liang belonging to the same corvette Yang-wu as midshipmen, and Kang Wing-chung, the second officer of the Chin-wei, which fought so gallantly while burning and discharging a gun just before she sank.

Jeme Tien-yaw, a graduate of the Sheffield Scientific School of Yale College, is also safe. He was employed as a teacher in the naval school, and was not in the engagement.

这也是詹天佑之名在战役后首次在该报出现,而且一直至该年年底该报也再没有其他报导提及詹天佑。(整间耶鲁大学虽以 Yale

University 为名，颁授学士学位的部分则称为 Yale College，至今仍如此。）

几天后，上引的一段文字原封不动地在 9 月 12 日的周报 *North China Herald*（《北华捷报》）再刊登一次。

这段报导的重要性不在它值得连刊两次，而是在它所说的和容尚谦、张佩纶所讲者完全吻合，复能斩钉截铁地说詹天佑与战斗无关。詹天佑没有参加中法马江之役该可定为铁般事实了。

假如抄入越南档的是这项报导，日后那些"天下本无事"的论战就不会发生了。

正话讲完，还有两件杂事要说。

这报导所用的人名拼者法虽与容尚谦所用者同基于粤语读音，拼法却很有分别。如此报导开列的吴其藻、杨兆南、薛有福、黄季良（依报导内之次序），容文作 Woo Kee Tsao, Yang Sew Nan, Sit Yau Fu, Wong Kwei Liang（容尚谦姓名的拼法则两处均一样）。詹天佑的情形更妙，他自己的拼作 Jeme Tien Yow，"佑"字容文作 Yaw。上引 *Shanghai Courier* 又另拼吴其藻、薛有福、詹天佑作 Woo Ki-tsau, Sit Yew-fuh, Chim Tien-yow[43]。即使在正常的情况下，洋记者向本地人士采访消息，都会有误记的可能，更何况要在战斗甫结束，一切皆乱的环境下作迅速报导。在福州语区用粤语读音拼出姓名怎也会是导致误报的部分原因。

李满康谓詹天佑在中法舰只齐集，战火随时爆发时，请假离舰

---

43 詹同济也看出姓名用广东音拼法容易引起混乱，但他说"容（Jung）与詹（Jeme）字头均为 J"，则不对；见其《詹天佑生平志》，页 36。容尚谦姓名的英文拼法，无论是自用的，还是人称的，从来都是 Yung Shang Him；其姓氏未在任何场合用过 Jung，那是北京话的读音。其伯父容闳的英文名作 Yung Wing，情形亦一样。直至今日，凡不在中国大陆生活的容姓广东人，姓氏均作 Yung，用 Jung 者可说绝无仅有。后来和詹同济联络上，他说错误出自排印时的混乱，非他本意。

上岸,遂得脱险地之说,本已难成立。高宗鲁指出在剑拔弩张之际要求离舰上岸,且获准许是不合逻辑的 [44]。现在真相已白,更不必再费辞了。但仍应借此机会说明,就算说得符合实情,考证还是不能靠没有可信文献支持的人证的。

八、结论

史学虽不是史料学,但治史不可说出超越材料容许的话,故资料如何配备始终是成败的关键。此文的筹备长逾四十年,原因即在此。

史料齐备的老生常谈外,还得加上治史不外求真理,切忌涉及个人喜恶。树起大招牌要证明什么方做研究,很易就会弄出似是而非的结论来。

赞成詹天佑勇战马江者,除了史料不足和感情用事外,还有文化包袱在后面。中国人评论人物,非白即黑,白者纯白(半世纪以来被捧上神坛的鲁迅便是显例),黑者黑透。有时连纯白也嫌不足,还要锦上添花。伟大的铁路工程师复为英勇的护国海军战士,始算是完人。治学以显真相为目标,证实詹天佑与马江之役无关,毫无可惜之处,更谈不上是任何方面的损失。

——《海军学术月刊》,38 卷 6 期(2004 年 6 月);修订本见丁新豹、周佳荣、黄嫣梨编,《近代中国留学生论文集》(香港:香港历史博物馆,2006 年),和珠海容闳与留美幼童研究会编,《容闳与科教兴国——纪念容闳毕业耶鲁大学 150 周年论文集》(珠海:珠海出版社,2006 年)

---

44 高宗鲁,《有关詹天佑的史料问题》,页 265。

后　记

从出版不久的国家图书馆编,《张文襄公(未刊)电稿》(北京：全国图书馆文献缩微复制中心,2005 年),所收张之洞督粤时所发电报,册 10, #4469,得知起码迟至光绪十年七月十五日(1884 年 9月 4 日,即马江之战后十余日),詹天佑仍在闽,尚未南归。

2006 年 6 月 11 日

北洋海军"平远"舰考释

一、背景

中法甲申战争时,惨淡经营多年,后世喻为中国海军摇篮的福州船政局,连同闽江沿线的防卫设备,于 1884 年 8 月 23—29 日的闽江之战遭法人严重破坏。闽厂经费向非丰裕,战后得修复与创新兼顾已非易事,更何况支用日益拮据,苟有所成,自属难得。

在这段非常时期,闽厂确有特殊的表现。这成就归功于在甲申战争结束后不久便出掌闽厂的福建按察使苏人裴荫森(1823—1895)。

裴荫森为闽厂的第八任船政大臣,在职五年三个月(光绪十年十二月十三日至十六年三月一日;开始的三年许仍任按察使,故专责船政仅两年许)[1]。其任期较首任沈葆桢(1820—1879)和末任

---

[1] 裴荫森的闽厂任期,不少讲闽厂历史的专著都说得不够清楚。详细日期见《洋务运动》,册 5,页 382,《光绪十四年二月初四日上谕》;钱实甫,《清季新设职官年表》(北京:中华书局,1961 年),页 72;魏秀梅,《清季职官表》(台北:"中央研究院"近代史研究所,1977 年),下册,页 848(列裴任按察使的日期);钱实甫,《清代职官表》(北京:中华书局,1980 年),册 3,页 2185—2190(按察使);册 4,页 3118(船政大臣,但误记裴之卒年)。

松寿（1849—1911）短。沈葆桢筚路蓝缕，成就不可用量去衡度。
松寿在五年九个月的任期内仅完成一艘原已启工三年多的商船，
更属无需比较[2]。

在五年另三个月内，裴荫森经手建造的舰只共九艘：（一）上
任前已下水者一艘——"横海"（1,230 吨，1885 年）；（二）上任
前已启工而未下水者两艘——"镜清"（2,200 吨，1886 年）、"寰
泰"（2,200 吨，1887 年）；（三）全部工程于任内完成者两艘——
"广甲"（1,300 吨，1888 年）、"平远"；（四）卸任时已下水者两
艘——"广乙"（1,030 吨，1890 年）、"广庚"（316 吨，1889 年）；
（五）卸任前已启工而未下水者两艘——"广丙"（"广乙"的姊妹
舰，1891 年）、"福靖"（1,030 吨，1893 年）。换言之，在他任内
设计的舰只共六艘，而在其任内完成全部工程的两艘，无独有
偶，都参加中日甲午战争的黄海海战。裴荫森主政期间设计的舰
只终摆脱闽厂以前所产舰只往往兵商不分、多为木质的局限，且
所用技术超凌法人监督时期所采者。论成绩，裴荫森绝对是清季
闽厂诸船政大臣中之佼佼者[3]。

若要研究这份成绩，原名"龙威"的"平远"舰因资料较其他
舰只齐备，是最理想的考察对象。况且此舰自筹建至最后终结，每
一阶段情形都异常复杂，串联各事，依次考释，不独备一舰之史，于
清季筹海之所以困难重重亦可借此窥见端倪。

2　各任船政大臣的任期均见注 1 所引钱实甫（1909—1968）两书。至于闽厂
　历年所造舰船，沈传经，页 337—344；《船政造船表》，页 488—505，均有简
　明表列。

3　研究闽厂的著述恒偏重沈葆桢一人。相形之下，其后各任船政大臣就鲜
　有人作专题论述。裴荫森在船政的成绩幸有一篇综论的报告：王民，《裴
　荫森与福建船政局的重振及发展》，《福建师范大学学报》（哲学社会科学
　版），1989 年 3 期（1989 年），页 120—124、114。

二、仿制钢甲舰的提议和争论

光绪十一年（1885）初夏，留学法国归来的闽厂前学堂制造班首届毕业生魏瀚（1851—1929，见图 20）、陈兆翱、郑清濂（1853—？）等向裴荫森推荐一款法国新钢甲舰，建议仿造三艘。裴荫森同意这是重振海防和推展闽厂事业的关键性计划，且觉得有向清廷力陈的必要，遂与创办福州船政局，时以钦差大臣衔督办福建军务的左宗棠（1812—1885），以及其他大员联名于五月二十二日（7 月 4 日）用五百里驿传急件的方式向清廷提出仿造钢甲舰之议。

这是一份十分重要，却在好一段时间里解决不了版本问题和标点问题的文件。先是，张侠等于 1982 年刊行所编《清末海军史料》时，节录中国第一历史档案馆（北京）所藏朱批《左宗棠等奏试造新式兵船折》[4]。这虽非此件首次收入资料集，然其斯时已为海军史研究者所重，故则特具意义。惟若用作讨论之基，这直接录自原件的版本却不算可靠，因为若干可助考稽的资料被删去了（包括带发件日期的部分），而编者附于题目下的日期又误记作次日。须补订之处固然可用以《恳请拨款试造钢甲兵船折》为题，收入福州船政局所刊《船政奏议汇编》之本（下简称船政本）[5]，以及用同题收入裴荫森遗集之本（下简称裴集本）[6]，仍不免是迂回曲折的法子。这不理想的研究状况终以中国第一历史档案馆公布其所藏的光绪朝朱批奏折而得到改善。这份朱批文件（下简称朱批本）的内容是这样的：

---

4 《清末史料》，页 115—117。
5 福州船政局，《船政奏议汇编》（光绪十四年刊本），卷 27，叶 7 上至 10 下。
6 裴荫森，《裴光禄遗集》（宣统三年刊本），卷 1，叶 5 上至 8 上。此集原物未见，此件承福建师范大学教授黄国盛兄影寄。本文引自《船政奏议汇编》各篇裴撰文件当尚有其他收入裴集。

（前略）迨上年法人犯顺，各处新报开列法国兵船，综计不足三十号，而差遣转运各船亦充其数。至上等炮船，不过与"福胜"、"建胜"等船争猛，上等兵船不过与"南琛"、"南瑞"等船争快，徒以二三铁甲，纵横闽浙洋面。马江之役，七船同沉；石浦之役，五船俱退。虽管船者不得其人，而虚声所播，士胆先靡，要皆无铁甲而兵轮失所恃之明证也。然则惩前毖后之计，整顿海军必须造办铁甲，时势所趋，无庸再决者矣。

查有船政出洋学生同知衔知县魏瀚、参将衔游击陈兆翱、都司郑清濂等在洋肄业，时逾七年，曾经委令监造德国铁甲兵船，阅历颇深，据称法国于光绪十一年创造双机钢甲兵船，名柯袭德士迪克士飞礼则唐（暂不标点）等三船，计船身长中尺十七丈三尺九寸，船腰阔四丈，船旁钢甲厚八寸，舱面钢甲厚二寸，每时可行中国海道八十里，配用新式康邦卧机，计算实马力一千七百匹。较北洋德国订造之"定远"铁甲船身较小，"济远"铁甲马力稍轻，而驾驶较易，费用较减。除炮位、鱼雷、电灯另购外，每船工料估银须四十六万两。两船并造，二十八月可成。三船同造，三十六月即竣。闽省如有此等钢甲兵船三数号，炮船、快船得所卫护，胆壮则气扬，法船断不敢轻率启衅。禀由提调周懋琦绘图，通禀请示，并据称试造双机钢甲，以魏瀚、郑清濂、吴德章监造船身，陈兆翱、李寿田、杨廉臣监造船机，确有把握，如果虚糜工费，甘与该学生等一同科罪等语。臣等复查疆臣议办铁甲十有余年，或因吃水逾二丈三四尺，中国港口较浅，出入不能自如，所可虑者一。闽粤等省船坞过小，修理不能胜载，所可虑者二。船身滞重，转掉未灵，管驾不能如法，所可虑者三。该道员周懋琦等所呈总分船图，据开全船吨载一千八百吨，吃水止深一丈二尺三寸，沿海各口均可驰行，则出入不难矣。船政前为南洋承办"开济"等项快船,实马力大至二千四百匹,本勘定附厂红山山麓,另造砌石大坞,预备修理南北洋快兵船、铁甲船之用,核估工料需银一十万两,三四月可以工竣。现将次第造办,则修理不难矣。三届出洋学生另案请加展年限,每年在外国兵船阅历,须扣足六个月为期。船政现又另购舣版,复设练船,为出洋训练学生水手之用,则管驾亦不难矣。……南北洋筹办水师颇费财力,援闽之师久而不出,出则迟回观望,畏葸不前,法人得窥其微,遂乃截商阻漕,欺中国铁甲未成,兵船无护,不敢轻于尝试,将以大肆要求。幸而谅山复为我克,台澎不能安据,孤拔又伏冥诛,饷绌民哗,暂时就范。然而法人岂能一日忘台澎耶?该道员久官闽台,该学生等籍隶福省,均无希图名利之心,只以马江死事诸人,非其亲故,即属乡邻,以报仇雪愤之心,寄于监作考工之事,成效必有可观。至所需制船经费一百三十余万两,或在洋款内酌拨,抑或另筹协济。现虽经费异常支绌,然必需之款臣等不敢稍有畏难。应俟奉旨后,由臣昌濬等随时妥筹办理。所有船政试造双机钢甲兵船缘由,理合会同驰奏。

抑臣等更有请者。欧洲大局已成连横之势,中国若再拘于成见,情形岌岌可危。除制炮造船,教将练兵,别无自强之道。然不开矿、炼铁、购机、造炉,事事购自外洋,财源溢出,军火之费较之洋药漏卮,尤为繁巨。臣宗棠目前拓船炮大厂一疏仍求宸衷独断,天下幸甚。

此折系臣荫森主稿,臣宗棠……会商,意见相同,谨恭折附轮船到沪,交上海县由驿五百里驰陈,伏乞皇太后、皇上圣鉴训示。谨奏。光绪十一年五月二十二日拜发。[7]

---

7 第一历史档案馆编,《光绪朝朱批奏折》(北京:中华书局,1996年),册64,页830—832,#822,《左宗棠等折》(光绪十一年五月廿二日)。

这虽是多人联署的文件,作者则显为裴荫森,故下以裴奏称之。

闽厂计划仿制的法舰究竟是怎样子的,容后解释。不妨先用此文件去探究这次造舰计划所代表的筹海观念。

裴荫森诸人利用夸张这款舰的威力和贬低法国侵华舰队的力量的手法去增加提议获准的机会[8]。这点很易理解。那时法国

---

8 当时的法国远东舰队包括:露炮台型铁甲舰(barbette ship)两艘,"杜伦"(Turenne,6,260吨,1879年,炮十二门、鱼雷发射管二个)、"拜亚尔"(Bayard,5,915吨,1880年,炮十二门);中央炮台型铁甲舰三艘,"拉加利索尼"(La Galissonnière,4,645吨,1872年,炮十二门)、"胜利"(Triomphante,4,585吨,1877年,炮十三门、鱼雷发射管四个)、"亚塔兰特"(Atalante,3,800吨,1868年,炮十二门);一等巡洋舰九艘,"迪盖特鲁安"(Duguay-Trouin,3,479吨,1877年,炮十一门、鱼雷发射管二个)、"维拉尔"(Villars,2,400吨,1879年,炮十五门)、"马戈"(Magon,2,300吨,1880年,炮十五门)、"罗朗"(Roland,2,300吨,1882年,炮十五门)、"接佩鲁滋"(Lapérouse,2,363吨,1877年,炮十五门)、"德斯坦"(d'Estaing,2,363吨,1879年,炮十五门)、"涅利"(Nielly,1880年,2,363吨,炮十五门)、"普莫盖"(Primauguet,2,363吨,1882年,炮十五门)、"尚普兰"(Champlain,2,042吨,1872年,炮十门);二等巡洋舰三艘,"雷诺堡"(Château-Renault,1,820吨,1868年,炮十门)、"里戈热努伊"(Rigault de Genouilly,1,722吨,1876年,炮八门)、"斥候"(Éclaireur,1800吨,1877年,炮八门);三等巡洋舰三艘,"迪沙福"(Duchaffaut,1,330吨,1872年,炮六门)、"克尔格伦"(Kerguélen,1,330吨,1872年,炮六门)、"沃尔特"(Volta,1,323吨,1867年,炮六门);通报运输舰一艘,"散雅"(Saône,炮四门);炮舰七艘,"彗星"(Comète,492吨,1884年,炮四门)、"淘气小妖精"(Lutin,465吨,1877年,炮三门)、"猞猁"(Lynx,465吨,1877年,炮四门)、"蝮蛇"(Vipère,465吨,1881年,炮四门)、"弓箭手"(Sagittaire,465吨,1881年,炮四门)、"角蝰"(Aspic,465吨,1880年,炮四门)、"美洲豹"(Jaguar,445吨,1868年,炮二门);一等运输舰二艘,"安南人"(Annamite,炮二门)、"东京"(Tonkin,炮二门);辅助船一艘,"伊坤葡萄园"(Château-Yquem,无武装?);二等鱼雷艇四艘,44号(31吨,杆雷一具)、45号(31吨,杆雷一具)、46号(31吨,杆雷一具)、50号(31吨,鱼雷发射管二个)。裴奏所说,法人实力如何薄弱,倘非有意说的谎言,便是无知之表征。裴奏讲的是交战前的情况,(转下页)

的威胁尚未解除(虽然和约已先后在巴黎和天津签订),借此三舰去杜绝法人再犯之念遂成为造舰的理由。以此为理由有轻重两毛病。

造舰非一朝一夕之事,倘法人果再犯,绝不会拖延如此之久。这也许是无关紧要的砌辞,可以不论。

另一毛病则极严重。企图用仿制的法舰去抗拒法海军的攻击是大笑话。如果假想敌就是法国,此举(且不说仿造失败)岂非千辛万苦送给对方"知己知彼"的便宜! 这不是新知多寡的问题,而是脑筋健全与否的问题! 在清季筹海诸臣当中, 左宗棠、裴荫森辈开明理智,尚且如此,筹海之所以难上正轨自是意料中事。

清廷对此提议的初步反应是良好的。朱批本所附的上谕云:"筹办海防二十余年,迄无成效,即福建所造各船亦不合用,所谓自强者安在? 此次请造钢甲兵船三号,着准其拨款兴办。惟工繁费

(接上页)待战败,更不是徒置三艘法人已知底细的仿制法国舰便能应付法国远东舰队的。况且,作为这支舰队主力的五艘铁甲舰只是法国海军的二线舰只。倘有所需,调动若干一线舰只东来,或增派二线舰只,并非难事。以上资料,参据 Maurice Loir, *L'Escadre de l'Amiral Courbet* (Paris: Berger-Levrault, 1886), pp. 359-368; Lord Brassey, ed., *The Naval Annual, 1886* (Portsmouth: J. Griffin and Company, 1886), pp. 224-225, 227, 232-237 (以下该书简称 *Naval Annual 1886*);George G. Toudouze, *La vie héroïque de l'Amiral Courbet* (Paris:Militaires illustrées, 1944), pp. 66-68; Henri Le Masson, *Histoire des torpilleur en France* (Paris: Émile Deschanel, n.d. [1966]), p. 287; Jacques Vihot, *Repertoire des navires des guerre français* (Paris: L'Association des Amis des Musées de la Marine, 1967); C. de Saint Hubert, "Notes on the French Protected and Unprotected Cruisers, 1860-1900," *The Belgian Shiplover*, 149 (Jan. 1974), pp. 89-92; C. de Saint Hubert, "French Protected and Unprotected Cruisers (1860-1900)," *The Belegian Shiplover*, 150 (Jan.-Feb. 1974), pp. 106-111; *Conway 1860-1905*, pp. 282-331.

巨,该大臣等务当实力督催,毋得草率偷减,仍致有名无实。"[9]这就是说,仿制三艘的提议全部批准。实录所记却不同,说清廷不立刻回应,要等李鸿章(见图 1)提供意见后才作决定[10]。就文献性质而言,两者均可信。问题的关键当在时间的先后,但这两份文件之间没有显著时差。随后见纪录的,就是李鸿章的竭力反对。

李鸿章和返国述职,前在德国为北洋订购兼督制"定远"、"镇远"两铁甲舰(见图 10)和"济远"号快船(巡洋舰)的卸任驻德大臣李凤苞商量后,在六月十九日(7 月 30 日,除了几次传递的时间,公文在有关机构并无明显滞留)连上两奏,用数据不全,逊于"济远",价钱不菲为由,把闽厂仿造法舰计划抨击得体无完肤[11]。甚至说出"裴臬司于此道素未考究,误信闽厂学生的鼓惑"的人身攻击语[12]。

李鸿章所以如此反应,其唯我独尊的心态和党同伐异的处事手法,自是重要因素[13]。然此等原因尚未足解释其极端的态度。

对闽厂最不利的是诸留学生和裴荫森的行动选错了时间。彼等料不到他们的提议正碰上李鸿章对北洋以外的造舰计划异常敏感的时期。那时早已在德国建就,却因中法战事羁留欧洲多时的"定远"、"镇远"两艘铁甲舰,和制成还不算太久的"济远"舰刚启

---

9 第一历史档案馆,《光绪朝朱批奏折》,册 64,页 832。

10 《德宗景皇帝实录》,卷 209,《光绪十一年六月丁丑》条,见《清实录》(北京:中华书局,1978 年),册 54,页 959。

11 吴汝纶编,《李文忠公全集》(光绪乙巳[三十一]年金陵刊本),"译署函稿",卷 17,叶 40 上下,《议驳船政请造兵船》(光绪十一年六月十九日);叶 40 下至 42 下,《拟驳船政请饬造三铁甲船奏稿》(光绪十一年六月十九日)。

12 见注 11 所引的第一篇奏稿。

13 《龙旗舰队》,页 223。该书页 220—223 是目前讲这艘钢甲舰的建造过程,叙述最简明,论析最精采的报告。这讨论亦见姜鸣此书的同名修订本,页 245—248。

程来华[14]。李鸿章打算顺势速谋添购。旋即再买昂贵的铁甲舰绝非易事,续添快船还是可以办得到的。他希望立刻在英德两国按"济远"的款式合共再订六艘[15]。

时距三舰抵华尚有好一段日子,英德两地船厂又不是给中国有时限的特价优待,何不等查验满意后才续订?李鸿章对那三艘德制舰信心再足(李鸿章从未向德国订购舰只,而德国又非海军大国,信心从何而来?),也不妨待舰只抵华,看过究竟始作决定。霸道骄横,短视求速,李鸿章兼而有之,又怎容别人干扰?

裴荫森的提议正是影射特强的干扰。如果闽厂有建造与"济远"差可比拟的舰只的能耐,不独可以减低成本(起码省了运费和远航保险费),缩短建造时间(监造人员远涉重洋和舰只建成后的长途东航均可免),还可让国内造舰人员有研求新知和争取经验的长远效益的机会。相形之下,李鸿章单纯的续购外舰计划又怎会不显得失色?

况且裴奏直言"事事购自外洋,财源溢出"的恶习只会陷国家于岌岌可危之境。此话直指北洋。在李鸿章看来,这是不容置之不理的,遂与本身有利益关系的李凤苞联手,提出措辞严厉的反击。

清廷并没有判李鸿章、裴荫森所言的正误,但处理起来还是偏颇立见。不到几天(六月杪),李鸿章便奉旨电令驻英大臣曾纪泽和驻德大臣许景澄(1845—1900)在英德两国按"济远"的款式分别再订两艘了[16]。这就是日后北洋海军的英制"致远"、"靖远"加护

---

14 三舰于 1885 年 7 月 3 日(仅较裴荫森上奏早两日)自德国基尔港(Kiel)启程来华;见 Mach, p.11。

15 《李文忠公全集》,"译署函稿",卷 17,叶 37 下至 40 上,《筹议购船》(光绪十一年六月十九日)。

16 《李鸿章电稿》,册 1,页 542,《译署来电》(光绪十一年六月二十四日);页 542,《寄驻柏林许使》(光绪十一年六月二十四日)、(转下页)

巡洋舰和德制"经远"、"来远"装甲巡洋舰。求六得四,并不算差。李鸿章之操筹海实权,十分明显[17]。

闽厂所得待遇截然不同。拖到十月初,清廷始允闽厂造一艘,并声明建成后要拨归北洋使用;再造的话,就要看第一艘完工后的查验结果了[18]。按日后的发展去看,求三得一未尝不是塞翁

(接上页)《寄使英曾侯》(光绪十一年六月二十四日)、《寄伦敦曾侯》(光绪十一年六月二十五日);页543,《寄译署》(光绪十一年六月二十五日)。

17 李鸿章不明了世界海军发展的情况同样明显。自十九世纪五六十年代起的六十年间,世界海军发展极速,舰只的设计经常有很浓厚的实验成分(连圆形舰身的舰只都曾有人试造过)。愈是新颖的舰只愈快过时。因此,除了次要得的的辅助性舰只外,同一款式的舰只通常不会造多过三四艘。这就是当时西方不少名舰只有一两艘姊妹舰(甚至往往没有)的原因。试想倘李鸿章真的如愿前后订制七艘"济远"级舰,从设计首制舰到最后一艘出厂会经历多少年?岂非盲目赶造"昨日之舰"!尽管艘与艘之间,可依新知和经验改良,基本设计的限制仍在,舰式始终是一款。纵然说李鸿章开价添造六艘是玩政治游戏,故意预留被删减的余地,但一口气添购四艘自己尚未见过,却又恶评频传的舰只,怎样说也足证他对舰只的知识仅到哄骗主持总理衙门那班满洲贵胄的程度(最后造出来的"致远"、"靖远"、"经远"、"来远"四舰因就"济远"改易甚多,不能说是"济远"级舰,而该说是另外两款舰,那是另一回事。即使如此,那两款舰之以双联主炮置舰首,以致不利舷战,基本观念还是沿自"济远"舰)。至于"济远"在订购期间即备受抨击,见曾随许景澄出使欧洲的王咏霓(1838—1915)之《与重黎论新购"镇远""济远"两兵舰利病书》,收入袁昶,《于湖题襟集》(《丛书集成初编》本),册3,"文二",页168—169。英国海军部更把"济远"舰的设计和建造不妥之处,骂得毫不留情,见 China War Vessels, p. 49. 英海军部之论,李鸿章或无从知晓;王咏霓诸人之论,他则充耳不闻。最近讨论"济远"舰种种设计问题者,有陈悦,《扭曲的利刃——"济远"级穹甲巡洋舰》,《现代舰船》,236期(2005年3月),页44—55,修改本收入《北洋舰船》,页30—43(增附《"济远"舰遗物打捞出水小记》,页43)。

18 有关批准的上谕尚未见,提要则见《李文忠公全集》,"奏稿",卷68,叶11上至13下,《查验"平远"兵船折》(光绪十六年五月十一日)的开始部分。至于建成后得归属北洋,见《船政奏议汇编》,卷34,叶1上(转下页)

失马。连造三艘根本不是闽厂能应付的事。按当时的客观条件，一级舰造三艘，工程日期必须重叠；倘造完一艘，下一艘才启工，在十九世纪下半舰只款式日新月异的情形下，第三艘就必成古董舰无疑。清廷所说，要是第一艘成绩满意才有批准造第二艘的可能，自然是外行话。闽厂竟不申辩，难道裴荫森诸人也不明白这道理？

三、建议仿制时所选模型的确认

闽厂甫获造舰批准，便立刻进行筹建事宜。

讲述这艘舰的建造经过前，要先交代两项特别事情。其一为确认建议仿制时所选的模型。闽厂既早声明拟造的是仿制品，要明白其后制成品的特质和性能，就得对选用的模型和选择的过程有足够的理解。

这里涉及两个相关的，对研究此项工程的成品，以及对明了清季发展海军的实况，同样重要的问题。这两个基本问题是，建议时计划用何舰为模型？启工建造时仍采仿制途径还是另作独立（或独立程度相当高的）设计？现在先试回答第一个问题。

裴荫森最初上奏时，声明采魏瀚等推荐的三艘同级的法国新舰为模型，去建造仿制品，还列出三舰的译音和基本数据。这些简

（接上页）至 5 下，《请拨款仿制穹甲快船折》之末尾部分；此件并收入《洋务运动》，册 5，页 348—350，改题《光绪十二年十月初八日署理船政大臣裴荫森奏》；卷 34，叶 14 上至 16 上，《钢甲船安上龙骨请俟船成照异常劳绩奖励折》，并收入《洋务运动》，册 5，页 354—355，改题《光绪十二年十一月十六日署理船政大臣裴荫森奏》（有删节）。

单的话却带来一连串的难题。

作为关键性文件,裴奏屡被抄录和引用不足奇。意想不到的是,不管是原件照抄,还是引述大意,竟出现资料集和研究专著统一指称魏瀚等推荐德国新舰为模型的怪事!

早在五十年代,中国史学会主编(中国科学院近代史研究所史料编辑室、中央档案馆明清档案部编辑组编辑)《洋务运动》资料集时已据刘名誉(1861—?)光绪二十一年(1895)所编刊之《越事备考》抄录裴奏。这个版本的裴奏毫不含糊地说魏瀚等推荐德国新舰作为仿制的模型[19]。

1994年刊行的《近代中国海军》(简称表作《近代海军》)是军方出版,资料丰富的佳作。此书说到这艘闽厂仿制钢甲舰时,选引裴奏的关键部分,用的正是《洋务运动》资料集收录的文字,难免也以此舰仿照德舰为结论[20]。

论述此舰的建造始末,姜鸣《龙旗飘扬的舰队》(简称表作《龙旗舰队》)虽讲得最扼要精采,对交代该舰所采的模型还是说

---

19 《洋务运动》,册5,页311—313。那句导致不少学者指法为德的话,在这版本是这样的:"查有出洋学生同知衔魏瀚……等……曾委监造德国铁甲兵船……。据称该国于光绪十一年创造双机钢甲兵船。"但有关的话,在朱批本、船政本和裴集本都是"查有……。据称法国于……"。真是失之毫厘,谬以千里!此资料集选用《越事备考》殊不可解。编辑单位之一的中央档案馆明清档案部就是中国第一历史档案馆之前身。既如此,为何不用馆藏之朱批原件?可能之解释为该类朱批奏折当时尚待整理。纵果如是,为何不用较直接之船政本或裴集本仍不易理解,特别因为《越事备考》之罕见程度并不亚于《船政奏议汇编》(此书近年有影印本助流通是另外一回事)和《裴光禄遗集》。就本人追寻《越事备考》之经验而言,北美、台湾、香港均无此书,而终在广州中山大学得见。见者为光绪二十一年(桂林)慕盦氏刊本,谅亦为唯一之本。那篇题作《试造新式兵船疏》的文件收入卷3,叶8上至10下;那句因被抄入《洋务运动》而害人不浅的话在叶8下。

20 《近代海军》,页391。

错了。书中引录裴奏,用船政本,较《越事备考》更直接,更可靠。怎料姜鸣仍说用作模型的是德舰[21]!

本文采法舰说而舍德舰说。达到这结论并不难。首先,不仅朱批本、船政本和裴集本都明言魏瀚诸人欣赏的是某级新法舰,光绪的回应也清清楚楚地说"左宗棠等奏整顿海军,拟仿照法国钢甲兵船式由裴荫森督率试造"[22]。

解决这问题不必全赖中国档案资料,还可以考虑欧洲的情况。法德相诋,文化使然,种族使然,由来久远。留法学生在情感上偏向法国,人之常情。除非德国的造舰技术远远超凌法国之上,留法学生绝不会毫不保留地推荐德舰的。更何况法国海军当时居世界第二位,而德国海军充其量只是企图追赶的后起之秀。留法学生连首次选择吨位有限的舰只也舍法捧德是匪夷所思之事。

知道了闽厂仿照一组在中国文献上仅存译音的法国舰去试制钢甲舰,这些法舰的舰名就必须还原。这不单是不能减省的研究程序,也是为原舰品质的优劣、中国产品究竟模仿至何程度等问题寻找答案的唯一途径。研究海军史不能不注意舰只,道理正在此。

中国档案,原件无标点。编辑《船政奏议汇编》《越事备考》之类书籍者,遇到一连串音译的外国名词时,可让译音一起排列,不必试加任何符号。这情形《越事备考》最为明显。此书虽有标点,到了开列该三舰之音译舰名时,便取巧地不加标点了。

今人刊书占不了这种含糊的便宜。以裴奏所讲的三舰名而言,译音共十一个字(柯袭德士迪克士飞礼则唐)之多。断此十一字为三

---

21 《龙旗舰队》,页 221—236;修订本,页 245。兼看随后的注 23。
22 同注 9。

组,从数理上说(各组的长度自一个字至九个字),可能性的数目达十位数的惊人程度。标点涉及的不是文法问题,亦不是语义问题,而是对音问题。不先弄清楚三舰的原名,如何标点?《洋务运动》资料集的编者随便把这十一个字断成"柯袭德士迪克"、"士飞礼"("士"字《洋务运动》作"十",现从朱批本、船政本和裴集本改)、"则唐"。这本资料集的极享盛誉使这套闭眼弄出来的标点成了定案。《清末海军史料》、《龙旗飘扬的舰队》[23]和《近代中国海军》都承袭《洋务运动》的标点法,便照错下去。

裴奏所列这组外国的数据虽不算齐全,也不够准确(翻成营造尺,以便上级看得明白是不够准确的部分原因),但足供辨认。裴奏说这三舰的数据是(加国际和英制单位以利比对):

长十七丈三尺九寸 =55.65 公尺 =182 呎 7 吋

宽四丈 =12.8 公尺 =42 呎

吃水一丈二尺三寸 =3.93 公尺 =12 呎 11 吋

排水量 1,800 吨

马力 1,700 匹

舰旁钢甲厚八寸 =25.6032 公分 =10.08 吋

舱面钢甲厚二寸 =6.4008 公分 =2.52 吋

每时时速八十浬 = 每小时时速 12.86 浬[24]

---

23 对于前面所说姜鸣虽用船政本裴奏而仍指模型是德舰的矛盾情形,这里试提供一解释。姜鸣在抄用《洋务运动》对三舰舰名译音所加标点时(译音中的第二个"士"字,《洋务运动》误沿《越事备考》之误,作"十",姜书同,便是直抄之证),误把《洋务运动》所说舰属德国所有这一错误也抄了进去。姜书原版和修订本均如此。

24 每时时速即每两小时的速度。李鸿章曾按裴奏提供的数据计算过此款法舰的每小时速度,但小算了点;见注 11 所引之李鸿章《拟驳船政请伤造三铁甲船奏稿》。

当时（1885 年）德国拥有和还尚在建造的舰只全无近似者。法国则有一组启工不久的舰只，数据与上列者接近。这就是终建成四艘一组的"黄泉"（Achéron）级装甲海防炮舰（见图 21 ）[25]。

裴奏的公历日期为 1885 年 7 月 4 日。那时"黄泉"级舰有三艘在不同的建造阶段：首制舰"黄泉"号在 1885 年 4 月已下水；"痛哭河"（Cocyté）号在 1883 年 2 月安龙骨，尚有一年半才下水；"地狱火河"（Phlegeton）号在裴荫森上奏之日安龙骨，下水是四年半以后之事。

此级舰的最后一艘，"冥河"（Styx）号（见图 22 ），还未启工。此舰迟至 1889 年 9 月才安龙骨。

换言之，魏瀚等推荐这级舰时，只有刚下水的首制舰可稍供考察而已，并不如裴奏给读者舰已有三艘完工的印象。

清季处理欧西专有名词，喜用法则混淆的音译。纵使遇到普通名词作专有名词用也经常舍易取难，不用容易弄得准确的意译。那组法舰全用意义相关的普通法文名词为舰名，意译比音译合理多了。可惜清人不科学的习惯大增后人考证之难。现在还原起来，问题不尽在译音够不够准确，还涉及信息的可靠性。

许景澄的《外国师船图表》是清季唯一有系统、全面介绍西方和日本海军舰只的专书，出版时还来得及收入法国的"黄泉"级舰 [26]。这些舰只舰名的译音（许书处理西方舰只舰名随俗采音译法，幸均附原名，免除平添后人考证之烦），虽与裴奏所用者全异，音节上还是有共通之处。利用这些共通点，林庆元（1936—2006）

---

25 "黄泉"级舰各艘的名称和基本数据，见 *Conway 1860-1905*, p. 300.

26 许景澄，《外国师船图表》（光绪丙申［二十二］年浙江官书局本），卷 2，叶 10 上下。这十二卷本和该书的其他十二卷本并无大别。开列此书版本最详者为刘申宁，《中国兵书总目》（北京：国防大学出版社，1990 年），页 305。

于八十年代初已解决了这笔糊涂账,并明确地判断那十一个字的音译该如何标点[27]:

裴奏	许书	原名
柯袭德	库西忒	Cocyté
士迪克士	斯的克斯	Styx
飞礼则唐	佛雷日汤	Phlegeton

简单地说,裴荫森(以及支持他的左宗棠)根据留法学生的推荐向朝廷提议仿制钢甲舰时所讲的模型,就是法国"黄泉"级装甲海防炮舰,而魏瀚等推荐时所列举的三艘即该级舰的第二、三、四艘。

清廷批准仿造一艘后,并没有闽厂曾另选(或仅试另选)模型的迹象。至于实际工程进行时是否仍用"黄泉"级舰为模型,留待下文再解答。

讲到这里,模型的辨认主要靠背景情况、对音和数据。其中数据一项仅略提,亦可助辨认的舰式则尚未讲及。因为舰式和数据可以用来和闽厂仿制舰的相应资料比较,还是留待说至该闽制舰完工时才一并交代。现在先论留学生建议造舰所涉及的模型选择问题。

---

27 林庆元,《对〈洋务运动〉丛刊本若干史料的订正和补遗》,《社会科学战线》,1982 年 4 期(1982 年 10 月),页 140—141。另外,《舰艇工业史料》,页 921,虽亦能正确地标点三舰之名(未说明根据,从时间去看,有抄自林庆元之可能),但仍误说它们是德国舰。

四、从仿造法舰之议看闽厂首届留学生的海军知识

今人论清季民初的留学活动,恒持夸耀态度,每以为留学返国者必深得彼邦学艺堂奥,而忽略再精选的学生当中也会良莠不齐,更不理解当时作充分行前准备之几近不可能,以及不考虑外国对留学生横添的各种障碍。这些因素往往使所学难超越皮毛阶段。因此,评论留学生之所获应按实例分析。往何国、进何校、上何舰、入何厂、参加何项工程等,只是活动项目而已;列举出来只能算是存纪录,不能充作成绩单,更不能用作优秀的指标。

评述闽厂首次派遣学生出洋留学,迟至六十年代仍仅能依靠几件详英略法的官样文章式奏稿。详英略法是比较而言,实则连留英驾驶班留学生的活动也说得极笼统。凭这种资料去做研究,势难不偏颇,而变成替当事者夸功[28]。

幸而,研究闽厂留英驾驶学生的条件近年大有改进,可重新评议[29]。研究留法制造学生能用得到的资料基本上仍是六十年代初

---

28 我在六十年代初的少作,《首届海军学生出洋留学之始末》,《大陆杂志》,27卷7期(1963年10月),页8—11,就是这种抄凑资料以成文的变相官样文章。此文因收入两种论文丛刊,颇见引录,建设反成破坏。订正弥补,十分惭愧,还得待异日。

29 王家俭,《清末海军留英学生的派遣及其影响(一八七六~一八八五)》,《历史学报》(台湾师大),2期(1974年2月),页161—187;修订本收入氏著《海军史论集》,页27—59,从英国档案中找到很多不见于中国文献的细节消息,是一篇很重要的转捩性报告。可惜王家俭得鹿不晓脱角,只识机械化地罗列资料,看不出那批留学生绝大多数是真放洋,假纪泽连续两任驻英大臣的日记。研究留法学生者则尚不易用到相类的资料。

的样子[30]，全面评价他们的留学经验恐还得待一段不短的时间。

研究这些留法学生，目前可试做的是单人或单事的个案论析。建议仿制法舰正是这样的个案。通过此事，我们可以明了他们处事的态度和掌握信息的程度。

正如上述，当魏瀚等建议仿制"黄泉"级舰时，建造中的三艘只有甫下水的首制舰勉强可供考察。给这些充其量仅能预测建造成绩的舰只打分数，评品质，本已过早。大力鼓吹它们作仿造的模型和制造这些舰只已建成的假象，怎样也难说是负责任的、值得嘉许的行为[31]。

最莫名其妙的是，留学生竟不提唯一已下水，容稍事考察的首制舰"黄泉"号（许景澄音译为"阿瑟郎"），却把迟至四年多以后始启工的"冥河"号也拨进单子里去。很明显，他们对自己推荐的舰只所知极有限。裴奏所举数据之所以不够准确，也可用此作解释。

如果说魏瀚等没有多少选择，并不符合实情。

十九世纪最后的四十年，世界海军发展迅速，舰只日新月异。欧西各国为免建造过时的舰只，每级舰通常以三四艘为止限，仅造一两艘者更是不胜枚举（舰式愈是实验性高，姊妹舰的数目就

---

30 巴斯蒂，《福州船政的技术引进（1866—1912）》，收入张寄谦编，《素馨集——纪念邵循正先生学术论文集》（北京：北京大学出版社，1993年），页236—257（译者不详，法文原文亦未见），和 David Pong 庞百腾（1939— ），*Shen Pao-chen and China's Modernization in the Nineteenth Century*（Cambridge: Cambridge University Press, 1994）虽悉利用法国档案资料去研究闽厂，但重点均不在这批首届留法学生。重检那些分散好几处的公私法文史料绝非易事。庞百腾书不薄，但书中连历年服务洋员、历届毕业生、历年所建舰船悉无整齐完备的纪录。不专意照料这些，讲闽厂的功过从何谈起？

31 从裴奏去看，他推荐仿制法舰的理论根据就是得自留法学生和提调周懋琦的消息。用现代名词去说，周就是裴的执行秘书。和裴荫森一样坐镇闽厂的周懋琦只是消化留学生的报告后向裴作汇报的传递人。留法学生始终是最重要的（即使不是唯一的）消息来源。

愈少,甚至根本没有姊妹舰)。换言之,舰只的款式多得很(这和近五六十年以来,各国为了节省资源,同样设计的舰只可以造上数十艘的情形不同)。魏瀚等寻找仿造的对象,可供选择者绝对不会少,为何偏要拣选启工未久,好一段时间以后始确知其成绩,而当时又所知极有限的"黄泉"级舰?魏瀚诸人既没有留下日记、回忆录之类资料,这问题恐已难回答。

魏瀚等有无可能在选择模型时对此级法舰作较深入的理解,则尚可回答。

相当幸运,资料的配合几近天衣无缝。魏瀚等建议仿造"黄泉"级舰之际,正是许景澄编著《外国师船图表》之时。在搜集资料上,许景澄虽或占了身为外交官的便宜,但按理这便宜未必足以抵消其毫无海军背景的弱点。然而许景澄不仅能够指出"黄泉"级舰为建造中之物,还清清楚楚地点明其设计观念的来龙去脉。简言之,许景澄以为"黄泉"级舰和吨位较小,且较早启工,而差不多同时建造的法国"引信"(Fusée,许书音译为"胥塞")级装甲海防炮舰四艘(见图 23)[32],均发展自德国的"黄蜂"(Wespe,许译"威斯克")级装甲炮舰(见图 24),而"黄蜂"级舰本身是英国蚊子船的改良扩大版,兼且是设计意图异常笨拙的舰只,因其拟在浅水的沙底岸边主动搁浅以便成为固定炮台(舰首的主炮也就只能朝

---

32 首制舰"引信"号外,该级其他三艘为"火焰"(Flamme,许译"佛郎")号、"榴弹"(Grenade,许译"格雷那忒")号、"霰弹"(Mitraille,许译"弥忒爱昔")号;见许景澄,《外国师船图表》,卷 2,叶 10 上下;*Naval Annual 1886*, pp. 225-226, 230-231; R. Podhorsky, "French Coastal Defense Ship Fusée," *WI*, 6:2(June 1969), p. 155; *Conway 1860-1905*, p. 300; C.C. Wright, "The Four Fusée Class Armored Gunboats(untitled),"*WI*, 19:1(March 1982), pp. 88-90; Marshall, p. 146; John Batchelor and Christopher Chant, *The Complete Encyclopedia of Warships, 1798 to the Present: Steam, Turbine, Diesel, Nuclear*(Edison, NJ: Chartwell Books, 2007), pp. 56-57.

舰停泊的方向发射,而搁在沙上的舰要移动又殊非易事)[33]。蚊子船和"黄蜂"级舰的异同,以及"引信"级和"黄泉"级舰的主要分别在后者加了舷台(sponsoon,许作耳台),许景澄也说对了。一切如数家珍,而这些不过是许书极为繁杂的内容当中,两个不算长,也不大起眼的项目。不过,许景澄著书时尚未及见"平远"舰之建成,自然不会指出闽厂承袭这种笨拙的观念去造舰是毫不足夸奖之事。近人谈及闽厂的建舰成绩,大多数都不管就里便随意胡吹乱捧一番,而不计及一步跨天是绝无可能之事。

非海军出身,复未尝留学的许景澄了如指掌,讲得清晰扼要之事,闽厂自首届毕业生中精拣出来放洋留学多年,且已学成归国,服务有年的所谓海军界菁英竟似懂不懂,说来未免带浓厚反讽意味。

许景澄在柏林任内刊行《外国师船图表》后,李鸿章必定是国内最早的读者之一。李鸿章的海军知识得自经营洋务的经验,比一般负责筹海的疆臣丰富,但始终是边干边学,以耳代目(他没有阅读外文的本领),进展止限明显的玩意。他不可能看得出裴奏中不标点的"柯袭德士迪克士飞礼则唐",就是许书中的"库西忒"、"斯的克斯"、"佛雷日汤"三舰,更不会串联各事而领会到裴荫森、左宗棠诸人所鼓吹的钢甲舰原来是困扰中国各洋海军多年的蚊子

---

[33] "黄蜂"级舰共十一艘(艘数之多在十九世纪后半确属罕见)。全部舰名、基本数据,以及这款舰只和蚊子船的关系,许景澄都说对了,真是了不起;见许景澄,《外国师船图表》,卷3,叶15下至16下;B. Weyer, *Taschenbuch der Deutschen Kriegsflotte: Mit teilweiser Berutzung amtlichen Materials* (München: J.F. Lehmann, 1900), p. 23; *Conway 1860-1905*, p. 261; GJM, Volume One, pp. 137-138; "Naval Lore Corner: Floating Batteries," *WI*, 41:2 (June 2004), p. 172.

船之多次变式[34]。要不然,他反对闽厂仿造钢甲舰便可多一借口了。

或谓魏瀚等既返国服务,欧洲远隔,无许景澄近水楼台之利[35]。这样说不无道理。在信件单程需时约两个月的情况下[36],除非利用昂贵的电报(贵到连海关总税务司也不敢常用),消息难免有不短的真空时段。这等于说,魏瀚等向裴荫森说项时,就算他们得到的消息是最新的,也顶多知道那组舰的首制舰刚下水(从他们之胡乱填报三舰名去看,消息的准确程度恐还不到这层次)。魏瀚诸人既远离欧洲,该等舰只又仅在初步的建造阶段,他们如何断定这款舰值得力争仿制?他们手上有者恐仅为船厂兜生意的广告资料罢了。倘果如此,岂非儿戏之极。

更应问的问题是,为何魏瀚等不选用起码已有一艘建成服务,确知成绩的舰式?正如上述,可供选择的舰式绝不会少。况且在

---

34 关于中国因添置蚊子船而导致的长期困扰,见《龙旗舰队》,页95—99,及该书修订本,页117—121;《近代海军》,页141—145。购置蚊子船所以出毛病,问题不纯在舰种本身,而是主要因舰种和用途配搭错了。这点以后另文解释。

35 许景澄既非海军出身,中外均乏海军界朋友,其抽暇自修海军知识,主要当在驻欧期间。自其在欧上任(光绪十年九月)至所著《外国师船图表》首次刊行(光绪十一年),前后充其量仅稍过一年。神速外,搜罗资料之广泛与理解之深入,同样教人惊奇。如果说魏瀚诸人返国后,即无法续纳新知,就等于说彼辈在欧留学时并无在海军界建立人脉关系,且在返国后连订购新书和期刊的意欲也没有(不要忘记,就魏瀚而言,采购建材之旅已是他第三次赴欧了,长期增进新知的机会应不少)。难怪清季七届留欧海军学生108人(数字见注29所引王家俭《清末海军留英学生》一文)、三组留日海军学生91人(见《民国史料》,页500—501),总数虽多达199人之众,至他们数十年后相继去世,竟终于无一人发表些像个样子的海军学术著作,连较详细的从军始末回忆录亦无所闻。这已不是个人敬业乐业态度如何的问题,而是可怜得很的群体表现了。由这种人充当北洋海军的主要将领,甲午诸海役中国焉能不败!

36 那时欧亚之间最快的交通工具就是客轮,单程所需时间见收入本书的《亨利华尔代沪所购美制舰考》一文之注15。

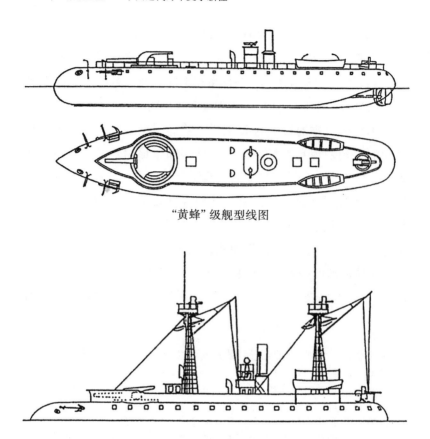

"黄蜂"级舰型线图

"引信"号型线图

（其他同级舰有小异）

欧洲海军大国的舰队中,排水量一两千吨的舰只通常只是辅助性之物,很少采用最新科技。还在建造的比建成不久者(均指首制舰而言)先进得多,是不大可能之事。魏瀚诸人不仅对西方舰只新知不足,恐怕连海军运作的基本道理也不大明白。

清季筹海之所以困难重重,热心有余(私心另计)而专业知识贫乏的疆臣配搭半黄半青的海军领导人物,好比盲人骑独眼马,当是原因之一。

五、魏瀚欧洲采购建材之旅的启示性

闽厂获准仿制钢甲舰后，闽省承诺的舰款四十六万两不久即解到十六万两，裴荫森遂于光绪十二年（1886）二月派魏瀚赴欧采购建材。这是魏瀚的第三次欧行。

既逢佳讯，裴荫森不以仅造一艘为满足，便于是年春赴金陵，和南洋大臣两江总督曾国荃（1824—1890）商量续造两艘。后因南洋海防经费二百万两提归海军衙门，余款连南洋海军例行的维修费用也有不足之虞，南洋负责添造两艘之议乃告吹[37]。

九月初，魏瀚返国，向裴荫森报告此行所获。按单程超过两个月的航程计算，魏瀚在欧洲时间只有两个多月。他考察英、法、德十余厂，较量图式，尤以考核当时曾纪泽在英订制的"致远"、"靖远"和许景澄在德订制的"经远"、"来远"四巡洋舰最耗时间，故其在欧必甚匆忙。他在欧的观察对尚未启工的钢甲舰工程理应有很大的影响。裴荫森上奏说明造舰进展时，得引专家之言，就把魏瀚这份报告几乎全抄进去。现在讨论起来，魏瀚的报告确为要件，且因其有意想不到的启示性，不妨看看此报告的主要部分：

（前略）许大臣订购之船，舨有甲，台有堡，船可载重二千九百吨，马力三千四百匹，行可十五海里，应配二十一生大炮二尊，十五生大炮二尊、鱼雷筒四具，价每艘约英金十七万镑，合银七十五万两，炮械保运各费在外。曾大臣订购之船无甲无堡，船可载重二千三百吨，马力五千五百匹，行可十八海里，应配之炮械、雷筒与许大臣之船相若，价每艘英金十四万二千五百镑，合银六十三万两，炮械保运各费在外。按

---

37 见注 18 所引之裴荫森《请拨款仿制穹甲快船折》。

两大臣所购四船,均胜于"济远",诚为巡海利器。而曾大臣
之船舱有穹甲,厚处四寸,薄处二寸,半在水上,半在水下,制
法尤远胜于"济远"。盖"济远"穹甲全在水下,若穹上中炮,
水浸其上,船将不稳。又查法兰西今年七月开制穹甲一船,
长英尺三十丈,宽三丈有八寸,中匡吃水十六尺六寸,可载重
一千八百吨,马力六千零六十匹,穹甲厚四十密里,合英尺计
一寸五分,行十九海里半,应配十五生大炮四尊、鱼雷筒四具,
价约银五十六万两,炮械保运各费在外。此船亦为中国水师
合用之式。以上三种之船,经瀚切实核算,如由闽厂仿制曾大
臣所购之船,每艘只需银五十三万两,较外洋定办可省十万
两。如由闽厂仿制许大臣所购之船,每艘只需银六十三万两,
较外洋定办省十二万两。如由闽厂仿制法兰西所制之船,每
艘只需银四十五万两,较外洋定办可省十一万两。……[38]

这是一份远离主题的报告。要明了魏瀚的才智和办事态度,此事
提供一个难得的个案。

首先得重复说明魏瀚这次赴欧的使命。他和其他留法学生大
半年前向裴荫森建议仿制法国"黄泉"级舰三艘。经过南北洋一
番争论后,朝廷批准造一艘。他去欧洲就是为了采购建材,兼替闽
厂买炮械和弹药[39]。任务就是这样简单。倘有余暇,浏览西欧各国
品类繁,数目多的舰只,那是个人把握进修机会,值得嘉奖,但怎也
不能用这种杂事去搪塞任务报告。

---

38 见注 18 所引裴荫森《请拨款仿制穹甲快船折》之前半。

39 《船政奏议汇编》,卷 34,叶 10 上至 12 上,《定购外洋大炮请准支销立案
   片》,并收入《洋务运动》,册 5,页 353—354,改题《光绪十二年十一月初
   三日署理船政大臣裴荫森片》。

　　可是,魏瀚在欧的活动竟像在为启工在即的仿制舰重新访求合用舰式！他花了不少时间去研究曾纪泽和许景澄分别在英、德订购的舰只[40],又对一艘法国新舰兴趣特浓,购建材之行遂变成考察之旅。返国后呈交的报告就以比较两款订舰设计之异和介绍那艘法国新舰为中心。谁授权他折返起步点(恐裴荫森亦不能如此授权)？决定了舰式,才能购建材。舰式一旦改变,按当时欧亚的通讯条件,他根本不可能在购建材前先征得裴荫森(或更上一层)的同意。他有没有按己意全盘变更计划的权力？

　　如果说购建材太简单,花不了多少时间,故魏瀚为下一步造舰计划搜集资料,也难成辩辞。

　　他的比较曾、许所订舰肤浅之极,仅止于列出此有彼无的表面层次,并没有评高下,取教训(以魏的位低势微,他并没有开罪曾、许二人的本钱)。就算选择模型容他退回到起步点,对曾、许两款订舰的泛泛形容也无助于重新选定模型。说为将来的造舰计划找资料,同样不成理由。按当日造舰科技发展之速,不上几年,曾、许订购的舰只和那艘法国舰都会成为古董舰。况且在英、德两国订制的四舰,早晚会建成东来,编入中国海军,它们的资料除非立刻能派用场,否则何必远赴欧洲去搜集？

　　魏瀚的报告,仅说明二事：(一)仿造比订制相宜。(二)仿造德舰价最昂(较订制仍省十二万两)、英舰次之(较订制省十万两)、法舰最廉(较订制省十一万两)。说的都是出厂价。仿造自然还省下运费、东航保险费等额外开支。

　　第一事是常识,不必细表。第二事则不一定如此。英法德三

40　魏瀚在此次欧行之旅中和曾纪泽的接触却很有限。按曾纪泽的详细日记,
　　他们仅在魏瀚抵欧之初时,在和好些其他人一同会面的情况下,谈过一次；
　　见曾纪泽,《出使英法俄国日记》(长沙：岳麓书社,1985年),页922。

款舰设计殊,用料异,不该划上等号。单凭舰价去定夺是不合逻辑的。

其实魏瀚的话基于一假设:看上某选定吨位和性能的任何欧洲舰只,闽厂都有仿造的本领。按闽厂历史之浅,这是过分自信的表现。

纵使魏瀚真的觉得把注意力集中在曾纪泽和许景澄所订的舰只上是履行赴欧任务的当然行动,他能看到的也很有限。1886年夏,"致远"、"靖远"、"经远"三舰虽已安龙骨,却均尚未下水;"来远"甚至还未启工。真正能够让魏瀚花时间的是蓝图。但蓝图可以于尚在闽厂时向有关单位(如总理各国事务衙门)索取,不必远涉重洋跑去陌生的环境看本国所订舰只的蓝图。通过李鸿章、裴荫森、许景澄、曾纪泽的联手安排,闽厂上年秋已派黄戴(匠师)、张启正(艺徒)、林鸣埙(福州船政局前学堂制造班第二届)赴英监工验料,陈和庆(匠师)、曾宗瀛(福州船政局前学堂制造班第二届)、裘国安(艺徒)去德国负责同样任务[41]。那时还未有仿制法舰之议。闽厂索取曾纪泽、许景澄二人在英、德所订舰只的蓝图不单不该有不能克服的困难,且在时间上还容许在建议仿制外舰时,把这两款订舰编入供考虑选作模型之列。魏瀚的办事能力,由是可见。

介绍那艘不具名的法舰同样无稽。究竟魏瀚是知其名而不列,还是连他自己也说不出来?裴荫森并不追问(除魏瀚外也难期望他另有消息来源),便转抄上奏。清廷亦不问。官场办事层层敷

---

41 曾纪泽,《出使英法俄国日记》,页868、871。又《李鸿章电稿》,册1,页551,《裴船政来电》(光绪十一年七月二十八日);页552,《许使来电》(光绪十一年七月三十日);页553,《寄福州船政裴》(光绪十一年八月初一日)、《曾钦差来电》(光绪十一年八月初二日)、《寄福州船政裴》(光绪十一年八月初二日);页554,《寄柏林许使》(光绪十一年八月初二日)、《寄伦敦曾侯》(光绪十一年八月初二日)、《裴船政来电》(光绪十一年八月初三日)。

衍，就是这样子。

对于这艘法舰，有两个问题需要解答：为何魏瀚要列举此法舰？此法舰与闽厂其后制成的钢甲舰异同如何？此两问题和上述"黄泉"级舰的情形一样，涉及闽厂仿造计划的制成品，还是留待讲到该舰建造工程完成后才一并交代。这里先说明究竟这是哪艘法舰，以及它和曾纪泽、许景澄所订的两款舰有何分别。

魏瀚所讲此舰的数据，和彼等以前提供的"黄泉"级舰数据那样，虽不够准确，但仍足资辨认。那时法国的新舰，仅一艘数据与此相似。那就是"福尔班"（Forbin）号巡洋舰。此级舰共三艘，"福尔班"号是首制舰（详后）。

至于此级法舰和中国正在英、德订造的两款舰的大异其趣，单看此法舰的主炮置于边旁四舷台，而两款中国订舰的主炮均沿中央线安装，便可知极端之不相类了[42]。虽不相类，魏瀚也一并讨论，

---

[42] 目前中日论著交代"致远"、"经远"两款英、德制舰的舰式者，除《海军日志》，页 302、305，所提供的型线图外，尚有陈悦二新文可参考：《铁血骁骑——"经远"级装甲巡洋舰》，《现代舰船》，238 期（2005 年 3 月），页 44—56，修订本收入《北洋舰船》，页 72—83；《碧海忠魂——"致远"级穹甲巡洋舰》，《现代舰船》，239 期（2005 年 4 月），页 41—56，修订本收入《北洋舰船》，页 56—71。然而这两款舰研究起来，复杂程度和所需篇幅绝不会较"平远"舰为简，故不宜在此多讲。读者想知道多点，可暂参考下列西方资料：*China War Vessels*, pp. 12-15, 40-42, 46-48, Plate 3; S. McKenzie and C. Bogart, "Chinese Cruiser Chih Yuen," *WI*, 6:4（December 1969），pp. 341-342; Peter Brook, "The Elswick Cruisers, Part 1," *WI*, 7:2（June 1970），pp. 169-173; Stephen S. Roberts, "Imperial Chinese Navy, 1862-1895," *WI*, 11:1（March 1974），p. 44; I.A. Sturton, "The Imperial Chinese Steam Navy, 1862-1895," *WI*, 12:1（March 1975），p. 10; *Conway 1860-1905,* pp. 396-397; Peter Brook, "Elswick Cruiser Series, Amendments and Additions," *WI*, 16:3（September 1979），p. 201; Marshall, p.61; Richard N.J. Wright, "The Peiyang and Nanyang Cruisers of the 1880s," in David McLean and Antony Preston, ed., *Warship 1996*（London: Conway Maritime Press, 1996），pp. 102, 105; *Export*, pp. 62-64.

可能的解释是,这款设计特殊的法舰大有机会给选为模型。这是后来的发展无法证实的事。

魏瀚说了一大堆与赴欧任务关系极微的话,应留心的却不讲。1886年夏,"黄泉"级舰的建造情形为:"黄泉"号已下水而未完工,"痛哭河"号和"地狱火河"号已安龙骨而尚未下水(前者两年半前安龙骨,后者的龙骨安放了约一年)。三舰既在不同的制造阶段,又同在瑟堡兵工厂(Arsenal de Cherbourg)施工,而魏瀚在此次欧行前复从未看过此三舰,除非放弃采"黄泉"级舰为模型的念头,否则实地详加考察,是理所当然的。这份旅欧报告却只字不提此三舰!就算魏瀚确去看过这些不久以前他还十分推许的舰只,但在欧有限的时间既花了不少在曾纪泽和许景澄所订的舰上,分给这三舰的时间也不可能充分。行动既本末倒置,他又和其他留学生早给了裴荫森这些舰只已建成的印象,更无法说出实情来。

这份舍本逐末的报告是否确实反映魏瀚在欧的活动,不得而知[43]。报告这样写倒有一可能性,就是为自己在欧只手推翻前议,独行独断地另选模型部署保护网。他明白不管如何也得买建材回来。不先决定舰式,建材就无从选购。假如让他放手去选,模型就该是他认为价廉物美,情感上又易认同的"福尔班"级舰。要是这样大胆行事,他确实需要一套能自圆其说的部署。

事实却非如此,模型始终是"黄泉"级舰,从未改变过。选购建材也以此级舰为依据。那么报告中的话岂非无的放矢!

闽厂所育人才,以首届(分制造和驾驶两班)毕业生的影响力最大(同届另有影响力有限的管轮班),最恒为人称道。他们的素

---

[43] 接随后所说,魏瀚在欧所购钢料素质不无问题。是否他在欧洲购建材时遭遇不少不便公开的困难,故在写报告时移花接木,另找话题来填塞篇幅?这是值得思索的问题。

质如何,要通过个案分析始能得到客观评价的。魏瀚这份购建材之旅的报告正提供这样的个案。

经过这些迂回的讨论,讲述这艘闽厂仿制舰建造过程前得先解释的第二项特别事情——模型的最终选定——也交代了。

六、仿制舰的建造经过及其完工后的移交北洋

闽省负责之四十六万两舰款,光绪十二年十月初已分次悉数到齐[44]。待主要建材亦备,裴荫森便择是年十一月十二日(1886年11月27日)为此仿制舰安放龙骨,建造工程由是正式开始[45]。

一年后,该舰以"龙威"舰名在光绪十三年十二月十七日(1888年1月29日)下水[46]。

工程一路都很顺利,几无事可述[47]。光绪十五年(1889)四月,工程完结在望,可安排试航日期(超过原先自定二十八个月造两艘,三十六个月造三艘的限期。那是争取批准时说的话,可以不

---

44 《船政奏议汇编》,卷34,叶17上至19上,《厂造第三号快船下水并陈现在工程情形折》(光绪十二年十月初八日),并收入《洋务运动》,册5,页345—346,改题《光绪十二年十月初八日署理船政大臣裴荫森奏》。

45 见注18所引之裴荫森《钢甲船安上龙骨请俟船成照异常劳绩奖励折》。

46 《船政奏议汇编》,卷37,叶4上至6下,《双机钢甲兵船下水并陈现在厂务情形折》(光绪十三年十二月二十四日),并收入《洋务运动》,册5,页379—380,改题《光绪十三年十二月二十四日署理船政大臣裴荫森奏》。

47 赵幼雄,《第一艘国产装甲巡洋舰——"平远"号》,《舰船知识》,142期(1991年7月),页27,谓"龙威"建造期间,"外国专家来厂参观时,也诧为奇能,称赞不已"。如果所据为注18所引之裴荫森《钢甲船安上龙骨折》内的"外国师匠入厂游观,莫不诧为奇能,动色相告"数语,就无疑中了公关虚言之害。那篇奏议写于"龙威"安龙骨后四日,就算那些外国师匠果真在那四五日到厂访问,刚启工的"龙威"也没有多少实物成绩可看。这是"尽信书不如无书"之佳例。

论），裴荫森遂委"靖远"练习舰管带林承谟（福州船政局后学堂驾驶班第一届）暂行管理[48]。孰料随即发生一连串意外。

是月十六日（5月15日），裴荫森亲督试航，灵活稳快，时速达12.5浬。旋因右副轮机螺丝折损，速度大减，遂驶往闽江壶江岛深水处，暂时停泊。月之三十日（5月29日）始返抵闽厂修理。预计需时两个月[49]。试航失败。

发生轮机螺丝意外后，裴荫森即致电李鸿章求助。裴建议北洋派"康济"（1,268吨，1880年）练习舰管带萨镇冰来带领"龙威"，而由闽厂另派曾出洋留学的后学堂驾驶班第六届毕业生黄鸣球（1864—1916）去接管"康济"。李鸿章征求丁汝昌（见图2）的意见后，无意在该舰正式移交北洋前参预其事，乃以"康济"修改工程刚竣为由推却[50]。

---

48 "靖远"（578吨，1873年）为闽厂所造的第九号舰船，其基本数据见沈传经，页338；《舰艇工业史料》，页928—929；《船政造船表》，页489—491。该舰建成后拨归南洋海军。光绪十四年（1888）春，闽厂闻南洋因经费短绌将"靖远"收坞，遂商得南洋同意，调回改装为练习舰；见《船政奏议汇编》，卷38，叶1上至3上，《调回"靖远"轮船改设练船折》（光绪十四年四月十六日），并收入《洋务运动》，册5，页384—385，改题《光绪十四年四月十六日署理船政大臣裴荫森奏》。李鸿章命名曾纪泽在英所订二舰之一为"靖远"时，采用现役舰只之名，闹出双包案。不管李鸿章知道与否（知而故为，就是目空一切；不知道，就是孤陋寡闻），同样反映出他不是主导筹海的理想人选。他的幕僚不提醒他，南洋和闽厂也不抗议，在在都说明为官之道的奥妙。

49 《船政奏议汇编》，卷39，叶1上至3上，《"龙威"钢舰试洋折损螺丝修好回工折》（光绪十五年五月初一日），并收入《洋务运动》，册5，页390—391，改题《光绪十五年五月初一日署理船政大臣裴荫森奏》。

50 《李鸿章电稿》，册2，页89，《寄威海卫丁提督》（光绪十五年五月初二日）、《覆船政裴》（光绪十五年五月初三日）。黄鸣球确曾任职"康济"，见黄毓泌，《黄鸣球的海军生涯》，《福建文史资料》，8期（1984年10月），页208。虽然此文所列黄鸣球留学英国的年份不够准确，但其作者为黄鸣球堂侄，消息闻自其父及家族中人，应可靠。按王家俭，《清末海军（转下页）

这里涉及一件殊不公平之事。闽省不独负责"龙威"的建造费用，还准备提供足够的运作人员和维修支持，而李鸿章对此舰又向无好感（详后），建成后服务于素来舰只不足的闽洋或南洋始是合理的安排。惟因批准造舰之初已声明工竣后拨归北洋使用，李鸿章复不主动要求取消此部署，"龙威"北属遂成不易之局。

裴荫森既不能改变即将移交"龙威"的定局，也不能强北洋助纾眼前的难题，只好另委杨永年（出身背景未详）为"龙威"舰的管带，黄鸣球为帮带[51]。

九月四日（9月28日），"龙威"再出洋试航，尚称满意。闽厂的纪录即以此日为"龙威"的竣工日期[52]。

九月十日（10月4日），"龙威"开赴上海（十四日到），拟续北上天津，听候李鸿章勘验。裴荫森颇露急求脱手之意[53]。

九月二十六日（10月20日），"龙威"离沪北驶，旋因小抽气机折损，返回上海[54]。

李鸿章甫闻此事，便致电裴荫森，直谓该舰"断不可靠。丁（汝昌）等即料理赴南洋操巡，'龙威'若来，无人收管，望速饬无庸

（接上页）留学生派遣及其影响》，《海军史论集》，页45—46，黄鸣球于1888年2月自英启程返国，抵国门当是初夏了。自此至裴荫森推荐他帮带"龙威"（正文随后讲及），稍过一年，时间上容许他曾在"康济"舰上服务过一段日子。"康济"为闽厂所造的第二十二号舰船，其基本数据见沈传经，页341；《舰艇工业史料》，页930—931；《船政造船表》，页494—495。

51 《船政奏议汇编》，卷40，叶6上至7下，《"龙威"钢甲在沪修机请暂摘制机学生顶戴片》（光绪十五年十月十二日），并收入《洋务运动》，册5，页398—399，改题《光绪十五年十月十二日督办福建船政裴荫森片》。

52 《船政奏议汇编》，卷42，叶7上至9上，《试造钢甲兵船溢用银数声明立案片》（光绪十六年三月二十八日）。

53 同注51。

54 同注51。

北来为要"[55]。裴知道事情严重,急遣许桐(身份及出身背景均不详)和后学堂管轮班洋教习斐士博赴沪查勘[56],仍希望该舰能及时修理好,可和北洋海军诸舰一同避冻南巡[57]。

李鸿章见裴荫森态度坚决如此,乃急引丁汝昌和琅威理(见图14)的意见,强调"龙威""屡坏机器,恐成病骥",倘容其加入南巡队伍,一旦再生事故,则整队受拖累,去化解裴荫森连消带打的招法[58],并命丁汝昌"将来过沪察看,如不合用,切勿将就"[59]。

裴荫森还是不肯罢休,务要丁汝昌南下时检验,以便该舰能随队巡航,然后明春一并北上[60]。

其间"龙威"号就近在沪向英商耶松船厂(S.C. Farnham, Boyd and Company)订购抽气机两具,而斐士博亦证实除抽气机外该舰并无其他弊病。裴荫森复乘该舰在沪入坞之便,一并验视舰底,刮污傅油。"龙威"因此在沪待了一段不短的时间[61]。

先前螺丝出毛病时,裴荫森替负责造舰诸留学生辩,说事属首创,工程繁重,难免有不周之处,其情可原[62]。然既再发生更

55 《李鸿章电稿》,册2,页143—144,《寄福州船政裴》(光绪十五年十月初四日)。

56 斐士博为英人,本名 J. S. Fishbourne。光绪十三年十月二十九日(1887年12月13日)抵闽,光绪十六年十月(1890年12月)约满返英:见《船政奏议汇编》,卷38,叶4上下,《延留洋教习片》,及卷43,叶12上至13上,《保奖学堂制造驾驶管轮洋教习片》(光绪十六年八月二十一日),该件并收入《洋务运动》,册5,页420—421,改题《光绪十六年八月二十一日闽浙总督兼管船政大臣卞宝第片》。

57 《李鸿章电稿》,册2,页145,《船政裴来电》(光绪十五年十月初五日),及注51所引光绪十五年十月十二日裴荫森片。

58 《李鸿章电稿》,册2,页146,《寄船政裴》(光绪十五年十月初七日)。

59 《李鸿章电稿》,册2,页146,《寄烟台丁提督等》(光绪十五年十月初八日)。

60 《李鸿章电稿》,册2,页147,《寄烟台丁提督》(光绪十五年十月初八日)。

61 同注53。

62 同注49。

严重的意外，且影响交收程序，裴荫森再不能漠视，遂摘去负责制机之陈兆翱、李寿田、杨廉臣顶戴，以示惩警[63]。

十一月初，北洋海军南下避冬，由威海卫直驶上海，十日（12月2日）抵沪[64]。

二十日（12月12日），丁汝昌偕琅威理带同洋管轮等勘察"龙威"舰，并出海试航三小时之久，时速过11浬。丁汝昌相当满意，评谓"闽厂首先试造之船能是亦足"。他向李鸿章建议，让他在沪再细查一次，列出应添改之处，并派一洋管轮随舰赴闽，拆验机器和监督添改工程（包括增抽气机一具备用），以便明春和北洋各舰一同北上（丁汝昌对勘查舰只，特别是结构和机器方面，并无本领可言。审断何处该添，何者该改，应是琅威理等洋员的意见）。李鸿章同意这安排[65]。

"龙威"号自沪返闽后，按北洋的要求，增修镶配百数十处[66]。陈兆翱、李寿田、杨廉臣三人旋亦恢复顶戴[67]。

光绪十六年三月九日（1890年4月27日），李鸿章致电裴荫森，谓"龙威"既将拨归北洋，舰名应易为"驭远"，以与北

63　同注53。

64　《李鸿章电稿》，册2，页166，《寄海署》（光绪十五年十一月十日）。

65　《李鸿章电稿》，册2，页170，《寄船政裴》（光绪十五年十一月二十二日）、《寄丁提督电》（光绪十五年十一月二十二日）；《船政奏议汇编》，卷40，叶14上至19下，《"龙威"钢甲修整回工请复学生顶戴并暂定名额薪粮请饬部立案折》（光绪十六年二月初二日），并收入《洋务运动》，册5，页404—407，改题《光绪十六年二月初二日督办福建船政裴荫森奏》。

66　《船政奏议汇编》，卷42，叶10上至11上，《"龙威"钢甲兵船修整完竣改名"平远"驶赴天津折》（光绪十六年四月初六日）。

67　《船政奏议汇编》，卷42，叶7上至9上，《试造钢甲兵船溢用银数声明立案片》（光绪十六年三月二十八日），并收入《洋务运动》，册5，页411—412，改题《光绪十六年三月二十日督办福建船政裴荫森片》。

洋海军主要舰只的舰名配合[68]。裴荫森次日回电,指出前在石浦港之役为法人所毁的南洋海军舰只即名"驭远"(李鸿章办事糊涂之一例),不若改名"平远"[69]。李鸿章从其议。"龙威"舰遂易名"平远"(见图25)[70]。其实"平远"之名也犯了不必要的重复[71]。

三月下旬,该舰的建造工程终告结束,共耗五十二万两,安装炮位和电灯的费用尚未计算在内。最后的数字即使不超过法国

---

68 《李鸿章电稿》,册 2,页 226,《寄福州裴船政》(光绪十六年三月初九日)。
69 《李鸿章电稿》,册 2,页 226,《裴船政来电》(光绪十六年三月初十日)。"驭远"(2,800 吨)为江南制造局建成于光绪元年(1875)的第六艘兵舰,其基本数据见《舰艇工业史料》,页 928—929。该舰毁于光绪十一年正月初一日(1885 年 2 月 15 日)中法战争石浦港之役。李鸿章拟用驭远之名所反映的毛病,不是对一舰之名有无印象那么简单,而是对石浦之役这件发生不久,又是因为他不肯派舰只援闽才会发生的海防大事太不关心了。
70 《李鸿章电稿》,册 2,页 226,《覆福州裴船政》(光绪十六年三月初十日)。
71 闽厂原有一艘练习舰名"平远"。这是 1871 年在德国建造,重 457 吨,光绪十一年夏购自美商的二枝半桅蛱蝶板船;见《船政奏议汇编》,卷 27,叶 11 上至 14 下,《购修蛱蝶板复设练船折》(光绪十一年六月初六日);《洋务运动》,册 5,页 346,《光绪十二年十月初八日署理船政大臣裴荫森片》。光绪十二年十月,闽厂鉴于上舰实习的学生数目减少,且维修费用无所出,遂以该舰供闽台间运输之用。光绪十三年十一月,正式拨该舰归台湾;见《洋务运动》,册 5,页 384—385,《光绪十四年四月十六日署理船政大臣裴荫森奏》。就算这艘"平远"号不作练习舰后已解除武装(这点恐不易确定),另命名闽厂新制舰为"平远"仍弄出因两艘同名政府舰船并存而易引起误会的情形。从购入此蛱蝶板船至建议"龙威"改名"平远",有关事情,全是裴荫森经手的。难道他看不出这是不必要的纠缠,还是对平远一名情有独钟,一而再地采用?李鸿章对筹海以来外购和国产的舰只之名实在记不得多少,既觉得平远一名可用,遂采纳裴的建议。虽然避免了重用驭远之名(在欧美,甚至日本,舰名重用不仅不是问题,还是发扬传统之良方,只要同名舰不同时并存就可以了。李鸿章并不拥有筹海大员应具备的海军知识),结果反弄出更严重(因两同名舰并存)的双包案来。清季筹海经常出现很易避免的糊涂事,这便是一例。《龙旗舰队》修订本书后新添的"舰船索引"也把两艘同时存在的"平远"舰混作一舰处理(页 558)。这就是靠用电脑机械地去编索引之害。

"福尔班"级舰的出厂价也差不多同价了。对溢支之数,闽厂有两解释:(一)舰身、马力、吨位均大于原议。(二)原价为制造三艘的每艘平均价目[72]。

第一点言之成理,第二点则未必是。魏瀚在欧行报告中开列订购英、法、德舰和分别仿制的价目都是按每一艘来计算的。尽管不算"龙威"舰试航后的意外修理费,中国与欧洲物价工资相去之远,闽厂仿造价与欧洲出厂价有相当大的差距才算合理。"龙威"舰的高昂造价,或者可说是中国在科技发展努力求独立的艰辛过程中很难避免的额外学习费用。只要确实取得经验,费用高昂也是值得的。

此舰的建造正是这样的例子。此舰自安龙骨至试航前夕,工程看似顺利得无事可述。一旦试航则意外迭起,终需作大幅度的修理和添增。负责造舰诸留学生显然经验不足,建造时看不出已发生的毛病,依然按序造下去,于是自试航开始毛病便一再出现。北洋海军按诸洋员的意见开出来的添增修改要求长单,正是该舰建造所依设计有甚多不足处的证明。

幸而经过这些额外的补救工作后,该舰的建造工程终算完结,可以交给北洋了。舰名的更易也可代表新的开始。

三月二十日(5月8日),北洋海军南巡避冻毕,北返抵闽。二十八日(5月16日),"平远"舰随北洋海军离闽赴津。"平远"沿途的开支仍由福建善后局负责[73]。

舰队在上海稍停后,于四月十一日(5月29日)抵威海卫[74]。

二十四日(6月11日),丁汝昌令"平远"舰在大连湾试航,发

72　同注 65。

73　同注 64。

74　《李鸿章电稿》,册 2,页 242,《寄海署》(光绪十六年四月初二日)、页 248,《寄海署》(光绪十六年四月十一日)。

现因舰底苔蛎,速度较前为缓,顺潮 10.77 浬,逆潮 9.37 浬[75]。

"平远"舰在四月底前驶抵津沽[76],结束了历时一个月的北上旅程,也开始其真正的生命。

五月七日(6 月 23 日),李鸿章率水师营务处枭司周馥(1837—1921)、道员罗丰禄(1850—1903)、津海关道刘汝翼等在大沽口登"平远"舰考察,试航四小时。后上奏说的话,贬多褒少。虽谓"其钢甲、锅炉等项均系新式,洵属精坚合用",却强调其"吃水过深,行驶稍缓。较之'定远'、'镇远'两铁甲舰,固多不及;即较之'致远'、'靖远'、'经远'、'来远'四快船,速率尤少"。一面嘉奖"魏瀚、陈兆翱等虽在外洋学习制造,并监造铁甲船工,稍有心得,而初次试造钢甲兵舰,有此规模,已属难得",另一方面又郑重其言,谓"若遽绳以万全无弊,是阻其要好之心。人才何由奋兴?制造所由精进?"李鸿章毫不掩饰地宣称,这艘舰建成后的状态正证明他原先的判断正确。对他来说,此舰的编入北洋海军,只配"归队操练,聊助声威,尚未可专任海战"[77]。这岂不等于说,如果不是为了鼓励人才,他就未必肯接受此舰了。假如真的接受得如此勉强,为何不大大方方让实力素来单薄的南洋海军来拥有这艘他从来没有好感的钢甲舰?

这番盛气凌人的话是为了维护面子而说的。为了达到这目的,他不惜强辞夺理。拿"平远"去和舰种、吨位迥异的"定远"、"镇远"相较,是很不公平的。"致远"、"靖远"、"经远"、"来远"四舰和"平远"的差距虽没有那样极端,同样是不适合比较的(四舰本身就分属两舰种)。其实在北洋海军诸舰当中,与"平远"最相

75　见注 18 所引之李鸿章《查验"平远"兵船折》。

76　《李文忠公全集》,"奏稿",卷 69,叶 5 上至 6 上,《"平远"船酌定饷章折》(光绪十六年八月十日)。

77　同注 75。

近的是"济远",李鸿章却只字不提。他总不该忘记,原先反对闽
厂的造舰计划时,他刻意强调拟建之舰不如"济远"。建成后的
"平远"比采用的模型加强了(详后),再拿"济远"来作比较,就不
易强调"平远"的弱点了。霸道的李鸿章可以随意更换游戏法则。

李鸿章对"平远"舰的公开言论,公关意味很浓。他对此舰的
真正评价如何? 这问题可以从舰员人数、饷额等不涉及公关的配
额求答案。为求比较的全面性,北洋海军的快船全依建成次序列
出如下[78]:

舰名	排水量 (英吨)	马力 (匹)	管带 官阶	配额 人数	月薪 (两)	月支行船公 费(两)	岁支药费 (两)
超勇 扬威	1350	2887	参将	137	2064	320	200
济远	2300	2800	副将	202	3246	550	200
致远 靖远	2300	6850	副将	202	3246	550	200
经远 来远	2900	4400	副将	202	3246	550	200
平远	2150	2400	都司	158	2387	440	200

[78] "平远"配额人数、月薪、行船公费、岁支药费四项,见注76所引《"平远"
船酌定饷章折》。"超勇"、"扬威"、"致远"、"靖远"、"经远"、"来远"的相
应数据,见总理海军事务衙门编,《北洋海军章程》(光绪十四年),册1,
叶11上、14上、17上、20上、23上、26上、29上;册4,叶10上下。各舰
管带的官阶,见《李文忠公全集》,"奏稿",卷64,叶1上至15下,《海军
要缺拣员补署折》(光绪十五年一月二十一日),及《清末史料》,页570—
573,《李鸿章奏为北洋海军署副游都守各人三年朝满均改补授片》(光
绪十八年三月三十日)。各舰的排水量和实马力,据 China War Vessels,
pp.12, 14, 41-42, 44, 48, 56; 和 Conway 1860-1905, pp.396-397;《北洋海
军章程》不记排水量,而其所记马力则误多于正。

乍眼看去，"平远"所得的配额相当公平。"平远"的排水量和马力均在"超勇"、"扬威"和"济远"、"致远"、"靖远"、"经远"、"来远"这两组舰之间，故其所得的舰员人数、月薪总额，和行船公费都在两组之间。各舰的岁支药费一样，更好像"平远"和"超勇"、"扬威"都占了便宜。这样去解释，很易便得出李鸿章公平看待"平远"的结论。

其实不然，确足揭示真相的是反映舰上高低职位分配比例的平均月薪数字："超勇"、"扬威"平均每人月薪 15.065 两；"济远"、"致远"等五舰 16.069 两；"平远"15.107 两[79]。"济远"等五舰的最高职为副将，下为都司、守备、千总、把总等；"超勇"、"扬威"的最高职为参将，下为守备、千总、把总等。"济远"等五舰占了管带官阶高所带来的连锁效应。

"平远"的管带是比参将低两级的都司（参将与都司之间还有游击）；管带以下各职的官阶全给拖低，平均月薪遂较"济远"等五舰明显下降[80]。

既然"平远"管带之为都司会产生如此负性的连锁效应，我们便应看看都司级的军官究竟能在北洋海军担任哪类舰只的管带。

作为北洋海军运作指南的《北洋海军章程》，对管带的官阶

---

79 "平远"未归北洋所有前，该舰的经费由福建善后局拨发。那时"平远"配舰员 159 人，总月薪 2,562 两，即平均每人月薪 16.113 两；见《船政奏议汇编》，卷 40，叶 17 上至 19 下，《"龙威"钢甲舰官弁舵水员名并月支薪粮公费银数清单》（光绪十五年十二月十三日）。换言之，福建善后局给"平远"舰员超过北洋给予"济远"等五舰舰员的平均月薪。随"平远"舰北上而终仍留舰服务的舰员薪水都被锐减。

80 "平远"未归北洋所有前舰员阶级的分配，见注 79 所引文件。归北洋后，分配当有更动，但因光绪十四年（1888）刊布的《北洋海军章程》以后没有出新版，无法知道该舰的都司管带以下之舰员究有何阶级和各级的人数。惟从此舰的舰员平均薪水仍高于"超勇"、"扬威"这点去看，舰上守备、千总、把总各较高级次的名额尚不致太少。

有明文规定：铁甲舰的管带为总兵、主要快船（"济远"等五舰）副将、次要快船（"超勇"、"扬威"）参将、练船和运船游击、大号鱼雷艇都司、小号鱼雷艇守备、蚊子船都司。

在李鸿章的心目中，"平远"虽为战斗性舰只，其重要性还比不上辅助性的练船和运船，而仅达到大号鱼雷艇和蚊子船的层次。这是对福州船政局无以复加的侮辱。

不公平之处尚不止此。"平远"原来的管带杨永年是否在带舰北上后留下来服务一段时期，纪录未见。确知的是，光绪十八年（1891）三月，李鸿章调时为都司的李和（？—1924以后）去当"平远"管带。同时，北洋海军前在光绪十四年成军时任管带而官阶未及章程所列要求的均已通过升级的办法去调正[81]。李和的官阶一直到中日甲午战争爆发仍是都司，弄到"平远"成为整支舰队中唯一长期由官阶起码差了两级的军官来充管带的舰只。

或者有人会替李鸿章辩，说粤洋海军三艘主要舰只"广甲"、"广乙"、"广丙"借调北洋后，它们的管带全是都司，故"平远"之以都司为管带并非孤立之例。这样说并不反映实情。三艘粤舰都比"平远"小得多。论舰种，它们同样居装甲巡洋舰"平远"之下——"广甲"是木壳铁胁通报舰（composite despatch vessel），"广乙"和"广丙"是鱼雷炮舰（torpedo gunboats）[82]。既然此三粤舰的管带悉为都司，"平远"的管带总不该同样是都司。

倘李鸿章按章程办事，各舰悉依舰种去决定管带的官阶，"平远"的管带就应该官阶相当高。理由很简单，装甲巡洋舰是层次很高的舰种。

---

81 见注78所引之《李鸿章奏为北洋海军署副参游都守各人三年期满均改补授片》。

82 这款存在时期十分短暂的舰种的特别情形，本书所收《甲午战争期间李鸿章谋急购外舰始末》一文的注155有解释。

英国海军按当时通用的标准,把北洋海军的八艘快船分为三组:装甲巡洋舰"经远"、"来远"、"平远"[83];加护巡洋舰"致远"、"靖远"、"济远";无加护装设巡洋舰"超勇"、"扬威"[84]。舰的大小、武装的强弱,舰员的多寡均与舰种息息相关,故管带官阶和舰种挂钩并不如表面看来那样把事情简化。何况按舰种定管带的官阶本来就是《北洋海军章程》所规定的。

舰种之外,还应考虑舰只的个别情形。从这角度去看,名副其实的装甲巡洋舰"经远"和"来远"有树立标准的作用。它们的管带应是比总兵稍低的副将。标准既立,其他管带的官阶便易作合理的安排。

安排出来的次序大可以是如下的样子。"致远"和"靖远"的舰种虽为较装甲巡洋舰次一等的加护巡洋舰,但因其战斗力并不见得逊于"经远"和"来远"(如仅用炮数和炮的口径去衡量,还应说"致远"和"靖远"火力较强),仍可由副将充管带。"平远"的情形相反。它虽为装甲巡洋舰,火力却远逊于英制的"致远"、"靖远"和德制的"经远"、"来远"。这差距应反映在管带的官阶上——由低一级的参将担任。"济远"在武装上和"平远"最相近,加上它是备受指斥的问题舰,舰种且为加护巡洋舰,它的管带充其量只能是参将。战斗力甚弱的老舰"超勇"、"扬威"让游击来指挥已是厚待了。

至于那些辅助性的练船和运船,由都司来当它们的管带绝不

---

83 Paul Silverstone and C. de Saint Hubert, "The Chinese Navy(1870-1937)," *Warships Supplement*, 39(August 1975), pp.11-12, 谓至 1937 年中国仅曾拥有"定远"、"镇远"、"经远"、"来远"、"平远"五艘装甲舰。这两位当代盛名的世界舰只史专家判断的依据,显与注 84 所说英国海军部当时所采用的准则同。

84 *China War Vessels* 就是按此原则去类别这些舰只。

能说是亏待。

可惜,北洋海军把识别舰种和配搭管带官阶之事弄得极度政治化。淡化英制"致远"、"靖远"和德制"经远"、"来远"两组之间的差异,便是显例。李鸿章主导曾纪泽、许景澄二人以"济远"为原型,分别研制出来的舰只有颇大差异,该属两舰种。若公布真相,必引致不易应付的质疑,遂划一处理。

处理"济远"更是瞒天过海。曾纪泽、许景澄所订的四舰虽以"济远"为基本模型,但因作了大幅度的改动,造出来的英制"致远"、"靖远"和"济远"比较起来是同舰种而不同级,而德制"经远"、"来远"更别属另外的舰种了。如果不求细分,列"济远"、"致远"、"靖远"为一组,并不算是错误。硬说"济远"可与"经远"、"来远"亦属一组,则绝对不该;李鸿章要顾全的是面子,需维护的是其海军知识丰富的形象,怎会自动宣扬自己订造的"济远"的缺点?结果北洋海军排列"济远"、"致远"、"靖远"、"经远"、"来远"五舰在等级和待遇上毫无分别。

李鸿章的私心使"济远"的地位长期膨胀(最明显的受益者为长期任"济远"管带的方伯谦)。这份私心同样教他刻意贬低"平远"的地位。

接收"平远"舰时,因为北洋海军并没有正在进行的增舰计划,故这支舰队好一段时期都不会另添新舰。这是李鸿章十分明白的。待"平远"又何必过苛?以后的发展更突显这事实。自曾纪泽、许景澄所订四舰建成来华至甲午战争爆发,北洋海军增加的主要战斗性舰只仅"平远"一艘(暂调的粤洋舰只自然不算)。善用"平远",使其能和其他舰只配合,当是最佳的策略。李鸿章的立场却是不放过任何机会去贬低"平远"的价值。这怎能说是诚意为中国发展海军者应有的心态?

至于委李和为"平远"舰的都司管带,其不妥之处并不限于该舰因管带之官阶过低而被贬,而且还给这个闽厂后学堂驾驶班首届毕业生制造很尴尬的处境。就在这支舰队任管带一职者而言,他的同届同学有贵为总兵者[85]、有高居副将者[86]、有所任官阶并不算低的参将者[87],连下一届,甚至再下一届的也有不少人骑在他头上[88]。这种破坏人际关系的安排对舰队的和谐性和作战能力必然带来负面影响。明察体贴的主管不会让这种人事组合出现。若谓李和的才干只配当下下等的都司,就不必委他为作战斗性舰只的管带(就算仍留他在军中,安插他当陆上后勤工作便可),以致他在众管带之间自惭形秽[89]。到头来可能受害的,还是诸将之间的合作性。李鸿章竟然玩因舰贬人的勾当。这里涉及的不是北洋海军升迁的机制问题(机制本身固然并非健全,升级依据的所谓事功可以是胡闹安排的结果,混蛋如刘步蟾、林泰曾凭"事功"居上位便是显例),而是就算有千百理由不让李和升级,也绝对没有在军中制

---

85 "定远"管带刘步蟾、"镇远"管带林泰曾均贵为总兵。

86 "济远"管带方伯谦、"致远"管带邓世昌、"靖远"管带叶祖珪、"经远"管带林永升、"来远"管带邱宝仁悉高居副将之位。

87 "超勇"管带黄建勋官参将。

88 "扬威"管带参将林履中,第三届;"威远"练习舰管带游击林颖启,第二届;"康济"练习舰管带游击萨镇冰,第二届;"敏捷"练习舰管带游击戴伯康(生卒年未详),第三届。

89 虽然李和对自己的遭遇反应如何未见纪录,但这种足以破坏人际关系的部署是有责任感、有远见的主管会设法避免的。李鸿章没有这样做是他对部属关怀程度的反映。各管带(特别是李和那些高高在上的同届同学)没有替李和叫屈是北洋海军将领我行我素态度的表现。李新达主编,《中国军事制度史——武官制度卷》(郑州:大象出版社,1997年),页205,利用《北洋海军章程》所提供的资料,整理出一张一目了然的北洋海军军官官阶和薪俸简表。据此不难算出都司的薪酬是游击的0.65、参将的0.59、副将的0.48、总兵的0.39。李和与一群同届同学以及下两届的师弟在同一舰队做同样性质的工作,却长期被欺压,倘非超人,很难没有自惭形秽的感受。总括去看,这支舰队的领导阶层上不亲仁,下乏同僚之情。谁敢说这些特征与舰队的作战能力无关?

造足以破坏士气的尴尬人事局面的道理,除非主其事者希望通过紧张的人事关系来玩权术,以图操制。

自提议造舰至拨归北洋后好一段日子,"平远"在李鸿章心目中始终是一艘可有可无、惹他反感的舰只。

七、"平远"舰价值的认识

"平远"舰从最早构思仿造至北洋接收,未及一年由李和出任管带,凡文献可征的事情都说过了,还未交代的是"平远"舰的数据、它和其模型"黄泉"级舰的关系,以及这艘闽建仿制舰的特性。

"平远"和其模型的数据表列如下:

	黄泉级舰[90]	平远[91]
舰种	一级装甲海防炮舰[92]	装甲巡洋舰

90　"黄泉"级舰毫不显眼,故有关参考资料并不丰富。除注 25 所引 *Conway 1860-1905*, p.300 外,仅 *Naval Annual 1886*, pp.224, 226-227;(Marie Maurice Clement Raoul Tetsu)de Balincourt, *Les flottes de combat en 1903*(Paris: Berger-Levrauet & Cie, 1903), pp.472-473; R. Podhorsky, "French Coast Defense Armored Ships," *WI*, 8:3(September 1971), pp.294-295; Francis Dousset, *Les navires de guerre français de 1850 à nos jours*(Brest: Éditions de la Cité, 1975), pp.252, 284,有些可用的资料。

91　《龙旗舰队》,页 221—222,引《洋务运动》,册 5,页 379—380,所收裴荫森光绪十三年十二月二十四日奏稿,开列"龙威"之数据,其中所列武器细目与此项表列者有三大分别:(一)副炮口径为 12 公分,而不是表列的 15 公分。(二)副炮多了一门,装在舰尾。(三)鱼雷发射管只有两个,分装在舰首和舰尾。三者均与事实不符。这并不是说裴荫森误奏。此奏报告该舰在光绪十三年十二月十七日(1888 年 1 月 29 日)的下水情形。那时舰只造了个基本空壳,离装配武器的阶段尚远,故裴荫森仅说舰之(转下页)

续表

	黄泉级舰	平远
排水量	1,690 吨（"地狱火河"和"冥河"1,767 吨）	2,150 吨 [93]
长宽吃水	55.2（水线）（"地狱火河"和"冥河"58.70）×12.32×5.56（最大）公尺 =181.08（192.58）×40.041×11.066 呎	59.99（垂直线间）×12.19×4.73（最大）公尺 =196.83×40×15.5 呎 [94]

（接上页）某部分"可配"某种武器。这并不表示舰建成后，武器的装配果真如此。"平远"的副炮为 15 公分者两门，这点西方和日方纪录都甚统一，可证裴荫森所奏只是初步的装配计划。姜鸣后来出版之《海军日志》，页 304，虽仍说 12 公分副炮有三门，鱼雷发射管的数目则改说是四个了；此书因体制之限，史源并无交代。《龙旗舰队》修订本，页 246，除了仍说副炮是 12 公分外，又改说只有二门，其中一门置舰尾。这样说显然有问题。另一副炮安装在哪里？"平远"是小舰，甲板面积有限，倘主炮和舰尾炮俱沿中央线安装，诚难在中央线再置一炮。况且自照片得知，"平远"在舷台装炮，而两舷的设计必是一样，不会一边有舷台，另一边无舷台，故如副炮二门置舷台，就必定是左右各一。再说句本够明显的话，舷台一定装上炮械，不然就没有设置舷台的必要。

[92] 注 90 所引 Francis Dousset 书即称"黄泉"级舰的舰种为 cannonnière-cuirassée de première classe。

[93] 虽然偶有谓"平远"舰重 2,100 吨，其排水量数字为不少西方和日方书刊所同意者为 2,150 吨，如《廿七八年》，上册，页 255；广濑彦太，《幕末以降帝国军舰写真と史實》（东京：海军有终会，1935 年），页 62；WG, p. 30；JJM, p. 14; Conway 1860-1905, p. 397; 片桐大自，页 182；《日舰全史》，别册（资料篇），页 48；Richard Wright, "Peiyang and Nanyang Cruisers," p.104。然而丁汝昌首次在上海检验"平远"舰（时尚称"龙威"）后，电呈鸿章，则谓该舰的排水量为 2,200 吨；见《李鸿章电稿》，册 2，页 170，《寄船政裴》（光绪十五年十一月二十二日）。这不算严重的分歧或出于不同的计算法。

[94] 长宽两数字，采自 Conway 1860-1905, p.397。吃水的数字，依注 18 所引之李鸿章《查验"平远"兵船折》。

续表

	黄泉级舰	平远
护甲厚度	8吋复合护带(最厚处9.5吋)自水线上1呎6吋处伸至水线下3呎3吋处;甲板护甲2吋;炮塔8吋	钢质水线护带,舰首一段宽7呎,厚5吋,中央属机器、锅炉、弹药库各舱一段宽5呎,厚8吋,舰尾一段宽4呎2吋,厚6吋;甲板护甲2吋;露炮塔8吋;炮盾1吋;司令塔(conning tower)5吋;煤储两舷以增御弹之效
马力	1,600匹(双轴)	2,240—2,400匹(双轴)
最高时速	11.6—13浬	10.25—11浬
备煤	98吨("地狱火河"和"冥河"71吨)	250吨
武器	274公厘(10.8吋)/28炮一门(舰首) 100公厘(3.9吋)炮三门(舰尾一,左右舷台各一;"痛哭河"无舰尾炮,"地狱火河"和"冥河"则仅舰尾装138公厘[5.5吋]炮一门,而无舷台炮)	26公分(10.25吋)/25克虏伯炮一门(舰首) 15公分(5.9吋)炮二门(左右舷台各一) 47公厘哈乞开斯(Hotchkiss)五管三磅弹机关炮四门(左右舷后甲板各二) 格林机关枪二座(战盘;谅为0.45吋十管型)[95]

95 速射炮械的数目,各种纪录颇有分歧。现据注17所引记录英国海军部情报局于1891年底所知中国海军舰只情形之 *China War Vessels* 一书。从其发行日期去看,这本书绝对会采用了琅威理于1889年12月在沪勘察"龙威"舰后向英海军部提供的汇报(按琅威理以英国海军军官请假在华服务的身份,就算他不主动向英海部提交报告,英海部知道他勘查过"龙威"舰也会向他索取资料的),故可靠(书中所讲其他北洋海军舰只,情形大致亦同)。其后的西方报告讲及"平远"所装配的速射炮和机关炮时,却每有夸大的倾向,如 V. Dahl et al., "Chinese Ironclads during the Sino-Japanese War of 1895," *WI*, 3:1-4(Winter 1966),p.70,说"平远"舰有三磅弹速射炮和一磅弹速射炮合共八门;Stephen S. Roberts, "The Imperial Chinese Steam Navy, 1862-1895," *WI*, 11:1(March 1974),p.26,指"平远"有三磅弹速射炮八门、一磅弹速射炮一门;Richard Wright, "Peiyang and Nanyang Cruisers," p.104,谓"平远"有三磅弹速射炮八门,而不提一磅弹炮,数字无疑都说得太大了。本来相当可靠的 *Conway 1860-1905*,这里却代表另一极端,不提"平远"舰的速射炮和机关炮,好像该舰完全没有这两类武器似的。

续表

	黄泉级舰	平远
武器	47公厘三磅弹速射炮二或四门(步桥或上层结构的中央部分)一磅弹机关炮四至七门	18吋鱼雷发射管的情形有二说:(一)发射管四个:舰首、舰尾各一,均固定;左右舷各一,可调整发射角度[96]。(二)发射管三个:舰首一个固定,两个分装下甲板两舷,射角45度(中央线垂直角前5度加后40度)[97]。
探射灯		两盏

这些数据足以说明"平远"舰是以"黄泉"级舰为模型而在设计上加以调整的。这种关系从两者的型线图和照片(见图21和22,以及25)也可看得出来(并观前列"黄蜂"、"引信"两级舰的型线图,很易便能明了这几款舰之间的因袭关系)。

曾纪泽在英国订购的"致远"、"靖远"以双联主炮置舰首,另一单装主炮置舰尾,其基本观念与"平远"者殊异,护甲的厚度也比"平远"薄得多。两者之间难说有直接关系。

---

[96] *Conway 1860-1905*, p.397; Richard Wright, "Peiyang and Nanyang Cruisers," p.104,主此说。记录此舰归日人所有后情形的书,如 WG, p.30; JJM, p.14;福井静夫,《日本補助艦艇物語》(東京:光人社,1993年),頁70、374;《日艦全史》,別冊(資料篇),頁48,亦谓该舰有鱼雷发射管四个(且多注明装在水线之上)。按鱼雷发射管之不易更动位置(特别是固定为舰壳结构一部分者),和该舰因速慢而难发挥放射鱼雷的效能,日人掳得后添增鱼雷发射管的可能性并不大。建成时即有四管之说似有足够的支持。

[97] 三管说虽仅见英海军部情报局之 *China War Vessels* 书(p.43),但资料既有可能出自琅威理之实地考察(见注95),且能详述装在下甲板的两管的射界,似非无根之言。有无可能琅威理漏记固定在舰尾的一个发射管?另外还有两管说,见中国海军百科全书编审委员会,《中国海军百科全书》(北京:海潮出版社,1998年),下册,页1400,《"平远"号》条(作者全锡珂);不论何所据(和大陆此类书籍学术格调不高的情形一样,没有交代史源),此说绝无对的可能。

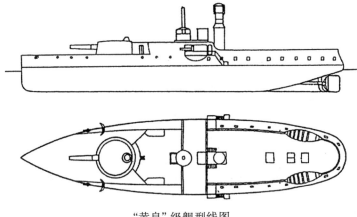

"黄泉"级舰型线图

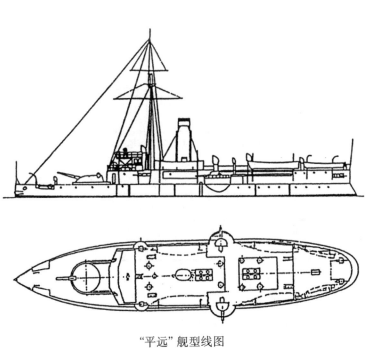

"平远"舰型线图

许景澄在德国订制的"经远"、"来远"虽较与"平远"类似些（如护甲厚度差不多，舰尾不置炮），但这款德舰之以双联主炮置舰首为特征，则不能说是与"平远"舰共通了。

总而言之，"平远"舰的设计并没有明显取法曾纪泽、许景澄所订两款巡洋舰之处。魏瀚把远涉重洋去欧洲采购建材的有限时间浪费了大部分在考察建造工程尚有一大截的曾、许订舰上，是莫名其妙之极的行动。

魏瀚在赴欧购建材之旅的报告极力鼓吹，誉为价廉物美的法国"福尔班"级舰，究竟与闽厂制造出来的"平远"有何关系，同样可以借助数据表（附魏瀚报告中之相应数据以资比较）和型线图去解释：

	福尔班级舰[98]	魏瀚报告
舰种	加护巡洋舰	穿甲船
安龙骨	1886 年 5 月 姊妹舰"索葛"（Surcouf），1886 年 5 月；"科乐贡"（Coëtlogen），1887 年	光绪十二年七月（1886 年 8 月）姊妹舰均不提
建成	1889 年 2 月	
排水量	1,935 吨（"索葛"，2,012 吨；"科乐贡"，1,901 吨）	1,800 吨
护甲厚度	护甲 40 公厘，机器房部分另加防碎片护甲	护甲 40 公厘

---

98 "福尔班"级舰的数据，见 *Naval Annual 1886*, pp. 234, 236; Balincourt, *Les flottes de combat en 1903*, pp. 520-521; W. Bille, "French Small Cruisers Forbin and Surcouf,"*WI*, 6:4（December 1969）, pp. 330-331; Saint Hubert, "Notes on the French Protected and Unprotected Cruisers," p. 92; *Conway 1860-1905*, p. 309; Marshall, p. 134.

续表

	福尔班级舰	魏瀚报告
马力	5,800 匹（双轴）	6,060 匹
最高时速	19.5—20 浬	19.5 浬
武器	138 公厘（5.5 吋）/30 炮四门 47 公厘三磅弹（速射？）炮三门 37 公厘一磅弹机关炮四门 14 吋鱼雷发射管四个（水线上） 水雷 150 个	15 公分炮四门 鱼雷发射管四个

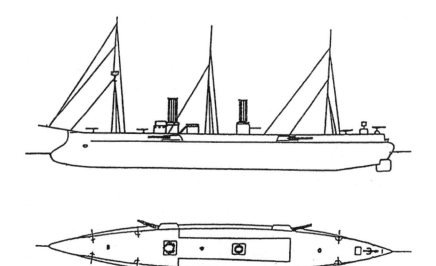

"福尔班"级舰型线图

　　"福尔班"级舰和"平远"舰之间，数据的不相应本已足说明这两款舰关系极微，两者特质之殊更标明设计之异。"平远"没有"福尔班"级舰线条明显的冲角和舰壳内倾便是相异之一例。其他如"福尔班"号装配三桅杆双烟囱，而"平远"只有单桅杆单烟囱,又如"福尔班"置四主炮于左右两旁四舷台,而"平远"仅得一门沿中央线置舰首的主炮,在在使两者的外型显得极不相类。"福尔班"级舰的舰式真对"平远"的设计有影响的话,这影响只可能比"致远"、"经远"两款舰对"平远"的设计的影响还要有限。

这就回到上面提过而尚未解答的问题。既然"福尔班"级舰对"平远"的设计难说有什么影响,魏瀚为何迟迟在购建材的报告内对这款不相干的舰只极鼓吹之能事?在未见反映魏瀚当时心态的文献以前,仅能试图推测。对西方海军知识接近零点的上司炫耀学识不该带来反效果。多讲一事,报告也可以弄长些,反正整份报告本来就没有几句与建造那艘仿制舰有直接关系的话。从这角度去看,不难使人怀疑魏瀚在欧采购建材是否遇到不方便让上司知道的困难,故"致远"如何,"经远"如何,"福尔班"如何,东拉西凑,组成报告来了结公文手续。

讲来讲去,除"黄泉"级舰外就很难说还有哪款舰对"平远"的设计有过明显的影响。

这并不是说"平远"是"黄泉"级舰彻头彻尾的仿制品。排水量、马力、长度、储煤量、武器(特别是加上鱼雷发射管)都显著地增强了。这是应予正面评价的。可惜的是,这些进步性的更改却被一项盲从的决定抵消得差不多。那就是保持"黄泉"级舰舰身过短过宽的严重缺点。

"黄泉"级舰的长宽比例(L/B)为 4.53 和 4.80("地狱火河"和"冥河"两艘较长),舰身过短宽。凭其 1,600 匹马力的有限动力仍能达到 11.6—13 浬的时速,成绩应算不错。对用于沿岸防卫的炮舰而言,这是差强人意的速度。"平远"的情形则不同,要升格为必须讲求速高的巡洋舰。舰身确加长了些(比"黄泉"和"痛哭河"长 15.75 呎,比"地狱火河"和"冥河"长 4.25 呎),但宽度不减,长宽比例仍是教人觉得异常奇怪的 4.92[99]。

要知道这种长宽比例的极端程度,不妨看看北洋海军其他几艘巡洋舰的相应数据[100]。

	长度（呎）	宽度（呎）	长宽比例
超勇、扬威	210	32	6.56
济远	236	34	6.94
致远、靖远	250	38	6.58
经远、来远	270.34	39.34	6.87

"平远"的舰身既是如此短宽,要求它的速度合理想就只有在别的方面谋弥补。

然而"平远"过重。"黄泉"级舰以"地狱火河"和"冥河"的排水量最大,"平远"仅比它们长 4.25 呎,却较之重 383 吨,平均每加一呎增重 90.18 吨。以"平远"和"经远"、"来远"比较,也得到同样的结论。这两艘德制舰比"平远"长了 73.51 呎,宽度竟一样[101],而排水量比"平远"大了 750 吨,平均每多一呎仅增重 10.20 吨。"平远"之过重,十分明显。"平远"之所以过重,主因当在多用钢料。

---

99 《龙旗舰队》,页 237,已留意及此,但没有试图解释此现象出现的原因,仅说"何以如此,不得而知"。姜鸣用的长宽数字不同,故所得的长宽比例稍异。在该书修订本,页 260,这讨论并没有改变。

100 为求简化和统一,各舰的长度和宽度悉按 *Conway 1860-1905*, pp.396-397。

101 对"经远"、"来远"的排水量比"平远"重得多,舰身也比"平远"长得多,而"平远"的宽度却和此二德制舰相同,不少外国舰艇史专家在无法解释此怪现象之余,竟胡说"平远"为"经远"、"来远"的仿制品,因经费不足,把长度减了七十多呎,而宽度不变,遂弄成短宽得怪极的样子;见 Jane, p.86 ;V. Dahl, et al., "Chinese Ironclads during the Sino-Japanese War of 1895," p.70; JJM, p. 14.

钢料的素质同样是问题。该舰在 1888 年 1 月 29 日下水，1889 年 9 月 28 日试航，旋乘在沪入坞修理之便，清刮胶附舰底的苔衣蛎壳。刚试航，还未交收的新舰怎会出现这种情形？所用钢料的素质不问而知。

自此至"平远"舰正式归北洋所有，仅过了七个月左右（其间还包括返闽厂大规模修补，并不一定泡在水中［就算泡也是泡在河水而非海水］的好一段日子），李鸿章又抱怨该舰舰底的积聚物厚至影响速度[102]！崭新舰只的舰底竟经常是这状态，该舰所用钢料之劣不用强调。舰底之状态既如此，舰速不打折扣才怪。

舰的主机亦有问题。丁汝昌在上海勘查该舰时，舰的马力和闽厂呈报者符合。该舰数月后归北洋时（别忘记其间曾返闽厂修补一番），马力已自 2,400 匹降至 2,240 匹，速度随减[103]。主机素质不佳，或归北洋前维修工作做得差，或二者兼而有之，都可以是原因。

钢料劣、主机差，当然是采购建材工作没有做好的后遗症。对于这些严重的毛病，魏瀚责无旁贷。

怪异的长宽比例所产生的航行阻力，以及钢料和主机的种种毛病都令"平远"的航速大打折扣。这情形还要恶化下去。到甲午战争爆发时，"平远"的时速只有 6—7 浬（甚至连能否达到 6 浬都不无疑问），变成慢腾腾的快船[104]。

此外，"平远"尚有舰首干舷（freeboard）过低，不利外海及在恶劣天气下航行之弊[105]。

102　同注 75。

103　同注 75。

104　Jane, pp.86, 120.

105　古坂典久，《日本軍艦史，1. 明治編，（4）日清戦争終結まで》，《世界の艦船》，229 期（1976 年 7 月），頁 32；《日艦全史》，上册，頁 438，#1051、1052。

"平远"的诸多缺点可以统归一基本原因,就是选错了模型。这事可分两方面来说。

首先我们得明白"黄泉"级舰只是不起眼的三流舰只,并不是推展新科技之物[106],而且还得明白法人并没有视这级舰为设计成功的舰只[107]。贸然仿制外国尚未建造完毕,根本不知道建后情形如何的舰只,本来就是极愚昧的决策。

"黄泉"级舰背景简单。这款舰是"引信"级的改良型。"引信"级舰的耐航性不佳(这款舰的长宽比例为 5.07),只能在港内活动。"黄泉"级舰确有改良之处(长宽比例却反更糟),但仍非远涉外洋之物。假如闽厂拟造近海防卫,不求速高,不谋甲厚的舰只,只要敢放胆改良(如不合理的长宽比例)和吸纳别的舰式的优点,选"黄泉"级舰为部分依据未尝不是可行之法。

反过来说,仅在"黄泉"级舰过于短宽的舰身上增武器,添马力,厚护甲,便企图使之成为钢甲快船,则绝对犯了基本错误。况且从当时西方的造舰情形去看,四千吨是加护巡洋舰和装甲巡洋舰起码的排水量。"平远"在体积上就差了近半(作为巡洋舰的德制"经远"、"来远"和英制"致远"、"靖远"同样过小,更不用说较早订购的"超勇"、"扬威")。勉强为之,"平远"就成了有装甲巡洋

---

106 中国海军部编刊的官书《近代海军》竟说魏瀚等向裴荫森推荐作为仿造模型的三舰"都是新式,当时属于一流军舰"(页 391),实为凭空胡言。国人治中国海军史而缺乏世界海军史知识,却敢放言乱谈世界海军史事者,大不乏人。这怪现象可以此为例。另外,负责该书此章节连有关档案也未看清楚,便随意推衍其意。魏瀚等推荐同一款舰仿造三艘。如果把这事说成"这三艘军舰都是新式",就等于说三艘款式有别了。治海军史者须兼备有关时期的海军知识(特别是世界性的)和史学训练,道理就在此。

107 R. Podhorsky, "French Coast Defense Armored Ships," pp. 294-295.

舰之名而无其实之物[108]。

八、中日甲午战争中的"平远"舰

自"平远"拨归北洋至甲午战争爆发,有四年时间。在这段不长不短的日子里,"平远"的经历乏善可陈。但其在甲午战争诸海役中所扮演的角色虽看似等闲,却颇值得探讨。

这些海战中,和"平远"有关者仅两役,就是光绪二十年八月十八日的黄海海战(又名大东沟海战)和光绪二十年十二月杪(1895年1月中下旬)至二十一年正月二十三日(1895年2月17日)的威海卫保卫战。

此两战役过程复杂,本不易说得明白,幸近年出版的研究颇及细节,查检不难[109]。在这里析述此两役,就仅讲和"平远"舰有关的

---

108 从历史观念去看,不管"平远"作为巡洋舰是否名实相符,这称谓还是可以用的。注 42 所引 Richard Wright, "Peiyang and Nanyang Cruisers," pp.104-105,即列"平远"为巡洋舰。华鸣,《昨日黄花——中国巡洋舰》,《全球防卫杂志》,149 期(1997 年 1 月),页 76—77,以及许华,《近代史上的中国巡洋舰(上)》,《舰船知识》,237 期(1999 年 6 月),页 33—34,二文之列"平远"为巡洋舰却不能作如是观。此二君糊涂到连通报舰"广甲",以及鱼雷炮舰"广乙"和"广丙"都一股脑儿地视为巡洋舰,他们的话就作不得准。

109 除了以上注释已引用多次的《龙旗海军》(及其修订本)和《近代海军》有专章论述甲午战争诸海役外,足资参考者起码尚有戚其章,《中日甲午威海之战》(济南:山东人民出版社,1962 年),页 82—98;郑天杰、赵梅卿,《中日甲午海战与李鸿章》(台北:华欣文化事业中心,1979 年),页 11—86;孙克复、关捷,《甲午中日海战史》(哈尔滨:黑龙江人民出版社,1981 年),页 75—216;戚其章,《北洋舰队》(济南:山东人民出版社,1981 年),页 72—169;戚其章,《晚清海军兴衰史》(北京:人民出版社,1998 年),页 373—451。专题论文集和个别学报论文(转下页)

部分。

在黄海之战战场的中方舰只,可按参与战事的程度,分为三组:(一)睹敌来攻,即列阵出战者十艘。(二)海战差不多过了一半才出海接战者四艘(其中两艘为鱼雷艇)。(三)始终没有和日军接战者四艘(其中亦包括鱼雷艇两艘)。"平远"舰属第二组。丁汝昌该用多少艘舰去组织首阵,见仁见智,不必在此讨论。他为首阵选舰所用的尺度则需分辨清楚。

分析舰只性能的差异和特殊的政治背景,可望有助解答"平远"为何没有被选入首阵。

北洋海军以"定远"、"镇远"两铁甲舰,和"致远"、"靖远"、"致远"、"来远"四巡洋舰为主力。它们的必然中选不待费辞解释。丁汝昌添上"超勇"、"扬威"、"济远"、"广甲"四舰,合共十艘,组配以两舰为一对,分作五小单位的战阵。除了"济远"、"广甲"一对外,其他四单位都有两个共同特征——既是外购舰,又是姊妹舰。"济远"、"广甲"组成的一对,只有"济远"是外购舰,而"广甲"是闽厂的产品。这点或者不必强调。然而"济远"和"广甲"在设计和性能上大异其趣,则值得特别留意。两舰的异多同少下列简表可足说明[110]:

（接上页）尚不计算在内。中国学者有此成绩,理由很简单,因为日本海军留下详细,且依行规记述的纪录(按分论秒记录战程,并附以照片和详确的海战进展图,悉为显例)。若单凭中方那些间接的、片段的、偏颇的、护短的记述,上列的研究绝对做不出来。日本海军的软件素质(人材、训练、纪律等)分明比北洋海军优秀得多。

110 此处表列"济远"、"广甲"两舰之基本数据,求简明而不失准确,仅参据 *China War Vessels*, pp.14-15, 28-29, 49-50, 123; *Conway 1860-1905*, pp.396, 399;《廿七八年》,上册,页 255—256。"济远"则另添据 Richard Wright, "Peiyang and Nanyang Cruisers," pp. 99-100, 104; 及陈悦,《扭曲的利刃》,页 47 (《北洋舰船》,页 33—34)。

	济远	广甲
舰种	加护巡洋舰	通报舰
排水量	2,300 吨	1,300 吨
护甲厚度	水线护带（自水线下 3 呎至上甲板下 5 呎）厚 4 吋；前炮塔 14 吋钢垫 14 吋柚木；机房护甲 10 吋；炮盾 1.5 吋；司令塔 1.5 吋	无护甲（舰身为铁胁木壳）
马力	2,800 匹	1,600 匹
时速	14.2 浬	14.2 浬
武器	21 公分 /35 克房伯炮二门（双联，舰首） 15 公分 /35 克房伯炮一门（舰尾） 7.5 公分金陵制铜炮四门（备陆用） 47 公厘哈乞开斯单管三磅弹速射炮二门 37 公厘哈乞开斯单管一磅弹速射炮九门（其中或包括若干门五管一磅弹机关炮） 15 吋鱼雷发射管四个（一个固定在舰首水线下；三个在下甲板后端，其中一个固定在舰尾，两个分置左右舷）	15 公分克房伯炮一门（舰首） 12 公分克房伯炮四门 37 公厘哈乞开斯一磅弹速射炮二门（左右舷） 37 公厘哈乞开斯五管机关炮四门（左右舷两门，战盘两门）

"广甲"分明比"济远"小得多，弱得多。唯一的共同点就是初建时速度相若。但到了黄海之战时，这早成陈年旧事，两舰的速度都已慢下来。只要拿前列的"平远"舰数据来比对，就不难发现，倘一定要为"济远"找配搭，"平远"较"广甲"适合多了。

在以姊妹舰为组配基础的战阵里，加入没有姊妹舰的"济远"，本已教人有自坏原则之感。以"广甲"与之相配更是不易解释的安排。

在没有其他合用的外购舰的情形下，和"济远"配搭的只可能是国产舰。当时丁汝昌可选用的国产舰共三艘："平远"、"广甲"、"广丙"。三艘都是闽厂的制品。丁汝昌选了"广甲"。这不能不说是奇怪的选择，因为"广甲"在舰种等级、排水量、马力、装甲厚度、主炮口径、鱼雷装备各方面都比不上"平远"。剩下来的"广丙"虽比"广甲"还要小，倒不失为可以考虑的选择。它是艘原先速度较高（到甲午战争时，速度也大减了），而以速射炮和鱼雷为主要武器的鱼雷炮舰[111]。但它的姊妹舰"广乙"号刚在丰岛海战（1894 年 7 月 25 日）为日方所毁，丁汝昌胆子再大也不敢这样快就推"广丙"上阵。

丁汝昌既不能用"广丙"，"平远"就应是更明显的选择。他宁弃"平远"而选"广甲"的理由不见纪录，可能的解释有二：

（一）速度为选择的依据

甲午战争时期，中方各舰均较初建成时速度大减（维修差之故）。现正讨论的几艘的时速："济远"12.5 浬、"平远"6—7 浬、"广甲"10.5 浬、"广丙"10 浬[112]。"平远"速度之特慢会严重牵制"济远"的行动，故选用"广甲"。这解释并不见得很合理。整个战阵的行动决定于最慢的舰只的速度，而首阵中各舰最慢的是"超勇"、"扬威"（时速 6 浬[113]）。列阵后，北洋海军以 5—6 浬时速南驰迎敌[114]。这是整队不得不迁就最慢的单位的明证。倘"平远"果能达到 6—7 浬的时速，它尚比"超勇"、"扬威"快一点；以它为首

---

111 "广丙"（和其姊妹舰"广乙"）的基本数据：鱼雷炮舰；1,030 吨；铁胁木壳，甲板护甲 1 吋，司令塔 2 吋；2,400 匹马力；时速 16.5 浬（初建时）；单装 12 公分 /40 速射炮三门、单装 47 公厘三磅弹速射炮四门、单装 14 吋鱼雷发射管四个（均在水线上）。参据 WG, p. 96; JJM, p. 94; *Conway 1860-1905*, p. 399; Richard N.J. Wright, "After the Yalu: The Fu Ching and Other Chinese-Built Steam Warships of the 1890s," in Robert Gardiner, ed., *Warship 1989* (London: Conway Maritime Press, 1989), p. 197.

112 Jane, p.120.

113 Jane, p.120.

114 W. Laird-Clowes, "Naval Battle between China and Japan," in T.A. Brassey, ed., *The Naval Annual, 1895* (Portsmouth: J. Griffin and Company, 1895), p. 111.

阵的成员并不会影响整队的运作。再讲得清楚点,如果首阵中没有"超勇"、"扬威",当作别论。用"平远"或速度稍快的"广甲"去配"济远",对整队的速度并不会产生实质分别,而"平远"则显比"广甲"火力强。派遣"济远"上首阵本来就是有问题的抉择,以"广甲"配"济远"更显出北洋海军领导阶层素质之庸拙。失策之责不应由丁汝昌来独担,刘步蟾、林泰曾这两员高高在上的饭桶总兵亦该有责任。

(二)丁汝昌的奴才思想作祟

李鸿章既早宣布"平远"只配"归队操练,聊助声威,尚未可专任海战",陆军出身,在海军扶摇直上,却始终不肯认真学习海军事务的丁汝昌尽管明白李鸿章这番话说得过分,也不会有用行动去否决恩公的判断的胆量。况且"广甲"是老板胞兄李瀚章(1821—1899,时为两广总督)留下来的援助舰("广丙"虽然亦具备同样背景,但犯了姊妹舰刚被击毁之忌),不让它亮相,分享胜利(丁总不致一开始就准备打败仗吧),将来对恩公如何交代?

"平远"落选,而条件较差的"广甲"中选,这不合情理的安排,如果不分析丁汝昌的心态以及他和李鸿章间帮主与亲信的关系,恐怕不易找到合理的解释。

因为"平远"不是首阵的成员,它参战的时间遂相当有限。它的行动的重要性却与参战时间的长短无关。

那天1250,当中日两方舰队逼近时,"定远"首先发炮,黄海海战由是开始,自此至1740战斗结束,这场历时近五小时的海战可分为四个阶段。

1430,原先停泊在鸭绿江大东沟口外的"平远"、"广丙"二舰,及口内的"福龙"(120吨,1886年)和"左队一号"(简称"左一",90吨,1887年)两鱼雷艇赶到战场,加入战斗。那时中方已失二舰

（"超勇"沉没，"扬威"退出战场后在近岸搁浅），而历时一小时半的第二阶段的海战亦已过了一小时。战斗至此，中方的阵形基本上仍是开战时的老样子（采舰只左右排列的横阵），日方则在保持第一游击队（即先锋队）和本队两组互应运作的战术之余，已因采围攻中方之策兜了好些圈子。简言之，日方主动而活跃，中方被动兼挨打。"平远"诸后援舰艇的参战给这形势带来新变数。

1434，"平远"在2,200公尺的近距离，用舰首主炮击中日方旗舰"松岛"号（4,278吨，1892年）（见图26）的左舷。炮弹洞穿士官舱和中央鱼雷室，毙左舷鱼雷发射手三名，另伤五人，和爆破主炮部分机件[115]。

1510，"平远"的47公厘速射炮又击中"松岛"的左舷，鱼雷发射手一名因而受重伤[116]。在整场黄海海战中，"松岛"中弹十三发，舰员有三十五人当场被击毙，伤者七十八名[117]。中方这战绩虽称不上特别，但由主帅不选入首阵的"平远"舰占了这战绩不轻的比例，则应算够特别。

短短几分钟以后，"松岛"的姊妹舰"严岛"（见图27）号在1520及1530被"平远"连续击中两炮，因而死了四名舰员，伤了五人[118]。在整场海战中，"严岛"中弹八发，有十三名舰员被击毙，

---

115 川崎三郎，《日清戦史》（东京：博文馆，1897年），册3，页156；Baron Saneyoshi, ed., *The Surgical and Medical History of the Naval War between Japan and Chian*, Translated by S. Suzuki（Tokio: Tokio Printing Company, 1901），p. 6；《廿七八年》，上册，页197—198。

116 Saneyoshi, *Surgical and Medical History of the Naval War*, p. 6；《廿七八年》，上册，页199。

117 川崎三郎，《日清戦史》，册3，页295；Saneyoshi, *Surgical and Medical History of the Naval War*, p. 4；《廿七八年》，上册，页257。

118 Saneyoshi, *Surgical and Medical History of the Naval War*, pp.15-16；《廿七八年》，上册，页214—215。

另十八人受伤[119]；"平远"这战绩绝对称得上异常突出。

"平远"旋亦中弹起火，逼得于1616退出战圈[120]，驶向大东沟口外的大鹿岛，灭火抢修。半途参战的其他中方舰只均相继无功而退[121]。"平远"在黄海海战中参战时间之短，扮演角色之微，而有此骄人战绩，当教长期小觑"平远"与压抑李和的李鸿章及其奴才

---

119 川崎三郎，《日清战史》，册3，页295；Saneyoshi, *Surgical and Medical History of the Naval War*, p.4;《廿七八年》，上册，页257。

120 《廿七八年》，上册，页216。但《战史兵器辞典》，上册，页207，竟说出"平远"舰在黄海战役中"虽屡受巨弹，毫无损伤"，这种违反基本逻辑的话。

121 或谓"福龙"号鱼雷艇勇击日舰，使之陷入险象环生之境，虽未损日舰，亦当算是战功。此事其实是个大笑话。蔡廷幹（1861—1935，曾随容闳赴美留学）率领"福龙"号，于1505得到天赐的机会，在400公尺近距离向乘载日本海军军令部部长桦山资纪（1837—1922）观战的武装商船"西京丸"连续发射三枚鱼雷。在避无可避的情形下，桦山及舰上诸人均以为劫数难逃矣。岂料全部鱼雷均不中。国人的研究报告恒引此以为蔡氏及中国海军果敢之例。其实这种让千载难遇之机会自指间滑过之无稽事应视作显示：（一）北洋海军在真放洋、假留学的刘步蟾、林泰曾等饭桶将领领导和训练下，素质低劣至难以想象的程度。（二）蔡廷幹临阵极为慌张失措，丝毫不像训练有素的职业军人。然而在不知究竟的人眼中，蔡廷幹此次的表现却英雄之极，甚至让其凭此种化为美谈的丑事而成为珠海地区引以为荣的伟大人物；这种盲目的胡言，可以唐有淦，《蔡廷幹》，收入珠海市政协编，《珠海人物传》（广州：广东人民出版社，1992年），页163为例。又如王远明主编，《凤起伶仃洋——香山人物谱》（广州：广东人民出版社，2006年），页355—358，收入《蔡廷幹——学贯中西的民初儒将》一文，单从标题已可见乱捧一顿的程度了。今人论甲午海战之败，恒归咎于硬件装备之不如日本，或李鸿章之庸拙误国，或兼视二者为主因，实则海军将领不成材之坏事程度绝不亚于上举两因。至于"福龙"在短距连续向"西京丸"悉数发射所载的鱼雷，竟一枚过舰首，一枚沿右舷而逸，一枚在舰底潜水过去，这天大的笑话绝非偶然发生之事，而应归咎于人的因素，见 McGiffin, p.604; Edwyn Gray, *The Devil's Device: Robert Whitehead and the History of the Torpedo*（Annapolis: Naval Institute Press, 1991），p.149. 这类负多于正，且不见成绩的行动是不能列为战功的。

丁汝昌自愧于心。他们的行径所表现出来的,不外无知愚笨和狭隘的帮派心态。

黄海海战结束后,日方主队于 1740 向南撤退 [122]。随后发生一件既与"平远"舰有关,又对中方来说更殊具象征意义之事。但此事也有凭空捏造,根本并未发生过的可能。兹先从确有此事的角度去讲。

日方即将撤退时,中方因有"靖远"、"来远"、"平远"、"广丙"四艘原已脱队的舰只折返,遂配合"定远"、"镇远"组成一队,尾追日军数里(浬?),终因暮色冥冥,日人又无再战之意,始驰返旅顺 [123]。这个版本是否可信,不难判断。

"平远"等四舰折返战场不成问题,中方各舰艇结队驰回旅顺也是事实,但其中六舰在返航旅顺之前,曾抱再战之心,尾追日人是否真有其事则颇属可疑。理由很简单,破绽重重也。

那场近五小时的海战结束时,中日两方处境悬殊:(一)中方失五舰,日舰悉数俱在。(二)中方舰员伤亡惨重(沉毁诸舰,无

---

122 《廿七八年》,上册,页 219。

123 《李文忠公全集》,"奏稿",卷 79,叶 7 上至 9 下,《大东沟战状折》(光绪二十年九月初七日),并收入故宫博物院编,《清光绪朝中日交涉史料》(故宫博物院民国二十一年刊本),卷 21,叶 22 上至 23 下,题作《直隶总督李鸿章奏请优恤大东沟海军阵亡各员折》(光绪二十年九月初七日),就是现在所知的唯一直接文件。消息来源也够清楚,一定是丁汝昌、刘步蟾诸人所提供的。相信果有损失惨重,弹尽在即的一方,追赶战伤轻得多,且有足够弹药再战的另一方这般奇事的,就据其中"倭船多受重伤,复见(中方)诸船并集,即向西南一带飞驶遁去,我军尾追数里。敌船行驶极速,瞬息已远。然后收队,驶回旅顺"数语,释述为北洋海军威猛果敢之事例。孙克复、关捷,《甲午中日海战史》,页 137—138,就是这种立场的代表;彼等还把原文的"尾追数里"(上引两个版本均一样)演衍为"尾追敌舰十余里",企图借以显示北洋海军够英勇。这样单凭本身漏洞百出的史料,便如获至宝地大作文章,何异借故撰写小说!

几人生还），日方伤亡数字则低得多。（三）中方诸舰备弹严重不足，激战数小时后已近弹尽；日方有备而来，尚有足资再战的弹药。（四）中方尚存诸舰中弹累累（沉毁各艘的中弹数只可能更厉害），各日舰则中弹奇少，两方舰只仍有的战斗力应与此情形成正比例。（五）日方速度比中方快，这点始终没有改变。以上各端都是纪录清楚，无需争辩的。强说日方虽已退而中方还慢腾腾地在后面追，企图再战，是极度违反逻辑的说法[124]。

说到这里，真相其实已很清楚了。中方主要舰只（不算鱼雷艇、蚊子舰之属）出仗十二而仅七返，能回旅顺者又弹痕密布，弄些可稍补颜面的点子不能说无此必要。何况仅说尾追日舰，并无说交战，不必以谎言补谎言地罗织下去，与惯常空中楼阁般夸报战

---

[124] 专研究十九世纪末至二十世纪中叶传统海军炮战的英国海军史家艾华博认为，倘此仗日方坚持作战到底，会很易便把参加黄海海战的中方舰只悉数送进海底；见 Bernard Edwards, *Salvo!: Classic Naval Gun Actions* (London: Arms and Armour Press, 1995), p. 17. 这种见解实早已有之。甲午战甫结束，西方人士即有视日方没有利用机会尽灭北洋海军参役黄海诸舰为不可解。甲午战争期间的英国驻远东舰队总司令（开战后，欧美各国驻华舰队更推其为联合总司令）斐利曼特为当日世界级的海军战术家，以阵法见称于世，即持此说，以为黄海之战日方虽绝对赢了，却没有尽毁中方参战舰只为甚难理解；见 E.R. Fremantle, "Naval Aspects of the China-Japan War,"*Journal of the Royal United Service Institution*, 216（February. 1896），p.130. 当时在中国海关服务的意大利人武尔披齐（Zanoni Hind Volpicelli, 1856—1936）除亦持此说外，并以为倘日方减免三艘弱舰参战（"比叡"、"赤城"、"西京丸"），不必为保护它们而分神，则战事之一面倒形势当更强烈；见 Vladimir（即其笔名），*The China-Japan War*（New York: Charles Scribner's Sons, 1896），pp. 182-183. 只有被阿 Q 精神冲昏脑袋的国人才会说，日方最后借黄昏的苍暗天色狼狈逃窜；如田宏，《我国海岸线的东起点——鸭绿江口》，《海洋世界》，230 期（1996 年 9 月），页 4。

功相较已算是有分寸的了 [125]。

这样讲不是全凭常理断言。更重要的是,除了一张可容胡诌的奏章外 [126],并无支持中方确曾尾追日舰之说的证据。日方纪录全不提此事,并不可以说成是掩羞。整场海战大小事情都记述得清清楚楚了(中方纪录远远不到此层次),又何需避谈一件并不引致接触,说来并无损颜面的事?还有,参战而且后来发表战斗纪录的中方两洋员马吉芬和戴理尔也不提此事,而仅说战斗结束后,中方残存舰只辛辛苦苦地挨返旅顺 [127]。这事很重要。两人的报告的发表日期相去三十余年,而戴理尔视马吉芬为胡言乱语的神经汉,故对之颇有微言 [128]。假如马吉芬隐瞒尾追日舰之事,而仅说中方诸舰凄然返旅,戴理尔必会大骂他一顿。两人前后所说的话一致正足证明根本没有尾追日舰一事。

尾追日舰虽然是北洋海军高层将领杜撰出来的虚招,"平远"舰凭其在黄海海战中一实一虚的功劳,表现无疑在中方参战诸舰的平均水平之上。李鸿章集团长期用党同伐异的手法去对待它,怎样说也是不对的。

黄海海战后,李鸿章操保舰避战之策,不复与日人争夺黄海一

---

125 黄海海战后次日,李鸿章根据直接从战场返回旅顺的丁汝昌及海军总查德人汉纳根(Constantin von Hanneken, 1855—1925)之所言,向总理各国事务衙门报告,谓击毁日舰达三艘之多,便是阵前海军将领罔顾事实,胡乱夸报战绩,企图瞒天过海之例;见《李鸿章电稿》,册 2,页 1003,《寄译署》(光绪二十年八月十九日);页 1004,《寄译署》(光绪二十年八月十九日)。北洋海军战后交不出按分依秒记录战斗经过的报告,更不要说按战程各阶段分记双方个别舰只行动的地图(这些日方全都做到),却有胆量向上级胡凑战功。这支由丁汝昌、刘步蟾、林泰曾等窝囊将领训练和指挥的舰队能打赢仗才是违反逻辑之怪事。

126 即注 123 所引之李鸿章《大东沟战状折》。

127 McGiffin, p.601; *Pulling Strings*, p. 57.

128 *Pulling Strings*, pp. 44, 57-58.

带的制海权(按北洋海军硬件软件均同样状态可怜,这政策本身未必是不智之举,评断的关键当在如何解决整体战局的大问题),且旋命海军弃旅守威。

旅顺口窄,易为敌所堵塞(日俄战争时,日海军果沉轮以塞港口,困俄军舰只于港内),固原不应发展为军港,但既经营多年,且错上加错地让北洋海军的维修设备悉集中于此,变成到了危急关头没有代用军港的选择。

威海卫港口宽广,但维修设备极有限,弃旅守威之策遂使舰只难于修复黄海海战时所受之创伤。好像怕情形还不够糟似的,"镇远"舰在林泰曾指挥下驶进威海卫时,竟然触礁,致舰壳严重破裂多处而进水,须搁浅以免下沉。情形发展至此,移驻威海的舰只只有等待命运的安排。

待日军海陆围攻转剧时,"福龙"等十三艘鱼雷艇又集体逃亡[129]。港内本已成瓮中之鳖的北洋海军舰只由是更形孤立;日人陷威海之日,尽为其所掳。"平远"舰就是其中一艘[130]。

---

[129] 在这次集体逃逸中起领导作用者,正是在不少人眼中代表容闳携幼童赴美留学所造就的新精英的"福龙"号管带蔡廷幹;见《龙旗舰队》,页 380,及该书修订本,页 412;戚其章,《晚清海军兴衰史》,页 451—452。

[130] George Paloczi-Horvath, *From Moniter to Missile Boat: Coastal Defence Ships and Coastal Defence since 1860*(London: Conway Maritime Press, 1996),p. 52,谓"平远"易手后,日人加长其舰身至 60.95 公尺(200 呎,水线),宽度则减为 4.15 公尺(13 呎 6 吋),并注称资料来自 *Conway 1860-1905*, p. 220(舰归日本后),p.397(前属中国时),全是一派胡言。舰身加长 3 呎许,涉及的技术不致不能克服,还算可信。减削三分之二的宽度(原宽 40 呎)则属匪夷所思。试问原来的机器还能放回去吗?两舷的副炮还能用同样的口径吗?勉强极度缩窄舰的宽度,本已导致十分复杂的工程难题,且因而不能用原来的机器,重新建造一艘岂不更简易?其实 *Conway 1860-1905* 两处都说"平远"宽 40 呎,并没有说日人把它的宽度切去三分之二!此书记"平远"舰属中国所有时的长度用垂直线间长度(pp),记此舰归日海军后的长度用水线处长度(wl),前者比后者短是正常的现象,不能据两数字的分别便说日人把舰身加长了。

九、日俄战争和"平远"舰的终结

1903 年(明治三十六年)12 月,日廷鉴于日俄两国的关系因朝鲜和辽东半岛的利益冲突已恶化到非诉诸武力不可的地步,便解散原有的常备舰队,把舰只改编为下分三支舰队的联合舰队。其时定为一等炮舰的"平远"舰(舰长浅羽金三郎中佐,1860—1904)被编入归属第三舰队(司令片冈三郎中将,1853—1920)的第七战队(司令细谷资氏少将,1857—1944)。甲午战争时为日人夺去、那时定为海防舰的"济远"号(舰长但马惟孝中佐,1858—1904),亦属第七战队[131]。

联合舰队在 1904 年(明治三十七年)2 月 6 日自佐世保出发西赴黄海作战以前,第三舰队已负起巡逻朝鲜海峡以防俄驻海参崴舰队(主要是四艘巡洋舰)南下之责。其中以当时的实力包

---

[131] 日俄战争是自拿破仑战败至第一次世界大战爆发,这漫长的一段时间内最轰动世界,而作战纪录与研究报告又同样汗牛充栋的国际性战争。在这些山积的资料中,整理出角色相当轻微的"平远"舰的战迹并非易事。这里用者主要为三种异常详细的官方报导。但因这过程并不涉及本人的独立研究,为免注脚的无谓重复,除若干细节分别说明,或另添解释外,所用资料仅在此一并交代:(日本)海军军令部编纂,《明治三十七八年海战史》(东京:春阳堂,1909—1910 年),上册,页 28—39、137—138、198、213、245、247、250、275、282—284、292;中册,页 31、42—43、64、67—68、76—78、87—97;Historical Section of the Committee of Imperial Defence, Great Britain, *Official History*(*Naval and Military*)*of the Russo-Japanese War*(London: His Majesty's Stationery Office, 1912),Ⅱ, pp.522, 617, 776-777, 779, 786-787, 780; Julian S. Corbett, *Maritime Operations in the Russo-Japanese War, 1904-1905*(Annapolis: Naval Institute Press, 1994)(1914—1915 年间英海军部秘制这份排印出来厚千余页的机密报告。这是该书第一次以影印形式公开发售,弥足珍贵), Vol. 1, pp. 78, 88, 128, 142, 160, 166-167, 177, 187, 199, 208, 214-217, 244-247, 250, 253-258, 269-271, 281-282, 329, 354-357, 458-460, 526-530, 535; Vol. 2, pp. 45-48, 52-54. 56, 93-94.

括二等主力舰一艘、海防舰二艘、一等炮舰二艘、二等炮舰五艘、通报舰一艘,另附三队鱼雷艇队和两艘特务舰的第七战队负责朝鲜南岸海域(换言之,该战队完全没有日海军的主要战斗性舰只)。这是"平远"和"济远"归日人所有后第一次担负的作战性任务[132]。

3月1日,第七战队奉命北上朝鲜西北海岸的大同江口,掩护陆军登陆。那时日俄两国海军主力已在旅顺口接战多次,日海军且已开始采用商船冲往旅顺港口,然后自沉以困俄舰于港内之法。

自3月初至5月中旬,第七战队一直在朝鲜西北海岸作支援陆军的工作,范围渐由大同江口伸展至鸭绿江口一带。因为远至朝鲜南海岸仅由第七战队照料,舰只数目后虽稍增,兵力仍往往分布得很薄。幸俄国舰只不是远处海参崴无力南及,便是自困旅顺,不敢远出,不然"平远"等小舰必无法抵抗新近建造的大舰的攻击的。

至5月中旬,日海军虽曾多次企图用沉船闭塞旅顺港口,俄国舰只仍有进出的余位,而在辽东半岛登陆的日军已准备就绪,可以在旅顺以北金州等地发动进攻。在这情形之下,联合舰队总司令东乡平八郎惧蛰伏旅顺的俄舰会冒险突围,甚至与海参崴诸舰相应,遂命第七战队和其他数单位严防旅顺俄舰脱出,第七战队因而西驶。

5月26日,日海军封锁中国盛京省关东州南部沿岸,第七战队即为执行此任务的部分兵力。是日破晓,该战队的一等炮舰"筑紫"(1,350吨,1883年)号率领"平远"、二等炮舰"鸟海"

---

132 甲午战争期间日人夺去的中国海军舰只仅三艘因编入联合舰队,而得参加日俄战争。另外一艘为"镇远";它亦被编入第三舰队(第五战队)。此舰的战时活动与"平远"无关,不必在本文述及,仅在此略作交代。

（614 吨，1888 年）号，以及新增的二等炮舰"赤城"（"鸟海"的姊妹舰），和第一舰队的第一鱼雷艇队支持陆军向金州湾（今属辽宁省）发动攻击。

随后在日益频密的对陆支援行动中，"济远"、"平远"、"鸟海"、"赤城"，改装商船"香川丸"（613 吨，1903 年）和"爱媛丸"，以及第十二鱼雷艇队的第五十二号、第五十五号鱼雷艇（两艘均为三等鱼雷艇，53 吨，1900 年）在六月间组成济远支队，以渤海湾一带为主要活动范围，经常与陆上俄军炮台交战。

8 月 10 日，久困旅顺的俄国舰只冲出黄海，日海军以第一、三、五战队截杀。拼斗终日，俄方惨败，直教不能重返旅顺的俄舰恰似惊弓之鸟，有远遁至上海，甚至广州湾者。济远支队并没有参加这场激烈的黄海之战。

其后，济远支队仍在东渤海当支援和哨戒的工作。

9 月 18 日，"平远"舰在东渤海铁岛附近巡弋；傍晚强风骤雨，因而与济远支队其他舰只失去联络。"平远"旋即于 1945 在铁岛以西约一浬半处（38° 57′N., 120° 56′E.），右舷中央碰到俄军布下的水雷。几分钟后，全舰沉没；舰长及大部分舰员淹毙。

11 月 30 日，1440，"济远"亦在这一带中雷沉没（双岛以西，礁脉岛以东，38° 50′30″N., 123° 4′5″E.）[133]；舰长及三十七名舰员溺毙。

再过半年（1905 年 5 月 27 日）日俄战争的海军行动终以日海军于对马海峡歼灭远道东航的俄国波罗的海（Baltic Sea）舰队

---

133 这是 1986 年和 1988 年进行多次打捞，因而得确定的舰沉位置；见陈悦，《"济远"舰遗物打捞出水小记》，《北洋舰船》，页 43。前此张鸣，《"济远"号上的大炮》，《舰船知识》，65 期（1985 年 2 月），页 7，根据 1982 年 4 月进行的初步打捞定为 38° 56′N., 121° 04′E.。日人的纪录则作 38° 51′N., 121° 05′E.。

而结束。纵使那时"平远"和"济远"尚存,此等老旧小舰也不会有参加这种规模大、行动速的海战的份儿。

"平远"舰参加日俄战争的始末,也许说得过详了。除了叙述必须提供的轮廓外,把事情讲得具体而微可以揭示此事的反讽性;中国的国产舰("平远")和外购舰("济远")在太阳旗下在中国领域以及前藩属中国的境域与俄人争战,以致终结其生命,而在其作战过程中,又与昔日在甲午战争期间作殊死斗的敌对舰并肩行动。要找清季筹海失败的象征,这是何等强烈、何其讽刺的例子[134]。

十、结语

就舰论舰,"平远"不足持以御外侮(特别是洞悉内容的法人的侵略行动)。它是失败实验所产生的问题舰。实验所以失败,甚至可以说注定失败,主因有二:一是选错了模型,仿造得再好,也难免画犬求似虎。二是建造过程严重失控,从设计,到选建材,至实际施工,错误层出不穷。如果海军备舰只旨在绝外患,而不以戢内乱,巩地盘为满足,衡量的法则就只有一个,就是以当时世界列强对海军

---

[134] "平远"、"济远"二例尚不如"镇远"的情形之极端。甲午战争前,日人惧于北洋海军者唯"定远"、"镇远"两铁甲舰而已,故重金礼聘法国著名舰只工程师设计三艘专意克制"定远"、"镇远"的巡洋舰——"严岛"、"松岛"、"桥立"(合称三景舰)。事详见本书所收《中日甲午战争黄海海战新探一例》一文。"镇远"一例所以最极端,因为在联合舰队的编制里,"镇远"、"严岛"、"松岛"、"桥立"四舰就是第三舰队第五战队的全部成员。死敌变伙伴,四舰经常一致行动,相助互协!命运之神不可能和中国海军开更大的玩笑,而在国人研究清季海军为数不少的著述中尚未见有提及此事者。

舰只的要求为标准。用此准则去量度,"平远"只能评为画犬类犬。

国人论洋务运动,恒抱恨铁不立成钢的心态,期望有旋即令欧美惊叹的成绩,因而渴求尽速摆脱洋人的参手[135]。甲申中法战争后闽厂的发展便是这样子。破例有成虽非不可能,建造一开始就选择连推荐人也理解不足的舰只为模型的"平远"号怎也不可能达到这层次。

从闽厂的角度去看,"平远"的作用则大可不同。它代表新取向的尝试和技术关卡的突破(钢舰壳的制造,细部的设计,均可为例)。在闽厂发展的过程中,"平远"舰的建造无疑是提供迈进新境机会的里程碑。

职是之故,建造"平远"舰的真正意义并不在增添一艘可有可无,且不能否认其造得毛病重重的舰只,而是在改变闽厂的造舰

---

135 连洋人参与也不一定做得对。闽厂开创时负责技术事宜的法人日意格 (Prosper François Marie Giquel, 1835—1886)、德克碑(Paul-Alexandre Neveue d' Aiguebelle, 1831—1875)在任聘前虽曾服役法海军,却毫无造船建舰的经验;见 Steven A. Leibo, *Transferring Technology to China: Prosper Giquel and the Self-Strensthening Movement* (Berkeley: Institute of East Asian Studies, University of California, Berkeley, 1985), pp.6-74; David Pong, *Shen Pao-chen and China's Modernization*, p.110. 他们做起事来,态度再忠诚,除了摸着石子过河,边做边学地干外,也别无他法。李鸿章筹海之初倚重的海关总税务司英人赫德还更差劲,在未来华任职以前与海军事务全沾不上边;见 Stanley F. Wright, *Hart and the Chinese Customs* (Belfast: Wm. Mullan and Son, 1950), pp.159-178. 日本谋建海权之初,处处与中国经历同样的发展阶段。但日人有先确认何人为世界一流专家,然后重金礼聘的纪录;见注 134 所引并收入本书的《中日甲午战争黄海海战新探一例》一文。清廷从来不采这种实事求是,高瞻远望的态度。诸筹海大员认定凡是洋人便是专家(甚至万能专家),倘非从已在华的洋人小圈子内盲目拉夫,便候外国的失业者、冒险家、流浪汉前来敲门求职。基于这类前因后果,除被狭隘民族主义麻木了思维,甘以学术服务当前政治要求,而不谋突破国界思想的局限,和不视发掘真相为史家职责者外,谁都该认为北洋海军之甲午惨败是天经地义的结果。

方针（首次由国人选定一款外舰为模型）和提高造舰技术的层次。这就是说，"平远"虽是艘自重迭的错误中制造出来的舰只，它的建造仍可给筹海事业带来新契机。倘执事者（负领导之责的大员和担当实际建造工程的技术人员）理会单靠热情之不足与孤陋寡闻知识之不可靠，明白通过主观途径和狭窄范围去选择舰式之愚笨，以及图走捷径之不应鼓励，此次的失败当别具深远的正面意义。倘不汲取这次的教训，再接再厉，更求新境，便等于闽厂大耗资源（包括闽厂与李鸿章穷争力辩所消耗的政治资源），而仅获得一艘平平无奇的"平远"舰。证诸自甲午战争结束至辛亥鼎革闽厂每况愈下的造舰成绩，"平远"的建造果真成了昂贵的、艰苦的而没有带来长远正面效应的失败实验。

尽管"平远"的建造曾一度给筹海事业带来新契机，倘要善用这类机会，关键实非系于一厂而已。清季筹海虽分区进行，各有掌持者，但这并不改变李鸿章统筹全局的事实。既然权责分合并存，而李鸿章则掌北洋复兼摄全局，利益冲突，十分明显。北洋与其他沿海区域之间如何分配资源，如何定缓急，不仅是李鸿章应思索过的问题，还该是他严加自律之处。然而李鸿章是斤斤计较的政客，不是心胸宽广的政治家，希望他具备国先帮后，甚至不惜毁帮以求兴国的襟怀，是不切实际的憧憬。李鸿章何止没有这样的襟怀，他还利用统筹全国海防并不是明文的职责所赋予的含糊和方便，惯常性地施展党同伐异的招数。"平远"一例正代表这种情形。闽厂一经提议仿制钢甲快舰，李鸿章便竭力反对，尽法阻挠。他的破坏不仅增加闽厂进行此计划的困难，更严重的结果是使闽厂在建造过程中难征求厂外的意见。

遇到相反的情形又如何？尽管李鸿章不断替自己制造舰只专家的假象，他始终只是通过经验和间接知识稍懂皮毛而已（已比其他筹海强臣胜一筹了）。凭他和他的顾问（如赫德）丁点儿的海军知识,订得不合用的舰只绝非意料外之事。几近废物的蚊子船,他不仅一再订购,还直接间接或安排,或鼓励沿海其他区域购买和仿制,到他醒觉时全国已置备了十多艘,便是显例。问题在他醒悟前,谁也不能说服他,更没有阻扰他的本领。这种权力就是真理的局面陷全国筹海事业于极不均衡之境,使不属北洋系统的筹海单位(如闽厂)蒙受极不公平的待遇。

"平远"一例的显示作用尚不止此。从"平远"归北洋好一段日子后,李鸿章仍对之相当鄙视这事实,不难看出李鸿章对维护面子、保持权威地位的固执程度和不顾大局的自私程度。影响所及,唯帮主意旨是从的丁汝昌也就在部署黄海海战时安排"平远"极次要的任务。

说句公道话,"平远"的性能虽有明显的局限,其实质表现还有人的因素在。"平远"舰在甲午战争和日俄战争的表现总算中规中矩。如果裴荫森不是因为虽具热忱,却乏专识,以致得赖未窥西学堂奥的留学生,"平远"舰应可以造得好些。

总而言之,清季负责筹海之士最普遍、最严重的缺点就是海军知识贫乏。假如上焉者如李鸿章、中焉者如裴荫森、下焉者如魏瀚均对西方海军信息的掌握,对海军运作的理解,直追许景澄的层次,清季筹海的总成绩绝不会是这样子的[136]。

---

136 王家俭,《李鸿章的海军知识与海权思想》,收入台湾师范大学历史研究所、历史学系编,《甲午战争一百周年纪念学术研讨会论文集》(台北:台湾师范大学历史研究所、历史学系,1995 年),结论之一为"比较同时的朝野大吏,他(李鸿章)的海军知识却无人能企及"(页 319)。这样讲绝对错。论海军知识的水准,许景澄和李鸿章之间无异天渊之别。李不懂任何洋文,根本无直接获得海军知识的可能。许通多种欧文(他的法文就写得不错),且勤于动手动脚找新资料。当时朝野人士有本领写得出像《外国师船图表》这样高水平的书者仅许景澄一人。许李二人海军知识之判若云泥理所当然。

清季筹海,成绩平平,原因甚多。通过"平远"舰史事的考察,不少这些原因都可以找到分析的例子。

——《岭南学报》,新 2 期(2000 年 10 月)

中日甲午战争黄海海战新探一例

——法人白劳易与日本海军三景舰的建造

一、序幕

1886 年(光绪十二年,明治十九年)8 月初,丁汝昌(见图 2)奉命率领甫自德建成来华的"定远"、"镇远"(见图 10)、"济远"三舰和原先已有的"威远"(1,268 吨,1877 年)[1]、"超勇"、"扬威"赴朝鲜沿岸巡防,并远至海参崴。回程时,"定远"、"镇远"、"济远"、"威远"四舰驶往长崎入坞(8 月 9 日到达),因而导发史称"长崎兵捕互斗案"的意外事件[2]。

且不说漫长的谈判使"定远"诸舰羁留长崎港,让日人评头品足,事件苟不发生,危害还要更甚。舰只进入外国船坞维修,一切明露,连舰底都展示出来,还有什么秘密可言! 除非是极友善、经常互通军秘的国家(如十九世纪末期以来的英美,即远超过一般军事结盟的程度),此类事之应尽量避免,不待细表。倘遇两国关系

---

1 "威远"为福州船政局所造的第二十号舰船,其基本数据见沈传经,页 340；《舰艇工业史料》,页 930—931；《船政造船表》,页 492—494。

2 讨论此事最详尽者,当推王家俭,《中日长崎事件之交涉(一八八六～一八八七)》,《历史学报》(台湾师大),5 期(1977 年 4 月),页 335—378；修订本见氏著《海军史论集》,页 147—198。

欠和（中日两国早因朝鲜、琉球、台湾问题发生过冲突），即使动干戈的可能不过百之一二，更不容如此轻举莽动。西方海军宁可沉舰，也不能泄密之例，史不绝书，便是这原因。哪有自动把崭新的主要舰只送去关系紧张的国家的船坞，让对方细验的道理？丁汝昌及其倚重的副手刘步蟾（见图 5）、林泰曾不致故意通敌，但彼等愚笨误国之失是不必代辩的。

如谓往长崎入坞令出李鸿章（见图 1），诸将不过遵命行事，亦不能为彼等洗脱罪名。北洋海军仅是李鸿章日理万机的一部分，军中日常运行不可能事事待决于他。何舰该何时入坞，何坞适合何舰，这类周期性、技术性的事尽管需李鸿章作最后决定，原先的要求必发自军中。就算长崎入坞的构思果原出李鸿章（或谓旨在炫耀，期收吓阻之效，但访问港湾不过让民众观看，进坞却是给专家细验，性质根本不同），丁汝昌等亦绝对有直陈利害、据理力争的责任。现在看来，长崎入坞仅是如果不发生殴斗意外，就以为是几乎不值一提之事。决往长崎前，未闻将领之间有辩论，未闻诸将与李鸿章之间有争议。彼等之缄默，有两个解释：（一）北洋海军将领不明白此举之危害性。（二）诸将虽明白此举之不应为，为了自己前途，谁也不愿逆李鸿章意。不论实情如何，此事显示主国者和治军者同样缺乏当此等职位所必须具备的胆识和本事。

对早以征朝征清为兴国途径，并采扩展海军去实施此方策的日本来说，长崎事件无异是天赐的宣传良机。只要国民留意中国拥有两艘新的铁甲巨舰和同意日海军并无力足一拼的舰只，增添新舰和推售海军公债的计划便易于进行。

"定远"、"镇远"两铁甲舰建造得慢，建成后又延期来华，早给日人充裕的时间去谋求应付之策。到了 1886 年夏，经过几次建舰和筹款方案的争议，日海军已领到建舰专款。"定远"等四舰就在这段时间开抵长崎，且又闹出事件，岂非送给日本大肆宣传的机会和谋建特种舰只的借口!

纵使"定远"诸舰不去长崎,日人也早已打算建造专为对付"定远"、"镇远"的舰只,因为连那时日本最强的舰只"扶桑"、"金刚"、"比叡"都无法用主炮射穿"定远"、"镇远"的护甲。这是日人不能容忍的威胁。

二、白劳易应聘赴日及其初建诸舰

1877—1879 年间(明治十至十二年),日本海军省的横须贺造船所先后派遣三批生徒,凡六人,去法国修习造舰课程,老师之中以当时为造舰官的白劳易(Louis-Émile Bertin, 1840—1924,见图 28)最受他们的爱戴[3]。正当盛年的白劳易是继承法国造舰泰斗龙美(Stanislas-Charles-Henri Dupuy de Lôme, 1816—1885)的后起之秀[4],以通风、防火、锅炉诸学独步于时。留学生返日后为老师宣传一番,终使海军卿川村纯义(1836—1904)觉得白劳易就是替他们

---

3 Bertin 一生与中国无直接往还,故自订汉名、惯用汉名俱无,而日人又没有用汉字命名洋人之习,仅采片假名逐音注出。他们把 Bertin 之全名写为ルイ・エミール・ベルタン。洋名汉翻,逐音注出,中加小圆点以区别字数之法殊不可取(这是中文和化之恶果)。按此法去弄,Bertin 就会变成路易・埃妙・贝坦。佶屈聱牙之外,还因不能如日文之片假名、平假名截然分开而可以产生不必要的句读问题。解决起来,除名从主人(自订汉名)和约定俗成(惯用汉名)外,译名应尽可能安排得像个中国姓名。若能姓名兼顾,自然更好。白劳易和随后的龙美之译名都是按此准则而取的。

4 关于龙美的生卒年及其在法国造舰史上的地位,见 C. François, "A la mémoire de Dupuy de Lôme," *Revue maritime*, 221(Juillet 1937), pp. 1-32; René Estienne, "Dupuy de Lôme et le Napoléon," *Marine et technique*, pp. 201-257.

建造"定远"、"镇远"煞星的最佳人选[5]。1885 年(明治十八年)8 月 26 日,身为萨摩藩派海军龙头老大的川村纯义向太政大臣三条实美(1837—1891)提出高薪聘请白劳易的建议[6]。随即获准。

10 月 2 日,法国海军部收到日本政府以聘请一般外国专家高出二十倍的厚薪,并用海军省顾问、海军工厂总监督官、舰政本部特任少将等头衔礼聘白劳易往日本工作三年的要求[7],立刻批准。聘书虽列明任务多项,但日人期望于白劳易,而其本人亦明白者,则为建造足以克制"定远"、"镇远"的舰只。白劳易对此工作十分兴奋,于 1886 年 2 月 2 日率妻子和三个孩子抵横须贺,一直工作了四年(包括续约一年),至 1890 年 2 月才返法国[8]。白劳易除携

---

5 松下芳男,《近代日本軍人傳》(东京:柏书房,1976 年),页 56—58,有这个日本海军始创人物的简传。

6 事前日人必先征求白劳易的同意。Jiro Itani, Hans Lengerer, and Tomoko Rehm-Takahara, "Sankeikan: Japan's Coast Defence Ships of the Matsushima Class," in Robert Gardiner, ed., *Warship 1990* (London: Conway Maritime Press, 1990), p. 37, 谓海军次长桦山资纪游欧美时已先办妥此事。但桦山之子所写其父的传记却说欧美之行是 1887 年 9 月至 1888 年 12 月之事,那时白劳易已抵日多时了,而且派桦山出洋考察的又是自 1885 年 12 月 22 日接替川村纯义,头衔且由海军卿改为海军大臣的西乡从道(1843—1902),见桦山爱辅(?—1953),《父樺山資紀》(东京:大空社,1988 年),页 79—81(据 1954 年影印之稿本)。虽然事先必有人游说白劳易,但此人不会是桦山资纪。Jiro Itani 文虽有此小误,对探讨三景舰而言,这是目前最详细的研究报告。本文依据此文之处,除若干点特别声明外,余不逐一注出。

7 白劳易诸头衔见横须贺海军工厂编,《橫須賀海軍船廠史》(横须贺:横须贺海军工厂,1915 年),中册,页 190、374。

8 Captaine Togari(户苅隆治), *Louis-Émile Bertin: Son rôle dans la création de la Marine japonaise* (Paris: Librairie du Recueil Sirey, 1935), pp. 17-19. 此书为查检白劳易生平最简单的参考资料。关于白劳易在日期间的活动,另可看 John Curtis Perry, "Great Britain and the Imperial Japanese Navy, 1858-1905" (Unpublished Ph.D. dissertation, Harvard University, 1961), pp. 146-148.

带的助手外 [9]，主要是和曾往法留学的日本技师（包括他在法国教过的学生）合作。四年间，白劳易替日海军设计了六艘舰只，其中专为击毁"定远"、"镇远"而筹策的三艘就是合称为三景舰的"严岛"（见图 27）、"松岛"（见图 26）、"桥立"（见图 29）[10]。

白劳易离日后，北洋海军再度赴日，细节尽管与别不同，性质则恰似历史重演。

1891 年（光绪十七年、明治二十四年）初夏，北洋海军成立三年，李鸿章按章程作历时十八日的首次检阅。这正是李鸿章筹海有成，踌躇满志的时候。检阅后不出一个月，他便派丁汝昌率"定远"、"镇远"、"致远"、"靖远"、"经远"、"来远"六艘代表北洋海军实力的舰只访日。日人又是朝野惊愕，并把应邀来访说成是蓄意前来示威。此事中国纪录只有轻描淡写的几句和睦邻邦的官样文章；连近人编著海军史也往往只字不提。日人却屡次把它渲染成逼使彼等建造三景舰的原因 [11]。其实那时"严岛"已建成，"松岛"、"桥立"也已下水。到那时候仍强调"定远"、"镇远"的威胁性以及日海军之无舰以对自然是狡诡之尤，暴露专意扩军者不会错过任何机会去刺激群众的本质。最可怜者还是北洋海军领导阶层既不知日海军的进展实况，又不明白日人的民族性和心态，遂一再地奉送对手加速添舰的借口。

白劳易的旅日服务期适在北洋海军两度赴日之间。其间与白劳易有关诸变化往往举足轻重，中文报导则鲜有所闻。下面试用

9　白劳易两名助手姓名的日文音译，见《横须贺海军船廠史》，下册，页 121。

10　三舰取名于日本三个著名风景区，故称三景舰。严岛为广岛县佐伯郡濑户内海中之近岸小岛。松岛为宫城县宫城郡太平洋岸边之渔商业町。桥立为石川县江沼郡之旧町名（现为加贺市的一部分）。

11　如平田晋策，《われ等の海戦史》（东京：大日本雄辩讲谈社，1935 年），页 50；池田清，《日本の海軍》（东京：至诚堂，1966 年），页 100—101。

白劳易替日人设计的舰只为中心,去做补遗存案的工作。

在未设计三景舰以前,白劳易先替日人建造两艘钢壳无加护装设巡洋舰(steel-hulled unprotected cruisers)"高雄"号和"八重山"号。因为"八重山"速度颇高,日人定之为通报舰[12]。两舰的要目如下[13]:

	高雄	八重山
安龙骨	1886 年 10 月 30 日	1887 年 6 月 7 日
下水	1888 年 10 月 15 日	1889 年 3 月 17 日
建成	1889 年 11 月 16 日	1892 年 3 月
建造厂	横须贺造船所	
排水量	1,750 吨	1,584 吨
长宽吃水	96.9(垂直线间)×10.5×4.06(平均)公尺	70.4(水线)×10.5×4 公尺
马力	2,330 匹(双轴)	5,630 匹(双轴)
最高时速	15 浬	20.75 浬
续航力	3,000 浬 / 时速 10 浬	5,000 浬 / 时速 10 浬
备煤	300 吨	350 吨

---

12 日本工学会,《明治工业史——造船篇》,修订本(东京:启明会,1931 年),页 51—52;永村清(1878—?),《造艦回想》(东京:出版协同社,1957 年),页 171—172。

13 "高雄"和"八重山"的要目,见造船协会,《日本近世造船史》(东京:弘道馆,1911 年),页 352—358、371—374;《横须贺海军船廠史》,中册,页 358、376,下册,页 22、34、52、85;WG, pp. 94, 425; JJM, p. 93; *Conway 1860-1905*, pp. 233-234; 日本工学会,《明治工业史——火兵·鐵鋼篇》(东京:启明会,1929 年),页 139,所列"高雄"的辅助炮械颇不同(该表不收"八重山")。

续表

	高雄	八重山
武器	150公厘/25克虏伯速射炮四门（舷台） 120公厘/25克虏伯速射炮一门（舰尾） 80公厘努登飞六磅弹速射炮一门（舰首楼 [forecastle]） 25公厘努登飞四管机关炮二门 457公厘（18吋）鱼雷发射管二个（水线上）	120公厘/35克虏伯速射炮三门（舷台和舰尾） 47公厘哈乞开斯三磅弹速射炮8门 457公厘鱼雷发射管二个（水线上）

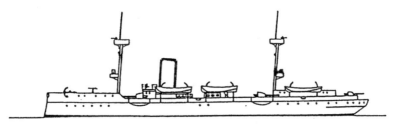

"高雄"舰型线图

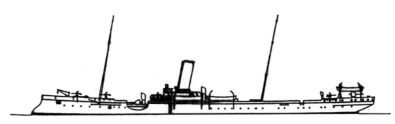

"八重山"舰型线图

　　"高雄"是日本自制的第一艘钢壳军舰。此两舰把主炮放在舷台是法式巡洋舰的格式。它们之以速射炮为主要武器（甚至连主炮也不用口径较大的）和把护甲的需要看得很轻，跟日本一般新置的巡洋舰配合得很有规律。

三、三景舰及其主炮的特征

和日本技师合作建造"高雄"、"八重山"两舰后,白劳易便集中精神去设计一组力足击毁"定远"、"镇远"的舰只。

建舰经费的紧缩大大局限了白劳易的设计自由。他建议选用法国第一艘加护巡洋舰,同时也是他设计的"施佛克施"(Sfax)号作为舰体结构的模型[14],去制造三艘排水量仅稍过四千吨的钢壳二等巡洋舰。这些舰只的防御措施减低,而务求在火力及速度上胜过"定远"和"镇远"。此三舰首两艘在法国订造,最后一艘则舰身全用本地工料在日本建造("高雄"和"八重山"都用法国运来的组件合拢)[15]。关于三舰要目的资料,还算齐备,可以表列如下[16]:

	严岛	松岛	桥立
舰种	加护巡洋舰(日人称之为海防舰)		
安龙骨	1888 年 1 月 7 日	1888 年 2 月 17 日	1888 年 8 月 6 日

---

[14] "施佛克施"号与三景舰的关系,白劳易自己有解释,见 L. E. Bertin, *Évolution de la puissance defensive des navires de guerre* (Paris: Berger-Levrault & Cie, 1907), pp. 37-38. 至于"施佛克施"号的要目,则见 Philip Hichborn, *Report on European Dock-Yards* (Washington: Government Printing Office, 1886), pp. 30-31(附详细型线图两张,可与本文所附的三景舰型线图比较);*Conway 1860-1905*, p. 308.

[15] Theodore Ropp, *The Development of a Modern Navy: French Naval Policy, 1871-1904*, Edited by Stephen S. Roberts (Annapolis: Naval Institute Press, 1987), p. 71.

[16] 三景舰的要目,除 Jiro Itani 文外,主要参据造船协会,《日本近世造船史》,页 355—358; Hovgaard, pp. 186-187; WG, pp. 95-96; JJM, pp. 96-97; *Conway 1860-1905*, p. 227; 海军编集委员会,《海军》,第九卷:《驱逐舰、海防舰、水雷艇、哨戒艇》(东京:诚文图书株式会社,1981 年),页 217—219。

续表

	严岛	松岛	桥立
下水	1889 年 7 月 18 日	1890 年 1 月 22 日	1891 年 3 月 24 日
建成	1891 年 9 月 3 日	1892 年 4 月 5 日	1894 年 6 月 26 日
建造厂	地中海铁工及造船厂（Société des Forges et Chantiers de la Mediterranée, La Seyne）		横须贺造船所
排水量	4,278 吨		
长宽吃水	90.68 垂直线间（99 总长）×15.39 ×6.04 平均（6.74 最大）公尺		
护甲厚度	司令塔 100 公厘；炮塔 305 公厘；炮盾 102 公厘；防护甲板（三夹钢板）平面 40 公厘，斜面 30 公厘		
马力	5,400 匹（双轴）		
时速	16.5 浬		
续航力	6,000 浬 / 时速 10 浬		
备煤	680 吨		
武器	32 公分（12.6 吋）/38 贾纳（Canet）炮一门（备弹 60 发） 120 公厘 /40 阿摩士庄速射炮十一门（严岛、桥立）或十二门（松岛）（每炮备弹 100 发） 47 公厘哈乞开斯速射炮五门（严岛）或六门（松岛、桥立）（每炮备弹 400 发） 37 公厘哈乞开斯五管机关炮十二门（严岛、桥立）或十一门（松岛）（每炮备弹 1,500 发） 356 公厘〔14 吋〕克虏伯鱼雷发射管四个（各舰备刷次考甫〔Schwartzkopt〕88 型鱼雷二十枚）		
探射灯	四盏		

这些舰只虽有不少速射炮和机关炮，舰的主要功能其实仅在为一门超型主炮提供一个速度不算低的机动浮台。削足适履，在所难免。从设计者的立场去看，这是不易完成的任务。

选择这门主炮非易事。白劳易认为"定远"、"镇远"的主炮既是 30.5 公分（12 吋）/25 的德制克虏伯炮，选用者就应有更大的口径和身倍。他选取承造"严岛"、"松岛"两舰造船厂的附属炮厂所制，依其炮械总监贾纳（Gustave Canet, 1846—1908）

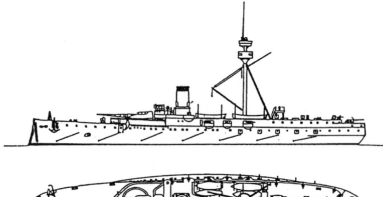

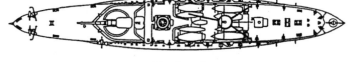

"严岛"舰型线图

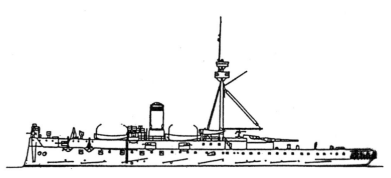

"松岛"舰型线图

命名的一系列火炮中之 32 公分炮。该系列虽然还有更大口径者，但生产至那时者以此口径为最大[17]。制此三炮则委托沙隆（Chalon-sur-Saone）的施耐德厂（Schneider & Cie）按贾纳的定规去造

---

17 Ropp, *Development of a Modern Navy*, pp. 67-68; W. H. H. Southerland, "Notes on Ordnance and Armor," *Information from Abroad*（*General Information Series*），9（June 1890），pp. 83-84.

（炮之内管英制，五层外管法制）。从性能去看，这种炮的确威力惊人[18]：

口径	32 公分（12.6 吋）
身倍	38（按来福线长 12.16 公尺计）
炮身重量	65.7 吨
尾栓	间断螺旋式
来福线	90 条，深 1.6 公厘
仰角	10 度
俯角	－4 度
旋回角度	285 度
穿甲弹	重 450 公斤（炸药 10.17 公斤），长 112 公分（身倍 3.5）
通常弹	重 350 公斤
抛射火药	慢燃褐色六棱火药，常装药 220 公斤，弱装药 160 公斤
初速	穿甲弹 650 公尺／秒、通常弹 610 公尺／秒
炮口能量	9,690 公尺／吨
穿彻熟铁力	炮口 1,111 公厘、8,000 公尺 334 公厘
有效射程	8,000 公尺
最大射程	12,000 公尺

此炮的威力远超过"定远"、"镇远"所用的 30.5 公分 /25 克虏伯炮——炮重 31.5 吨；来福线 72 条，深 2 公厘；穿甲弹和通常

---

18 三景舰所用主炮的要目，除上注所引 Southerland 之外，见 Orde Browne, "Armour and Ordnance,"*Naval Annual 1895*（1895），pp. 319-322, 345; A. Ledieu et Ernest Cadiat, *Le nouveau materiel naval*（Paris: Dunrod, 1889），Vol. 2, p. 184; James Dredge, *Modern French Artillery: The St. Chamond, De Bange, Canet, and Hotchkiss Systems*（London: Office of Engineering, 1892），p. 291; 黛治夫，《海軍砲戰史談》（东京：原书房，1972 年），页 89—94；黛治夫，《艦砲射擊の歷史》（东京：原书房，1977 年），页 78；Jiro Itani 文，p. 42.

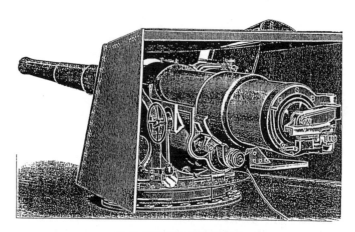

32 公分贾纳炮的舰面部分

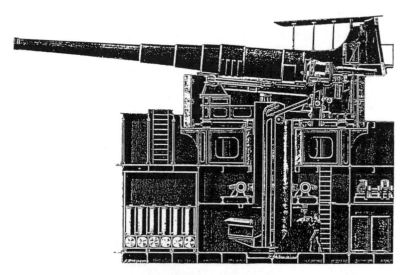

32 公分贾纳炮的输弹系统

（从舰员和炮的大小比例可知炮的庞大程度）

弹均重 329 公斤；抛射火药 91.99 公斤；初速 500 公尺 / 秒；炮口能量 4,192 公尺 / 吨；炮口穿彻熟铁力 520.7 公厘 [19]。

日人在不同的讨论阶段时，本来还要用口径虽仍为 32 公分，火力却更强，运作亦较易的款式——身倍 42；仰角 30 度；穿甲弹重 540 公斤；初速 700 公尺 / 秒；炮口能量 11,250 公尺 / 吨等等。虽然最后选定的款式（即上表所示者）没有这样极端，立场还是基于一大误解。

这种炮比"定远"、"镇远"所用者威猛，这点不成问题。当时各国海军的主要铁甲舰还很少用这样大口径的主炮（三景舰为较正规铁甲舰差了一截的巡洋舰），这点同样不成问题。忽略的是，一般的铁甲舰不会只有孤伶伶的一门主炮，火力就不能单按一门来计算。以"定远"、"镇远"而言，四门主炮分成两对。四门均及的射界（arc of firing）很有限（或者根本没有），可以不论。但一炮能射及者，在一般情形之下，当亦在旁边一炮的射界之内。倘每艘三景舰仅有一门单座的 32 公分贾纳炮，它的威力就应和两门双联的 30.5 公分克虏伯炮的总威力比较，才合实情。不然，单一门较大较长的贾纳炮就仅占了射程较远的便宜（当时的日海军并不喜用远程射击）。稍过四千吨的舰只既难装上双联的 32 公分巨炮，日方的论调就不无自我陶醉的意味。

这门费尽思量去选定的主炮能否发挥其预期的功效有赖于舰只设计的相应。三景舰的外型和构造均异常，得先说明，然后才易讲清楚炮的装置和舰的设计之关系。

白劳易虽然是鼎鼎大名的英国舰只工程师槐德（William Henry

---

19 "定远"级舰所用主炮的要目仅举几项易与三景舰所用主炮比较者，倘欲追究这种德制炮的其他性能，可查看 Mach, p. 15; 上注引 Orde Browne 文，p. 347.

White, 1845—1913）的学生 [20]，他设计的三景舰采的却是地道的法式外型：线条明显的舰壳内倾、副炮和辅助炮械分置两舷、舷窗（scuttle）又大又方、近水线处设吊杆以备张挂防鱼雷网。决定于主炮体积和位置的舰面部置却有别于同等吨位的法国舰只（即使作为其舰体模型的"施佛克施"号也和它有很大的分别）。这些都使三景舰的外貌与众不同。至于舰首配长度相当的冲角，今人或以为异，当时却是各国海军对较大舰只的共同要求，不必视为特征。

这些舰只之所以被称为加护巡洋舰，因为它们的主要御弹设备为覆盖舰身的防护甲板。此甲板与上甲板（舰面）之间的四公尺空间用隔壁（bulkhead）分隔为数目相当的防水舱（煤即存放于此，以收御弹之效）。沿整个舰身的长度还有分为无数隔间的复壳带，内填遇水膨胀的麦稿纤维。这是法人的间接御弹法，与英人所采增加护甲厚度的直接御弹法不同。就三景舰而言，此法可御从长距离射来的 12 公分（4.7 吋）以下口径炮弹。换言之，这并不是很有效的御弹法。

上面说过，三景舰采用最为法制舰特色的舰壳内倾（"桥立"的中段尤为明显）。因为这三舰仅各得主炮一门，又不是中央炮台型的舰只，没有利用舰壳内倾去把主炮横伸出舷边以求可以直射（end-on firing）的必要，所以采此法是为了减低舰壳上段的重量，

---

20 槐德（汉名从曾纪泽所用者）和白劳易的师生关系，见 Frederic Manning, *The Life of Sir William White*（London: John Murray, 1923），pp. 102-103. 槐德声誉崇高，有人推之为世界造舰史上最杰出的舰只工程师之一，见 D. K. Brown, *A Century of Naval Construction: The History of the Royal Corps of Naval Constructors*（London: Conway Maritime Press, 1983），p. 52. 在黄海海战中，槐德扮演既殊荣又尴尬的角色，因为日方的"浪速"、"高千穗"和中方的"致远"、"经远"四艘巡洋舰都是他设计的。这正是以子之矛攻子之盾的异数。

助增速度,和增加外海航行的平稳。然而得不偿失,转向时会令舰身极度倾斜,这点下文再说。

　　因为舰面给主炮占去不少位置,反觉得布置简单。主炮和舷边炮械外,主要的舰面设备就是司令塔、三脚桅和烟囱。高高的三脚桅其实是一个用来通风的钢质大圆柱和它的两个支柱。桅上设两战盘;下战盘置哈乞开斯五管机关炮最少四门,上战盘留给来福枪枪手之用。桅前为大烟囱,又前为横宽的司令塔。司令塔左右两翼各装探照灯一盏,另两盏一在舰尾,一在上层建筑的后端。舰的内部全用电力照明。

四、三景舰的严重缺陷及此三舰在黄海海战中的表现

　　讲完这些,就可以续谈三景舰的主炮和这些舰只的其他要项。

　　三景舰的御弹设备虽不强,给主炮的保护仍不算差。主炮装在有盖(40公厘厚)的露炮塔(barbette,305公厘厚)内。除了开关尾栓还需人力外,炮的其他运作全用水压力。保护亦不限于舰面。输弹管在舰面和加护甲板中间的一段用260公厘厚的钢板来护力。

　　这一切是否表示炮选对了,舰配对了。答案是出乎意料的。

　　炮之选对与否并不是孤立的问题,而是应与舰之是否相配合起来一同讨论。这种威力猛,运作相当自动化的炮,发射率却很低。在理想情形下,一发也得费时十分钟[21]。如果主炮是双联的,

---

21　这种炮的理想发射率有数说(五分钟、十分钟、十五分钟一发等)。现采白劳易的说法,见 L. E. Bertin, *La Marine moderne: Ancienne histoire et questions neuves* (Paris: Ernest Flammarion, 1910), p. 72.

就可以用一门发射,一门装弹之法去缩短危险的真空时段。三景舰配一门主炮已把舰的性能推到极限,自然不能如此调济。舰小炮巨的先决原则显然使设计者陷于划地自限、自相矛盾的困境。

当时各国海军讲究舰只直射的能力,又视用舰首撞击敌舰为理想战术,唯一的主炮就只有沿中央线装在舰的前端,而置副炮于后端。"严岛"和"桥立"确是如此安排,"松岛"却把主炮朝后装在舰尾,而让副炮前置,弄到该舰看似首尾难分[22]!主事者虽未留下书面说明,这种匪夷所思的部署还是不难解释的。

日人显然计划三景舰组成一作战单位。追击时,可用两主炮;被追时,尚有一主炮可用。倘能品字形把"定远"、"镇远"困在当中,岂不更妙(如下页图):

要如此,得具备速度够快的先决条件。三景舰的设计时速为17.5 浬,比"定远"、"镇远"建成之初的15.3 浬时速要快。但三景舰从来没有一艘曾达到设计的速度[23]。初建时,它们的最佳速度为时速16.5 浬,与"定远"、"镇远"相较,快不了多少,很难要求它们依靠速度去控制局面。到黄海之战时,三景舰能达到的最佳时速为14 浬,而"定远"、"镇远"已退到12 浬[24],差别较大,也就增加三景舰操纵战局的机会。但这不是设计时能预见的便宜。三景舰从未达到设计的速度,就等于说炮位的预定效能一开始便没有了凭借。

22　或谓在三景舰的建造过程中发觉正文随后谈的各种舰身不平衡的情形,故把"松岛"的主炮调过来朝后放,以图作不太影响原有设计的更正,见WG, p. 95; JJM, p. 97. 此说不能成立,因为启工最晚,造得最慢的"桥立"和首制舰"严岛"并无大别。如说"桥立"重复再犯"松岛"已试图纠正的错失是不合逻辑的。分两模式去装置三舰的主炮应是目标明确的原有计划。

23　Jane, p. 82.

24　Jane, pp. 119-120.

　　速度之不理想与锅炉之不济深有关系。自首制舰"严岛"建成东航赴日开始,三舰都不断为锅炉毛病(漏气和腐蚀)所困。"桥立"虽是最后造的一艘,有了经验,建造期间还是免不了一连串的锅炉祸患;到最后勉强克服,可以交货时,距丰岛海战仅一个月,舰员训练,舰与舰之间的操演都谈不上。到必须在较大的舰只当中选择联合舰队的旗舰时,只好选主炮朝后摆的"松岛"了,因为它刚完成锅炉大修,较能保证提供足够动力。

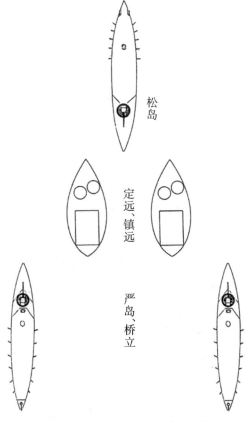

定远、镇远两舰和三景舰之间大小不按比例

三景舰悉数长期受锅炉之困，说来简直莫名其妙，因为白劳易是西方顶尖儿的锅炉专家！他不单经验丰富，而且还是推进新知的前瞻性研究者，自十九世纪七十年代至二十世纪初的三四十年间，他写过好几本深具影响力的锅炉专书，薄者四百多页，厚者七百多页，其中 *Chandières marines: Cours de machines à vapeur professé à l'Ecole d'application du Génie machine*（Paris: E. Bernard, 1896）一书为法国海军技术应用学校的教本，西方造船造舰界奉之为圭臬，甫面世即有英德文译本。三景舰锅炉之频出漏子，殆为天公见怜，暗助中国人一臂之力者欤？即果真是，烂泥糊不上壁的北洋海军也无法领情。

国人论甲午海战，恒把日方写成胸有成竹地有备而来。其实日海军是在主要作战工具所存严重技术问题尚未解决时，便仓皇上阵的。

主炮过重以致影响舰身重量的分布不均亦是速度不如理想之一因。更严重的是，炮的重量逼使其装得特别低，以图减少舰身的不平衡，结果却是舰的低干舷使舰的适航性大打折扣，而炮的低发射位置又增加炮之运作困难。

如果这些还不够糟，可以再看上面讲过的舰壳内倾。这种形状的舰壳本已可使舰在转向时倾斜，倘若舰向左转时，主炮亦向左转，以图左射，炮管位置一改，重量随移，两个因素合起来，足令舰左倾好几度（右转情形亦同）。那时炮手要瞄准，根本就不可能[25]。

这样一连串地打折扣，原已不快的发射率就变成慢得惊人。黄海之战时，风微浪息，环境影响少之又少，每艘三景舰竟弄到一小时多才能发射主炮一次！

---

25 有关采用舰壳内倾设计的舰只的种种问题，见 Philip J. Sims, and James S. Webster, "Tumblehome Warships," *SNAME*, 104（1996），pp. 475-490.

在这场接近五小时的海战中，三景舰的三门主炮共发射十三次，绝大多数都是射向"定远"、"镇远"的，计为："严岛"五发、"松岛"四发、"桥立"四发。在经常无法左右上下瞄准，发炮程序又耗时的困难外，连制退装置也频出故障的情形下，命中率自然不可能高。实际上竟是悉数落空，完全没有击中任何中方舰只！"松岛"倒吃了"镇远"两枚巨弹。

除了"松岛"在大半场海战中负起指挥之责外，三景舰之参加黄海海战可说作用微乎其微。不起作用的舰只在战场穿梭，岂不成了活靶！但三景舰各艘均中弹不多（来自各种来源的炮弹合计，"松岛"中弹十三发、"桥立"十一发、"严岛"八发。未被击沉的中方诸舰，除早逸的"济远"中弹奇少外，都中弹一两百发），和中方诸舰的发炮数远远不成比例（"定远"的四门主炮发射120次，"镇远"者77次，平均每门24.62发，即三景舰平均每门4.33发的5.68倍）[26]。这是三景舰的侥幸，也是北洋海军射击本领低劣之证。

近人论甲午海战，喜表列中日参战舰只的数目、吨位、舰龄、各组口径炮数等项数据，以为即足说明双方的实力。这种机械式的排列，且不说数据是否准确（绝大多数准确性都很成问题），导致误解比足够讲明实力差别的可能性还要大。在任何比较表中，三景舰都会显得很威猛，够突出。如不追查实情，谁会想到它们是匆匆上阵的崭新废舰！面对这样差劲的对手，北洋海军竟丝毫占不了便宜，这正是北洋海军本身糟透的明证。

26　各种有关数据，见黛治夫，《海軍砲戰史談》，页106；黛治夫，《艦砲射擊の歷史》，页84—85。

五、黄海海战后的三景舰

黄海海战后,"松岛"迅即修复,与"严岛"、"桥立"均参加甲午战争余下来的威海卫和澎湖两海役。1898年3月21日,三景舰的种别改为二等巡洋舰。"严岛"、"松岛"先后因义和团事件出师华北。随后三舰都更换锅炉,希望能够根治祸源。日俄战争期间,三舰承担护航和支援工作。1908年4月30日,"松岛"在澎湖马公港因弹药库爆炸而沉没。1912年8月28日,"严岛"和"桥立"又被改列为二等海防舰。1919年4月1日,"严岛"被编为潜水艇母舰"严岛丸"号;自1920年9月20日至1924年7月31日又充作潜艇学校水上校舍。1926年3月12日,"严岛"报废,在吴军港解体。"桥立"在1920年4月1日除役,改编为杂役船以供练习之用。1925年12月23日,"桥立"报废;次年5月1日抛售,随后在横须贺解体[27]。

在三景舰不算短的历史里,日海军确实做到物尽其用。然而若从击毁"定远"、"镇远"的造舰目标去看,三景舰无疑是失败的尝试。这失败与其说是误于设计,毋宁说是舰小炮巨策略之错。白劳易虽然不能推卸没有向日人讲明造舰要求违反逻辑的责任,毕竟他是循指示办事,尽一己之力而为[28]。

---

27 三景舰在黄海海战后的经历,除 Jiro Itani 文外,参考野泽正,《日本军舰 100 选》(东京:秋田书店,1971年),页 34—35;许秋明,页 145、225、317;片桐大自,页 231—232、248、253。

28 在十九世纪后半至二十世纪初西方的主要舰只工程师当中,白劳易无疑是著述最丰的。他在甲午战争以后所刊诸书当中,如注 14 和 21 所引的两种,对三景舰的毛病都避重就轻地不多说。法人评价白劳易的贡献并不以三景舰之不理想为虑,第二次世界大战以前曾用他的姓名去命名一艘布雷巡洋舰为"白劳易"号(Émile Bertin, 5,886 吨,1934年),且至今仍盛称他为一代奇才,见 Jean Labayle-Couhat, "Évolution du cuirassé de 1865 à 1900 /Le torpilleur des origines à 1900," *Marine et technique au*, p. 430.

六、白劳易最后替日人设计的 "千岛" 舰

白劳易在三景舰的设计工作完结后,还另替日人设计一艘吨位不大的钢壳无加护装设巡洋舰 "千岛" 号才离日。此舰的要目如下[29]:

安龙骨	1890 年 1 月
下水	1890 年 11 月
建成	1892 年 4 月
建造厂	罗亚尔造船厂（Société des Chantiers de la Loire, St. Nazaire）
排水量	741 吨
长宽吃水	71（垂直线间）×7.7 ×2.97（平均）公尺
马力	5,000 匹（双轴）
时速	22 浬
武器	75 公厘速射炮五门（舰首一门、两舷台各二门） 37 公厘一磅弹速射炮六门（舰桥和舰尾楼［poop］合二门、两舷台各二门） 381 公厘（15 吋）鱼雷发射管三个（舰首一、上甲板二）

此舰的法式炮械部署和选用小口径速射炮为武器,特色都和 "高雄"、"八重山" 两舰相同。日人因其速度高而定之为通报舰,也和 "八重山" 之例一样。然而此舰十分不幸,建成自法东航赴日,由日人于 1892 年 11 月 24 日验收。不到一周,它便在内海自长崎赴神户途中,于爱媛县堀江洋面被英国火轮船公司（Peninsula and Oriental Steam Navigation Company,俗称铁行）的 "拉温拿"（Ravenna, 3,372 吨,1880 年）号商船撞沉。这事说来倒是北洋海军的幸运,不然一年多以后甲午战争爆发,彼等还得多应付一艘快速的日海军新舰。

---

29 WG, p. 402; JJM, p. 93; *Conway 1860-1905*, p. 234.

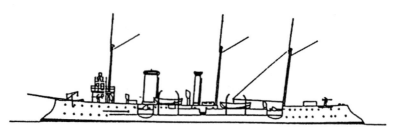

"千岛"舰型线图

七、结语

统计起来,白劳易在四年间设计了可以分为两组的日舰六艘[30],同时还把横须贺造船所的运作方式整顿一番。成绩是不错的。应说明的是,此六舰仅"高雄"一艘是他在日本任职期内全部完工的。到他离日返法时,其他五艘尚在不同的工程阶段中。在日建造的"八重山"和"桥立",前者已下水而未竣工,后者还有一年多才下水。在法建造的"严岛"、"松岛"和"千岛",前两艘已下水而未完成,后一艘更迟,才刚安上龙骨。白劳易返法后谅仍负责监督在法未成诸舰余下来的工程,这种琐事已不必追查。

---

[30] 或谓参加黄海海战的"赤城"号炮舰亦出白劳易手,说见篠原宏,《海军創設史——イギリス軍事顧問團の影》(东京:リブロポート,1986 年),页312;篠原宏,《日本海軍お催ひ外人——幕末がら日露戦争まで》(东京:中央公论社,1988),页 190—191。恐非是。"赤城"为"摩耶"级炮舰的最后一艘。首制舰"摩耶"号及随后的"鸟海"和"爱宕"都比"赤城"造得早,而四舰仅有小异而无大别。1886 年 6 月"赤城"安龙骨时,白劳易才刚到日本不久。即使白劳易提议作若干更动,也不能算是他设计的舰只。有关"赤城"及其三艘姊妹舰的资料,WG、JJM、*Conway 1860-1905*、片桐大自诸书记录颇详,不必逐一注明。还有,原定在横须贺建造的"赤城",早在 1886 年 4 月已循令移给神户的小野滨造船所,根本就不在白劳易的工作地点,见《横須賀海軍船廠史》,中册,页 338。

白劳易设计的六艘日舰,论事功,只能说成绩平平。三景舰雷声大,雨点小,不用再说。"高雄"、"八重山"虽然在甲午战争中参加黄海海战后的海军行动,但行动的性质已不容它们有独特的表现。"千岛"甫入编列,便投龙宫去了,更不必提。但日人对白劳易至今仍只有感激的话。这种主导选材,虚心任用,领情而不推赖的处事态度是日海军能够在日俄战争以前不断招募到西方海军界高手替他们在明确的职守范围下服务的主因之一。比之清廷之坐候西方的散兵游勇来敲门求职,即不分青红皂白地委以重任,然后又试钳制以防彼等坐大,成效自是不同。

孙子云:"知彼知己,百战不殆。"北洋海军领导阶层认识自己的程度,难于此讨论。"知彼"则绝非彼辈顾虑之事。本文所说白劳易替日人设计多艘舰只之事,虽仅讲得粗枝大叶,仍敢断言上自李鸿章、丁汝昌,下至主要舰只的管带,所知必不到百之一二。情报上的严重空白,不独事前当事者不以为意,事后研究者亦不关心。昔日战败之所由,日后研究之几近固步自封,都可以自此求解答。本文之作就是希望志同道合者为此新方向的开展多参与,尽投入。倘能如此,不复困于陈陈相因的论调和资料之研究新境,自可指日以待。

——《清华学报》(新竹),新 24 卷 3 期(1994 年 9 月)(见于《海军学术月刊》,28 卷 9 期[1994 年 9 月],和戚其章、王如绘编,《甲午战争与近代中国和世界——甲午战争100 周年国际学术讨论会文集》[北京:人民出版社,1995年],以及《北洋海军研究》,2 期[2001 年 12 月]者均为编者自主删改的简本。后两者删削尤烈,舰只的型线图全不保留。这反映中国大陆的学者并不熟悉海军史在西方

是怎样撰写的——以舰只为考述的核心,而处理舰只的焦点正是型线图。编者删型线图就等于承认其不知道海军史为何物)

后 记

这篇文章有一个早就发现的错误,回应孙建军先生的质疑时(见随后一文),因涉及的论点已很杂,不宜带入,及至为本书修订此文时仍让其照旧留下来。决定那部分保留旧观,一则因为解释起来相当繁琐,会导致文章内容的比例不均,二则应给探究的历程留一纪录,以示治学不可能一步登天。

错在误以为既在长崎发生了殴斗事件,丁汝昌总会有见机行事的起码头脑,取消原先在该地送舰入坞的计划,故以为舰只充其量仅留在港内让老百姓看看,而避免了搁在旱坞上任由专家细验的局面。事实竟非如此。殴斗冲突在"定远"入坞维修期间发生过两次。此事拖延了"镇远"入坞的日期,但没有改变丁汝昌仍要送它进坞的主意。简言之,"定远"和"镇远"都先后在长崎入坞,各搁在旱坞上几天。

这只是把考察的结果简单地说出来,并没有交代考察的过程。读者要知道详情,可看我为新著《读中国近代海军史札记》(此书要到 2011 年始有望出版)写的短文《光绪十二年北洋海军访日期间两铁甲舰曾否在长崎入坞?》。

2007 年 5 月 2 日

北洋海军送舰只往长崎入坞怎样看也是极度愚笨之举

——敬答孙建军先生

一、前言

《中日甲午战争黄海海战新探一例——法人白劳易与日本海军三景舰的建造》是我首次在学报刊登的海军史文章[1],脱稿至今已约有十三年了。文章虽以考述日人企图用来克制北洋海军的两艘铁甲舰"定远"和"镇远"(见图10)的三艘统称为三景舰的加护巡洋舰"严岛"(见图27)、"松岛"(见图26)、"桥立"(见图29)的筹建过程和那三艘舰的个别舰史,以及其他周边问题为中心,采用来破题的事件则是北洋海军提督丁汝昌(见图2)于光绪十二年夏七月(1886年8月)率领包括"定远"、"镇远"的舰队访日,并计划送"定"、"镇"二舰在长崎入旱坞维修,因而惹起上岸的中国水兵遭日本警察和民众持刀追杀的事件。

舰队访日和送舰入坞,不管是分开来看,还是合而观之,都是

---

1 各种因缘使此文有多个版本,但最齐全的始终是首次在《清华学报》(新竹),新24卷3期(1994年9月),页297—318,发表的版本。其他都有不同程度的删简。

愚笨误国之蠢事。

拙文固是多年旧作,那时可用的资料(特别中文原始资料)复颇有限,但即使今日才动笔,能用的资料丰富多了,我的看法仍不会有改变。丁汝昌只是唯帮主李鸿章(见图1)意旨是从,厚颜滥竽充数,居崇位后又长期不肯悉心学习的大奴才兼南郭先生。最要害的是,这种配搭竟起了立先例的作用,帮主找忠心可靠的外行奴才来掌领海军日后还要重复出现不止一次。不论对私心自用的帮主,抑或对唯唯诺诺的奴才,后世批判均应从严,设不可借边缘性的,甚至仍聚诉不清的事功,或无关痛痒的所谓本领来夸耀他们。

拙文出版后颇受各方欢迎,所以有好几个详略有别的版本。有读者觉得我这样分析北洋海军的访日和送舰入坞既失实复夸张还是最近之事。在山东威海市从事海运事业的孙建军先生在其新著《丁汝昌研究探微》(北京:华文出版社,2006年)书中第一章《1886年北洋舰船长崎油修起因辨析》(页1—7),采戚俊杰、王记华编校《丁汝昌集》(济南:山东大学出版社,1997年)所集得的资料为主要依据,提出不同的看法。他的论点计有:

> 1. 铁甲舰需每半年刮底刷油一次,而中国境内并没有可替"定远"级舰按时进行油修的设备。
>
> 2. 丁汝昌的入坞首选是香港的祥生船厂。多个精熟洋务者代其查询,确知香港的祥生船厂没有足够应付这工作的条件后,才决定送舰去长崎入坞。
>
> 3. 舰队自海参崴开赴长崎入坞带来经济效应。这是顺路,省了煤。
>
> 4. 如果在长崎没有发生斗殴事件,舰队访日根本就不值一提。
>
> 5. 北洋海军访日并无吓阻的意图,因尚未见能支持此说

之文献。

    6. 当时舰只的数据并无秘密可言，日人要知道的，全都掌握了。送舰去长崎入旱坞谈不上泄密误国，因为日人不会因上舰查验而得到任何新消息。

    7. 各种事情，丁汝昌已考虑周详。

    8. 如果不往长崎入坞，难道要把铁甲舰开赴西欧去刮底刷油吗？西方哪一个国家又是"极友善"的？

简言之，在孙建军先生眼中，丁汝昌既具当海军提督的条件，复有明智处事的本领，所以送舰往长崎入旱坞是正确的，按当时的环境别无其他选择的决定。至于其老板派舰队往日本耀武扬威更是平常得很，如果不发生互斗意外根本就是闲事一桩。因此说彼等愚笨误国是夸大其辞，罗织其罪了。言下大有他们该记功才对之意。

二、讨论的基础

在未分析这些论点以前，不妨先谈刚说过丁汝昌出任提督后不立意学习以图尽职这一点，作为讨论下去的基础。

在十九世纪后半截，机动海军是新兴的兵种，除非已有悠长的海军传统和丰厚的资源（合条件的国家恐仅得英国，连排名第二的法国也只是老远跟在其后），一般国家要从仅配滑膛前装炮的木壳风帆舰只的水师式海军演进为配备来福线后装炮和鱼雷的铁壳机动舰只的新式舰队殊非易事。掌握新式海军的观念和洞悉种种技术细节，以及能够担起全盘计划的人才根本就没有，故在新兴海军国里，肩负开创之责的第一代将领恒出身陆军。德国和日本都是显例。

德国海军摆脱近海防卫力量的局限,跻身世界海军大国之列是德皇威廉二世(Kaiser Wilhelm II, 1859—1941)锐意发展海权后始有的局面。在威廉二世 1888 年即位前先后三任海军大臣,龙诺(Albrecht Graf von Roon, 1803—1879)、史图殊(Albrecht von Stosch, 1818—1896)、贾彼维(Leo von Caprivi, 1831—1899),全为陆将,而且入主海军后好一段时间仍均保留其陆军官阶的头衔[2]。

在日本这情形及其所代表的演进过程同样明显,不少新海军的奠基者均出身陆军。容易想得到的例有桦山资纪和西乡从道[3]。

从这角度去看,光绪初年,筹海百事待举而无海军出身的领导人才,委陆将出掌北洋海防事务并非失策。所以演成大错,一为主其事者(李鸿章)从帮派观念出发,视忠诚于己较任何条件更重要;

---

2 有关情形,见 Archibald Hurd and Henry Castle, *German Sea Power*: *The Rise, Progress and Economic Basis* (London: John Murray , 1913), pp. 92-95; Archibald Hurd, *The German Fleet* (London: Hodder and Stoughton, 1915), pp. 78-88; Frederic B.M. Hollyday, *Bismarck's Rival: A Political Biography of General and Admiral Albrecht von Stosch* (Durham: Duke University Press, 1960), pp. 99-135; Ivo Nikolai Lambi, *The Navy and German Power Politics, 1862-1914* (Boston: Allen and Unwin, 1984), pp. 1-30; Jöst Dülffer, "The German Reich and the Jeune École," *Marine et technique*, p. 501; Lawrence Sondhaus, *Preparing for Weltpolitik: German Sea Power before the Tirpitz Era* (Annapolis: Naval Institute Press, 1997), pp. 101-175; Terrell D. Gottschall, *By Order of the Kaiser: Otto von Diederichs and the Rise of the Imperial German Navy, 1865-1902* (Annapolis: Naval Institute Press, 2003), pp. 1-108; David H. Olivier, *German Naval Strategy, 1856-1888: Forerunners of Tirpitz* (London: Frank Cass, 2004).

3 有关背景,可看邦枝完二,《日本海軍建設の人々》(东京:潮文阁,1943年),页 183—218;松下芳男,《近代日本軍人傳》(东京:柏书房,1976年),页 49—52、69—71;西乡宏道,《元帅西鄉従道》(东京:芙蓉书房,1981年);桦山爱辅,《父樺山資紀》(东京:大空社,1988年)。

二为出掌海军的陆将（丁汝昌）不肯尽心追学，不图迈进由外行演为内行的境界，以致在职十多年后终仍是门外汉。正如洋员戴理尔（见图 15）所说，丁汝昌连装作懂得海军事务这点门面功夫也不做，在军中除了摆出好好先生的模样外，就难说他究竟起什么作用[4]。这样便可以当海军提督，国内不知多少人随便撰来都够资格。有谓丁汝昌"一生勤奋好学"，诚不知何所据？ 看得到的事例尽皆不符如此抬捧的[5]。

当时任何国家拟兴办海军，最合理的门径就是师法英国。但如果掌其事者不先学好英文，事事靠传译，翻来翻去，事倍功半不用说，错误更无从避免，无法修正，如何师法？ 如何直接汲取新知？ 如何和外国海军的领导阶层建立人际关系？ 按丁汝昌的年纪和身份，出掌北洋海军后自然不能正式赴英求学，但他仍有多次出洋公干的机会，在国内也可以经常向服务军中的洋员请教，结果终还是不懂英文[6]。他在黄海之战的对手伊东祐亨（见图 6）同样既未尝留学，亦未曾在欧美舰上受训，英文却说得流利，能和欧美海军将领建立私交[7]。这与丁汝昌始终不懂英文，不可同日而语。

---

4 *Pulling Strings*, pp. 38, 41, 47.

5 一个源出北洋海军总查琅威理的传闻，指丁汝昌与部下在舰上聚赌，玩番摊；见 Charles Beresford, *The Memoirs of Admiral Lord Charles Beresford* (Boston: Little, Brown and Company, 1914), Vol. 2, p. 436. 总不能期望不知职守为何物的长官会"勤奋好学"吧。

6 丁汝昌不懂英文，职务上却需与洋人交往，遂时陷入窘相难免的处境，见 Paul King 庆丕（1853—1938），*In the Chinese Customs Service: A Personal Record of Forty-Seven Years*（London: Heath Cranton, 1924），p. 61.

7 当时英国驻远东舰队的总司令斐利曼特日后在其回忆录，*The Navy As I Have Known It*（London: Cassell and Company, 1904），p. 434, 说他麾下一艘二等巡洋舰"使者之神"（Mercury, 3,730 吨, 1879 年）号的舰长霍维谟（Wilmot Hawkworth Fawkes, 1848—1926）因曾访问长崎，和伊东祐亨建立殊笃的友谊。伊东和霍维谟之间身份颇有距离（伊东是（转下页）

学习外文要有天分，不可强求(早岁没有循规学习机会者更是如此)。然而丁汝昌该有自知之明，过不了英文一关，海军之学就无法进入堂奥，提督之职便成滥竽充数之局，不是任由下属操制，便是尸位素餐度日。情形既如此，迟至北洋海军成军(光绪十四年，1888年)，他能做之事已毕，过骑兵统领海军之瘾已足(丁出身淮军刘铭传[1836—1896]部的骑兵)，对帮主之忠诚亦尽，便当扪心自问，顺势求去，不应再在这不能称职的工作混下去。他的选择却是照混不误，陶醉于虚假的事业巅峰，笨人干蠢事之例也就继续不断发生。

容我在此说一件与上述语文障碍有关之蠢事，以便把讨论的基础说完。

投入甲午诸海役的北洋海军舰只有一特色，就是不少舰上有洋员服役。这些洋员分为两类：一类为在舰舱内工作的工程人

(接上页)中将官阶的舰队司令，霍维谟官阶则只是上校[captain]，所管者又是舰队中次要的舰只)，二人能建立不错的私交需要基于两个条件——伊东的英文要到可以畅所欲言去闲谈的程度，以及勇于和洋人接触。海军是尚礼仪，重国际交往的兵种。且不问何曾见丁汝昌和哪一个外国驻华海军总令有私交的纪录，那群长期当管带的留英高级军官当中又谁以善于和外国海军将领交往见称？这是集体缺乏专业精神的可悲现象。既然当时传媒活动不足和消息传播迟慢(随后在正文内有解释)，国际间的人际关系便成了快递消息的门径。北洋海军诸将领对外集体龟缩，这支舰队怎能发展健全？说北洋海军是一枝自限性强、朽劣不堪的舰队，不论从什么角度去看都可以发见层出不穷的证据。讲完这些，还得交代霍维谟之名及其生卒年是怎样指认的。斐利曼特在回忆里仅说出他的姓氏，而不书其名。当时的英国海军军官姓Fawkes者不止一人，而并没有合用于那时段的英国海军人物辞典。幸而自 *Royal Navy History*, Volume Ⅶ, p. 581，查得其全名和生年，再顺藤摸瓜补足其卒年。后来霍维谟官至海军少将(见该书同页)。个别国度的海军史如果不从世界海军史角度去研究，就很难会广引及好像没有关系的资料，视野和齐备程度都会受到局限。

员,另一类为协助作战的辅导人员。第一类不涉及现在的讨论,可以不谈。第二类则是为丁汝昌愚笨的写照——他既不懂海战为何物,复缺自知之明。置辅导洋员在舰上作用有二:辅助和指导日常的训练,作战时迅速提供应变之方。平常训练,步伐是自定的,无论洋员如何参与,协调均不难。作战则截然不同,事事得在形势瞬息万变下决定,指挥人员之间的交换意见必须迅速进行,各人的位置更会不断地改变,不是要找某人就一定能找得到。这是不需要多少想象力便能预知的情形。丁汝昌不懂英文,洋员汉语会话的本领又多极有限。难道在生死关头还要设法找来通事,慢慢把双方意见译来译去吗? 在这种场面即使能够速作翻译,谁能保证会翻得够准确,听得够明白? 谁能保证可当通事者不会在炮弹横飞下有伤亡? 对丁汝昌来说,置洋员在舰上来辅导作战根本就是不明白、不理会自己的缺点,白搞出来的笨事! 无自知之明的人可以聪明到哪里去? 加上并无专业知识,有何资格长期当专业行头的主管?

丁汝昌恋栈绝无称职可能的崇位,不知适可而止的道理,北洋海军成立后仍赖着不请辞,干出来的自然就是笨事连连,无可药救。

有了这理解,就可以按孙先生质疑的要点继续谈下去。

三、舰船按时清理水线以下部分的必要

舰船泡在水中,自然会有微生物粘附船底。若积聚得太厚,会影响航行速度,甚至侵蚀船底。因此舰船需要按时入旱坞清刮船底,漆傅新油。这是人尽皆知的常识,身为海军提督者懂得有此必要算不上是什么本事,毫不值得惊异,更不能夸张为尽责的表征。充其量,这只能代表工作表现达到最起码的要求。迟至1886年,

丁汝昌统领北洋海防事务已快七年,难道连执行这种循环的常规工作也该视为格外出色、值得嘉许的成绩吗?

孙先生说中国境内那时并无足够设备来处理"定远"级舰维修需要的船坞,说对了。正因如此,身为海军提督者更应早有一套周全的处理方策,不是事故发生了,才临时周章,左问右问。对周期性的常规维修尚且全无预定策略可言,对突发事件之漫无准备更不必多说了。尽管中国某些船坞有足够设备,舰只是动的,可以无远弗届,事件发生时大有可能远离有足够设备的中国海港,没有预定策略,如何应付?丁汝昌当北洋海军的提督真是当得太轻松了,太不理解责任何在了。

另有一事应在此一提。孙先生引自《丁汝昌集》的首项电稿,内讲及"镇远"号"吊雷艇木架铁夹伤损"[8]。这种小修理国内应能照料,故随后往长崎入坞主要原因当在清刮舰底。现在的讨论也当以与清刮舰底有关的问题为中心。

四、日人没有详知"定远"级舰诸细节的意图吗?

孙建军先生认为"定远"级舰的数据早已项项公开,日人根本不会有亲勘原物的意欲和必要。我不知道孙先生凭何这样说。在昔在今,意图动武者从不会满足于已掌握的对方情报资料,总会以为多多益善,知道得愈详细,对要采的行动才愈有信心,更不会拒绝增加这种知识。

自计划征朝征清至发动太平洋战事,日人搜集情报资料的态度从来都是宁滥勿缺,怎会有遇到天赐机会也懒得动动手的可

---

8 《丁汝昌集》,页 57,《致芗林》(光绪十二年五月十五日)。

能！我见过一本以前当属军中秘件之物：日本参谋本部于1938年8月编印的《香港兵要地志》。原来日人早在攻港前三年多已把香港凡与防务有关的事物，以及英人在中国地区的一切兵力，尽查得一清二楚，巨细无遗了。即使时至今日，日人后来所采的行动大率已上了公开纪录，见到这本《地志》的精详程度仍是教人大吃一惊！日人搜集情报从不会放过任何机会，这是很好的说明。

"定远"和"镇远"是自动送上门来，摆在他们旱坞上的猎物，就算日人果然懒得连跑去自己的船坞便有把假想敌的两艘最主要舰只任勘任量的机会也不愿花点时间，费点劲，中方负责人假若有丁点儿（语带双关，一笑）头脑也绝不该让日人有此机会！对方已知道多少，以及会否采取行动完全是另一回事。即使对方已知相当，甚至可确保其不会采取任何行动，就该自动送上门，还揭露肚皮由他看个饱，摸个够吗？丁汝昌干的正是这莫名其妙，轻重不分的勾当！就算把舰弄沉也不让敌人有上舰机会的例子，在世界海军史上多不胜举，喜欢海事的孙先生必耳熟能详。"定远"、"镇远"二舰远未到因舰底积聚苔蛎而会沉没的程度（民国时期"海圻"、"海容"、"海琛"诸大舰，舰底积苔严重的程度经常远超过"定远"、"镇远"当时的情况，何尝见主管单位曾挂出十万火急的警号，和立刻采取救急的行动！此等主管与丁汝昌分明代表错误判断的两极端），日人存心不良则早昭然若揭，哪有主动送过去给他们细看，而自己还要付维修费用的道理！赔了夫人又折兵，简直蠢得无以复加！

说日人早详知一切彼等感兴趣的"定远"级舰数据至不值得稍费点劲去看原物的程度，更不知何所据。如果不靠想必当然的推论，能否确切指出日人究竟可从什么资料（列出刊物名称之类实证）得知此等数据吗？这不是漫然一句那时军秘观念低，船厂为了抢生意，不是自我宣传，便是互发别厂产品的缺点即足交代的。

此等情况固然是事实,但单靠这类来源所知的仍会很有限。仅想知道舰款、排水量、马力、长宽吃水、主炮和副炮的口径这些基本数据,甚至舰的一般性能并不难,意图超过这层次,真想知道对作战有用的特殊项目(如主炮有多少条来福线? 每条有多深? 有多长?)和舰的优劣(特别是劣点)何在则殊不易。

就日本筹建新海军的经历而言,因资讯不足而误购外舰,例子并不难找。1883 年 6 月购入的"筑紫"号(北洋海军"超勇"、"扬威"二舰的姊妹舰),和在甲午战争期间用尽诡计抢购得来的"和泉"(2,950 吨,1884 年)号都是编入日本海军后始发觉是不该送上战场的劣货[9]。所以如此,并不是因为日人搜集西方海军资料不够勤快(他们的勤快程度,中国各洋海军的主政者和舰只管带均望尘莫及),而是因为当时传媒散播的消息有相当严重的局限性。

当时传播舰只资料的媒体可分为四类:

(一)报纸

欧美的报纸(包括在香港、澳门以及中国沿海各商埠刊行的西文报纸)虽然乐于刊登各国海军的消息,但当时的报纸不厚,所用的纸张复不大,境内外各类消息合起来通常每天只有开本不大的两三张纸,因此一般新闻都报导从简,除非遇上很偶然才一见的舰只专题长篇介绍(甚至可以分日刊登,那就更难得一见了),也就很难超过提供基本数据的层次,而且当时的报纸也不会刊登照片之类可助理解的工具。就"定远"级舰而言,我尚未见足称详细的报纸报导。

---

9 两舰加入日本海军后,日人始发觉其不合用,可参看 WG, pp. 101-102; *Conway 1860-1905,* p. 228; *Export,* pp. 48-51, 53-56.

（二）年鉴

入二十世纪后驰名寰宇的 *Jane's Fighting Ships*（《珍氏海军年鉴》）1898 年才创刊，而且首数期十分简陋，自然与现在讨论的问题无关。十九世纪最后十多年（并下延至第一次世界大战前夕）最有用的海军年鉴为创刊于 1886 年的英国 *Naval Annual*（1973 年已结束）。但这正是北洋海军舰只长崎入坞之年，对日人在中国舰队 8 月来访前搜集资料也帮不上忙。刊物靠海邮运送，自欧东来，海运怎也需时三个月。况且出版上了轨道的期刊，得知不算难，购买起来还可预作安排（即使当时没有预购服务，也可托同僚、朋友按时去买）。新创办的期刊，情形就截然不同。在昔日资讯迟慢的环境里，要过好一段日子才会知道它的存在的。然后再加上海邮所需的时间。不论日人如何勤快，若能在 1887 年初看得到 *Naval Annual* 的创刊号已算是奇迹了。但即使能看到又可得知多少？ *Naval Annual* 的重点在评介新事物的发展，当其创刊，"定远"级舰已不是新东西了，报导就止于填例行表格的层次，所附型线图也没有超过概念的尺度，远远不到备战者所期望的精详程度[10]。直至第一次世界大战爆发，能得自 *Naval Annual* 的中国海军舰只资料仅限于基本数据而已（自 1886 年至 1914 年者我全看过，且家藏绝大部分为原版）。1886 年以前，日人能够参考的海军年鉴只有 *Carnet de l'officier de la marine*（1879—1897 年间刊

---

10 怎样才算是合用的精详程度？按十九世纪最后二三十年的准则，刊登于两套英美舰船设计界的专业学报的舰只结构图就当合这要求：美国的 *Transactions of the Society of Naval Architects and Marine Engineers*（简称作 SNAME），以及正文随即会介绍的英国 *Transactions of the Institution of Naval Architects*（简称作 TINA）。各款刊物各司其职，*Naval Annual* 的服务范围并不需要提供那类消息。可惜 SNAME 和 TINA 从未有专文讲述"定远"级舰。

行）一种。另一种类似的 *Aide-Memoire de l'officier de la marine* 因刊行期为 1886 年至 1903 年，亦时间不配合。不过这两种都简陋得很（两种我均看过不少），就算时间配合也只能提供若干基本数据而已。

另外还有一种发展不成连续性系统的"年鉴"，即 J.F. von Kronenfels, *Die Kriegsschiffbauten, 1881-1882: Mit Nachträgen aus früheren Jahren*（ Wien : A. Hartleben's Verlag, 1883 ）。书内中国部分拨不少篇幅给"定远"级舰（ pp. 25-30 ），结构图特别丰富，但因写稿时两舰尚在建造中，设备之类细节都说不出来，数据也只能提供最基本的。对备战者而言，看了无异隔靴搔痒。

（三）学报

假如有人曾就"定远"级舰在西方的海军 / 军事学报内撰写专文，确可达到相当详细的程度。但自"定远"级舰筹建至甲午战争爆发（且不说更早的 1886 年），从无人在西方的海军 / 军事学报内撰专文讲这款舰只。我敢这样说，因最主要的两种海军学报，即英国的 *Journal of the Royal United Service Institution*（ 1857—现今，行内简称作 *JRUSI* ），和美国的 *Proceedings of the United States Naval Institute*（ 1873—现今，简称表作 *USNIP* ），以及当时讲舰只建造工程最权威的 *Transactions of the Institution of Naval Architects*（ 1860—现今 ），自创刊号至二十世纪五十年代者我全看过（ *USNIP* 更追读至最近出版者。我是该机构的终身会员，会刊按月寄来。没有几个治中国海军史者会下这种笨而必要的基础功夫，故讨论苟涉及舰只，彼辈即往往捉襟见肘），而早期的 *USNIP* 经常按时刊登其他欧美海军 / 军事学报的论文目录，只要按图索骥，肯下点死功夫（我有系统地这样做，并不是见了别人引用才去找那种收效有限的功夫。别人引用过而仍找不到，就更不消提了），便可收渔翁撒网之效，征引十九世纪末二十世纪初西方期刊／学报的文章也就并非难事。既走过这些路，我才敢断言在 1886 年以前（甚至晚及甲午战争爆发）从未有西方人士发表详述"定远"级舰的专文[11]。

（四）欧美海军部内部参考的调查报告

在未介绍这类资料前，应先讲明一事。这类调查报告当时都是内部参考物，日人未必能够得读（事过境迁，现代学者能找来看是另一回事）。这类报告，美国的是称为 *Information from Abroad*（*General Information Series*）的定期年刊。自 1883 年出版的创刊号至 1902 年 7 月刊行的第 21 期，我全看过，内里并无特别介绍"定远"级舰的描述。

英国的不是定期刊物，而是就个别国家或一组国家（如南美诸国）不按时做调查，然后列为专册。中国的专册大概以 Admiralty（Great Britain）, Intelligence Department, *China: War Vessels and Torpedo Boats*（London: Her Majesty's Stationery Office, 1891）（简称表作 *China War Vessels*）为最早。倘前此确无中国专册，1886 年时日人也用不到这类册子。在这 1891 年出版的一册里，"定远"级舰颇占篇幅，然精详度仍未满后世史家之需，不过却可与注 11 所引之 Andrzei Mach 文详略互补（Mach 未用过此书）。然而就算两者合用，缺漏之处尚多。不管此专册详略如何，纵使日人神通广大，有办法找来英海军部的内部参考物，1886 年时这本册子还未刊印出来。

11　就算到了今日，在欧美学报刊登专讲"定远"级舰的文章也只有一篇，即简称表中称为 Mach 的一篇。那已是二十多年前的旧文了。以为西方海军史家经常留意"定远"级舰是错误的印象。

美国海军部前此数年也曾编刊过一本类似的专册,不过以全球为收录范围,而不是单讲一国或一区。在这本 Navy Department（United States of America）, Office of Naval Intelligence, Bureau of Navigation, *Characteristics of Principal Foreign Ships of War*（Washington: Government Printing Office, 1885）只供内部参考的专册里,中国的篇幅虽很有限（仅得 pp. 50-52,合起来约两整页）,刚建成的"定远"和"镇远"还是来得及收了进去（p. 50）。但因全书以表格出之,提供的也就仅限于基本数据。与前述英人所刊 *China War Vessels* 的情形一样,日人要靠高明的间谍才有望取得这种每册编号的机密刊物。况且,就算得到此册,也得不到超过基本性质的数据。

总之,1886 年 8 月以前日人怎也不可能对"定远"级舰知道得超过基本数据的层次。这样讲还得考虑意图洞悉对方军秘是永难满足的要求。试看今日大众强调民间的知情权,各种军事刊物琳琅满目,读不胜读,加上电脑网络种类繁富,很多资料按键即有,快捷齐备的程度绝非十九世纪后期人士所能梦想,然而军事间谍被捕的消息仍不绝于闻！这现象不难解释。探取军秘是永无止境的游戏,不管已知多少仍会想知道得更多。

日人意图取道朝鲜,直犯中土,在发动甲午战争以前久已是既定的国策。日人既有此心态和意图,指彼等连"定远"、"镇远"自己花钱送过来也不会去看,真是匪夷所思的论调。

说到这里还得补充一事。千言万语的书面资料往往还及不上实物勘验可靠。上面说过的"和泉"号正是解释这情形的佳例。在日人未购入前,它是在智利海军服务有年的阿摩士庄厂所建的加护巡洋舰"翡翠"（Esmeralda）号（见图 35）。建成之初,它是各国海军称颂不已,誉为技术大突破的世界级名舰。造舰历史短的阿摩士庄厂更借此跻身名厂之列,订单随即源源而

来 [12]。既有此背景,购之又怎会错？岂料购入后始知这是不可冒险送上前线的问题舰 [13]。按当时的情形,路程既远,日人又正与李鸿章较劲,务求截取李鸿章有意接洽的外舰,而终用暗度陈仓之法把此舰夺到手,当无机会名正言顺地派员往作交易前的勘验(买二手货,在正常情形下自应先查验)。岂料名舰竟是劣货。这也就证明多少参考资料都不能代替实物勘验。"翡翠"舰的参考资料较"定远"级舰者丰详得多,购入的结果尚且如此,日人苟要理解"定远"、"镇远"的实质,怎会笨到两舰既躺在自己的旱坞上也不愿一顾？事情的关键并不在日人如何看待此机会,而在面对日本的国情和侵略的野心(不是友善程度那样温和的衡量尺度),掌北洋海军者绝对不该给他们制造这机会。

来个譬喻便易说得明白。尽管日人会君子得有如猫儿见鱼不偷吃,丁汝昌倘有点脑袋也不该主动把鱼送到猫儿面前！

---

12 此舰甫建就,佳评即泉出,阿摩士庄厂的主人甚至强调其为世上最快最威猛的巡洋舰,并谓英海军即无任何巡洋舰可与之匹比。此舰为加护巡洋舰这舰种订立新准则,使建舰经验浅之阿摩士庄厂一跃而列席世界名厂之间固是事实,其设计缺点殊多,且不适用于东亚海域则同样是事实。有关诸事可参看 Hovgaard, p. 175; *Conway 1860-1905*, p. 411; Michael Burgess, *Cruisers of the World, 1873-1981* (Wellington, New Zealand: Burgess Media Services, 1983), p. 16; Richard Humble, *Naval Warfare: An Illustrated History* (London: Orbis Publishing, 1983), p. 144; Marshall J. Bastabe, *Arms and the State: Sir William Armstrong and the Remaking of British Naval Power, 1854-1914* (Aldershot, Hants: Ashgate Publishing Company, 2004), pp. 176-178.

13 日人购入此舰之经过,以及此舰虽入日人之手而没有被派上前线等事,我已有文考述:马幼垣,《甲午战争期间李鸿章谋速购外舰始末》,《九州学林》,3 卷 2 期(2005 年夏季),页 154—162、175—178 ;3 卷 3 期(2005 年秋季),页 140—141、166—167、171—172 (此文收入本书)。

五、若日人果往验勘"定远"、"镇远"也必会无所获吗？

孙先生认为日人既早洞悉"定远"、"镇远"二舰的一切，故进而指称即使彼等不怕浪费时间去查验也必无所获。这样讲显然不明白对舰只的细节知道至何程度方算是洞悉。

百余年后的今日，依原尺寸大小造出来的"定远"号模型已停泊在山东威海港内，"定远"级舰的数据按理应早就全知道。其实不然，不信的话，烦请孙先生提供以下问题的答案吧：

1. 这款舰要行驶多远才能掉头？

2. 主炮的射界有多少度？仰角呢？俯角呢？为何炮管这样短？

3. 所用的150公厘/35的副炮有多少条来复线？每条的深度呢？

4. 那些75公厘9.5磅弹克虏伯炮安装在哪里？这款炮身倍多少？

5. 三个鱼雷发射管有几个可调整发射角度？可调整者的旋回角度、仰角、俯角各为几度？

6. 长官怎样指挥发射鱼雷？

7. 每艘舰除携带两艘鱼雷艇外，有无载备其他战斗性的附艇？如有，多少艘？如何武装？

8. 究竟有几门速射炮械[14]？什么口径？什么型款？安装在哪里？（参看文后的附录。）

---

[14] 这里所说的"速射炮械"用作广义名词，包括速射炮（quick-firing gun）和机关枪/炮（machine gun），两类结构和运作截然不同的武器。

9. 各种炮弹的可容储备量各为多少？鱼雷能储备几枚？炮弹和鱼雷存放何处？如何运送往各岗位？

诸如此类的问题随意便可列出一箩筐，且都不是从当时已公开的资料，如 von Kronenfels 书和 *Naval Annual* 创刊号，所能找到答案的（更不必说日人根本不可能在北洋海军访日前看到 *Naval Annual* 的创刊号）。此等问题我多无答案，有些则仅知道一点点，因此不是故意砌出来刁难孙先生的。我问过曾查阅船厂档案的 Andrzei Mach，他也答不出来。对拟启战衅者而言，这类问题直接关系行动的成败，再重要不过，怎能不知道答案！既然百余年后仍无法从文献求得答案，当日除了上舰查勘外还有什么办法？其实这些问题并不复杂，多数上舰一看便可知道实情。谓日人会以为上舰查看是白费时间之举，开导起来必得费一番唇舌。

倘日人上舰察看，所获必丰。上述那类问题，答案固然多可即有，最大的收获尚不在此。

十九世纪最后四十余年新舰款层出不穷的后面有一大推动力。自十九世纪六十年代至第二次世界大战初期，各国竞赛发展巨舰，其实是护甲与巨炮之争。甲愈厚，炮就要更威猛才能贯穿它；炮的威力大了，护甲的厚度随亦需要增加。这是互为因果，循环并进，几历百载的大趋势[15]。"定远"级舰就是这种竞赛的产品。日人要击毁"定远"和"镇远"，就必须先洞悉这款舰的护甲详情。但

15 有关背景，参看 Edward W. Very, "The Development of the Armor for Naval Use," *USNIP*, 9:3（July 1883），pp. 349-591（文章特长，资料丰富）；Philip R. Alger, "The Development of Ordnance and Armor in the Immediate Past and the Future," *USNIP*, 22:4（November 1896），pp. 777-793; Bernard Brodie, *Sea Power in the Machine Age*（Princeton: Princeton University Press, 1941），pp. 199-234.

护甲的分布和厚度是有选择的（假若全舰处处都是厚厚的护甲，舰也重得难运作自如了）。护甲分布的一般情形，消息不难找，详细资料，例如何处厚，厚到什么程度？何处薄，薄到什么程度？厚薄接连处是渐变的？还是突变的？护甲的厚薄和舱内各部门的布置关系如何？这些在在影响射击效果的信息从何得之？舰只入旱坞，舰底全露，借清刮傅油，舰底可以逐寸细验，还有什么与护甲有关的秘密会仍不知道。勘查上层建筑和舱内的结构和设备更容易，因为入旱坞前北洋舰员全得离舰他去，日人在内细验何用提防被人看见（见图 30）。日人会否假公济私是一回事，给日人制造这种机会又是另一回事。平白献上这种机会者不是愚笨误国是什么？纵使此举没有带来泄密的后果，舰队主管这样容易便送探秘机会给早已有军事冲突的假想敌，这行动本身就是绝不可恕的莽举。说句最简单的话，就算"定远"、"镇远"不入坞便会旋即沉没，也不可以让此二舰往长崎入坞，更何况二舰当时的状态远远谈不上有此危险。丁汝昌送"定"、"镇"过去，让日人有任看任验的机会，还要付维修费，只不过为了刮刮舰底，太不值了。

就算日人上舰果然一无所获，也不等于制造机会让日人上舰者没有愚笨误国之失。抢劫银行，却拿不到钱，并不等于无罪，道理是一样的。

六、不往长崎入坞真的别无选择吗？

孙先生问中国的船坞既容不下"定远"级舰，香港的船坞同样应付不了，如果不去长崎入坞，难道要把舰只驶往欧洲方可以清刮舰底和漆新油吗？他复强调欧洲国家也不见得极友善。丁汝昌查问过"香港"的祥生船厂无法接这桩生意才决定往长崎入坞,在孙先生看来这就是办事负责,取决英明的表现了。天啊！这究竟是哪门子的论证法？英商尼柯逊(A.M. Nicolson)和包义德(J.M. Boyd)于同治元年(1862)在浦东陆家嘴创办的祥生船厂(Nicolson and Boyd Company)当然就在上海[16],怎会在香港？北厂南移,糊涂得不值一笑。但不可以据此来骂丁汝昌。他再昏聩不济,也尚未糊涂至此程度(真相容随后才揭晓)。

尽管确知祥生船厂就在上海,也不能问了这一家便算了事。外商在上海开办的船厂何其多,起码还得问规模相当的耶松船厂始算完成基本责任。后来在1901年吞掉祥生船厂的正是耶松船厂[17]。这虽然是丁汝昌无从知道的后事,但也反映出他漠视耶松船厂的存在和不理解它的规模。对研究海军史的今人来说,这却是文献足征,可串连观之的陈年旧事了。

这里有个十分明显的问题。为何会把上海的祥生船厂错植往香港？在准备回应孙先生的质疑时,我曾花了很多时间试从香港的船务史料中找出祥生船厂的纪录来。结果连蛛丝马迹也找不到。香港何曾有过一家具规模的船厂取名祥生！那么丁汝昌怎可能就入坞问题向活跃于外交界的马建忠(1845—1900)和罗丰禄、德籍税务司德璀琳(Gustav von Detring, 1842—1913)、长期协助李鸿章办洋务的周馥诸人查询后,仍以为祥生船厂在香港呢？此数人虽非以船务为专业,但汇合他们的知识和经验总不致不约而同地集体指祥生船厂在香港吧。孙先生的质疑却斩钉截铁地重复指祥生船厂在香港。细读孙先生引自《丁汝昌集》的各件始恍然

16 王培,《晚清企业纪事》(北京：中国文史出版社,1997年),页311—312；辛元欧,《中国近代船舶工业史》(上海：上海古籍出版社,1999年),页34—35；《上海船舶工业志》编纂委员会,《上海船舶工业志》(上海：上海社会科学院出版社,1999年),页10。

17 辛元欧,《中国近代船舶工业史》,页38；《上海船舶工业志》,页17。

大悟。丁汝昌就祥生船厂和香港的船厂分别向各人查询。各人的回复也两地分开来处理,香港的情形他们知道得有限,回答也就简略,且从不点出有关船厂/船坞的名称;祥生船厂他们则知道较多,且显然有代丁汝昌直接询问过,故回答得较详细。但有关文件从没有说祥生船厂在香港!知识浅陋的丁汝昌起码没有犯此失。重复指祥生船厂在香港是孙先生的发明!希望孙先生下次写质疑文章以前,先把有关资料读清楚点,以免平添本来没有的问题来。

上海的祥生船厂接不了那桩生意,而舰队又不远赴欧洲,并不等于就只有去长崎。纵使丁汝昌出掌北洋海军前全无海事知识(那是铁般事实),在职快七年以后,学得再慢,仍总该知道香港的修船工业以黄埔船坞(Hong Kong and Whampoa Dock Company)系统为最具规范[18],怎可以不直接查询它能否处理“定远”级舰?说它是个系统,因历年的扩张和收购使其各大小船坞广散于广州黄埔(这些于1876年已卖给清政府)、九龙半岛、香港本岛各处[19]。简言之,珠江三角洲一带的修船业全为黄埔船坞公司所垄断。太古洋行(Butterfield and Swire Company)属下的太古船坞(Taikoo

---

18 香港黄埔船坞公司虽于1863年始成立,惟因其以收购和合并为扩展之法,故其组配单位有可上溯至1842年者;参见 *The Hong Kong & Whampoa Dock Company Limited, Hong Kong*(Hong Kong: Hong Kong & Whampoa Dock Company, 1948),p. 8; Austin Coates, *Whampoa: Ships on the Shore*(Hong Kong: South China Morning Post, 1980),pp. 35-39;陈昕、郭志坤主编,《香港全纪录,卷一:远古～1959年》(香港:中华书局,1997年),页74;辛元欧,《中国近代船舶工业史》,页21。

19 辛元欧,《中国近代船舶工业史》,页32—33,有一张黄埔所属各船坞的简表。香港黄埔船坞公司把在广州黄埔的于仁、柯拜、录顺三船坞以及附属产业卖给清政府的年份,*Hong Kong & Whampoa Dock Company*, p. 9,说是1877年。兹从辛元欧上引书,页32,以及《广州黄埔造船厂简史,1851—2001》(广州:广州黄埔造船厂,2001年),页142,作1876年。

Docks）可以分一口羹是以后的发展[20]。只要任海军提督多年的丁汝昌有点海事常识，在决定送"定远"级舰往何处维修时，黄埔这大系内有无合适的船坞能承担此工作，这问题总会很自然地在他的思索过程中出现。他想及的却仅得一家并不掌此行牛耳的祥生船厂！这样当海军提督谁谓不可怜？搬个祥生船厂出来丝毫不能证明丁汝昌料子足，责任观念明确。

一支健全的海军必须有健全的后勤配套。北洋海军既然只管添舰而忽略了船坞发展得同步进行（后勤设备的发展快过舰只的添置尤更佳，日本的情形即如此，详后），退而求其次就得熟悉邻近地区的船坞的工作范围，和沟通人际关系。清理舰底，重新油漆是周期性的例行事，并非突发事件，没有自己合用的船坞作后盾的舰队为何不该早早部署？锁定某船坞合用，并不等于可以随时径然送舰只过去维修，要约期，要和人家的工作时间表配合的（黄埔船坞因受了英政府的资助，必须给英舰优先入坞权）[21]，所以这事绝不该如丁汝昌临时周章般去处理，以致完全忽略预先安排，尽早建立人际关系等步骤。这个海军提督压根儿不明白职务的性质，饭桶之极。

不要以为凡是外人（包括日人）经营的事业就产品必佳，更是肩负丁汝昌这种责任者应有的谨慎。他有没有查过英国驻远东最大的舰只是哪一艘，往何处维修？越南水域并无优良的船坞设备，故亦得就同样问题查探法国驻远东海军的情形。这绝非琐碎的闲事。作为中国最重要的一支舰队之首，他应否对经常穿梭中国海域（兼内河和湖泊水域），包括北洋管辖范围的外国舰只了如指掌？其实即使外国舰只不可以随意在别国的领海内航行，该国海军的领导人是否仍应对邻国／邻区的海军舰只知道得如数家珍？丁汝

20 陈昕等，《香港全纪录，卷一》，页 83。
21 同注 20。

昌显然没有这种知识,也不会因缺乏这种知识而觉得惭愧(有良知的话,早就辞职了)。没有直接运用英法文字本领的他,自然没有取得这种知识的门径。导致的结果也够明显。到了"定远"、"镇远"需要入坞维修时,他对邻近地区的船坞的情形知道得极有限。

倘丁汝昌是个货真价实的海军提督,有此知识,根本不需问罗丰禄等非船业人士,自己早就晓得首选怎也该是黄埔船坞系统设于港岛南岸香港仔(Aberdeen)的何伯船坞(Hope Dock)[22]。法国驻远东的海军舰只即以香港为维修之所,连在甲申战争期间受伤的舰只也不顾英国中立地位的尴尬而送去香港修理[23]。当时法国在远东最大的舰只为露炮台型铁甲舰"杜伦"号[24]。在英国驻远东的海军舰只当中,最大的是中央炮台型铁甲舰"大胆"(Audacious, 5,909 吨,1870 年)号[25]。虽然"定远"级舰较这些英法

---

[22] 近年不少书籍称 Hope Dock 为贺普船坞。其实此船坞依在 1859—1862 年任英国驻远东舰队总司令的 James Hope 命名,虽然船坞的设计与建造过程均和他无关;见 Austin Coates, *Whampoa*, p. 68。当时 Hope 的通用汉名是何伯,故这船坞应称为何伯船坞。

[23] E.V.G. Kiernan, *British Diplomacy in China, 1800 to 1885* (Cambridge: Cambridge University Press, 1939), pp. 153, 173, 182; Lewis M. Chere, "Great Britain and the Sino-French War: The Problems of an Involved Neutral, 1883-1885," *Selected Papers in Asian Studies* (Western Conference of the Association for Asian Studies), NS 7 (Npl: N.d. [1979?]), pp. 12, 18.

[24] 指认此舰为法国海军驻远东的旗舰,见 *The Chinese Times* (Tientsin), 15 January, 16 July 1887, and 27 July 1889; Henry Norman, *The Peoples and Politics of the Far East* (New York: Charles Scribner's Sons, 1895), p. 142;纪荣松,《清法战争孤拔提督的"八野"座舰》,《台湾风物》,52 卷 4 期(2002 年 12 月),页 14。

[25] *The Chinese Times*, 16 July 1887; Lord Brassey, *Naval Annual, 1886* (Portsmouth: J. Griffin and Company, 1886), p. 423; Austin Coates, *Whampoa*, pp. 86, 90; P.J. Melson, *White Ensign~Red Dragon: The History of the Royal Navy in Hong Kong, 1841-1997* (Hong Kong: Edinburgh Financial Publishing [Asia], 1997), p. A3.

舰只重越千余吨,这分别并不表示何伯船坞必然应付不了"定远"和"镇远",因为"大胆"号是在完全没有减重的情况下进坞的。它这样进坞前后有两次,第一次在 1876 年,第二次是 1887 年之事[26]。这就是说,只要"定远"、"镇远"卸下弹药、粮食、人员和各种可以移动的杂物便大增能入坞的机会。

　　这样考虑只是求慎重而已。设计何伯船坞时以能容纳铁甲舰"战士"(Warrior, 9,137 吨,1861 年)号和"黑皇子"(Black Prince, 9,250 吨,1862 年)号为准则(虽然这两舰都不是驻远东的)。当时在英国所有的海军舰只当中,仅"雅金葛"(Agincourt, 10,600 吨,1867 年)号及其姊妹舰要减重后才能进此坞,但此级舰吃水较"定远"级舰多了 6 呎。用何伯船坞的尺寸(总长 410 呎,顶处宽 100 呎,底部宽 50 呎,入口处宽 84 呎,水深 22 呎至 24 呎 6 吋 [依季节])[27],来比对"定远"级舰的长宽吃水(308 呎 [总长]×59 呎 ×20 呎)[28],便可知何伯船坞处理只有七千多吨的"定远"、"镇远"绰绰有余,两舰并无减重的必要。丁汝昌的举动无异庸人自扰,而且还是自残性甚高的庸人自扰!何伯是当时亚洲最佳的船坞,全球排名也甚高[29]。丁汝昌却舍弃之,宁愿送舰只去长崎让日人任验任看,笨人干笨事当以此为极。

　　其实此事成了丁汝昌作为北洋海军提督合格与否的考核。不论中国境内的华洋船坞能否照料"定远"级舰,作为中国最主要舰队的提督,他可以不洞悉邻近地区的维修设备便能称职吗?北洋

---

26 Austin Coates, *Whampoa*, pp. 86, 90.

27 Austin Coates, *Whampoa*, p. 68.

28 "定远"级舰的长宽吃水尺寸,采 *Conway 1860-1905*, p. 385,取其通行,因为这四本一套的世界各国舰集总汇是研治任何国别海军史者必需自备的。

29 Austin Coates, *Whampoa*, p. 91.

海军每年例行南巡避寒,驶至星加坡等地,沿途岂非随时有应急而得光顾当地的船坞的可能!熟悉这些设备以及它们的动态绝对是当北洋海军提督的必须任职条件。这条件丁汝昌丝毫没有。

丁汝昌自东北亚海域驶赴长崎入坞,是否省了煤,因而足称办事细心?丁汝昌率舰队赴日本是访问,去长崎入坞是坐顺风车而已,并不涉及省煤与否的问题。假如此时此际非要清刮舰底不可,去任何海港的主要目的纯是为了维修,而他选择往长崎而不去较远的海港,在这情形之下始配称省了煤。

按丁汝昌的海军/海事知识,以及对东亚/东南亚诸海港的认识都近乎零,他的丑事再说下去本属徒然,但恐捧丁者不服,还是把话说完为妥。

清理舰底固然是十分重要的事情,但除非遇到极端的情况,很少会绝不能拖一下子。舰底积苔不是朝夕之事,尽管毫不清理,也要隔好一段日子才会看得出再积聚的程度。"定远"下水于1881年12月28日,至1886年夏泡在水中仅四年半;"镇远"下水于1882年11月28日,迟了差不多整年,故只泡在水中三年半[30]。两舰的建材并非特劣,即使舰底从未清刮过,积苔总不致如丁汝昌所说到了"须速筹备进坞"的程度[31]。等几个月绝不会带出严重的分别来。孙先生说铁甲舰每半年就得刮底刷油一次,不知何据?这种事是不能听从船厂工程师的指指点点的,如在德负责订购"定"、"镇"二舰的徐建寅(1845—1901)在其《欧游杂录》于光绪七年四月二十四日条中所记船厂总工程建议铁甲舰每年必须入坞油修一次的话(孙先生把这宣言升格为每半年刮底上油的通例了)。这何异问理发师多久该理发一次,平白送他们照顾生意的机会。现今的研究者该问的

---

30 两舰的下水日期,见 Mach 文,p. 11.
31 《丁汝昌集》,页 59,《致罗稷臣》(光绪十二年五月廿二日)。

问题应是：当时西方海军的铁甲舰果有这样的维修常规吗？能举出哪艘西方海军的铁甲舰确有每半年就乖乖入坞刮底一次的长期纪录吗？须知十九世纪后半截建造的铁甲舰，舰壳的建材和处理方法并不统一，有以铜包铁的，有以锌包铁的，而铜（或锌）铁之间又必夹以木板（甚至夹上两层木板）来避免因铜（或锌）铁接触而产生的电流，所用铜和锌的质量，以及舰只活动区域的水温和水质也都是关键因素。这就是说，海中微生物粘附和积聚的速度，各舰不同，可快可慢，多久才需要刮底一次如何立定规？舰只愈大，能处理维修的船坞就愈会远隔，假若半年就得入坞一次，大舰的运作岂非会严重受制于船坞分布，如何能无远弗届地执勤？为执勤而置备的舰只不应变成为保养而去保养的玩意。

这并非泛泛的理论之谈，实例有的是。刚才不是说过好一段时间长驻远东充当英舰队的旗舰的"大胆"号铁甲舰两次在何伯船坞入坞竟相隔十一年之久？要是每半年便得刮底一次，这段时间内它岂非要入坞超过二十次？就算不是全部在何伯船坞进行，在此入坞也总得有十次八次吧，因英国驻远东海军的总部就设在香港，然而在何伯入坞频仍的纪录却没有。最值得注意的是，"大胆"号是一艘以积苔和腐蚀速度惊人著称的舰只[32]，但其长期驻远东时在何伯的入坞纪录却仅得遥遥相去的两次[33]。正如前述，英舰在港入坞享有优先权，排期不会困难，若说因战事或时局异常紧张而不便入坞，也只能解释中法甲申战争那一两年，而不足以申明长达十一年不在何伯入坞这事实。

况且这也不是孤例。排水量 3,480 吨的智利海军"恩嘉拉达"

---

32 Parkes, p. 160.
33 这是指 1887 年"海军船坞"启用以前，"大胆"号在何伯船坞入坞的纪录。至于"海军船坞"的建筑，正文随后有记述。

（Blanco Encalada，原名"维巴利索"［Valparaiso］）号的情形可引作另外一例[34]。这艘舰壳用锌包铁，中夹木板法子建造的英制中央炮台型铁甲舰于 1874 年下水，到了 1885 年 8 月 19 日才首次入旱坞刮底维修，同样相隔十一年[35]。看此例还得留意一事，就是南美太平洋海域水温高，积苔速度快。

从"大胆"和"恩嘉拉达"二例去看，刮底的重要性固然不容忽略，但除非情形异常特别，很少会绝不可稍延。况且与此两例相较，"定远"和"镇远"泡在水中的时间短多了，活动范围更以水温较低的北洋海域为主。丁汝昌把刮底傅油说成是剧急之事，会否因判断错误，以致小题大做？难道这就是让陆将入主海军所得付出的代价？

综合来看，这次"定"、"镇"二舰赴长崎清刮傅油离不开容貌的因素，是否因即要给日本民众观看，整理容貌便成了急务？

长崎入坞是 8 月之事，再过四个月左右，北洋海军就会按惯例南巡避寒了。那时才去香港入坞，同样是顺路，亦同样不涉及省煤与否的问题。

如果说往长崎或香港入坞并无性质之别，都会任由外人随意看随便摸，选择去长崎起码胜在可以早几个月把清刮之事做好，说不定收费也会低廉一点。这样说就错了。正如上述，1886 年时日人可以集得的"定远"级舰数据十分有限，他们绝对有乘机细验的

---

34 李鸿章在甲午战争期间曾一度拟购的智利加护巡洋舰"恩嘉拉达"号是该国海军同名舰的第二艘。有关这第二艘"恩嘉拉达"号的基本数据，见注 13 所引马幼垣，《甲午战争期间李鸿章谋速购外舰始末》，《九州学林》，3 卷 3 期（2005 年秋季），页 142—143（此文收入本书）。

35 "恩嘉拉达"号下水和建成后首次入旱坞的日期，见 Philip Hichborn, "Sheathed or Unsheated Ships," *USNIP*, 15:1（1889），p. 49. 至于此舰的数据和舰史，见 *Naval Annual, 1886*, p. 215; *Conway 1860-1905*, pp. 410-411; Gibbons I, pp. 90-91; Silverstone I, p. 40.

必要。英人掌握到的资料则一定详细得多,趁入坞来详勘的需要和意欲随而大减。何以这样说? 当"定远"、"镇远"还在德国建造时,英人早可以就近查得清楚了(德制"济远"舰的缺点,英人早在甲午战争以前已能说得如数家珍[36],便是这种情形的写照)。两舰抵华后,若要再追查,也多的是机会和门径,何必趁入坞来偷偷摸摸地补足资料? 自英国海军借调往北洋海军当总查的琅威理(见图 14)便是再好不过的索取资料来源。关于"定远"、"镇远"的种种事情有什么他会不知道? 有什么他会不回应英海军部的查询? 日人在北洋海军里并没有稍可比拟的代表,而日人对"定远"级舰的理解在可预见的日子里能用来支持实战,英人则无此需。送舰往长崎入坞大有演为献机会给日人探秘的可能(除非确知日人是见鱼不偷吃的猫),遣舰赴香港则只会是单纯的维修工作。如果省煤是决定行动的一考虑,送鱼往猫儿面前则从不顾及,这样的海军提督还不算是愚笨误国吗?

　　日本与欧洲国家情报需求不同的背后是对华国策之异。此事涉及孙先生所提出的友善问题。国与国之间的友善程度是比较性的,如果要求达到"极友善"的境界才足信赖,恐怕遍查人类的历史也找不到几个大家公认的例子。十九世纪八十年代欧西国家的对华态度再不友善也较积极准备大规模侵华的日本(不以割据若干商埠,设立若干租借区为满足,而是要整区整域地鲸吞)友善得多。就英国而言,起码清廷觉得他们足信赖至可送海军军官去受训和向他们订购舰只的程度。为何对清理"定远"、"镇远"舰底这回事,丁汝昌却两害相衡取其重,宁愿白白送去长崎让日人任摸一

36　这就是为何英海军部能够在 *China War Vessels*, pp. 12-15, 40-42, 49-52, 详说北洋海军和南洋海军拥有的五艘德制巡洋舰("济远"、"经远"、"来远"、"南琛"、"南瑞")的各项细节的原因。

顿,也不切实探求由英人维修之方？这纵然不足解释为丁汝昌偏喜日人,总可视为其不谙国际事务和与英国驻远东海军的执掌阶层毫无私交可言之证。一国最强舰队的总指挥怎可以如此无知,如此龟缩！

丁汝昌的无知是说不完,讲不尽的。8月觉得舰底要清刮了,便应即和黄埔船坞预约冬季南下时入坞。这样做,时间充分,安排不出配合日期的可能性不会高。去香港入坞,不单无船坞容纳不下的问题,还可以有选择呢！上面讲过,建造何伯船坞时以能容纳九千余吨的舰为准则,但到了八十年代中期那些舰已建成二十多年了,不少更大更重的新舰已经服役(这里涉及治中国海军史者的共同严重错觉,老以为"定远"级舰是威猛得很的巨舰。其实按八十年代中期的世界准则,已是落伍得很,吨位也不足奇之物。到了甲午战争时,就更不消提,只足聊以自我陶醉)。尽管英国尚没有派那些新舰往驻远东的计划,但建造配用的船坞并非朝夕可成之事,得早预先筹划,才不会出现舰只随处寻觅维修海港的窘相(这正是李鸿章、丁汝昌等饭桶所犯的大错,怎会出现"定远"、"镇远"来华服役多年,配套的船坞还在慢条斯理地建筑,迟至两舰真的需要入坞时才稍稍查询何处有合用船坞,这种荒谬透顶的局面？)。早于1883年英人已在九龙半岛东南岸红磡地区开始兴建隶属黄埔系统的"海军船坞"(Admiralty Dock)[37]。该坞于1887年完成其第一阶段,可以使用时,长度为500呎[38],较何伯船坞长90呎。何伯船坞应付七千多吨的"定远"级舰本来就毫无困难,只要丁汝昌再拖一下,或者在南巡回程时才入坞,他还可以试试崭新的

---

37 Austin Coates, *Whampoa*, pp. 119-120.

38 以后该坞还历次扩充,1888年增至500呎,1903年576呎,1907—1911年和1913年均续有扩建,终至于1962年达到700呎;见Austin Coates, *Whampoa*, p. 120.

海军船坞呢。最关键之处在于没有理由相信，迟至 1886 年夏天丁汝昌会知道香港有这样一个建造进行了三四年、首阶段即可完成的大工程。

这就回到丁汝昌不懂英文，本就无资格当新式海军的提督这话题。假如他的英文到家，世界知识丰富，可以和洋人谈笑风生（假如由许景澄来当提督，他就有此本领），就不难成为各国海军提督旗舰上酒会、餐会的常客（带通事去这种场合必大煞风景，反变成不受欢迎人物了）。礼尚往来，自己也可安排同样活动。谈笑间，什么大舰进何坞维修（大舰通常充作总司令的旗舰，入坞维修是不用瞒人的），何处船坞有何新发展，何国有什么新舰调驻远东，诸如此类的话题都很容易在这种场合出现。这样得来的消息可能颇片段，甚至很零碎，积聚起来就会完整。香港和上海的英文报纸也经常报导这类消息，只要丁汝昌有勤读这些报纸的习惯（这种知识是不能长期靠下属选择性地做翻译来提供的），积聚和消化此等消息便会来得非常自然，毫不费劲。简单地说，只要丁汝昌具备当海军提督的条件，英法在远东的大舰进何坞维修（那时美、德、葡驻远东的舰只都不大）、香港的船坞处理过什么舰只，这类问题脑袋中早就有答案了，何用临时周章才去问非船业人士！怎会弄到香港兴建新船坞，工程进行了三四年竟无所闻！大饭桶搞出来的笑话也该够大才足配！

如果不愿意无故耗煤，去香港入坞起码会较长崎后四个月。论者或问等得了吗？舰底积苔不是机器出了毛病，四个月甚至更长一点时间，所积不会有大分别（不难想到上引西方舰只十一年才刮底一次的例子）。万一遇到心理压力或容貌需要整齐等问题，真的等不了，可以派蛙人下水先清理一下。"定远"级舰自水线处至舰底不过二十呎深，蛙人总不致应付不来。如果舰队本身无法处理（要是外不强而中必干的北洋海军军中没有合用的蛙人并不足奇），仍可请备有蛙人的单位来帮忙。1894 年底，北洋海军退往威海卫。其时这一带尚未告急，然而"镇远"号在饭桶管带林泰曾指挥下在自家的、早应已熟悉的海道中触礁，舰底破坏得很厉害。在未决定如何修理之前，请来两个在海关服务的洋蛙人（一姓 Paine，一姓 Wilson）下水查验舰底损伤的程度[39]。这虽是数年后之事，也足证中国早就有优质的蛙人服务。

孙先生问香港既应付不了"定远"级舰的维修工作（他以为香港仅得一家规模不足的、地理复遭其错植的祥生船厂值得一谈），如不去长崎，难道要把舰只远送欧洲维修吗？这样说，真不知孙先生的世界地理知识究竟达到什么程度。自香港至欧洲之间，多的是有优良船舶维修设备的海港。不要忘记，到了十九世纪八十年代中期，欧洲国家拥有的超过七千余吨的舰只已有不少，如果自香港至欧洲那么遥远的距离全无能应付维修的海港，这些舰只岂非要悉数留在老家，动弹不得，绝不敢来东半球？不单如此，连重逾七千吨的商船也不敢东来了。

不说别的（例如印度洋的海港），单说离香港不远的星加坡（按当时的航海技术，自香港去星加坡单程是四至六日水程[40]）是英人长期以来要发展成为东方直布罗陀（Gibraltar）之地。早在十九世纪七十年代初期，英国对在远东发展海军基地已作出重星轻港的明显决定[41]。尽管如此，英国仍在香港进行添建黄埔系列的海军船坞这样规模的大工程。由是观之，星加坡应付"定远"级舰那排水量层次的舰只就更游刃有余了。假如因排期有困难等非技术性

---

39 此事之纪录见 *Hong Kong Telegraph,* 22 January 1895.

40 国家图书馆编，《张文襄公（未刊）电稿》（北京：全国图书馆文献缩微复制中心，2005 年），册 11，页 4764；册 17，页 7649。

41 Seaton Schroeder, *A Half Century of Naval Service*（New York: D. Appleton and Company, 1922），p. 371.

原因而不能在限定的时间里安排"定远"和"镇远"在香港入坞，星加坡何尝不是合理的选择？北洋海军冬季南巡往往包括星加坡在航程内，因此也不涉及省煤／费煤的问题。

还有更荒唐之事未讲。丁汝昌这次率舰出巡不是到过海参崴以后，才转往长崎吗？谁说香港以外（且不管星加坡），长崎是唯一的选择！海参崴是俄国在远东最大的军港，难道其船坞设备尚不如发展不算太久的长崎吗？这里要说清楚一事，长崎入坞涉及的船厂是创建于 1847 年，时称为三菱会长崎造船所的机构[42]。其历史并不算长。但丁汝昌即使到了海参崴，也不考虑在那儿入坞，而非要驶往长崎让积极备战已久的日人任摸任弄不可！如果赖时间不足，不容在海参崴搁延，以致影响已定的访日订期，也是说不通的。旅程日期是可以调整的，就算抵日之期不可以更改，为何不可以早几天出发？如果要防范俄人，那么把舰交给野心更大的日人就该心安理得吗？李鸿章、丁汝昌辈的歪理就是这样子可怕。

丁汝昌虽到了海参崴，却待转去长崎始入坞，省煤的考虑对他来说显然并不重要。确亦该如此。为了省煤一次而不顾日人详知"定远"和"镇远"两舰的各项细节的严重后果，充其量只是 penny wise, pound foolish（小事聪明，大事糊涂）之莽举。无论如何，丁汝昌只管刮底傅油而不理会其他便径送二舰往长崎入坞。

舰队访日和长崎入坞不仅是两回事，性质更迥异。访问只是停泊港内，让老百姓看看。入坞则是整艘舰搁在旱坞上，任由专家们借执行所委的工作慢慢细验，随意量度。对犯华论调唱入云，且不久以前曾派海军侵台（1874，同治十三年）的日人怎能如此掉以轻心，以致助长彼辈对来犯计划必胜的信心。

42　《創業百年の長崎造船所》（東京：三菱造船株式会社，1957 年），页 17、31。

　　相涉之事，尚有一项得在此讨论。决定往长崎入坞的过程，以及查询祥生船厂和香港的船厂，好像都和在丁汝昌身旁的琅威理并无关系。香港诸船坞的容纳量，英法驻远东最大舰只的排水量以及它们以往进何坞维修，这类问题一问琅威理便即有答案，何必乱查一顿？如选择往香港（或丁汝昌从来没有想到的星加坡）入坞，他也需要琅威理做联络，通关节的工作。7月初旬，丁汝昌犹和德璀琳说："当即会商琅公威理。据云彼已知该坞不能入此巨舰。"[43] 这不正指出丁汝昌迟迟未和琅威理谈及此事，凭些"据云"就算了事吗？事情发展成弃香港不理，即等于说丁汝昌始终没有就此事和琅威理谈过。琅威理的中文不会好（未见过他循规学习和时人说他中文流利的纪录），而丁又不能用英文交谈，会否因语言隔阂而造成丁在心理上回避琅威理的局面？总之，丁汝昌不懂英文在在都影响他的工作表现。倘问过琅威理，怎会得出香港"该坞不能入此巨舰"的荒谬结论！

　　说到这里还得先取掉曲乡之士可能搬出来的一个解说，即谓琅威理不在中国境内，故丁汝昌问无从问。这是不符事实的。舰队访日后约半年，琅威理确远赴欧洲，一去几乎整年。那是为了要把新建的"致远"等舰带回来。这是下一年（1887）之事[44]。舰队访日以及事前事后整段日子，琅威理都在北洋海军军中。若丁汝昌要问他的意见，绝无找不到的可能。

　　另外还有一从无人谈及的观察。研论长崎事件的中国学者尚未闻有谁直接查阅过当时的日本报纸（连至目前为止讲述这事件最详的王家俭也没有，他只有些转引消息而已）。若按研究涉外史事

43　《丁汝昌集》，页60，《致德璀琳》（光绪十二年六月初八日）。

44　琅威理此次赴欧的日期，见余思诒，《楼船日记》（《航海琐记》本），和《海军日志》，页148、153。

必须设法遍阅有关国家的资料这基本原则去探讨长崎兵捕互斗案，就必然不会忘记细检当时的日本报纸这程序。读过那些报纸，就不难会发现指斥丁汝昌没有当领导的本领的另一证据。

北洋海军访日前，霍乱（当时日人所用的名词为"虎列剌"）在日本肆虐已好一段时间了。报上详列全国何县何市霍乱新患者和因这病而死者的数目长单（经常一地便达两三位数字）长单几无日无之，有时甚至一地病患数目多致需分区来作报导。刊登火葬场的运作时间也成了必须的社会服务。最值得留意的是，北洋海军往访和舰只入坞的长崎也是重灾区[45]。用风声鹤唳，触目惊心来形容日本的民情绝不为过。霍乱一旦蔓延，至今仍足令现代化城市提心吊胆，更遑论百数十年前并无应付这种传染病之方。舰队访日，大有把此病带回国的可能。事后看来并无此后患，那是幸运，不是出于主其事者刻意防范。北洋海军的水兵第二次在长崎被日警和民众追杀后，丁汝昌下令禁止上岸[46]，也就减低了染病的可能，说来这是因祸得福！没有丝毫证据可容我们说丁汝昌在行前已查知日本恶疾横行的情形和衡量了此行的利弊才决定前往。今人连外游观光也会先找目的地的资料来看。哪会带舰队出访前不做好功课！如果他确知日本的疫情而仍视若无事地率舰前往，其罪孽同样不可恕。蠢人做事动辄得咎，就是如此。清朝驻日公使徐承祖（1842—?）也显然没有就疫情主动向即要来访的北洋海军提出警告[47]。

水兵第一次上岸被追杀后，丁汝昌竟不禁止他们再上岸（而且

---

[45] 见《朝野新闻》，1886 年 8 月 15 日；《邮便报知新闻》，1886 年 8 月 21 日。

[46] 见《每日新闻》，1886 年 8 月 20 日、22 日号外、25 日；*North China Herald*, 27 August 1886.

[47] 徐承祖是怎样当驻日公使的，见两江总督兼南洋大臣曾国荃对他的指控便可知一二；《曾忠襄公奏议》（光绪二十九年刊本），卷 30，叶 24 上至 29 上，《查讯徐承祖疏》（光绪十五年三月四日）。

还是三数百人携械上岸寻仇),才致有第二次被追杀之事发生[48]。这种知觉迟钝,控制不了部下之人怎配长期当舰队司令?但对帮主来说,他忠心可靠就够了,而他自己又恋栈此高职,这就造成接连不断的悲剧。

此节讲得长了,不妨小结一下:(一)二舰入坞,长崎决非唯一的去处,选择起码还有海参崴(舰队且还刚去过)、香港和星加坡。(二)就船坞的规模而言,香港当是首选。(三)论保密程度,长崎最差,危害性则最高。(四)只要时间配合,任何可供选择之地均不涉及省煤与否的问题。(五)舰队访日并不等于舰只入坞就非要同时在长崎进行不可。(六)舰底需要清理漆油并不属于机器坏了,非得就近修理,毫无选择那类急事。稍延数月,以便选配适当地点和时间不会带来严重不良后果。(七)在选择往长崎入坞而不理会香港(或星加坡)的决定过程中,没有在北洋海军中居崇位的英人琅威理的份儿。(八)单是日本有失控的传染病横行已足为不该送舰队去访日的理由。

七、北洋海军访日原为不值一提之事吗?

长崎入坞是访日程序中的一个独立项目,孙先生和不少研究海军史者均以为若非在长崎发生日警及民众追杀北洋海军舰员,且发展为需外国调停始能解决的国际纠纷,舰队访日原不值一提。真相说出来不单反映安排访日者愚笨难以复加,更指出今虽事隔

---

48 《每日新闻》,1886 年 8 月 18、19、21、24、27、29、31 日,9 月 1、7 日;《朝野新闻》,1886 年 8 月 18、19、25、31 日,9 月 1 日;《邮便报知新闻》,1886 年 8 月 17、19、21、25 日;*North China Herald*, 27 August 1886; *China Mail*, 26, 31 August 1886.

百余年,论者仍不知事之究竟的可悲现象。

对长期计划侵华的日人来说,中国购置"定远"级舰固然构成威胁,同时也带来机会。清季发展海军,经费得自厘金、洋药税、外债之类来源[49]。在甲午战争以前,来自民间的财务支持可说是零。日本的情形却截然不同,发行购舰公债是很重要的资金来源[50],故激发民众认购也就成了推销成败的关键。

北洋海军访日以前,日人早已锁定建造"定远"级舰煞星为海军发展计划的核心项目,那就是俗称为三景舰的三艘巡洋舰的筹建。统筹三景舰计划的法国工程师白劳易(见图 28)于 1886年初已抵日上任了。在这样的宣传和行动之下,凡是赞成三景舰计划的,以及凡是解囊购买此等公债的,自然都会仇视"定远"和"镇远"。对这冰冻三尺非一日之寒的发展,中国的筹海大员如李鸿章、丁汝昌辈竟懵懂无所知,还以为派舰队访日可以收睦邻、扬威、吓阻之效[51]。谁知日人却把此事看作恶意的示威行动[52],因而

---

49 清季发展海军的经费来源,参看《近代海军》,页 592—631 ;许毅等,《清代外债史论》(北京:中国财政经济出版社,1996 年),页 237—262、286—292 ;邓绍辉,《晚清财政与中国近代化》(成都:四川人民出版社,1998年),页 167—171 ;《龙旗舰队》,修订本,页 130—138 ;周志初,《晚清财政经济》(济南:齐鲁书社,2002 年),页 203—215 ;刘增合,《鸦片税与清末新政》(北京:生活·读书·新知三联书店,2005 年),页 285—303。

50 Giichi Ono, *War and Armament Expenditures of Japan* (New York: Oxford University Press, 1922), pp. 44-49; Ushisaburo Kobayashi, *War and Armament Loans of Japan* (New York: Oxford University Press, 1922), pp. 34-36.

51 倘谓此行之原意并无吓阻成分,因尚未见可支持此说之文献,就等于说,任何发生过的事件都必然能见到支持的文献。治史从来都不会是这样容易的事。谁也没有见过长崎入坞的账单和付款收据,难道便可以说"定"、"镇"二舰根本未在长崎入坞(就算二舰果未入坞,也不可以用此为证明),或谓日人免费维修,不收任何费用吗?

52 这种情形,见伊藤正德,《大海軍を想う》(东京:文艺春秋新社,1956 年),页 54—57。

激发民众的仇视,助长购舰公债的销售。长崎的警察和民众见到中国水兵(彼等也有惹事的行径)即群起追杀便是愤怒和仇视的表现。

1886—1888 年这三年间,日政府发行的购舰公债售出了破天荒的一千七百万圆(等于现在日币超过两万万亿圆)[53]。如果没有北洋舰队访问带来天赐般的"助销",销售额就只会如日政府原先预计的约四百九十万圆而已[54]。李鸿章、丁汝昌这种行动无异抬石头来砸自己的脚。指他们愚笨误国已是很温和的控诉了。称他们为大饭桶,而且还是破底的大饭桶,怎也不致冤枉他们!虚有其表的大饭桶李鸿章推举连虚有其表也称不上的超级大饭桶丁汝昌来主持北洋海军的发展,悲剧如何能够避免?

李鸿章、丁汝昌辈不知就里可以用思巧拙,信息差来解释。百余年后尘埃早定,在今日资讯充足的环境里(刚列出的三注所引的伊藤正德 [1889—1962] 书就出版了半世纪,而且还是不少图书馆都有的通行读物,资料毫不神秘。我购得此书时还是中学生,现在已退休两次了),治史者竟仍和李、丁辈一般见识,视舰队访日原为不值一提之闲事,就不知应如何替他们解释了[55]!

顺带让我多说几句自此事得来的观察。上面讲过,甲午战争以前中国的筹建海军经费,与日本的情形刚刚相反,说不上有直接来自民间的。可以想象得到,假如清廷发行购舰公债,反应会是如

---

53 伊藤正德,《大海軍を想う》,页 57。

54 这原先预计的销售量亦见伊藤正德,《大海軍を想う》,页 57。

55 冯丽,《长崎事件》,《中国甲午战争博物馆馆刊》,2001 年 1 期(2001 年 5 月),页 49,谓日本民众见到来访的"定远"和"镇远"威风凛凛,惊叹、羡慕、愤懑交织才酿成骚乱事件,是把事情的因果颠倒来说。这样讲,日人筹建三景舰多时,以及白劳易已在好几个月前携眷抵日主持三景舰建造计划又如何解释?治理涉外史事仅依中文资料和单从中国的角度去看,局限就是如此。

何冷淡。甲午以后,购舰公债迟迟终上市了,反应仍是不消提,谁也说不出甲午以后新添的舰只哪一艘主要是靠公债来增置的。研究清季海军史切忌动辄挂出爱国精神和民族大义的招牌,真相可以是适得其反的。

八、清季筹海的素质问题

这不是孙先生的质疑直接涉及的问题,而是上述讨论带出来的。不少研究者认为中日海军同向同轨发展,而中国海军起初几乎每步都领先,不过因甲午战争前犯了若干错失(如少增舰、少添速射炮械),和临战时若干部署之误(如不和日海军争夺制海权),才导致战事失利(但仍有人相信在黄海海战中不失一舰的日海军输了那场仗)。左辩右驳,总离不开企图成立输得很不值的结论。这种说法处处大误特误。清季整个筹海方案,包括培植今人犹以为足以自豪,实则残弱不堪一击的北洋海军,自始就没有几步是走对的,以致在发展过程中早就每一阶段都远落在日人之后。整个未盛先衰的大势,怎会仅凭多增些舰,多添点炮便可以调整过来?

这次的讨论就带出一个这样的例证。

自李鸿章等人决定订购两艘"定远"级舰至丁汝昌找船坞去刮底,少说也过了五六年。那是肉买了,蔬菜也有了,连调味品都齐了,才问厨房在哪里的荒谬处境! 所以斥为荒谬,因为这处境是自己炮制出来的。竟有人还称赞李鸿章筹海本领高强!

上面说过英国虽一时没有派最大的新舰往驻远东的计划,但自己既有那层次的舰只,就不能容许会有在整个区域无配合的船坞的情况出现,而大型的船坞又建造需时,故工程必须尽早进行。这就是虽然香港的何伯船坞能应付当前最大的驻远东舰只,还是得尽快在港兴建更大的海军船坞的原因。1887年海军船坞启用了，但到有万吨的舰只派驻远东是晚至1894年才出现的情形[56]，上距海军船坞的动工更是遥长的九年有余。李鸿章、丁汝昌辈会按此程序去办事吗？彼辈所采先买舰，其他慢慢再说的策略与英人的办事方式毫不相近。什么兴海军学英国不过是随意撒出来的虚招，何曾平心静气地分析过英国的海军是怎样运作的？凭这种思维去做事，早晚出乱子。

拥李护丁者或者会说，英国是成熟的，居世界首位的海军大国，中国只在学步阶段，与之相较并不公平。那么与日本比较就应适合了吧。

看看日本的情形便会明白清季负责筹海的饭桶群（绝对包括丁汝昌在内）究竟庸劣误国至何程度。1886年夏，日本海军最大的三艘舰各只有三千余吨（即1885年12月建成的"浪速"号和其于1886年3月建成的姊妹舰"高千穗"号，以及前建于1878年1月的"扶桑"号）。这些舰的排水量仅稍过"定远"级舰者的一半而已！他们的船坞却可以轻而易举地招呼"定远"和"镇远"！这样讲还得留意两事：（一）"浪速"和"高千穗"都是刚建成的新舰。前此，日海军舰只除"扶桑"外，更只有两千余吨而已[57]。急需大型船坞备用的需要显然不存在。（二）长崎的三菱厂是民营机构。无论政府如何支持，民营机构在筹建和运作上的方便程度总和国营机构有距离。北洋海军花了多年还尚在旅顺为"定远"级舰兴建的设备是国营的。综合来看，要问的问题便十分明显：为何日本

56　P. J. Melson, *White Ensign~Red Dragon*, p. A3. 那就是自1892年2月至1895年5月任英国驻远东舰队总司令的斐利曼特在任期后半期间的旗舰"百夫长"号（Centurion, 10,500吨，1894年）。

57　指"金刚"及其同年建成的姊妹舰"比叡"而言。其他尤在此排水量以下者更不必提。

的民营船坞可以提供远超过日海军当前以及在可预见的将来能用得着的设备(日海军有超过七千吨的舰只是甲午战争以后之事),而中国的国营机构却满足不了自己海军的眼前需要?其实中日双方海军后勤设备的悬殊程度尚不止此。1886年时,日本最大的船坞在横须贺海军造船所,而不是在长崎的三菱厂[58],横须贺那时拥有的三个旱坞,两个可以照料世上最大型的装甲舰只[59],已有的设备和当前所需间的距离就拉得更宽裕了。偏要说甲午战争以前,北洋海军全球排名甚高者,有无留意到中日之间这种种分别而当时的日本海军排次并不高?斥李鸿章、丁汝昌等长期愚笨误国还需要更鲜明,更可怕的例证吗?见微思著,要是北洋海军在甲午战争初期试图和日海军争夺黄海区域的制海权,不过使熸师的局面早点出现而已。研究者所以恒常向李鸿章、丁汝昌辈乱送高帽子,导因于分析问题时只管看中国的情形,而不顾及国际层面(看彼等引用资料的偏局一隅,即可知)[60],遂出现用自己的尺度衡量自己的局面。得出来的观察怎可能不会是假象?于是甲午战争前北洋海

---

58 Tom Tompkins, *Yokosuka: Base of An Empire* (Novato, CA: Presido Press, 1981), p. 18; Yukiko Fukasaku, *Technology and Industrial Development in Pre-War Japan: Mitsubishi Nagasaki Shipyard, 1884-1934* (London: Routledge, 1992), pp. 33-34, 36.

59 *The Chinese Times*, 2 July 1887.

60 举个很简单之例。已有四十多年历史,现仍每年出版四期的 *Warship International*(简称表作 *WI*)是在西方研治海军史者(不管兴趣在哪一国的海军)奉为圭臬,逐期追读,不敢有遗的期刊。治中国近代海军史者(包括对中国海军史有兴趣的西方人士)究有几人读过此套期刊过去四十余年所积的半数,兼按期检读现正出版者(仅曾偶然翻检过若干期者不算)?连我在内,我不相信全球会超过四人。这类宝库,不是需要某项资料时才去查的,而是要随时检读,以广见闻的,故必须是家藏之物(这套期刊,我家藏的达百分之九十五。四十年间所出版者,我所缺的不超过十期。缺藏原物的,我都用影印之法补足了)。

军（或中国海军）世界排名第八这类以为足以自豪的梦幻语便随
处乱飞。

　　数尽丁汝昌的窝囊事后，准会有人要问，清季有合当北洋海军
提督的高质人才吗？这种人才不会多，但总不能说没有。许景澄
和马建忠正是难得一见的人选。二人均精熟外文，善和洋人交往。
许景澄的《外国师船图表》是绝世之作，充分证明其世界海军知识
丰富。马建忠出身福州船政，虽转业外交，对世界海军（特别是法
国海军）状态仍密切注意，屡有观察发表 [61]。他们任何一人都远胜
丁汝昌多矣。

九、结语

　　长崎入坞是短视的莽举，是不明日人的心态和仇视中国的程
度才会弄出来的笨事。指丁汝昌（以及他背后的老板李鸿章）愚
笨误国尚不光是就此事而发，而是综观其长期出掌北洋海军的态
度和处事手法才作出结论来。

　　我和孙建军先生（以及不少其他同行）的观点所以分别大，主
要因为我并不把清季海军史作为一项国别专题史来看，而是设法
从海军专业史和世界海军史的角度去考察，更尽量避免从"敌"、
"我"的角度去看事物，以致把单纯的军事史弄成可以随意加入情
绪的民族大义史（譬如什么北洋海军是正义之师那类冠冕堂皇的

61　马建忠的海防思想成一体系，足供考释，见坂野正高，《中国近代化と馬建
　　忠》（东京：东京大学出版会，1985 年），页 51—85；薛玉琴，《马建忠与近
　　代中国海军建设》，《史林》（上海），2002 年 1 期（2002），页 51—54、34；
　　王如绘，《讨论马建忠的海防思想》，《东岳论丛》，24 卷 1 期（2003 年 1
　　月），页 70—75。

梦话)。军事史要写得好,注意力应集中在何以胜、何以败的技术
解释;所用的方法不外视野图广,引据求丰,论析谋全。是故就事
论事,愚笨者和滥竽充数者痛斥,聪敏者和与时俱进者称许,悉不
以"敌"、"我"为念[62],一切以发掘真相为归,而不容国情因素影响
考述和立论的准确性和周全程度。循此从事考研,主观之见与措
辞过严之苛,不敢谓必无;无根之论和盲吹瞎捧之举,则可保证绝
对没有。

　　研究海军史这类专业史,步骤宜从繁,不宜就简,忌只采用三
两种资料便下结论。如果这些数量有限的资料性质复相同,局限
性就更严重,找出真相的可能性就会更低。

附录:"定远"级舰速射炮械的数目和型款

　　"定远"级舰上有多少门速射炮械以及它们属于什么型款看似
是个不是问题的问题。有多少门速射炮械该是无法隐藏,本可平
铺直述之事,为何时至今日仍要猜来猜去? 这反映海军史的复杂
性和讨论不宜简化,以及史料必须由当事者立意即时保留的道理。
因为通过这课题的讨论可以清楚地说明昔日要确实详知当时别国
舰只的备炮情形是如何困难之事,但注释会过长,大增排印时组版
之难,故另作附录,置于文末。

62　在英美人士眼中,两次世界大战的若干德日将领如牟纳(Karl von Müller,
　　1873—1923)、隆美尔(Erwin Johannes Eugen Rommel, 1891—1944)、蓝
　　士铎(Hans Langsdorff, 1894—1939)、山本五十六(1884—1943)等永远
　　是英雄豪杰,不管因他们的行动而曾导致多少伤亡,而绝不会称彼等为
　　"匪",为"寇",为"酋"。这是值得崇敬的雅量和审察明辨精神。在中国人
　　笔下,自明治年间至第二次世界大战结束,哪个日本将领足配欣赏? 感兴
　　趣的反是尽法把丁汝昌、刘步蟾、林泰曾、方伯谦、蔡廷幹那类鼠辈捧上半
　　天高! 抱持这态度者怎会明白为何自同治末年至抗战期间发展海军会落
　　得未盛先衰之局,和逢外战必败的处境。

目前这问题的讨论可按我手边有的资料顺时序看下去。1883年刊行的 *Die Kriegsschiffbauten, 1881-1882*，以及 *Naval Annual* 的 1886 年创刊号不是全无"定远"级舰的纪录(后者)，便是只记主炮和副炮而不管辅助炮械(前者)。家藏的随后一本 *Naval Annual*（1890 年的），p. 277，仅说有八门机关炮，而不交代任何细节。英国海军部情报署的 *China War Vessels*，p. 37，说舰上有十门 37 公厘哈乞开斯多管机关炮，另在 p. 10 说当时中国海军用的哈乞开斯多管机关炮为五管型一磅弹式。这些都是甲午战争以前的刊物，可列为原始史料。

战争结束以后的刊物统归为研究报告。H. W. Wilson, *Ironclads in Action: A Sketch of Naval Warfare from 1855 to 1895*（Boston: Little, Brown and Company, 1896）是研究十九世纪后半期，新式海军出现了以后诸海战的开山之作，出版于甲午战争结束后一年，不可谓不早。该书上册，p. 305，说"定远"级舰有小口径(即 47 公厘以下)速射炮及机关炮共十二门之多，但没有提供细节。同时期的还有 Vladmir（旅华意大利人 Zanoni Hind Volpicelli 的笔名），*The China-Japan War*（New York: Charles Scribner's Sons, 1896）。其 p. 76 说"定远"级舰有八门哈乞开斯机关炮，但没有讲及其他。再说下去仍是 Herbert Wrigley Wilson（1866—1940）之作，他把 *Ironclads in Action* 修改为 *Battleships in Action*（Boston: Little, Brown and Company, 1926）。其上册，p. 326，还是说"定远"级舰有小口径速射炮及机关炮共十二门，且仍不讲细节。其后过一段很长的时间才出现编撰从历史角度记述各国大小舰只的辞典式书籍的观念。这些书籍都是研究任何国别海军史者不可或缺的傍身工具。这些书当中，"定远"级舰有专项者共四种。把问题讲得简单点，*Conway 1860-1905*, p. 365; Gibbons I, p. 105; Marshall, p.60，三种均仅记"定远"级舰的主炮和副炮，而不及口径较小的辅助炮械。

Silverstone I, p. 46, 说此级舰除主炮和副炮外，还有四磅弹炮二门，却不交代其口径和身倍。这特别消息不见别处。说其特别因四磅弹炮应是速射炮，为何速射炮械仅得此款二门而没有其他？况且海军用的四磅弹速射炮当时并不流行，更未见清季海军使用四磅弹速射炮的纪录。

近年海峡两岸流行图文并茂、彩色缤纷的军事杂志，这情形无疑给有兴趣而又拥有资料者提供出版定期专栏的园地。台北的姚开阳和山东威海的陈悦都先后把握这机会出版了颇长的系列（姚的结束多年，陈者仍在出版）。姚、陈两系列均有文讲"定远"级舰。

姚开阳，《"镇远"与"定远"——中国空前绝后的战斗舰》，《全球防卫杂志》，182 期（1999 年 10 月），页 79、83，谓舰上有 37 公厘五管格林机关炮八门。这是独见此处的说法。惜其说虽够新鲜，却极不足信 :（一）格林机关枪（不是炮）是美国人格林（Richard Jordan Gatling, 1818—1903）的发明品，怎会用十进法计算口径？（二）虽然曾有五管型的格林机枪，但产量甚少。各国海军通常用的是十管型，其次是六管型。（三）发射的是子弹，不是炮弹（故称枪，不能称为炮），一般口径是 0.30、0.40、0.50、0.58 和 1 吋。授权欧人制造时，口径易为彼辈较习惯的 0.65、0.75 和 1 吋。不论美制还是欧造，十九世纪结束以前从未有口径大至 1.46 吋（37 公厘）者。关于格林机枪的参考资料虽不多，仍算丰富，近代学者写的专书就起码有两本 :Paul Wahl and Don Toppel, *The Gatling Gun* (New York: Arco Publishing Company, 1965); Joseph Berk, *The Gatling Gun: 19th Century Machine Gun to 21st Century Vulcan* (Boulder, CO: Paladin Press, 1991). 在几乎看不尽的有关早期机关枪 / 炮发展的书里，也很易找到有用资料，如 Anthony Smith, *Machine Gun: The Story of the Men and the Weapon that Changed*

the Face of War（New York: St. Martin's Press, 2002），pp. 61-63.
这尚不止。在玩具模型店里，还很易便能找到格林机关枪的模型。
任何其他早期机关枪／炮都没有这样受宠。既知道这些，就不难
明白姚文所说的没有多大说对的可能。

陈悦，《失落的辉煌——"定远"级铁甲舰》，《现代舰船》，232
期（2005 年 1 月），页 55，所讲的又大不同。他以为舰上这类炮械
全是哈乞开斯的产品，分三款，共十二门：57 公厘单管六磅弹炮二
门、47 公厘单管三磅弹炮二门、37 公厘五管二磅弹炮八门 [63]。

各种舰只辞典，以及姚、陈二文，分歧如此大，教人如何取决？
最麻烦之处在这些舰只辞典和求普及的杂志，受体制和篇幅之限，
都不交代史源，令覆查无由措手。至于目前唯一从舰只设计的角
度讨论"定远"级舰的中文学报文章，姜鸣，《"定远"和"镇远"铁
甲舰述略》，《船史研究》，2 期（1986），页 77—86，更完全没有讲及
炮械。

破此困局之法为仅依甲午战争以前的资料立论。这类资料
起码有五款：（一）英国海军部情报署 1891 年编印的 *China War
Vessels* 特别具权威性，一因英海军部掌握德国船厂消息不难，二
因报告提出的时间够早，三因不能排除若干资料是琅威理所提
供的可能。（二）注 11 所引 Mach 文异常重要，因其取材于德国
船厂的档案。这是很少人有可能直接运用的一手资料。（三）驻
德大臣许景澄光绪十年十月初（1884 年 11 月下旬）寄发的《勘
验"定远"、"镇远"两船工料并接管情形折》；见《许文肃公遗稿》
（民国七年外交部图书馆本），卷 3，叶 5 上至 7 上，讲的是工程完
竣后的验收情形。（四）李鸿章于光绪十一年十月十八日（1885
年 11 月 24 日）上呈的《验收铁甲快船折》；见吴汝纶编，《李文

---

63 此文收入《北洋舰船》时，这部分并无改变（页 15—16）。

忠公全集》(光绪乙巳［三十一］年金陵刊本)，"奏稿"，卷55，叶16上至18下。此资料的重要程度是无需强调的。(五)日方在甲午战争结束后十年才发行的报告(日本)海军军令部编纂，《廿七八年海战史》(东京：春阳堂，1905年)(简称表作《廿七八年》)，不单是日本军方的资料，况且还是"镇远"早被他们拿过去以后才作的公布，其重要性自不待言。此书上册，页255，分别开列"定远"和"镇远"的炮械数据(完全一样)[64]。

五款当中，许景澄者最弱，一因炮械整体列得不够详细，二因自发件期至两舰启程东航尚有一段不短时间[65]，小改动仍是可能有的。不过，许的奏折总算说了最关要的一句话："通船有哈乞开司炮架十具。"(叶6下)此与上引 *China War Vessels* 不谋而合。

行文至此已经大耗篇幅，不如采较简单之法，表列其余四款所录"定远"级舰的全部炮械(不计鱼雷发射管)，许多事情都可以一目了然：

日海军	Mach	李鸿章	英海军
305 公厘克虏伯炮四门	305 公厘 /25 克虏伯炮四门	12 吋炮四门	305 公厘 /25 克虏伯炮四门
150 公厘克虏伯炮二门	150 公厘 /35 克虏伯炮二门	6 吋(应作 5.9 吋)炮二门	150 公厘 /35 克虏伯炮二门
75 公厘克虏伯炮四门	75 公厘炮四门	3 吋炮四门	75 公厘克虏伯炮二门
六磅弹单管哈乞开斯炮二门 #			
47 公厘五管哈乞开斯炮二门 ⊕	47 公厘哈乞开斯炮二门 ⊕		

---

64 陈悦所列数据即自此而来。
65 据 Mach 文，p. 11，两舰于 1885 年 7 月 3 日自德国北部基尔港启程东来。

日海军	Mach	李鸿章	英海军
37 公厘五管哈乞开斯炮八门 *	37 公厘哈乞开斯炮十门 *	1.2 吋(应作 1.46 吋)五管机关炮十门 *	37 公厘五管哈乞开斯机关炮十门 *

\# 这种速射炮的口径为 57 公厘[66]。

φ 虽然这种五管机关炮发射的称为三磅弹,实则所用的穿甲弹重 3.42 磅(54.71 安士),通常弹重 3.22 磅(53.12 安士)[67]。

* 这种五管机关炮是一磅弹炮(不是二磅弹,陈悦所说谅为手民之失),穿甲弹重 1.11 磅(17.80 安士),通常弹重 1.00 磅(16 安士)[68]。

把采用的资料局限在最原始的时段,眉目便清楚多了。日海军的纪录最齐全(六磅弹炮即不见别处),部分原因是发表有关纪录时"镇远"早已入了彼等之手(不过这样说倒反映北洋海军素质之劣。"定远"和"镇远"由彼辈使用多年,为何却留不下合格的、够详细的纪录? 由丁汝昌、刘步蟾、林泰曾等糊涂虫长期主持的北洋海军怎有打胜仗的可能?)。但不能说日海军的纪录也是最准确的。37 公厘哈乞开斯五管机关炮的其他三种纪录,以及许景澄的奏折,均说舰上共有这款炮十门,独它说只有八门。这分别是否可以解释为没有算入装在两桅杆战盘内的两门? 这样解释还是不完满。一则一个战盘装上两门机关炮是惯例,除非战盘的面积格外小。那么如果不计装在战盘上的,就不止仅少算两门了。二则"定远"级舰有三个战盘(前杆两个,一颇高,一颇低;后杆一个,装得颇高)。会否起码其中有一个战盘不装机关炮,仅部署枪手,而那些装在战盘上的机关炮又全部或部分不算入总数之内? 正因迄

---

66 *China War Vessels*, p. 10.

67 James Dredge, *Modern French Artillery: The St. Chanond, de Bange, Canet & Hotchkiss Systems*（London: Offices of Engineering, 1892）, p. 305.

68 *China War Vessels*, p. 10; James Dredge, *Modern French Artillery*, p. 305.

今纪录仍是漏洞多多,才需要这样从不同角度去推测。另外知道舰上有二门六磅弹炮固然是受欢迎的消息,但是否除此孤证外,还需要多点证据始能教人安心纳用?情形很明显,虽历百余年,资料尚左欠右缺。日人在甲午战争前七八年能详知"定远"级舰的数据至何程度?

舰上装有多少门速射炮械,如果现在谈的是英美德诸国的舰只(日本海军舰只资料的丰备程度往往可以相较),甚至南美大小国家的舰只,答案早就一检即有。但谈起"定远"级舰,今人虽掌握不少资料,却仍免不了猜测,甚至搬出必错无疑的答案来,主因在北洋海军领导阶层专业意识差透,没有好好留下纪录[69]。至于那几款速射炮械分别每门安装在何处?今人所知就更少。除了必然有若干门最轻的37公厘机关炮装在战盘外,其他速射炮械的位置则绝大多数不能确指。当时的日人怎可能对这些炮械知道得更多更准?哪会放弃天赐的机会不去一看究竟?

这样还说得不够清楚(或该说尚不够凌乱),仍可把焦点调准一点。

甲申战争期间,曾国荃在马江之役后因知李鸿章只会袖手旁观,南洋即使不准备与法国海军正面接战,也得设法提升主要舰只的战斗力量。他发现上海地亚士洋行(H.M. Schultz and

---

69 北洋海军于光绪十四年成军时公布的《北洋海军章程》正是这情形的写照。这本用大号字印出来的薄书(所用字号较一般线装古籍大)最关切者莫过于利益:每艘舰只月支多少,有几个职位,什么官阶。讲及个别舰只数据之处却几近零,武器更只字不提!这支究竟是舰队,还是商船队?即使是介绍商船队的册子也会交代船只的基本数据。这本内容贫乏的所谓章程无疑是面照妖镜,揭尽北洋海军领导群(绝对包括刘步蟾、林泰曾等主要管带)的自私、短视、无知,和严重缺乏专业意识。亏有不少研究者竟吹嘘这本章程为伟大建军理念的表征。其实看看它便足明白为何说北洋海军是支每战必败的,由豆腐渣人才运作的烂泥舰队。

Company）存有北洋"定远"舰的哈乞开斯炮十二炮,除了"超勇"、"扬威"二舰借去四门外,尚有八门,遂禀请借给南洋诸舰[70]。所说看似清楚,其实不然。

哈乞开斯当指速射炮,这点不成问题。指口径型款为37公厘五管型较47公厘五管型可能性高也问题不大。确难判断的问题,以及它们的可能解释,数目却不少:

（一）十二门全是"定远"的吗? 如果另为"镇远"准备十二门,为何不存放同一洋行? 谓"定远"存炮十二门会否是简约之言,实则指两姊妹舰共分者? 解释为两舰共分似较合理。

（二）上面表列"定远"级舰炮械的四种纪录,在时间上有分别:"日海军"和"英海军"者指"定远"、"镇远"来华多年后的情形。"李鸿章"者反映甫抵华时的样子。"Mach"者代表舰只东航来华时的装配。四者所记速射炮的数目虽有分别,但都不致多了六门（即寄存的十二门"定远"、"镇远"平分）,甚至多了十二门（即"定远"和"镇远"各有十二门寄存）那么极端。判断起来要留意一事:曾国荃上疏时（1884年12月28日）,"定远"和"镇远"尚在欧洲（启程东航是六个多月以后之事）。换言之,如果那些寄存的速射炮是计划待二舰来华后添加的,就当会出现"Mach"+6或12="日海军"或"英海军"这情形。实情显非如此。那么该如何解释暂存上海的速射炮? 会否借出的仅能收回若干,甚至悉数有借无还? 全部取回无大可能。不要忘记,借炮的七舰（北洋两艘、南洋五艘）,旋即有两艘毁于战火,报销了之物如何还?"超勇"、"扬威"既亦属北洋,借了也未必需要还。在这情形之下,目前谁也说不出那些速射炮借后的去向。

---

[70]《曾忠襄公奏议》,卷25,叶12上至15下,《援闽兵轮归杨岳斌调度疏》（光绪十年十一月十二日）。

（三）曾国荃上疏时，"超勇"、"扬威"已自那批速射炮借去四门。这点不成问题，且根本就是北洋内部之事。但让南洋五舰借用余下的八门只是建议而已。南北洋关系素来紧张，合作非易致。那八门是否真的让南洋借去，要看到支持的文献才可说实的。假如没有让南洋借去，那八门的去向就会成为另一问题了。

（四）那些炮械会否是备将来换旧之用，而非计划"定远"二舰甫抵华便添上去的？答案应是否定的。舰只尚未来华便备好多年后换旧用的炮械，前瞻得太厉害了，并非北洋海军领导阶层能有的思维。经费也难容作此额外开支。就算确有这种想法，而经费也够丰裕，也会先照料主炮和副炮，然后才管辅助炮械。

总而言之，要替"定远"级舰的速射炮开出一张准确清单（包括分布位置）是到了今日仍办不到之事。

还有一点可借此来说明。今人习惯地不查考真相，便人云亦云地指缺乏速射炮械是北洋海军失利之所由。参加黄海海战的中方舰只，速射炮械的数目虽未必及得上日方（我尚未数清楚），但本身备有这类火炮的数目则绝对不算少。每艘"定远"级舰的速射炮械就可能多达十四门（这尚未把舰只来华前暂存上海的那组炮算入去）！北洋海军最严重的缺点在领导阶层（包括今人频送爱国将领高帽子的主要舰只管带）的窳劣，以致舰队的整体素质大受影响。极端的内腐不是添点硬件配件便可望弥补的。对这支庸拙至极的舰队来说，每战必败是怎也无法避免之事。

后　记

最近我见到一本研究北洋海军的秘籍。原来日本海军参谋部曾于明治二十三年（1890 年，光绪十七年）编刊过一本名为《清国北洋海军实况一斑》的手册。出版日期确够关键性。凡例的日期是该年 7 月（我看到的一册，封面和版权页俱无），故待其出版最早也要夏末秋初了。这就是说,北洋海军首次访日,两铁甲舰且在长崎入旱坞已是整整四年前之事,而甲午战争还要再过四年才爆发。这本手册的编排虽和前二年出版的《北洋海军章程》类似,两者的重点却显然不同。《章程》处处以集团利益为虑,军事成分很淡薄;《一斑》则把注意力集中在理解北洋海军的作战能力。两者异同之处容另文分析,不必在此多说。

应说的是此手册如何记录"定远"级舰的速射炮械。上面说过,后刊的《廿七八年》记"定远"级舰的速射炮械为 57 公厘单管六磅弹哈乞开斯炮二门、47 公厘五管三磅弹哈乞开斯炮二门、37 公厘五管一磅弹哈斯炮八门。《一斑》仅记两艘"定远"级舰各有"机炮十四"门(页 2),而没有交代细节。应注意的是,《一斑》所说的速射炮总数多了两门。

两种日海军纪录这分别该如何解释,现在虽不必即下断语,但可自此看得出,尽管过了百余年,环境容许我们汇集各种罕见资料去做研究,"定远"级舰究竟有什么速射炮械以及各款的数目(更不要说各门炮的准确位置)仍是无法弄清楚的。即使加上《一斑》,也还是解释不了寄存地亚士洋行那组速射炮的来龙去脉。指日人不会觉得有必要细看主动付款送来自己旱坞的"定远"、"镇远"两舰,和就算看了也不会得益是说不通的,是不肯看清楚丁汝昌笨蛋奴才嘴脸才会搬出来替他护短夸功的话。

2007 年 7 月 29 日

——《九州学林》,5 卷 3 期(2007 年秋季)

补　记

这篇文章既有附录,复有后记,本已够繁杂,岂料待文章已刊出,尚发见另有得补充之处,只好再添补记来交代。

　　光绪十八年（1892）夏两广总督李瀚章委派副将余雄飞率领"广甲"和刚建成不久的"广乙"及"广丙"三舰北上与北洋舰只操演。事后丁汝昌函告李瀚章，直指"余统带少从马槊，晚习楼橹，学非有本，究非久计"（《丁汝昌集》，页170，《上李筱（荃）帅》[光绪十八年十月十三日]）。且不说这是惹人讨厌的越俎代庖之举（李瀚章是老板李鸿章的长兄），更是律人律己不同尺度的表现。北洋海军毕竟不是督理全国海军的单位，其统领按理和统领其他各洋海军者尽管官阶或不同，在职务上是平起平坐的，何由需要他自发地给别的统领打分数，评高下，暗做报告。更糟的是，他用来振振有词地批评余雄飞的那十六个字，倘出自别人笔下，正好是断定丁汝昌不配当北洋海军提督的最佳判词！这是久居上位者律人严，律己宽，且缺自知之明的好例子。

　　另有一件必须补说之事。孙建军文近有新版本：《1886年北洋舰船长崎油修起因探析》，《大连近代史研究》，4期（2007年10月），页62—78。基本论调和我参据的初版无异，初版的错误则修正了若干，如不再指祥生船厂在香港。相去不久发表的前后版本因何会有如此严重的分歧，他却没有清楚交代的勇气了。学者改变已发表的意见固然是常有之事，但总不可以有了后语便视前言从未存在过，两者之间的分别和意见改变之由都绝对有责任向读者说得明明白白的。祥生船厂之例导源于读不通原始资料，这点恐难要求他坦白了。

2008 年 3 月 26 日

马吉芬与北洋海军

一、引言

中日两国发展新海军，时间和过程差可比拟，然甲午较量却令代表中国海军实力的北洋海军全军覆没。研究甲午诸海役，角度和方法可以不同，效果亦相应有别。向鲜讨论的要点，以洋员参与的问题最值得探究。只要看看日方没有洋员参战，而中方则让不少洋员上阵，便不难明了这问题的重要性。这当然不是说洋人参战是中方致败之所由。但起码得先弄清楚这些洋员的背景、能耐和心态，才有可能对他们在甲午诸海役的表现和功过作客观的分析。

理论虽如此，实际探究却不易进行。这些洋员绝大多数无个人资料存世，研究遂难以措手。少数洋员虽确有足供考稽的资料，却因研究者或畏难苟且（外文能力不足当是部分原因），不肯费劲去追查资料，或自困于非善即恶的人物评断两端论，或以迎合狭隘民族主义的种种教条要求为满足，甚至三者兼而有之，以致观察严重受制，无法达到综贯中外研究成果，然后公平论断，再谋增益新知的理想境界。这样的指控并不限于国人的研究。洋人提出的报告可以同样庸拙，只是出毛病之处往往相反。

国人研究近代涉外史事,闭"国门"而造车者多,广阅外文资料(原始资料和研究成果)者稀,固为不容否认的事实。洋人能够直接而充分地运用中文资料者同样人数有限。倘要求国人发掘洋人没有用过的外文资料,或洋人引用中文资料比国人为丰,境界就更难臻达。

北洋海军"镇远"舰(见图10)帮带美国人马吉芬(见图16)的个案很可以用来说明这种情形。马吉芬是个关键性人物,不单因为他参役黄海之战,还因为他是中方极少数提供第一手海战报告者之一。他的海战报告,战事甫结束即为西方海军评论者广泛征引,使马吉芬在西方名噪一时,至今仍被誉为传奇人物。中国史家笔下的马吉芬,声名虽没有这样响亮,但也算是个诚勇可嘉的正面人物。现在要考虑的是中外评论的由来、差距和真实程度。

二、中文著述中见到的马吉芬

讨论不妨从中文著述讲起。除了一份刊登了几乎等于没有出版的翻译附研究之作外(详后),中文著述迄未见对马吉芬较完整的讨论。一般说来,只是在谈及甲午战争前在北洋海军服务的洋员或参加甲午诸海役的洋员时,稍提及马吉芬[1]。

近年确有国人为马吉芬写传记,而且这样的传记先后最少有三篇。最早的一篇见中国社会科学院近代史研究所翻译室,《近代来华外国人名辞典》(北京:中国社会科学出版社,1981年),页

---

[1] 如《龙旗舰队》,页274,及该书修订本,页299;戚其章,《晚清海军兴衰史》(北京:人民出版社,1998年),页407。

301。在这本涵盖性与准确性都不错的辞典中,仅环绕甲午战争黄海海战说几句不大相连,且误多正少的话,便敷衍了事的《马吉芬》条应算是书中较差的条项。此条虽交代不出马吉芬的生卒年和与其在华服务有关之事,幸起码总说对了他的英文姓名。

倘谓此条之不如理想是受制于辞典的体制(这话当然不对,因为辞典条项绝对可以写得内容平衡准确而无明错大漏),也不反映实情。在篇幅容许时,连仅要求综合现成知识,并不指望有突破的马吉芬传亦从未得见。

篇幅原可容随意发挥者是孙克复(1925—?)为其和关捷(1936—)所编《甲午中日战争人物传》(哈尔滨:黑龙江人民出版社,1984 年)而撰写的马吉芬传(页 326—327)。如果不算书中所收李鸿章(见图 1)等大员应长而长的传记,一般海军将领的传记都没有这样短。这篇实际长度只稍过一页的马吉芬传所以这样短,是受制于内容。这篇传记几乎什么也没有说。马吉芬的生卒年、出身背景、来华前事迹,一切欠奉外,连马吉芬这个美国人的英文姓名也说不出来(出版时上述的辞典已面世好一段时间)。

究竟这篇所谓传记依据的是什么? 讲了什么关于马吉芬的事情?

答案相当简单。与马吉芬较有关系的资料,这篇传记仅用了两件——马吉芬黄海海战报告见于三十年代天津《海事》期刊的中文简要[2],和另一亲历黄海海战的洋员戴理尔(见图 15)所记战况的张荫麟译本[3]。治近代涉外史事援引外国资料,不用原件,而

---

2 这是归与(笔名,本名不详)分三期刊登于《海事》的《中日海战评论撮要》一文的第三部分,见《海事》,10 卷 3 期(1936 年 9 月),页 37—44。按字数计,约译了原文稍过一半。

3 戴理尔原文见 *Pulling Strings*, pp.46-98. 张荫麟译文已列见本书所收《刘步蟾和东乡平八郎》一文之注 84。

用可靠性难免有问题的译文,本来就犯大忌。引用的马吉芬海战报告竟还不是完整的译文,而是多少年前弄出来的简略提要！就研究程序而言,这绝对是偷工减料至极的勾当。至于张荫麟所译的戴理尔报告,虽是全译,素质不算太差,视为一般读物并无不可,用作史料却有问题。这是因为张译有二失:(一)张荫麟虽为美国一流大学的毕业生,英文却不灵光,处理翻译,时暴其短。(二)张荫麟不懂英文海军术语,无法掌握这类词汇[4]。这样的译文能充作考研的根据吗? 还应注意的是,戴理尔对马吉芬并不友善,刻意恶诋。他的话就算直引原文,也不是可靠的史料。单凭这两件问题资料,连仅希望写一篇略备传主生平梗概的传记亦属绝不可能。换上马吉芬是中国人,谁也不会靠这样质弱量寡的资料便贸然替他写传记。

隔了好一段时间后,见到马昌华主编的《淮系人物列传——文职·北洋海军·洋员》(合肥:黄山书社,1995年),满以为书名既标明洋员为编撰范围,总会包括篇马吉芬传。竟没有(戴理尔也没有传),而仅在附录性的简表内列出。资料看来主要来自《近代来华外国人名辞典》,而马吉芬英文姓氏的一个关键性字母还是错弄为小写。此书没有马吉芬传,大概是由于误以为史事无所增益吧。

其后见到的一篇马吉芬传记收入韩俊英、王若、辛欣编著《史鉴——甲午战争研究备要》(北京:中央民族大学出版社,1997年),页148(作者不详)。这本书是关捷总主编《甲午国耻丛书》六种之一。此传和孙克复所撰者相去十一年,能够指出戴理尔(仍误作泰莱)所言之不可靠已是不错的进步了。但处理马吉芬既不长又不复杂的英文名字时,竟拼出根本就不是字的字来。这本迟

---

4 见下注39。

至 1997 年才出版之书,仍说不出马吉芬的生卒年。

说到这里,或者有人会指出戚其章(1925—)、王如绘所编《甲午战争与近代中国和世界——甲午战争 100 周年国际学术讨论会文集》(北京:人民出版社,1995 年),页 532—539,收入崔树义所译班福德(Paul Walden Bamford, 1921—2001)《麦吉芬与中国海军》一文(下简称班文)已消除上述几篇的缺点。此事要分开几方面来说。此文虽以译文形式刊行,基本上仍应视为洋文章,因为译者把文中人名和引用资料悉数汉翻而不注明原文,弄到读来仿如天书,无法收按图索骥之效,而后该书一年多才出版的《史鉴》完全没有自班文汲取任何新知的痕迹。其实外文来稿应原文照登,不必乱翻。在日本出版的汉学论文集内,时见英法德文的文章和日文文章混合来排次,就是这道理,并无制造"理还乱"局面的必要。此其一。从班文看不出班福德有阅读中文的本领。末尾一注开列些姜鸣、戚其章、张侠诸人编著的书,颇似是托图书馆员帮忙,随便弄些书名来满足形式的结果。此其二。班福德引用的主要文献(详后)明确地用中文写出马吉芬是其自订汉名(起码是当事人同意选用者)。班福德却让译者搬出个毫无史料支持的"麦吉芬"来。这正可证明他本人无运用中文资料的本领。治中国近代涉外史事,而不能直接发掘和运用中文或外文资料,毛病的严重性是一样的。此其三。见于外文书刊的马吉芬是个传奇豪杰。班福德所采西文资料虽较前人为丰,但因他欠判断力,结果仍以尽量夸张马吉芬行动的传奇性为撰述目标。此其四。

说完这些,还可添讲一新发展。自台湾师范大学退休后迁居加拿大有年的王家俭在一篇讨论海防建设与国际科技转移的近作里,提及马吉芬,仅列其姓,不书其名(其他洋员有姓名并举者),还误拼其姓为 McGiffen,并错记其在华服务日期至大打折扣的程度

（见后）[5]。王氏之治学背景和工作环境与前述诸人颇异，而不能突破则同。

说来说去，仍是一句话。单看中国大陆所出版的书刊，马吉芬始终是个几近空白的人物。这空白所导致的损失的程度，看下去便知道。

三、马吉芬研究在美国的热闹程度

量的统计就是热闹程度的最好说明。按手边现成的纪录，讲述马吉芬的书和期刊文章起码有（还有一种最值得讨论的稍后才说）：

Robert Harding Davis, *Real Soldiers of Fortune* （New York: C. Scribner's Sons, 1906）, pp. 147-175.

Cyrus Townsend Brady, *Under Tops'ls and Tents* （New York: Charles Scribner's Sons, 1917）, pp. 26-38.

Earle R. Forrest, "Captain Philo McGiffin at the Battle of the Yalu," *American Neptune*, 8:4 （October 1948）, pp. 267-278.

R.C. Anderson, "Captain McGiffin and the Battle of the Yalu," *American Neptune*, 9:4 （October 1948）, p. 301.

Richard O. Patterson, "A Commander for China," *USNIP*, 80:12 （December 1954）, pp. 1366-1375.

Eames L. Yates, "Philo McGiffin Lore," *USNIP*, 81:9 （September 1955）, p. 1051.

5　王家俭，《国际科技转移与北洋海防建设——论洋员在洋务运动中的角色与作用》，《中华文史论丛》，58 期（1999 年 5 月），页 333；此文并收入《北洋海军研究》，1 期（1999 年 11 月），页 71（无页码）。两版中有关马吉芬诸事错得一模一样，可知并非刊误。

Richard H. Bradford, "That Prodigal Son: Philo McGiffin and the Chinese Navy," *American Neptune*, 38:3（July 1978）, pp. 159-169.

John Laudermilk, "I Fought at Yalu," *Naval History*, 8:5（October 1994）, pp. 22-27.

要是复益以三类作品，单子是可以弄得颇长的：（一）马吉芬的自撰文章。（二）马吉芬自华返美后和逝世后不久的报章和杂著报导。（三）黄海海战后，欧美海军界人士根据马吉芬的海战报告评述海战经过（自然包括马吉芬自述在海战中所扮演的角色）和比较中日海军情况之作。其实上列诸文的依据不外这三类作品，故这张单子应够代表性。正因所据相同，文章的内容也就分别有限。要言之，皆盛扬马吉芬建功异域，虽败犹荣，其豪情奇行更足称善。文章发表时间的跨越大半世纪亦足证这课题之历久犹新。但很明显，对马吉芬的在华活动引以为荣，时嘉表扬的是美国人。虽然英法俄诸国当日在华利益的规模比美国大，这些国家的人士对马吉芬的行径则有事不关己的感觉，兴趣不大。

不管如何，通过上开诸文，马吉芬生平大略、生卒年等基本资料，最迟到了二十世纪四十年代已不成问题。

然而代表美国人对马吉芬的热衷的还不是上述诸作，而是马吉芬的后人替他编写的传记。马吉芬未婚而卒，无后裔。其侄儿（马吉芬死后才生，名字与马吉芬全同）之妻马芬妮（Lee McGiffin, 1906—1978）在六十年代根据马吉芬留下的家书等件，撰刊为 *Yankee of the Yalu: Philo Norton McGiffin, American Captain in the Chinese Navy*（*1885-1895*）（New York: E.P. Dutton and Company, 1968）一书。材料的独得使马芬妮能道别人所不能言。班文比其他谈马吉芬的文章充实即因其充分利用马芬妮书。可是，马芬妮书也承袭了材料本身的毛病。这些毛病更因不明究竟者如班福德引用马芬妮书而被散播开去。这点随后会讲明。

总而言之，要追查马吉芬的生平大略，可用的资料，尽管局限于二手性质的，数量绝对不少。怎能到了八九十年代还硬说基本事项这件不详，那件失考？

四、马吉芬的生平大略及其性格特征

要讲马吉芬的生平，马芬妮书自然不可或缺，下文以其为据之处就不必逐一注明（除一处例外）。惟马芬妮书失误之处，恒与马吉芬之性格有关，则应特为点出。至于班福德与笔者虽同据马芬妮书，而结论竟迥异，则是观察角度之异和批判程度有别之所致。

马吉芬生于 1860 年 12 月 13 日。其父陆军出身。家中四子（他排行第三）仅马吉芬一人入读海军学校。以其学植基础和记忆力之佳，马吉芬在美国海军学院（United States Naval Academy）修读应有卓越的成绩。事实竟非如此。

马吉芬性格好动，顽皮透顶，捣蛋最精，在这所设于美国东岸马利兰州安纳波利斯市（Annapolis, Maryland）的著名海军学院就读，犯规闹事，式样层出不穷，以致扣操行分以百次计，甚至经常被关进学院的监狱船。他能够按时毕业（1882 年 6 月）已算是奇迹了[6]。凭这样的纪录，毕业后希望能顺利安排到职位，本来已非易事。适值美国南北内战结束，海军舰只和人员均大量裁减。那

6　最近有人写了本用美国海军学院学员顽皮捣蛋行径为题材的小说，主人翁即取名 Philo T. McGiffin（中间的名字换了，以示故事是虚构的）。由此可见，这所学院有史以来，最著名的捣蛋星君就是马吉芬！这本小说是 David Poyer, *The Return of Philo T. McGiffin*（Annapolis: Naval Institute Press, 1997）.

届三十六个毕业生只分配到十二个工作名额。马吉芬当然没有份儿。两年的实习期一过,离校(1884 年 6 月)就是失业。

马吉芬在彷徨和失望之余,见报载李鸿章锐意发展海军,正招兵买马,遂毅然收拾行囊先往三藩市中国领事馆查询(马吉芬的汉名就是领事馆职员替他起的),然后乘船赴天津。通过天津美国领事馆的安排,李鸿章接见时年二十四岁的马吉芬,立刻录用。那是 1885 年 4 月 13 日(光绪十一年二月二十八日)之事。见于《近代来华外国人名辞典》和《史鉴》一类书籍的传记,每说马吉芬是应李鸿章之聘而来华的,根本就是胡言。前述王家俭文则谓马吉芬之在华服务始自 1890 年,整整说迟了四五年,把马吉芬的十年在华服务时间切短了近半(马吉芬 1895 年初辞职离华,见后)。

在北洋海军的组织里,马吉芬只是个边缘人物。中文文献鲜见他的名字出现,更遑论他的事迹。追查他的在华行实,只有靠他自己的话。马吉芬留下的纪录有两种:(一)他发表的黄海海战报告。(二)他自华寄返的家书。家书原件不知是否尚存世[7],而马芬妮书所采用者当够代表性。

马芬妮(其夫卒于 1964 年)是著作等身的盛名儿童文学作家。其马吉芬传虽非用详注史源的学术形式书写,但因她于中国研究为门外汉,并无随意添改史事的能耐(为先人立传,也没有添改史事的必要),故书中所记诸事必悉据马吉芬的家书和留下的文件。正因如此,一本原意为替马吉芬表扬之书竟成了控告他的证据!

马吉芬初任天津水师学堂教习,授航海学和枪炮术,兼当练船管带,并自延师习中文(其续用马吉芬之名,此名也就应视为自订

---

7 1993 年我和马芬妮在美国西岸俄勒冈州(Oregon)当律师之子马当诺(David N. McGiffin)有过短暂的接触。惜未问明情况,联络便告终断。

汉名)[8]。

1886年（光绪十二年），马吉芬写信回家，说李鸿章派他带同一百二十人去朝鲜测量海岸线（没有指出究竟涉及什么舰只），因而乘机游览该国（甚至畅游皇宫）和日本。

说到这里得解释一事。清末来华外人写书信给亲友，或日后出回忆录，夸张其事功是人之常情。离乡别井，远赴当时不为一般欧美人士理解的中国工作，要向亲友证明不虚此行，夸报事功在当日资讯迟慢且极端不足的大环境里，是简易之事。就马吉芬之情形而言，夸张至凭空构想竟是时有之事！

正如随后所说往英接舰之事所显示的，马吉芬的家书真言假语相混，如无辅助资料勘明，实难分辨。幸而他畅游朝日的谎言碰上一件历史大事，使其谎话说得口没遮拦的性格表露无遗。

那年确有派舰往朝鲜海岸操巡之事，事情却与马吉芬无关，而且还演成国际大事，查考不难。1886年8月初，北洋海军提督丁汝昌（见图2）奉命率领甫自德国建成来华的"定远"、"镇远"、"济远"三舰和原先已有的"威远"、"超勇"、"扬威"赴朝鲜沿岸巡防，并远至海参崴。回程时，"定远"、"镇远"、"济远"、"威远"四舰驶往日本长崎入坞，因而导发需由英德两国调停且延至1887年才解决的"长崎兵捕互斗案"[9]。马吉芬竟说那时他假公济私地畅游朝日，谎言怎站得住脚！大概马吉芬一听闻李鸿章拟派舰巡朝，便急

---

8 《李鸿章电稿》，册3，页178，《寄译署》（光绪二十年十月二十四日），即以"美教习马吉芬"称之。并参看上注3。

9 事件的经过，见王家俭，《中日长崎事件之交涉（一八八六～一八八七）》，《历史学报》（台湾师大），5期（1977年4月），页335—378；修订本见氏著《海军史论集》，页147—198。至于李忠兴，《中日长崎事件及其交涉》，《历史教学问题》，1994年3期（1994年6月），页21—24，则孤陋寡闻，因不知道早有王家俭综引中英资料而成的报告，竟弄出后出转劣的例子。

不及待地凭幻想写信回家,胡吹一顿。待长崎事件发生,在华的各种西文报纸都有报导,他不大可能还有胆量说谎。

随后要说的事更真少假多。马吉芬说朝鲜日本之旅后,李鸿章于 1887 年(光绪十三年)春派他去英国接收订购的舰只。此事按马芬妮依家书而写的,简直语无伦次,满纸胡言。她说:马吉芬带领他拣选的人员乘坐"致远"舰去英国,带回在英订购的"超勇"和"扬威"二舰。在英办事时,他用在华任北洋海军总查职的英国海军军官琅威理(见图 14)的介绍信来打通关节。他还乘便于 4 月去巴黎一游;返英后更谈了一次恋爱。待公干完毕,"致远"、"超勇"、"扬威"三舰在他指挥下结队东航。

强编出来的故事,毛病甚多,且十分明显:

(一)每次往外国公干,必有空余时间,和拨开随员的机会,可容他畅游邻国。这次还在出差中谈恋爱。这些企图证明他在异域生活得十分丰满的话分明是说来逗父母高兴的。

(二)清廷接收在外国所订舰只时,负责人员从来都是乘商船前往的。乘军舰去,一次也没有。这是很简单的逻辑道理。若乘甲舰去接乙舰和丙舰,甲舰还是要驶回来的,岂不变成甲舰数目有限的人员("致远"可载 260 人[10])分作三组,弄到每艘都不够工作人员! 马吉芬连编故事的本领也没有[11]。

---

10 "致远"舰可载人数, *China War Vessels*, p.14, 作 260 人。北洋海军实际分配给"致远"的人员则只有 202 名;见《北洋海军章程》(光绪十四年),册 1,叶 11 上至 13 下。

11 这里涉及一件不能不澄清之事。姜鸣,《中国近代海军史事编年(1860—1911)》([北京]:海军军事学术研究所,1991 年),页 96,说"海镜"(1,358吨,1874 年)号兵舰载接收"超勇"、"扬威"的中国官兵于 1881 年 4 月 24日抵英国订舰厂的所在地,并注明史源为《海关密档》,卷 2,页 548。一检该书,不仅果如此说,编者还加注确凿而言:"'海镜'号炮艇,1874 年福州船政局所造。1881 年 1 月,李鸿章派丁汝昌去英国接收(转下页)

（三）这次带队接舰的是琅威理，证据确凿，清楚不过[12]。怎会变成琅威理不去，而让马吉芬拿他的介绍信去自抬身价！

（接上页）订购的'超勇'、'扬威'两巡洋舰时，'海镜'号奉派远送中国船员赴英以便驶回两艘新舰。"这样不独证明早有清海军派舰接舰的先例，还奇迹地指出一舰去三舰返并不会产生舰员不敷用的问题，更替洋务运动增添福州船政早期所造的舰船可以远航往返欧亚的神话（《海关密档》的编者还说"海镜"只是艘炮艇，那就更神乎其技了）! 查检接舰团成员池仲祐的《西行日记》（光绪二十四年），卷上，叶6上至12下，根本不是那回事。接舰团是乘轮船招商局的"海琛"（1,145吨，1871年）号轮船赴英的! 这里涉及的并不限于确证乘商船去接舰是成规，和一舰去三舰返之不合逻辑，还指出一更重要的事来。刊布外文资料只宜原文照登，不应翻译，因为这样做不单浪费资源，增加刊布的困难，更随时制造不必要的"理还乱"麻烦，和给没有足够外文能力而治近代涉外史事者布设陷阱。若遇到无法核对原件时，连具外文能力者亦不易看出毛病之所在。这里的例子正如此。赫德给其驻英助手金登幹（James Duncan Campbell, 1833—1907）的书信，John King Fairbank 费正清, *et al, ed., The I.G. in Peking: Letters of Robert Hart, Chinese Maritime Customs, 1868-1907*（Cambridge, MA.: Harvard University Press, 1975），2 volumes，收了不少，倘这些书信亦见《海关密档》，翻译的正误便一目了然（《海关密档》的误译确不少）。可惜这里涉及的是金登幹写给赫德的信，这种书信费正清（1907—1992）等所编的集子一封也没有。如果《海关密档》原文照登，处理起来自然快捷可靠；强翻出来，却变成扰己扰人。虽然姜鸣的上引书并不是公开发售之物，而他在该书广为流通的修订本，《海军日志》，页81—83，已更正以前误"海琛"商船为"海镜"炮艇之失，但《海关密档》本身流通极广，那条无中生有、凭空杜撰的注释大有再为人误引的可能，故仍得要辞说明。以上写完后，始发见《海关密档》的编者另刊赫德、金登幹间的信件原文为 *Customs Archives*。那封编号为811（1881年4月28日）的信见Vol. 1, p. 631; 所乘往接舰之船作 Haichen。Haichen 怎会被那些翻译者弄成"海镜"! 翻译本那条编者所加的注之英文版，见 Vol. 4, p. 120，依然白天见鬼地说 "The gunboat Hai Chen was made by the Fuzhou Shipping Administration Bureau in 1874." 福州船政局从来没有 Fuzhou Shipping Administration Bureau 这样之洋名，故应依据历史上早有的专有名词作 Foochow Arsenal。历史归历史，这与现在采用拼音法并无冲突。研究历史而不尊重历史，以致胡乱发明是很可怕之事。

[12] 光绪十三年二月三日直隶总督李鸿章奏，收入《洋务运动》，册3，页37—39。

（四）在马吉芬未来华前，"超勇"、"扬威"早已建成（它们正是上述往朝巡防舰队的单位），由时为督练北洋炮船记名提督的丁汝昌和总教习洋员葛雷森（William Hughes Clayson, 1842—1890）负责接返，并由李鸿章于光绪七年十月初一日（1881 年 11 月 22 日）在大沽验收 [13]。这是李鸿章首次接见马吉芬前差不多三年半之事。事情怎可能颠倒如马吉芬之所言？他根本就不知道前此于 1886 年夏赴朝巡防的舰队究竟包括些什么舰只，以致前言后语全是胡说。

（五）这次接收来华的是英制舰"致远"和其姊妹舰"靖远"，以及德制舰"经远"和其姊妹舰"来远"。它们一并抵华是 1888 年 4 月（光绪十四年三月）之事 [14]。马吉芬把事情说早了一年多！

（六）上述四舰当中，"经远"和"来远"造得较慢，1887 年初才下水 [15]。清廷自不会旋即在该年春天就派员去接收 [16]。

---

13 吴汝纶编，《李文忠公全集》（光绪乙巳［三十一］年金陵刊本），"奏稿"，卷 39，叶 16 上至 17 上，《派丁汝昌赴英收船片》（光绪六年十一月二十六日）；池仲祐，《西行日记》，卷上，叶 1 上、卷下，叶 20 下；《海军日志》，页 78—79、89。

14 余思诒，《楼船日记》（《航海琐记》本），卷下，叶 44 上；《海军日志》，页 156。

15 英制"致远"舰的下水日期为 1886 年 9 月 29 日；"靖远"1886 年 12 月 14 日。德制的"经远"和"来远"较迟下水；前者 1887 年 1 月 3 日，后者 1887 年 3 月 25 日。以上数据见 *Conway 1860-1905*, pp.396-397. 还有，中国代表团到 1887 年 8 月 11 日才接收"经远"和"来远"二舰；见 *China War Vessels*, pp. 40-42.

16 班福德熟悉其友人罗林森的 *Struggle* 书，应知马吉芬扬言率"致远"赴英接收"超勇"、"扬威"之妄。可惜班福德处理起来，竟为马吉芬掩过，强说马吉芬所接收的是英制舰"致远"和"靖远"，而把德制舰"经远"和"来远"说成是"大概经由中国另外一使团驶回"（班文注 2）。这样愈绘愈墨，毛病起码部分源出班福德过信舰只资料错误百出的罗林森书。该书强调"致远"和"靖远"，"经远"和"来远"不单不是两对姊妹舰，分别还极大，又说"致远"和"靖远"是在 1887 年接收的，都是莫名其妙的错误（pp.139-140, 250-251, 225）。

这些严重错失指出三事：(一)马吉芬是说谎大王，编起故事来，不计老本。(二)马吉芬在北洋海军接触的事情很有限，以致对这支舰队认识甚肤浅，连它有什么主要舰只也印象模糊之极。(三)赴欧接收"致远"等四舰（还加上一艘鱼雷艇）之事与马吉芬无关。

首二观察确实如此，第三项却与事实不符。原来马吉芬确曾参加赴欧接收"致远"等舰的工作。但他只是个边缘人物，故在此行领队的一般名单内看不到他的名字。例如，接舰程序主持人之一的驻德大使许景澄向总理各国事务衙门呈交报告时，屡次提及统领舰只来华的琅威理，却不提马吉芬[17]，连他约同接舰有关华洋人员去参观英国海港时，开出一张长达十三人的名单，单内亦不见马吉芬之名[18]。待舰队东航，有关的人员确实有一张接近全目的名单。那就是驻英使馆随员余思诒事后以《楼船日记》书名，发表的详细航行纪录内所列的《四船官弁》名单[19]。这张单子也与马吉芬无关。幸而马吉芬之名在余思诒书中还是出现过两次，说他是大副[20]。有关事情的零碎性质正可证明马吉芬在接舰团中地位的低微，与琅威理名字在书中之随处可见相比，轩轾立判。

马吉芬既是接舰团的一分子，地位再低，也不该连接什么舰也弄不清楚。关键当在时间。有关家书谅写于1887年春夏之间。

---

17 《许文肃公遗稿》（民国七年外交部本），卷5，叶26上至32下，收了好几份与接舰有关，发自光绪十三年正月至该年七月之间的文件。

18 《许文肃公遗稿》，卷11，叶18上。

19 《楼船日记》，卷上，叶4上下。中国甲午战争博物馆、北京图书馆阅览部编，《中日甲午战争研究论著索引（1894—1993）》（济南：齐鲁书社，1994年），页21，把余思诒的书说成是"主要记述1887年北洋海军派出四只船及邓世昌等人赴英留学之事"！还把虽曾赴英，却未尝留学的邓世昌硬封为留学生！

20 《楼船日记》，卷上，叶37下、卷下，叶7下。

他听闻会派员赴欧接舰,但不知道去接何舰,亦不明白清廷接舰的成规,更不清楚北洋海军那时已有些什么主要舰只,就单凭东凑西拼听来的"致远"、"超勇"、"扬威"舰名发白日梦地幻想自己堂然皇然率舰赴英去接舰,且发信回家,把梦幻讲得口沫横飞。一年多以后,他果真随队往接舰,知道了真相,但早发了的家书已无法更改。他怎能预料八十年后佪妇会根据这些书信把他的梦幻当真事写出来?

赴朝测量和往欧接舰并不是孤立的个案,而是二事如出一辙,都是由耳闻变梦幻,然后发为家信。马吉芬说话之不负责任是不必代辩的。说得简单点,凡是不能核实之事,马吉芬所言只能姑妄听之。

接舰后,马吉芬仍回天津水师学堂当教习。光绪十六年(1890)四月十六日,威海卫水师学堂成立[21]。数月后,李鸿章调马吉芬往该校任教[22]。

在威海卫水师学堂即将成立时,负责训练北洋海军的琅威理为丁汝昌左右手之一的总兵刘步蟾(见图5)所辱,愤而辞职[23]。其

---

21 《李文忠公全集》,"奏稿",卷72,叶22上下,《威海卫建学堂片》(光绪十七年七月二十二日)。包遵彭,《清季海军教育史》(台北:"国防研究院",1969年),页93,所说日期亦同。《近代海军》,页82,则误记为光绪十六年五月。

22 包遵彭,《清季海军教育史》,页96。包遵彭当年写此书主要依据民初北洋政府海军部委派弁编写的十来份,厚薄不一的各海校历史事略(全为未刊稿),因为撰写者不少自有关学校出身,故不无取信价值。包著出版以后,那批旧档早下落不明,我曾托详熟在台档案庋藏情形的朋友去追查,亦无所获。幸而那批旧档大多数尚存,只是因重新组配,名称和编号都不同了(见后记)。用包遵彭此书者甚众,而多不知这批未刊稿是否仍存世,若存又在何处,故不妨说几句来澄清。

23 此事的经过,可参阅罗尔纲,《琅威理辞职事考》,《星岛日报》,1949年3月20日、4月3日("文史",16、17期)(罗尔纲[1901—1997]不仅在四十年代已率先考论琅威理辞职事件,其称Tyler为戴理尔也弄对了);王家俭,《琅威理(Capt. William M. Lang)之借聘来华及其辞职风波》,《历史学报》(台湾师大),6期(1978年5月),页183—207,修订本(转下页)

后由刘步蟾和丁汝昌另一得力助手总兵林泰曾等接手训练的北洋海军军纪日劣,素质下降,且舰只维修失度。这些变化,马芬妮书讲了不少,说是马吉芬的观察。然而马芬妮书并不是详释史源的学术著述,所据资料虽必出自马吉芬手,但用的是甲午战争以前的家书,还是返美后的回忆纪录,对判断马吉芬的能耐分别甚大。前者是独具只眼的观察,后者是人云亦云的"事后孔明"之言。按马吉芬的一贯表现,后者的可能性应比前者高得多。

在威海卫服务至 1894 年(光绪二十年)夏时,马吉芬准备休假返美。因觉得中日关系转恶,战事一触即发,遂自动取消假期,转任铁甲舰"镇远"号帮带职。

海战果旋爆发。日海军于 7 月 25 日(六月二十三日)在朝鲜西岸丰岛海面不宣而战。涉及这次海役的北洋海军舰只共四艘:"威远"先返航,未与日海军遭遇;"广乙"见毁;"济远"受伤;"操江"(640 吨,1879 年)被掳[24]。马吉芬却说日人击伤"济远"和掳去两小舰。马吉芬描述自己为北洋海军权力中心的一分子,事实绝非如此。

继而有规模更大,世界触目的 9 月 17 日,星期一(八月十八日)黄海海战。马吉芬既为"镇远"舰帮带,遂全程参与,因而受

(接上页)收入《海军史论集》,页 61—93;欧阳煦,《我舰队训练最早最高的外籍顾问——琅威理(Capt. William Metcalfe Lang, 1843—1906)》,《海军学术月刊》,22 卷 2 期(1988 年 2 月),页 88—97(此文以抄录上引王家俭文为主要依据);王家俭,《借将练兵惹来的麻烦——从李鸿章向英借聘琅威理说起》,《历史月刊》,72 期(1994 年 1 月),页 74—78;戚其章,《琅威理与北洋海军》,《近代史研究》,1988 年 6 期(1998 年 11 月),页 65—74,并收入戚俊杰等编,《北洋海军研究》,页 447—458(添列毕华健为副作者)自王家俭之《历史学报》文开始,讨论此课题之作虽屡见,罗尔纲之旧文却从无一人用过。

24 "操江"是江南制造局所建的第二号兵轮,其基本数据见《舰艇工业史料》,页 928—929。

伤不轻,周身碎片。受创亦重的"镇远"舰返回旅顺后,马吉芬旋即离舰,乘船往天津(星期四傍晚抵埠),登停泊港内的美国明轮炮舰"蒙诺嘉斯"(Monocacy,1,370 吨,1866 年)号求诊,在舰上留医达数周之久。疗伤之际,在舰上遇见时在美海军任情报员的海军学院高班同学沈维廉(William Sowden Sims, 1858—1936)[25],相谈甚欢,与述海战经过,对沈维廉随后所写的战情分析报告颇有影响。

此外,马吉芬甫自黄海战场返抵后方,即知其学院同学日人 Tasuker Serata 在日方旗舰"松岛"号(见图 26)上,因中"镇远"所发之巨弹而阵亡,闻之悲痛莫名,殆有因己而死之感也(此两段所讲仅按马芬妮据马吉芬所寄的家书和所留下的文件而撰的传记,依书直说。可商之处,后另交代)。

1895 年初(马关条约签署前不久),马吉芬辞职返美。该年 5 月,马吉芬返抵美东宾夕凡尼亚州故乡,开始一段当杂工、演讲、求医的生活,而其英雄形象不断为传媒所渲染。最后终因无法忍受周身遍插不能抽拔的碎片之苦和接受身体日衰的事实,于 1897 年 2 月 11 日在医院吞枪自杀。年仅三十六岁。

马吉芬死后,声誉益隆,有人建议用其名命一艘鱼雷艇以资纪念[26]。鱼雷艇即初型的驱逐舰,当时为新发展的舰种,重要性颇似现在的导弹护卫舰。十九世纪末,美国海军仅拥有十多艘

25　沈维廉当时在美国海军任情报员,这点没有问题,见 Elting E. Morison, *Admiral Sims and the Modern Navy* (Boston: Houghton Mifflin Company, 1947), pp. 37-47 ; Jeffery M. Dorwart, *The Office of Naval Intelligence: The Birth of America's First Intelligence Agency, 1865-1918* (Annapolis: Naval Institute Press, 1979), p. 52.

26　Brady, *Under Tops'ls and Tents*, p. 38. 提出这建议者正是此书的作者。因为这是本杂文选,集子出版时文章都已发表有年,加上作者对马吉芬极崇敬,故提出这建议当不出马吉芬死后两三年的时间。

鱼雷艇[27]。惟其事未果,美国海军至今从没有任何舰只以马吉芬为名[28]。

五、马吉芬所述返后方后诸事之可疑

马吉芬和家人所讲在"蒙诺嘉斯"号上疗伤,并在该舰上和沈维廉谈论海战经过,以及日本同学之卒,经由其后人写入传记之诸事,与彼前述亲选海军人员乘"致远"舰往英接收"超勇""扬威"两舰的谎言一样,毛病百出,不值一笑:

(一)黄海海战后,沈维廉向美海军部报告自山东至朝鲜一带水域各国舰只的情形是事实,但其服务的舰只是"查理斯顿"(Charleston,3,730吨,1889年)号巡洋舰,并不是明轮杂役炮舰"蒙诺嘉斯"号。马吉芬意料不到的是,即使时至百余年后之今日,这两艘舰只当年的航海日志仍一日不缺地保存得很好。一查这些资料,马吉芬喜说谎的本性便透露无遗。自"查理斯顿"号于1894年8月25日自三藩市启程西航,加入美国亚洲舰队,至

---

27 举一时段为例。1898年美国和西班牙在菲律宾和古巴交战后,美海军仅有鱼雷艇十二艘;见 H. Baumruck, C.H. Bogart, *et al.*, "U.S. Torpedo Boats and Auxiliary Cruisers of 1898," *WI*, 9:4(December 1972), pp. 439-440. 这段时期美海军仅拥有小量鱼雷艇这事实,亦见 Harald Fock, *Schwarze Gesellen*, Band 1: *Torpedoboote bis* 1914(Herford: Koehlers Verlagsgesellschaft, 1979), pp. 316-317; Richard V. *Simpson, Building the Mosquito Fleet: The U.S. Navy's First Torpedo Boats*(Charleston, SC: Tempus Publishing, 2001), p. 150.

28 参据1969—1981年间美国海军部所刊八巨册之 *DANFS*,以及其后每年美国海军联会(Naval League of the United States)所出之 *Sea Power* 特刊所记的服役舰只总目(日本另有取名 *Sea Power* 的日文海军期刊,用者时会混乱)。

1895 年 5 月离开中国水域，东赴日本长崎，其间沈维廉从未离舰远去（他是负责记航海日志的军官之一，他所写的日志不断在册上出现），而在这段不短的时日里，该舰从未和"蒙诺嘉斯"号停泊在同一海港[29]，故沈维廉根本无可能和马吉芬在"蒙诺嘉斯"号上

---

29 根据"查理斯顿"号这段时期的航海日志，"Log Book of the USS Charleston, Attached to the Pacific Squadron, Commencing July 1, 1894 and Ending Dec. 31, 1894"和"Log Book of the USS Charleston, Attached to the Asiatic Squadron, Commencing Jan. 1, 1895 and Ending June 30, 1895"（本文引用这些航海日志时，名称都稍简化），以及"蒙诺嘉斯"号相应时期的航海日志，"Log Book of the USS Monocacy, Attached to the Asiatic Squadron, Commencing June 18,1894 and Ending Dec. 28,1894"和"Log Book of the USS Monocacy, Attached to the Asiatic Squadron, Commencing Dec. 29,1894 and Ending July 10,1895"（这些航海日志现藏于美国国家档案局［National Archives and Records Administration］），再加上 Peking and Tientsin Times, 15 September 1894，所记"蒙诺嘉斯"号初抵天津的日期，很易便能列出此两舰在这段时期的准确所在：

查理斯顿	蒙诺嘉斯
1894 年 8 月 25 日，自三藩市启程西航	1894 年 7 月 11 日，自沪抵仁川。在仁川停留至 7 月 27 日
1894 年 9 月 5—12 日，在檀香山	
1894 年 10 月 3—15 日，在横滨	1894 年 7 月 30 日—8 月 31 日，在长崎
1894 年 10 月 19—28 日，在长崎	
1894 年 10 月 31 日—1895 年 1 月 8 日，在仁川	1894 年 9 月 1—3 日，在仁川
1895 年 1 月 10—21 日，在长崎	1894 年 9 月 4—7 日，在芝罘
1895 年 1 月 23—24 日，在仁川	
1895 年 1 月 26 日—2 月 15 日，在芝罘	1894 年 9 月 9 日—1895 年 7 月 10 日以后，在天津
1895 年 2 月 16—22 日，在威海卫外海	
1895 年 2 月 23 日—4 月 3 日，在芝罘	
1895 年 4 月 5—9 日，在牛庄	
1895 年 4 月 12 日—5 月 2 日，在芝罘 后离开中国水域赴长崎	

（转下页）

相遇。

（二）当时的美国亚洲舰队规模很小，通常不会有多过八九艘舰只分布在中、日、朝、菲偌大的水域内执勤。除了作为维修和补给基地的海港（如香港、长崎），和涉及意外事件的港口（如甲午战争时期的仁川）外，一般海港必定要隔了好一段时间才有美舰来访。就涉及甲午战争诸海役的时段而言（1894 年 7 月至 1895 年 2 月），美舰驶进旅顺和威海卫范围的次数如下[30]："巴迪摩尔"（Baltimore, 4,413 吨, 1890）号巡洋舰，1894 年 11 月 7—8、24 日——旅顺；"约克镇"（Yorktown, 1,710 吨, 1889 年）号炮舰，1895 年 1 月 10—12 日——旅顺；"查理斯顿"号，1895 年 2 月 16—22 日——威海卫外海。

在这情况下，除非美海军当局特意安排，期望两艘美舰同泊在亚洲水域一港口几乎是绝无可能之事。沈维廉自于 1894 年 8 月 24 日在三藩市登上"查理斯顿"号，开始在该舰服务，至马吉芬返

（接上页）从这表可看出，"蒙诺嘉斯"号自黄海海战前一周多已开始在天津停泊，一待便超过十个月，而"查理斯顿"号迟至威海卫战事吃紧时才驶入中国水域。那时已是黄海海战后四个多月了。纵使马吉芬果真在黄海海战后旋登"蒙诺嘉斯"号，在舰上就诊数周（既说是数周，总不能超过两个月吧），也早该离舰他去了。碰见沈维廉大谈海战经又是马吉芬编织出来，希望父母以为他在海军界人脉关系好的谎言。还有，"查理斯顿"号在中国水域逗留的时间并不长，且限于芝罘、威海卫外海和牛庄三处而已，与北洋海军在黄海海战后折返的旅顺，以及"蒙诺嘉斯"号长期停泊的天津均毫无关系。

30 除注 29 所列"查理斯顿"号的航海日志外，另据"巴迪摩尔"号的航海日志 "Log Book of the USS Baltimore, Attached to the Asiatic Squadron, Commencing March 4, 1894 and Ending Sept. 12, 1894"、"约克镇"号的航海日志 "Log Book of the USS Yorktown, Attached to the Asiatic Squadron, Commencing Jan. 1st, 1894 and Ending June 30, 1895"，以及美国海军部长的年报 *Annual Report of the Secretary of the Navy for the Year 1895*（Washington: Government Printing Office, 1895），pp.136-137, 139, 147-148.

抵美国东岸的一段漫长日子里，从未被调往别舰服务。这些事情"查理斯顿"号的航海日志记载得清清楚楚[31]。

（三）以上所说虽证明马吉芬与沈维廉大谈黄海海战经过是谎话，但并不足否定马吉芬跑去长期停泊在天津的"蒙诺嘉斯"号求医的可能性。然而"蒙诺嘉斯"号的航海日志绝口不提此事。试想一艘多月停泊在港内的舰只，每日除记记风状和水潮外，还有多少可述之事？假如因参加黄海海战而受伤颇重的马吉芬远道前来就医，记航海日志的值日官不大书特书才怪。日志内却找不到此事丝毫踪影。另外，北洋海军的总部既设在天津，美国驻津的领事遂有特别留意中日海战，以便向美国国务院随时汇报的责任。在驻津美舰上就医的马吉芬又怎会是领事馆忽略的应采访人物？但在美驻津领事李德（Sheridan P. Read）自 1894 年 9 月中旬至该年 12 月中旬呈送美国务院的报告和文件中，马吉芬之名一次也没有出现过[32]。此二事虽不足指证马吉芬没有上舰求诊，也够记他个大问号。

（四）马吉芬说日本同学在黄海海战可算是间接因他而死，又

31　这里倒有一事不大易解释。沈维廉因日后大大提高美国海军的射击本领，在第一次世界大战时任欧洲区美海军总司令，成为一代名将，更被誉为是促使美国海军能摆脱仅是地区性兵力的局限而跃升为全球性武力的关键人物之一；见 David F. Trask, "William Sowden Sims: The Victory Ashore," in James C. Bradford, ed., *Admirals of the New Steel Navy* (Annapolis: Naval Institute Press, 1990), pp. 282-299. 马吉芬绝不可能预知这些他死后十多二十年才发生之事。但他所以把自己和沈维廉拉在一起还是可以试解释的。那时马吉芬毕业已十年，前后几届相识的同学中沈维廉可算是事功较见成绩的，且又正巧分派在亚洲舰队当情报工作，遂拿他来在预计不会外扬的家书内大做文章。他怎会想到这些家书大半世纪后会变成公开刊售的传记！

32　此等报告和文件，见 "Despatches from U.S. Consult in Tientsin, 1868-1906, Vol. 4: June 1, 1890—Dec 14, 1894".

是另一笔糊涂账。Serata 作为姓氏是世良田或织良田,名 Tasuker 则有问题,因为日文没有 -ker 的音。试查有关的同学录, *Annual Register of the United States Naval Academy, Thirtieth Year, 1879-80*(Washington: Government Printing Office, 1879), p. 19. 马吉芬果有日本同学名 Serata Tasuker;那日人一定是为了方便洋人,把名字的拼法洋化了。世良田(或织良田)不是常见姓氏。甲午战争期间,日本海军不大可能有多过一个姓世良田(或织良田)的军官。一查便知此人是确曾留美习海军的世良田亮(1856—1900)[33],其姓名的拼音应作 Serata Tasuku。不管马吉芬和世良田亮在校时的感情如何,毕业后二人并无密切联络。1887 年 5 月 9 日至 1890 年 8 月 14 日,世良田亮以大尉官阶出任日本驻清海军副官。虽然马吉芬这段时间悉在中国,二人却显然没有接触。马吉芬对世良田亮自美毕业返日后的工作情况所知有限,便梦幻地派他到旗舰"松岛"上服役(同学有资格在旗舰上服务也是向自己脸上贴金之一法),加上北洋海军情报工作做得差劲,绝不可能交战甫结束便说得出对方阵亡人员的姓名,遂容他进而幻觉日本同学间接因自己而死。这样讲多少也反映出自己的高明和幸运。其实世良田亮从未在"松岛"上服役过。甲午战争期间,世良田亮是日本国产巡洋舰"天龙"(1547 吨,1885 年)号的舰长(任该职期为 1893 年 5 月 20 日至 1895 年 7 月 29 日)。"天龙"虽品质不错,但在整个甲午战争中并未参加真正实战,最后到了围攻威海卫刘公岛时,才用舰炮向岸射击,其余时间仅担任支援、运送等工

---

33 有关世良田亮留学美国海军学院的种种事情, J. M. Ellicott, "Japanese Students at the United States Naval Academy," *USNIP*, 73:3(March 1947), pp. 303-307, 颇有报导。

作[34]，而马吉芬参与的战事仅黄海一役。两同学根本没有在战场相遇的可能。世良田亮卒于 1900 年 8 月 1 日（官阶时为少将），比马吉芬多活了三年半[35]！

沈维廉和世良田亮两事（即使算马吉芬在"蒙诺嘉斯"号上就医确有其事）和其他前述的说谎例子合起来看，马吉芬喜说谎，且说起谎来口没遮拦的性格应够明显了。但马吉芬毕竟是历史上的小人物，习见的史料难指其非。美国人不会热衷于拆穿马吉芬的西洋镜，中国人又难找到连洋人也少用的稀见洋资料，以致时至今日仍要费莫大的劲才能把事情弄清楚。

六、马吉芬黄海海战报告的问题

马吉芬在离开天津，前往芝罘途中，写了一封长信给其母，讲述海战经过颇详。这封大概是中方记录此役最早文献的信，马芬妮书几乎整篇原文照刊出来[36]。待此信公诸于世已是二十世纪六十年代了。在此以前，马吉芬在西方的声誉主要出于他在返美后不久便发表的海战记事文[37]，而此文旋即为西方海军评论家所

---

34 稍稍翻检川崎三郎，《日清戦史》（东京：博文馆，1897 年）、《廿七八年》一类实纪性的日方资料，便不难明白"天龙"舰在整个甲午战争中主要仅扮演后勤角色。

35 世良田亮的生平事略，见日本近代史料研究会，《日本陸海軍の制度・組織・人事》（东京：东京大学出版会，1971 年），页 101；外山操，《陸海軍将官人事総覧（海軍篇）》（东京：芙蓉书房，1981 年），页 14；秦郁彦编，《日本陸海軍総合事典》（东京：东京大学出版会，1991 年），页 204、433；《日本軍史》，册 10，页 157—158；福川秀树，《日本海軍将官辞典》（东京：芙蓉书房，2000 年），页 216。

36 Lee McGiffin, *Yankee at the Yalu*, pp. 133-138.

37 即简称表列为 McGiffin 的一文。

争相引用。这篇研究黄海海战不能或缺的文献必须配合其他资料始能全面评析,讨论起来就会大大超过本文的范围,故宜另文为之。现在仅谈二事。

马吉芬的报告再重要也仅是一家之言,而非中方的综合报告（中方根本没有这层次的报告）。这是一人在一舰,从某一观战角度所得的印象的纪录。由于舰只方位、相互距离、阵形变化等因素容所察有误判的可能。加上马吉芬喜夸功,好梦幻的性格,所言是不能照单全收的。此其一。

国人利用马吉芬报告的进度是反映研究实力的好证明。马吉芬文甫刊出,日人旋即迻译,广为流通[38]。国人到二十世纪三十年代中期始弄篇简略的提要来,而这篇提要竟到了九十年代中期仍为大陆学者的唯一参考版本。不单无人找原文来看,也没有人理会早些时候在台出版的译本。这是由闭国门造车变成了闭家门造车。

1979 年郑天杰（1911—1994,福州海军学校航海班第三届 [1934 年]）、赵梅卿（福州海军学校航海班第二届 [1930 年]）两海军耆宿在其合著的《中日甲午海战与李鸿章》（台北：华欣文化事业中心,1979 年) 书中收入他们所译的马吉芬海战报告（页 96—106)[39]。除略有删节外,相当准确。虽然《中日甲午战争研究论著索引》,页 49,和《史鉴》,页 242,已著录郑、赵之书,陈贞寿、黄国盛、陈道章等更曾征引此书[40],但郑、赵所译马吉芬文尚不能说已

38　《廿七八年》,下册,页 561—596。

39　书中（页 187—204)更细检张荫麟所译戴理尔黄海海战报告的种种错误。

40　陈贞寿、黄国盛、谢必震,《"济远"舰炮械损毁考》,《福建论坛》（文史哲版),1993 年 1 期（1993 年 2 月),页 29 ;陈道章,《甲午战败的替罪羔羊——论方伯谦之死》,收入林伟功、黄国盛编,《中日甲午战争中之方伯谦问题研讨集》（北京：知识出版社,1993 年),页 142、161。

引起大陆学者的注意。

此事可用中华书局（北京）1996 年出版的《中日战争》（中国近代史资料丛刊续编）第七册为说明之例。该册所收的马吉芬黄海海战报告（页 271—286）是从百年前的日文译文再翻过来的。其间值得考虑之事有四：（一）百年前，日人找马吉芬报告的原文来读并无困难，即刊即读。现在资讯的进步根本不是百年前所能梦想，对中国大陆学者而言，马吉芬报告的原文竟仍是绝难一见之物。（二）百年前日人的英文理解程度未必佳，倘有误译，就只有照抄。（三）得考虑日人翻译时有删去不利己之语的可能。（四）采用郑天杰、赵梅卿的译文会否是较简易而可靠之法？

治近代涉外史事必须突破直接广用外文资料的关卡。靠翻译资料去做涉外研究始终不是办法，而且很容易便会无端制造出错误来。此其二。

七、结语

马吉芬在华服务，成绩难称优异，其性格的偏怪倒够特别。在马吉芬不算长的一生里，至今仍为人乐道之事毕竟只有两件：（一）因捣蛋闹事而在美国海军学院的校史里占一特殊章节。他这行径美国海军界人士早能以轻松的态度接受了。（二）为了中国在清末的挣扎求存，他献出了生命。

在中国最需要外人帮助以期臻现代化的时候，马吉芬辈毅然肯来，评论彼等之性格、心态、求职目标，理该从宽衡量（虽然得指出实情）。且旦清末民初来华外人，本来就不应乱按教条框框，随意扣上满怀鬼胎罪名的帽子。理由很简单。除非清廷与民初政府特意访求并重金礼聘欧美已成名的专家来华（日人即用此法），若依当时的一般办事法子,抱持凡是洋人便是人才的态度,候求职者敲门来见,聘得者就大有可能是失业者、流浪汉、冒险家之流,和在其本国无可能有特别成就之徒。这是谈论此等外人在华功过时,不能忽略的关键点。

研究来华外人的资料自然因人而异,丰寡殊别。即使客观条件允许,评述彼等的功过时,还是要务求事全论公,综贯中外研究成果,网罗中外史料,平情分析,不受教条理论所困,才能达到为寻找真理而研究的目标。马吉芬之例就是很好的说明。

——《北洋海军研究》,2 期(2001 年 12 月)

后 记

近见王家俭,《洋员与北洋海防建设》(天津:天津古籍出版社,2004 年),有马吉芬专节(页 163—170),虽较彼前讲马吉芬事迹详细多矣,王先生并没有因长居温哥华而检读我已列出来为数不少的美国人叙述马吉芬的论著(连重要如马芬妮书,他也不找来一看)。要是务求增进新知,重检我列出的外文资料只能说是满足基本研究程序而已(后谈同样题目者绝不该反少用了资料),还应多费神去寻觅我未用过的美国人著述和北美独有的史料。王先生既毫不利用其长居北美的客观条件,其于此节所述马吉芬诸事又突然较其以前所讲者为详为准,则其在此所述与拙文异同之处就不必细表,读者取二文比勘即知。

王先生在此书的参考书目内列了两款长久不知去向的海校校史(页 175):

吴纫礼,《北洋威海卫水师学堂事略》,海军部旧档,军学类,教练 31 号

李照恒等辑,《天津水师学堂事略》,海军部旧档,军学类,教练 23 号

这是一组十来种校史中的两款,王先生所开列的数据与包遵彭在《清季海军教育史》书首(页 2—3)所提供者仅稍简而无异(包记天津海校那份的编号为三十二,王作 23,谅为手民之失)。正因注 22 所说这组校史失踪已久的情形,不禁要问究竟王先生是否真的用过这两份资料的原物,抑或仅看了包遵彭的引录,便充作独立项目地列入参考书目内,弄成亲检原物的假象来? 有此疑问,一则因为这组校史现存各款(其中恐已有佚)早经重新组配,编上新号,不可再算作独立项目,而当视为一个档案中的若干细目已有好一段时日了。说到这里该是揭谜的时间了。那些尚存的校史已归入一档,那就是"国防部"史政编译局(台北)所藏"国军档案",153.42/3815,《海军学校沿革汇编》。二则因为王先生说,那份天津海校校史的首要作者是"李照恒",同样露出了马脚。包遵彭处理此人之名并不统一,页 2 作"李照坦",页 87 作"李照恒"。"李照恒"看似较像个姓名,王先生就这样选用了。岂料原物却作"李昭坦"! 另外一份同类的校史,《烟台海军学校事略》,封面也清清楚楚写作"李昭坦编"(这次包遵彭则一误一正,页 3 作"李照坦",页 109 作"李昭坦")。我希望这指控没有说对,因为未亲检原物,仅见到别人引用,便径然列入自己的参考书目内是冒认行欺的可耻行径。

另外,王先生说我和班福德均误指马吉芬初任职天津水师学堂时为教习,实则只是"练船帮教习"(页 163)。他的依据在李鸿章的奏稿,卷 64,页 36。我和班福德用的都是王先生懒得找来看的马芬妮书(在重新讨一问题前,先集齐别人已用过的资料,再添增别人未用过的资料,是最基本不过的研究程序),所言即间接出

自马吉芬的自白。早期来华洋员喜夸张自耀的心态，我在文中已说过（王先生也读过），教习与帮教习之间果有重大差异，值得丁一确二来区分吗？在练船当教习也好，任帮教习也罢，传授的何尝不同是航海术和枪炮术吗？那引据的位置在卷64，叶26上（引录线装书用叶，不用页），不是王先生所说的页36。教习与帮教习之别的无关宏旨，不值得煞有介事地大做文章，单看李鸿章也称马吉芬为"美教习"就够（见上文注8）。随后谈及马吉芬参加赴英接舰事时，王先生引《李文忠公全集》，"电稿"，卷7，页36、38，但在该卷整卷找不出马吉芬之名！还有，该卷所收的电稿全是光绪十二年的，而接舰的日期是光绪十四年春！王先生笔下的研究纪录经常就是这样胡搞一顿。况且若用李鸿章的电稿，早就该用顾廷龙等的编本，到王先生写此书时（自序2003年12月），顾编本面世已近二十年了，怎会仍用吴汝纶在光绪年间搬出来的古董！如此治学，既迟慢复不准确，放心移录王先生的注为自己的注，以为可张声势者，或随意把王先生分析所获抄入自己的文章内者（不幸这两种情形均成了风尚，连行头内的资深学者也来这一套），总得知道这样捡便宜是自招谬误的捷径。王家俭做的研究纪录不时有如乱点鸳鸯谱，读者若不查检资料原件便偷懒抄来充场面，势必遭殃。

2005年11月18日

甲午战争期间李鸿章谋速购外舰始末

一、导论

中日甲午战争期间有一段重要而未为史家留意的插曲。在时局危峻、中国日陷困境之际,中方统筹全局的北洋大臣李鸿章(见图1)曾竭力急谋向外国购买大批现成舰只,以图助挽劣势。这件一般近代史论著均忽略,连研究甲午战争和近代海军史事的专书也很少讲及之事 [1],追查起来,除补充历史空白外,对理解李鸿章处事的手法和办事的能耐都有帮助。

甲午战争前夕,北洋、南洋、粤洋各有西式海军舰只,听令于李鸿章者仅北洋海军。其他两支舰队,粤洋尚肯借调舰只,南洋则抱持隔岸观火的态度。这样说虽以后事判断前事,但凭李鸿章

---

[1] 例外是《龙旗舰队》,页347—350,的扼要叙次。这是此书有不少论述精简而值得继续探究的课题之一例。可惜,后来出版的《近代海军》,并不对此事追查下去,仅零星地处理因清廷此次行动而购入的舰只,变成谈果(且分开在不同地方讲)而不先述因(详后)。《龙旗舰队》之同名增订本,页380—383,仍简述此事,但说不上有增益。出版不久的王家俭《北洋舰队》是厚近七百页,原可做到巨细不遗境界的书;李鸿章在甲午战争期间谋速购外舰这件既极复杂,复历时不短之事,书中却不及片语。

的政治观察力和他所掌握的国内资讯,他必定明白所能得自南洋和粤洋的支援究属何层次。关键并不在南洋和粤洋肯否合作,而是在无论彼等如何合作,北洋所得援助的实质却会很有限。李鸿章之于粤洋本来就视为予取予求的囊中物。粤洋的骨干三舰"广甲"、"广乙"、"广丙",全被他征用了。结果不过增三艘基本上供日人练靶或兼被掳过去壮日海军声威的舰只。南洋海军同样质弱量寡,勉强可与北洋海军配合的只有"南琛"、"南瑞"(姊妹舰,2,200吨,1884年)两艘素质不高的德制无加护装设巡洋舰[2]。更何况北洋、南洋之间龃龉相争早非一日,北洋要使南洋就范,肯派"南琛"、"南瑞"北上归李鸿章指挥,绝非易事(后来发生的事亦证明这一点。南洋海军在甲午战争期间始终袖手旁观)。

北洋海军本身的问题可能更严重。日军侵略的矛头指向北洋,而北洋海军自英制加护巡洋舰"致远"和其姊妹舰"靖远",德制装甲巡洋舰"经远"和其姊妹舰"来远",以及英制"左队一号"鱼雷艇于1888年(光绪十四年)4月抵华后,仅于1890年(光绪十六年)初夏增添一艘国产的"平远"舰(见图25),原有的舰只又不做改良更新的工作。长期滞留的实况李鸿章比任何人清楚。北洋海军停步不前之际正是日人加速备舰之时。李鸿章虽然不可能掌握日本发展海军的详细资料(北洋海军诸将领亦无人专意追查这类资料),日人不断添舰的发展大势他则不会毫无印象。一方增长、一方滞退的对比,到战事一触即发的时候,便造成强烈的威胁。

---

2 "南琛"、"南瑞"的特征(尤其是弱点)和武装情形,见 Navy Department (United States of America), Office of Naval Intelligence, Bureau of Navigation, *Characteristics of Principal Foreign Ships of War* ([Washington: Government Printing Office], 1885), p. 52; *China War Vessels*, pp. 14-15, 51-52, Plate 4; *Conway1860-1905*, p. 396; Richard N.J. Wright, "The Peiyang and Nanyang Cruisers of the 1880s," in David McLean and Antony Preston, ed., *Warships 1996* (London: Conway Maritime Press, 1996), pp. 100-101.

无论李鸿章所采的策略是积极备战，还是消极避战，他对这威胁仍不能掉以轻心。问题在如何寻求对策。

李鸿章的对策是尽快向外国购买现成舰只。他同时亦急忙向欧美各国采购枪炮和弹药。因此，企图用现购办法来迅速增强北洋海军的实力是当时广购外国军火的火速大行动的一部分。

二、研究资料的配合

急谋订舰，时间逼切，影响所及，史料的形式也较特别。一般的邮递太慢了，只好用昂贵的越洋电报[3]。这就出现一件不幸中之幸事。

李鸿章是整个事件的核心人物，他的文件自然是最重要的史料。重整李鸿章存世的文件是治近代史者久寄厚望的事。但顾廷龙、叶亚廉据上海图书馆所藏原件编的《李鸿章全集》仅于1985—1987年间刊行三册电稿（止于1900年7月者），便中止了出版计划[4]。侥幸得很，有关李鸿章为应付甲午危机而谋速购外舰的双向电报，存世者已大率汇集于此，确属便人。

李鸿章于光绪初年开始筹办北洋海军时，信赖海关总税务司英人赫德，委其采购舰只。十余年后，甲午战争爆发在即时，赫德权势依然，急谋搜购外舰之事是否仍容他颐指气使？按道理，李鸿章因前曾误信赫德的胡吹瞎介，买入一批劣舰，仿如哑子吃黄连，

3　当时电报费昂贵的程度，可从驻英公使发电给李鸿章时竟往往自动删减字数，弄到文理不清，以致李鸿章指斥来电"语句每有费解处"一例看得出来；见《李鸿章电稿》，册2，页796，《寄伦敦龚使》（光绪二十年六月十八日）；页799，《龚使来电》（光绪二十年六月二十日）。

4　有关引用李鸿章档案的种种问题，本书自序有解释。

自不会再让他浑水摸鱼。理论虽如此，考察的步骤仍不可免。此事以前确不易追查，现在情形不同了。赫德和其长驻伦敦的助手金登幹长达四十年的通信经过哈佛大学，以及中国第二历史档案馆和中国社会科学院近代史研究所分别进行，前后历时近三十年的编译刊行工作终大功告成[5]。有了这样的资料，李鸿章是否再度相信赫德对舰只的认识始能得到真凭实据的证明。

　　中国大陆近年接二连三，大宗复印清季档案，对扩展这段时期史事研究的视野，影响不可以道里计。这类新公开的档案，凡可能与海军有关者均应逐一检阅。

　　以上是探索事情发生经过的基本史料，治近代史者均能掌握。

5　哈佛大学方面的成绩，以 John King Fairbank, *et al*, ed., *The I. G. in Peking: Letters of Robert Hart, Chinese Maritime Customs, 1868-1907*（Cambridge, MA: Harvard University Press, 1975），2 volumes，为代表。中国方面的成绩，见中国第二历史档案馆、中国社会科学院近代史研究所合编，《中国海关密档——赫德、金登幹函电汇编（1874—1907）》（北京：中华书局，1990—1996 年），九册（简称表作《海关密档》）。后者所收文件虽较前者多出不少，然因负责者困于外语能力和学识，有足令征引者得出"失之毫厘，谬以千里"结论的错译和误注（参看注 17）。正因如此，若能看到信函原件始算理想。第二历史档案馆确曾刊布原件为 Chen Xiafei 陈霞飞 and Han Rongfang 韩荣芳, ed., *Archives of China's Imperial Maritime Customs: Confidential Correspondence between Robert Hart and James Duncan Compbell, 1874-1907*（Beijing: Foreign Languages Press, 1990—1993），4 volumes（简称表作 *Customs Archives*），但流通并未如中译本之广。本文引用这批函件时，原件与译件兼列。惟用原件时，仍得小心。即使凭费正清的经验和哈佛大学能掌握的人才，赫德的字迹（特别是晚年者）仍往往无法读通，陈霞飞诸人却不似曾为此困难所烦。不过这样一来，费正清编本的好处（录文正确、注释丰富）都为 *Customs Archives* 所纳用了，就等于可以作废。可是迟至王家俭刊出其《洋员与北洋海防建设》（天津：天津古籍出版社，2004 年），页 99，仍盛称费正清书之足用（引用之处甚多），既看不出费正清所收录者为鱼雁单通（只有赫德给金登幹的信件，而没有金登幹写给赫德的），复不知道现存所有双向信件原文及中文译本早都全公开印售了，迟钝蒙昧至难以置信的程度。另外，五十年代出版，只选入若干译文的中国近代经济史资料丛刊编辑委员会编，《帝国主义与中国海关》（北京：科学出版社），各分题小册子（如 1957 年出版之第七编《中国海关与中日战争》），用途就更有限，根本可以不管了。

正如与近代海军发展有关的其他课题一样,这问题的探讨还需利用海军史料和海军史专门著述。简言之,李鸿章既希望在短短的时间内现购不少外国舰只,研究这课题就得对十九世纪九十年代西方海军和海军舰只的情形有足够的认识。

这方面的资料,自当时的报导至近年的研究报告,数量确不少。但这类资料往往异常冷僻,非一般治中国海军史者所知闻(中国大陆学者在外语能力和搜集域外资料上更是吃亏)。多年通过特殊途径的努力,我搜集此等资料的成绩尚称满意。惟因引用时资料随舰而异,且资料的名称通常有足够的解释性,故不先作个别说明,仅于征引时详细交代来源。

三、李鸿章决定速增海军实力的关键时刻

中日两国在朝鲜兵戎相见,以东学党事变为导火线。东学党事屡见论述,不用细表。现在要探讨的是,事情发展到什么程度李鸿章才有危机意识,觉得必须急速增强军队火力。答案可从军事干预的角度去找寻。

东学党的公开活动虽始于 1892 年(光绪十八年)12 月,中国到了 1894 年(光绪二十年)5 月初方以武力介入。是年 4 月,全罗道首府全州告急,朝鲜政府向清廷"驻扎朝鲜总理交涉通商事宜"大臣袁世凯借驻防仁川的"平远"舰作运兵之用。李鸿章电北洋海军提督丁汝昌照办[6]。"平远"舰遂于光绪二十年四月五日(1894

---

6 袁世凯,《养寿园电稿》(文海出版社本),页 114—115,《寄李中堂》(光绪二十年四月二日);页 115,《寄李中堂》(光绪二十年四月二日);《李鸿章电稿》,册 2,页 674,《寄译署》(光绪二十年四月四日);故宫博物院编,《清光绪朝中日交涉史料》(故宫博物院民国二十一年本),卷 13,叶 5 下,《北洋大臣来电》(光绪二十年四月四日)。

年5月9日)运送朝鲜政府的增援部队抵全罗道的群山浦[7]。这是清廷因东学党事用兵朝鲜之始。

日人设陷阱劝诱中国出兵,替自己随后出兵布置借口。李鸿章误信袁世凯的谬断,以为日人务实,重商业利益,因而赞成清廷代朝戡乱,遂应朝鲜国王四月三十日(6月3日)之请,遣直隶提督叶志超(1838—1899)和太原镇总兵聂士成(约1840—1900)领淮军精锐援朝,并命丁汝昌调"济远""扬威"二舰赴仁川,增援驻朝的"平远"[8]。李鸿章并按光绪十一年(1885)议定,清军赴朝须知照日本的《天津会议专条》,于五月三日(6月6日)电驻日大使汪凤藻(1851—1918)照会日本外务省[9]。

五月初四日上午,聂士成率九百人自塘沽乘轮船招商局"图南"(1,262吨)轮,由"超勇"舰护航赴朝。两日后(五月五日),抵牙山。是日下午,叶志超部乘招商局"海晏"(1,249吨,1873年)、"海定"(1,513吨,1873年)两轮自山海关出发赴朝,分别于次日及后日抵牙山湾洪州[10]。待叶、聂所领清军二千五百人完成分批在

7　袁世凯,《养寿园电稿》,页116,《寄李中堂》(光绪二十年四月八日);《李鸿章电稿》,册2,页675,《寄译署》(光绪二十年四月八日)。

8　《清光绪朝中日交涉史料》,卷13,叶7下至8上,《北洋大臣来电》(光绪二十年五月一日);《李鸿章电稿》,册2,页685,《寄译署》(光绪二十年五月一日)。

9　《清光绪朝中日交涉史料》,卷13,叶9上,《北洋大臣来电》(光绪二十年五月三日)。

10　聂士成,《东征日记》,收入中国史学会主编,《中日战争》(上海:新知识出版社,1956年),册6,页1—2;吴伦霓霞、王尔敏编,《清季外交因应函电资料》(香港:香港中文大学中国文化研究所,1993年),页73—77,收盛宣怀致李鸿章、丁汝昌、叶志超、袁世凯诸人的有关函电稿件。至于那三艘招商局轮船的载客量,日后一文件解释为"图南"千人、"海晏"七百、"海定"八百;见《李鸿章电稿》,册2,页784,《寄小站卫统领》(光绪二十年六月十五日)。

牙山登陆已是五月二十二日（6 月 25 日）矣。

清廷的反应全在日人意料之中。彼等甫见清廷跌入其劝诱出兵的圈套，便立刻遣兵调将，直扑朝鲜。较清军迟出发的日军四千人于五月十三日（6 月 16 日）在仁川登陆，比清军之悉数在牙山完成登陆程序还早了九日。那时中方驻朝的舰只只有"操江"一艘在仁川，"济远"、"平远"、"扬威"三艘在牙山，而在仁川之日舰则达七艘之多——"松岛"、"吉野"（4,158 吨，1893 年）、"千代田"（2,400 吨，1890 年）、"高雄"、"八重山"、"筑紫"、"赤城"[11]。双方强弱速缓之别，昭然若揭。

到了五月底，日海军驻朝舰只的数目没有变动。中国海军舰只的调动则较前频密。中国舰只此往彼返的运作显示出李鸿章不能忽视的事实：尽管征用了几艘粤洋海军的舰只，他能差使的舰只数目仍很有限，以致战事未启而海军已疲于奔命。连光绪也察觉到这种左支右绌的情形，于五月二十九日（7 月 2 日）发上谕询问李鸿章，督练有年的海军究竟实力如何[12]？

李鸿章在六月二日（7 月 4 日）的奏报堆砌数字地说，北洋有多少艘铁甲舰、外购快船、国产快船、旧式快船、蚊子船、练船、运船，还强调"海军就现有铁快各艘，助以蚊雷艇，与炮台相依辅，似渤海门户坚固，敌尚未敢轻窥。即不增一兵，不加一饷，臣办差可自信，断不致稍有疏虞"[13]。这是敷衍了事的官样文章。为了夸大数

---

11 《李鸿章电稿》，册 2，页 707，《寄刘公岛丁军门》（光绪二十年五月十五日）。《近代海军》，页 449、452，说是时日方在朝舰只还有"大和"，共八艘，而中方舰只则漏记了"操江"，犯了双重错误。

12 《清光绪朝中日交涉史料》，卷 13，叶 31 下至 32 上。中国第一历史档案馆编，《光绪宣统两朝上谕档》（桂林：广西师范大学出版社，1996 年），册 20，没有收此上谕。

13 《清光绪朝中日交涉史料》，卷 14，叶 4 下至 5 下。

字（主要舰只的数目其实久无添增，毫不足以自豪），他连那些因误信赫德之言而大批购入，早该教他有愧于心的蚊子船也搬出来充数，心中怎会不焦急？几天后（六月八日），他对其长兄两广总督李瀚章说的"中国新式得力兵轮，实不如日本之多。临事再东抽西拨，必如往年法越故事，徒滋贻误"[14]，始是肺腑之言。

最迟到了六月初，时局的剧变已使李鸿章觉得激增海军实力刻不容缓。自中国用兵朝鲜算起，至此不过两个月光景。然而决定速增海军实力是一回事，如何达到此目标又是另一回事。短期内要见成绩，除向海外购买现货外，难求他法。

四、赫德和金登幹乘机采取行动

向外购舰需要穿针引线的掮客。够资格当掮客者没有几人；但对他们来说，这是发横财的天赐机会，怎会不试？其中以赫德和金登幹这一对老拍档最值得注意。以前他们替李鸿章购入的"超勇"、"扬威"和那批蚊子船，最慷慨地评价，也只能说是成绩不彰，故李鸿章随后订购各艘远字号舰时，便没有他们两人的份儿了（当然那些远字号舰多半订自德国，英人很难插手。假如赫德和金登幹仍得李鸿章的信任，英人大可垄断这些生意，不让德人分肥）。现在既事隔多年，赫德又仍掌海关大权，李鸿章说不定还会信赖他的判断和办事能力。追查事情发展的经过可以揭露真相是怎样的。

6月29日，金登幹函告赫德，日人正在英国订造两艘一万二千吨的铁甲舰（比北洋海军的"定远"、"镇远"姊妹舰［见图10］重

---

14 《李鸿章电稿》，册2，页764—765，《寄粤督李》（光绪二十年六月八日）。

了五千余吨）[15]，并说日人造这些巨舰的目标只可能是用来对付外传舰只糟朽失修、纪律松弛、缺乏效率的中国海军[16]。

几天后，这封用一般办法邮递的信还有好一阵子才会到赫德手，金登幹已从屡替中国造舰的阿摩士庄厂得到更新的消息。该厂专责推销的大股东，亦是英国国会议员的伦士图（Stuart Rendel，1834—1913）告诉金登幹日人订造的两铁甲舰尚需两三年始能建成，而该厂正为别国建造，且已下水，十个月内可完工的一艘快速巡洋舰，以及一艘五周内可建成的小型猎雷舰，则可以先卖给中国。金登幹随即于7月5日发电报通知赫德此新发展[17]，并于次

---

15 这是日人按1893年通过的建舰计划向英国订购，就英国"帝国君主"（Royal Sovereign）级主力舰改良设计的"富士"级舰两艘——12,533吨的"富士"号（第二代）和12,320吨的"八岛"号。此二舰在设计观念、武装、排水量、马力等方面超越北洋海军的皇牌舰"定远"和"镇远"的程度，不可胜数。然而甲午战争爆发得早，此二舰全无参战的可能。"富士"号在丰岛海战后才下水（1894年8月1日），1897年8月17日始建成。"八岛"号下水还要更迟（1894年12月28日），待其竣工已是1897年9月9日。关于此二舰的情形，可参看的资料颇不少，如 M. de Chasseloup-Laubat, *Les marines de guerre modernes*（Paris: Dunod, 1903），pp. 323-325;（Marie Maurice Clement Raoul Testu）de Balincourt, *Les flottes de combat en 1903*（Paris: Berger-Levrault & Cie, 1903），pp. 618-619; 福井静夫，《（写真集）日本の軍艦——ありし日のわか海軍艦艇》（东京：ベストセラーズ，1970年），页301 ;*Conway 1860-1905*, p. 221; Peter Brook, "Armstrong Battleships Built for Japan," *WI*, 22:3（September 1985），pp. 268-282, 片桐大自，页12—13、76—77 ;新人物往来社战史室编著，《日本海軍艦艇總覽》（东京：新人物往来社，1994年），页44，《日艦全史》，别册（资料篇），页2、34; *Export*, pp. 122-124.

16 *Customs Archives*, Vol. 2, pp. 1089-1090, Z877（29 June 1894）;译文见《海关密档》，第六卷（1995年），页80—81。

17 *Customs Archives*, Vol. 3, p. 1295, C to H No. 798（5 July 1894）;译文见《海关密档》，第八卷（1996年），页747。译件说五周内可造成者为一艘小型扫雷艇。如单看译文，此事颇不可解，因为当时并没有扫雷舰（艇）这舰种。欧洲海军开始把各款旧舰改装作扫雷用途是1905年之事，而专为扫雷而设计的舰只还要迟至1910年方有俄国创始的两款这种舰只；见 Hovgaard, pp. 444-445; George, p. 228。刊布外文档案不简简单单地原件复印流通，而不惜浪费资源，迂回曲折地以译文面世，就会（转下页）

日（7 月 6 日）另补一信说明 [18]。

十日后（7 月 15 日），赫德以密电托金登干去询问英格兰银行（Bank of England，即英国的中央银行）能否借中国六千万镑贷款和条件如何 [19]。虽然他没有说这是为买舰准备款项，但以中国的财政情形，没有巨额借款怎能实现马上交易的购舰计划。如果赫德先安排了借款才向李鸿章提出购舰建议，这笔生意便是他的囊中物了。倘不是为了购舰，就很难解释他为何在这时刻有借巨款之需。

岂料英格兰银行对此事竟毫无兴趣，重复声明除非外交部特别提出要求，该行绝不会考虑此事。焦急得很的金登干建议找伦士图帮忙。赫德闻讯，更是大发雷霆，预言英国外交部必会参与其事，站在他的一边 [20]。

（接上页）制造这种无中生有的问题来。原文作 torpedo catcher，即驱逐舰的前身（关于这种历时颇短，今人殊陌生的舰种及其正式名称，见注 156），与后出的扫雷舰（艇）（minesweeper）风马牛不相及。《海关密档》的译者，凡遇 torpedo catcher 必误译之为扫雷舰（艇），显非鲁鱼亥豕之失。此名词宜译作猎雷舰（李鸿章诸人即用这类译名）。但 torpedo catcher 是俗称，较正式的名称是 torpedo gunboat（鱼雷炮舰）。因为金登干和赫德都用 torpedo catcher，而李鸿章诸人又用猎雷舰（艇）一类译名，故本文在前半讲急谋购舰的过程时，用猎雷舰一词以与史料配合。本文后半讨论涉及的舰只时，名词则改用较正式的鱼雷炮舰。

18 *Customs Archives*, Vol. 2, pp. 1090-1091, Z878（6 July 1894）；译文见《海关密档》，第六卷，页 82—83。然而在阿摩士庄厂建造舰只的纪录内，并没有一艘巡洋舰符合这时间特征。最接近的两艘，一艘太早，一艘太迟；见 *Export*, pp. 80-82.

19 *Customs Archives*, Vol. 3, p. 1295, H to C No. 904（15 July 1894）；译文见《海关密档》，第八卷，页 747。

20 *Customs Archives*, Vol. 2, p. 1094, Z880（20 July 1894）；译文见《海关密档》，第六卷，页 89—90。*Customs Archives*, Vol. 3, p. 1295, C to H No. 825（19 July 1894），H to C No. 902（20/21 July 1894），and C to H No. 823（21 July 1894）；三件译文均见《海关密档》，第八卷，页 748—749。

　　派金登幹去英格兰银行查询借款事后，赫德旋闻说阿摩士庄厂正在建造一艘日海军"吉野"号巡洋舰的姊妹舰，遂另问金登幹那艘舰准备何时下水，售价若干，如在中国口岸交货索价多少等问题[21]。"吉野"号的知名度很高，建成时（1893 年 9 月 30 日）是世界上速度最快的海军舰只，且服役还不到一年，新得很[22]，难怪赫德甫闻阿摩士庄厂正在建造一艘快速巡洋舰，便以为是"吉野"级舰。假如他能够向李鸿章提供一艘现货交易的"吉野"级舰，不被接受的可能性就微乎其微。其实"吉野"级舰只造了一艘，并无姊妹舰[23]。

　　阿摩士庄厂随即在 7 月 20 日通过中国驻英公使馆致电李鸿章，全面提供可以出售的舰只的资料[24]。该厂显然觉得赫德所能扮演的角色作用不大。事实确亦如此。自 1880 年始，阿摩士庄厂即刻意与赫德保持距离，愈往后愈不信赖赫德所能扮演的中介角色[25]。赫德在清季订购外舰的过程中所起的作用绝对远不如一般史家所想象的规模。

21　*Customs Archives*, Vol. 3, p. 1295, H to C No. 903（18/21 July 1894）；译文见《海关密档》，第八卷，页 748。*Customs Archives*, Vol. 2, p. 1095, Z624（22 July 1894）；译文见《海关密档》，第六卷，页 91—92。

22　"吉野"舰的基本数据，见 Philip Watts, "Elswick Cruisers," *TINA*, 41（1899）, pp. 288-290, 292-293; de Balincourt, *Les flottes de combat en 1903*, pp. 642-643; WG, pp. 99-100; JJM, p. 98; *Conway 1860-1905*, p. 228；许秋明，页 576；片桐大自，页 56—57；*Export*, pp. 79-80。

23　阿摩士庄厂后来确造了两艘约略可算是吉野姊妹舰的舰只，但都是在甲午战争结束了一年多以后才启工；见 *Export*, pp. 79, 89, 91。

24　*Customs Archives*, Vol. 2, p. 1295, C to H No. 824（21 July 1894）；译文见《海关密档》，第八卷，页 749。

25　Marshall J. Bastable, *Arms and the State: Sir William Armstrong and the Remaking of British Naval Power, 1854-1914*（Aldershot, Hants: Ashgate Publishing Company, 2004）, pp. 153-154.

但阿摩士庄厂并没有不让赫德继续玩这游戏。几天后（7月24日）金登幹仍电告赫德得自该厂的新消息，说那艘巡洋舰的售价为三十四万镑，那艘猎雷舰二万八千镑，均包括保险费在内，还声明巡洋舰的建造工程尚需时十个月（猎雷舰的进度则没有说）[26]。

到了 7 月 25 日，赫德仍追问金登幹那艘巡洋舰是否"吉野"的姊妹舰[27]。金登幹立刻回复，指出那是同型而舰身加大，速度和武装加强的舰只，并强调这艘巡洋舰和那艘雷舰是唯一可以买得到之物[28]。

在赫德发电追问金登幹那艘巡洋舰是否"吉野"级舰的同一天（7 月 25 日，六月二十三日）日本海军在朝鲜西海岸丰岛海面向中国海军舰只开火，中日甲午战争由是正式开始。赫德也算倒霉，基本布局尚未弄好，也未尝就此事和李鸿章接洽，游戏的法则已改变了。

五、李鸿章在丰岛海战前的采购行动

命运之神确实跟赫德开玩笑。赫德看准机会，密锣紧鼓地进行时，李鸿章已委心腹进行急购外舰事宜。那人就是合肥李氏家

---

26 *Customs Archives*, Vol. 3, p. 1295, C to H No. 822（24 July 1894）；译文见《海关密档》，第八卷，页 749。

27 *Customs Archives*, Vol. 3, p. 1295, H to C No. 901（25 July 1894）；译文见《海关密档》，第八卷，页 750。

28 *Customs Archives*, Vol. 3, p. 1295, C to H No. 821（26 July 1894）；译文见《海关密档》，第八卷，页 750。

族的姻亲,又同为合肥人的龚照瑗(1836—?)[29]。光绪十九年十月四日(1893 年 11 月 11 日)获委任为驻英兼驻法比义公使的龚照瑗,因请假回籍[30],至次年三月中旬才出发[31]。那时朝鲜危机尚未恶化。

四月十七日(5 月 21 日)龚照瑗抵巴黎,二十日接篆[32]。那是中国因东学党事对朝用兵后的事。

五月二十六日(6 月 29 日)前一两天,仍在巴黎的龚照瑗电告李鸿章日本在英订造两艘大型铁甲舰[33]。金登幹用函件方式告诉赫德同一消息是一两天后之事。发电报和寄海邮信件,所需时间天渊之别,赫德一组甫开始已落后了不少。

在以后的大半个月里,龚照瑗给李鸿章的电报仅讲在欧洲所

---

29 龚照瑗的生平资料很少。连马昌华主编,《淮系人物列传——文职·北洋海军·洋员》(合肥:黄山书社,1995 年),页 253,这类应能提供较详确资料的专书也没说什么。以前所见较可用者(虽显属过泛过简)为沃丘仲子(费行简?),《近代名人小传》(上海:崇实书局,1926 年),页 169—170,所刊陈兰彬(咸丰三年进士)、龚照瑗合传。其中的主要信息为:(一)龚为合肥李氏姻亲(但没有直指李鸿章)。(二)龚因贪污而厚积财。(三)驻外返国后不久即逝世。可信程度不算高。这情形最近稍有改变。秦国经编,《中国第一历史档案馆藏清代官员履历档案全编》(上海:华东师范大学出版社,1997 年),册 4,页 397—398、556—557;册 5,页 145—146、292、644—646,有几篇累积性的龚照瑗纪录,告诉我们他的生年和出使前的履历。可惜出使返国后的事情仍有待确实资料的出现,始有追查的机会。近见宋路霞,《百年家族——李鸿章》(台北:立绪文化事业公司,2004 年),页 133—153,综述李氏家族数代盘根错节的联姻网络,颇为详细,却不见龚照瑗甚至任何龚姓人物之名。

30 《李鸿章电稿》,册 2,页 648—649,《寄译署》(光绪二十年一月二十七日)。

31 龚照瑗出发赴欧的日期不详,但从《李鸿章电稿》,册 2,页 662,《寄译署》(光绪二十年三月二日),和页 671,《寄译署》(光绪二十年三月二十六日)所提到的时地去看,当为三月中旬。

32 《李鸿章电稿》,册 2,页 676,《寄译署》(光绪二十年四月十七日)。

33 《李鸿章电稿》,册 2,页 731,《寄译署》(光绪二十年五月二十四日);页 732,《寄译署》(光绪二十年五月二十六日)。

闻有关中国时局之事，并未建议购舰。其间，在法国待了好一阵子的龚照瑷终在六月九日（7月11日）赴英[34]。

六月十四日（7月16日），李鸿章鉴于时势的急剧转变和现有的巡洋舰（快船）速度过慢，觉得有在和日本决裂前增加快速巡洋舰的必要，便电嘱龚照瑷慎密查访，倘英国有已建成，时速23—24浬，多备快炮的快船，便即购送华[35]。赫德和李鸿章不约而同，都视购舰为急务。赫德虽早些采行动，但焦急的程度和李鸿章差得很远。对十个月后始能建成交货的舰只，赫德愿意跟进，李鸿章则强调要即买即运。从发展至此去看，李鸿章达到必须速增舰只的结论是自发的，不是由于龚照瑷的建议，更不是因为赫德的游说。

龚照瑷随即把新近得自阿摩士庄厂的消息电告李鸿章，谓该厂正建造一艘时速24浬的快船，十个月后可交货，另有一备14吋鱼雷发射管的大雷艇，合价即可成交[36]。前述金登幹电告赫德者正是此消息，但金登幹整整慢了三周。这时间的分别可以解释为阿摩士庄厂对金登幹和赫德所能扮演的角色没有多大信心。

李鸿章知道可以购得的舰只的型款后，便托龚照瑷查询那艘猎雷舰的价钱[37]。

龚照瑷迅即回复，谓那艘猎雷舰售五万五千镑，除鱼雷另计

---

34 《李鸿章电稿》，册2，页769—770，《寄译署》（光绪二十年六月十日）。

35 《李鸿章电稿》，册2，页781，《寄伦敦龚使》（光绪二十年六月十四日）。

36 《龚照瑷往来官电》，收入戚其章主编，《中日战争》，册6（北京：中华书局，1993年），页566—567，《同日（六月十四日）夜十点半钟发天津中堂》。本文前半引录掮客（龚照瑷的行径与掮客无异）在李鸿章谋急购外舰过程中所提供的舰只数据时，正确与否多不置评。有关舰只的确实资料每在文之后半有机会列出，读者很易即可作比较，故不必费辞就掮客所提供的资料逐一说明其正误及漏列的程度。

37 《李鸿章电稿》，册2，页790，《寄伦敦龚使》（光绪二十年六月十七日）。

外,装备和武器都包括在内[38]。他没有说是否要另付保险费。

李鸿章觉得太贵,立刻命龚照瑗另查有无可以现买,时速20浬的新式小型巡洋舰[39]。

收件后大半天,龚照瑗便回话:那艘猎雷舰就是新式小快炮舰,长二十五丈(指250呎?),马力1,700匹,时速16浬,大小快炮十四门,价五万八千镑,须一月成交。另有现正有人拟购的现成舰一艘,长五十丈(指500呎?),时速18浬,价十万镑[40]。

这里出现一个不能不算严重的问题。龚照瑗和金登幹在三周之内分别向自己的老板报告那艘猎雷舰的售价。龚所报的竟不独高出差不多一倍,两天后还要再添三千镑,时速却说慢了很多!如果保险费尚得另付,差额还要更惊人。是龚照瑗极端贪婪?还是阿摩士庄厂故意以超低价卖给赫德,让他以高价转售?后者的可能性不高,因为阿摩士庄厂有意和李鸿章直接交易。看来还是龚照瑗贪得离谱是较合理的解释(至于李鸿章会否分一份,则不必作资料允许以外的揣度)。

整个局面旋因丰岛海战爆发而改变。速购外舰之事若要办下去,只会更困难。

事情发展至此,赫德的暗中盘算不仅胎死腹中,他还不知道李

---

38 《李鸿章电稿》,册2,页799,《龚使来电》(光绪二十年六月二十日)。朱寿明编(张静庐等校点),《光绪朝东华录》(北京:中华书局,1958年),册3,页3442,七月戊寅条谓据龚照瑗电覆而开列之数据颇不同。当从龚之原件。

39 《李鸿章电稿》,册2,页807,《寄伦敦龚使》(光绪二十年六月二十二日);并见《龚照瑗往来官电》,页567,《六月二十二日早三点一刻钟接天津电伦敦中国钦差龚》。《光绪朝东华录》,册3,页3442,七月戊寅条把事情先后颠倒来说,变成龚照瑗的电报是回应李鸿章托查小型巡洋舰之命。

40 《龚照瑗往来官电》,页567,《同日(六月二十二日)下午四点半钟发天津中堂》。那艘没有明言舰种的现成舰应是巡洋舰,但正如注18所说的,凭阿摩士庄厂的造舰纪录,并不能指认出来。

鸿章的秘密行事。

李鸿章和龚照瑷,赫德与金登干不约而同,两组各自活动,组合相同,手法近似,连查询的舰只也一样。巧合的成分自然有,归根究柢,还是因为北洋海军难负起御侮之责的事实太明显了。然而赫德的观察力再精,也料不到李鸿章会同步采取行动。但如果说因为李鸿章主导采购事宜,就算丰岛海战没有发生,这笔生意也不会落入赫德之手,则未必然。假如赫德知道售价后,便即和李鸿章联络,不独龚照瑷的西洋镜给拆穿,李鸿章也不会觉得那艘猎雷舰索价太昂了。这段狂风暴雨将临的日子,变化莫测,此事可引为一例。

六、丰岛、黄海两海战间的购舰活动

丰岛海战虽带来混乱的局面,李鸿章还是念念不忘速购外舰之事。海战后的第七日(8月1日,七月一日),李鸿章电问龚照瑷"快船行若干迈?有快炮若干?实价若干?是否包运华?"[41]。

就在同一天,龚照瑷电告李鸿章,他另觅得一艘与前所说者相同的快船,备炮四门,仅索价五万镑,时速却能达26浬许,还可送往大沽(运费另计)[42]事后证明,龚照瑷说来说去是同一艘猎雷舰。希望交易成功的阿摩士庄厂总不会给他如此混乱的消息吧。他显然没有理解所得资料的本领。

次日(七月二日),李鸿章去电总理各国事务衙门,要求批准购买那艘刚觅得的,现成的,时速达26浬许,索价五万英镑的"快

---

41 《李鸿章电稿》,册2,页837,《覆伦敦龚使》(光绪二十年七月一日)。
42 《龚照瑷往来官电》,页570,《同日(七月一日)夜半点钟发天津中堂》。

船"[43]。李鸿章显然不知道所得消息的成问题。龚照瑗推荐的始终是那艘尚未建成的猎雷舰，并不是"快船"（巡洋舰）。区区五万英镑怎能买得到新建的巡洋舰？恐怕连素质有问题的二三手货也不可能。何况战事已启，船厂只会乘机敲竹杠，怎会反而减价？看来龚照瑗为了促成交易，宁愿少收点回扣，才是事情的真相。这事显现出一严重问题，筹海多年的李鸿章竟对舰只型类和售价间的关系没有起码的认识。

李鸿章很快便得到批准，并获拨款二百万两，订舰遂正式成交（其间总理衙门、李鸿章、龚照瑗间的来往文件均说进行现购快船事宜）[44]。总理衙门甚至建议，一并分向英德购买四艘[45]。二百万两即三十万英镑[46]。按龚照瑗所开的舰价，此数确足买四艘巡洋舰。总理衙门的大员哪晓得龚照瑗在玩买小报大的把戏。

至此李鸿章方追问龚照瑗该舰的细节。原来他连这艘舰有多少门快炮，几个鱼雷发射管，有无护甲，何时能抵华（他真的相信龚照瑗找到已建成之物），都不清楚，便匆匆成交了[47]。

在英国购舰，自然瞒不过金登幹。他给赫德的电报清清楚楚地指出龚照瑗经手购买的是艘猎雷舰[48]。

待赫德知道李鸿章已主动行事，他对此事就没有多大兴趣了。别的捐客却不然，购舰消息一经公开，便争先恐后地向李鸿章推介舰只。

43　《李鸿章电稿》，册2，页840—841，《寄译署》（光绪二十年七月二日）。

44　《李鸿章电稿》，册2，页842，《译署来电》（光绪二十年七月二日）。

45　同注44。

46　兑换值见《李鸿章电稿》，册2，页873，《寄译署》（光绪二十年七月十二日）。

47　《李鸿章电稿》，册2，页842，《寄伦敦龚使》（光绪二十年七月二日）。

48　*Customs Archives*, Vol. 3, p. 1298, C to H No. 801（14 Aug 1894）；译文见《海关密档》，第八卷，页751。

其中深得李鸿章信任的英商怡和洋行（Jardine, Matheson and Company）经理克锡（William Keswick, 1835—1912）说，智利拟售阿摩士庄厂所造巡洋舰"白朗古恩喀喇达"号，并谓该舰钢甲厚6吋，护甲厚1吋6分，大小快炮三十余门，鱼雷发射管五个，时速22.5 浬。李鸿章闻讯，即令龚照瑗查询价钱[49]。克锡随后更自英电告李鸿章，说智利正在英国订制新型巡洋舰三艘，因无战事，愿原价出售[50]。

捐客并不限于代表大利益集团的中外人士，连单枪匹马闯江湖者亦蠢蠢欲动。北洋海军的鱼雷教习德人福来舍（Herman Fleischer, 1861—? ）通过丁汝昌向李鸿章荐舰便是一例。他推介两种德制舰只：（一）备快炮八门，时速 28 浬，而未注明舰价的猎雷舰。（二）备快炮四门，鱼雷发射管三个，每艘价十一万九千余两的鱼雷艇（即一万七千余英镑。虽然与德国船厂交易以马克为单位，兹附列英镑数，以资比较）。李鸿章觉得这散兵游勇之言不可轻视，打算第一种舰买一艘，第二种买两艘，遂连忙追问细节，特别是他最关心的两个问题——现买还是订制？ 何时能抵华？ 至于福来舍推介的鱼雷艇和龚照瑗经手的"快船"（实为猎雷舰，但给蒙骗的李鸿章仍视之为快船）索价不合比例，他则不觉得是问题。按当时的一般情况，快船价高出雷舰六倍以上，而鱼雷艇价在猎雷舰之下，那么龚的快船怎可能仅比福来舍的鱼雷艇贵三倍而已？李鸿章之于筹海，始终是门外汉[51]。

不到几天，复有巴西拟出售数艘巡洋舰的消息[52]。

说项虽相继而来，李鸿章并不以为应全依赖捐客。除嘱龚

---

49 同注 47。
50 《李鸿章电稿》，册 2，页 843，《寄伦敦龚使》（光绪二十年七月三日）。
51 《李鸿章电稿》，册 2，页 857，《寄刘公岛丁提督》（光绪二十年七月七日）。
52 《李鸿章电稿》，册 2，页 858，《覆伦敦龚使》（光绪二十年七月七日）。

照瑗仍在英访求合用舰只外,也托驻德公使许景澄在德国作同样查访[53]。

几度查问后,龚照瑗才把在英访购的情形说得较清楚[54]。李鸿章把资料送往总理衙门时另参入己见[55]。以下所列,如不注明,就是龚照瑗电报上原来的话:

(一)购买的猎雷舰(他仍说是快船),长208呎,时速20浬,备二十五磅弹速射炮二门、三磅弹速炮四门、鱼雷发射管五个(以上所说,准确性不差;详后),价52,500英镑(价钱又不同了),鱼雷价另计。

(二)他仍不交代此舰是否为已成之物(他早留给李鸿章已建成的印象),但告诉李鸿章一晴天霹雳的消息——英国禁运。日本派人来接收一新舰也未能启行(误;详后)。

(三)智利出售之舰,名为"白德古"。克锡的新消息是,日人亦争购该舰,出价四十万英镑,智利不卖。龚照瑗加二万镑,亦不卖。余舰船小价昂,铁甲舰则旧而速缓,均不值得买。李鸿章说那艘智利舰名"碍德古"。

(四)智利另出售两艘英国来牙厂(Laird Brothers Limited)三年前造的快船(从下开数据去看,应为猎雷舰),长230呎,时速21浬,备十四磅弹速射炮三门,三磅弹速射炮四门,机关枪二挺,鱼雷发射管四个,各索价75,000英镑。阿摩士庄厂东主以为价钱合理。李鸿章误指两舰建成于七年前[56]。

---

53 《李鸿章电稿》,册2,页872,《寄彼得堡许使》(光绪二十年七月十一日)。
54 《龚照瑗往来官电》,页571—572,《七月初十日戌刻发天津中堂》。
55 李鸿章按己见改易的版本,见《李鸿章电稿》,册2,页873—874,《寄译署》(光绪二十年七月十二日)。
56 指智利这两艘猎雷舰成于七年前,不对。它们1890年下水(详后正文第十三节),故说造于三年前才是对的。但"七"字有可能是编印《李鸿章电稿》时的刊误。

（五）巴西出售一艘两年前由阿摩士庄厂建造的钢壳快船，长280呎2吋，宽42呎，吃水19呎，时速17浬，备25公分炮二门，15公分炮六门，57公厘速射炮五门，37公厘速射炮十一门，轻炮十一门，鱼雷发射管四个，索价三十九万英镑，运费另计。

（六）巴西愿出售其他快船和铁甲舰，每艘价约四十万英镑。换言之，清廷所拨款项不足购买任何一艘值得买之巴西舰。

（七）李鸿章特别指出拨款支付所购一舰后，所余已不足二十五万英镑，而此舰的运费还需另汇十万英镑。龚照瑷的原电没有提余款，且声明已购之舰的运费"尚未议定"。

表面看来，龚照瑷这份报告可教李鸿章和总理衙门诸大员明了实况，实则这是充分暴露彼等轻举莽动，完全被龚照瑷和那班捐客玩在掌中的纪录书。李鸿章添加的话更可以带来反面效果。试看：

（一）那艘猎雷舰的售价前后出现几个版本。理由何在？

（二）如果智利准备出售的主要舰只仅一艘合用，那么它是前说的"白朗古恩喀喇达"号？还是现在说的"白德古／碍德古"号？倘仅一艘合用，为何前后推介两艘？

（三）推介者把那艘巴西舰说得天花乱坠后，竟说不出舰名来。究竟推介者对此舰有多少认识？

（四）智利出售的舰只有合用者，有不合用者。巴西推出的舰只却艘艘合用，难道巴西的海军确比智利的海军强得多？购买这些南美国家的舰只前是否应先理解这些国家的海军的状态？

（五）值得花十万英镑去运送一艘价五万余镑的舰只来华吗？如果总理衙门大员细心想想，李鸿章这些附加语便足惹麻烦。

李鸿章从未想过会有这些问题的存在，自然没有找寻答案。或者对李鸿章来说，误购舰只也不算是严重的事情，急务莫过于筹款。得到四川允助四十万两后，他便问其兄李瀚章两广能否亦代其设法[57]。

福来舍的回话，通过丁汝昌（见图 2）随后也来了。他说（一）猎雷舰长 200 呎，时速 28 浬，备速射炮八门、鱼雷发射管三个，索价三十二万两（不到 49,000 英镑）。如多买（六艘？），可省（每艘？一共？）五千余两。（二）大型鱼雷艇，索价二十万两（稍过三万英镑。为何比以前的报价高了百分之四十？）保六个月送到华（猎雷舰是否亦保六月到华，所言模棱两可，但李鸿章读作两种舰均保证六个月能抵华）。倘多购（六艘？），可省（每艘？一共？）四千余两。（三）每种买六艘，始能组成队伍[58]。

不管李鸿章是否明白龚照瑗把猎雷舰说成是快船，福来舍开的价目确较具吸引力，乃命福来舍去烟台和负责北洋海军鱼雷事务的东海关道刘含芳（1840—1898）面谈。不过，李鸿章已决定仅买猎雷舰，而暂不考虑大型鱼雷艇[59]。

福来舍于七月十六日往烟台和刘含芳面谈时，初仍坚说六个月保送到华（指一种还是两种舰？），但当刘含芳追问几个月能成几艘、如何包运等细节，他便语甚支吾。尽管如此，刘还是替他解释，说他是技术人员，不懂商务[60]。其实刘问的是技术问题而非商务问题。福来舍分明企图混水摸鱼。

不久，福来舍与上海德商泰来洋行（Telge and Company）负责人德尔赓（本名等资料待考）商量后，回复刘含芳，谓若造猎雷舰两艘须时八个月，另预两月运送[61]。虽然所需时间已较前增加不少，孰料后来还是要再更改（详下）。

---

57 《李鸿章电稿》，册 2，页 874—875，《寄两广督李》（光绪二十年七月十二日）。
58 《李鸿章电稿》，册 2，页 878，《寄东海关刘道》（光绪二十年七月十三日）。
59 同注 58。
60 《李鸿章电稿》，册 2，页 1009—1010，《寄译署》（光绪二十年八月二十一日）。
61 同注 60。

无论如何,这一连串的努力果带来成绩。清廷终于在七月中旬批准除前购英制舰中,另买"智利同样二快船"[62]。所见史料的不连接留下好些不易明白之处——李鸿章何时向清廷推荐购买两艘现成智利舰?那两艘舰果同一式(姊妹舰)?那两艘是否即上文说过的"白朗古恩喀喇达"和"白德古/碍德古"号?抑或是那两艘龚照瑗称为智利快船而实为猎雷舰的舰只?

第一问题尚可试答。按有关文件日期的相近,李鸿章看来一接获龚照瑗自伦敦拍回来的舰只情况电报后便旋即决定购买何舰[63]。其他的问题则恐不是单凭中国资料可以解答。

当时李鸿章的理解是,购自英国和智利的三艘舰均时速二十余浬。又因为他被龚照瑗和那些掮客灌输三舰不久即可来华的印象,所以一经决定增购智利舰两艘,便立刻通知丁汝昌作准备——"届时拟派洋员有胆识者管驾,弁勇须预筹调拨"[64]。

这是一件很值得注意的事。李鸿章打算在三舰抵华后委洋员为管带。李鸿章谋速购现成外舰既为应急之举,而丰岛海战又已爆发,这些舰只来华后自然会尽快调上前线。因此,李鸿章拟委洋员当管带应视作整个购舰计划的一部分。问题并不在他准备委任哪些洋员(选择必很有限,或只能就已在华者拣),而是在他为何有此想法。可能的原因有二:(一)北洋海军军官数目不敷用。(二)对北洋海军的军官没有(或失却)信心。

海军军官数目不敷用的可能性不大。且不说国内水师学堂训练出来,而未尝放洋留学的军官早有当北洋海军主要舰只的管带(如邓世昌出掌"致远"舰),其他同样背景者不见得全不值得

62　《李鸿章电稿》,册2,页882,《寄伦敦龚使》(光绪二十年七月十四日);并参页883,《覆丁提督》(光绪二十年七月十四日)。

63　注55和62以及随后的注64所引的文件在时间上只有两三天的分别。

64　《李鸿章电稿》,册2,页883,《覆丁提督》(光绪二十年七月十四日)。

考虑，还有不少留英海军军官管不到像个样子的舰只（北洋海军主要舰只的管带职几全由第一届留英海军学生所包办，第二、三届的就没有这样幸运）。仅谈数目，而不论质的话，北洋海军不知还要添多少主要舰只才会出现军官数目不够充管带的情形。

李鸿章对麾下海军军官是否信任则是另一问题。养兵多年的北洋海军，最后得派用场了，丰岛一役却舰毁兵损，弄到不知如何收拾，主管者的信心不受影响才怪！

速添外舰，配以洋将，就是李鸿章在大敌当前时的应急之策。督领北洋海军的丁汝昌仅有筹调弁勇的份儿。

那时伙伴关系已发展得很好的龚照瑗和克锡还给李鸿章一个异想天开的建议——由英将率领此三舰先攻毁长崎等日本港口，然后或开赴南洋以分散日军兵力，或直往北洋参战[65]。简直是莽人莽语，全不考虑英政府怎会容许此等勾当。李鸿章不单没有直斥其非，反而赞成此举，说攻长崎诸港之议，等舰只抵华后才讨论。虽然李问龚三舰一同启程还是分开出发[66]，但这不能算是慎重处事的表现。要是智利三舰确是现货交易，则它们大有可能早在智利。一舰自英国东航来华，经过一连串交通繁忙的海港，两舰则西越太平洋而来，如何配合攻击日本港口（那时尚没有无线电）？怎能保密以收突击之效？自英、智开出的舰只只可能配备数目有限的军官和基本舰员，够作战之需吗？如果说三舰不是直航攻日，而是在抵华后，配上丁汝昌抽拨的弁勇，才议定攻击日本海港事，就更荒谬。三舰一经抵华必成国际新闻，还能进行突击行动吗？轻举莽动只会给日人以逸待劳，坐候迎击的机会。李鸿章接纳献计

65　《龚照瑗往来官电》，页 573，《七月十四日夜八点钟发天津中堂》；并见《李鸿章电稿》，册 2，页 887，《龚使来电》（光绪二十年七月十五日）。
66　《李鸿章电稿》，册 2，页 887，《覆龚使》（光绪二十年七月十五日）。

者别有用心的笨策，毫不理会基本逻辑，其脑袋之不健全不是用事急失措可以代辩的。

关于智利二舰究在何处，龚很快就有回音。因为它们确在智利，遂又有三舰在南洋会合的建议[67]。除非会合的过程不涉及任何国际海港，不然仍是无秘可守，行踪早揭。正因如此，克锡建议三舰横越太平洋时，行僻道（即不停夏威夷等地），因此亦无法添煤，故需另配煤船随行[68]。掮客自创生意之道确是精明。可惜掮客是外行人，仅能搬出骗倒李鸿章这类无知之辈的外行话。海上添煤除费用必昂外，还涉及高技巧（煤船是特别设计的，在供受两端工作的员工要受过训练，懂得运用特殊工具），和气象的配合（海面风平浪静；在大西洋和太平洋企望这种情况能整个航程保持不变较等候黄河清更难）。因此在烧煤产生蒸汽作为航行动力的时代里，海上添煤之法极不常用。解决供煤的办法为尽量在世界各地布置利己的添煤站网（coaling stations）；这正是英国能够建立日不落帝国的关键因素之一[69]。主持外务的李鸿章全然没有这种常识！

67　《李鸿章电稿》，册 2，页 890，《寄译署》（光绪二十年七月十六日）。

68　《龚照瑗往来官电》，页 574，《七月十二日夜十二点发天津中堂》。

69　Robert L. Scheina, *Latin America's Wars*, Vol. 1: *The Age of the Caudillo, 1791-1899*（Washington, D. C.: Brassey's, Inc., 2003），p. 417; David Evans, *Building the Steam Navy: Dockyards, Technology and the Creation of the Victorian Battle Fleet, 1830-1906*（London: Conway Maritime Press, 2004），pp. 170-181. 除了这些近人的研究报告外，很巧还有一系列由美国舰船工程师 Spencer Miller 在 1893 年（即甲午战争前一年）至 1904 年之间写的讲海上添煤技术的文章，正可反映海上添煤对当时之人来说是如何艰巨复杂的工程，况且假如李鸿章和北洋海军诸将领对汲纳新知够勤快，而又没有外文障碍的困难（都是当海军领导阶层应具备的条件），起码在甲午战争爆发以前，在时间上当有机会看过此系列的第一篇，故很值得介绍现在的研究者（作者见上，省略）："Coaling Bunkers and Coaling Ships," *SNAME*, 1（1893），pp. 91-115; "Coaling Vessels at Sea," *SNAME*, 7（1899），pp. 1-18; "Coaling of the U.S.S. Massachusetts at Sea," *SNAME*, 8（1900），pp. 155-165; "Coaling Warships at Sea,"（转下页）

　　退一步说，纵使三舰到了南洋仍行藏不露，那时连煤船本身也要添燃料了，却还有往日本的一程。况且自南洋往日本的航道，交通频密，还能继续秘密前赴吗？

　　李鸿章与龚照瑷、克锡的拍档，糊里糊涂，互较痴劲。

　　不断出现的新问题教能耐本来已有限的李鸿章更无法分神，但别的问题还是接踵而至。其一是拨款不足清付购买前述三舰之数[70]。其二为未查考清楚舰只情形便匆匆购买的毛病出现了。那时传来智利二舰实为旧货的消息（必定是别的掮客说的话），李鸿章便用购价不昂的砌词来掩饰仓皇成交之失。至于以前提过的巴西舰（始终说不出舰名），也发觉其速慢，且品质远不及日本近年所添置的舰只，乃着克锡缓办，另委龚照瑷和许景澄再访求[71]。

　　两天后（七月十八日），李鸿章另发一电给龚，谓小克锡（James Johnstone Keswick，1845—1914）推介智利两大新快船，已托之向其兄克锡追查细节[72]。李鸿章可以在两三日之间随意反复，替他办事确亦不易。

　　反复的情形尚不止此。福来舍说猎雷舰即使建成，也不能包送来华。李鸿章就把事情搁置起来[73]。

　　如果李鸿章还未给那些随时变动，自己却没有本领核对准确

（接上页）*SNAME*, 12（1904），pp. 177-200. 现代学者是否具备主动探查这类文献的本领，而不是靠别人用过了才知道（别人已引用而仍找不到或干脆不管就更不消提了），往往是研究成败关键之所在。

70　《李鸿章电稿》，册 2，页 888—889，《译署来电》（光绪二十年七月十六日）。

71　《李鸿章电稿》，册 2，页 890—891，《寄伦敦龚使》（光绪二十年七月十六日）；并收入《龚照瑷往官电》页 574，《七月十六日九点三刻钟接天津电伦敦中国钦差》。

72　《李鸿章电稿》，册 2，页 892，《寄伦敦龚使》（光绪二十年七月十八日）。

73　《李鸿章电稿》，册 2，页 893，《覆烟台刘道》（光绪二十年七月十八日）。

程度的消息弄到头晕眼花,龚照瑷更和他说[74]:

(一)德国有两艘时速 13—14 浬,舰龄二十年的旧式铁甲舰出售。他没有推荐。

(二)日本拟购那艘巴西舰;舰已开赴纽约。

(三)意大利有一艘时速 18 浬的舰托巴西之名出售,价三十九万英镑。

(四)那两艘智利舰甚精,装备齐全,倘自智利直航,十六日可抵旅顺,故即将画押成交(分明在纠正李鸿章听自别的掮客的话,并指出自己可作决定,不必先征求李的同意)。

(五)外国禁运者有之,不敢卖者有之,能买得的就是这几艘,暗示李鸿章不要多挑剔。

至此,李鸿章只好乖乖就范,经由汇丰银行分期交付二十万英镑。小克锡推介的智利(两?)大快船则说无力购买,作罢论[75]。但同日又嘱龚照瑷继续设法商议其他合用快船[76]。小克锡推荐的两艘是否仍归入“合用”之列,尚不得而知。

李鸿章向来偏好德制舰,际此风横雨劲时刻,假如德国有现成可用快船出售,入选不难。许景澄数度受李鸿章查询之托后,终回谓德国没有这样的舰只[77]。这无异证实龚照瑷选择有限之言正确。

在七月下半困扰李鸿章的还有其他两项消息。其一为日本大量添置舰只[78]。其二为日本在英订制的舰只有离境困难[79]。不管消

---

74 《李鸿章电稿》,册 2,页 897,《龚使来电》(光绪二十年七月十九日);页 901—902,《寄译署》(光绪二十年七月二十日)。

75 《李鸿章电稿》,册 2,页 897—898,《覆龚使》(光绪二十年七月十九日)。

76 《李鸿章电稿》,册 2,页 899,《寄伦敦龚使》(光绪二十年七月十九日)。

77 《李鸿章电稿》,册 2,页 901,《许使来电》(光绪二十年七月二十日)。

78 《李鸿章电稿》,册 2,页 896,《寄译署》(光绪二十年七月十九日);页 901—902,《寄译署》(光绪二十年七月二十日)。

79 《李鸿章电稿》,册 2,页 901—902,《寄译署》(光绪二十年七月二十日)。

息是否准确,李鸿章的行动必深受此等消息所影响。

因为这些困难,李鸿章对尚未到手的三舰已嫌其威力不足,而希望得到一两艘长三百余呎,时速过 20 浬的二等大快船。前说小克锡推介的智利大快船作罢论,一日后便改变主意,请求拨款备用了[80],还希望购得该(两?)舰后能备足煤,径赴威海卫[81]。总理衙门早就相信龚照瑷智利舰只需十六日航程即可抵华之言,并拟用之为计划行动的依据[82]。其时小克锡已向李鸿章说明,航程需时四十日[83],较龚照瑷所说差别很大。

较这些困扰严重得多的事终发生了。李鸿章自路透社的电讯得知在英国购买的"鱼雷快船"(英文原文谅为 torpedo gunboat。到了此时此刻,他已否弄清楚在英购买之舰究属何舰种?)不准出口。深信龚照瑷以前所说,即使英国扣留日人所购舰只,仍会放中国购买者出口之言的李鸿章(此事可作为李鸿章头脑层次的指标),真的慌起来,连忙向龚追问究竟。答案够李烦了。英国全面禁运,连炮械弹药的供应都会受到影响。因此,洽购小克锡所说的智利大快船就成了急务。那是李鸿章在七月二十一日(8 月 21日)的想法。李鸿章对购买智利大快船的看法竟达到逐日更改的程度。不管李鸿章如何渴望得到此等舰只,速筹五十万英镑是绝无把握之事[84]。李旋催促龚迅速画押,以防另有变化[85]。小克锡原先推荐两艘智利舰,而李鸿章心目中的筹款数字是四五十万镑。他

80　同注 79。

81　《李鸿章电稿》,册 2,页 903—907,《寄伦敦龚使》(光绪二十年七月二十日)。

82　《李鸿章电稿》,册 2,页 906,《覆译署》(光绪二十年七月二十一日)。

83　《李鸿章电稿》,册 2,页 905—906,《译署来电》(光绪二十年七月二十一日)。

84　《李鸿章电稿》,册 2,页 908,《寄伦敦龚使》(光绪二十年七月二十一日)。英政府下令禁此舰出口,事见 "Detension of a Torpedo Catcher," *The Times*, 20 August 1894.

85　《李鸿章电稿》,册 2,页 911,《覆龚使》(光绪二十年七月二十二日)。

充其量只能期望买到一艘而已。

变化果然有。龚照瑗电谓,智利大快船为极精之奇货,恐难成议,但闻尚有一艘不列明舰名的快船可售(此舰下文有解说)[86]。简直就是逼李鸿章买未必便宜的次货。

随后的消息是,另外的一艘智利舰名"额士默拉达柯黑拉尼",舰老价昂,而克锡兄弟还是留意彼等前说之"白朗古恩喀拉达"号新舰[87]。

谋速购外舰之事发展至此阶段,李鸿章才开始有接触舰名的机会。但那些音译舰名并不比前用"智利快船"一类含糊标识更能确指所言者为何舰。如何音译既乏准则,复人译人殊,致令随后连接出现的音译舰名究分属几舰,恐李鸿章并无分辨之法。为说明李鸿章辈办事的混乱无章,此阶段的讨论提及的舰名悉依有关文件,不作修订,不试图划一。提出正确答案是必要的,但为免在此带入节外生枝的讨论,这些答案留待下文才交代。

电讯密传总不能永无止境而不见实质行动的。龚照瑗终于在七月二十三日电告李鸿章,克锡已议购二智利舰(究竟是哪二舰,因文件没有列出译名,随后只能作揣度)。画押付款后十天内自智利启程,二十天经菲律宾抵威海卫或旅顺。从合约的重叠(智利跟怡和签约,然后怡和与代表清廷者签约)不难看得出,佣金必占售价相当高的比例[88]。

至于那艘智利新大快船("白朗古恩喀拉达"号),造价三十五万英镑,日本还价四十万镑,不卖;龚照瑗加二万镑,亦不卖(这不是前述试购"白德古／碍德古"舰的历史重演,而是把前事再讲

86 《李鸿章电稿》,册 2,页 911—912,《寄译署》(光绪二十年七月二十二日)。
87 《李鸿章电稿》,册 2,页 913,《覆伦敦龚使》(光绪二十年七月二十三日)。
88 《龚照瑗往来官电》,页 575,《七月二十日夜九点钟发天津中堂》;并转抄为《李鸿章电稿》,册 2,页 916,《寄译署》(光绪二十年七月二十三日)。

一次，因为"白朗古恩喀拉达"和"白德古／碍德古"竟是同一艘舰的舰名异译；详后）。克锡建议加八万镑。龚照瑗游说李鸿章加码，和日本竞投下去，遂谓欧洲对此舰评价极高，以为中日之战，孰得孰胜。他又说，智利另有一艘钢壳快船出售，并详列该舰（"额士默拉达柯黑拉尼"号）数据（他第一次这样做）：长270呎，宽40呎，吃水18呎，马力6,500匹，最高时速18.5浬，备10吋炮二门、6吋炮六门、速射炮二门、机关炮六门、鱼雷发射管三个，盛煤600吨，舰和炮械均阿摩士庄厂所制，索价265,000英镑，连同运费杂项须三十万镑（即运费等项不到五万镑，为何运送那艘小得多的英制猎雷舰李鸿章却估计其运费需要十万镑？）。龚照瑗以为如觉得"白朗古恩喀拉达"号索价太昂，此舰不失为次选，并提醒李鸿章前购之英舰既难出口，智利则不禁运，选择的余地很有限[89]。关于自智利至旅顺或威海卫的航程，龚照瑗在此电文又另搬出新版本，说需时二十日[90]。

发展至此，如果李鸿章有脑袋，就应追问好些不可能不察觉的问题：为何智利、巴西这些非海军大国的国家会有这样多既新颖又威猛的舰只？为何彼等要一下子出让这么多主要舰只？因何连最近购得者都要卖？那些会否为急求脱手的问题舰？事实很明显，李鸿章全不顾虑这些。他只关心价钱和抵华日期，连最重要的选舰准则也听由掮客（包括龚照瑗）摆布。

无论如何，李鸿章相信近两月的努力起码可以带来两艘即将抵达的智利舰（他始终不知道假设买到的是什么舰）。孰料七月二十四日（8月24日）龚照瑗转来克锡的消息——智利毁约了[91]！

---

89 同注88。

90 同注88。

91 《李鸿章电稿》，册2，页917，《寄译署》（光绪二十年七月二十四日）；页918，《覆龚使》（光绪二十年七月二十四日）。

克锡在随后向李鸿章解释的电报内说,智利不肯出售"柏郎古恩格拉达"号("白朗古恩喀喇达"的别译)[92]。这是毁约的二舰之外,另行洽购之物。总之,试向智利购买的舰只都不会有结果的了[93]。

一笔生意做不成,捎客自然还会介绍另一笔。克锡急忙说有一艘名"拉马赛斯"的英国商船,可改建为快船。李鸿章果然有兴趣,要龚照瑗回报究竟[94]。

智利毁约后不久,李鸿章便知道这是日本施压力的结果[95]。但他没有追查三个倘找对解码或可亡羊补牢的切要问题——为何智利会听从日人的指挥?中国买不到的舰只会否被日本买去?怎样能反守为攻以防向别国洽购时重蹈覆辙?李鸿章全不理会此等问题,仅我行我素地续访可容速购的舰只。

有求必应的捎客果然再接再厉。克锡说那艘时速19浬的英国商船(另作"拉马赛"号)索价二十六万英镑,待其数日后返英,即可和船厂商量武装之法[96]。

龚照瑗也有新建议。他说南美有五大快船可售[97],并提供(其中?)一艘快船的细节:阿根廷刚在英国建成一艘长250呎、时速18浬、备47公厘速射炮二门,另大小速射炮八门、18吋鱼雷发射

---

92 《李鸿章电稿》,册2,页919—920,《寄伦敦龚使》(光绪二十年七月二十五日)。

93 《李鸿章电稿》,册2,页921,《覆译署》(光绪二十年七月二十五日);页931,《寄译署》(光绪二十年七月二十七日)。

94 《李鸿章电稿》,册2,页919—920,《寄伦敦龚使》(光绪二十年七月二十五日)。

95 《李鸿章电稿》,册2,页921,《覆译署》(光绪二十年七月二十五日)。

96 《龚照瑗往来官电》,页576—577,《同日(七月十五日)夜九点半钟发天津中堂》;并转抄为《李鸿章电稿》,册2,页926,《寄译署》(光绪二十年七月二十六日)。

97 同注95。

管五个的快船,95,000 英镑可售,且可挂阿根廷国旗出口[98]。他强调可借挂阿根廷旗出口,是为了免李鸿章担心舰不能离境。李鸿章并没有想到,这样讲等于说舰尚在英国而不是已运去阿根廷。倘果如此,又怎会没有出口困难!况且就舰价和数据而言,它只可能是猎雷舰,而不会是快船。龚照瑗仍用蒙混舰种、诱李鸿章上钩之法,来推销舰只。

可以一并买得五艘快船,李鸿章怎会不动心[99]!至于那艘阿根廷"快船",连清廷也有意购买[100]。后来李鸿章才弄清楚那艘阿根廷"快船"已算入南美五大快船之内,且舰尚在英国[101],索价还提高到十五万英镑(几乎一倍),而那五艘舰全是阿根廷拟出售者[102]。面对这种情形,李鸿章怎不想想,以阿根廷海军的规模,一下子卖去五艘主要舰只还能成军吗?在整个急谋购舰行动中,李鸿章据以作出决定的消息总是恒变和前后矛盾的,而他的思虑过程又往往局限于很窄的范围。

掮客们一点也不笨。这次阿根廷出让舰只和前此智利售舰并无性质之别。虽然李鸿章看不出两者之相似,仍鼓起愚勇去干,掮客们还是担心他会因害怕日人再次作梗而不愿交易。他们因此替智利的毁约另作解释,说"智利远在南美洲,议卖船后,接欧洲各国禁卖兵船电报,遂随各大国守局外例,无他故"[103]。全是骗小孩的

---

98 同注 96。

99 《李鸿章电稿》,册 2,页 928,《寄伦敦龚使》(光绪二十年七月二十七日);并见《龚照瑗往来官电》,页 577,《七月二十七日下午五点钟接天津电伦敦中国钦差》。

100 《李鸿章电稿》,册 2,页 930,《寄伦敦龚使》(光绪二十年七月二十七日)。

101 《李鸿章电稿》,册 2,页 931,《寄译署》(光绪二十年七月二十七日)。

102 《龚照瑗往来官电》,页 578,《七月二十七日亥刻发天津中堂》;并转抄为《李鸿章电稿》,册 2,页 938,《寄译署》(光绪二十年一月二十九日)。

103 同注 102。

话。电报传讯,刹那即到,无远近之分。若地望带来分别,难道阿根廷不远在南美吗?况且智利在太平洋东岸,而阿根廷在大西洋西岸,距中国还要遥远,而航运之难更以倍数计。那时还未开辟巴拿马运河,自阿根廷远航来华只有两个选择。其一为硬闯南美洲南端和南极洲之间地球上最险恶航道,其中包括几如鬼门关的麦哲伦海峡。舰船吨位较轻,或船员航海技术稍差,都休想有平安通过这航道的机会。其二为先横渡大西洋,然后或沿自欧来华航道东来,或取道南非南端航道(又一险恶航道)东驶。买阿根廷舰,不管那些舰只品质如何,索价如何,根本就与速购外舰来应急的本意相背。掮客们这些不合逻辑的话,世界地理知识光蛋的李鸿章听来却觉得道理十足,便依从彼等所定的法则继续和他们玩下去。

替李鸿章解释者或会用方寸大乱作为辩护之词。七月杪,李鸿章已知道日人前在英订购,正东航赴日的"快船""太素勤刻"号(又译作"达楚答"、"达士达"、"德士达"、"达素达"、"太素太"等)在红海外之亚丁(Aden)港遭英国用保持中立为由扣留[104]。这等于宣布中国在英所购舰极难获得离境的批准。若谓李鸿章难保持头脑清醒,说得过去。但龚照瑗仍不断给他中国在英所购之舰并未被扣留,且可用挂别国旗等法出口的保证,也是事实[105]。更何况,以李鸿章位势之隆,责任之重,要求他临危不乱,绝非过分。大环境的恶劣不足用来护释李鸿章因低能而导致的一连串失误。

---

[104] 《李鸿章电稿》,册2,页938,《寄译署》(光绪二十年七月二十九日);页939,《寄译署》(光绪二十年七月二十九日);页939,《寄译署》(光绪二十年七月二十九日);页946,《寄译署》(光绪二十年八月二日);页947,《寄译署》(光绪二十年八月二日);页958,《龚使来电》(光绪二十年八月七日)。

[105] 《龚照瑗往来官电》,页578,《七月二十八日下午七点钟发天津中堂》;并转抄为《李鸿章电稿》,册2,页938,《寄译署》(光绪二十年七月二十九日)。

虽然前在英所购舰能否出境尚属大疑问,捐客们却把在英国改装商船为军舰说成是不受禁运管制之事。除克锡介绍一艘外,龚照瑗亦推荐一艘名"阿墨司"(Ormuz),属英国火轮船公司的商船,谓其可改装为军舰,并特别指出其"另带阿厂大小快炮十五尊,鱼雷及雷筒俱全,其实价三十万镑"[106]。价确比正规建造的快船便宜,但希望其性能与正规舰只没有太大分别则是不明事理的梦想。

吹嘘自己的货品外,龚照瑗还来一记连消带打的招法,说原先克锡介绍的商船不行。他引阿摩士庄厂总办瓦瓦士(Josiah Vavasseur, 1884—1908)之言,指该船既无护甲,炉机复装置在水线之上,且本身设计不合装配炮械和鱼雷发射管[107]。看来捐客在合作之余,也会互发脓包的。

到了八月初,龚照瑗还在忙那艘英购舰的出境事。原来购价外,尚须添运费 33,000 英镑(以前李鸿章夸报作十万镑)。然后计划在英国选用五十余名海军出身的船员,二十日内启行,十月中旬抵威海卫[108]。李鸿章因相信此舰迅即自英启程东航,便告诉丁汝昌此舰的数据:排水量 360 吨,长 208 呎,宽 23 呎,时速 20 浬,备

106 《李鸿章电稿》,册2,页941,《寄伦敦龚使》(光绪二十年七月三十日)。Boyd Cable, *A Hundred Year History of the P. & O.: Peninsular and Oriental Steam Navigation Company, 1837-1937* (London: Ivor Nicholson and Watson, 1937), pp. 243-249, 虽有英国火轮船公司自1837年启业至1937年百年间拥有的船只的详表,其中却不见有取名 Ormuz 者。

107 《龚照瑗往来官电》,页578—579,《八月一日上午十二点钟发天津中堂》;《李鸿章电稿》,册2,页947,《寄译署》(光绪二十年八月二日)。这里有一事不易解释。注94和96所注文件说克锡介绍之商船名"拉马赛斯",又作"格拉拂"(Grapher)。未审是否同指一船。

108 《龚照瑗往来官电》,页579,《八月初一日夜十二点钟发天津中堂》;并转抄为《李鸿章电稿》,册2,页947,《寄译署》(光绪二十年八月二日);另参看页950,《寄威海丁提督》(光绪二年八月三日)。

3.75 吋二十五磅弹速射炮二门、1.85 吋哈乞开斯三磅弹速射炮四门、鱼雷发射管五个（数据的准备和齐全的程度，下文有交代）[109]。既然丁汝昌这样迟才知道此舰的细节，购舰前（甚至成交进行期间）李鸿章一定没有征求他的意见。

自从购入那艘英制舰后，其他采购行动全胎死腹中，龚照瑗不免焦急，便于八月初又向李鸿章推荐两艘秘鲁舰！这是在短短一个月内第四个涉及李鸿章速谋购舰活动的南美国家了。龚照瑗说这两艘秘鲁铁壳姊妹舰建成于 1881 年，每艘价五万镑（原先造价？），其中一艘因未付清款项，又不能改为商船，长期停泊在英国，故机炉皆新。舰的数据为：长 254 呎，时速 16 浬，备 4.7 吋炮四门、哈乞开斯三磅弹速射炮六门、14 吋鱼雷发射管二个（连舰种和排水量都不交代，数据明显不足）。舰价外加 15,000 镑，便运费等项全包了（这些项目便宜得难以置信）。这次李鸿章和总理衙门倒能冷静处理。速度太慢的货色（其实还应加上舰龄高、设计和装备必然落伍为不接受的理由），李鸿章兴趣不大，而总理衙门更断然推却[110]。

辛苦多时，仅购得一艘不能出境之舰，算不上是什么成绩，而智利之毁约使购舰之举有二十万英镑（一百四十万两）余款可用[111]，李鸿章当然不会罢手。他追问福来舍，二十万镑能买到几艘他以前介绍的猎雷舰（清廷亦同意购买此等舰只四艘）[112]。

---

[109] 《李鸿章电稿》，册 2，页 952，《寄刘公岛丁提督》（光绪二十年八月四日）。

[110] 《龚照瑗往来官电》，页 579，《八月初一日夜十二点钟发天津中堂》；并转抄为《李鸿章电稿》，册 2，页 947，《寄译署》（光绪二十年八月二日）；另参看页 948—949，《寄伦敦龚使》（光绪二十年八月三日）。

[111] 《李鸿章电稿》，册 2，页 954，《覆译署》（光绪二十年八月六日）；页 958，《寄刘公岛丁提督》（光绪二十年八月七日）。

[112] 《李鸿章电稿》，册 2，页 958，《寄刘公岛丁提督》（光绪二十年八月七日）；页 960，《寄烟台刘道》（光绪二十年八月八日）。

福来舍和泰来洋行相议后，开出四艘共 3,689,356 马克之数（不到二十万英镑），运费另计。李鸿章以为可行。这次交易，款存德华银行（Deutsch Asiatische Bank），待舰抵威海卫后始提取，有关文件且经由启留学潮的容闳带往美国留学的蔡廷幹（时任北洋海军都司）核实[113]。参役其事的还有李鸿章认为其精悉这类舰只的刘含芳。这次尝试，李鸿章确实处理得较慎重。但如果说李鸿章这次真的明了那种舰的性能，掌握了数据才订购，则未必合实情。起码在现存的史料中看不出李鸿章曾留意过舰价和付款程序外的其他切要问题。

在华决定订购德制舰事，远在德国的许景澄大概尚未知道。以前他说德国无可现购的合用舰只，过后他还是继续留意，终在八月初旬密访到这类货色。那时有一艘德国代土耳其建造的八百余吨的猎雷舰即将完工，可以商量让售。但李鸿章觉得那艘舰吨位有限，未必合用。许景澄还指在德订制一艘新的穿甲快船（加护巡洋舰）需时七个半月[114]。虽然许景澄的话好像全白说了，这番话却足显示正人君子只管实话直说，与贪婪小人专意瞎吹胡骗以谋推销中饱，截然不同。可惜李鸿章在许景澄、龚照瑗二人之间看不出这种君子小人之别。如果李鸿章肯细读许景澄的电报，他当明白远水难救近火的道理（虽然不知道订购四德舰的许景澄并非就此事借题发挥）。造舰不管怎样赶工也要大半载工夫，来华路程又费

---

113 《李鸿章电稿》，册2，页964，《烟台刘道来电》（光绪二十年八月九日）；页964，《覆烟台刘道》（光绪二十年八月九日）。

114 《李鸿章电稿》，册2，页968，《寄译署》（光绪二十年八月十日）。此为李鸿章把许景澄的意见转呈总理衙门之件，内"然只八百余吨，恐不合用"句语义含糊，难确定究竟是许所说的话，还是李鸿章插入的己见。这里视之为李鸿章的意见，因：（一）此艘与许景澄前所推介者分别有限，他不会说出自相矛盾之言。（二）许景澄如不赞成购买，又何必多此一举地说出来。（三）这种小舰不合李鸿章急谋购舰的原意。

时,战事早已开始,那四艘舰果可及时报效的可能性究有多少?

订购四德舰事终在八月中旬达成初步协议(尚未签约),厂价连同弹药、备用零件、运费等项,共 3,788,368 马克。建舰期十个月,运送另加两月。这种小舰只一般充其量仅能备煤一百吨左右,远航东来涉及的技术问题显非简单。付款之法则与前议不同,改为大部分由龚照瑗在伦敦处理[115]。换言之,一切顺利的话(禁运之类的意外都不预计在内)也要整年舰只才能抵华。难道李鸿章真的相信当时的战状会维持一年而仍胜负不分?

这种猎雷舰的数据,若单凭李鸿章呈交总理衙门的报告,仅知零星三项:时速 28 浬,备哈乞开斯速射炮六门、鱼雷发射管三个(配鱼雷六枚)[116]。李鸿章讲及置舰的文件经常详于费用项目,而略于数据细目,留给人随便讲些数据、仅求满足形式的感觉。这次并不例外;上述三项还是从繁杂的数字中推算才得知的。替李鸿章辩者也许会说,清廷大员都不懂这一套,讲多说少并无分别。且不说存案须齐全的传统,李鸿章长期这样处理此等文件,难免引人怀疑他究竟是否明白,反映舰只性能的不是索价高低,而是那些非一开始便弄清楚不可的数据。

尚未知详情的许景澄(这样当驻德公使,谁谓不可怜?)还把自己找到的那艘猎雷舰的数据补送给李鸿章(时速 22 浬,吃水 7 呎,备 10 公分主炮,另有哈乞开斯炮和鱼雷发射管,三个月可成),并安排将索价细目送去龚照瑗处备考。李鸿章的反应是,如何选择福来舍和许景澄分别介绍的同类舰只,由刘含芳作出评断[117]。

---

115 《李鸿章电稿》,册 2,页 989—990,《寄译署》(光绪二十年八月十六日);页 1009—1010,《寄译署》(光绪二十年八月二十一日)。

116 《李鸿章电稿》,册 2,页 989—990,《寄译署》(光绪二十年八月十六日)。

117 《李鸿章电稿》,册 2,页 994—995,《寄烟台刘道》(光绪二十年八月十七日)。

刘含芳是以国事为重的君子，并没有因为参与订购福来舍推荐的舰只而对许景澄介绍的一艘有偏见。他平情解说两种舰的分别（因而添述福来舍推介的舰只的数据——排水量 400 吨，长 194 呎，吃水 7 呎，马力 3,500 匹，备 57 公厘速射炮六门），指出许所介绍者有旋即可建成的优点，也有恐为日人抢先买去的顾虑，因此他建议发电允购许景澄所说的猎雷舰 [118]。李鸿章接纳刘含芳的建议，立刻追问许景澄该舰未详的长度、排水量、主炮数、鱼雷发射管数等资料 [119]。

同一日（或早些），李鸿章亦得知那艘英制舰拟挂别国国旗蒙混出境并无把握，根本无法安排离境日期 [120]。

就在李鸿章收到刘含芳回电那天（八月十八日，9 月 17 日），中日两国海军在黄海激战近五小时。这场世界触目的海战改变了甲午战争的状态和双方势力的均衡，北洋海军的运作更深受其影响。购舰的活动虽不必因而终止，倘续为之，进行的环境和手法则理应有别，不妨先在此作一小结。

丰岛、黄海两海役之间不到两个月，百事齐发，令清廷顾左失右，倦于奔命。李鸿章在这段分身乏术的日子里，始终视速购外舰为首要之务，称得上专意力为。成绩的评价，若从涉连范围的角度去看，用五十多天分在欧洲和南美六国购买、洽购和拟购数组多寡不一的舰只，自非易事。筹款维艰，更是诸多掣肘。任何收获，总算是难得之果。

倘论进行的焦点和采购结果的是否配合，成绩就要打折扣。那艘英制舰固然是合意之选，购入的过程也颇简单。随后那些费

---

118 《李鸿章电稿》，册 2，页 997，《刘道来电》（光绪二十年八月十八日）。
119 《李鸿章电稿》，册 2，页 1000，《致柏林许使》（光绪二十年八月十八日）。
120 《李鸿章电稿》，册 2，页 1000，《寄译署》（光绪二十年八月十八日）。

尽精神的南美诸国舰只却一无所获。福来舍介绍的四艘则是原先并不看重,旋更放弃,终又因有余款而连忙议购的。后补充数的味道也就很重。至于许景澄推荐的一艘,更属无意插柳之物。从原先采购的目标去看,李鸿章不可能满意这样的结果。

急谋外购的目标很简单,就是为了速添海军实力以抗日人犯境。尽管北洋海军久未增舰,添几艘理所当然,但正常置舰的程序绝不该是这样子的,也不应在国难当前,资源短缺的时候,用抢先插队的法子去推行本属常规性的建军行动。假如这些舰只不能及时来华,投入战争,整个速购计划就没有意义了。

事实确是如此。许景澄推荐的一艘起码需时五个月始能抵华(尚余三个月建造期,另加运送时间),而福来舍介绍者更要整年时间。除非确信战事会拖延得那么久,这些德制舰都会变成以应急名义,用非正常步骤,在没有订定长期发展计划前便莽然行事的常规性添置舰只了。

确合现购应急原则的只有那艘启程无期的英制舰。

辛苦数月,应急之效一点都收不到。

七、黄海海战后的购舰活动

黄海海战胜负之分不论如何评定(在狭隘民族主义作祟下,至今尚有人把北洋海军惨败的事实,强说为日海军畏惧窜退),摆在眼前的事实却很简单。日海军十二艘舰上阵,无一沉没,且伤者均能迅即修复,不久便重上前线。中国海军分两批投入战斗的十三艘舰,沉毁四艘,从此不敢主动邀战。这事实不可能对李鸿章的速购外舰计划毫无影响。毕竟千辛万苦才购得或可以认购的六艘舰只全是吨位有限的轻量级货色,且确属现购的一艘又来华无期,原先计划用现购之法速增兵力,现在连弥补战事带来的损失都办不到(丰岛、黄海两役,中方失舰六艘,日方则不失一舰)。这样的局面怎教李鸿章不心焦?问题的关键在面对禁运和拒售两大关卡,如何寻求突破之法。

首先还得办妥订购两款德舰的签约事宜。为此许景澄再补述那艘猎雷舰中方尚未上纪录的数据。资料既较前为备,李鸿章便就两种德舰作一比较(暂用介绍者之简名识别两舰,表中并加列前已上纪录的资料)[121]:

	许	福
排水量	850 吨	400 吨
长	236 呎 3 吋	190 呎 6 吋△
吃水	7 呎	7 呎
马力	?	3500 匹
时速	22 浬	28 浬
舰身价	64,350 英镑	31,862 英镑*
武器	10公分速射炮二门 哈乞开斯(速射)炮六门 鱼雷发射管三个(配鱼雷数未列)	57公厘哈乞开斯(速射)炮六门 鱼雷发射管三个(配鱼雷六枚)
武器价●	12,000 英镑	8,358 英镑*

△ 前列 194 呎,或因量度的位置不同,不一定是一正一误。

* 1 英镑等于 20.4 强马克。

● 弹药均未计算。

比较后,李鸿章得出许景澄介绍的一艘价廉物美的结论(他早就应该给许景澄充分发挥其丰富海军知识的机会)。因此除决定速购此舰外,他还命刘含芳压后签署福来舍中介的合同,并说即

---

121 《李鸿章电稿》,册 2,页 1009,《寄东海关刘道》(光绪二十年八月二十一日);页 1016—1017,《寄译署》(光绪二十年八月二十二日)。

使要买，也减购二艘，以便缩短制造期[122]。清廷亦同意李鸿章的决定[123]。

八月底，李鸿章得到德国伏尔铿厂（Stettiner Maschinenbau-Actien-Gesellschaft "Vulcan", Stettin）有吨位较大的猎雷舰待售的消息。因为北洋海军主要的德制舰只全是此厂的产品，李鸿章对此厂信心十足。既得此讯，他便委许景澄查询[124]。九月初，许有回音，他说该舰排水量 800 吨，长 248 呎 4 吋，吃水 9 呎 6 吋，时速 21.25 浬，备 10 公分速射炮二门、小炮（速射炮？）八门、鱼雷发射管三个，舰价 58,800 英镑（武器价另计？），五个月完工，拆卸代运[125]。此舰看来比许景澄介绍者稍小，而且来华后还要经过一段漫长复杂的合拢程序。许景澄在介绍自己的选择时已提及此舰，称之为日耳曼厂所制。这是泛称而已（日耳曼即德国），并不是说厂名日耳曼（李鸿章、刘含芳等均以为是厂的专名）。其实许景澄所介绍者也是伏尔铿厂的产品（后详），故前后两舰不会有很大分别。

九月初，刘含芳按李鸿章的决定和泰来洋行的代表德尔赓签押，向德国硕效厂（Friedrich Schichau）订购两艘猎雷舰的合同。款项交收仍按前议由龚照瑷在伦敦处理[126]。

九日中旬，许景澄补述他介绍的一艘的弹药价，因而得知该

---

122 《李鸿章电稿》，册 2，页 1016—1017，《寄译署》（光绪二十年八月二十二日）。

123 《李鸿章电稿》，册 2，页 1030—1031，《寄柏林许使》（光绪二十年八月二十四日）；页 1031，《寄东海关刘道》（光绪二十年八月二十四日）。

124 《李鸿章电稿》，册 2，页 1055，《寄柏林许使》（光绪二十年八月二十九日）。

125 《李鸿章电稿》（上海：上海人民出版社，1987），册 3，页 8，《许使来电》（光绪二十年九月三日）。

126 《李鸿章电稿》，册 3，页 14，《寄伦敦龚使》（光绪二十年九月五日）；并见《龚照瑷往来官电》，页 583，《九月初五日下午五点钟接天津电伦敦中国钦差》。该德国船厂，此电稿原作"实硕"厂，对音不符，得改正。

舰的武装情形较详——10公分(速射)炮二门,连弹一千发;47公厘格鲁森(Gruson)速射炮六门、37公厘格鲁森速射炮四门,两者连弹五千发;鱼雷发射管三个,连鱼雷六枚。即武器和弹药共约379,376马克(18,597英镑)。除主炮及其弹药的价目外,其他诸数都是约数,即卖方保留调整权。另加以前没有开列的探射灯两盏(1,300镑),总数比前报的一万二千余镑高了很多[127]。看到许的电报后,不知李鸿章仍否说此舰价廉了?不过新旧两价确很难作比较。旧价不包括弹药,而提供的哈乞开斯副炮只有六门,复不注明口径;新价则包括数量不少的弹药,副炮增为十门,而口径并不算小。另外,格鲁森炮的定价也比哈乞开斯高。如仍用哈乞开斯,可减四万马克(约1,960镑)。大概因为价钱虽调高而品质亦相应调高,李鸿章便立刻覆电,同意照单买。但因哈乞开斯速射炮弹可自制(格鲁森速射炮极佳,弹药尚未仿制),故37公厘者采哈乞开斯炮,47公厘者则仍按船厂之意选用格鲁森产品[128]。款项的支付仍由龚照瑗在伦敦处理[129]。

这里却有一怪事。李鸿章说的是伏尔铿厂后来自荐的一艘,而不是许景澄原先介绍的一艘。有无可能两者均为尚未动工,仅见于蓝图,便四出招揽生意之物,因而谈起来版本恒变,而两者之间虽确有分别,相同之处亦实在多[130]?

这两种签了约的德舰无论建造得怎样快,也要好一段时间才能

---

127 《李鸿章电稿》,册3,《许使来电》(光绪二十年九月十日)。

128 《李鸿章电稿》,册3,页32,《覆柏林许使电》(光绪二十年九月十日);页33,《寄译署》(光绪二十年九月十日)。

129 《李鸿章电稿》,册3,页50—51,《寄伦敦龚使》(光绪二十年九月十七日);页51,《覆许使》(光绪二十年九月十七日)。

130 最可惜的是,陆征祥(1871—1949)等许景澄亲友入民国后替他编刊的各种集子均不收与甲午期间购舰有关的文件。现在研究起来,单凭来自李鸿章方面的资料,显见不足。

抵华。当时唯一可望速来者仅得那艘早已成交且确建成的英制舰。但此舰启程无期。深知李鸿章焦急如焚的克锡此时又重提旧事（仍由龚照瑗传话），说智利有七舰（包括阿摩士庄厂新造者）待售，一切俱全，甚至连舰员都可以包括在内！他提供那七舰的资料如下：

（一）"卜拉德"——钢甲快船，时速18.3浬

（二）"白朗古"——1893年阿摩士庄厂造的大快船，时速22.5浬

（三）"额斯默拉尔达"——时速18—19浬

（四）"额拉粗力士"——时速18—19浬

（五）"平度"——时速18—19浬

（六）"康德尔"——小快船，时速21浬

（七）"林则"——小快船，时速21浬

克锡建议七艘全买，自成一队（彻底的外购舰配雇佣兵舰队）。即不成，也应买齐"卜拉德"、"白朗古"、"康德尔"、"林则"四艘，亦足大张军力。李鸿章好像把以前拟购智利舰所受的委屈全忘记了，竟以为机不可失，完全接受克锡所说能七艘都买最好，不然也起码买"卜德拉"等四艘的建议，向总理衙门推荐此计划时，还说"日恃船多，横行海面，添此（等）船必可制胜"。清廷对李鸿章的要求并无异议。然因需款必巨，李鸿章问清廷可否饬龚照瑗探求举外债之法[131]。

只要看看这些舰只不少早和李鸿章纠缠不清，便不难明白这位北洋大臣被掮客们任意玩弄至何程度。读者用下列一表，便可把前后之事串连起来，看清楚真相（指认的凭据，随后自有交代）：

---

131 《李鸿章电稿》，册3，页40，《寄译署》（光绪二十年九月十三日）；页43，《寄伦敦龚使》（光绪二十年九月十四日）；此件并见《龚照瑗往来官电》，页584—585，《九月十五日接天津电伦敦中国钦差》。

这次兜售用的舰名	以前推销时用的舰名或代名词 （有关注释的号码附舰名之后，以便检对）
（一）卜拉德	
（二）白朗古	白朗古恩喀喇达（49） 白德古／碍德古（55） 柏郎古恩格拉达（91）
（三）额拉粗力士 （四）平度	七月初，阿摩士庄厂东主以为索价合理的一对舰龄三岁的快船（55）
（五）额斯默拉尔达	额士默拉达柯黑拉尼 克锡七月下旬推介的钢壳快船（88）
（六）康德尔	
（七）林则	

七艘当中过半数早为无法成交之物，捐客悉作新鲜货来推销。李鸿章竟毫无异议地接受彼等定下的节拍，随曲起舞。

真正的麻烦尚不是这些，而是那些捐客根本不明白自己推售的是什么货色。克锡劝李鸿章若不能七艘全购，起码该买"卜德拉"等四艘。他哪晓得这四艘舰分属三个性能不同的舰种。此四舰固然难自成一队，与北洋海军黄海海战后尚存的舰只如何组配更是棘手的问题。捐客们不必顾虑这种售后问题。在李鸿章的脑袋里，这种问题更从来不存在。

还有，再过一个月左右智利就要卖"额斯默拉尔达"号给日本了。那时必正在密切谈判交易细节（详情后述）。克锡还梦谋卖此舰给中国所可获得的佣金，他搜集情报的本领灵通有限。

踏入九月下旬，连向来处事慎重的许景澄也急于参加捕风捉影式的推介活动了。他说阿根廷有一铁甲舰和两快船肯密售，其中一艘快船时速22浬，还说日人欲选购，彼等未允[132]。提供的资料

---

132 《李鸿章电稿》，册3，页57—58，《许使来电》（光绪二十年九月二十日）。

这样零星稀少,真不像许景澄的一贯作风,难怪连平素闻舰必喜、鲜追究细节的李鸿章也不禁问铁甲舰的舰名和另外一艘快船的速度[133]!

许景澄如何回复,未见纪录,或者因为无法提供进一步消息而不了了之。许景澄倒另有一足教李鸿章高兴的消息,就是伏尔铿厂的猎雷舰已签约,限五个月完工,以组件方式运华[134]。但以前含糊之处还是不清楚。订的究竟是许景澄原先介绍的一艘,还是伏尔铿厂后来自荐的一艘?甚至说来说去根本就只有一艘?

购买智利舰之事随后在买空卖空的捐客提不出进一步消息,而购舰之款亦无法落实的情形下[135],发展不下去。但晚至十月初旬,死心不息的龚照瑗仍然怂恿李鸿章购买巴西快船[136]。到了这田地,还说这种话自然很难会有结果的了。

就算李鸿章不再理会南美舰只的诱惑,和德厂签订的造舰合约仍教他无宁日。十月初,泰来洋行竟单方面要求更改合同[137]。这场纠纷如何解决,惜文献难征,只能在下文相关处略作揣度之言。

情形虽如此,竟还有新的捐客参加这游戏。十月初旬,有名哈特(原名待查)的英商通过龚照瑗报谓,巴西有在德新造钢壳快船待售,可包送到粤。该舰的细目为长 240 呎 5 吋,时速 23 浬,备 10 公分克虏伯炮二门、40 公厘哈乞开斯速射炮六门、鱼雷发射管三个,价 81,000 英镑,包运费(弹药另计)。李鸿章觉得可以购

---

133 《李鸿章电稿》,册 3,页 58,《覆许使》(光绪二十年九月二十日)。

134 《李鸿章电稿》,册 3,页 65,《许使来电》(光绪二十年九月二十三日)。

135 《李鸿章电稿》,册 3,页 55,《寄译署》(光绪二十年九月十九日);页 84,《覆鄂督张》(光绪二十年九月二十九日)。

136 《李鸿章电稿》,册 3,页 136,《寄巴黎龚使》(光绪二十年十月十日)。

137 《李鸿章电稿》,册 3,页 101,《寄伦敦龚使》(光绪二十年十月二日);并见《龚照瑗往来官电》,页 586—587,《同日(十月二日)接天津电伦敦中国钦差》。

买[138]。清廷亦批准[139]。随后果成交,并有出口无阻、十二月中旬可抵粤之说[140]。

十月十日(11月7日),日军占领大连。丁汝昌率北洋海军余舰撤往威海卫。

中国海军虽折羽者再,但谋速购外舰的热情不减,金登干和赫德又怎能再袖手旁观,因而终参加这游戏。他们通过海关税务司德人德璀琳以二十五万英镑(声明为约数),向李鸿章兜售舰龄十一年智利快船"埃斯美拉达"号。此即克锡所讲七智利舰中之"额斯默拉尔达"号。不管李鸿章是否知道同样的货品被不同的掮客以稍异的包装方法兜售,他决定购买,并委派德商补海师岱(原名待检)去办理有关事宜,且指定舰只送往威海卫或天津[141]。

不出两天(十月二十三日,11月20日),李鸿章便得到坏消息。北洋海军总教习德人汉纳根(德璀琳长婿)告诉他,智利的"埃斯美拉达"号快船已用先卖给南美一小国之法,售予日本。汉纳根还乘机加评语,指克锡所说七艘中之"额拉粗力士"和"平度"两艘为不算极佳的二等货,假如"卜拉德"、"白朗古"、"康德尔"、"林则"四艘落入日人之手,则这两艘可以不买了。这样说来,他就是同意克锡并不高明的看法,视智利诸舰以"卜拉德"等四艘为最佳[142]。这等于说日人买去一艘不算精者并不重要,李鸿章应继续采购。掮客说来说去,总是为自己的生意铺路。

十月二十四日(11月21日),旅顺陷落。除威海卫外,北洋海

---

138 《李鸿章电稿》,册3,页131,《寄译署》(光绪二十年十月九日)。

139 《李鸿章电稿》,册3,页136,《寄巴黎龚使》(光绪二十年十月十日)。

140 《李鸿章电稿》,册3,页151,《寄译署》(光绪二十年十月十四日);页151,《覆龚使》(光绪二十年十月十四日)。

141 《李鸿章电稿》,册3,页182,《寄译署》(光绪二十年十月二十一日)。

142 《李鸿章电稿》,册3,页192,《寄译署》(光绪二十年十月二十三日)。

军已别无基地。

十月二十七日，清廷以李鸿章调度失策，革职留任，摘去顶戴。

到了十二月初，购舰的情形并无改变。自英德所订二舰（德国者不知指伏尔铿厂建造者，还是哈特推荐的德制巴西舰？与上面所说的情形有出入)，均不能出境，而拟购智利等国舰只亦无定议[143]。

随后购舰事沉静约一个月，而日军速作海陆围攻威海卫的部署。

光绪二十一年正月三日至十九日（1895 年 1 月 28 日至 2 月 13 日），威海卫各区相继陷落，终至北洋海军全军覆没，丁汝昌自尽。其间速购外舰之试图并无改变。

正月初旬，汉纳根转来德商连纳（原名待考）的消息，谓前奉清廷于黄海海战后责成与汉纳根筹策重整海军的臬司胡燏棻（1841—1906）之命，赴阿根廷议购兵舰，已有成绩。该国肯以 693,600 英镑之价（弹药、运费另计）售 1890 年英制"五月二十五日"号头等快船（长 325 呎，宽 43 呎，吃水 16 呎，马力 13,800 匹，时速 22 浬，备 21 公分炮二门、12 公分速射炮八门、三磅弹速射炮十二门、一磅弹速射炮十二门、鱼雷发射管三个)，和 1880 年英制"勃兰"号铁甲舰（长 240 呎，宽 50 呎，吃水 20 呎 6 吋，水线护甲厚 9 吋，炮塔护甲 8 吋，马力 4,500 匹，时速 13.75 浬，备 8 吋炮八门、4.7 吋速射炮六门、三磅弹速射炮二门、排炮［努等飞机关炮？］六门、鱼雷发射管二个)。汉纳根声明价不能减。李鸿章赞成购买，希望清廷作出决定[144]。

其后购舰之举并未因北洋海军已不复存在而终止。正月中旬，汉纳根呈报两舰来华添弹药，配舰员，备煤费等项的估计价（26,467

---

143 《李鸿章电稿》，册 3，页 362，《寄译署》（光绪二十年十二月九日）。

144 《李鸿章电稿》，册 3，页 409，《寄译署》（光绪二十一年一月九日）。

英镑),并谓两舰三月内可抵华[145]。此二舰当包括久未能出境的英制舰,另外一艘按文理亦当为自欧启程者。是德制舰(哪一艘?)?还是尚在欧的南美舰?单凭现在所见的文献求结论,揣度成分难免。

这种事情令人难下断语,因为消息不仅片段,还往往有明显矛盾存在。三月底,许景澄在德与船厂因舰只合拢事发生争论[146]。那么上述的另一艘舰就大有可能是德制舰了。即使如此,那是许景澄介绍的一艘,还是伏尔铿厂自荐的一艘(那艘原先说是来华后才合拢的)?仍不易决定。况且,两者实为一物的可能性是存在的。

四月底,那艘英制舰终有解禁的希望,可以筹备东航事宜。德舰则"合拢须七月完工"(七月指月份,谅为阴历)[147]。那么合拢工程就是在德国进行的。把造舰程序分开来谈,索价自然是让卖方占便宜了。

五月中旬,李鸿章命名那艘英制舰为"飞霆"(见图31)[148]。闰五月初,李定德制舰之名为"飞鹰"(见图32)[149]。六月杪,"飞鹰"试航[150]。"飞鹰"舰除洋员十一人外,其他兵弁均自华选派赴欧[151]。

余事无详记的必要。简言之,李鸿章为即增北洋海军实力,谋速购外舰,辛苦了多时,仅自英德两国弄到两艘吨位和战斗力都很

---

145 《李鸿章电稿》,册3,页416,《寄译署》(光绪二十一年一月十二日)。

146 《李鸿章电稿》,册3,页506,《柏林许使来电》(光绪二十一年三月二十八日);页506,《覆柏林许使》(光绪二十一年三月二十八日);页512—513,《寄伦敦龚使》(光绪二十一年四月四日)。

147 《李鸿章电稿》,册3,页545,《覆伦敦龚使》(光绪二十一年四月二十二日);页578,《覆户部》(光绪二十一年五月十六日)。

148 《李鸿章电稿》,册3,页577,《覆伦敦龚使》(光绪二十一年五月十五日)。

149 《李鸿章电稿》,册3,页594,《寄彼得堡许使》(光绪二十一年闰五月六日)。

150 《李鸿章电稿》,册3,页613,《彼得堡许使来电》(光绪二十一年六月二十三日)。

151 《李鸿章电稿》,册3,页578,《覆户部》(光绪二十一年五月十六日);页613,《覆许使》(光绪二十一年六月二十三日)。

有限的猎雷舰。它们分别于 1895 年 9 月("飞霆")和 12 月("飞鹰")抵华[152]。结束战事的马关条约早在该年 4 月 17 日签订了。如果认为事件的终结应以"飞鹰"抵华为标识,那么速购外舰的尝试就前后历时一年有半。

以上所讲,用的是一般治史者能征引的资料,局限难免。事件论述时欠彰明固不必说,最严重的缺漏还是在不能交代那些涉连的外舰究竟为何物,因而无法决定捐客所提供的数据的准确程度,和难对选购的标准置评。有关问题随后用按题分国解说之法析述,充作本文的下半截。

八、英制"飞霆"舰的建造经过及其基本数据

研究海军史(特别是与舰只有关的史事),倘仅依赖一般史料,而不征用图书馆通常不会收藏的海军资料,就往往很难洞悉真相。遇到与外国有关的中国海军史事,情形更可能如此。"飞霆"是说明这情形的好例子。

依据传统史料去勾画订购"飞霆"的经过,大概情形虽还算清楚,但订购期间提及的数据则矛盾重重,莫衷一是。利用传统史料不仅无法澄清数据的矛盾,更绝不可能得知"飞霆"的建造真相——它不纯是阿摩士庄厂的产品!追查这种事情,船厂档案自然是可靠资料。阿摩士庄厂虽然早已不存在,它于 1928 年 1 月被合并而组成的新公司后虽复再经历各种变化和继续多次易名[153],

---

152　*Hong Kong Telegraph*, 22, 27, 29 August; 4 November; 6 December 1895.
153　阿摩士庄厂和维克斯厂的历史及主要参考资料,本书的自序已有详细说明,无需重述。

迟至六七十年代学者尚可循手续查阅其旧档。英人布路奇（Peter Brook, 1927—2003）适时把握了这机会，耗数十年精力去细研这些档案，且屡次发表追探所得[154]，我们可以收坐享其成之利。研究中国海军史，如果连这种现成得很的资料都不利用，就确是名副其实的划地自限了。

按布路奇和其他研究者探索的所获[155]，大略情形可以归纳如下：1887—1888 年间，设在威特岛（Isle of Wight）考斯市（Cowes）的伟德船厂（J. Samuel White and Company）为英国海军部造了一艘取名"海蛇"（Sea Serpent）的实验性鱼雷炮舰（即本文写到这里称为猎雷舰的舰种[156]）。后来交易不成，那艘

---

154 布路奇在这方面的努力，见其 "The Elswick Cruisers," *WI*, 7:2（June 1970），pp. 154-176; 8:3（September 1971），pp. 246-289; 9:3（September 1972），pp. 236-253; 10:3（September. 1973），pp. 270-293（这文精详，型线图及照片较见于日后 Brook 所著专书者尤佳；Elswick 为阿摩士庄厂造舰船坞的所在地）; "Armstrong Torpedo Gunboats," *WI*, 15:2（June 1978），pp. 134-144; *Export*.

155 *Hong Kong Telegraph*, 22, 27, 29 August 1895; J. R. Perrett, "Some Notes on Warships Designed and Constructed by Sir W. G. Armstrong, Whitworth & Co., Ltd.," *Transactions of the Institution of Engineers and Shipbuilders in Scotland*, 57（1913—1914），p. 425; Viscount Hythe, *Naval Annual, 1913*（Portsmouth: J. Griffin and Company, 1913），p. 237; C. Brook, "Chinese Torpedo Gunboat Fei Ting," *WI*, 8:4（December 1971），p. 444; Peter Brook, "Armstrong Torpedo Gunboats," pp. 141-144; *Conway 1860-1905*, p. 400; David L. Williams, *White's of Cowes*（Peterborough: Silver Link Publications, 1993），p. 85; *Export*, pp. 170-171; *Steam Navy*, pp. 107-109.

156 猎雷舰及其英文名称 torpedo catcher 均不够准确，因这存在时期颇短的舰种的正名该作 torpedo gunboat（鱼雷炮舰），虽然这款舰出现之初确曾普遍称为 torpedo catcher。这种舰的特征在速射炮多，冀能歼灭鱼雷艇，而本身又有相当高的运用鱼雷攻击能力，却可惜速度不足以应付鱼雷艇（锅炉的问题）。Peter Brook 之书即定"飞霆"为鱼雷炮舰。到了第一次世界大战时，各国海军尚余的鱼雷炮舰大多改装去做扫雷工作了。关于鱼雷炮舰这舰种的特征和历史，可看 Fred T. Jane,（转下页）

于 1887 年 10 月 3 日下水,且终基本未造好的舰只遂转为该厂现货现卖的备购品(stock ship)。结果该舰在厂内放置多年,迟至 1894 年 3 月 21 日才由阿摩士庄厂购入并改造舰身和换配武器。8 月 6 日(丰岛海战后两周),阿摩士庄厂把此舰卖给中国的捎客白马章(John Palmer, Jr.);改建工程则延至 9 月方完竣。9 月 13 日,英国海关以中日战事为由,扣留该舰。禁令于 1895 年 6 月 23 日解除后,阿摩士庄厂代聘请东航来华所需的船员。离英时,它的主要数据为:

(接上页)*The Torpedo in Peace and War*(London: W. Thacker & Co., 1898), pp. 36-41; R. C. Smith, "Miscellaneous Torpedo Vessels," *Cassier's Magazine,* 14:4(August 1898), pp. 337-339; A.D. Niblack, "Tactical Considerations Involved in Torpedo-Boat Design," *SNAME*, 7(1899), p. 250; Philip Watts, "Warship Building(1860-1910)," *TINA*, 53:2(1911), pp. 327-328; G.A. Ballard, "The Fighting Ship from 1860 to 1890," *MM*, 38:1(February 1952), p. 32; 堀元美,《驅逐艦——その技術の回顧》(东京:原书房,1969 年), 页 51—52 ;J.M. Thornton, *Men-of-War, 1770-1970* (Watford, Hertfordshire: Argus Books, 1978), p. 13; *Conway 1860-1905*, p. 87; David Lyon, *The Ship: Steam, Steel and Torpedoes—The Warship in the 19th Century*(London: Her Majesty's Stationery Office, 1980), pp. 53-54; Colin White, *Victoria's Navy: The Heyday of Steam*(Emsworth: Kenneth Mason, 1983), p. 63; Archibald, pp. 225-228; David J. Lyon, "The Royal Navy and the Torpedo," *Marine et technique*, p. 530; David Lyon, "Underwater Warfare and the Torpedo Boat," *SSS*,pp. 137-146; 福井静夫,《世界巡洋艦物語》(东京:光人社,1994 年), 页 128—130 ;David Lyon, *The First Destroyers*(London: Chatham Publishing, 1996), pp. 13-15; *Sail-Steam List*, pp. 304-307; Eric W. Osborne, *Destroyers: An Illustrated History of Their Impact*(Santa Barbara: ABC-CHO, 2005), pp. 30-31; M.P. Crocker, *Coastal Forces Vessels of the Royal Navy from 1865*(Stroud, Gloucestershire: Tempus Publishing, 2006), pp. 70-75; David Wragg, *Royal Navy Handbook, 1915-1918*(Stroud, Gloucestershire: Sutton Publishing, 2006), pp. 209-210.

舰种	鱼雷炮舰
排水量	349吨
长宽吃水	197呎7吋垂直线间（208呎9吋总长）×23呎7.5吋×8呎
马力	指示马力（indicated horsepower）2,000匹；强力通风（forced draught）3,000匹（双轴）
时速	18浬（指示马力）；20浬（强力通风）
备煤	50—90吨
武器	单装3.75吋二十五磅弹速射炮二门 单装47公厘三磅弹速射炮四门 单装固定14吋鱼雷发射管一个（舰首）；双联装可调整射界14吋鱼雷发射管四个（两舷）

应知道而一般史料以及以前无纪录的数据和型线图现在都有了。

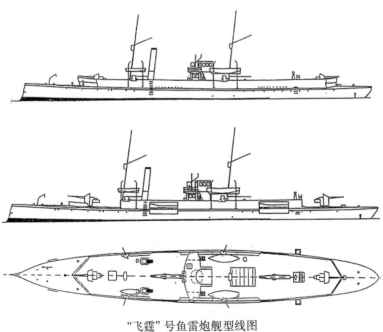

"飞霆"号鱼雷炮舰型线图

（上图装上活动护甲，中图卸下护甲）

至于此舰来华后的事迹,报导已有多次,故不必在此重述[157]。

九、德制"飞鹰"舰的实况

在急谋购舰的整个过程中,涉及德国之处最难确知详情。这情形的发生因在北洋系统各机构服务的德籍洋员为数可观,在华德商洋行数亦不少,彼等参与购舰的机会遂较别国人士和商行为大,但与彼等的行动有关的史料,现仅有中国档案可用,而尚未得见有关的德方资料[158];二因德国当时可供考虑采购者仅有小舰,且多为未建成之物(甚至终不建成),不似智利、巴西等国涉及的舰只之易于辨识和追查。

不管采购过程有多少现在难确考之处,有一事是十分清楚的。向德急谋购舰仅买得一艘中日战争结束后大半载始能来华的"飞鹰"舰。此舰于 1895 年 12 月 5 日驶抵香港,故并不涉及洽购期间反复议论的在华合拢组件的问题。

议购的各款德制舰都互相近似,有关人士复各说各话,所说更随意改动,终购得者究竟是哪一艘遂不易指认。最可靠之法还是比勘数据。这艘购得的德制舰的基本数据如下。

"飞鹰"号鱼雷炮舰(此舰种德文作 torpedo-kanonenfoote):

---

157 见马幼垣,《甲午战争以后清廷革新海军的尝试——以向外购舰和国内造舰为说明之例》,《岭南学报》,新 1 期(1999 年 10 月),页 506—507,及有关注释所引的资料和各家著述(此文收入本书)。

158 这里不能不讲一本书名十分有吸引力,却教人失望至极之书:乔伟、李喜所、刘晓琴,《德国克虏伯与中国的近代化》(天津:天津古籍出版社,2001 年)。主要作者乔伟虽在德国教学多年,专研中德文化交流,书中却全看不出他用过任何德方档案或较特别的德文史料。

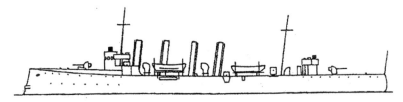

"飞鹰"号鱼雷炮舰型线图

1895 年 7 月 17 日下水;1895 年 12 月抵华;伏尔铿厂建造;837
吨;长 246 呎(总长),宽 28 呎 4 吋,吃水 13 尺;5,430 匹马力;最
高时速 22 浬;单装 12.5 公分速射炮二门、单装 57 公厘六磅弹速
射炮六门、单装 37 公厘一磅弹速射炮四门、单装 14 吋鱼雷发射管
三个(共备鱼雷六枚)[159]。

　　毫无疑问,它就是许景澄推荐的一艘。

　　若问它是否有别于伏尔铿厂自荐的一艘,问题根本不存在。
"飞鹰"是中日马关条约签署后才下水的。许景澄于光绪二十年
八月初首次推荐该舰时,以及伏尔铿厂于半个月后自我宣传有此
款舰待售时(讲到这里,许景澄和伏尔铿厂所说的同是一舰已无可

159　*Hong Kong Telegraph*, 4 November, 6 December 1895; Fred T. Jane, *All the World's Fighting Ships*(London: Sampson Low, Marston and Company, 1898), p. 30(这是享誉百余年而权威性日隆的《珍氏海军年鉴》的创刊号);Fred T. Jane, *Fighting Ships*(London: Sampson Low, Marston and Company, 1905-6), p. 336; Fred T. Jane, *Fighting Ships*(London: Sampson Low, Marston & Co., 1914), p. 460; 中国第二历史档案馆(南京)所藏档案,全宗号 790/ 案卷号 04,《海军部关于所属舰艇编制及雷炮统计表》(1930 年);Harald Fock, *Schwarz Gesellen*, Band 1 : *Torpedoboote bis 1914*(Herford: Koehlers Verlagsgesellschaft, 1978), p. 312; Harald Fock, *Schwarze Gesellen*, Band 2: *Zerostorer bis 1914*(Herford: Koehlers Verlagsgesellschaft, 1979), pp. 350-351; *Conway 1860-1905*, p. 401; *Conway 1906-1921*, p. 396; *Steam Navy*, pp. 107-108.

疑），那艘舰充其量只是安龙骨后不久之物，甚至为尚仅存于蓝图也大有可能（对具规模、经验足的船厂来说，八百吨的小舰自安龙骨至下水未必需时差不多一年；只要看看该舰自下水至驶抵香港不足五个月，其中还包括东航时间约两个月，便可知矣）。许景澄在黄海海战前说该舰即将完工，原来以他舰船知识的丰富也被船厂蒙骗了。船厂原先强调要用组件运华后才合拢之法，结果亦证明是故弄玄虚，企图调高售价而已。

和"飞霆"的情形一样，"飞鹰"来华后事迹已有报导，不用重述[160]。

十、福来舍推介的舰只之谜

北洋海军的德人鱼雷教习福来舍推荐的舰只，经过反反复复的议论后，李鸿章决定买四艘，款项也作了安排。建造期预计为自光绪二十年八月中旬算起的十个月（即至光绪二十一年六月中旬）。后来又有压后签约和拟减购舰只数目的发展。要是一切按原先的计划进行，此等舰只会早"飞鹰"半年到华。即使建程超时完成，抵华也不该较"飞鹰"迟得太久。但中国海军史上并没有这些舰只的纪录。这里带出三个不易解答之谜：（一）福来舍推介的舰只究竟有无来华？（二）福来舍推介的究竟是什么舰只？（三）如果根本无成交，舰款到哪里去了？

甲午战争结束以后的四年间，有两组各四艘的德制小舰来华，但它们全都不可能是福来舍在甲午战争期间经手订购者。

---

160 见马幼垣，《甲午战争以后清廷革新海军的尝试》，页 507—508，及有关注释所引的资料和各家著述。

"辰"（90 吨）、"宿"（"辰"的姊妹舰）、"列"（62 吨）、"张"
（"列"的姊妹舰）是两江总督兼南洋大臣刘坤一（1830—1902）于
1894 年初向德订购，后因中日战争，1895 年冬才抵华的鱼雷艇[161]。
它们显然不是福来舍代购的[162]。

另一组是 1898 年下水，1899 年建成来华的四艘"海龙"级驱
逐舰（280 吨，其他三艘为"海犀"、"海青"、"海华"）。此四舰的建
造时间，以及结构、装备等数据与福来舍所推者的相应数据全不
合[163]。它们亦不可能是甲午年间急谋订购的。

中方终没有签约，福来舍介绍的舰只自然也就没有来华。这
是可以肯定的结论。要解释舰款哪里去了则非待新史料出现
不可。

尚可解释的是，原先拟购的四舰倘果建造出来会是怎样子的。
从福来舍提供的数据去看，它们是德国海军 D7、D8 两大型鱼雷艇
的姊妹舰。这款舰的数据如下。

D7、D8 领航鱼雷艇（divisionsboote）:D7 1890 年 5 月 6 日下
水，1891 年 7 月 25 日建成;D8 1890 年 6 月 8 日下水，1891 年 10
月 25 日建成;硕效厂建造;410 吨（满载）;长 196 呎 1 吋，宽 24
呎 4 吋，吃水 11 呎 2 吋;3,600 匹马力;最高时速 22.5 浬;续航力
1.420 浬 /18 浬;备煤 105 吨;单装备 50 公厘 /40 速射炮三门（备
弹 496 发）、单装 450 公厘鱼雷发射管三个（鱼雷四枚）;两舰均于

---

161 《刘坤一遗集》（北京：中华书局，1959 年），册 2，奏疏，卷 21，页 790—
　　791，《订购雷艇改厂为营片》。

162 这四艘鱼雷艇的数据，见马幼垣，《甲午战争以后清廷革新海军的尝试》，
　　页 505，很易便能和福来舍开列的数据作比较。

163 这四艘驱逐舰的数据，见马幼垣，《甲午战争以后清廷革新海军的尝试》，
　　页 510—512，和福来舍开列的数据比较，谁都看得出分别殊大。此四艘
　　驱逐舰的数据并见 Steam Navy, p. 108.

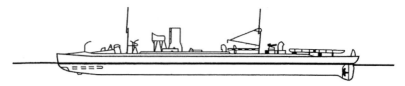

D7、D8 号鱼雷艇型线图

1920 年 12 月 7 日退役，1921 年解体 [164]。

数据和福来舍所推介之舰者甚近，足以指认。这级大型鱼雷艇，德国只造过两艘，都留自用，并未出口。

从这次几乎成交的订购过程，可以得出好几点观察：

（一）福来舍虽是德籍鱼雷教习，他对德国海军的知识显已过时。D7 级舰初建时确装配 37 公厘哈乞开斯五管机关炮六门（备弹 1,680 发），但在 1893 年已更换为 50 公厘速射炮三门，他还是照旧开列原有的炮械。D7 级舰只有放置后备鱼雷一枚的空位（即共带四枚），他却说共带六枚 [165]。还有，此款舰的改良型 D9 级的首制舰（此级仅一艘）已于 1894 年 9 月下水 [166]。福来舍却似一无所闻，极力推荐中国急添 D7 级舰。此举岂非成为赶造昨日之舰！

（二）知道百余年前一小舰的造价是可遇不可求的事。幸而 D7 级舰的造价仍有纪录可查：每艘的舰价加上配备武器之费，价

<hr />

164 T. A. Brassey, *The Naval Annual, 1895*（Portsmouth: J. Griffin and Company, 1895）, p. 295（以下该书简称 *Naval Annual 1895*）; T. A. Brassey, *The Naval Annual, 1897*（Portsmouth: J. Griffin and Company., 1897）, p. 329（以下该书简称 *Naval Annual 1897*）; B. Weyer, *Taschenbuch der Deutschen Kriegsfflotte: Mit teilweiser Benutzung amtlichen Materials*（München: J.F. Lehmann, 1900）, p. 100; Harald Fock, *Schwarz Gesellen*, Band 1, p. 132; *Conway 1860-1905*, p. 264; GJM, Volume One, p. 167.

165 这些细节都见 GJM, Volume One, p. 167.

166 GJM, Volume One, p. 168.

共 665,000 马克[167]，即 32,598 英镑。福来舍开出的价钱是每艘舰价连武器共 40,220 英镑。福来舍之数溢价四分之一。四艘的总差额就是一笔数目相当可观的款项。这大概就是清廷麻烦了他和那家德商洋行所必须付出的代价。

（三）北洋海军招聘洋员并无遴选制度可言，基本尺度只是凡是洋人便是专家（其他各洋海军更莫论矣）。在北洋海军服务的洋员恐怕不少都是福来舍这品流的货色。

（四）在昔时德国海军的舰只组配中，领航鱼雷艇就是以九艘鱼雷艇为一队中的指挥舰（较其他八艘性能相同的鱼雷艇稍大）[168]。在整个议购过程中，谁（包括福来舍）都不明白这款舰只的设计意图。购得后往何处找三十二艘性能相配的鱼雷艇来组成四队？北洋海军究竟有无组织那么多支这种鱼雷艇队的意图？李鸿章等北洋海军筹策人士从不考虑此等问题（亦根本不知道有此等问题的存在），仅根据洋员的推荐，以及看看火力、时速、售价、建造时间等表面因素是否尚称满意，便欣然订购。

与福来舍的瓜葛固然揭露李鸿章诸人如何短视，应急本领如何不济，更重要的是指出不通盘理解当时世界各国的海军情况，任由掮客胡指乱吹者，是无法负起筹海大计的。

十一、甲午年间中国购入英制"福安"号炮舰之谜

在甲午战争期间清廷因拟现购而进行不同层次的采购行动中，终不能染指的外舰，以及购后虽不能迅即来华，而总算买得到

167　GJM, Volume One, p. 167.
168　*Naval Annual 1865*, p. 295.

的外建舰,都就采购行动的角度讲过了。在从海军史的角度去解释那些无法购得的舰只的个别情况前,还得补述一艘神秘异常的舰只。

研究清季海军史向以审慎详确著称的姜鸣曾不止一次地引述一艘来无踪去无迹的"福安"号炮舰。他说这是清廷在甲午年间购自阿摩士庄厂的 720 吨炮舰,还列出该舰数据达十四项之多[169]。这些数据,连同数据开列出来的次序,全依池仲祐《海军实纪——购舰篇、造舰篇》内之《购舰篇》[170]。既如此,就得先看看池著的性质。

池仲祐在海军研究史上地位特殊,因为他是兼治清季与民初海军史的第一人。他的研究工作是北洋政府海军部委派进行的(那时他在海军部当副官),所成的几种报告也就顺理成章地由海军部刊行,因此是官书。池仲祐所用的资料,现多不复见,所征询者亦皆早作古人。这背景使池著诸书留给读者特富难求别处的资料的印象。连池的顶头上司,当时已被誉为海军耆宿,且以总纂衔

---

169 姜鸣,《中国近代海军史事编年(1860—1911)》([北京]:海军军事学术研究所,1991 年),页 241,以及此书的修订本,《海军日志》,页 229。此书的修订本虽大幅扩充,却不能完全取代初版,因为初版经常注明史源(修订本没有),十分有用。

170 姜鸣,《中国近代海军史事编年》,页 241,即明列池仲祐此书为此项纪事的史源。另外,唐志拔,《中国舰船史》(北京:海军出版社,1989 年),页 190;《抗日战史》,上册,页 66;王家俭,《英国对于清季创设现代海军的影响——近代中国军事之传统与蜕变》,收入郝延平、魏秀梅编,《近世中国之传统与蜕变——刘广京院士七十五岁祝寿论文集》(台北:"中央研究院"近代史研究所,1998 年),上册,页 393;张玉法,《甲午战后的海军重建(1895—1911)》,《北洋海军研究》,1 期(1999 年 11 月),页 552,均相信清末果有英制"福安"号炮舰,因而把这艘乌有舰包括在当时的外购舰内。幸而,陈孝惇,《甲午战争后清政府海军之重建(1895—1911)》,《海军学术月刊》,29 卷 4 期(1995 年 4 月),页 80—93,虽然正讨论这时段,也以池著为主要参据,却能正确地摒弃"福安"炮舰不收。

出掌海军部编史处的译学大师严复也盛称其研究为"搜讨翔实"
(《〈海军大事记〉序》)。池著诸书既是在严之督导下弄出来的,严
在序中说这种话无异往自己脸上贴金),故池著诸书向深得研究者
的信赖。"福安"炮舰真相的揭露带出重新评价池著诸书和检讨
严复的海军知识(甚至其办事的责任感)的必要。

　　事情可以直截了当地就四个考虑去讲。除池仲祐的话外,文
献上无法核实清廷在甲午战争期间(连甲午年开战前的半年多也
不妨算在内)曾向英国订购或现购"飞霆"以外的任何舰只。此
其一。自甲午年算起的二三十年(中国海军舰只的使用期很少短
过这年数)内,并不见一艘英制"福安"号炮舰的任何活动纪录。
此其二。在清朝的纪录中,找不到有多过一艘同时存在而并取名
"福安"的海军舰只。此其三。第三个考虑是必要的,因为福州船
政局于光绪二十三年(1897)建成一艘1,800吨的"福安"号运输
舰(见图33)[171],而清季海军确有同名舰并存的例子[172]。与这些相

---

[171] 福州船政局所造"福安"号运输舰的基本数据,见沈传经,页343,说是
商船。这样断定其与军事用途无关,大概就是后出的《舰艇工业史料》,
不收此舰的原因。然而国产的"福安"号长期用作海军运输舰,且晚
至1936年仍在广东海军充作运输舰是不争的事实;见东亚同文会调查
编纂部,《(第二回)支那年鑑》(东京:东亚同文会,1916年),页456、
462;Chao-ying Shih 时昭瀛、Chi-hsien Chang 张启贤, *The Chinese
Year Book, 1936-1937*, Second issue(Shanghai: The Commercial Press,
1936), p. 937; *Steam Navy*, p. 108. "福安"号运输舰这份数十年不断的
纪录和那艘所谓英制"福安"号炮舰之无法核实成强烈对比。

[172] 以"平远"取名的清季海军舰只即曾出现同名舰同时存在的双包案;见马
幼垣,《北洋海军"平远"舰考释》,《岭南学报》,新2期(2000年10月),页
211,注71。较此更糟之例还有。李鸿章命名本文所讲的那艘英制鱼雷炮
舰为"飞霆",就莫名其妙之极。他怎也该知道当年赫德替他订购的第三
艘蚊子船"飞霆"号(400吨,1877年),虽改隶南洋,那时仍服役,且从未易
名。见微知著,假如李鸿章能办好海防事业才足称怪。那艘"飞霆"号蚊
子船至光绪二十九年正月(1903年2月)才停用;见《海军日志》,页256。

较,还有一项更重要的事实。阿摩士庄厂造舰的历史并不算太长,它替外国建造过什么舰只,纪录齐全。事实很简单,该厂从未替中国造过一艘"福安"号炮舰[173]。此其四。

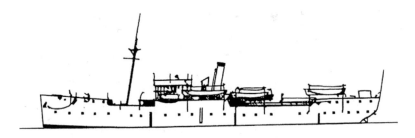

"福安"号国产运输舰型线图

由于池仲祐斩钉截铁地说"福安"号炮舰是阿摩士庄厂的制品,具决定性的当然还是第一、第二、第四这三个考虑点。简言之,如果不相信池仲祐这项没有交代史源的报导,就根本无法证明有一艘取名"福安"的英制炮舰曾在这段时期在中国海军服役过。

仅凭乏纪录的论点或者尚不足指证"福安"炮舰是乌有之物,还须解释池仲祐在该舰名下开列得整整齐齐的数据究竟来自何处。真相很简单,细心一点读池仲祐的《购舰篇》便可找到答案。

池仲祐在交代完"福安"炮舰的数据后,随即记录两组德制鱼雷艇和英制"飞霆"舰。在五十年代以来通用的《海军实纪——购舰篇、造舰篇》版本里,"福安"和"飞霆"两舰分见相连的两页。五十年代以前,池著各书确难得一见,但自从包遵彭、张侠等在海

---

173 阿摩士庄厂替中国建造过什么舰只,除 *Export* 讲得详细外,*Sail-Steam List*, pp. 320-321, 323, 亦有清单。

峡两岸分别将池著诸书收入论文集和资料集内以后[174]，可以说研究清季民初海军史者早已人手一份。大家竟没有在这相连的两页留意到一件不可思议之事——两艘被说成是不同舰种的舰只（池仲祐说"福安"是炮舰，"飞霆"是驱逐舰），数据几全同！

要说明相同的程度，最简单之法就是直接看看那些数据。池仲祐所记的"飞霆"舰：

> 船身长二百一十英尺，宽二十四英尺，排水量七百二十吨，吃水九尺五寸，每小时速率行十二海里；配二脱汽立机二副，水管汽锅二座，实马力八百匹；配阿式十二生的炮一门，又哈式六磅炮一门，又哈式六磅副炮二门；载煤量一百吨，载淡水量一十五吨；全船配员兵九十六员名。[175]

只要比对书中稍前开列的所谓"福安"舰数据[176]，真相便大白。

池仲祐此书析为《购舰篇》和《造舰篇》两部分（《造舰篇》再有上下之分），分记外购舰和国产舰。记述舰只时，不管是外购舰还是国产舰，池仲祐并没有先定下该列出的项目和项目排列的次序（每舰各项资料俱全，按昔日的条件自不可能，但可提供的项目应按

---

174 以《海军实纪——购舰篇、造舰篇》（民国七年海军部本）的《购舰篇》部分为例（以下此部分简称《购舰篇》），它被收入包遵彭、李定一、吴相湘编，《中国近代史论丛》，第一辑，第六册，《第一次中日战争》（台北：正中书局，1956年），页102—119，已是近五十年前之事了，复收入张侠、杨志本等编的《清末史料》，页160—175，也已二十多年了。

175 因池仲祐书原版不易得见，故两种通行的重排本亦一并注出：《购舰篇》，叶20上下；包遵彭等编，《中国近代史论丛》，第一辑，第六册，页114；《清末史料》，页171。

176 《购舰篇》，叶17下至18上；包遵彭等编，《中国近代史论丛》，第一辑，第六册，页113；《清末史料》，页170。

预定的次序排列,始是正规。西方编海军年鉴一类资料集依此法进行,最迟至十九世纪七八十年代已成定制。在严复这个所谓海军耆宿指导下编撰的舰只资料集竟乱得漫无章法)。正因为池仲祐的纪录法没有规律可言,书中就不会出现用同样项目,复按同样次序,记述两艘不相干的舰只的情形。池仲祐笔下的"福安"号炮舰,不单所录项目和"飞霆"者全同,所用次序也丝毫无别,而且列出来的数字也仅长度一项有差异。池仲祐却要读者相信这两艘被他说成是极相似的舰只既非姊妹舰,也不同属一舰种! 这情形的合理解释是,两舰的数据一组"真"一组假,假的一组是瞎眼自"真"的一组抄来的,因而制造出一艘根本从未存在过的子虚舰。

更妙的是,池仲祐所列的"飞霆"舰数据本身就错得一塌糊涂,正确不到哪里去。"飞霆"舰前已有专节讲过,现在略举些例子就够了。"飞霆"的排水量是 349 吨,竟被他夸大几近一倍!"飞霆"有 3.75 吋主炮二门,他却弄为仅得一门 12 公分主炮(12公分是 4.72 吋)! 他夸报"飞霆"的四门三磅弹副炮为六磅弹副炮三门!"飞霆"以分为两组的三个鱼雷发射管(一单装,二双联)为核心武器,他则只字不提! 把这些随意杜撰,本来就错得离谱至极的数据重抄一次,虚构的"福安"号炮舰便诞生了。

池仲祐笔下的"飞霆"舰长 210 呎(197 呎 7 吋才对,差别不算严重),宽 24 呎,长宽比例合度。但他说"福安"炮舰长 120呎,宽 24 呎,就变成短胖的怪物了! 池仲祐虽是早在光绪七年(1881)已在海军界有一定地位,入选为赴英接收"超勇"、"扬威"两巡洋舰团成员的资深海军军官[177],原来连战斗性舰只的长宽比例该是怎样子也弄不清楚! 120 呎这数字显然是移录 210 呎时的

---

177 池仲祐随团往英接"超勇"、"扬威"两舰事,见其所著《西行日记》(光绪三十四年刊本)。

手民之失，或排印时校对不精的结果。

所谓英制"福安"号炮舰毫无疑问是凭空捏造出来的，应从纪录上除名。至于池仲祐怎样抓来福安之名和那堆乱七八糟的"飞霆"舰数据，就天晓得了。

因为研究海军史者向来放心引用池仲祐的著述（不能说与严复的荫庇和推介无关），他的报告是否可靠关系重大。彻底查检他的著作（特别是记述舰只数据的部分）的可用程度是不能再搁延的工作。

十二、建成赴日途中遭扣留的日舰

李鸿章对"飞霆"舰之遭英禁制出口不能公开抱怨，因为英国用同样办法处理日本类似的情形。表面看来，甚至可以说英国用更严厉的手法对待日本（倒应说是通融得多，详后）。日本订购的一艘鱼雷炮舰虽于中日宣战之前于1894年7月31日离英，英人还是于8月26日在它经过英属阿丁港时，把它扣留起来，三个月后才放行。

这艘日舰虽和甲午战争的军事行动无直接关系（不是时间和环境不容，详后），李鸿章等却不能忽略它的行踪，因为中日两艘英制舰的遭禁运是同样的一件事情。英人按理不会先放行一艘（事实竟非如此）。但从李鸿章、龚照瑷诸人打听这艘日舰的消息时所暴露的窘相，便不难看得出这班位高势崇的筹海大员根本无法掌握世界海军消息。在李鸿章诸人的来往文件中，这艘日舰之名毫无规律地被指为"太素勤刻"、"达楚答"、"达士达"、"德士达"、"德素达"等。日本海军舰只以汉字取名，怎会来这些不伦不类的舰名？当事者却不质疑，随口乱说，更有同一人而前后用不同舰名称此舰者。用这种马虎态度处理国事,成效必差,不待赘言。上述那些乱七八糟的所谓舰名显为 Tatsuta 之音译。当时日人恒以地名命海军舰只,查检不难。Tatsuta 就是奈良县西北部之龙田川(上游为奈良的生驹川,下游连接大川后称大和川,注入大阪湾)。怎会无知到胡乱音译!

"龙田"号的基本数据包括:1892 年 9 月 15 日订购;1893 年 4 月 7 日安龙骨;1894 年 4 月 6 日下水;1894 年 7 月 31 日竣工;868 吨;长 240 呎,宽 27 呎 6 吋,吃水 9 呎 6 吋;5,500 匹马力;最高时速 21.25 浬;单装 4.7 吋 /40 速射炮二门;单装 47 公厘三磅弹速射炮四门;14 吋鱼雷发射管五个(一固定在舰首,两组双联可调整射界)[178]。

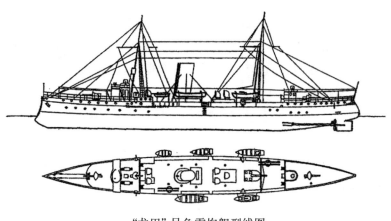

"龙田"号鱼雷炮舰型线图

[178] J. R. Perret, "Warships Designed and Constructed by Armstrong, Whitworth," p. 425; WG, pp. 402-404; JJM, pp. 93-94; *Conway 1860-1905*, p. 234;片桐大自, pp. 142-143;《日舰全史》,别册,页 49;*Export*, pp. 168-169; John Batchelor and Christopher Chant, *The Complete Encyclopedia of Warships, 1798 to the Present: Steam, Turbine, Diesel, Nuclear* (Edison, NJ: Chartwell Books, 2007), pp. 62-63.

以此舰和"飞霆"比较，高下立判。从排水量、马力，到体积、火力都距离颇大。数据俱在，不必多说。还有"龙田"和"飞霆"虽同为鱼雷炮舰，"飞霆"却是改装货，"龙田"才是地道的阿摩士庄厂产品。这些还不算是最重要的分别。"飞霆"是临急抱佛脚，在难有选择余地的情况下，幸能攫到之物。"龙田"则是日人在甲午战争爆发前差不多两年，按正常序程订购的[179]。哪一方的海军发展得够规律化，答案十分明显。

两舰的命运亦不同。1894 年 11 月底，中日战争尚未发展到最后决战的阶段，英人已单独解除"龙田"的禁制令（"飞霆"离英则是七个月后的事）。偏袒之心，昭然若揭。"龙田"自英国开出时，雇英船员负责东航事宜；待能离开阿丁港，日海军便选派舰员前往，接手完成该舰赴日余下的航程。"龙田"于 1895 年 1 月 20 日自阿丁港复航，3 月 19 日抵横须贺[180]。时中日战争尚未结束（日海军侵占澎湖正是这时段之事），但日人并没有遣此舰上阵。自此事可见日人的外交意识和海军运作都比清廷成熟得多。英国单独提早放行"龙田"，如果日本立刻派此舰去前线，必令英人尴尬不已，难免影响以后向英订舰的灵活性。反观李鸿章一开始便打算用尽暗度陈仓之法，弄"飞霆"到手，然后马上遣之往前线。整个思维过程全不考虑英人的处境和此事对日后借助英国技术支持发

---

[179] 有人说此舰是用来替代刚编入序列后，旋即在 1892 年 11 月 30 日被英国商船撞沉于爱瑗县堀江洋面的法制无加护装设巡洋舰"千岛"号的；说见 WG, p. 402; JJM, p. 94; *Conway 1860-1905*, p. 234."千岛"号之沉没，见马幼垣，《中日甲午战争黄海海战新探一例——法人白劳易与日本海军三景舰的建造》，《清华学报》，新 24 卷 3 期（1994 年 9 月），页 315—316（此文收入本书）。然而以"龙田"代"千岛"之说必误，日人在 1892 年 9 月 15 日向阿摩士庄厂订购"龙田"时（见 *Export*, p. 168），"千岛"号尚未在法国建成赴日；"千岛"号的验收日期为 1892 年 11 月 24 日（见马幼垣，《黄海海战新探一例》，页 316）。

[180] 日期见《日舰全史》，别册，页 9。

展海军所产生的负性影响。智愚之别,清清楚楚。另外还有随后会讲得详细的一点。新舰编入海军序列,舰只须调整,船员得操练,舰队要演配,经过层层练程始能派负职责的(尽管是日常巡防性工作而非战斗性任务)。这些李鸿章毫不理会。成熟得多的日本海军不会如此草率行事。

讲故事要说全套。"龙田"其后的生涯也和"飞霆"大异。1898 年 3 月 21 日,依据类别标准的制定,"龙田"的舰种由鱼雷炮舰改称为通报舰。庚子事变期间,"龙田"是来犯大沽的日舰之一。1902—1903 年间,该舰进行规模颇大的改建工程。日俄战争期间,"龙田"曾数度投入战役,包括 1905 年 5 月 27—28 日的对马海战。同年更换炮械。1912 年 8 月,改编为一等炮舰。1917 年 12 月,又改编为潜艇母舰"长浦丸"号;次年,简称为"长浦"号(龙田之名则移用给一艘新建的 3,230 吨轻巡洋舰)。1925 年 12 月除役,后解体 [181]。

急谋购外舰期间买到的舰只,完成购买程序却终不来华的舰只,后人发明的所谓购得的舰只,以及同遭英人禁制出口的日舰,这一连串事项都谈过以后,急谋购舰的课题还余下一个大问题。掮客频说南美诸国有大量舰只现货出售,涉的国家和舰只同样数目繁多。但那些舰只说来说去只得一堆重复而絮乱的音译名称。究竟它们是否真的存在? 若确存在,又是什么货色? 这是不容忽略的问题。希望通过适当的解释可以说明治中国海军史者确有兼顾世界海军史的必要。

---

[181] 同注178。

十三、智利诸舰的实力

十九世纪即将终结时,南美各国海军以智利者最具规模(与西欧海军大国的距离还是很大),故南美诸国对中国急谋购舰之反应亦以智利者为最烈。

采购之初,李鸿章集中注意力在英国和德国。待向英德采购之种种困难渐次浮现,李鸿章和众捐客就转移目标至频传有舰出售,复谓可避免禁运的南美诸国。其间待售舰只以智利者为最多,消息传播也最密。但由于舰名音译无准则可言(有关人士从来不用意译),故人译人殊。李鸿章诸人仅看译名,根本无法弄清楚谈者为何舰,致有交易早不成之舰,换上别的译音,李等便会以为是前未谈论过的其他舰只了。当时的智利海军规模既不大,只要掌握其实况,虽仅凭片段的数据和随意音译的译名,仍足指认。实则涉及的舰只并没有那些纷乱的译名所暗示的那么多。说来说去的智利舰其实仅七艘。因为中文档案中所见的音译译名有不伦不类者,有为简化音译者,更有遇到可意译时仍采音译者,故待指认完毕,随后按舰种介绍此等舰只时就依需要调整译名。

(一)主力舰(battleship)

"卜拉德舰长"(Capitan Prat,旧译作"卜拉德",见图34):1890年12月20日下水;法国地中海铁工及造船厂建造;6,901吨;长328呎(垂直线间),宽60呎8吋,吃水22呎10吋;护甲厚度:水线护甲7.8—11.8吋,中央堡3.1吋,露炮台8—10.8吋,司令塔10.5吋;12,000匹马力;最高时速18.3浬;单装9.4吋/35炮四门、双联4.7吋/45速射炮八门、单装六磅弹速射炮六门、单装三磅弹速射炮四门、单装一磅弹速射炮十门、单装18吋鱼雷发射管四个(全部装在水线以上);约在1935年报废;此舰的命名用来纪念智利海军史上最受尊敬的殉国英雄 Arturo Prat Chacón（1848—1878）[182]。

（二）加护巡洋舰

"翡翠"（旧译作"额斯默拉尔达"等，见图 35）：1881 年 4 月 5 日安龙骨，1883 年 6 月 6 日下水，1884 年 7 月 15 日建成；阿摩士庄厂建造；2,950 吨；长 270 呎（垂直线间），宽 42 呎，吃水 18 呎 6 吋；护甲厚度：加护甲板 0.5—2 吋，炮盾 1.5—2 吋，司令塔 1 吋；舰首有冲角；6,803 匹马力；最高时速 18.3 浬；单装 10 吋 /30 炮二门，单装 6 吋 /26 炮六门，单装六磅弹速射炮二门，单装 37 公厘哈乞开斯速射炮五门（舰尾原设计装 14 吋鱼雷发射管一个，未装配）；在 1891 年智利内战期间扮演重要角色；1894 年 3 月智利计划送此舰回原厂作更新工程，事未果便于该年 11 月 15 日用先卖予厄瓜多尔（Ecuador），然后再转让给日本之法售出。日本海军易其名为"和泉"（日本古国名），服役至 1912 年 4 月 [183]。

"艾拉苏力总统"（Presidente Errazuriz, 旧译作"额拉粗力

---

182 *Naval Annual 1895*, p. 225; W. Laird-Clowes, *The Naval Pocket Book*, Second Year（London: Neville Book, 1897），pp. 233, 235（以下该书简称 *Naval Pocket Book*, 2nd yr.）;Philip Watts, "Elswick Cruisers," pp. 286-287, 291-292, 294; *Conway 1860-1905*, p. 411; Gibbons I, p. 128; Silverstone I, p. 40; David Miller, *The Illustrated Directory of Warships from 1860 to the Present Day*（London: Salamander Books, 2001），pp. 86-87. 卜拉德如何在智利海军中地位崇高得不可超越，见 William Sater, *Arturo Prat and the Historical Image in Chile*（Berkeley: University of California Press, 1973）.

183 *Naval Pocket Book*, 2nd yr., p. 501; J. R. Perrett, "Warships Designed and Constructed by Armstrong, Whitworth," pp. 406-407, 421; *Conway 1860-1905*, pp. 228, 411; Michael Burgess, *Cruisers of the World, 1873-1981*（Wellington, New Zealand: Burgess Media Services, 1983），pp. 16-17；片桐大自，页 29—30 ;Galuppini, p. 156; Marshall, p. 116; *Export*, pp. 52-56.

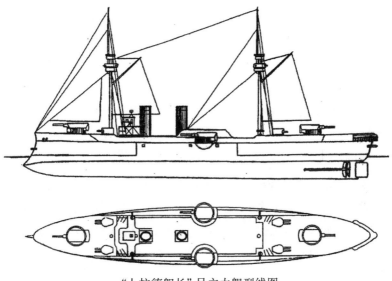

"卜拉德舰长"号主力舰型线图

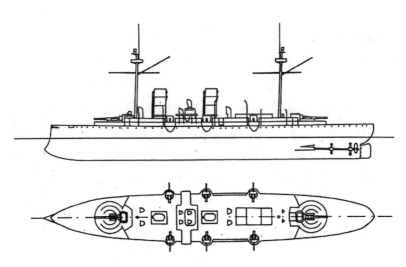

"翡翠"号加护巡洋舰型线图

士",见图 36):1890 年 6 月 21 日下水,1892 年建成;地中海铁工及造船厂建造;2,047 吨;长 268 呎 4 吋(垂直线间),宽 35 呎 9 吋,吃水 14 呎 5 吋;护甲厚度:加护甲板 1.4—2.4 吋,炮盾 3.25 吋,司令塔 2 吋;舰首有冲角;5,400 匹;最高时速 18.35 浬;单装 5.9 吋 /36 速射炮四门、单装 4.7 吋 /36 速射炮二门、单装六磅弹速射炮四门、单装 14 吋鱼雷发射管三个(全部装在水线以上);约在 1920 年报废;此舰的命名用以纪念大力推动发展海军的智利总统 Federico Errazuriz(1825—1877)[184]。

"平度总统"(Presidente Pinto,旧译作"平度"):"艾拉苏力总统"号的同厂所造姊妹舰;1890 年 9 月 4 日下水;约在 1910 年报废;此舰的命名用以纪念智利的 Anibal Pinto(1825—1884)总统;余与"艾拉苏力总统"号同[185]。

"恩嘉拉达"(Blanco Encalada,旧译作"白朗古恩喀喇达"、"白德古 / 碍德古"、"柏郎古恩格拉达",见图 37):1892 年 8 月安龙骨,1893 年 9 月 9 日下水,1894 年 5 月 29 日建成;阿摩士庄厂建造;4,403 吨;长 370 呎(垂直线间),宽 46 呎 6 吋,吃水 18 呎 6 吋;护甲厚度:加护甲板 3—4 吋,炮盾 2—6 吋,司令塔 6 吋;舰首有冲角;14,600 匹马力;最高时速 22.8 浬;单装 8 吋 /40 速射炮二门、单装 6 吋 /40 速射炮十门、单装三磅弹速射炮十二门、单装一磅弹速射炮十二门、单装 18 吋鱼雷发射管五个(全部装在水线以上;一个固定在舰首,四个装在舷边,可以调整射界);1946 年除役;此舰的命名用以纪念智利海军名将 Manuel Blanco Encalada

---

184 *Naval Annual* 1895, p. 225; *Naval Pocket Book*, 2nd yr., p. 238; *Conway 1860-1905*, pp. 411-412.
185 同注 184。

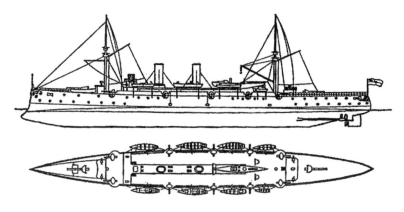

"恩嘉拉达"号加护巡洋舰型线图

（1790—1876）[186]。

（三）鱼雷炮舰

"康德尔将军"（Almirante Condell，旧译作"康德尔"，见图
38）：1890 年下水；英国来牙厂建造；713 吨；长 230 呎（垂直线
间），宽 27 呎 6 吋，吃水 8 呎 3.75 吋；护甲厚度：舰身钢板 1 吋，司
令塔 1 吋；4,275 匹马力；最高时速 20.65 浬；舰首有冲角；单装 3
吋十四磅弹速射炮三门、单装三磅弹速射炮四门、单装 14 吋鱼雷
发射管五个（全部装在水线以上；一个固定在舰首，四个装在中央
舷边，可调整射界）；1919 年报废；此舰的命名用以纪念智利海军

186 *Naval Annual 1895*, p. 225; *Naval Pocket Book*, 2nd yr., pp. 237, 239;
Philip Watts, "Elswick Cruisers," pp. 289-290, 292-294; J. R. Perrett,
"Warships Designed and Constructed by Armstrong, Whitworth," p.
425; C. Brook, *et al.*, "Some South American Ironclads," *WI*, 8:2（June
1971）, 204-205; *Conway 1860-1905*, p. 412; *Export,* pp. 80-82.

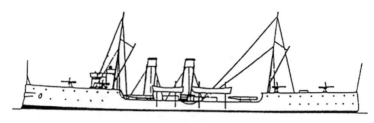

"康德尔将军"号鱼雷炮舰型线图

名将 Carlos Condell（1843—1887）[187]。

"林则将军"（Almirante Lynch,旧译作"林则"）："康德尔将军"号的同厂所造姊妹舰；4,532 匹马力；最高时速 20.3 浬；此舰的命名用以纪念智利海军名将 Patricio Lynch（1825—1886）；余与"康德尔将军"号同[188]。

即使仅略看上述的数据,这些舰只的实力究属何层次本已够明显。如何评价可以等看完急谋购舰期间涉及的其他南美国家舰只后,才一并讨论。

十四、巴西诸舰的真相

巴西有巡洋舰和铁甲舰出售的消息仅较智利拟售舰之说慢几天传达而已。一时之间且在李鸿章诸人的脑海中产生巴西出售之舰艘艘可用的印象。巴西舰的各项消息可以归纳为：一艘有提供

---

187 *Naval Annual 1895*, p. 225; *Naval Pocket Book*, 2nd yr., p. 241; *Conway 1860-1905*, p. 414. 南美诸国海军恒用带职称的舰名来纪念海军名将,但因难尽知彼等究为上将、中将,还是少将(涉及的人物确有仅官至少将者),故 almirante 一词都译作将军。

188 同注 187。

若干数据的两年前新制阿摩士庄快船,其他快船以及铁甲舰也可出售。因为巴西海军的规模实在有限(虽因有若干老舰,舰只总数尚不算太差,实质则较随后要交代的阿根廷海军还要弱),虽仅凭此丁点儿信息,还是可以说得出一个实际的轮廓来。

这个轮廓却是个大笑话。

那时的巴西海军确有好几艘约三十年舰龄,每艘仅重千余吨,该属博物馆的老式铁甲舰。其中且有两艘就在这段时期报废[189]。如果要卖给中国者正是从这废物堆中拣出来的,买者自然成了冤大头。

这并不是说巴西海军那时并无可用的铁甲舰。他们有两艘如北洋海军的主力舰"定远"、"镇远"般主炮采炮塔梯形斜置法(en échelon)装在舰身中段的铁甲舰:

"里亚舒埃卢"(Riachuelo):1883 年 6 月 7 日下水;英国三摩答船厂(Samuda Brothers, Poplar)建造;5,610 吨;长 305 呎(垂直线间),宽 52 呎,吃水 19 呎 8 吋;护甲厚度:水线护甲 7—11 吋,炮塔 10 吋,司令塔 10 吋;舰首有冲角;7,300 匹马力;最高时速 16.7浬;双联装 9.2 吋炮四门、单装 5.5 吋炮六门、单装一磅弹速射炮十五门、单装 14 吋鱼雷发射管五个(全部装在水线以上);1910 年报废[190]。

"雅乔达邦"(Aquidaba):1885 年 1 月 7 日下水;三摩答船厂建造;4,921 吨;长 280 呎,宽 52 呎,吃水 18 呎 4 吋;护甲厚度:

189 这是稍读 Conway 1860-1905, pp. 405-406,即可得到的印象。

190 J. D'A. Samuda, "The Riachuelo, Brazilan Armour-Clad Turret Ship: Its Construction and Performances," TINA, 15(1884), pp. 1-16; C. Brook, el al., "Some South American Ironclads," pp. 205-206; Conway 1860-1905, pp. 406-407; Gibbons I, p. 113; Silverstone I, p. 34; Marshall, p. 244.

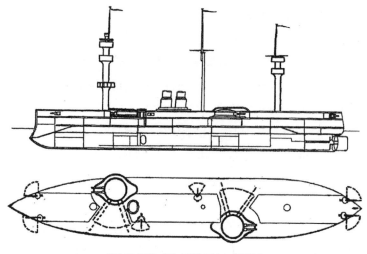

"里亚舒埃卢"号铁甲舰型线图

水线护甲 7—11 吋,炮塔 10 吋,司令塔 10 吋;6,500 匹马力;最高时速 15.8 浬;双联装 9.2 吋炮四门、单装 5.5 吋炮四门、单装一磅弹炮十三门、单装 14 吋鱼雷发射管五个(全部装在水线以上);1906 年 1 月 22 日意外爆炸沉没 [191]。

这两艘舰的设计原则和"定远"、"镇远"近似,而较小较新,且配上数量相当的速射炮和鱼雷发射管。但不论李鸿章会否选购此两舰,也不谈它们能否与北洋海军已有的舰只配合运用,它们绝不可能是巴西当时能出售之物。对巴西海军历史有若干认识才能理解这一点。

1893 年 9 月 7 日至 1894 年 4 月 16 日,巴西发生以海军为主要运用的兵种的内战。在冲突即将终结时,叛军倚赖的"雅乔达

---

191 W. Biental, *et al.*, "Brazilian Turret Ship Aquidaban," *WI*, 8:3(Septmber. 1971), pp. 303-307; *Conway 1860-1905*, p. 407; Gibbons I, p. 112; Silverstone I, p. 37.

邦"号在 4 月 15—16 日晚上被鱼雷击中,舰首水线下破了一个 26 呎长 6 呎宽的大洞,遂驶往浅水处搁浅以防沉没,淹水仍深达 25 呎。6 月修理人员把它浮起,进行大修[192]。掮客所说巴西出售的铁甲舰不管共有多少艘,这艘绝不可能包括在内。

拟出售的铁甲舰也不可能包括"里亚舒埃卢"号,因为 1893—1895 年间它在法国进行大规模的改建工程[193]。

如此说来,倘巴西果有意出售铁甲舰就必定是从废物堆中拣出来的。

那么宣称巴西拟出售数艘巡洋舰,包括两年前阿摩士庄厂新建者,这说法又如何?

先说阿摩士庄厂的新产品吧。巴西确有一艘新添置的巡洋舰符合这时间因素:

"共和国"(Republica):1891 年 7 月安龙骨,1892 年 5 月 26 日下水,1892 年 11 月 24 日建成;阿摩士庄厂建造;1,314 吨;长 210 呎,宽 35 呎,吃水 12 呎 9 吋;护甲厚度:加护甲板 2 吋(斜面),1 吋(平面),司令塔 3 吋;2,000 匹马力;最高时速 16 浬;单装 4.7 吋速射炮六门、单装六磅弹速射炮四门、机关炮六门、单装 14 吋鱼雷发射管四个;约在 1920 年报废[194]。

既然时间和船厂这两项都配合,按理拟出售之说总该有几分可信,但掮客提供的数据与上列者差别委实太大,并不足以指认。

巴西共有多艘巡洋舰出售之说还得从同样角度去考察。当时

---

192 Gibbons I, p. 112; Robert L. Scheina, *Latin America's Wars*, Vol. 1, pp. 411-412.

193 同注 190。

194 J. R. Perret, "Warships Designed and Constructed by Armstrong, Whitworth," p. 424; *Naval Annual 1895*, p. 224; *Naval Pocket Book*, 2nd yr., p. 224; *Conway 1860-1905*, p. 408; *Export*, pp. 77-78.

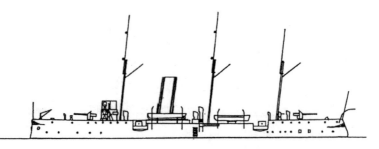

"共和国"号加护巡洋舰型线图

巴西确配称巡洋舰,而又不算旧之物,除"共和国"号外,仅有：

"谭万达将军"（Almirante Tamandare）：1890 年 3 月 20 日下水；里约热内卢船坞（Rio de Janeiro Shipyard）建造；4,735 吨；长 294 呎 2 吋（水线），宽 47 呎 4 吋,吃水 19 呎 9 吋；护甲厚度：加护甲板 1.6 吋,司令塔 2 吋,炮廓 3 吋；7,500 匹马力；最高时速 17 浬；单装 6 吋速射炮十门、单装 4.7 吋速射炮二门、单装三磅弹速射炮十门；约在 1920 年报废；此舰的命名用以纪念当时仍在世的巴西海军名将 Joaquim Tamandare （1807—1897）[195]。

"康士登"（Benjamin Constant）：1892 年下水；地中海铁工及造船厂建造；2,750 吨；长 236 呎 6 吋,宽 44 呎 6 吋,吃水 18 呎 6 吋；护甲厚度：加护甲板 2 吋,司令塔 1.25 吋；2,800 匹马力；最高时速 14.15 浬；单装 6 吋速射炮四门、4.7 吋速射炮八门、十二磅弹速射炮二门、一磅弹速射炮一门、机关炮二门、鱼雷发射管四个（全装在水线以上）[196]。所采舰名用以纪念巴西政治思想家 Benjamin Constant Botelho de Magalhães （1836—?）。

---

195 *Naval Annual 1895*, p. 224; *Naval Pocket Book,* 2nd yr., p. 214-215; *Conway 1860-1905*, p. 408.

196 *Naval Annual 1895*, p. 224; *Naval Pocket Book*, 2nd yr., p. 216; *Conway 1860-1905*, p. 408.

　　如果巴西拟在"共和国"号以外,还多售一两艘真正可用的巡洋舰,这舰种在它的海军当中就成真空之局矣。或者可以说这是巴西自己要面对的售后问题,买方大可不管。上列三舰速慢的共同特征则不能不理。列出的最高时速都是反映新建时的情况,这些已嫌太慢的速度到了1895年后半只会更差。千方百计去添加这样的舰只,实际增益有限。

　　掮客推介的巴西快船并不止此。那艘在北洋海军正向威海卫撤退时,掮客迟迟还推荐的巴西在德国新造的钢壳快船虽真有此舰,基本数据也算说对了,舰种却被夸张。兹列出确实资料如下,读者可用来和掮客所提供者作比较:

　　"杜普"(Tupy)级:鱼雷炮舰;1893年安龙骨;1896年下水;1897年建成;德国制造(船厂待考);1,014吨;长249呎6吋,宽30呎9吋,吃水10呎3吋;护甲厚度:加护甲板0.5吋,司令塔1吋,炮盾4.5吋;7,000匹马力;时速22.5浬;单装4.1吋炮二门、单装六磅弹速射炮六门、单装一磅弹速射炮二门、单装14鱼雷发射管三个(一个固定在舰首,两个可调整射界者装在甲板中央部分);此级舰共二艘,首制舰"杜普"号外,另有"天彼利亚"(Timbria)号,均在1920年前后报废[197]。

　　掮客提供的数据虽还算准确,却漏了两项最重要的不说:其一为其排水量仅稍过千吨,讲出来就难充巡洋舰(快船)了;其二为此级的两舰到了1894年末不单尚未建成,去可下水的阶段且距离甚远。卖给中国等于由中国承担其大部分尚未完成的工程,与李鸿章救急的意图背道而驰。掮客竟还有胆量编出可以包运送粤的谎话。

　　把铁甲舰、巡洋舰、鱼雷炮舰三舰种各艘的情形合起来看,向

197　*Naval Annual 1895*, p. 257; *Conway 1860-1905*, p. 410.

李鸿章推介巴西舰根本就是个大笑话。

十五、采购行动涉及的阿根廷舰

光绪二十年七月杪,龚照瑗向李鸿章推荐五艘南美大快船,并提供隶属阿根廷的一艘的数据。旋又有五舰俱属阿根廷之说。交易虽终不成,但那些舰只既被不同捐客说来说去,它们究竟是怎样子的自然值得探讨。

龚照瑗讲得较详细的一艘,按所供数据的本质,只可能是鱼雷炮舰。但因在整个急谋购舰的行动中所提及的所谓快船,不少都不是巡洋舰,而是鱼雷炮舰之属,故起码就此五艘而言,仅按李鸿章、龚照瑗诸人所用快船的笼统含义去考察即可。采此准则只是为了避免收窄讨论范围而已。鱼雷炮舰这舰种的最大缺点就是速慢,龚照瑗和捐客们把此等舰只充作快船来推销,说它们是"小快船",而李鸿章竟随曲起舞,可见他的世界海军知识根本就是接近光蛋程度。

当时阿根廷确恰有五艘舰只,其舰名可与那些音译舰名相配:三艘加护巡洋舰和两艘鱼雷炮舰。阿根廷的海军规模不大,同时拟售此五舰的可能性似不高。但正如本文随后的解释,企图向中国倾售舰只的南美诸国情况异常。阿根廷拟悉售此五舰并非不可能。龚照瑗讲此五舰时,仅提供其中一艘的数据,那艘因而不难指认(虽然龚没有点明舰名)。那是一艘阿根廷刚添置的英制鱼雷炮舰:

"国家"(Patria)号鱼雷炮舰:1893年下水;1894年建成;来牙厂建造;1,029吨;长250呎,宽31呎6吋,吃水9呎8吋;4,500匹马力;最高时速19.5浬(龚说慢了);单装4.7吋/40速射炮二门、单装八磅弹速射炮四门、单装三磅弹速射炮二门、机关炮二门（后列三项龚照瑗仅含糊地说成是大小速射炮共八门）、单装18 吋鱼雷发射管五个（全部装在水线以上，一个固定在舰首，其余固定在两舷）；约在 1930 年报废 [198]。

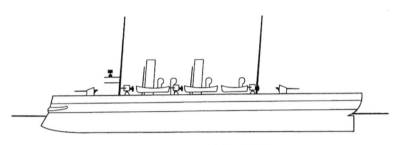

"国家"号鱼雷炮舰型线图

　　龚照瑗介绍这艘舰，说得还算准确。其他四艘他却毫不说明，李鸿章也不追问。

　　按李鸿章、龚照瑗诸人所用快船的含义指认出来的其他四艘阿根廷舰，"五月二十五日"（Veinticino de Mayo）号加护巡洋舰因随后另有说明，可暂不理。余下的三艘计为：

　　"巴塔哥尼亚"（Patagonia）号加护巡洋舰：1885 年下水，1887 年 2 月建成（船厂待考）；1,450 吨；长 213 呎 3 吋（垂直线间），宽 32 呎 9 吋，吃水 12 呎 10 吋；护甲厚度：加护甲板 1.25 吋，司令塔 1.5 吋，炮盾 4 吋；2,730 匹马力；最高时速 14 浬；10 吋后装来福线炮一门、单装 6 吋后装来福线炮三门、单装九磅弹炮四门；1909 年

---

198 *Naval Annual 1895*, p. 220; *Naval Pocket Book*, 2nd yr., p. 174; *Conway 1860-1905*, p. 404.

重建；约 1930 年报废 [199]。

"七月九日"（Nueve de Julio）号加护巡洋舰：1891 年 2 月安龙骨，1892 年 7 月 26 日下水，1893 年 1 月 27 日建成；阿摩士庄厂建造；3,557 吨；长 354 呎（垂直线间），宽 44 呎，吃水 16 呎 6 吋；护甲厚度：司令塔 4 吋，炮盾 2 吋，加护甲板平面 1.75—3.5 吋，斜面 3.5—4.5 吋；14,500 匹马力；最高时速 22.25 浬；单装 6 吋 /40 阿摩士庄速射炮四门、单装 4.7 吋 /40 速射炮八门、单装三磅弹速射炮十二门、单装一磅弹速射炮十二门、单装 18 吋鱼雷发射管五个（水线上；一在舰首，四在两舷）；1930 年报废 [200]。

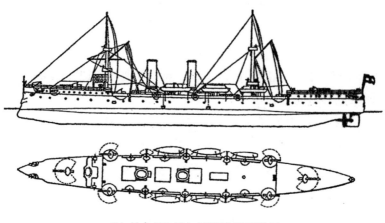

"七月九日"号加护巡洋舰型线图

199 *Naval Annual 1895*, p. 220; *Naval Pocket Book*, 2nd yr., p. 173; *Conway 1860-1905*, p. 402.

200 *Naval Annual 1895*, p. 220; *Naval Pocket Book*, 2nd yr., p. 172; Philip Watts, "Elswick Cruisers," pp. 290, 292; J. R. Perrett, "Warships Designed and Constructed by Armstrong Whitworth," p. 424; *Conway 1860-1905*, p. 402; *Export*, pp. 76-77.

"种子"（Espora）号鱼雷炮舰：1889 年安龙骨，1890 年 12 月
建成；来牙厂建造；520 吨；长 200 呎（垂直线间），宽 25 呎，吃水
8 呎 3 吋；3,420 匹马力；最高时速 19.4 浬；单装 3 吋努登飞十四
磅弹速射炮二门、八磅弹炮一门、单装三磅弹速射炮二门、18 吋鱼
雷发射管五个（一固定在舰首，其他置舰中段，双联，可调整射界）；
1905 年重建；1920 年报废[201]。

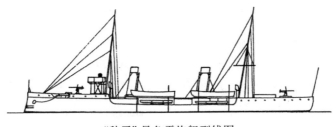

"种子"号鱼雷炮舰型线图

这些舰只有落伍者，有新颖者。倘采购者不能凭本身的世界
海军知识去选择，而要倚赖捐客之言，选错的可能就不会低。

或谓尚未能肯定当时确在求售之列的四舰未必需要细说。介
绍此等舰只有助理解当时按世界海军国家级别仅属边缘次第的阿
根廷究竟有些什么主要作战性舰只，从而试为评估甲午战争前的
北洋海军（或整体中国海军）在世界海军的行列中如何排次者提
供可助比较的资料。

急谋置舰的采购行动和阿根廷的关系并不止于此。

黄海海战后奉命往阿根廷洽购舰只的德商连纳所推介的二
舰，数据很易找：

---

201 *Naval Annual 1895*, p. 220; *Naval Pocket Book*, 2nd yr., p. 174; *Conway 1860-1905*, p. 403; Marshall, p. 118.

"五月二十五日"号加护巡洋舰(见图 39):1888 年 6 月 18 日安龙骨,1890 年 5 月 5 日下水,1891 年 1 月建成;阿摩士庄厂建造;3,180 吨;长 330 呎,宽 43 呎,吃水 16 呎;护甲厚度:司令塔 4 吋,加护甲板平面 1.75 吋,斜面 3.5—4.5 吋;14,050 匹马力;最高时速 22.4 浬;单装 21 公分 /40 克虏伯炮二门、单装 4.7 吋 /40 速射炮八门、单装三磅弹速射炮十二门、单装一磅弹速射炮十二门、单装 18 吋鱼雷发射管三个(水线上);约 1915 年报废[202]。

"布朗将军"(Almirante Brown [中国档案作"勃兰"])号中央炮台型海防舰(central battery corvette)(见图 40):1880 年下水;三摩答船厂建造;4,200 吨(满载);长 240 呎,宽 50 呎,吃水 20 呎 6 吋;护甲厚度:水线护甲 6—9 吋,两端 1.5—7.5 吋,司令塔 8 吋,炮台 6—8 吋;5,400 匹马力;最高时速 14 浬;单装 8 吋后

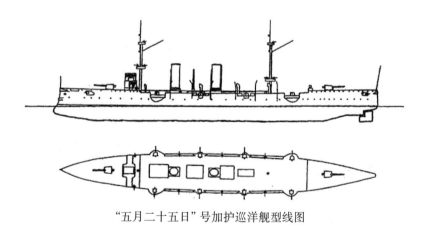

"五月二十五日"号加护巡洋舰型线图

202 *Naval Annual 1895*, p. 220; *Naval Pocket Book*, 2nd yr., pp. 172-173; Philip Watts, "Elswick Cruisers," p. 290; J. R. Perrett, "Warships Designed and Constructed by Armstrong, Whitworth," p. 424; *Conway 1860-1905*, p. 402; Galluppini, p. 159; *Export*, pp. 71-72.

装来福线炮八门、单装 4.7 吋后装来福线炮六门、单装九磅弹速射
炮二门、单装七磅弹速射炮二门；1897—1898 年在法国配换新炮
械；约 1930 年报废[203]。此舰的取名用以纪念阿根廷独立战争时的
海军名将 Guillermo Brown（1777—1857）。

捐客所提供的数据，关于"五月二十五日"号者相当准确；有
关"布朗将军"者则问题较多，把一般后装的 4.7 吋炮说成是速射
炮，小口径速射炮说得更乱，而最严重的夸报在指这艘没有发射鱼
雷设备的舰只有鱼雷发射管二个。最值得注意的是，"布朗将军"
号的设计已十分落伍，炮械也到快要更换的时候了（此舰既卖不
掉，便在 1897—1898 年间替换了主炮和主要副炮）。倘高价购入，
就真冤枉之极。

十六、秘鲁二舰的情形

甲午八月初，龚照瑗在心慌意乱中向李鸿章推荐两艘秘鲁舰，
说其中一艘在英国待沽。此事因李鸿章既不感兴趣，总理衙门复
断然否决而没有进一步发展。究竟那两艘秘鲁舰是什么玩意？龚
照瑗提供的资料准确否？这些问题都是留心北洋海军史事者所不
容忽略的。

龚照瑗没有交代那两艘秘鲁舰的名字，但秘鲁是袖珍海军国，
舰只数目极有限，只要龚之所言有若干可资凭据之处，这些舰只还
是可以辨认的。

203　J. D'A. Samuda, "The Almirante Brown : Argentine-Cased Corvette and
the Effect of Steel Hulls and Steel-Faced Armoured on Future Warships,"
TINA, 22（1881）, pp. 1-11; *Naval Annual 1895*, p. 220; *Naval Pocket
Book*, 2nd yr., p. 168; *Conway 1860-1905*, p. 401; Gibbons I, p. 104.

当时秘鲁拥有和曾经订购的舰只有姊妹舰者仅一对。那就是利玛（Lima）级巡洋舰。说它们是巡洋舰真是极夸张之能事。先是德国基尔的霍华德船厂（Georg Howaldt, Kiel）替葡萄牙建造两艘用希腊哲学家名字命名的 1,700 吨铁壳商船"苏格拉底"（Socrates）号和"戴奥真尼斯"（Diogenes）号。1881 年，秘鲁购入该二轮（不是龚照瑗所说的建成于该年；"戴奥真尼斯"号 1881 年才下水，不可能同年竣工），并移二船往伦敦之泰晤士铁工厂（Thames Iron Works, London），托之改装为军舰。完成此工程者仅"苏格拉底"一艘，配上单装 6 吋炮二门、单装三磅弹炮三门（注意没有鱼雷发射管），更名"利玛"号，编入秘鲁海军。后在改装再三、舰种随易的情形下，服役至 1940 年。其舰壳二十世纪八十年代尚存。"戴奥真尼斯"号则因欠款等因，终未武装，且滞留英国十余年。龚照瑗所说在英待沽者只可能是这一艘。龚提供的数据只有长度和时速是对的，所说装配了什么武器全是谎话，连把"利玛"号的武装情形照搬过去充数也称不上。或者掮客和他说，可以装上什么武器，他就当真的已配了那些武器，作实情向李鸿章报告。正因为李鸿章的域外知识和海军知识俱肤浅极，龚等庸才所说的混话他经常都信以为真。

在李鸿章急谋添置外舰的过程中，日人不断插手，明争暗夺，大增李鸿章在费用和外交上的困难。连这艘李鸿章没有兴趣的"戴奥真尼斯"号，日人也不放过，索性买了再说。那是 1895 年之事。但日人并无收货，或者交易手续终未完成。

迟至 1898 年 4 月 2 日，这艘久久找不到主人的船只才由美国海军买下来，送它去纽约海军船坞改建和装置武器（可见龚照瑗向李鸿章推荐时，它还是一艘无武装的商轮），配上 4 吋/40 炮六门、三磅弹速射炮六门、一磅弹速射炮二门，排水量也增至 2,555 吨，并易其名为"托北嘉"（Topeka）号巡逻炮舰。其后它在美海军有一段长达三十余年的繁忙服役生涯，经常在美国西南海域巡逻和出访中南美国家，直至 1929 年 12 月始退役。次年 5 月抛售。后解体[204]。

　　龚照瑗建议买秘鲁舰虽然只是整个急谋置外舰过程中的小插曲，但讽刺意味之浓绝不亚于谋购智利等国舰只的大节目。甲午战争期间的秘鲁海军仅得大小舰艇三艘（"利玛"号外，仅得一艘已四十多岁的木壳舰和一艘鱼雷艇）[205]！龚竟还要打秘鲁海军的主意，无知无聊与可悲可怜的程度同样难以复加。李鸿章就是靠这类饭桶在国外当他的跑腿和情报搜集员，而这些庸才所依赖的又是唯利是图，本身并无海军专业知识，却乱散布正误混杂消息的掮客。这就造成多层互动的集体盲人骑瞎马现象，亏那些对世界海军史无认识，甚至不明海军为何物，对舰只也毫无兴趣，却偏要治中国海军史者还瞎说李鸿章海军知识丰富。

十七、南美拟售诸舰的评价

　　要评价南美拟售诸舰殊不容易，因涉及的问题，诸如此等舰只本身的品质，如何与北洋海军原有的舰只配合，是否适合应急之用，能否应付日本海军的舰只，性质并不一致。分别从现实与理想

---

204 关于这两艘秘鲁舰船多次转手的前因后果，参据 *Conway 1860-1905*, pp. 166, 417; *Conway 1906-1921*, pp. 111, 409; *Conway 1922-1946*, p. 423; Jeffrey Michael Dorwart, "A Mongrel Fleet: America Buys a Navy to Fight Spain, 1898," *WI*, 17:2（June 1980）, pp. 131, 133, 141; *DANFS*, Volume Ⅶ（1981）, pp. 235-237.

205 1894—1895 年间秘鲁海军究竟拥有多少艘舰只，见 *Conway 1860-1905*, p. 419. 其他资料于"利玛"号以外的纪录虽或有小异，如 *Naval Annual 1895*, p. 285 所记载者。*Conway 1860-1905* 的说法还是最慷慨的。

的角度去看,得出的答案也可以不同。

不妨先看看最易处理的一个问题吧。从现实的角度去看,急
谋购舰鲁莽愚笨至极。不管南美诸国如何蓄意求售,李鸿章怎也
无法筹足款项去买齐可改变战情数目的舰只。更何况立刻派匆忙
急买回来的舰只上前线根本就想得荒谬绝伦。这一点本文随后的
结论有解释,暂不多说。

南美诸国拟售舰只的品质可从两方面去评价。其一为用北洋
海军舰只的品质作衡量的准则,凡在北洋舰只水准以上者原则上
都足归入可考虑购置之列。这样立论,合用者就真不少。

这点要从当时世界海军整体发展的角度去看才易理解。自
十九世纪六十年代初至英国 18,110 吨"无畏"（Dreadnought）舰
下水（1906 年）前夕的四十年是舰只设计的大实验期,观念、建材、
动力、武器不断更替,十年八载就可以带来基根性的不同（主线舰
只尤其如此）。为免造出昨日之舰来,每级舰通常仅制一两艘而
已。其中 1863—1878 年间更是经常为变化而变化,以致设计迷惘
失途的年代[206]。北洋海军的皇牌"定远"和"镇远"铁甲舰用炮塔梯
形斜置法装主炮于舰面中段便是设计构思迷惘的一例[207]。"定远"

---

206 有关背景,参看 Hovgaard, pp. 8-135; Richard Humble, *Before the Dreadnought: The Royal Navy from Nelson to Fisher*（London: Macdonald & Jane's Publishers, 1976）, pp. 107-190; David K. Brown, "The Era of Uncertainty, 1863-1878," *SSS*, pp. 75-94; John Roberts, "Warships of Steel, 1879-1889," *SSS*, pp. 112-133; David. K. Brown, *Warrior to Dreadnought: Warship Development 1860-1905*（London: Chatham Publishing, 1997）; George, pp. 60-82; Spencer C. Tucker, *Handbook of 19th Century Naval Warfare*（Gloucestershire: Sutton Publishing, 2000）, pp. 134-216.

207 这样布置主炮莫名其妙,是十分错误的设计构思。此事复杂,要另为一文以"定远"、"镇远"的主炮为考察中心,兼综合讨论全球各国曾用同样法子去安装主炮的舰只（数目不少）,始能把事情说清楚。暂仅说一句总括的话:"定远"、"镇远"是失败实验的产品,不要盲目吹嘘它们如何威猛。

级舰模仿 11,880 吨的英舰"不屈"(Inflexible)号和 7,677 吨的德国"萨克森"(Sachsen)级舰;前者启工(安龙骨)于 1874 年 2 月 24 日[208],后者设计于 1872—1874 年间[209],启工也就较后。这样说尚未足为这样安放主炮的设计构思作时间定位。"不屈"号本身也是模仿品,仿照的对象是约 11,000 吨的意大利"杜理奥"(Duilio)级舰。该级的两艘舰(二者的排水量有小别)同时启工于 1873 年 1 月 6 日[210],那么它们的设计期怎也得在此日期之前两年。不管"定远"、"镇远"建于何时("定远"1881 年 3 月 31 日启工,"镇远"在随后一年启工)[211],待甲午事起之时,设计依据的思维已是四分之一世纪老了。弄清楚了这一点,判断南美诸国拟售的铁甲舰当中有无值得考虑购入者就有了一个可用的指标。

这就是说,较"定远"、"镇远"舰龄轻、设计观念新的铁甲舰都可以考虑。依表面数据,智利的"卜拉德舰长"和巴西的"里亚舒埃卢"、"雅乔达邦"皆符合这些条件。其中巴西两舰因设计观念与"定远"级舰同,布阵组配的选择也随而增加。但仅掌握机械式的数据仍是不够的。正如前述,巴西此二舰正遭遇严重事故和进行大规模改建工程,根本不可能出售。智利的"卜拉德舰长"号舰龄轻,设计新颖,炮位布置合度,快速炮也配备得很够,并没有"定远"级舰的弱点。这是否等于说它值得购入?这里同样涉及机械的数据显示不出的情况。原来自九十年代中期(即建成后不久),"卜拉德舰长"号状态已甚差[212]。如果中国听从掮客之言,买入此

---

208 *Conway 1860-1905*, p. 26.

209 GJM, Volume One, p. 7.

210 *Conway 1860-1905*, p. 340.

211 Mach, p. 11.

212 Robert L. Scheina, *Latin America: A Naval History*(Annapolis: Naval Institute Press, 1987), p. 349.

舰,岂非冤枉透顶！

南美诸国拟售的舰只在数目上以巡洋舰为最多。未试评价以前,得先明白此舰种在十九世纪的演化。Cruisers 或 cruising ships 一词原先并非舰种的名称,而是用来形容舰只所执行的"巡洋"任务,故涉及的舰只可以舰种杂陈。其中担起此类任务者不时以轻快的巡航舰(frigates)为主。在负责此任的舰只发展为具可指认、且共同的特征的舰种的过程当中,英国恒居领导地位,而阿摩士庄厂更是经常策定设计方向的机构。该厂两三代的设计主任都采同一个人事业发展途径,即在该厂服务有年后转往海军部当总工程师,遂形成该厂发展与英国造舰国策混为一体,再影响其他国家发展海军所采的途径,这一特殊情况。舰种的发展与阿摩士庄厂有关者虽然不止一种(蚊子船的发展即与该厂深有关系),巡洋舰的发展最能代表该厂的使命与影响[213]。这点从阿摩士厂所造巡洋船在世界海军史上恒按该厂的所在地,被美誉为 Elswick cruisers 可以看得出来。

不要忘记那是舰只设计的大实验时期,新主意要尝试后始能知道是否可用。如某厂在一段不短的时间内造了大量同属一舰种,而款式不同的舰只,只要按建造先后,配上排水量,把那些舰只排次起来,便是一张舰只品质次第配上整体进展的清单。认识了这一点,中国、日本和南美诸国在十九世纪八九十年代拥有的加护

---

213 十九世纪终结以前巡洋舰的发展,见 Hovgaard, pp. 164-226; G. Dollé, *Frégates et croiseurs* (Paris: Horizons de France, 1948), pp. 5-30; Donald Macintyre and Basil W. Bathe, *Man-Of-War: A History of the Combat Vessel* (New York: McGraw-Hill Book Company, 1968), pp. 147-154; Antony Preston, *Cruisers: An Illustrated History, 1880-1980* (London: Bison Books, 1980), pp. 6-18; Galuppini, pp. 146-158; Jean Labayle-Couhat, "Évolution du cuirassé de 1865 à 1900," *Marine et technique*, pp. 419-440 (即该文之前半); George, pp. 111-116.

巡洋舰便可以用同样的尺度去衡量和互较,因为那些国家同是阿摩士庄厂所造巡洋舰的大主顾。兹按启工先后(并兼录排水量以及负责设计的工程师这两项资料),列出甲午战争前夕中日两个所拥有的阿摩士庄厂所产加护巡洋舰,以及诸国拟售舰只中的同类阿厂产品(该厂自 1896 年 3 月方开始建造装甲巡洋舰,故这类的产品与现在的讨论无关),才随作分析。

编号#	舰名●	排水量○	设计工程师
1 (1879/10/2)	筑紫(日)		伦道尔 (George Wightwick Rendel, 1833—1902)
2 (1880/1/15)	超勇(中)	1,350 吨	
3 (1880/1/15)	扬威(中)		
4 (1881/4/5)	翡翠(智)/ 和泉(日)	2,950 吨	伦道尔
5 (1882/8/21)	(意大利舰)	3,085 吨	伦道尔
6 (1884/3/27)	浪速(日)	3,727 吨	槐德
7 (1884/4/10)	高千穗(日)		
8 (1885/2/13)	(意大利舰)	2,050 吨	槐德
9 (1885/10/20)	致远(中)	2,310 吨	槐德
10 (1885/10/29)	靖远(中)		
11 (1886/2/25)	(西班牙舰)	1,038 吨	槐德
12 (1886/2/25)	(西班牙舰)		
13 (1887)	(意大利舰)	2,473 吨	韦辉立(Phillip Watts, 1846—1926)

续表

编号#	舰名●	排水量○	设计工程师
14 （1887/5/17）	（罗马尼亚舰）	1,325吨	韦辉立
15 （1888/6/18）	五月二十五日（阿）	3,180吨	韦辉立
16 （1888/8/15）	（英国舰）		
17 （1888/8/15）	（英国舰）	2,613吨	英国海军部设计
18 （1888/8/15）	（英国舰）		
19 （1888/9）	（英国舰）		
20 （1888/9）	（英国舰）	3,600吨	英国海军部设计
21 （1891/2）	七月九日（阿）	3,557吨	韦辉立
22 （1891/7）	共和国（巴）	1,314吨	韦辉立
23 （1892/1）	吉野（日）	4,158吨	韦辉立
24 （1892/8）	恩嘉拉达（智）	4,403吨	韦辉立
其后该厂所造加护巡洋舰虽仍有一艘在甲午战争以前启工,待其下水,甲午之战已结束矣。其他建造得更后的更不必归入此表了。			

\# 编号按启工期（安龙骨）排次。同日启工者,按厂的工序编号定先后。

● 仅录与本文讨论有关的舰只之名;曾易其名者,前后名并录。与讨论无关者,只用
　括号注明所属国。

○ 姊妹舰的排水量不重列。

　　虽然偶由于订购者经费有限等因,排水量会减缩,总趋势显是
一个循序演进、三个主要工程师风格各异的局面(英国海军部设计
者,阿厂是代建性质,这情形并不致影响总趋势)。伦道尔的工作

是尝试性质，"筑紫"、"超勇"、"扬威"更是尝试中的尝试，故舰的缺点明显。到了甲午年，这些缺点以外还得加上岁月的耗损。对北洋海军的两艘来说，毛病尚不止此，另得添加长期失修的损害。可是"超勇"、"扬威"直接参战，而"筑紫"仅负责些外围支援的工作。这分别明显指出就算单以硬件条件来衡量，北洋海军不独是一支捉襟见肘的舰队，丁汝昌和其手下主要将领更是不懂得如何运用手上兵力之人。由彼等去布阵迎敌，焉能不败！

急谋购舰过程当中，南美诸国拟售的巡洋舰全没有低落至此层次的，而那些国家尚远远不足称为海军大国。治清季海军史者每引以为荣地强调甲午战前的北洋海军（或中国海军）全球排名第八。这是对当时世界海军情况既不理解，复持阿 Q 精神的态度去看待北洋海军覆灭的事实者才会沾沾自喜地说的话。

槐德和伦道尔一样，在阿厂负责设计的巡洋舰不算多，且因订购者的要求和预算等因，他设计的舰只还出现威力倒退的怪现象。他最先设计的"浪速"和"高千穗"也是他这类作品中最威猛的，随后的"致远"和"靖远"就显属不如 [214]。

这里很易看出道理来。要是在甲午年间（"浪速"级舰启工十年后）按正常程序增置巡洋舰，要求的品质总应超过"浪速"级舰。所添之舰不管是订购的，还是现买的，于此并无分别，不然就何由能期望借之以御外侮。急谋购舰以应付来自日本的燃眉之急，要求更不可低过这层次。这点随后再续说下去。

从阿摩士庄厂所建加护巡洋舰的单子去看，真能代表该厂在

---

214 这两对姊妹舰的分别有特殊意义，因同一工程师设计的两对同类型舰只在战场上（黄海之役）交锋是很难再举别例之事。事后槐德又不就这两对舰在战场上的表现，以及表现与他的设计的关系发表意见，更增加探讨这两对巡洋舰设计异同的意义。这不是三言两语能说得明白的，得另文处理。

这方面的成就者是韦辉立的作品。此等作品，论量论质，都超越伦道尔和槐德二人的总和。这样说虽然未必公平，因韦辉立承接了经验的积聚（在世界舰只设计史中，槐德的声誉远在韦辉立之上，那是因为他转职英国海军部后，在十九世纪九十年代专责设计"无畏"舰出现前的各款主力舰），但就舰论舰，实情毕竟是这样子。

韦辉立负责的加护巡洋舰，循舰演进之迹十分明显。一度可供李鸿章选购的"五月二十五日"号（阿根廷）、"七月九日"号（阿根廷），和"恩嘉拉达"号（智利）威力都远超过北洋海军战前最后添置的四艘巡洋舰。（阿根廷、智利等南美国家只是海军小国，尚且拥有这层次的舰只，夸称千疮百孔，硬件软件均够糟的北洋海军［或中国海军］全球排行第八者明白这世界大局和强弱比例吗？）治清季海军史者恒形容日方的"吉野"号为极难应付的猛舰。"恩嘉拉达"正是足与其抗衡者。掮客谓谁得此舰谁胜，虽图夸张，然非纯属无据之言。常规程序添置此类舰只固宜起码以"五月二十五日"号的层次为准则，然而战事既起，且交锋失利，不急谋添补则已，若求所增舰只足以应付当前之敌，特别是"吉野"这类划时代的舰只，则追求的层次还得提升到"恩嘉拉达"的水准。

在选择的过程当中，有一事是可以确定的，即名舰未必是佳舰。"翡翠"号建就时，震动一时，加护巡洋舰这舰种即由此正式确立，阿摩士庄厂亦借此舰而跻身名厂之列，订单自后源源而来[215]。待甲午事发，李鸿章急谋添舰，"翡翠"号成为拟购焦点之际，日人用暗度陈仓之法抢先自智利购得此名舰。此舰入日人之手后，彼等发觉它不单设计有问题（如干舷低、单层舰壳、护甲

215　WG, p. 101; *Export*, p. 53.

薄、战盘使舰有头重脚轻之弊、备煤量和备弹量均不足），更严重的是它耐航性差，不适合在东亚水域运作。结果直至这艘易名为"和泉"的一度名舰于 1912 年除役，日人从不派此舰负责重要差事[216]。此舰落入日人之手，日人得到者主要还是外交得胜的分数而已。当然这也反映出李鸿章处理外事的斤两。至于龚照瑷曾鼓其如簧之舌，向李鸿章推荐此舰为次选之佳品，同样反映出其海军知识的肤浅。

"浪速"级舰是"翡翠"号的改良型[217]。日海军既早置备"浪速"和"高千穗"，在正常情形下很难找出需要千方百计去抢购品质本已较差、复是二手货的"翡翠"舰的理由。（李鸿章以及任何北洋海军将领当然更不知道这艘捐客极力吹嘘，且和日人争购之名舰品质竟在"浪速"和"高千穗"之下。）日海军将领勤读西方海军著述，消息本够快捷准确（这点下文还会再说）。日人这次糊涂抢购是由于因应李鸿章的急谋购舰，以致乱了阵脚。由此事可以看出负责循师法外国去发展海军者，除了及时直接且充分地（不是靠翻译，更不是靠由翻译再弄出来的提要）掌握外国资料，以求理解世界各国海军最新的发展情形外，还得有平情应付危机的本领。李鸿章两者并缺。

用掌制造此舰种牛耳的阿摩士庄厂的产品得出衡量准则后，非该厂的产品也就不难定出其合用程度。在急谋购舰过程中涉及的各艘非阿厂所产南美巡洋舰当中，不论用符合当前水平，还是用可望能和"吉野"一类舰只抗衡为尺度，选得上者仅得巴西

---

216 WG, p. 102; JJM, p. 99; *Conway 1860-1905,* p. 228; Antony Preston, *Cruisers,* pp. 7,9; David Lyon, *The Ship: Steam, Steel and Torpedoes,* p. 40; *Export,* pp. 54-55.

217 WG, p. 91; *Conway 1860-1905,* p. 226；片桐大自，页 29、238；*Export,* p. 58.

的"谭万达将军"号一艘。但此舰时速很慢,添上此舰根本补救不了北洋诸舰皆慢的严重毛病。整个急谋购舰行动,以速备"快船"为核心。从这角度去看,能购得这种舰只的可能根本就微乎其微。

巡洋舰的搜购劳而无功。尚算有成绩者为买得两艘战事结束了才能来华的鱼雷炮舰,但这与谋速备快舰以增战力的原意相去甚远。这样说不仅因为两舰均姗姗来迟,更因这舰种有速度不够快的先天缺点。英德等先进国家必会遵守中立原则而施行禁运,战事已起而以为仍可向此等国家速谋添舰反映李鸿章根本无处理外交之能。当作快船而购入速度有先天限制的鱼雷炮舰,同样显示他的海军知识如何贫乏。不过,误以为快船而购入南美诸国(甚至随后才讲的土耳其)的鱼雷炮舰,可能性确是存在的。这有先天之憾的舰种虽不能如加护巡洋舰一样定出衡量准则,但如援购得的二舰为尺度,仍可以就拟购各艘作出评价。

因为英制舰"飞霆"和德制舰"飞鹰"之间,大小和火力分别明显,就用大得多的"飞鹰"来作衡量尺度。按此准则,智利的"康德尔将军"和"林则将军"、巴西的"杜普"、阿根廷的"国家",以及随后才讲的土耳其舰"北郎度雅"都合用。由于这类舰只速度均不高,和北洋海军原有的蜗牛舰配搭起来反较合理。但李鸿章对这些较易利用的舰只都兴趣不大,并无认真安排洽购。

掮客介绍的三款舰种诸艘,简单说来就是良莠不齐,差异殊大,而掮客提供的数据又往往不齐全,甚至有错误(但李鸿章辈哪有辨认错误之能),再加上特别的环境因素,单靠掮客别有用心的三言两语去选择,选得对的可能自是有限。尽管不提随后在结论所讲整个急谋购舰行动的种种不合逻辑之处,只看李鸿章没有本领凭知识去正确选购,行动早就注定失败。

十八、南美诸国争相出售舰只的原因

李鸿章急谋购舰,南美诸国反应敏捷,纷纷迅即开出拟售单子。虽然掮客提供的消息未必够准确,那些国家确拟出售占其本身海军阵容相当高比例的舰群,单子当中更不时包括该等国家添置不久的新主线舰只,则是不容置疑的事实[218]。这里涉及一个十分明显的问题:假如交易成功,那些国家的海军实力岂非出现严重真空? 难道此等国家全不理会这必然发生的后果!

此事可从十九世纪南美的情况求解答。此百年间南美战事频仍:革命战争(挣脱西班牙和葡萄牙的统治)、内战(阶级、思想、军阀之战)、边疆、贸易、资源战争,各种大小战事几无时无之。经历这些颇具周期性的纷争使南美国家明白海军的重要:(一)临海之国海岸线几必长,海军理所当然是应倚赖的兵种。(二)西班牙、葡萄牙用设藩方式统治时,疆域分划并不明确。独立成国后,边界之争遂难免。遇到沿难供作战场的崇山峻岭、原始森林,或沙漠定边界时(南美时见的现象),海战就成为方便的选择。(三)正因为这是一个常用的选择,遂引起长期互相比较的造舰竞赛(下迄第一次

---

218 本节所讲种种与南美诸国有关之事,特别是涉及海军者,参考 William Laird-Clowes, *Four Modern Naval Campaigns: Historical, Strategical, and Tactical* (London: Unit Library, 1902), pp. 73-239; Michael B. McCloskey, "The United States and the Brazilian Naval Revolt, 1893-1894," *America*, 2 (January 1946), pp. 296-321; Donald E. Worcester, *Sea Power and Chilean Independence* (Gainesville: University of Florida Press, 1962); Robert N. Burr, *By Reason or Force: Chile and the Balancing of Power in South America, 1830-1905* (Berkeley: University of California Press, 1965), pp. 1-13, 167-178, 192-227, 245-263; Robert L. Scheina, *Latin America*, pp. 42-79; Carlos López, *Chile: A Brief Naval History* (Valparaiso, Chile: Private Publication, 2001); Robert L. Scheina, *Latin America's Wars*, Vol. 1, pp. 375-413.

世界大战爆发仍如此)。这竞赛在阿根廷和智利之间更是特别激烈和敏感(不过此两国之间的海军竞赛白热化主要是踏入二十世纪以后的事)。(四)地势(如智利是窄长的一条)、陆上交通网的不易发达、重要城市集中在沿海地带,种种不易在别处出现的因素组合令海军即使在内战也能扮演重要角色。

十九世纪八九十年代时,南美国家都是资源有限,科技和工业未有基础的新兴国家,纵使锐意发展海军,舰只的数目仍仅可能是有限的。希望数目有限的舰只能收预期的效果就要舰只保持新颖,主线舰只经常代表近期的发展。海军是十九世纪后半期发展最快的兵种,新舰一下子就淘汰了。还有,代表舰只的新旧程度不尽是下水或建成的年代,而是原先设计的年代。南美诸国处理舰只恒常求新的问题,办法很相近。其一为选择下订单的对象时,原先仅对英法两三家船厂有兴趣,过了 1895 年更添对意大利的造舰技术特别敬服[219]。其二为尽可能缩短主线舰只的更换期。

要缩短主线舰只的更换期得先解决两个问题:经费来源,和如何处理从主线退下来、尚不算旧的舰只(服役舰只一下子数目大增,经费和舰员都会不够用)。李鸿章急谋购买现成舰只,对此等南美国家来说是时间配合得天衣无缝,正好利用来更新主线舰只的绝佳机会。卖舰所得顺理成章便可用作购新舰之款。说

---

[219] 这里可以看得出北洋海军运作的矛盾和不成熟的程度。甲午战争以前,清廷曾派遣三届海军学生赴英法留学,往英者习驾驶作战之术,赴法者修舰只建造之学。既然李鸿章等主政者认为英法两国分别在这两领域占鳌头,为何却从不向法国订购一舰,反而向才开始起步追的德国频送订单?这起码是思维与行动不统一的矛盾。试看南美那么多个对发展海军极有兴趣的新兴国家合起来也没有向德国订过一艘主线舰只,经历同样发展阶段的日本海军亦未尝向德国订购舰只,便可知李鸿章辈决策的错误。近人夸赞李鸿章深明筹海之道者,本身头脑就成问题。具备世界海军史的知识对研究中国海军史绝对是有帮助的。

时间天衣无缝因智利、阿根廷和巴西三国都刚打完由海军扮演重要角色的内战，可以期望有段休养生息的日子。如果不知道这底蕴，就很难明白为何南美诸国会争相大量出售主线舰只，甚至会因而怀疑这是骗局，特别因为掮客提供的消息经常含糊不清，互有矛盾。该怀疑的，李鸿章全相信；应先追问清楚才进行采购的，李鸿章悉不觉得有此必要。他所关心者始终是舰只何时可以抵华和如何立刻调它们上前线。如此天下难觅的好顾客，难怪掮客们蜂拥奉承。

事情的结局同样够戏剧性。几个南美国家合起来推出数目相当、品质一般不差的舰只。结果与中国的交易悉数落空，而仅卖了一艘给日本。卖给日本的却又是品质成问题，延至其除役仍始终不能在日本海军正常运作的一艘。

姑勿论日本是否因急于抢购而误选购了，成交本身总是外交一大胜利。这胜利是有前因的。阿摩士庄厂在七十年代末设计了一款轻快、配巨炮而不装甲的小型巡洋舰，并先后造了三艘。最早建成于 1880 年 11 月的一艘，由智利认购，并命名为"卜拉德"（Arturo Prat）[220]；随后造的两艘卖给中国，即"超勇"和"扬威"[221]。这是一款设计错误，优点远远弥补不了缺点的舰只[222]。智利宁可续向阿摩士庄厂订购更新更大更贵的舰只[223]，也终不完成认购那

---

[220] 此舰命名用以纪念之人即第十三节讲"卜拉德舰长"号时已交代的智利海军名将 Arturo Prat Chacón。

[221] J. R. Perrett, "Warships Designed and Constructed by Armstrong, Whitworth," pp. 406-407, 421; *Export,* pp. 48-49.

[222] *China War Vessels*, p. 56; *Conway 1860-1905*, p. 396; *Export*, pp. 49-50; *Steam Navy*, pp. 47-50; 陈悦，《纽卡斯尔的梦——"超勇"级巡洋舰》，《现代舰船》，234 期（2005 年 2 月），页 47—56；修订本收入《北洋舰船》，页 44—55。

[223] 即"翡翠"舰。

艘的交易[224]。迟至 1883 年 6 月 16 日，此舰方由日本买去，易其名为"筑紫"（九州的古称）[225]。此事容智利和阿摩士庄厂保持良好关系，也令智利对和日本交易有信心。智利通过复杂的秘密交易方法把"翡翠"舰卖给日本，而不卖给中国，不是没有前因的。

成功卖出"翡翠"舰后，智利即以所得之款订购舰种升格为装甲巡洋舰的第二代"翡翠"舰（7,032 吨，1896 年建成）和四艘"柯利纳"（Capitan Orella）级三百吨鱼雷艇[226]。连不算旧的主线舰只也肯出卖正是南美诸国谋缩短主要舰只更换期之一法。

购买南美舰，日本所以成功而中国失败还有一个关键性的分别。李鸿章倚靠的是见机即图谋快利的商人、政客和军人；他们都不可能具备偷天换日的能耐。替日人穿针引线的却是专业国际军火贸易，人脉极通，如富连（Charles R. Flint, 1850—1934）辈的传奇人物。富连看准厄瓜多尔和秘鲁关系恶劣，遂游说厄瓜多尔充作智利售舰的转接站；这是掌乾坤于五指之间的本领。日人处理这项交易亦阔绰得难以复加，富连仅口头报告开支，不提供单据，日人便照数付款。难怪其后日俄战争时，富连仍帮日人的忙[227]。

对日本海军而言，先后自智利购得两舰还开了维持一段时期

---

224 有人以为智利不完成这项交易是因为其在对秘鲁和玻利维亚（Bolivia）的战事中（1879—1883）已稳操胜券，无需多添一舰，日本才有机会购得此舰，见 Edwin A. Falk, *Togo and the Rise of Japanese Sea Power*（New York: Longmans, Green and Company, 1936），p. 118; *Conway 1860-1905*, p. 233; *Export*, p. 51.

225 这日期见《日舰全史》，别册，页 3 ;*Export*, p. 51.

226 Peter Brook, "Elswick Couisers, Part 3," pp. 237-239; *Conway 1860-1905*, pp. 412-413, 415; Robert L. Scheina, *Latin America*, pp. 48-348; *Export*, pp. 101-103.

227 富连多次助日本在战争时期购买现成南美舰只的经过，他的回忆录有记述：Charles R. Flint, *Memories of an Active Life: Men, and Ships, and Sealing Wax*（New York: G. P. Putnam's Sons, 1923），pp. 180-182, 196-225.

的向南美国家购买便宜舰以及和南美国家的海军建立密切关系的
传统[228]。

从日本海军购得"筑紫"号与"和泉"号("翡翠"号加入日海
军后的新名）后如何运用，也可看得出日本海军和北洋海军在成熟
程度上差距之大。甲午战争爆发时，"筑紫"号在日海军服役已十一
年，日人早弄清楚它是艘问题舰了，故整个甲午战争多场海役都不
派它上前线。反观丁汝昌却视此舰的姊妹舰"超勇"、"扬威"为必
然的上阵之选。其实在长期维修不佳的影响下，"超勇"和"扬威"
在甲午年间的状态尤在"筑紫"之下[229]，是绝不该推上前线的[230]。
"和泉"号抵达日本时（1895年2月5日）[231]，正在进攻威海卫的日

---

228 这就是日俄战争时，日海军得力的一对7,600吨意制装甲巡洋舰"春日"
号（第二代）和"日进"号（第二代）的来历。二十世纪甫开始，阿根廷和
智利因边境纠纷而随时会决战海上，阿根廷遂向意大利订购这两艘需
时不到两年便快速建成的装甲巡洋舰。1904年1月建成时，危机已因
美国的调停而解决，阿根廷也就没有添置此二舰的必要了。日本接手买
过去便成了三益之事（连意大利船厂也受益）。时日俄战争已爆发，此二
舰乃旋即派用场。日本感激之余，在对马海峡横扫俄国海军时还请阿
根廷的海军军官上舰观战！日本购得此二舰的经过大略见 Georg von
Rauch, "Cruisers for Argentina," *WI*, 15:4（December 1978）, pp. 314-
317; *Conway 1860-1905*, p. 226; Robert L. Scheina, *Latin America*, pp.
52, 349; 片桐大自，页68、178。危机一旦解决，阿根廷便毅然试图卖掉
最新添置的主线舰只，这正是早些时候李鸿章急谋购舰时，大批南美舰只
拥现市场情形的历史重演。

229 "超勇"、"扬威"刚建成时，最高时速可达16.5浬；见 *Export*, p. 48. 但因
长期维修失当，甲午时此两舰的时速仅得可怜的6浬；见 Jane, p. 120。
这是北洋海军长期由丁汝昌、刘步蟾、林泰曾等饭桶将领所管理的好结
果！因为"筑紫"在整个甲午战争期间并无战斗性任务，故尚未见它那
时期的时速纪录，但怎也不可能退化到只有6浬。

230 甲午期间的英国驻远东舰队总司令斐利曼特即持此见；见 E. R. Fremantle,
"Naval Aspects of the China-Japan War," *Journal of the Royal United Service
Institution*, 216（February 1896）, pp. 130-131.

231 此日期见片桐大自，页29；《日舰全史》，别册，页3。

人并没有像李鸿章般,未经配合训练便急急送它上前线的想法。下迄台澎军事行动都结束了,前线行动始终与"和泉"号无关。中日海军在成熟程度上差距明显。

十九、另成系统的土耳其鱼雷炮舰

李鸿章急谋购舰期间涉及的舰只,成系统的都依次讲过了。剩下来尚需交代的还有一艘另自成系统的土耳其舰。

黄海海战快要爆发前,许景澄电告李鸿章,土耳其在德国订购的一艘鱼雷炮舰即将竣工,可以转让。李鸿章以为吨位小不合用,事情遂没有发展下去。这和急谋购舰过程中涉及的其他舰只一样,是需要说明的。

许景澄所说虽基本不误,但不能说他确知实情。那时德国确正替土耳其造一艘鱼雷炮舰,该舰的数据为:

"北郎度雅"(Peleng-i-Derya):1891年安龙骨,1896年下水,1896年7月建成;德国克虏伯大德造船机械厂(Schiff-und Maschinenbau Germania' AG)建造;755吨;长236呎2吋(垂直线间),宽27呎10吋,吃水9呎6吋;4,700匹马力;最高时速18浬;单装4.1吋速射炮二门、单装六磅弹速射炮六门、单装14吋鱼雷发射管三个(一个在舰首);1915年5月23日被英国潜水艇"E11"号用鱼雷击沉[232]。

最需要知道的还不是此等机械化的数据,已是实际的建造情

---

232 主要根据 Bernd Langensiepen and Ahmet Güleryüz, *The Ottoman Steam Navy, 1828-1923,* Edited and translated by James Cooper(London: Conway Maritime Press, 1995), pp. 157-158, 并参看 *Naval Annual 1897*, p. 313. *Conway 1860-1905*, p. 394, 则弄出好一堆错误来。

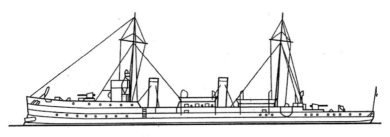

"北郎度雅"号鱼雷炮舰型线图

形。1894 年夏秋之间时,此舰的建造进度绝不能说是即将完工。迟至 1895 年 5 月 22 日,此艘尚未试航的舰只因锅炉爆炸,舰桥、主桅和前烟囱都毁了。试航是 1896 年 5 月 16 日之事[233]。试问一艘这样建造进度的舰只怎能在甲午战争期间替李鸿章解急? 李鸿章对此舰没有兴趣,并不是因为知道实情,而是因为嫌它不够大,才幸免跌入陷阱。可是,李鸿章自阿摩士庄厂购得的"飞霆"号是同样的舰种,吨位却仅及此艘的一半,火力亦不如,他倒觉得满意。李鸿章办事就是这样缺原则,乏逻辑。

二十、结语

此一年半间之事,糊涂透顶者,不合逻辑者,自暴无知者,明目贪污者,尽皆有之,都不必重述。要特别指出的是李鸿章所犯的基

---

233 此舰建造进展的实况,见 Langensiepen and Güleryüz, *Ottoman Steam Navy*, p. 158. 此舰另有较早启工,用在德造好组件后运往土耳其装配之法建造的姊妹舰"尼美"（Nimet）号。但"尼美"号因欠款,德厂不肯续供组件,便于 1893 年停工,终未建成。注 232 所引 *Naval Annual 1897* 和 *Conway 1860-1905* 均错列"尼美"号为已建成之物,并误记其名作"Namet"。土耳其要抛售"北郎度雅"号必与财政问题有关。

本错失——他虽筹海多年,对海军实漫无认识可言。

问题的关键不尽在远水难救近火,而在李鸿章不明白海军的本质。海军是高科技的兵种。购得新舰,马上投入战事,荒谬得难以复加。新舰的机器要在操作中慢慢调整(现在的海军术语称为shakedown);舰员(即使经验丰富)须从驾驶运作中明了舰和所配武器的性能。舰只愈是新式,舰员愈需要学习时间。北洋海军最新的舰只也是十多年前设计的。舰员骤对陌生的武器和机器,怎能立刻上阵杀敌? 就算买到的是已经过 shakedown 阶段的二手货,海战总不是派几艘未经操练的舰只冲入敌阵便可收制胜之效的。李鸿章全不理会这些。在他的思维里,购得的舰只一到,海军的战斗力便马上大增。他视北洋海军为水上的淮军。适龄壮丁配备枪炮便可上阵,海军所添舰只甫抵华,即开赴前线,在李鸿章心目中是理所当然之事 [234]。

外敌犯境,自应谋对策。但绝不该用必然赔了新添舰只,兼无端牺牲舰员的笨策。

李鸿章的没头没脑,兼私心自用,早就十分明显。他以对帮主忠心为选将的标准,置毫无海军知识,就任后又不肯急上补课,以致始终是外行的陆将丁汝昌于北洋海军之首。期望丁汝昌能有效

---

234 报载美国最新建成的航空母舰 "雷根" (Ronald Reagan)号抵达其驻扎港圣地亚哥(San Diego)后,各种训练、组配、调整的步骤需时最少一年,始能担当正式任务(" USS Ronald Reagan Begins Service," *The Honolulu Advertiser*, 24 July 2004)。整整一年半以后,方见报载 "雷根" 号 "昨日" 才驶离圣地亚哥湾,开始担起为期六个月的首次正式任务的消息(" America's Newest Carrier Sails," *The Honolulu Advertiser*, 5 January 2006)。此例正是这种古今不易情况的写照。李鸿章根本不知道海军为何物! 凭他这种远远不合格,且可导致严重反效果的认识,近之治史者竟有夸赞李鸿章海军知识了不起的! 由对海军缺乏认识的人来治理海军史,胡吹乱捧的危害就是如此。

地做好舰只的维修自然是梦想。加上他手下的将领又均不以维修为意(今之治史者竟封这伙患国殃民之辈为爱国将领!),肯悉心负责训练的英人琅威理被不学有术的丁汝昌主要助手刘步蟾赶走后更是情形日非[235],弄到甲午启衅时,长期失修的北洋海军舰只艘艘成了蜗牛舰。纵使李鸿章果能购入若干艘速度够快的舰只,慢的快的杂陈,如何配搭成阵?到头来终仍是整队的行动取决于最慢舰只的航速("超勇"、"扬威"的航速如何影响中方在黄海一役的表现正是这种情形的写照)。如果李鸿章明白快舰慢舰组配起来必成方枘圆凿之局或者就不会有急谋购舰之举了。李鸿章不懂海军始终是关键的障碍。

北洋海军将领固多无所用心之辈,李鸿章也犯了用人而不信之失。在这次行动的整个筹策与实践过程当中,李鸿章从不询问北洋海军诸将领的意见。他信赖的是对海军事务绝不可能有认识,却会乘机自肥之辈(特别是龚照瑗),和他认为对任何西洋事物必然是专家的洋人(如克锡兄弟)。李鸿章全不理会北洋海军将领,这点当然反映这群将领在他心目中的分量。这里倒有一无可讳言的事实。北洋海军的主要将领(可用主线舰只的管带和天津水师学堂的高级行政人员为指标),几尽由福州船政后学堂驾驶班第一届毕业生兼第一届留英学生所囊括[236]。没有丝毫证据(连蛛丝马迹般的信息也没有),可以证明此等留学生在自返国至甲

---

235 琅威理辞职事件虽早已有多位专家数度研究,然英方资料未及引用者仍多,且均未从刘步蟾生事之动机这角度去考察。此课题尚有续研的余地。

236 半例外仅两人:"致远"舰管带邓世昌、"来远"舰管带邱宝仁虽为船政第一届学生,却未往英留学。全例外更只有一人:"扬威"舰管带林履中是未尝留学英国的船政第三届毕业生。这里所说未往英留学指未被包括在甲午战争前三次正式派遣海军学生赴英留学的名单内,但此三人都有因接舰和监造舰只等故而往英国或兼往德国学习的机会。

午事发那段漫长的日子里,曾按本分长期吸纳世界海军新知以及追查最有可能和中国海军交手的日本海军的最近发展详情。返国后没有得到这种信息的门径绝对是不能接受的借口。海军是自十九世纪中叶至第二次世界大战前夕发展最快的兵种,起码就十九世纪后半来说,军秘意识并不浓厚,潮流所吹反而是夸耀自己的新发展,故增进海军新知是相当容易的事。中国、日本、南美诸国等发展新式海军不久的国家,国内设备不足,建舰技术未逮,要拥有够水平的舰只就只有向外国订购。那些船厂为了招徕生意,不单会宣传自己的产品如何优越,也会指出别厂产品的弱点,舰只的基本数据也就无秘密可言(关要项目的细节自是例外)。在这大环境之下,只要有恒心何惧找不到资料。对清季的中国海军军官而言,只要他们肯养成按时阅读上海和香港的西文报纸(如上海的 *North China Daily News* [《字林西报》],1864—1951,和香港的 *Hong Kong Daily Press*, 1861—1941),和起码两份海军期刊(英国的 *Journal of the Royal United Service Institution* 和美国的 *Proceedings of the United States Naval Institute*),一份专讲舰只建造的期刊(英国的 *Transactions of the Institution of Naval Architects*[237])以及最少一份海军年鉴(英国的 *The Naval Annual*)的习惯,关于上述南美诸舰的资料虽未必能了如指掌,总可以达

---

[237] 查检这份专供舰只设计工程师参阅,而研究中国近代海军史的中外学者鲜会留意的技术性学报的必要和好处,单看本文的撰写就很清楚了。注 22、182、186、200、202 所引韦辉立之文就是阿摩士庄厂负责设计加护巡洋舰最见成绩者的现身说法。文后还附有槐德的评语,十分难得;他认为韦辉立数据讲得太多了,但这正是后代研究者之福。文内列出不少"致远"和"靖远"的详细资料,都是今之研究者难求别处的。韦辉立此文另有一较简之本 :Philip Watts, "On Elswick Cruisers," *USNIP*, 25:3(October 1899), pp. 669-676; 这个版本却没有槐德等人的评语。

到所知过半的程度[238]。要长期阅读上海和香港的西文报纸不难安排。海军期刊和海军年鉴那类在欧美销路不错的书刊也大可通过当时在华专售洋书的书店如 Kelly & Walsh 去订购[239]。试问刘步蟾、林泰曾、严复、叶祖珪等人哪一个有这种归属感和责任感？谁有这种求知欲？李鸿章固然没有就南美诸国出售的舰只询问他们的意见，问也问不出答案来！甲午战争一过，日本海军人士迅即（邮递需时等因素当然得算在内）把见于数十种欧美军事期刊（包括十分冷僻的）的评论翻译出来。他们如此神速，因为彼等早就长期阅读这类刊物[240]。北洋海军的将领平素谁有这份闲情逸致（南洋和粤洋的将领只会更不如）！此事本身就是一勤一懒，一尽责一卸责的强力对比[241]。北洋海军这班尸位素餐的饭桶将领近来却纷纷被吹嘘为爱国名将！

问题尚不止此。李鸿章急谋购舰的目标物分两种：最好能够

---

238 因为这是清季中国海军将领倘要掌握世界海军发展的最起码长期阅读单子，今人治清季海军史若要明了中日资料所不能提供的当时世界海军发展的情况（不要忘记当时中日两国海军的主要舰只全是由欧人设计和建造的），这张单子也只不过列出最基本的查阅范围而已。这类读物确真必须的数目最少也要加一倍。

239 物换星移的一百多年过去了，时至今日我仍可以买到不少这种书刊的原物。本文所用的舰只型线图即多出自这种来源。

240 试问即使以今日资讯之便，治清季海军史者究有几人读过甲午战争甫过日人便译出来的大量西方军事界人士的评论的原文起码三分之一，便可知此等刊物对昔日的将领和对今日的研究者同样重要。昔日的将领没有恒常读这些刊物的习惯是失责，今之研究者不追读此等资料的原物同样是失责。

241 反映日本海军将领勤于追读西方海军著述的风气之例并不止此。马汉（Alfred Thayer Mahan, 1840—1914）1890 年刊行 *The Influence of Sea Power Upon History, 1660-1783* 一书，震烁古今，深深影响近百年世界各国海权观念的发展以及配套的海军扩建。这本举世无双的书甫面世，日文译本随即出现。中文的迟至二十世纪五十年代才有台湾译本（大陆上有译本更要再候几十年）。这现象不是个人兴趣的问题，亦不是时局的问题，而是中国海军界人士长期的、集体的对世界海军发展漠不关心态度的表征。

现购即用,不然可迅速交货的新舰也会购买。这里涉及一个不能忽略的步骤。欧洲知名船厂造舰有固定程序,产品总会符合蓝图的规划。建成以后,派员往接舰,基本上只是循例的仪式。购买二手货(甚至已非二手之物),情形就大不同,总不能以为其仍是出厂时的样子。北洋海军以前购自英国和德国的新舰,刚建成时艘艘速度均不差。岂料被那班不知所谓的将领糟蹋有年后,到了甲午之战时,全部变成慢腾腾,方便敌人练靶之物。智利的"卜拉德舰长"号也是建成后不久便陷入状态不佳之境。由此可见,购买旧舰前非要详细勘验不可。龚照瑗、克锡辈固然无资格执行这种任务,不详世界海军状态,从未在西方二十年内建成,具代表性的任何舰只上观摩过的北洋海军将领又有谁具此本领?此一问也是多余。在李鸿章的思维里,怎会觉得有买前验货的必要?送将领往欧洲验舰,单程就要三个月,往南美需时必更长,亦不合远水救近火的原则。只要捎客提供的数据合意,而又有购买之款,李鸿章便认为可以放心签约了!

李鸿章的糟糕事说得多了,有一事倒值得称扬。受够了托赫德买来好一批问题舰,又不能明言之苦后,李鸿章在这次急谋购舰的整个过程中再不主动和赫德接触。

清季筹海的失败,不仅由于经费恒绌、添舰不继、速射炮不足等因,主持大局者始终是门外汉,再配上一群尸位素餐、对海军无归属感和责任感、仅求在海军混日子的庸笨将领才是致命的主因。

治清季海军史者又有几人不是在未理解十九世纪最后三四十年间世界海军的发展情况,便急急评论中日两国海军在那时段的发展?

——《九州学林》,3 卷 2 期(2005 年夏季);3 卷 3 期(2005 年秋季)

后 记

　　本文的注 169 及 170，以无中生有之英制"福安"号炮舰为例，讲不少研究者因为迷信池仲祐《海军实纪》《海军大事记》诸作够准确，致易跌进原不难回避的陷阱，其中所举姜鸣、王家俭诸例原见《甲午战争以后清廷革新海军的尝试》一文在《岭南学报》，新 1 期（1999 年 10 月），发表时之注 71。本文后了好几年才写出来，但念待诸文合集时会因内容的时序而排在《革新》文之前，故移姜、王二例入本文之注 169 及 170。本文的第十一节指池仲祐发明了一艘乌有的英制"福安"号炮舰应讲得够清楚了，本不必再啰唆下去，但近见王家俭在其《〈中华民国海军史事日志〉评介》，《军事历史研究》，2000 年 4 期（2000 年），页 177，有自辩之词，原来王先生头脑混沌至莫名其妙的程度，既乏先察之明，经谠正后，仍不开窍，反图强辩，遂不得不复多说几句。在此书评该页内，王先生谓"护法十舰"之一的"福安"舰，为闽厂所制，直至抗战尚存于广东，并说该舰见于《民国海军日志》至少五次之多，按苏小东考证之精，"此舰之存在应无问题"，故池仲祐之失充其量只是把国产舰误列为外购舰而已。这样自辩起码有五失：

　　（一）池仲祐在《海军实纪》的不同篇章列了两艘"福安"舰，所记舰种和数据全然不同。倘谓池仲祐只是误置国产舰入记录外购舰的《购舰篇》，为何在专讲国产舰的《造舰篇》还另列出一艘闽制的"福安"舰？要是说过失仅在重列（王先生没有这样代池辩），因何把分别两处的两艘"福安"舰说成是舰种和数据截然不同的两艘舰（英制的是 720 吨炮舰、国产的是大了一倍有奇的 1,500 吨运输舰）？池仲祐分明企图记录两艘外貌和性能均大异，却又同时存在的同名舰只，难道王先生连这点都看不出来吗？王先生真的全没留意到池仲祐列出两艘"福安"舰所附的数据俱异吗？如果见于《购舰篇》的"福安"舰是误置的闽厂产品,那么收入《造舰篇》的"福安"舰又是从哪里弄来的?

(二)如果仅是误置,那么放在《购舰篇》的"福安"舰条就当说该舰是闽厂所制,如何如何。见于《购舰篇》的"福安"舰却声明是英国阿摩士庄厂的产品,还配上与闽制"福安"舰迥异的数据,言之凿凿,说其仅是遭误植,证据何在? 单凭闽厂曾造过一艘池仲祐另给一套数据的"福安"舰就足为证据了吗? 用这种思维去做考证,后果可以预期。

(三)王先生更忘记了他原先列举"福安"舰时,是用在以《英国对于清季创设现代海军的影响》为题的文章内,作为英国对清季建设海军的贡献之一例的。这样的一篇文章显然不必讲及国产品。文中那句有关的话作:"甲午战后……除先后向英国购得'福安'(炮舰)、'飞艇'(驱逐舰)……"(页 393)他何尝说过"福安"是国产舰? 既然待写这篇书评时认为池仲祐误置国产"福安"舰入《购舰篇》内,为何不趁机替自己的前失作出修订? 不管怎样说,他总有读书生吞活剥之失。这里不妨附加一句,他所说的"飞艇"也错了(迄今中国任何政权的海军从没有一艘舰只取名"飞艇"),那是"飞霆"之误。即使辩说这是手民或电脑打字之失,该舰的舰种仍是说错了。"飞霆"并不是驱逐舰,而是鱼雷炮舰。鱼雷炮舰和驱逐舰之间固然有传承的关系,但二者分属不同舰种也无可置疑。讨论十九世纪后期世界海军舰只发展的欧美著述就从未见有把此两舰种混为一谈的。举个容易明白之例。北洋借调粤洋的"广乙"和"广丙"都是鱼雷炮舰,不管驱逐舰和这款舰种的因承关系如何,绝不可以称"广乙"和"广丙"为驱逐舰。研究海军史而不留意舰只者,讨论涉及舰只时便往往露出捉襟见肘的窘相。这是很好的例子。

(四)我不独从无在任何场合说过没有一艘国产"福安"舰,

更曾立专条介绍过这艘国产运输舰。最明显的一例就在王先生引用的《革新》文的第八节内的国产"福安"号专条（原刊《岭南学报》新1期时，在页526—527）。这是项目排次清楚，参考资料列得齐备，甚便检阅的专条（在本书，页码是461。这次更在本文连照片［见图33］和型线图［页378］都提供了）。王先生既读过《革新》文，怎会了无印象？何必要从因体制所限而无法逐条交代史料的《民国海军日志》中串连散见的消息方能判断国产"福安"舰确曾存在过！这样粗心疏忽，管左失右，边读边忘记，我希望不是王先生读书的惯常态度。话还得说回来，证实确有国产舰"福安"号并不等于证明池仲祐没有发明一艘乌有的英制"福安"舰来。如此简明的逻辑观念和考证原则，王先生怎会不懂？

（五）1917年南下护法的舰只（不计原属广东，见舰队南下而加盟的舰只）共十一艘："飞鹰"、"海琛"、"海圻"、"楚豫"、"舞凤"、"豫章"、"同安"、"肇和"、"永翔"、"永丰"、"福安"，并不是如王先生所说的"护法十舰"。汤锐祥，《护法舰队史》，页268，和《革新》文最后一页都已列明此十一舰。不留心舰只而图治海军史者很难避免不动辄得咎。

池仲祐诸书，除了《西行日记》因为是日记，不易弄错外，其他尽皆千疮百孔，只配作辅助资料，甚至反面教材。若援此等劣书为考证所基，误谬必随至。王先生奉池氏诸作为圭臬，不敢置疑，研究海军史又不肯花点时间去认识舰只，受害也就难免。

2006 年 4 月 1 日

甲午战争以后清廷革新海军的尝试

——以向外购舰和国内造舰为说明之例

一、导论

　　自甲午战争结束(战争结束以台湾战事于 1895 年 11 月底大致停止为准)至民国建元的十六年许,清廷苟延残喘,并不是一段以建设盛称的时期。但革新呼声东起西应,新兴事业不绝于闻,这决不是一个枯滞不前、漫无所成的时段。其间铁路、报业、矿务、银行,甚至陆军的奋发,时人已颇有考述。唯独海军在这十余年的努力迄未见深入的研讨[1]。

　　研究者对海军的冷落是可以理解的。

　　海军在这十多年务实求存是事实,所采行动往往被波涛汹涌的大环境所淹盖也是事实。考释海军史事,因此不易先抽丝脱茧,

---

1 简明的报导自然有,如唐志拔,《中国舰船史》(北京:海军出版社,1989年),页 183—184、186、190—193、201—206;陈崇桥,《清末甲午战后重建海军述略》,《辽宁大学学报》(哲学社会科学版),1993 年 2 期(1993 年 3月),页 88—91、103;《近代海军》,页 533—587、612、623、631、754—755;《抗日战史》,上册,页 54—55;陈孝惇,《甲午战争后清政府海军之重建》,《海军学术月刊》,29 卷 4 期(1995 年 4 月),页 80—93。此等报导准确性可以不差,但因为需要照料的范围太广,细节(特别是有关舰只的细节)往往欠奉。

再求综合理解。

这段时期凡发生与海军有关之事,几尽可让人归纳出海军不长进的结论。1897 年 10 月中旬(光绪二十三年十月下旬),德国海军在先明言进军下,仅出动三艘新旧参差的军舰便浩浩荡荡地强占了胶州湾 [2]。中国海军避之则吉,连影子也不敢在附近一露。庚子事变期间,联军海军在中国海域横冲直撞,如入无人之境,还在大沽炮台附近掳去四艘不作抵抗的新驱逐舰 [3]。1908 年 9 月

[2] 三艘中有两艘为庞大而老旧的中央炮台型铁甲舰,"德皇"(Kaiser, 8,799 吨,1875 年)号和更老爷的"威廉亲王"(Konig Wilhelm, 10,591 吨,1869 年)号。较新者仅得"秃鹰"(Bussard)级轻巡洋舰"鸬鹚"(Cormoran, 1,838 吨,1893 年)号。见 Feng Djen Djang 张凤桢, *The Diplomatic Relations between China and Germany since 1898*(Shanghai: The Commercial Press, 1936), p. 44; A. Harding Ganz, "The German Navy in the Far East and Pacific: The Seizure of Kiautschou and After," in John A. Moses and Paul M. Kennedy, ed., *Germany in the Pacific and Far East, 1870-1914*(St. Lucia: University of Queensland Press, 1977), pp. 115-136; *Conway 1860-1905*, pp. 243, 245, 253. 事实显然并不如王守中,《德国侵略山东史》(北京:人民出版社,1988 年),页 92,所说的出动三艘巡洋舰(虽然舰名他都说对了,但因为没有注明原名,读者根本无法还原)。

[3] Navy Department, United States, *Bombardment of the Taku Forts in China*(Washington : Navy Department, 1902), pp. 8-9; J. Herrings, *Taku: Die deutsche Reichmarine in Kampf und Sieg*(Berlin: J. Meidinger, 1903); C. C. Dix, *The World's Navies in the Boxer Rebellion(China, 1900)*(London: Digby, Long and Company, 1905), pp. 29, 36-37; Roger Keyes, *Adventures Ashore and Afloat*(London: George G. Harrap and Company, 1936), pp. 209, 212, 215, 218-223; Cecil Aspinall-Oglander, *Roger Keyes; Being Biography of Admiral of the Fleet Lord Keyes of Zeebrugge and Dover*(London: Hogarth Press, 1951), pp. 46-48; Colin Narbeth, *Admiral Seymour's Expedition and Taku Forts, 1900*(Chippenham, Wiltshire: Picton Publishing, 1980), pp. 52, 55-57; 田村俊夫,《"海龍"級驱逐艦と義和團の亂》, *Sea Power*, 1984 年 4 期(1984 年 4 月), 页 10—11 ;Boris V. Drashpil, Toshio Tamura, and C. C. Wright, "The Fate of the Four Chinese Torpedo Boat Destroyers," *WI*, 24:2(June 1987), pp. 193-198. 戚其章,《论庚子大沽口之战》,《近代史研究》, 1997 年 1 期(1997 年 1 月),页 116—131。

下旬(光绪三十四年九月初旬),美国大白舰队(The Great White Fleet)在环球远航中,派支队访问厦门时,率领中国舰只迎候的总理南北洋海军兼任广东水师提督萨镇冰对着美国海军将领哭起来,说中国海军太丢脸了(难道他哭诉外宾就不丢脸);要不然,就老是咧嘴微笑[4]。凡此种种都教研究者觉得探查这段时期的海军史事没有多大意义。史料的贫乏同样令人却步。

治近代史者不惧资料繁多,但最怕史料不足。研究这十多年海军活动的资料何止不足,简直是异常贫乏。

李鸿章(见图1)、刘坤一、张之洞等大员相继退出舞台后,续办海防事务者资历不如,负责时间复短暂,不再有留下大量个人资料的可能。

西方资料的情形亦如此。研究中国近代海军史,如不广泛征引西方资料,很易便会变成闭门造车。甲午战争以前,中国海军有机会成为东亚劲旅,凡添主要舰只(特别是外购舰),西方不独军事刊物密切注意,连一般报纸也经常报导。甲午战后的中国海军远远不属这层次,西方媒体很偶然才略略一提。

中国海军人员在这方面的表现更令人失望。自同治年间中国开始筹海至抗战胜利这段不短的年岁内,极难找得到海军人员专意为其个人行动或集体行动存纪录的例子(史学界和海军界恒推严复为海军人才之表表者,然而在严复数量相当的存世文稿中,涉及海军的话竟寥寥可数,正代表这种漠不关心的态度。若说遗失了,又怎会那么巧,失的都是与海军有关的)。虽然这十余年缺乏

---

4 Franklin Matthews, *Back to Hampton Roads: Cruise of the U. S. Atlantic Fleet from San Francisco to Hampton Roads, July 7,1906-February 22, 1909* (New York: B. W. Huebsch, 1909), pp 212, 225-226; Robert A. Hart, *The Great White Fleet: Its Voyage Around the World, 1907-1909* (Boston: Little, Brown and Company, 1965), p. 249.

这类史料的情形和其他时段并无分别,但因为别的主要史源既极不敷用,海军人员不自存纪录的严重性就格外显露。

话虽如此,要研究这十余年的海军活动,资料还是有的。不过资料往往散存于不持破釜沉舟毅力便难致的地方——清季的期刊和报纸。迄今尚未见有研究者能付出足够时间和精心去掌握这类资料。纵使克服了这困难,此等资料本身也有严重的局限性——详于改革方策而缺乏实质数据(特别是舰只的)。

资料的稀少和局限性确带给研究者难以突破的困难。

倘鼓勇为之,研究者会发觉这十多年的海军活动既简单又复杂。说事情简单,因为这一时段没有战斗性的军事活动(辛亥革命爆发后的战事和起义事件应下属另一时段),而海军所采行动的主题又始终是重整和改革。指其复杂,因为在百废待举的环境试图兴革,必遭遇争论繁,资源少,而人事变迁快,目标复因人而易,且行事难免求速成等种种困难。简言之,要是能够掌握合用的资料,把注意力集中在重整和改革去探讨这十多年的海军史事,既照料中国近百年现代化课题的一个重要环节,更是理解百年来固海疆、御外侮、展海权大行动的实质,以及此行动与下迄二十世纪五十年代末数十年间沿海政权势力消长的关系不可或缺的一个研究程序。

这样性质的研究课题需要先明了细节,始可试作综论。就理论而言,这课题可分制度、人事、舰只、后勤、经费五方面进行探讨。是否五者均可以分别研究,当然视资料而定。手边的资料,以舰只者较备,本文就仅以这段时期的购舰造舰活动为讨论范围。

二、甲午战争前订购而战后始来华的外购舰

自北洋海军光绪十四年(1888)成军至甲午启衅,这支长期由

李鸿章主导，代表中国海军实力的舰队仅添置一艘这位唯我独尊，自充海军专家的北洋大臣明言勉为其难才肯接受的国产装甲舰"平远"号。南洋大臣刘坤一却有办法在光绪二十年（1894）初为积弱已久的南洋海军向德国订购四艘舰只。虽然它们只是小小的鱼雷艇，此举仍有反映南洋海军企图摆脱积弱的象征意义。就算在正常情形下，当时向欧订舰的整个过程很难不需时十多个月的（单是建成后自欧来华的水程便需要两三个月）[5]。加上该年下半年的中日战事必逼使德国实施舰只禁运，放这四艘鱼雷艇抵华只可能是战事平息后之事。

这组舰只和随后各组舰只因篇幅关系，且因不应平添枝节，均仅按一定次序开列约略相同的几项数据（惟因组的性质有别，项目容有调整）。项目当中也有三事需稍说明——日期悉用公历以求划一和易作比较；武器仅记初建时所有者，以后的添减必要时个案处理；附释一项记述舰史要事和终结情形（自民元至抗战爆发，舰只在沿海政权间转手频仍。此非交代之处，除特别个案外，均不录）。此组舰只包括[6]：

"辰"、"宿"（见图 41）[7]

---

5 陈孝惇，《甲午战争后清政府海军之重建》，列出不少外购舰在订购之年建成，显误。

6 考述此组及以下各组舰只数据时，倘采用北洋政府海军部委副官池仲祐在严复监督下编撰的《海军实纪——购舰篇、造舰篇》，须特别小心，起码要避免单凭此书立论。虽然此书深得研究海军史者的信赖，实则素质极成问题。

7 《刘坤一遗集》（北京：中华书局，1959 年），册 2，奏疏，卷 21，页 790—791，《订购雷艇改厂为营片》；*Aide-memoire de l'officier de marine, 1900*（Paris: Henri Charles Larauzelle, 1900），pp. 332-333；*Aide-memoire de l'officier de marine, 1903*（Paris: Henri Charles Larauzelle, 1903），pp. 364-365；Viscount Hythe, *Naval Annual, 1913*（Portsmouth: J. Griffin and Company, 1913），p. 289（以下该书简称 *Naval Annual 1913*）；东亚同文会调查编纂部，《（第二回）支那年鑑》（东京：东亚同文会，1916 年），（转下页）

数据：鱼雷艇；1894 年初向德国伏尔铿厂订购；1895 年冬建成来华；90 吨；1,250 匹马力；最高时速 24 浬；单装 37 公厘一磅弹速射炮二门（"宿"三门）；单装 14 吋鱼雷发射管三个。

附释：1933 年 4 月，老旧停用。卢沟桥事变后，于 1937 年 8 月 11 日午夜自沉江阴以塞河道。

"列"（见图 42）、"张"[8]

数据：鱼雷艇；1894 年向德国硕效厂订购；1895 年冬建成来华；62 吨；1,200 匹马力；最高时速 24 浬；单装 37 公厘一磅弹速射炮二门；单装 14 吋鱼雷发射管三个。

附释：1934 年底报废。

（接上页）页 457—458；池仲祐，《海军实纪——购舰篇、造舰篇》（民国七年海军部本），《购舰篇》，叶 19 上下（以下该书按引用时涉及的部分简称《购舰篇》或《造舰篇》）；中国第二历史档案馆（南京）所藏档案，全宗号 790/ 案卷号 04，《海军部关于所属舰艇编制及雷炮统计表》（1930 年）（以下该档简称《海军部舰艇编制表》）；H. G. W. Woodhead, ed., *The China Year Book, 1933*（Shanghai: China Daily News & Herald, 1933），p. 557；申报年鉴社，《申报年鉴——民国二十二年》（上海：申报馆特种发行部，1933 年），页 L26；中国第二历史档案馆所藏档案，全宗号 787/ 案卷号 16825，《抗战前海军原有舰艇吨位武装及舰艇长姓名一览表》（1937 年）（以下该档简称《抗战前海军舰艇表》）；《海军沿革》，页 4，收入《民国史料》。此件谅即中国第二历史档案馆所藏，全宗号 787/ 案卷号 578—580，《海军沿革史初稿》；海军总司令部，《海军大事记》（重庆：海军总司令部，1943 年），下册，页 86；Harald Fock, *Schwarze Gesellen*, Band 1: *Torpedoboote bis 1914*（Herford: Koehlers Verlagsgesellschaft, 1979），pp. 177, 278, 318-319；*Conway 1860-1905*, p. 400；《战史兵器辞典》，下册，页 985—986；*Steam Navy*, p. 183；姚开阳，《中国早年的鱼雷艇与驱逐舰》，《全球防卫杂志》，186 期（2000 年 2 月），页 86。

8 基本上与注 7 同，页数间稍异。另加 Galuppini, p. 300.

三、甲午战争期间订购而战后始来华的外购舰

甲午战争期间,李鸿章企图用速购现成外舰为应变之策,四出探求。虽有所获,却与原来的计划大相径庭。欧洲国家遵守中立原则,中日两国在此等国家订购或现购的舰只均不准在战事结束前出境。已离境者,在途经英治海港时仍会被扣押(十九世纪末,自欧东航赴亚,无可能完全避开英治海港)。南美国家虽以生意为尚,不管这一套,但在日本向南美国家大施外交压力之余,还高价抢购,弄到李鸿章辛苦向南美购舰多月而终一无所获。因此,甲午战争期间李鸿章能买的舰只都是英德制品,而且均待战事结束始能来华。这事说来倒是塞翁失马之例。倘若舰只在战争期间抵华,改变战局固无可能,结果不外或毁于战火,或为日人掳去。战后才来华,反让这些舰只有正常服役的机会[9]。属于此组的舰只有二。

"飞霆"(见图 31)[10]

---

[9] 马幼垣,《甲午战争期间李鸿章谋速购外舰始末》,近代中国海防国际研讨会(香港),1998 年 6 月 18—20 日。当时此文仅前半写了一个纲要,故后来研讨会诸文辑刊为李金强等编,《近代中国海防——军事与经济》(香港 :香港中国近代史学会,1999 年)时,并未收入此文。续写修订的工作做了六年有奇方蒇事,成为直至目前我所写学术文章之最长者。此文完成后,刊于《九州学林》,3 卷 2 期(2005 年夏季),页 130—183 ;3 卷 3 期(2005 年秋季),页 118—182 ;最后定本收入本书。

[10] *Hong Kong Telegraph*, 22, 27, 29 August 1895 ;*Naval Annual 1913*, p. 237;《民国史料》,页 193,《刘冠雄请将"飞霆"船价留用兴办挖泥船电》(1913 年 12 月 3 日);J.R. Perrett, "Some Notes on Warships Designed and Constructed by Sir W.G. Armstrong, Whitworth & Co. Ltd.," *Transactions of the Institution of Engineers and Shipbuilders in Scotland*, 57(1913—1914), p. 425; (王毓礼编),《北洋水师大沽船坞资料选编》(编于 1928 年),收入《天津历史资料》,9 期(1980),页 4 ;C. Brook, "Chinese Torpedo Gunboat Fei Ting," *WI*, 8:4(December 1971), p. 444; Peter Brook, (转下页)

数据：鱼雷炮舰（或称猎雷舰）；李鸿章向英国阿摩士庄厂购买，该厂则用买自别厂的现货改建出售；1895 年 9 月抵华；349 吨；3,000 匹马力；最高时速 20 浬；单装 3.75 吋速射炮二门；单装 47 公厘三磅弹速射炮四门；单装 14 吋鱼雷发射管一个；双联 14 吋鱼雷发射管二组。

附释：庚子事变，联军犯大沽时，在旱坞维修中的"飞霆"为俄军所夺。两年后收回时（其间并未在俄国海军服役），几仅余空壳，得重新装配。入民国后不久便除役。

"飞鹰"（见图 32）[11]

（接上页）"Armstrong Torpedo Gunboats," *WI*, 15:2（June 1978），pp. 141-144; *Conway 1860-1905*, p. 400。田村俊夫，《歷史から消え去つた艦——水雷砲艦"飛霆"》，*Sea Power*，1984 年 7 期（1984 年 7 月），页 11—13；Toshio Tamura, "The Fate of the Chinese Torpedo Gunboat Fei Ting," *WI*, 24:2（June 1987），pp. 190-192. David L. Williams, *White's of Cowes*（Peterborough: Silver Link Publications, 1993），p. 85; *Export*, pp. 170-171; *Steam Navy*, pp. 107-109. "飞霆"舰的订购过程及其基本数据在此仅作简介，详细情形和该舰的型线图另在《甲午战争期间李鸿章谋速购外舰始末》一文内（特别是第八节）有交代。

11 *Hong Kong Telegraph*, 4 November, 6 December 1895; Fred T. Jane, *All the World's Fighting Ships*（London: Sampson Low, Marston and Company., 1898），p. 30；Fred T. Jane, *Fighting Ships*（London: Sampson Low, Marston and Company., 1905-6），p. 336（以下该书简称 *Fighting Ships* 1905-6）；*Naval Annual* 1913, p. 237; Fred T. Jane, *Fighting Ships*（London: Sampson Low, Marston and Company., 1914），p. 460（以下该书简称 *Fighting Ships 1914*）；中国第二历史档案馆所藏，790/04，《海军部舰艇编制表》；Harald Fock, *Schwarze Gesellen*, Band 2: *Zerostorer bis 1914*（Herford: Koehlers Verlagsgesellschaft, 1979），pp. 350-351; *Conway 1860-1905*, p. 401; *Conway 1906-1921*, p. 396; 高晓星、时平，《民国海军的兴衰》（北京：中国文史出版社，1989 年），页 147；陈书麟、陈贞寿，《中华民国海军通史》（北京：海潮出版社，1993 年），页 333—334；《民国海军日志》，页 497。"飞鹰"舰的订购过程及其基本数据在此仅作简介，详细情形和该舰的型线图在《甲午战争期间李鸿章谋速购外舰始末》一文内（特别是第九节）有交代。

数据：鱼雷炮舰（后改称驱逐舰）；李鸿章向德国伏尔铿厂订购；1895 年 7 月 17 日下水；1895 年 12 月抵华；837 吨；5,430 匹马力；最高时速 22 浬；单装 12.5 公分速射炮二门；单装 57 公厘六磅弹速射炮六门；单装 37 公厘一磅弹速射炮四门；单装 14 吋鱼雷发射管三个。

附释：1917 年 6 月南下护法的海军舰只之一。运动结束后，没有随舰队北返，遂留粤。1932 年广东发生内战，广东海军司令陈策（1893—1949，黄埔海军学校第十五届 [1916 年]，见图 43）率舰叛离，西赴海南岛。督军陈济棠（1890—1954）遣空军往攻击；7 月 7 日在海口附近炸沉"飞鹰"。

四、甲午战争后订购而在民元以前建成来华的外购舰

此组舰只数目多，总排水量大，而且因为有关诸舰自启工至建成来华，整个订购程序悉在甲午战后至辛亥革命两端间完成，最能代表这十余年努力添舰的成绩。

"海容"、"海筹"、"海琛"（见图 44）[12]

---

12 许景澄，《许文肃公遗稿》（民国七年外交部图书处本），卷 11，叶 25 上下，《伏尔铿厂拟造穹甲快船式说》；中国第一历史档案馆编，《光绪朝朱批奏折》（北京：中华书局，1996 年），册 65，页 323—324，#292，《北洋大臣兼直隶总督裕禄折》（光绪二十四年十月二日）；（Marie Maurice Clement Raoul Tetsu）de Balincourt, *Les flottes de combat en 1903*（Paris: Berger-Levrault & Cie, 1903）, pp. 282-283（以下该书简称 *Flottes de combat 1903*）；*Fighting Ships 1905-6*, p. 335; *Naval Annual 1913*, p. 237; Bruno Weyer, *Taschenbuch der Kriegsflotten XV. Jahrgang 1914*（München: J. F. Lehmann's Verlag, 1914）, pp. 26-27（以下该书简称 *Taschenbuch*（转下页）

　　数据：加护巡洋舰；总理各国事务衙门向德国伏尔铿厂订购；
1897 年下水；1898 年夏秋间分别来华；2,680 吨；7,500 匹马力；
最高时速 19.5 浬；单装 15 公分 /40 炮三门；单装 47 公厘 /40 三
磅弹速射炮八门；单装 37 公厘一磅弹速射炮六门；单装 14 吋鱼
雷发射管三个。

　　附释：三艘悉在卢沟桥事变后于 1937 年 9 月 25 日自沉江阴
以塞河道。

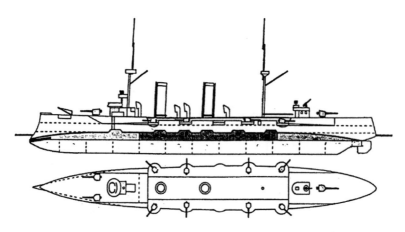

"海容"级加护巡洋舰型线图

（接上页）*der Kriegsflotten 1914*）；*Fighting Ships 1914*, p. 459；中国第
二历史档案馆所藏，790/04,《海军部舰艇编制表》,787/16825,《抗战前
海军舰艇表》,和全宗号 787/ 案卷号 16824,《全国海军舰艇表和备炮一
览表》,即 1937 年 2 月参谋本部第一厅第五处编制之《全国海军舰艇表》
（下引用此称；此件海军指挥学院海军史馆［南京］亦有藏，编号 E9/27）；
Conway 1860-1905, p. 397；《战史兵器辞典》,下册，页 760—765；姚开阳，
《中国清末民初时期的巡洋舰》,《全球防卫杂志》,185 期（2000 年 1 月）,
页 76—78；*Steam Navy*, pp. 111-112.

"海天"[13]

数据：加护巡洋舰；总理各国事务衙门向英国阿摩士庄厂订购；1897 年 11 月 25 日下水；1899 年 3 月 28 日建成；4,300 吨；14,000 匹马力；最高时速 24 浬；单装 8 吋 /45 速射炮二门；单装 4.7 吋 /45 速射炮十门；单装 47 公厘 /45 三磅弹速射炮十二门；单装 37 公厘一磅弹速射炮四门；机关枪六挺；单装 18 吋鱼雷发射管五个。

附释：1904 年 4 月 26 日在上海附近舟山鼎星岛触礁沉没。

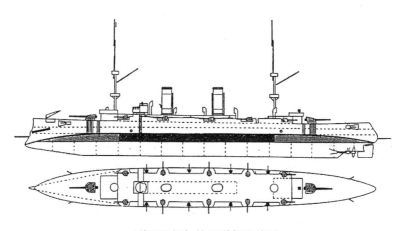

"海天"级加护巡洋舰型线图

13　*Flottes de combat 1903*, pp. 284-285; *Naval Annual 1913*, p. 237; Peter Brook, "The Elswick Cruisers, Part 2," *WI*, 8:3（September. 1971），p. 267; John Leather, *World Warships in Review, 1860/1906*（London: Macdonald & Jane's, 1976），pp. 96, 204; *Conway 1860-1905*, p. 397; 田村俊夫，《海難史上の艦艇》，*Sea Power*，1987 年 8 月（1987 年 8 月），页 62—64；《海军日志》，页 258；*Export*, pp. 93-94; 姚开阳，《清末民初的巡洋舰》，页 78—79；*Steam Navy*, pp. 112-114.

"海圻"（见图 45）[14]

数据："海天" 姊妹舰；1898 年 1 月 24 日下水；1899 年建成；余与"海天"同。

附释：1937 年 9 月 25 日自沉江阴以塞河道。

"海龙"（见图 46）[15]

数据：驱逐舰；德国硕效厂建造；1898 年下水；1899 年建成来华；280 吨；6,000 匹马力；最高时速 32 浬；单装 47 公厘三磅弹速射炮六门；单装 14 吋鱼雷发射管二个。

附释：1900 年庚子事变期间于 6 月 17 日连同其三艘姊妹舰一并在大沽炮台附近为联军所夺。此舰归英国海军所有，易名 Taku（即大沽），作为以香港为基地的驻华舰只。1916 年 10 月 25 日抛售。

"海犀"[16]

---

14 *Fighting Ships*, 1905-6, p. 335; *Taschenbuch der Kriegsflotten 1914*, pp. 26-27; 中国第二历史档案馆所藏，790/04,《海军部舰艇编制表》、787/16825,《抗战前海军舰艇表》、787/16824,《全国海军舰艇表》;《战史兵器辞典》，下册，页 762—763。余同注 13。

15 *Flottes de combat 1903*, pp. 289; T. D. Manning, *The British Destroyers* (London: Putnam and Company, 1961), p. 45; F. J. Dittmar and J. J. Colledge, *British Warships, 1914-1919* (London: Ian Allan, 1972), p. 58; J. Cornic, H. Le Masson, *et al*, "The Four Chinese Schichau Built Destroyers," *WI*, 10:1 (March 1973), pp. 112-113; Fock, *Schwarze Gesellen*, Band 2, pp. 203, 321, 354-355; *Conway 1860-1905*, p. 400; 田村俊夫,《"海龍"級驅逐艦》;Boris Drashpil, *et al*., "Fate of Four Chinese Destroyers"; Galuppini, p. 304; GJM, Volume One, p. 187; David Lyon, *The First Destroyers* (London: Chatham Publishing, 1996), pp. 118-119; *Steam Navy*, pp. 112-113, 117-118; *Royal Navy Ships*, p. 343.

16 Henri Le Masson, *Histoire du torpilleur en France* (Paris: Émile Deschanel, n. d. [1966]), p. 359; Fock, *Schwarze Gesellen*, Band 2, pp. 356-357. 余同注 15。

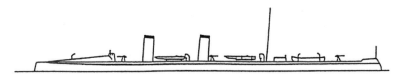

"海龙"级驱逐舰型线图

数据：与"海龙"同。

附释：与"海龙"及其他两艘姊妹舰同时为联军所夺。此舰归法国海军所有，易名 Takou（即法文之大沽），作为以西贡为基地的驻越南舰只。1911 年 9 月 30 日除役，惟至 1914 年仍存。

"海青"[17]

数据：与"海龙"、"海犀"同。

附释：与"海龙"、"海犀"，及另一姊妹舰同时为联军所夺。此舰归德国海军所有，易名 Taku，作为以青岛为基地的驻华舰只，12 月 6 日开始服役。后因锅炉不济，无法使用，遂于 1914 年 6 月 13 日除役。日军旋进攻青岛，便于 9 月 28 日在胶州湾自沉。

"海华"[18]

17　J. C. Taylor, *German Warships of World War I*（London: Ian Allan, 1969），p. 94; Fock, *Schwarze Gesellen*, Band 2, pp. 358-359; Harold Johnson, "Fates of German Warships in Chinese Waters（Untitled），" *WI*, 33:3（September 1996），p. 322. 余同注 15。

18　注 15 所引诸件外，另参考海军军令部编纂，《明治三十七八年海戰史》（东京：春阳堂，1909 年），册 3，页 283—284 ;P. Brook, *et al*, "Russian Destroyers at Port Arthur," *WI*, 8:3（September 1971），p. 301; Newton A. McCully, *The McCully Report: The Russo-Japanese War, 1904-05*, Edited by Richard von Doenhoff（Annapolis: Naval Institute Press, 1977），p. 107; Fock, *Schwarze Gesellen*, Band 2, pp. 362-363. 除了英海军分得"海龙"号，辨认无问题外，"海华"、"海青"、"海犀"三艘于法、德、俄之间如何分配，至今仍有争议。注 15、16、17，及本注所引 Harald Fock 书以为"海华"归俄国，"海青"归德国，"海犀"归法国。兹从之。

数据：与"海龙"、"海犀"、"海青"同。

附释：与"海龙"、"海犀"、"海青"同时为联军所夺。此舰归俄国海军所有，初易名 Taku，后改为"博罗哥夫上尉"（Lieutenant Bourakoff）号，作为以旅顺为基地的驻华舰只。1904 年，日俄战争爆发，于 11 月 24 日在旅顺东被日舰"富士"号（第二代）和"三笠"（15,140 吨，1902 年）号所载快艇用鱼雷击伤而搁浅。二日后断为两截。

"江元"（见图 47）[19]

数据：炮舰；两江总督兼南洋大臣魏光焘（1837—1916）向日本神户川崎造船所订购；1904 年 6 月 23 日安龙骨；1904 年 11 月 16 日下水；1905 年 2 月 25 日建成移交；565 吨；950 匹马力；最高时速 13 浬；4.7 吋 /45 速射炮一门；3 吋 /40 十二磅弹速射炮一门；单装 47 公厘三磅弹速射炮四门；6.5 公厘机关枪四挺。

附释：历抗日战争、国共内战后，随国民政府迁台。1949 年 11 月 1 日在东沙岛（1975 年 3 月易名南引岛）附近触礁搁浅，后报废。

---

19 造船协会编，《日本近世造船史》（东京：弘道馆，1911 年），页 317（下引略编者）；*Taschenbuch der Kriegsflotten 1914*, p. 28；《购舰篇》，叶 23 下至 24 下；中国第二历史档案馆所藏，790/04，《海军部舰艇编制表》、787/16824，《全国海军舰艇表》、787/16825，《抗战前海军舰艇表》；*Warships Built by Kawasaki Dockyard*（N.pl.: N. pub., n.d.），pp. 38-39；（以下该书简称 *Kawasaki Warships*）；中名生正己，《明治以降日本が輸出した艦艇について》，《世界の艦船》，1982 年 11 月号（1982 年 11 月），页 99；*Conway 1906-1921*, p. 398；《战史兵器辞典》，下册，页 865—866；姚开阳，《全世界最大的内河舰队——中国浅水炮舰队》，《全球防卫杂志》，187 期（2000 年 3 月），页 83—84；*Steam Navy*, p. 121；何耀光，《民国服役之清朝长江舰队舰只史迹初探》，《海军学术月刊》，36 卷 1 期（2002 年 1 月），页 92、97；陈孝惇，《抗战胜利后国府海军旧有舰艇的最后岁月》，《海军学术月刊》，37 卷 10 期（2003 年 10 月），页 84—85；《战备航行》，页 144—145。

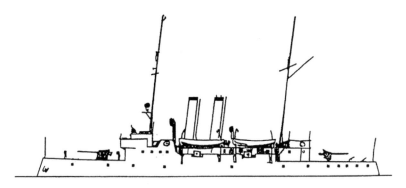

"江元"级炮舰型线图

"江亨"[20]

数据：1906 年 12 月 5 日安龙骨；1907 年 6 月 25 日下水；1907年 11 月 19 日建成移交；余与"江元"同。

附释：为 1929 年 10 月 12 日，中国、苏联两国海军会战同江时（同江为中苏边界县名，在松花江和黑龙江合流处），中方主要舰只之一。30 日，因伤自沉于富锦。后捞出。1931 年 9 月 8 日失事报废。

"江利"[21]

20　《日本近世造船史》，页 317，*Taschenbuch der Kriegsflotten 1914*, p. 28；《购舰篇》，叶 23 下至 24 下；*Kawasaki Warships*, pp. 38-39；中名生正己，《明治以降日本輸出艦艇》，页 99；*Conway 1906-1921*, p. 398；高晓星等，《民国海军的兴衰》，页 132—133；陈书麟等，《中华民国海军通史》，页 228—235；《近代海军》，页 882—885；姚开阳，《中国浅水炮舰队》，页 83—84；何耀光，《长江舰队舰只》，页 92—93、97—98。

21　《日本近世造船史》，页 317；*Taschenbuch der Kriegsflotten 1914*, p. 28；《购舰篇》，叶 23 下至 24 下；中国第二历史档案馆所藏，790/04，《海军部舰艇编制表》，787/16824，《全国海军舰艇表》，787/16825，《抗战前海军舰艇表》；*Kawasaki Warships*, pp. 38-39；中名生正己，《明治以降日本輸出艦艇》，页 99；*Conway 1906-1921*, p. 398；田村俊夫，（转下页）

数据：1907 年 4 月 6 日安龙骨；1907 年 9 月 18 日下水；1907 年 12 月 31 日建成移交；余与"江元"、"江亨"同。

附释：1937 年 12 月东北海军撤守青岛时，于 18 日在青岛港自沉。

"江贞"[22]

数据：1907 年 4 月 20 日安龙骨；1907 年 9 月 18 日下水；1907 年 11 月 19 日建成移交；余与"江元"、"江亨"、"江利"同。

附释：1938 年 7 月 20 日在湖南岳阳被日机炸至搁浅。或谓日人曾进行打捞，甚至修复；实情待考。

"湖鹏"[23]

数据：鱼雷艇；湖广总督张之洞向日本川崎造船所订购；1906 年 2 月 25 日安龙骨；1906 年 10 月 19 日下水；1907 年 5 月 31 日

（接上页）《青岛における第三艦隊の自沉》，*Sea Power*，1984 年 11 期（1984 年 11 月），页 73；马幼垣，《海军与抗战》，《联合文学》，105 期（1993 年 7 月），页 178（该文正扩充修订为单行本）；姚开阳，《中国浅水炮舰队》，页 83—84；何耀光，《长江舰队舰只》，页 93、98。

22　《日本近世造船史》，页 317；*Taschenbuch der Kriegsflotten 1914*, p. 28；《购舰篇》，叶 23 下至 24 下；中国第二历史档案馆所藏，790/04，《海军部舰艇编制表》，787/16824，《全国海军舰艇表》，787/16825，《抗战前海军舰艇表》；*Kawasaki Warships*, pp. 38-39；中名生正己，《明治以降日本輸出艦艇》，页 99；*Conway 1906-1921*, p. 398；马幼垣，《海军与抗战》，页 183；《战史兵器辞典》，下册，页 867—868；姚开阳，《中国浅水炮舰队》，页 83—84；何耀光，《长江舰队舰只》，页 93、98。

23　"国防部"史政编译局所藏"国军档案"，771.06/6015，《国外订购舰艇案》；《日本近世造船史》，页 350；*Taschenbuch der Kriegsflotten 1914*, p. 29；东亚同文会调查编纂部，《（第二回）支那年鑑》，页 457；《购舰篇》，叶 24 下至 25 下；中国第二历史档案馆所藏，790/04，《海军部舰艇编制表》；申报年鉴社，《申报年鉴——民国二十二年》，页 L30—L31；中国第二历史档案馆所藏，787/16824，《全国海军舰艇表》，787/16825，《抗战前海军舰艇表》；*Kawasaki Warships*, pp. 38-39；中名生正己，《明治以降日本輸出艦艇》，页 99；*Conway 1906-1921*, p. 397；《战史兵器辞典》，下册，页 1001—1002。

建成移交；96 吨；1,200 匹马力；最高时速 23 浬；单装 47 公里 /30 三磅弹速射炮二门；单装 14 吋鱼雷发射管三个。

附释：1937 年 10 月 2 日在江阴附近的目鱼沙被日机炸沉。

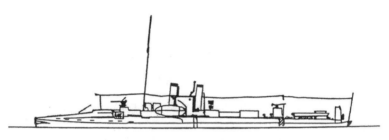

"湖鹏"级鱼雷艇型线图

"湖鹗"[24]

数据：1906 年 2 月 28 日安龙骨；余与"湖鹏"同。

附释：1937 年 10 月 8 日在江阴鲥鱼港被日机炸至搁浅。日人打捞修复后，编列为杂役船"翡"号。后拨归伪维新政府，易名

24 "国防部"史政编译局所藏"国军档案"，771.06/6015，《国外订购舰艇案》；《日本近世造船史》，页 351；*Taschenbuch der Kriegsflotten 1914*, p. 29；《购舰篇》，叶 24 下至 25 下；中国第二历史档案馆所藏，790/04，《海军部舰艇编制表》、787/16824，《全国海军舰艇表》、787/16825，《抗战前海军舰艇表》；*Kawasaki Warships, pp. 38-39*；中名生正己，《明治以降日本輸出艦艇》，页 99；田村俊夫，《雜役船"翠"（やませみ）と"翡"（かわせみ）》，*Sea Power*, 1984 年 3 期（1984 年 3 月），页 10—12；Toshio Tamura, "The Miscellaneous Ships Yamasemi（Ex-Chinese Destroyer Chien Kang）and Kawasemi（Ex-Chinese Destroyer Torpedo Boat Hu E），" *WI*, 34:1（March 1986），pp. 86-89; *Conway 1906-1921*, p. 397；《战史兵器辞典》，下册，页 1003；马幼垣，《汪伪海军舰只初探》，纪念七七抗战六十周年学术研讨会筹备委员会编，《纪念七七抗战六十周年学术研讨会论文集》（新店："国史馆"，1998 年），下册，页 680—683、720、724（此文收入本书）；陈孝惇，《最后岁月》，页 98。

"海靖"号炮舰。继归汪伪海军所有,仍用"海靖"之名。抗战胜利后,重属国民政府海军,本应恢复原名,却误植为"湖鹰"。变成新"湖鹰"后,编入江防舰队,终因老旧高龄,于1947年7月与"建康"同时除役,并同于1948年6月拨给内政部转供省级水警局使用。

"湖鹰"[25]

数据:1907年5月11日安龙骨;1907年11月17日下水;1908年3月16日建成移交;余与"湖鹏"、"湖鹗"同。

附释:1938年8月9日在湖北马当湖口兰溪布雷时为日机炸毁。

"湖隼"(见图48)[26]

数据:1907年5月15日安龙骨;余与"湖鹰"同。

附释:历抗日战争后,在国共内战期间报废。

25 "国防部"史政编译局所藏"国军档案",771.06/6015,《国外订购舰艇案》;《日本近世造船史》,页351;*Taschenbuch der Kriegsflotten 1914*, p. 29;《购舰篇》,叶24下至25下;中国第二历史档案馆所藏,790/04,《海军部舰艇编制表》、787/16824,《全国海军舰艇表》、787/16825,《抗战前海军舰艇表》;*Kawasaki Warships*, pp. 38-39; 中名生正己,《明治以降日本輸出艦艇》,页99;*Conway 1906-1921*, p. 397;《战史兵器辞典》,下册,页1002—1003。

26 "国防部"史政编译局所藏"国军档案",771.06/6015,《国外订购舰艇案》;《日本近世造船史》,页351;*Taschenbuch der Kriegsflotten 1914*, p. 29;《购舰篇》,叶24下至25下;中国第二历史档案馆所藏,790/04,《海军部舰艇编制表》、787/16825,《抗战前海军舰艇表》;*Kawasaki Warships*, pp. 38-39; 中名生正己,《明治以降日本輸出艦艇》,页99;*Conway 1906-1921*, p. 397;《战史兵器辞典》,下册,页1000—1001;陈孝惇,《最后岁月》,页85。

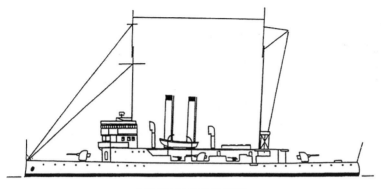

"楚泰"级炮舰型线图

"楚泰"[27]

数据：炮舰；湖广总督张之洞向日本川崎造船所订购；1905年10月7日安龙骨；1906年5月25日下水；1906年8月25日建成移交；740吨；1,350匹马力；最高时速13浬；单装4.7吋速射炮二门；单装3吋十二磅弹速射炮二门；单装1吋四管速射炮二门；6.5公厘机关枪二挺。

附释：1938年5、6月交替日机袭马尾时受伤搁浅，后拆卸舰炮，加上伪装。1941年4月下旬，日人直攻闽江口，遂自毁。

---

27 "国防部"史政编译局所藏"国军档案"，771.06/6015，《国外订购舰艇案》；《日本近世造船史》，页317；*Taschenbuch der Kriegsflotten 1914*, pp. 28-29；中国第二历史档案馆所藏，790/04，《海军部舰艇编制表》、787/16824，《全国海军舰艇表》、787/16825，《抗战前海军舰艇表》；*Kawasaki Warships*, pp. 38-39；中名生正己，《明治以降日本輸出艦艇》，页99；*Conway 1906-1921*, p. 398；《战史兵器辞典》，下册，页841—842；《民国海军日志》，页621—622、686；姚开阳，《中国浅水炮舰队》，页85；何耀光，《长江舰队舰只》，页92、96—97。

"楚同"[28]

数据：1905 年 11 月 5 日安龙骨；1906 年 6 月 12 日下水；1906 年 9 月 24 日建成移交；余与"楚泰"同。

附释：全程参加抗日战争后编入海防第二舰队。1949 年 4 月 23 日，该舰队司令林遵（1905—1979）率众舰投共。包括在其中的"楚同"号旋即（28 日）被国民政府空军炸沉。或谓后经打捞修复，在人民海军服役至 1960 年。

"楚有"[29]

数据：1906 年 2 月 6 日安龙骨；1906 年 7 月 31 日下水；1906 年 10 月 22 日建成移交；余与"楚泰"、"楚同"同。

附释：1937 年江阴之战时，"楚有"于 9 月杪受重伤，驶入六圩港抢修。10 月 2 日被日机炸沉。

"楚谦"[30]

28 "国防部"史政编译局所藏"国军档案"，771.06/6015，《国外订购舰艇案》；《日本近世造船史》，页 318 ;*Taschenbuch der Kriegsflotten 1914*, pp. 28-29; 中国第二历史档案馆所藏，790/04，《海军部舰艇编制表》、787/16824，《全国海军舰艇表》、787/16825，《抗战前海军舰艇表》;*Kawasaki Warships*, pp. 38-39; 中名生正己，《明治以降日本輸出艦艇》，页 99 ;*Conway 1906-1921*, p. 398;《战史兵器辞典》，下册，页 838—839 ;《民国海军日志》，页 789—790 ; 姚开阳，《中国浅水炮舰队》，页 85 ; 何耀光，《长江舰队舰只》，页 92、96 ; 陈孝惇，《最后岁月》，页 81—82。

29 "国防部"史政编译局所藏"国军档案"，771.06/6015，《国外订购舰艇案》；《日本近世造船史》，页 318 ;*Taschenbuch der Kriegsflotten 1914*, pp. 28-29; 中国第二历史档案馆所藏，790/04，《海军部舰艇编制表》、787/16824，《全国海军舰艇表》、787/16825，《抗战前海军舰艇表》;*Kawasaki Warships*, pp. 38-39; 中名生正己，《明治以降日本輸出艦艇》，页 99 ;*Conway 1906-1921*, p. 398;《战史兵器辞典》，下册，页 840—841 ; 何耀光，《长江舰队舰只》，页 92、95—96。

30 "国防部"史政编译局所藏"国军档案"，771.06/6015，《国外订购舰艇案》；《日本近世造船史》，页 318 ;*Taschenbuch der Kriegsflotten 1914*, pp. 28-29; 中国第二历史档案馆所藏，790/04，《海军部舰艇编制表》、（转下页）

数据：1906 年 9 月 15 日安龙骨；1907 年 2 月 21 日下水；1907
年 10 月 15 日建成移交；余与"楚泰"、"楚同"、"楚有"同。

附释：历抗日战争，胜利后已乏动力，长期停泊四川万县，遂
于 1948 年 11 月（或谓 1949 年 8 月）报废。

"楚豫"（见图 49）[31]

数据：1906 年 9 月 27 日安龙骨；1907 年 4 月 1 日下水；1907
年 11 月 15 日建成移交；余与"楚泰"、"楚同"、"楚有"、"楚谦"同。

附释：1937 年 12 月，日军犯山东时，于 18 日在青岛港自沉。

"楚观"[32]

数据：1907 年 2 月 26 日安龙骨；1907 年 8 月 14 日下水；
1907 年 12 月 10 日建成移交；余与"楚泰"、"楚同"、"楚有"、"楚
谦"、"楚豫"同。

（接上页）787/16824，《全国海军舰艇表》、787/16825，《抗战前海军舰艇
表》；*Kawasaki Warships*, pp. 38-39; 中名生正己，《明治以降日本輸出艦
艇》，页 99；*Conway 1906-1921*, p. 398;《战史兵器辞典》，下册，页 837—
838；姚开阳，《中国浅水炮舰队》，页 85—86；何耀光，《长江舰队舰只》，
页 92、94—95；陈孝惇，《最后岁月》，页 83—84。

31 "国防部"史政编译局所藏"国军档案"，771.06/6015，《国外订购舰艇
案》；《日本近世造船史》，页 318；*Taschenbuch der Kriegsflotten 1914*,
pp. 28-29; 中国第二历史档案馆所藏，787/16824，《全国海军舰艇表》；
Kawasaki Warships, pp. 38-39; 中名生正己，《明治以降日本輸出艦艇》，页
99；*Conway 1906-1921*, p. 398; 田村俊夫，《青岛における第三艦隊の自
沉》，页 74；《战史兵器辞典》，下册，页 839—840；姚开阳，《中国浅水炮舰
队》，页 85；何耀光，《长江舰队舰只》，页 91—92、94。

32 "国防部"史政编译局所藏"国军档案"，771.06/6015，《国外订购舰艇案》；
《日本近世造船史》，页 318；*Taschenbuch der Kriegsflotten 1914*, pp. 28-
29; 中国第二历史档案馆所藏，790/04，《海军部舰艇编制表》、787/16824，
《全国海军舰艇表》、787/16825，《抗战前海军舰艇表》；*Kawasaki Warships*, pp.
38-39; 中名生正己，《明治以降日本輸出艦艇》，页 99；*Conway 1906-1921*,
p. 398;《战史兵器辞典》，下册，页 836—837；姚开阳，《中国浅水炮舰队》，
页 85—86；何耀光，《长江舰队舰只》，页 92、94—95；陈孝惇，《最后岁月》，
页 82—83；《战备航行》，页 146—147。

附释：历抗日战争和国共内战后，随国民政府迁台。1956 年
12 月 31 日除役。

"舞凤" [33]

数据：炮舰；向德国青岛造船厂订购；宣统三年（1911）七月
辛亥革命前夕建成；200 吨；300 匹马力；最高时速 10 浬；单装 47
公厘三磅弹速射炮四门。

附释：参加护法运动后留粤。1937 年 9 月 25 日在珠江三角
洲被日机炸沉。

五、宣统年间订购而入民国始来华的外购舰

这是另一组重要的舰只。宣统元年（1909）八月至十二月，任
筹办海军大臣的郡王衔贝勒载洵（1885—1949）和萨镇冰赴欧考
察海军，在意大利、奥匈帝国、德国和英国合订购舰只九艘。次年
七月至十一月，两人复往美国和日本考察，并在此二国订购舰只三
艘 [34]。他们意料不到，满清政权已快走至尽头，所订舰只即使是终
能来华的九艘，待抵华已入民国了。

33　*Taschenbuch der Kriegsflotten 1914*, p. 28;《购舰篇》，叶 26 下至 27 上；
中国第二历史档案馆所藏，790/04,《海军部舰艇编制表》,787/16824,《全
国海军舰艇表》；李达荣，页 7;《舰艇工业史料》，页 936—937 ;*Conway
1906-1921*, p. 399;《民国海军日志》，页 605 ;*Steam Navy*, pp. 127, 135,
137, 139, 143, 151, 161, 173.

34　两次往外考察海军和订舰的情形，见林献炘，《载洵萨镇冰出国考察海军》，
《文史资料选辑》，23 期（1961 年 11 月），页 187—191 ;并收入《清末史料》，
页 846—850（编者有改动）。另外还有戴彦清、唐宏，《甲午海战后的清朝
海军》，《海洋世界》，227 期（1996 年 6 月），页 29—30 ;文章写得简明扼要，
题目则显误，因该文仅讲载洵、萨镇冰的两次外访购舰，不及其他。

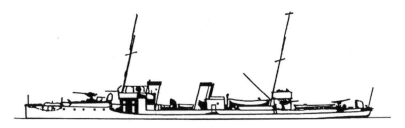

"豫章"级驱逐舰型线图

"豫章"（原名"长风"，见图 50）[35]

数据：驱逐舰；德国硕效厂建造；1913 年秋建成来华，10 月
31 日抵沪；390 吨；6,500 匹马力；最高时速 32 浬；单装 3 吋 /45
十二磅弹炮二门；单装 47 公厘三磅弹速射炮四门；单装 18 吋鱼
雷发射管二个。

附释：1932 年 1 月 21 日在通州青天礁触礁后解体。

"建康"（原名"伏波"）[36]

35　"国防部"史政编译局所藏"国军档案"，771.6/2423，《德国承造"长风"、
　　"伏波"、"飞云"三舰案》；*Taschenbuch der Kriegsflotten 1914*, p. 28;《购
　　舰篇》，叶 31 上至 32 上；中国第二历史档案馆所藏，790/04，《海军部舰
　　艇编制表》；"国军档案"，628.2/1723，《"豫章"军舰沉没审讯案》；《海
　　军大事记》，下册，页 82；Fock, *Schwarze Gesellen*, Band 2, pp. 203, 321;
　　Conway 1906-1921, p. 397；田村俊夫，《青岛における第三艦隊の自沉》，
　　页 74；《战史兵器辞典》，下册，页 772—773；《民国海军日志》，页 477。
36　"国防部"史政编译局所藏"国军档案"，771.6/2423，《德国承造"长风"、
　　"伏波"、"飞云"三舰案》；*Taschenbuch der Kriegsflotten 1914* p. 28;《购
　　舰篇》，叶 31 上至 32 上；中国第二历史档案馆所藏，790/04，《海军部舰
　　艇编制表》，787/16824，《全国海军舰艇表》，787/16825，《抗战前海军舰
　　艇表》;Fock, *Schwarze Gesellen*, Band 2, pp. 203, 321; 田村俊夫，《雜役
　　船"翠"と"翡"》，页 9、11—12；Tamura, "Miscellaneous Ships Yamasemi
　　and Kawasemi," pp. 86-89; *Conway 1906-1921*, p. 397;《战史兵器辞典》，
　　下册，页 771；马幼垣，《汪伪海军舰只初探》，页 675—680、720；陈孝惇，
　　《最后岁月》，页 97—98。

数据：与"豫章"同。

附释：1937 年 9 月 25 日在江阴龙梢港被日机炸至搁浅。日人打捞修复后，编列为杂役船"翠"号。后拨归伪维新政府，易名"海绥"号炮舰。继归汪伪海军所有，仍用"海绥"之名。抗战胜利后，重属国民政府海军，恢复"建康"原名。1947 年 7 月，因老旧除役，而于 1948 年 6 月拨给内政部转供省级水警局之用。

"同安"（原名"飞云"）[37]

数据：与"豫章"、"建康"同。

附释：1937 年 12 月 18 日，日人犯山东时，自沉于青岛港。或谓日人曾打捞修复。

"应瑞"（见图 51 ）[38]

数据：轻巡洋舰；英国维克斯厂建造；1911 年 7 月 14 日下水；1912 年 12 月建成来华；2,500 吨；8,000 匹马力；最高时速 22 浬；单装 6 吋 /50 炮二门；单装 4 吋 /50 速射炮二门；单装 47 公厘三磅弹速射炮六门；单装 37 公厘一磅弹速射炮二门；单装 18 吋鱼雷发射管二个。

附释：长期按设计意图用作练习舰。1937 年 10 月 15 日在南

---

37 "国防部"史政编译局所藏"国军档案"，771.6/2423，《德国承造"长风"、"伏波"、"飞云"三舰案》；*Taschenbuch der Kriegsflotten 1914*, p. 28；《购舰篇》，叶 31 上至 32 上；中国第二历史档案馆所藏，790/04，《海军部舰艇编制表》、787/16824，《全国海军舰艇表》、787/16825，《抗战前海军舰艇表》；Fock, *Schwarze Gesellen*, Band 2, pp. 203, 321; *Conway 1906-1921*, p. 397；《战史兵器辞典》，下册，页 923—924。《战备航行》，页 572，误指"同安"原名"伏波"。

38 *Naval Annual 1913*, p. 287；《购舰篇》，叶 29 上至 30 上；中国第二历史档案馆所藏，790/04，《海军部舰艇编制表》、787/16824，《全国海军舰艇表》、787/16825，《抗战前海军舰艇表》；*Conway 1906-1921*, p. 396；马幼垣，《海军与抗战》，页 174—175 ；《战史兵器辞典》，下册，页 766—767 ；姚开阳，《清末民初的巡洋舰》，页 80—81。

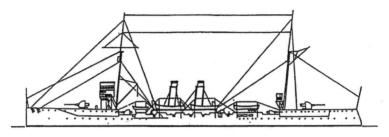

"应瑞"级轻巡洋舰型线图

京采石矶被日机炸沉。

"肇和"（见图 52）[39]

数据：英国阿摩士庄厂建造；1911 年 10 月 23 日下水；2,757
吨；垂直线间长度较"应瑞"短 10 呎，余与"应瑞"同。

附释：长期按设计意图用作练习舰。1937 年 9 月 14 日在珠
江三角洲虎门要塞附近与日舰四艘激战，后被来袭的日机炸沉。

"江犀"（原名"新璧"，见图 53）[40]

39　*Naval Annual 1913*, p. 287 ;*Taschenbuch der Kriegsflotten 1914*, pp. 26-27,
　　173;《购舰篇》，叶 28 上至 29 上；中国第二历史档案馆所藏，790/04,《海
　　军部舰艇编制表》、787/16824,《全国海军舰艇表》、787/16825,《抗战前海
　　军舰艇表》;Peter Brook, "The Elswick Cruisers, Part 4," *WI*, 10:3（1973），
　　pp. 292-293; *Conway 1906-1921*, p. 396; 马幼垣,《海军与抗战》，页 184 ；
　　《战史兵器辞典》，下册，页 767—769, *Export*, pp. 219-220; 姚开阳,《清末
　　民初的巡洋舰》，页 80—81。

40　《民国史料》，页 143—144,《海军部请拨"江犀"、"江鲲"二舰配件需银
　　呈文》（1912 年 12 月 22 日）;*Taschenbuch der Kriegsflotten 1914*, p. 28;
　　《购舰篇》，叶 27 上至 28 上；中国第二历史档案馆所藏，790/04,《海军部
　　舰艇编制表》、787/16824,《全国海军舰艇表》、787/16825,《抗战前海军舰
　　艇表》;《海军大事记》，下册，页 168 ;*Conway 1906-1921*, p. 398;《抗日
　　战史》，下册，页 1532 ;《战史兵器辞典》，下册，页 869 ;《民国海军日志》，
　　页 691。其中《战史兵器辞典》虽为军方根据档案编刊的官书，此条却错
　　得一塌糊涂，不能不辨。该条指"江犀"在 1940 年 11 月被日机（转下页）

数据：河用炮舰；德国克虏伯厂（Fried Krupp AG Germaniawerft）建造；1911 年下水；1912 年建成后，组件运华，在江南造船所合拢；140 吨；450 匹马力；最高时速 12 浬；87 公厘炮一门；37 公厘一磅弹速射炮一门；7.9 公厘机关枪四挺。

数据：1941 年 8 月 24 日在巴东台子湾被日机炸沉。

"江鲲"（原名"新珍"）[41]

（接上页）炸沉于川江，说得既泛且误（页 868 讲同时被炸沉的姊妹舰"江鲲"号，同样地点说得过泛，而日期则全错）。这尚不算太离谱。此条随后所说，谓日人捞起"江犀"，修复后拨交给汪伪海军（并没有说服役汪伪时的舰名），抗战胜利后复归国民政府海军所有，参加国共内战，后随海防第二舰队司令林遵投共，则全是毫无根据的杜撰胡言。"江犀"（以及"江鲲"）的沉没地点远离日人可以进行打捞的地区，根本就不存在打捞修复的可能。其实打捞此二舰之事是抗战胜利后在海军总司令部主持下进行的（结果或半途而废，或捞出后报废）；见"国防部"史政编译局所藏"国军档案"，628.4/3111，《"江犀"、"江鲲"两舰打捞案》。有关档案既在台湾，为何由当局出官书却糊涂至此程度？国民政府海军在抗战胜利后确有一舰名"江犀"，但该舰的前身是驻华日舰"伏见"号（304 吨，1939 年）（第二代），见 WG, p. 416; JJM, p. 122; *Conway 1922-1946*, p. 212; 许秋明，页 116—117；片桐大自，页 226。虽然日制的第二代"江犀"舰确是林遵所率投共的舰只之一，但把它和毫不相干的德制第一代"江犀"舰混为一谈，便变成乱点鸳鸯谱了。另外，《抗日战史》，下册，页 210，亦谓"江犀"、"江鲲"同于 1940 年 11 月被炸沉于川江（比实际事情早了大半年）。此说不知何所据，因该章随后所复印之档案并无支持这种说法的证据。最可笑的是，该书的附录《抗战时期海军参加各重要战役战果汇报统计表》却明记二舰 1941 年 8 月 24 日被炸沉于巴东（下册，页 1532）。这种矛盾是不该在一书内出现的。军方出官书与私家著述不同，依原始资料直说，功能已备，怎也不该弄到随意捏造、前后矛盾的田地。

41　同注 40。另有一事应顺便说明。抗战胜利后，国民政府海军也有一艘第二代的"江鲲"舰。它当然不是原先的德制舰，而是在华接收的日本降舰"鸣海"号。"鸣海"的前身是 1943 年日海军在上海修复的意大利驻华海军自沉炮舰"艾曼诺卡洛图"（Ermanno Carlotto, 180 吨，1921 年）号。参考 WG, p.421; JJM, pp. 122-123; *Conway 1906-1921*, p.280；片桐大自，页 245—246；Shizuo Fukui 福井静夫，*Japanese Naval Vessels*（转下页）

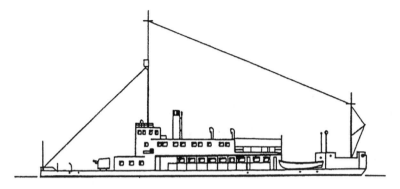

"江犀"级河用炮舰型线图

数据：德国伏尔铿厂建造；1912 年下水；余与"江犀"同。

附释：与"江犀"同时同地被日机炸沉。

"永翔"（见图 54）[42]

数据：炮舰；日本川崎造船所建造；1912 年 3 月 30 日下水；
1913 年建成来华；780 吨；1350 匹马力；最高时速 13 浬；4.1 吋/

（接上页）*at the End of World War Ⅱ*（Annapolis: Naval Insititute Press, 1991），p. 34; 姚开阳，《抗战 60 周年纪念——战后接收日本在华降舰》，《全球防卫杂志》，158 期（1997 年 10 月），页 77。千疮百孔的官书《战史兵器辞典》并没有记录第二代的"江鲲"舰。《近代海军》，页 1002，并列第二代的"江犀"和"江鲲"，且谓它们排水量相同；这就等于误指它们原先也是姊妹舰了。编著中国海军史者，即使出版的是官书，恒常对舰只毫无兴趣，了无认识，随便乱说，是并见两岸的惯常现象。

42　*Taschenbuch der Kriegsflotten 1914*, p. 28;《购舰篇》，叶 30 上至 31 上；中国第二历史档案馆所藏，790/04，《海军部舰艇编制表》、787/16824，《全国海军舰艇表》、787/16825，《抗战前海军舰艇表》；黄启庸，《活跃在海上的"永翔"舰》，《中国海军》，3 卷 4 期（1950 年 4 月），页 16；中名生正己，《明治以降日本輸出艦艇》，页 100;*Conway 1906-1921*, p. 399; 田村俊夫，《青岛における第三艦隊の自沉》，页 72;《战史兵器辞典》，下册，页 905—906；马幼垣，《汪伪海军舰只初探》，页 674—675、720、724；陈孝惇，《最后岁月》，页 95—97;《战备航行》，页 148—149。

50 炮一门；3 吋 /50 十二磅弹速射炮一门；单装 47 公厘三磅弹速
射炮四门；单装 37 公厘一磅弹速射炮二门。

附释：1937 年 12 月 18 日自沉青岛港以拒日军来犯。日人打
捞修复后拨归汪伪海军，充作"海祥"炮舰。抗战胜利后，重为国
民政府海军所有，恢复"永翔"原名，并于参加国共内战后，随国民
政府迁台，服役至 1953 年 8 月 16 日。

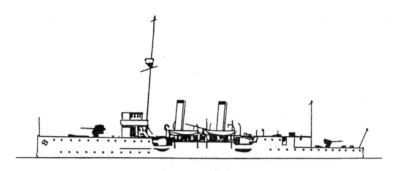

"永翔"级炮舰型线图

"永丰"（后易名"中山"，见图 55）[43]

43　*Taschenbuch der Kriegsflotten 1914*, p. 28；《购舰篇》，叶 30 上至 31 上；中国
第二历史档案馆所藏，790/04，《海军部舰艇编制表》、787/16824，《全国海
军舰艇表》、787/16825，《抗战前海军舰艇表》；长牧野元，《創業百年の長崎
造船所》（东京：三菱造船株式会社，1957 年），页 530—531；中名生正己，
《明治以降日本輸出艦艇》，页 100；*Conway 1906-1921*, p. 399；程浩，《中
山舰传奇》（广州：广东旅游出版社，1990），页 100—105；马幼垣，《切勿
让"中山"舰重见天日》，《联合报》，1993 年 7 月 23 日（"联合副刊"）；《战
史兵器辞典》，下册，页 848—850；施占秀等，《中山舰》（北京：中国言实
出版社，1997 年），页 219—228；曾铮、曾宪旻，《风雨中山舰》（广州：花城
出版社，1997 年）；方杰，《沉浮中山舰》，修订本（武汉：武汉大学出版社，
1997 年），页 255—261；姚开阳，《"中山"舰传奇》，《全球防卫杂志》，151
期（1997 年 3 月），页 84—88；林家有，《孙中山与"中山"舰》，《中山大学
学报》（社会科学版），1998 年 6 期（1998 年 11 月），页 74—82；（转下页）

数据：日本长崎三菱造船所建造；1910 年 12 月 13 日安龙骨；1912 年 6 月 5 日下水；1913 年 1 月 9 日建成移交；余与"永翔"同。

附释：1917 年 6 月南下护法的海军舰只之一。在 1922 年 6 月至 8 月的陈炯明（1878—1933）反叛事件中充孙中山的座舰，因而特享盛誉。1925 年 4 月 16 日，易名"中山"号，以纪念刚逝世的孙中山。在 1926 年 3 月 20 日的中山舰事件中扮演另类角色。1938 年 10 月 24 日，在武汉上游金口镇被日机炸沉。1997 年 1 月 28 日，打捞出水，进行复原。

六、宣统年间订购而终未能来华的外购舰

载洵和萨镇冰于宣统年间两次往外国考察海军时所订购的舰只，有三艘因欧战和欠款等故（国人著述仅列举入民国后难支付余款为原因）终不能来华。这些假如中国不订购就根本不会存在的舰只，建成后的事迹颇富传奇意味。它们的舰史应视为中国海军史的一部分。

"飞鸿"（见图 56）[44]

（接上页）萧致治，《孙中山与"中山"舰》，收入张磊编，《孙中山与中国近代化——纪念孙中山诞辰 130 周年国际学术讨论会文集》（北京：人民出版社，1999 年），下册，页 531—541；横山宏章，《中国砲艦"中山艦"の生涯》（东京：汲古书院，2002 年）。

[44] *Naval Annual 1913*, p. 70, 287; *Taschenbuch der Kriegsflotten 1914*, pp. 26-27; J. Duerkop, F.W. Merker, *et al.*, "The Greek Cruiser Helle," *WI*, 6:2（June 1969）, pp. 147-148; Andrew Smith, "The Sinking of the Greek Cruiser Helle," *WI*, 8:3（September 1971）, pp. 226-229; *Conway 1906-1921*, pp. 385, 396; Paolo Pasqualucci, "Sinking of Helle," *WI*, 11:3（September 1974）, pp. 277-279; Samuel Thomas Kay, "Sinking Greek Cruiser Helle," *WI*, 13:1（March 1976）, pp. 13-14; *Conway 1922-1946*, p. 404; 姚开阳，《清末民初的巡洋舰》，页 81；*Steam Navy*, pp. 127, 132, 135.

数据：美国纽约造船公司（New York Shipping Company）建造；1912 年 5 月 4 日下水；1913 年 11 月建成；2,600 吨；余与"肇和"、"应瑞"同（两国三厂建造，排水量和长度有小异的姊妹舰）。

附释：1914 年厂方卖此舰给希腊，成为该国的"海勒"（Helle）号轻巡洋舰。1940 年 8 月 15 日（时希腊尚未参加引发第二次世界大战之欧战），该舰在希腊天诺仙（Tinos）海面被意大利潜艇"德菲努"（Delfino）号用鱼雷击沉。

"龙湍"（见图 57）[45]

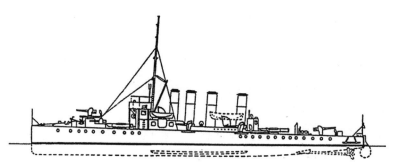

"龙湍"号（即奥匈帝国的"华兰士单亚"号）驱逐舰型线图

45 *Naval Annual 1913*, p. 70; *Taschenbuch der Kriegsflotten 1914*, p. 28; Anthony E. Sokol, *The Imperial and Royal Austro-Hungarian Navy* (Annapolis: United States Naval Institute, 1968), pp. 152-153; Wolf H. Bille, "The Torpedo Vessels of the Imperial and Royal Austro-Hungarian Navy, 1875 to 1918," *WI*, 8:1 (March 1971), pp. 55, 80-81; René Greger, *Austro-Hungarian Warships of World War I* (Shepperton, Surrey: Ian Allan, 1976), p. 44; Fock, *Schwarze Gesellon*, Band 2, p. 203; *Conway 1906-1921*, pp. 338, 397; Franz F. Bilzer, *Die Torpedoschiffe und Zerostörer der k.u.k. Kriegsmarine, 1867-1918* (Graz: H. Weishaupt Verlag, 1990), pp. 80-87; Stefano de Biasio, *et al.*, "Disposition of Ex-Austro-Hungarian Warships," *WI*, 35:1 (March 1998), p. 103.

数据：驱逐舰；奥匈帝国士他俾路勉图厂（Stabilimento Tecnico Triestino）建造；1912 年下水；1914 年建成；400 吨；6,000 匹马力；时速 28 浬；单装 76 公厘 /50 炮二门；单装 47 公厘 /50 三磅弹速射炮四门；双联 45 公分鱼雷发射管一组。

附释：1914 年 8 月 1 日，奥匈帝国因要应付欧洲战事，接收此舰，易其名为"华兰士单亚"（Warasdiner）号，并把武器换为 66 公厘 /45 炮二门、66 公厘 /30 炮四门，双联 45 公分鱼雷发射二组。第一次世界大战终结后，奥匈帝国解体，海军舰只悉为盟军所有。"华兰士单亚"号分给意大利（曾否正式在意国海军服役，未详），后于 1921 年解体。奥匈帝国接受中国订单时，原意以这艘为原型舰，再为其海军订造十二艘，但终无一艘启工。

"鲸波"（见图 58）[46]

数据：驱逐舰（神枪手［Bersagliere］级）；意大利安兆堂厂（Gio. Ansaldo, Armstrong and Company）建造；1912 年 12 月 6 日下水；1913 年 5 月 31 日建成；400 吨；6,000 匹马力；最高时速 28 浬；武器原设计为 3 吋炮二门、47 公厘三磅速射炮四门、单装 45 公分鱼雷发射管三个、水雷十个。

附释：建造期间，意大利因与土耳其开战，遂接收此舰，炮械改为单装 3 吋 /40 炮四门（鱼雷发射管和所备水雷仍旧），并易其名为"艾思嘉罗"（Ascaro）号。1921 年 7 月 1 日改编为鱼雷艇。1930 年 5 月 31 日除役。

---

[46] G. Fioravanzo, *et al.*, *I cacciatorpediniere Italiani, 1900-1966*（Roma: Ufficio Storico Marina Militaire, 1966）, pp. 90-92, 106; Aldo Franccaroli, *Italian Warships of World War I*（London: Ian Allan, 1970）, p. 68; Fock, *Schwarze Gesellen*, Band 2, p. 203; *Conway 1906-1921*, pp. 286, 397. "国防部"史政编译局所藏"国军档案"，771.06/6015，《国外订购舰艇案》，附有向意大利订造这艘驱逐舰的合约。

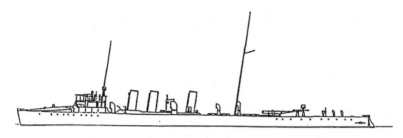

"鲸波"号(即意大利的"艾思嘉罗"号)驱逐舰型线图

七、甲午战争前启工而在战后建成的国产舰

此组仅得一舰。它的包括在讨论范围内和自成一组,在时间上不无巧合的成分。对研究分析而言,它代表的意义不大。

"通济"(原名"建靖")[47]

数据:练习舰;福州船政局建造;1894 年 1 月 14 日安龙骨;1895 年 4 月 12 日下水;1896 年 9 月建成;1,900 吨;1,600 匹马力;最高时速 13 浬;单装 6 吋 /40 速射炮二门;单装 12 公分 /35 速射炮五门;单装 57 公厘 /40 六磅弹速射炮三门;单装 37 公厘 /22 一磅弹速射炮二门。

附释:长期按设计意图用作练习舰。1937 年 8 月 11 日午夜自沉江阴以塞河道。

47 《造舰篇》"上",叶 21 上下;中国第二历史档案馆所藏,790/04,《海军部舰艇编制表》、787/16824,《全国海军舰艇表》、787/16825,《抗战前海军舰艇表》;Conway 1860-1905, p. 397;沈传经,页 343;马幼垣,《海军与抗战》,页 169;《战史兵器辞典》,下册,页 976—977;Steam Navy, p. 108.

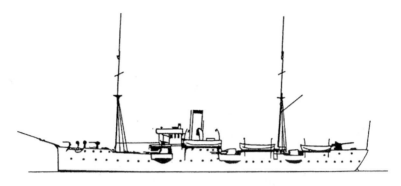

"通济"号练习舰型线图

八、甲午战争后启工而在民元以前建成的国产舰

甲午战争结束以后的国内造舰活动,和前述战后的向外订舰行动一样,都是重整海军不可或缺的环节。但此等国产舰所扮演的角色显然很有限。

"福安"（见图 33）[48]

数据：运输舰；福州船政局建造；1895 年 12 月 2 日安龙骨；1897 年 4 月 19 日下水；1897 年 8 月建成；1,800 吨；750 匹马力；时速 11.5 浬；单装 57 公厘六磅弹速射炮二门；单装 37 公厘一磅弹速射炮二门。

附释：1917 年南下护法后留粤。1937 年初尚存。

---

48 《造舰篇》"上"，叶 21 下至 22 上；中国第二历史档案馆所藏，790/04，《海军部舰艇编制表》；Chao-ying Shih 时昭瀛 and Chi-hsien Chang 张启贤, ed., *The Chinese Year Book, 1936-37*, Second issue（Shanghai: The Commercial Press, 1936）, p. 937; 中国第二历史档案馆所藏，787/16824，《全国海军舰艇表》；*Conway 1860-1905*, p. 397; 沈传经，页 343 ；*Steam Navy*, p. 108.

"吉云"[49]

数据：拖船；福州船政局建造；1898 年 8 月下水；1898 年 9 月建成；135 吨；300 匹马力；最高时速 11 浬。

附释：建成后的经历未见纪录。

"建威"[50]

数据：鱼雷炮舰；福州船政局建造；1898 年 4 月 7 日安龙骨；1899 年 1 月 29 日下水；1902 年 12 月建成；850 吨；6,500 匹；时速 23 浬；10 公分速射炮一门；单装 65 公厘九磅弹速射炮三门；单装 37 公厘一磅弹速射炮六门；单装 14 吋鱼雷发射管二个。

附释：1931 年由上海江南造船所改建为"自强"号炮舰（排水量增至 1,050 吨）。武装易为 4.7 吋 /40 炮二门；3 吋 /40 炮一门；57 公厘 /50 六磅弹炮二门；20 公厘高角炮一门；机关枪六挺（鱼雷发射管则拆除）。1937 年 8 月 11 日午夜在江阴自沉。

"建安"[51]

数据：1899 年 2 月 21 日安龙骨；1900 年 3 月 3 日下水；1902 年 12 月建成；余与"建威"同。中文刊物恒误记"建威"和"建安"为鱼雷艇。哪有排水量八百多吨，备口径不小的炮三门的鱼

---

49 《造舰篇》"上"，叶 22 上下；沈传经，页 344。

50 *Aide-memoire de l'officier de marine, 1900*, pp. 324-325; *Aide-memoire de l'officier de marine, 1903*, pp. 356-357; *Flottes de combat 1903*, pp. 287; *Fighting Ships 1905-6*, p. 336 *Naval Annual 1913*, p. 287; *Taschenbuch der Kriegsflotten 1914*, pp. 28-29;《造舰篇》"上"，叶 22 下至 23 下；Chao-Ying Shih and Chi-hsien Chang, *The Chinese Year Book, 1936-37*, p. 966; 中国第二历史档案馆所藏，787/16824,《全国海军舰艇表》；Fock, *Schwarze Gesellen*, Band 2, pp. 350-351; *Conway 1860-1905*, p. 401; 田村俊夫，《50 年前のフラム艦"大同"と"自强"》，*Sea Power*, 1984 年 9 期（1984 年 9 月），页 10—11；沈传经，页 344；《战史兵器辞典》，上册，页 209，下册，页 864—865；何耀光，《长江舰队舰只》，页 91、93。

51 《战史兵器辞典》，上册，页 209，下册，页 971—972；余与注 50 同。

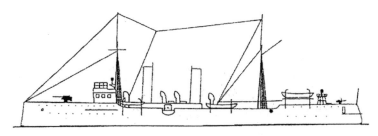

"建威"级鱼雷炮舰型线图

雷艇？致误出于治海军史者多不知道在世界海军史上曾有鱼雷炮舰这舰种。

　　附释：1930—1931 年由江南造船所改建为"大同"号炮舰（1,050 吨）；新数据与"自强"同。同日与"自强"自沉江阴。

　　"安海"[52]

　　数据：巡逻艇；福州船政局建造；1900 年 5 月 4 日安龙骨；1901 年 1 月 25 日下水；1901 年春建成；65 吨；300 匹马力；最高时速 11 浬。

　　附释：建成后的经历未见纪录。

　　"定海"[53]

52　中国第一历史档案馆编，《光绪朝朱批奏折》，册 65，页 374，#330，光绪二十七年三月初三日闽浙总督许应骙片；朱寿朋编（张静庐等校点），《光绪朝东华录》（北京：中华书局，1958 年），册 5，页 4965，光绪二十八年十一月庚午条。虽然"安海"和"定海"（见正文下条）两姊妹巡逻艇并不见沈传经、《舰艇工业史料》、《海军日志》、《船政造船表》之类详记福州船政所产舰只之书，但既有档案可征，此二艘之为福州船政产品当无可疑。最恼人的是，《造舰篇》"上"，叶 27 下至 28 上，竟发明一艘建造期和数据虽不同，而差别有限的"安海"号巡逻艇，又指其为别厂所制，复谓其另有姊妹艇艇名"瑞辽"（见其后正文该条和注 68）。凡遇池仲祐之言无法另觅佐证时，还是以不信为宜。

53　同注 52。

数据：1902 年夏建成；余与"安海"同。

附释：建成后的经历未见纪录。

"建翼"[54]

数据：鱼雷艇；福州船政局建造；1900 年 5 月下水；1902 年 6月建成；50 吨；550 匹马力；最高时速 21 浬。

附释：或从未服役。

"安丰"[55]

数据：巡逻艇；江南船坞建造（光绪三十一年［1905］初，设于上海的江南制造局改组，造船部分独立为江南船坞，兵工部分仍称制造局）；1907 年启工；1908 年建成；169 吨；360 匹马力；最高时速 12 浬。

附释：安徽订造，余不详。

"江巩"[56]

数据：河用炮舰；1908 年在汉口建造；250 吨；最高时速 14浬；75 公厘速射炮一门；机关枪四挺。

附释：毁于广东抗日战事。

"江大"[57]

数据：与"江巩"同。

---

[54] *Aide-memoire de l'officier de marine, 1900*, pp. 324-325; *Aide-memoire de l'officier de marine, 1903*, pp. 358-359;《造舰篇》"上"，叶 23 下至 24上；*Conway 1906-1921*, p. 396; 沈传经，页 344。

[55] 《造舰篇》"上"，叶 24 下至 25 上；*Conway 1906-1921*, p. 398; 上海社会科学院经济研究所，《江南造船厂厂史（1865—1949.5）》（南京：江苏人民出版社，1985 年），页 328—329（以下该书简称《江南船厂史》）。

[56] 中国第二历史档案馆所藏，787/16824，《全国海军舰艇表》；*Conway 1906-1921*, p. 399.

[57] 中国第二历史档案馆所藏，787/16824，《全国海军舰艇表》；李达荣，页 7；*Conway 1906-1921*, p. 399.

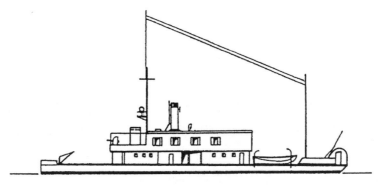

"江巩"级河用炮舰型线图

附释：毁于广东抗日战事。

"江固"[58]

数据：与"江巩"、"江大"同。

附释：纪录零碎，暂难简述。

"江汉"[59]

数据：与"江巩"、"江大"、"江固"同。

附释：纪录零碎，暂难简述。

"甘泉"[60]

数据：炮舰；江南船坞建造；1908年建成；320吨；320匹马力；最高时速9浬；单装37公厘一磅弹速射炮二门；机关枪一挺。

附释：1929年1月报废。

---

58 *Conway 1906-1921*, p. 399.

59 *Conway 1906-1921*, p. 399.

60 《造舰篇》"上"，叶24上下；《海军沿革》，页3；《海军大事记》，下册，页65；*Conway 1906-1921*, p. 398；《江南船厂史》，页330—331。

"联鲸"[61]

数据：炮舰（原拟作载洵的座舰）；江南船坞建造；1911 年建成；500 吨；925 匹马力；最高时速 13.5 浬；单装 47 公厘三磅弹速射炮四门。

附释：1930 年底改建为测量舰，易名"皦日"号，另配新武器：单装 37 公厘 /30 一磅弹速射炮二门、7.9 公厘机关枪二挺。1937 年 8 月 26 日在通州海面为日舰日机合击所沉，成为中日甲午战争以来第一艘被日人击毁之中国海军舰只。

"澄海"[62]

数据：炮舰；江南船坞建造；1911 年建成；120 吨；220 匹马力；最高时速 11.5 浬。

附释：建成后的经历未见纪录。

九、宣统年间启工而入民国始建成的国产舰

此组舰只虽数目有限，而且微不足道之物占了颇高的比例，但仍包括两艘入民国以后活动频密的舰只。

---

61 *Tascherbuch der Kriegsflotten 1914*, p. 28;《造舰篇》"上"，叶 26 上下；《海军沿革》，页 3；《海军大事记》，下册，页 76；中国第二历史档案馆所藏，790/04，《海军部舰艇编制表》，787/16824，《全国海军舰艇表》；*Conway 1906-1921,* p. 399;《江南船厂史》，页 332—333；马幼垣，《海军与抗战》，页 170；《舰艇工业史料》，页 936—937;《战史兵器辞典》，下册，页 974（误谓该舰初建成时，即为测量舰"皦日"号）。

62 《造舰篇》"上"，叶 26 下至 27 上；《江南船厂史》，页 334—335;《舰艇工业史料》，页 938—939。

"永绩"[63]

数据：炮舰；江南船坞／江南造船所建造（1912 年江南船坞改称江南造船所）；1911 年安龙骨；1914 年建成；860 吨；1470 匹马力；最高时速 13.5 浬；4 吋 /50 速射炮一门；3 吋 /50 十二磅弹速射炮一门；单装 47 公厘三磅弹速射炮四门；单装 37 公厘一磅弹速射炮二门。

附释：1938 年 10 月 21 日，在武汉上游新堤被日机炸至搁浅；26 日国民政府海军撤退时，放火焚毁。日人仍能打捞修复，拨交

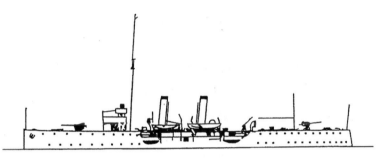

"永绩"级炮舰型线图

63　《造舰篇》"上"，叶 29 下至 30 上；中国第二历史档案馆所藏，790/04，《海军部舰艇编制表》、787/16824，《全国海军舰艇表》、787/16825，《抗战前海军舰艇表》；《海军大事记》，下册，页 6；Toshio Tamura, "The Fate of the Chinese Gunboats Yung Chien and Yung Chi," *WI*, 15:2（June 1978），pp. 145-150; *Conway 1906-1921*, p. 399；《江南船厂史》，页 334—335；戈今、陆其明，《南京江面上的壮举——记林遵将军率国民党第二舰队起义》（北京：海洋出版社，1986 年），页 76；片桐大自，页 235；《战史兵器辞典》，下册，页 842—843（这本莫名其妙的官书竟说"永绩"舰的建造需时七年！）；马幼垣，《汪伪海军舰只初探》，页 686—687、720、724；《民国海军日志》，页 790；《图说海军史》，下册，页 775、932；苏小东等，《怒海惊涛——中国共产党人与民国时期的海军》（北京：解放军出版社，2002 年），页 216、224；陈孝惇，《最后岁月》，页 94—95。《战备航行》，页 151，指"永绩"因投共而未撤台，所说无异天方夜谭。

汪伪海军,作为其旗舰"海兴"号。抗战胜利后,再为国民政府海军所有,恢复原名,后参加国共内战;1949 年 4 月 23 日在南京突围后,在江阴地区遭岸上炮火攻击,惊慌中搁浅,因而被俘。后修复,编入人民海军,易名"延安"。

"永健"(见图 59)[64]

数据:与"永绩"同。

附释:1937 年 8 月 25 日,在江南造船所被日机炸沉。日人修复其为特种鱼雷炮舰"飞鸟"号,于 1938 年 10 月 25 日编入日本海军序列。1940 年,改为杂役船(交通船)。1945 年,复改为对空哨戒舰。同年 5 月 7 日,在黄浦江被美国 B29 轰炸机炸伤,后报废。

"建中"(原名"新瞻")[65]

数据:河用炮舰;汉口扬子机器厂建造;1911 年订购;1915 年 6 月下水;90 吨;450 匹马力;时速 11 浬;87 公厘榴弹炮一门;8 公厘机关枪四挺。

附释:1928 年 5 月报废。

"永安"(原名"新逖")[66]

数据:与"建中"同。

附释:与"建中"同时报废。

---

64 《造舰篇》"上",叶 29 上下;中国第二历史档案馆所藏,790/04,《海军部舰艇编制表》、787/16824,《全国海军舰艇表》、787/16825,《抗战前海军舰艇表》;《海军大事记》,下册,页 6;Tamura, "The Fate of the Chinese Gunboats Yung Chien and Yung Chi," pp. 145-146; JJM, pp. 269-270; *Conway 1906-1921*, p. 399;《江南船厂史》,页 336—337;片桐大自,页 234—235;《战史兵器辞典》,下册,页 843—845(这本编得笑话连篇的官书说"永健"舰弄了六年才造好!);马幼垣,《汪伪海军舰只初探》,页 690。

65 《购舰篇》,叶 32 上下;《海军大事记》,下册,页 62;*Conway 1906-1921*, p. 399.《战史兵器辞典》下册,页 873—874;《民国海军日志》,页 38、368。

66 《战史兵器辞典》,下册,页 911;余与注 65 同。

"拱辰"（原名"新敏"）[67]

数据：与"建中"、"永安"同。

附释：与"建中"、"永安"同时报废。

"瑞辽"[68]

数据：巡逻艇；江南船坞／江南造船所建造；1913 年建成；150 吨；350 匹马力；时速 11 浬。

附释：供东三省用，余未见纪录。

"引擎"[69]

数据：破冰船；江南船坞／江南造船所建造；1913 年建成；300 吨；375 匹马力；时速 11 浬。

附释：供海参崴之用，余未见纪录。

"麦士门"[70]

数据：与"引擎"同。

附释：供海参崴之用，余未见纪录。

---

67 《战史兵器辞典》，下册，页 874；余与注 65 同。

68 此艇和池仲祐张冠李戴地弄出来的姊妹艇"安海"号，以及下列之"引擎"、"麦士门"虽谓为江南船坞／江南造船所之产品，却仅见池之《造舰篇》"上"，叶 27 上至 29 上，而《江南船厂史》和《舰艇工业史料》悉不收。至于《海军大事记》，下册，页 3 所载此四艘之消息则作不得准，因该书自民元至 1917 年 12 月一段为池仲祐之手笔，显有存疑之必要。池仲祐说"瑞辽"供东三省之用。此事现难稽对，暂不置评。他说那艘乱点鸳鸯谱的"安海"号也是供东三省之用的，则错得离谱。"安海"和"定海"都是为闽省防务而订造的；见注 52 所引的两款档案。若说确有二"安海"，分供东北和闽省之用，则必须强辩两者在建造日期、排水量和马力之分别不大，又并为不同名之巡逻艇，悉属巧合。巧合太多，可能性根本不存在。

69 同注 68。

70 同注 68。谓"引擎"及"麦士门"俱供海参崴之用，殊费解。海参崴既远，且为俄国军港，谓供彼处之用等于说此非中国海军之物。未知是否应俄国订单而造？若是则不能如池仲祐之列入中国海军的单子内了。池仲祐的书用起来必须十分小心，随意抄用准会受害，这种例子不胜举，盲目抬捧者却不以意，照抬不误，不敢置疑。

十、结语

这张分为八组的单子虽必有遗漏，但以后能补充的舰只只可能是微不足道，不会影响整体观察之物。况且即使单子可以弄得齐全些，组别也无需更动了。怎样去说，这张单子总该有足够的代表性。

这样的一张新舰只单子，说长不长，话短不短，所涉及的十六年许同样不算长，也并不算短。这段以签订马关条约始，以汉人复鼎终，中间还散夹着列强贪之无厌的瓜分强索，以及几令中国亡国的庚子事变之时间绝对不平凡。无论如何分析，中国在这十几年都仅能说是既穷且弱。任何建设均非容易。明白了这背景，添置此等舰只的成绩始易论定。

这十六年余的增舰成绩，按上开资料，可归纳如下：外购舰三十九艘（连同未能来华者，则为四十二艘）[71]，排水量共 34,728 吨（不计未能来华之三舰），平均每年增加 2,104 吨；国产舰二十四艘，排水量共 10,564 吨，平均每年新添 640 吨；外购和国产两源合计，平均每年增 2,744 吨。就当时的情形来说，这已是很不错的成绩。

---

[71] 这三十九艘并不包括池仲祐言之凿凿的英制"福安"号炮舰（《购舰篇》，叶 17 下至 18 上），因为那艘是从未存在过的乌有之物！理由见收入本书的《甲午战争期间李鸿章谋速购外舰始末》之第十一节。池仲祐在民初所刊诸海军史著述，处处乌烟瘴气。研究者却常放心引用，以致谬种横流。无中生有的"福安"炮舰正好用作说明。本文虽不是专为捕捉池仲祐的错误而写的，笔触所及已扫得整箩筐（详检起来，不可能饶恕的错误还多的是）。池仲祐的直属上司严复是特聘来主持这几项修史工作的（见《海军大事记》，下册，页 7）。池诸书错漏百出，严复该负何责？合理的判断有二：（一）严复领薪而不审稿，池写什么就瞎眼批准出版。这是卸责之失。（二）严复虽审稿而看不出池的错误。这是庸拙之表征。无论何者，均甚损严复清誉。

论者或谓,甲午战争以前列强海军走上舰巨炮巨的主力舰时代之路已有好一段日子了。过万吨的舰渐司空见惯。日本凭向英国订购两艘一万二千多吨的"帝国君主"级改良型主力舰之威,早于甲午启衅前已索求这个特级俱乐会的会籍了。战后日本更倾力猛添巨舰,长期与英美等国争雄。这是一场历时六十余年,中国始终没份儿沾边的世界性疯狂竞赛。从这角度去看,便不难得出中国在这十六年多的努力增舰只称得上是聊备一格,实则中国在海军力量上与世界海军大国的距离愈弄愈远之结论[72]。

这些虽是实话,持此论者却忘记了好几件关键性的事。

日本海军在摧灭北洋海军后十年,便能横扫俄国海军,一跃而为足令英美诸国敬惧的力量。甲午之战固有激发的作用,但不能忽略的是,假如战败的是日本,情形会是怎样子。战败的日本重建海军虽然进度会比战败的中国快(日本本土未受战火破坏、列强对日本态度温顺得多、日本海军中央管辖而非由地方政权把持、日本国民对支持建军的一贯热诚,悉为中国不具备的条件),但亦必困难重重,绝不可能连贯地快速添置过万吨的前卫性舰只。基于上述国情的不同,战败后的中国拟重建海军所遭遇的困难,在程度上要比易地而处的日本严重不知多少倍。当时中国需要重建的何止海军。清廷给予海军的支持无论如何只可能是有限的。评价这十六年许的置舰成绩是要考虑环境的严酷局限的。

自德制"经远"、"来远"和英制"致远"、"靖远"四巡洋舰于光绪十三年底(1887)抵华,编入序列,至甲午战事爆发的六年半是清季较为平静稳定的日子,不管是财政状态,还是所受列强的压力,都比上述的十六年许好得多。还有,这六年半正是李鸿章筹海多年而终达到踌躇满志境界的时间。他两次检阅海军,两次派舰

---

72 《近代海军》,页 577,即持此说。

队访问日本,全是这六年半之事。这六年半和那十六年许起码表面看来是性质殊异的两个时段。后者很难教人相信是发展海军的理想时刻。

但这六年半所增的外购舰不过"左队二号"、"左队三号"、"右队一号"、"右队二号"、"右队三号"五艘德制鱼雷艇(每艘排水量仅 65 吨)[73]。即使把刘坤一在甲午战争前夕订购的"辰"、"宿"、"列"、"张"四艇也算进去,总排水量亦仅稍过六百吨,尚不到一艘"海天"舰的六分之一! 六年半平均计算,每年所增的外购舰吨数仅 97 吨!

说明这六年半国内自建舰只的成绩,也用处理前述十六年许的办法去界定范围——从光绪十四年初已动工的舰只数到甲午战争开始时仍在建造者。为免节外生枝,仅依据一张现成而代表性不差(却不能说十分准确)的单子,找出需要的数字:此六年半建造(含建造中)国产舰十二艘,排水量共 9,486 吨,平均每年增1,460 吨[74]。

新增的外购舰和国产舰合起来算,这稳定平静的六年半平均每年增 1,557 吨。和那动荡的十六年许比较起来,轩轾立判:这六年半所添国产舰虽质量较佳,整体新增舰只的质和量则较那十六年许相去甚远。

以上两事这样讲,或会有人视为替遗憾之事作巧辩之辞。只要不觉得上述的解释不着边际,谅不会反对很难要求清廷在这异常艰苦的时间重建舰队能达到更佳成绩的看法。斥责清廷没有跟随日本和欧美列强在舰巨炮巨的道路上竞赛不独难人之所不能,

---

73 Fock, *Schwarze Gesellen*, Band 2, pp. 318-319.
74 《舰艇工业史料》,页 934—937。其中北洋海军大沽船坞所造的"飞龙"、"快顺"、"宝筏"、"捷顺"四艘排水量不详(连王毓礼所辑《北洋水师大沽船坞资料选编》亦无纪录),暂姑以每艘 200 吨计算。

更是不明底蕴，机械式地看世间事物。除非放弃海防，清廷在面对最主要的舰队（北洋海军）被战事消磨到只剩下一艘没有多少战斗能力的木质舰"康济"号的田地时，不从第一步再出发，就无别路可走。重新再起步走绝不是倾全国之力谋一二巨舰（或最新式的舰只）所能实践的。这阶段的成败要看舰只的增置是否按满足质量兼顾这基本要求去安排。

那十六年余建造国产舰的成绩确实欠佳。这项工作，和以前的一样，分区各自为政，谈不上统一计划。此外，这段时期的国产舰还有一事逊于前期——量小舰小。数目的令人失望，上开资料已够说明，不用费辞。舰小这一点也很易解释。这十六年余所造的国产舰，除了"通济"和"福安"两艘外（其中"通济"是甲午战争前已动工的），其余的排水量都不到千吨，而福州船政局在甲午战争以前建成的过千吨舰只共有二十五艘之多[75]。这个倒退的现象随后再讲清楚。

向外购舰的情形幸好不是这样子。甲午战争期间应急购得之物深受外在因素的影响，难成系统，可以不论。其后订购的，则计划分明，用二至四艘为一级别的巡洋舰组作骨干单位（"海天"＋"海圻"；"海容"＋"海筹"＋"海琛"；"肇和"＋"应瑞"＋"飞鸿"），配以（一）可在近海运作的炮舰（"楚泰"＋"楚同"＋"楚有"＋"楚谦"＋"楚豫"＋"楚观"；"江元"＋"江亨"＋"江利"＋

75　即"伏波"（1,258 吨）、"安澜"（1,258 吨）、"扬武"（1,560 吨）、"飞云"（1,258 吨）、"济安"（1,258 吨）、"永保"（1,358 吨）、"海镜"（1,358吨）、"琛航"（1,358 吨）、"大雅"（1,358 吨）、"元凯"（1,258 吨）、"登瀛洲"（1,258 吨）、"泰安"（1,258 吨）、"威远"（1,268 吨）、"超武"（1,268吨）、"康济"（1,318 吨）、"澄庆"（1,268 吨）、"开济"（2,200 吨）、"横海"（1,230 吨）、"镜清"（2,200 吨）、"寰泰"（2,200 吨）、"广甲"（1,300吨）、"平远"（2,100 吨）、"广乙"（1,030 吨）、"广丙"（1,030 吨）、"福靖"（1,030 吨）。简明资料，见沈传经，页 337—343 ;《船政造船表》。

"江贞";"永翔"＋"永丰")、(二)河用炮舰("江犀"＋"江鲲")、
(三)驱逐舰("海龙"＋"海犀"＋"海青"＋"海华";"豫章"＋"建
康"＋"同安";"鲸波";"龙湍"),和(四)鱼雷艇("湖鹏"＋"湖
鹗"＋"湖鹰"＋"湖隼")。各款外购舰的选建规划和配搭的互连
性相当明显[76]。这些外购舰几乎全都是一组若干艘地同时订购的(不
自成组别者仅终未能来华的意制舰"鲸波"和奥制舰"龙湍"。其实
此二舰亦颇近似),为互连运作提供有利的条件。

甲午战后,中国全无能用的较新舰只可言。满足数量的要求
和务求舰种的相配应是重建的指标。国产舰的建造,深受生产体
系不振之困,好一段时期都不可充当添置新舰的主要来源。期求
短期内达到重建海军的目标,就仅能靠向外购置之途。上列的外
购舰绝大多数不正是依质量兼顾的原则置备的吗？成绩虽然不能
说美满(数量还是严重不足),走的方向则是对的。假如当时负责
重建海军者不顾一切,倾全力去弄来一两艘巨舰,以期博得列强的
喝彩,才是大错特错之举。

虽然从制造得如乱石投林的国产舰中看不到这些特征,国产
舰也有颇易与外购舰配合运作的。"永健"和"永绩"、"建威"和
"建安"均可引为例子。

整体而言,这段异常艰辛时期的置舰成绩,不管是论质评量,
还是审方向,衡配合,都比甲午战争前那六年半所谓光辉灿烂期稳
健和合理得多。

讲完这些基本评价的话,还得申说好些可以从这批新增舰只
看得出来的特别情形。

这十余年购买外舰之举,与甲午战争前的这类行动有相同的

---

76 这样的配搭,中国第一历史档案馆编,《光绪朝朱批奏折》,册 65,页 331—
    333,#298,光绪二十四年荣禄片,颇有申论。

地方,亦有殊异之处。甲午前选购外舰,有明显追求新款式的倾向（办到与否是另一回事）。甲午战后,务实观念较强,明知连三流海军国的地位也高不可攀,主持其事者倘善用资源,能有舰种配合、数目差强人意的表现,已算相当称职了。

甲午战前,购得的外制舰都是英德产品[77]。甲午战后,英德仍是主要的供应国,但日本已分一大杯羹了。在心理上,这是颇奇怪之事。中国向视日本为附庸,输而不受,一战之败,便肯承认日本产品的优越,自然是务实心态的表现。另外,采购范围扩及美、意、奥（虽然向此等国家所订之舰均终不能来华）更是意图选择务广,且求摆脱以往购舰时受承约国政策所困扰的适当对策。从这些行动确能看得出求实、理智的一面。

至于置舰行动为何偏重采购外舰,上面讲过的客观条件外,传统也是因素。自同治末年筹海以来,以外制舰为战斗性舰只的骨干单位本来就是常规策略。但就这十余年而言,国产舰质量的明显下降造成不得不向外采购的形势。福州船政局是国内造舰最主要的厂所。它长期蒙受支用短乏、领导阶层才庸苟且（连回厂服务的留学生亦多金玉其外之辈;恒给人瞎吹盲捧的魏瀚正是这种华而不实人物的代表）、主脑五日京兆、专责筹海者对国产舰的睥

---

77 或者有人会问《购舰篇》,叶 11 下至 12 上,不是说闽洋海军的"福胜"、"建胜"二舰是美国货吗? 池仲祐讲外购舰,错的漏的,问题一箩筐,后人随意引用,错误遂广散开去。这便是一显例。那两艘均为英国来牙厂之产品,是如假包换的英国货;见 Stephen S. Roberts, "The Imperial Chinese Steam Navy, 1862-1895," *WI*, 11:1（March 1974）, p. 26; Charles Schedel, "Rendel Gunboats," *WI*, 14:1（March 1977）, pp. 8-9; *Conway 1860-1905*, p. 398. 其实清廷确曾在载洵、萨镇冰访美之前向美国订舰。此事池仲祐却绝口不提。清廷在应付太平天国活动期间,曾向美订购"大清"、"江苏"、"浙江"三舰。这些舰只后因交易不成,都变成美国南北内战时北方海军的单位,事见马幼垣,《亨利华尔代沪所购美制舰考》,《九州学林》,2 卷 4 期（2004 年冬季）,页 201—219（此文收入本书）。

睨(李鸿章这种态度就十分明显),种种困扰,以致积弱难返,产品质量锐降。在管理、设计、监制各方面早已不用向外人求助的福州船政局竟于光绪二十二年(1896)复大量聘用外员,率致因总工程师杜业尔(Charles Doyère, 1856—1929)操守不正而弄到乌烟瘴气[78]。船政局在这种情形下运作,就算还能偶产舰只,素质也很难保证。

救活国内舰只生产体系短期不可能见效,而甲午战后舰只部署几形真空的情形又必须尽速改善,向外订购便成为置舰的主要途径。按当时的情形来说,只要舰只选择适当,舰种相配合度、添置数目足用,外购不失为权宜之策。假如入民国以后,海军的发展能保持这冲劲,就算长期依赖外国供舰也不致弄到待抗战爆发时,海军队伍俨如舰只博物馆的田地了。

正因为入民国后海军长期停顿不前,遂使这些满清政府在最后十余年为争取生存机会而急急添置的舰只在以后数十年的沿海政权争夺战、抗日战事、国共内战,甚至五十年代的海峡战争中扮演既特殊而又尴尬的角色。举一显例。1917年响应孙中山护法,先后南下的舰只(包括事前已抵粤者),无论是外购舰还是国产舰,全是在这十六年多所添置的[79]。

---

[78] 福州船政局这段时期的没落情形,除了返厂服务的留学生不中用外,一般的原因和景况,林庆元,《福建船政局史稿》(福州:福建人民出版社,1986年),页267—325,和该书同名、同出版社的1999年修订本,页317—385,以及沈传经,页290—323,均有说明。

[79] 这些舰只,按本文论述的次序,为"飞鹰"、"海琛"、"海圻"、"楚豫"、"舞凤"、"豫章"、"同安"、"肇和"、"永翔"、"永丰"、"福安"。至于护法舰队成员舰只的确定,见汤锐祥,《护法舰队史》(广州:中山大学出版社,1992年),页268。然而汤氏此书及其《孙中山与护法海军论集》(广州:广东教育出版社,1993年)均为述史而不讲舰之作,舰只本身的交代一概欠奉。正因如此,笔者原有意撰文,逐一讲解护法舰只。此文既成,护法诸舰(除了广东原有的小舰艇)已全包括在内,可不必浪费笔墨了。

不管和这十六年多所添舰只有关的活动正负功过如何评定，涉及的史事，待尘埃落定后去看，往往颇具传奇意味。海军史研究起来，千端万绪，难于爬梳，却饶具趣味，这是很好的例子。

因为这些舰只的主要活动集中在入民国以后，明白它们的购买背景和建成时的状况，以及采购行动的意义，不独可助理解清季的革新运动，对明了自民初至五十年代军事活动的本质亦当有涓埃之助。

——《岭南学报》，新 1 期（1999 年 10 月）

民国篇

抗战期间未能来华的外购舰

一、背景

自民国肇造至北伐战争结束，除广东海军偶乘近水楼台之便在香港订购些吨位很有限的小舰艇外，中国并没有添置外购舰。民初新增的英制舰"肇和"（见图 52）、"应瑞"（见图 51），日制舰"永丰"（后易名"中山"，见图 55）、"永翔"（见图 54），德制舰"建康"、"豫章"（见图 50）、"同安"、"江犀"（见图 53）、"江鲲"都是因北洋政府支付宣统年间清廷大批订购外舰所欠余款而得来华者。因欠款和欧战等因而终不克来华者，尚有美制舰"飞鸿"（见图 56）、奥制舰"龙湍"（见图 57）和意制舰"鲸波"（见图 58）。它们理应视为清朝遗物[1]。

这段时期所以没有向外购舰，并非由于无此必要，而是因为内

1　自甲午战争结束至民国肇造订购外舰的情形，见马幼垣，《甲午战争以后清廷革新海军的尝试——以向外购舰和国内造舰为说明之例》，《岭南学报》，新 1 期（1999 年 10 月），页 501—538（此文收入本书）。

战频仍和列强禁售[2]。

待北伐功成，国家一统，表面上虽解除了前此无法订购外舰的障碍，然舰队分属不同沿海地区政权的情况尚存，各区执政者视海防建设为巩固派系政权手法的心态仍在，故自北伐成功至抗日军兴的十年间，订购外舰的活动还是受客观环境所牵制[3]。简言之，这段时期向外国订购而值得一谈的舰只，在数目上，给中央特意栽培、直属军政部，而不受海军部管辖的电雷学校囊括了泰半。得不到中央信赖的中央海军经常支绌，除了例行公事地屡向中央提出冠冕堂皇，而难免成泡影的建舰计划外，尚能添造些简单国产舰和改建若干旧舰，已算很不错的成绩了[4]。期望中央海军广添昂贵的外购舰是不切实际的。

这段时期向外订购而在卢沟桥事变前建成来华的舰只，全数投入抗日战事。这是理所当然之事。这些舰只的战迹在近年刊行为数不少、且有愈出愈厚趋势的中国近代海军史专书中，虽有叙事详略之别，基本纪录可说已备。需要补充纪录的是订购了却始终没有东来的舰只。

---

2 有关背景，曾金兰，《沈鸿烈与东北海军的建立》，《"国史馆"馆刊》，新 15 期（1993 年 12 月），页 127—128，有扼要说明。至于列强禁售，可参考陈存恭，《从贝里咸合同到禁助中国海军协议》，《"中央研究院"近代史研究所集刊》，5 期（1976 年 6 月），页 369—407；陈存恭，《列强对中国的军火禁运（民国八年——十八年）》（台北："中央研究院"近代史研究所，1983年），页 122—125，156—158，166—168；王正华，《抗战期间外国对华军事援助》（台北：环球书局，1987 年），页 18—20。

3 这十年间海军发展的大势和有关政治背景的分析，见张力，《中国海军的整合与外援，1928—1938》，收入国父建党革命一百周年学术讨论集编辑委员会编，《国父建党革命一百周年学术讨论集》（台北：近代中国出版社，1995年），册 2，页 444—474。至于这十年间的建舰成绩，见姚开阳，《黄金十年的国府海军建设》，《全球防卫杂志》，153 期（1997 年 5 月），页 78—85。

4 中央海军的无奈和无助，见苏小东，《抗日战争中中国海军的战略战术》，《抗日战争研究》，1996 年 1 期（1996 年 2 月），页 92。

二、未能来华外购舰纪录的陋误

这些未能来华的外购舰研究起来是一个史料贫乏、异常棘手、使国内治史者难以交代的问题。困难的程度，不妨用两本抗战期间所出的官方报告和四本近年的专著来说明。

海军总司令部编著的《海军战史》（重庆：海军总司令部，1941年）和海军总司令部编译处编的《海军抗战事迹》（重庆：海军总司令部编译处，1944年）是抗战期间出版的两本重要官方报告。不同的体例使两书用起来可互补长短，扩大涵盖的范围。但两书均只字不提未能来华的外购舰。

研究自民元至四十年代末期的中国海军，海峡两岸近年出版了四本不可或缺的专书。

海军史专家杨志本主持编集中国第二历史档案馆（南京）、北京图书馆等处的史料（特别是档案），刊为厚达1,208页的《中华民国海军史料》（北京：海洋出版社，1987年）（简称表作《民国海军史料》），给没有机会亲检大陆所存原始史料的研究者很大的方便。

与杨编相辅的陈书麟（1907—　　）、陈贞寿合著，厚645页的《中华民国海军通史》（北京：海潮出版社，1993年）。抗战部分约占全书百分之十二。

中国海军司令部编著，厚1,254页的《近代中国海军》（北京：海潮出版社，1994年）（简称表作《近代海军》）是目前整体讲述自鸦片战争至1949年底海军史事最详细的专书。按此书涉及范围之广，抗战部分占四十多页的篇幅，并不算少[5]。

5　此书的重点在清季，较简略的民国部分（包括抗战时期）是可以写得更详细的；见张一文、皮明勇，《评〈近代中国海军〉》，《历史研究》，1996年4期（1996年8月），页162—170。

　　讲述抗战时期的海军史事,上列五种新旧书籍在详细程度上都远远比不上柳永琦编著,两厚册,共 2,807 页的《海军抗日战史》(台北:"海军总司令部",1994 年)(简称表作《抗日战史》)[6]。

　　这六本书合起来,虽未必尽用了抗战时期的海军总司令部、现在两岸的海军部,以及中国第二历史档案馆、北京图书馆等机构所有的资料,但它们处理的问题巨细靡遗,恐怕忽略的与遗漏的资料也少之又少。卷帙浩繁的这六本书合起来,讲抗战期间未能来华的外购舰,竟只有孤伶伶的一句话,而且是误信传闻的错话,简直难以置信。这句话见《近代中国海军》,页 921(不在抗战的一章):"电雷学校向英国订购的两艘快艇母舰'戚继光'和'谭伦'号,也因抗日战争爆发而未能接收。"这句话既简略又错误(详下文)。

　　如果说研究者因史料贫乏,无法确述外购舰不能来华的经过和原因[7],当事者的回忆录该可以为有关史事保留梗概。然而,当事者的回忆录竟有出现胡说八道的情形(下引周应聪的话便是一例)。

　　单凭知存的中方资料,看来不易说明外购舰不能来华是怎样一回事。幸而西方资料尚不算太零散,倘试为综合,史事轮廓还是可以整理得出来的[8]。

6　此书体例特别,既是论著,又是史料集,见张力,《柳永琦编〈海军抗日战史〉》,《近代中国史研究通讯》,19 期(1995 年 3 月),页 124—126。

7　上述六书以外,还有可能为目前讲中国舰船史唯一专书的唐志拔,《中国舰船史》(北京:海军出版社,1989 年)。此书亦不提抗战期间外购舰未能来华之事。

8　记述三十年代中国向外订购,不管最终能否来华的舰只,以 Andrew Smith, "On Chinese Naval Vessels Ordered from Foreign Builders during 1936-1941," *WI*, 15:2(June 1978), pp. 155-158, 最简明准确(虽仍有错误)。本文即以此为基本参考,引用此文和更正其错误之处,为免烦复,不逐一注出。

三、卢沟桥事变后始来华的英制鱼雷快艇

首先应说明,抗日战争的开始并没有终止在欧洲订购的舰只东来。电雷学校向英国订购的鱼雷快艇(motor torpedo boat),晚至 1938 年初仍有一批六艘于建成后运抵香港[9]。

这些英制鱼雷快艇的基本数据为排水量(基准?)14 英吨,长 55 呎,宽 11 呎,吃水 3.5 尺,马力 750 匹,最高时速 40 浬,续航力 300 浬,备单装 18 吋鱼雷发射管二个,双联 0.303 吋机关枪二组,深水炸弹二个[10]。

这六艘鱼雷快艇抵香港时,淞沪、江阴、南京已相继失守。香港政府以战事为由,把这六艘鱼雷快艇扣押起来;后来港府买下两艘,放行四艘。那四艘经粤汉铁路陆运抵武汉后,编号"颜五三"、"颜九二"、"颜一六一"、"颜一六四",合称为颜杲卿中队(颜杲卿[692—756],唐将,书法家颜真卿从兄,为安禄山所杀;见图 60),立刻投入战事(电雷学校在这段时间奉命

---

9 中日开战前,电雷学校已置备欧制鱼雷快艇十一艘:(一)岳飞中队德制鱼雷快艇三艘——"岳二二"、"岳二五三"、"岳三七一"。(二)史可法中队英制鱼雷快艇四艘——"史三四"、"史一〇二"、"史一八一"、"史二二三"。(三)文天祥中队英制鱼雷快艇四艘——"文四二"、"文八八"、"文九三"、"文一七一",见马幼垣,《海军与抗战》,《联合文学》,105 期(1993 年 7 月),页 171—172。抗战期间的前半(1937—1941,即香港尚未沦陷以前),香港是中国向外购买军火最重要的入口站。其间的外交背景,见 Lau Kit Ching Chan 陈刘洁贞,"Britain and the Sino-Japanese War: Arms Traffic to China through Hong Kong, 1937-1941," *Asia Quarterly*, 1977, No. 3(1977), pp. 175-202。但该文只管外交,究竟什么军火(类别和数量)经港运入则全不交代,故本文所讲由港内输的舰艇,该文均没有提及。

10 A. J. D. North, *Royal Naval Coastal Forces, 1939-1945: MTBs, MGBs. MA/SBs, MLs and HDMLs*(London: Almark Publishing Co., 1972), pp. 10-12; Paul J. Kemp, *British Coastal Forces of World War II*(London: ISO Publications, 1997), p. 6.

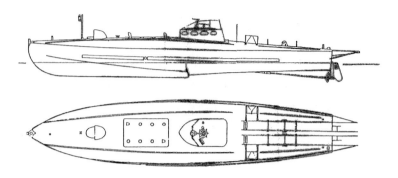

电雷学校颜杲卿中队英制鱼雷快艇型线图

解散)[11]。

留在香港的两艘,在对抗日军于 1941 年 12 月犯港的战事中颇起作用(驻港英海军力量异常单薄,两艘鱼雷快艇在数量上已占很高的比例)。其中英海军编号为 MTB27 的一艘更建奇功。因此,这批英制鱼雷快艇尽管有两艘在运抵香港后未北上编入中国海军行列,却不能说它们仅有四艘来华,更不可以说它们并没有悉数负起抗日的使命[12]。

真的未能来华的外购舰数目其实还是不少,讲述起来也不简单。

四、中央海军订购德国潜艇

事情得从 1936 年底西安事变结束后说起。那时因国民政府的剿共行动已告一段落,抗日的准备工作随而转入新阶段。

---

11 马幼垣,《海军与抗战》,页 182。

12 有关细节,见收入本书的《抗战期间中国海军助守香港始末》一文。

　　1937 年 2 月，长期领导中央海军的海军部长陈绍宽（江南水师学堂驾驶班第六届［光绪三十四年，1908 年］，留学英国，曾参加第一次世界大战日德兰［Jutland］英德海战，见图 3）受令速建潜艇后，拟向北伐以来长期军事援助中国（尤其在人员训练方面），且于 1935 年成立合步楼公司（Handelsgesellschaft für Industrielle Produckte 工业产品贸易公司，简称 Hapro，故有"合步楼"之称）去处理对华军售的德国订购这类舰只[13]。1937 年春夏间，陈绍宽和他的得力助手周应聰（1900—1985，烟台海军学校第十三届，1921 年经由吴淞海军学校深造毕业）随孔祥熙（1880—1967）特使团赴欧，进行采购事宜。原先计划在德订购五百吨远洋潜艇一艘、二百五十吨近海潜艇四艘和潜艇母舰（submarine tender，又作 submarine depot ship）一艘。其后真正拨款（一千万马克），因而启工者仅二百五十吨级的潜艇两艘；第一艘订明 1938 年底完工。但启工（即安龙骨），以及陆续派员赴德监造和接受潜艇训练都是卢沟桥事变后之事[14]。

　　卢沟桥事变后，中德两方面都发生剧变。中国的中央海军在事变后沿长江节节西退。事情的大略，前述六书均有说明，不必再讲。德国则一面与长期侵略中国的日本关系愈来愈密切，一面又为自己在欧洲的野心积极备战。除了这些间接原因之外，还有厂

13　马振犊，《抗战爆发前德国军火输华评述》，《民国档案》，1996 年 3 期（1996 年 8 月），页 76—85，是研究德国对华军售背景的佳作，谈论订购海军舰只部分则嫌笼统。

14　启工日期虽尚未见纪录，但因陈绍宽等 1937 年 6 月 9 日始抵柏林，待签约已是一个月后之事，而陈绍宽于事变爆发后即返国，加上签约后还有付款和厂方准备建材等阶段，故潜艇只可能在事变后一段时间才启工。陈绍宽抵柏林的日期和订购潜舰的经过，张力，《中国海军的整合与外援》，页463—465，有详细考述。此外还可参考关德懋，《抗战前夕孔特使团访德之前因后果》，《传记文学》（台北），47 卷 1 期（1985 年 7 月），页 69—75。

方为此二潜艇准备的器材不断被德国政府征用等直接原因,使建造工程进展得很慢。德国终于在 1939 年 9 月 1 日通知我国(早过了第一艘潜艇的预定完工期),那两艘尚未下水的潜艇由其海军部接收,已付之款愿意退还[15]。

这两艘德国编号为 U120 和 U121,属 Type II 级 B 型(同型共二十艘,中国订购者外为 1935—1936 年间建成的 U7-U24)的潜艇之主要数据为长 42.7 公尺,宽 4.08 公尺,高 8.6 公尺,水面排水量 279 公吨(274.6 英吨),马力 700 匹,最高时速 13 浬,续航力 1,800 浬 / 时速 12 浬;潜水排水量 328 公吨(322.834 英吨),马力 360 匹,最高时速 7 浬,续航力 35—43 浬 / 时速 4 浬,潜水最大深度 150 公尺;备 53.3 公分(21 吋)鱼雷发射管三个(全装在舰首),配鱼雷五枚或水雷十八个,20 公厘 /30 高角机关枪一挺(备弹 1,200 发)(见图 61)。

这两艘潜艇分别在 1940 年 4 月和 5 月建成,上距下水日期均仅月余,相当神速,可见在自订购至德海军部收回的两年时间内,建造工程实在难说成绩。第二次世界大战期间,这两艘潜艇均留作训练之用,并未参加实际作战。1945 年 5 月 2 日,U120 在德国北海海岸的不来梅港(Bremerhaven)自沉;同日,U121 也在不来梅港附近的威蒙德军港(Wesermünde)自沉。1949 年 10 月,德国政府加以打捞,历时约一年,终于成功,然后出售解体[16]。

---

15 两潜艇建造期间所遭遇的种种困难,见张力,《中国海军的整合与外援》,页 465。

16 这两艘潜艇的数据及其经历,见 H. T. Lenton, *German Submarines* (London: Macdonald, 1965), Vol. 1, pp. 27-28, 36; J. P. Mallmann-Showell, *U-Boats under the Swastika: An Introduction to German Submarines*, 1935-1945 (London: Ian Allan, 1973), pp. 92-95, 101; Anthony Watts, *Axis Submarines* (New York: Arco Publishing (转下页)

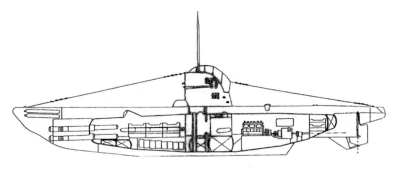

U120、U121 潜艇型线图

　　这次没有结果的订舰对明了中央决策阶层的判断能力,以及中央海军的处境和能耐,都很有显示作用。

　　先说中央的判断能力。卢沟桥事变后,沿海虽没有全线陷敌,但中国已无制海权可言,中央海军即采以旧舰沉塞江阴、余舰沿长江西退之策,而抗日又非短时期能望有结果之事。按理任何人都明白从自封江阴起,晚来的外购舰,除了小型鱼雷快艇还可勉强经铁路运往战区外,都成了无法与尚存的海军舰只会合的废物了。本来就极难在内河活动的潜艇,情形只会更糟。

（接上页）Company, 1977）, pp. 17-18, 22; Erminio Bagnasco, *Submarines of World War Two*（London: Arms and Armour Press, 1977）, p. 60; Eberhard Rössler, *The U-Boat: The Evolution and Technical History of German Submarines*, Translated by Harold Erenbreg（London: Arms and Armour Press, 1981）, pp. 334-335; GJM, Volume Two, pp. 39-42; Axel Niestlé, *German U-Boat Loses during World War II*（Annapolis: Naval Institute Press, 1998）, pp. 31-33; Gordon Williamson, *Kriegsmarine U-Boats, 1939-45*（*1*）（Oxford: Osprey Publishing, 2002）, pp. 8-9; Eberhard Möller and Werner Brack, *The Encyclopedia of U-Boats: From 1904 to the Present Day*, Translated by Andrea Battson and Roger Chesneau（London: Greenhill Books, 2004）, p. 66.

　　陈绍宽甫因卢沟桥事件突发,自欧赶回来,便立刻定出封江西退之策。他不会不明白此策会使尚未来华的外购舰变成废物。那时上距签约造潜艇不过几天,尚未付款,更谈不上启工,为何不干脆终止合约? 纵使要罚款,也强胜拖泥带水地弄下去。事情结果拖了两年多,白白浪费资源,到头来还是由德国主动废约。中央之没有当机立断,虽然与中央海军没有提出终止合约的要求有关,但中央决策阶层的判断能力差也不足代辩。

　　至于解释中央海军的处境和能耐,得从这支海军的背景说起。中央海军原属北洋军阀政府,北伐期间掉转枪头,协助国民政府北伐。其后国府与辖属海军部的中央海军之间总是隔阂重重,互不信赖,遂致从北伐战争结束至抗日军兴,中央海军之订购外舰仅成功地买得一艘 2,526 吨的日制"宁海"号轻巡洋舰(1932 年建成来华),而向欧洲国家订舰就只有这不仅是流产,还是任由卖家摆布的一次。

　　说这次交易任由卖家摆布,因为那两艘潜艇压根儿是失败的实验品。

　　ⅡB 型是适航性和灵活性都很高的优质潜艇。德国在接受陈绍宽的订单前,已为自己的海军造了十八艘,各艘之间并无显著分别。至此,德人已无意再添造这级潜艇。舰式的淘汰并不改变那十八艘已建成者是优质潜艇的事实。德人建造此级潜艇既经验丰富,循成规再造两艇,品质应可保证。德人却要利用多造两艘卖给中国的机会去做新实验,大肆更改司令塔的设计,以致弄到 U120 和 U121 的适航性极差,完工后几成崭新废舰 [17]。难怪到了第二次世界大战末期,德国海军虽左支右绌,仍不放心让这

17　上注所引 Mallmann-Showell, *U-Boats under the Swastika*, p. 101, 特别指出 U120 和 U121 因司令塔设计错误而带来的严重后果。

两艘问题舰上前线[18]！其他十八艘早建成的姊妹舰全不是这副窝囊相,多年优良服务的表现使德人用起来充满信心,艘艘上阵外,其中十五艘还有毁伤盟军舰船的战绩(仅 U8、U11、U12 三艘无成绩可言)[19]。

查检德人制毕自用的最后一艘ⅡB型潜艇(U24)至再采此型款来替中国造两艘,两点之间曾为自己添建些什么级别和型款的潜艇,便可知复用ⅡB型款时,该型款已落伍至何程度:ⅠA型,U25-U26(1936 年,水面排水量 862 公吨[下列者均为水面排水量]);ⅦA型,U27-U36(1936—1937 年,626 公吨);Ⅸ型,U37-U44(1938—1939 年,1,032 公吨);ⅦB型,U45-U55(1938—1939 年,753 公吨);ⅡC型,U56-U63(1938—1940 年,291 公吨);ⅨB型,U64-U65,U103-U111(1939—1940 年,1,051 公吨);ⅨC型,U66-U68(1941 年,1,120 公吨);ⅦC型,U69-U73,U77-U82,U88-U98(1940 年,769 公吨);ⅦB型,U73-U76,U83-U87,U99-U102(1940—1941 年,753 公吨);ⅩB型,U116-U119(1941 年,1,763 公吨)。前后共涉及九个型款九十二艘潜艇(U112-U115 的编号没有用过),悉较ⅡB型产品新颖[20]。

陈绍宽和周应骢在选择潜艇型式前显然没有好好做功课,遂让德人有机可乘。虽因困于资料,很多重要问题现在无法解答(如陈绍宽有多少选择舰式的自由? 德人在改变设计前有无征得陈的

18 Clay Blair, *Hitler's U-Boat War: The Hunters, 1939-1942* (New York: Random House, 1996), pp. 178-179.

19 Jürgen Rohwer, *Axis Submarine Successes, 1939-1945* (Annapolis: Naval Institute Press, 1985), pp. 1-18, 214, 218-222. 这十五艘潜艇当中,以 U23 毁伤盟军舰船达二十艘之多,战绩最惊人。

20 *Conway 1922-1946*, pp. 241-243; Möller and Brack, *Encyclopedia of U-Boat*, pp. 65, 67, 69-74, 96-98, 105.

同意？德人是否更改了蓝图才出示给陈看？陈知否所订两潜艇与德人自用者有大别？若知有大别，有无抗议？德人有无说明对实验有多少把握？），摆在眼前的事实却很简单。假如按原有设计去造，这两艘潜艇就必定是优质品。陈绍宽要是知道以前那十八艘是不必更动设计，服务以来表现优良的佳品，就应强烈责问更改设计的理由，和德人不更改以前那十八艘的理由。这不是说优质品不必改良，但这级潜艇的建造情形实在教人怀疑德人对这项实验究有多少把握。为何这实验不在建造那十八艘时选任何一艘来做，不在其他发展中的潜艇型式上做，而偏选在代中国建造舰式已属淘汰的两艘上做？得不到满意答复，就不该签约。假如陈绍宽对世界海军情况有足够的认识，当知德人在造完自用的最后一艘ⅡB型潜艇后，已用九个型款续添了九十多艘。中国海军固然不可能破题儿第一遭就选用较大型的潜艇，但既有信心能运用279吨的ⅡB型，为何不拣选续发展下去、仅多重十数吨的ⅡC型？强调只会选购ⅡC型而不肯接收已被淘汰的ⅡB型更是买家应有的态度。这等于清清楚楚地告诉卖家，这个买家是有备而来的，不是可以随便摆布的。对外国军火依赖性高并不等于该闭着眼睛去接受劣货。千辛万苦去增加两艘有可能成为问题舰的舰只是不负责任之举。这不是后见之明。这种不必冒的险，倘陈绍宽行前做够准备工夫（当时列强海军的基本资料并不难得），而本身又判断能力不差的话，绝对可以避免。可惜陈绍宽是个无备而往，任人宰割的买家。

出资让人家做的实验果然失败了。佳品变劣货，陈绍宽和周应骢责无旁贷。但近年所刊有关三四十年代中国海军发展史的书，对陈绍宽通常只有溢美之辞。那些书的作者对当时德国研制的各款潜艇毫无认识可言，这情况是不必强调的，因为研究中国海军史而对世界海军史有足够理解者全球只是屈指可数的寥寥几人而已。

即使陈绍宽和周应聪签约前肯做功课,结果亦不会有很大分别。关键在这两个采购大员的素质。

陈绍宽在欧采购的报告,迄仍未见[21]。周应聪则有称绝的直接纪录和间接纪录各一。

周应聪在其回忆录内说,他和陈绍宽"在意大利买了六条鱼雷快艇,订了一条鱼雷快艇母舰"[22]。订舰虽不等于舰一定会造出来,但在西方来说,这是必有纪录之事。现在不仅未见这样的纪录,三四十年代的意大利海军本身连一艘鱼雷快艇母舰(motor torpedo boat tender)也没有[23]。买了的东西更明确不过,不可能无端蒸发。中国海军哪有六艘意制鱼雷快艇?如果说意大利没有交货,这些快艇就该有曾为中国所购(或原为中国订制)的纪录。试看随后所说电雷学校在德订购而终不能来华的舰艇,艘艘的来龙去脉都够清楚,便可知周应聪信口雌黄了[24]。

另一较间接的纪录见于一本虽采小说体,而实在是口述历史的陈绍宽传——周宏冰、方舟,《海军上将之恋——南京中华民国

---

21 高晓星编,《陈绍宽文集》(北京:海潮出版社,1994年),是目前陈绍宽所写文字的唯一结集。书中没有记述此次欧行的文字。

22 周应聪(李蓬洲记),《海军生活见闻》,《文史资料选辑》,110期(1987年8月),页194。

23 这点不难从 Roger Kafka and Roy L. Pepperburg, *Warships of the World*, Victory edition(New York: Cornell Maritime Press, 1946);Aldo Franccaroli, *Italian Warships of World War II*(London: Ian Allan 1968);Erminio Bagnasco, *I Mas e le Motosiluranti Italiane, 1906-1968*(Roma: Ufficio Storico della Marina Militare, 1969);Erminio Bagnasco, *Le Motosiluranti della Seconda Guerra Mondiale*(Parma: Tuttostoria, 1977);*Conway 1922-1946*,一类书籍中得到证明。

24 笔录者不可能替周应聪发明这种故事。回忆录之误应出于周应聪自夸功绩,欺骗读者。

国民政府海军总司令陈绍宽纪事》（北京：海军出版社，1989 年）。
此书说陈绍宽在德洽商用小麦代替舰款之法换取三艘巡洋舰 [25]。
这件天方夜谭式的事可以有两解释：（一）根本无其事。（二）有
此事而讲得夸张。任何一种解释都不会给陈绍宽和周应骢带来
光采。

　　如果本无其事，发明人就是周应骢，而非周宏冰和方舟（或者
都是笔名）。何以这样判断？因为周宏冰、方舟二人的写作资料主
要为访问周应骢和陈绍宽另一得力助手曾国晟（1899—1979，烟
台海军学校第十三届，1921 年经由吴淞海军学校深造毕业）七天
的笔记（这点书的后记讲得很清楚）。曾国晟没有随陈绍宽去欧
洲，所以向周宏冰、方舟二人讲述欧行事迹者只可能是周应骢 [26]。
假如周应骢无聊到凭空乱说（虚报在意大利买艇订舰不正是这种
玩意吗？），反映出来的不仅是他的人格，连陈绍宽的识人本领也
成了问题。

　　要是果曾“洽商”，反映出来的问题就更严重。向德国提出这
样的要求足以暴露中国中央海军的领导人不知彼不知己的弱点，
并不是把单方面提出来而对方绝不会回应的事夸张为互洽那样

25　周宏冰、方舟，《海军上将之恋》，页 257。

26　抗战期间，曾国晟用翁仁元笔名出版了一本《抗战中的海军问题》（无地
　　名：黎明书局，1938 年）（《海军上将之恋》用不短的篇幅去介绍这本书；
　　此书现在已很罕见），在八十年代又写了一篇不短的《记陈绍宽》，《福建
　　文史资料》，8 期（1984 年 10 月），页 170—185，都不提陈绍宽赴欧购舰之
　　事。不管曾国晟为何不讲这件陈绍宽一生经历中的重要事情，他两次有
　　机会说而不说，起码可以证明他不是周宏冰、方舟讲陈绍宽在德国洽商用
　　小麦换巡洋舰的史源。除非能够证实周宏冰、方舟二人胡言乱语，他们讲
　　此事的史源就只可能是当日随陈绍宽赴欧的周应骢。虽然周、方二人的
　　海军知识和域外知识同样肤浅（书中笑话连篇，如以为潜艇母舰也潜水，
　　和说天主教教宗的孙子洗礼），但书中所记应主要出自访问陈绍宽两助手
　　的谈话纪录。

简单。

当日向德国提出以物换取三艘巡洋舰的要求的荒谬程度，不亚于现在企图换取一两艘美国航空母舰（尽管是快除役的）。申说起来要先讲明当时德国究竟有些什么巡洋舰。

1937 年间，德国拥有过万吨的重巡洋舰三艘，五六千吨的轻巡洋舰六艘。对野心勃勃、即要发动欧战的德国来说，这是只会嫌少的阵容。单和其最接近的假想敌法国比较起来，德国在这方面就显有逊色（那时法国有巡洋舰十九艘：万吨者三艘、九千吨者四艘、七千吨者九艘［四艘成于该年年底，新得很］、六千吨者一艘、五千吨者一艘、四千吨者一艘）[27]。这还未把英国和荷兰的巡洋舰也计算入德国预期的起码敌对武力之内。德国不可能把过万吨的巡洋舰三艘全部让给中国，中国也没有运用此等巨舰的人员和设备，固不必费辞。即使洽商交换者是五六千吨的轻巡洋舰，亦绝不可能。倘德国让三艘轻巡洋舰给中国，该类舰只就不见了一半。加上那时德国并没有轻巡洋舰正在建造中，大规模让舰（且不说为此另外建造）怎会是可能之事？不分青红皂白地单方面提出交换的要求，不能用病急乱投医作为辩护之辞（何况那时卢沟桥事变尚未爆发），因为此举会暴露中国海军领导阶层对西方海军如何缺乏认识，商讨购舰就会吃大亏。这就是不知彼。

从另一角度去看，三十年代的中国海军连运用一艘五六千吨的巡洋舰的能力也没有，更遑论三艘了（试看战后中国海军人才丰备多了，拥有一艘五千吨的"重庆"号轻巡洋舰已把海军的能耐推

---

27 德法两国在 1937 年时拥有巡洋舰的情形，见 *Conway 1922-1946*, pp. 227-231, 262-266; GJM, Volume One, pp. 118-123; *Cruisers Encyclopedia*, pp. 27-57.

到极限,便可想见)。这就是不知己。

　　总而言之,这次中央海军赴欧采购,订劣舰,夸报成绩,处处反映的都是领导阶层的素质问题。

五、电雷学校续订英制舰只和首次向德国订购舰艇

　　和中央海军的情形比较起来,电雷学校订购外舰的经过就复杂多了。该校在中央栽培下自备一支实力相当,以最少四个鱼雷快艇中队为主干的舰队。其中三个鱼雷快艇中队抗战前已来华(抗战开始后才来华,且旋遇电雷学校遭关闭的,就是前面讲过的颜杲卿中队)。这些事情早屡见纪录,不必再说。一般海军史著述很少讲的是该校在 1936 年和在卢沟桥事变以后,除了最少分两次向德国订购鱼雷快艇母舰一艘和鱼雷快艇多艘外(数目因不同计算法而异,起码应算八艘,详后),还在香港订购鱼雷快艇母舰一艘。

　　1936 年向德国订购的是鱼雷快艇母舰(这种舰款,德文称为 begleitschiff)一艘和鱼雷快艇四艘。鱼雷快艇买现货,仅鱼雷快艇母舰是按订单建造的。这艘可能命名为"戚继光"的鱼雷快艇母舰 [28],在卢沟桥事变后五个月才下水,成交程序自然无法按原计

28　电雷学校分别向英国(包括香港)和德国订购的两鱼雷快艇母舰,按谢宴池,《鱼雷快艇在南京保卫战中》,收入中国人民政治协商会议全国委员会文史资料研究委员会《南京保卫战》编审组编,《南京保卫战——原国民党将领抗日战争亲历记》(北京:中国文史出版社,1987 年),页 64—67,取名"戚继光"和"谭纶"(谭纶,1520—1577,为与戚继光共事齐名的讨倭名将;谢文误纶为伦)。谢宴池为电雷学校航海班第一届(1923 年)毕业生,江阴之战时又为"文八八"号鱼雷快艇的艇长,因此话说起来显得特别够权威。但谢文不单正误参半,还不易指出何处为正,何处为误。正如下面正文和(转下页)

划进行（封江西退之策也使此舰成为废物，故中方亦应主动终止合约）。但连买现货的鱼雷快艇亦始终未来华。

那艘鱼雷快艇母舰和那四艘已建成多年的鱼雷快艇的个别情形分述如下：

四艘现购的鱼雷快艇分别建成于 1932 年 4 月至 7 月之间，自成一级，在德的编号为 S2、S3、S4、S5（德国海军的鱼雷快艇以 S 字编号，因德文称鱼雷快艇为 schnellboote［众数］，见图 62）。它们的主要数据为基准排水量 46.5 公吨（45.76 英吨），满载排水量 58 公吨（57.08 英吨），长 27.95 公尺，宽 4.46 公尺，吃水 1.45 公尺，马力 3,000 匹，最高时速 33.8 浬，续航力 582 浬／时速 22 浬，备单装 53.3 公分鱼电发射管二个，20 公厘机关枪一挺[29]。

不易解释的是，德国竟于 1936 年 12 月 10 日（与中国签约只可能是不久前之事）把这四艘鱼雷快艇，连同较小一点、比 S2-S5 建成还要早近两年的 S1，一并卖给正在打内战的西班牙政府

（接上页）有关注释所指出的，"谭纶"号的舰名他虽说对了，订购的地方和舰的细节还是弄错。"戚继光"号之名又尚未见其他纪录，故不应在此径称向德订购的一艘为"戚继光"号。然而谢文的影响倒不少。前述《近代海军》那句讲电雷学校订购两英制鱼雷快艇母舰的话，就是源出于此。该书不一定直抄谢文，而有可能转据高晓星、时平，《民国海军的兴衰》（北京：中国文史出版社，1989 年），页 155，一句用辞稍异而意义全同的话（此书颇佳，但抗战部分篇幅有限，故本文没有列之为讲述海军抗战史实的主要书籍）。谢文和此二书都误谭纶为谭伦，可见它们的关系之深。

[29] 资料据 Paul Schmalenbach, "The Genealogy of the Schnellboat," *WI*, 6:4（December 1969），pp. 10-25; Harald Fock, *Schnell-Boote*, Band 1: *Von den Anfängen bis zum Ausbruch des 2. Weltkrieges*（Herford: Koehlers Verlagsgesellschaft, 1973），p. 140; Harald Fock, *Schnell-Boote*, Band 2: *Entwicklung und Einsatz im 2. Weltkrieg*（Herford: Koehlers Verlagsgesellschaft, 1974），pp. 222-223; M. J. Whitley, *German Coastal Forces of World War Two*（London: Arms and Armour Press, 1992），pp. 178-179.

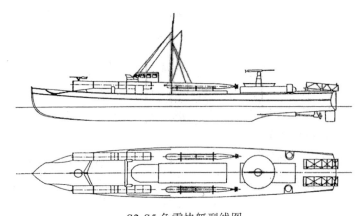

S2-S5 鱼雷快艇型线图

（电雷学校岳飞中队德制鱼雷快艇与此大同小异）

军[30]。

1937 年 2 月 1 日，五艘售予西班牙的鱼雷快艇在西班牙西南岸特斯港（Cadiz）卸运时，S3 受损甚重，以后从未在西班牙海军服役。S2 易名"长枪会"（Falange）号；1937 年 6 月 18 日在南濒地中海的马拉加港（Malaga）毁于火。S4 易名"勤王兵"（Requeté）号；1939 年改编号为 LT11。S5 易名"奥维亚多"（Oviedo，地名）号；1939 年改编号为 LT12。第二次世界大战结束时，LT11 和 LT12

30 Alfredo Aguilera, *Buques de Guerra Españoles, 1885-1971*（Madrid: Libreria Editorial San Martin, 1972），pp. 72-73; Whitley, *German Coastal Forces*, p. 41; Gordon Williamson, *German E-Boats, 1939-45*（Oxford: Osprey Publishing, 2002），p. 7. 这事不易理解。西班牙内战于 1936 年 7 月 18 日爆发，11 月 18 日德国和意大利承认由佛朗哥（Francisco Franco, 1892—1975）领导的国民军，为何德国会在 12 月 10 日卖一批鱼雷快艇给西班牙政府军？但这些快艇出售后，有以西班牙保皇右派组织长枪会命名者，有干脆取名勤王兵者（见随后的正文），当是这些舰只售予政府军之证。这次出售是否因德国履行西班牙内战前订立的一项合约，恐怕得待研究西班牙近代史者去解答。

尚存,它们分别在 1946 年 3 月和 6 月报废[31]。

虽然那艘鱼雷快艇母舰和 S2-S5 四鱼雷快艇是同时(起码约略同时)向德订购的,到德国转售这四艘早已建成的鱼雷快艇给西班牙时,那艘订造的快艇母舰还要再过好几个月(1937 年 4 月 13 日)才安龙骨。待其下水(1937 年 12 月 14 日),南京已沦陷两日了。1939 年 1 月底,此舰建成,德人命之为"坦加"(Tanga,地名),是月 21 日开始在德海军服役(见图 63)。德人显无出售意,但此舰与前述两潜艇的一并由德海军部接收,还是迟至该年九月初才正式宣布的。

"坦加"号建成时的主要数据为基准排水量 2,190 公吨(2,155.51 英吨),满载排水量 2,620 公吨(2,578.74 英吨),长 91.1 公尺,宽 13.5 公尺,吃水 4.14 公尺,马力 4,100 匹,最高时速 17.5

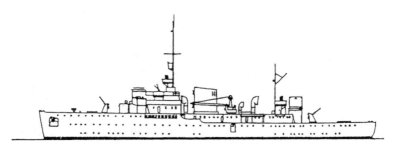

"坦加"("戚继光"?)号鱼雷快艇母舰型线图

---

31 见 Whitley, *German Coastal Forces*, pp. 41, 179; Gerhard Hümmelchen, *Die deutschen Schnellboote im Zweiten Weltkrieg*(Hamburg: E.S. Mittler & Sohn, 1996), p. 13. 不少书籍,如 *Conway 1922-1946*, p. 404, 误以为 S2-S5 卖给西班牙后,四艇初按序易名为 Falange、Oviedo、Requeté、Toledo(地名),后又依次改为 LT11、LT12、LT13、LT14。其实 LT13 原为不同级的 S1,而 LT14 为排水量重多了(基准排水量 60.4 公吨),且在次年始卖给西班牙的 S6。

浬,备单装高角 88 公厘 /45 主炮二门(后改为双联高角 105 公厘 /
33 主炮二组),双联高角 37 公厘 /30 炮二门,单装高角 20 公厘
机关四挺,除维修鱼雷快艇的设备外,备鱼雷二十四枚、深水炸弹
七十二个。

第二次世界大战期间,该舰经常与鱼雷快艇配合作战,任务正
与其性能相符。终战后,该舰担承扫雷工作两年多,后于 1947 年
12 月 3 日由美国海军接收,再于 1948 年 6 月 20 日拨交给丹麦,
成为该国海军的"爱吉甫"(Aegir)号供应舰。1957 年,改建为供
应修理舰。1967 年 1 月除役,随后解体[32]。

这艘如果不是因为电雷学校订购根本就不会建造出来的舰
只,原来还有几乎长达三十年、涉及数国海军的生涯。这种事情在
中国海军史是应记上一笔的。

电雷学校向外订购的另一艘鱼雷快艇母舰由香港黄埔船坞建
造。它的情形异常复杂。因资料缺乏,现仅知三事:(一)舰名为
"谭纶"。(二)电雷学校关闭后,陈绍宽派周应聪去香港处理该舰
的移交事宜。那是 1938 年 6、7 月的事。(三)周应聪在港时,该
舰尚在建造中。此三事外,该舰的基本数据(如安龙骨日期、下水

---

[32] 以上所讲那艘德制鱼雷快艇母舰的数据和各项有关日期和事迹,参考
Jane's Fighting Ships, 1951-1952 edition, p. 194; *Jane's Fighting Ships*, 1967-
1968 edition, p. 68; Erich Gröner, *Die deutschen Kriegsschiffe, 1815-1945*,
Band 2: *Spezial-, Hilfskriegs-, Hiefsschiffe, Kleinshiffsverbande*(München:
J. F. Lehmanns, 1968), p. 571, 注 16 和 27 所引该书的修订扩充英文本(即
简称表作 GJM 之书)尚未出版至这部分;*Conway 1922-1946*, p. 253(误记
公吨排水量为英吨);Siegfried Breyer, *Die deutschen Kriegsmarine, 1935-
1945*, Band 2: *Zerostörer, Torpedoboote, Kleine Kampfeinheiten, Hilfsschiffe,
Küstenartillerie*(Friedberg: Podzun-Pallas Verlag, 1986), p. 170; Whitley,
German Coastal Forces, pp. 41, 43, 114-115(但排水量和长度的数字都弄
得过大); Gerhard Hümmelchen, *Die deutschen Schnellboote*, pp. 14, 17-18,
25, 50, 218.

日期、排水量）均一无所知。

　　上列对纪录上一大空白的补充，来自周应骢在香港发给陈绍宽的报告[33]，应可靠。这发现也带来一连串现有资料所无法解答的问题。这些问题不妨在此提出来，以备进一步思索。

　　按香港黄埔船坞的规模和造舰经验的有限，要建造规格特殊的鱼雷快艇母舰应非易事。向英国求助，或者在英国造好后，用组件办法运去香港合拢，都有可能。可是英国本身在三四十年代并没有鱼雷艇母舰，又为何向其订购（不管是直接订购还是通过香港的间接安排）？ 是否因为主管电雷学校的欧阳格（1895—1941，烟台海军学校第十届，1916 年经由吴淞海军学校深造毕业）不明白鱼雷快艇母舰是德国独专，别的国家所根本没有的舰种[34]？

　　涉及中央海军之处，情形同样不清楚。1938 年 7 月，中央海军已沿长江退至武汉一带，"谭纶"号就算在香港建成也无法远运去战区。那么陈绍宽特派周应骢去香港处理移交之事，究竟希望能有何收获？ 难道他不知道该舰根本未完工？

　　和这些比较起来，最难解答的还是该舰的下落问题。该舰既然没有归入中国海军，合理的去处只有两个：（一）建成后由英国海军接收（英海军这样接收外国所订舰只，例子多不胜举）。（二）由英国转卖给别国海军。这两种办法都会留下不难追查的纪录。况且自 1938 年夏至日人攻陷香港，长达三年有奇，时间足够完成剩余的工程。然而在各国服役舰只的纪录内，并无"谭纶"舰的丝

33　资料存台北"国防部"史政编译局所藏"国军档案"，编号 107.3/1071.3 的
　　《电雷学校撤销移交案》。注 22 所引周应骢的回忆录，《海军生活见闻》，
　　没有提及这次香港之行。

34　三四十年代全世界仅德国有鱼雷快艇母舰。他们共有六艘，分四级，全为
　　自建品。这点从 Kafka and Pepperburg, *Warships of the World; Conway
　　1922-1946*，一类书籍很容易查得出来。

毫踪影。这艘舰竟似蒸发了。可能的情形是,迄 1938 年 7 月该舰仅完成小部分工程,交易既无法继续进行,船坞就把它拆毁了,或改建为普通船只。

事实是否如此,以及上列诸问题该如何解释,唯有待新资料的出现了。

六、电雷学校岳飞中队德制鱼雷快艇的来历

由于电雷学校同时向德订购 S2-S5 四艘鱼雷快艇和那艘德人后来命名为"坦加"的鱼雷快艇母舰,又因为这些舰艇全部不克来华,不免使人视它们为同一组,因而产生开战前已来华的"岳二二"、"岳二五三"、"岳三七一"三艘德制鱼雷快艇为较早订购之物的错觉。其实"岳二二"等三艘是后来才买的。

S2 等四艘和"岳二二"等三艘设计大同小异,武装亦同,而后者排水量较重(基准排水量 51 公吨),速度较快(最高时速 34.5 浬)[35]。如果说重而快者先购,轻而慢者后订,是不合逻辑的。合理的解释是,不论转售 S2-S5 给西班牙是德国单方面的决定,还是征求中国同意才采的行动,德都没有主动不和中国交易的理由,故另制三艘较重(体积差不多)较快,而设计基本相同,在德国编号为 C1、C2、C3(编号又作 Kuai 1、Kuai2、Kuai3)的鱼雷快艇以履行原先和中国订立的合同,是中德西三国利益均得到照顾之法(三艘较重的鱼雷快艇总价或和四艘较轻者差不多)。

这三艘建成后,不等那艘鱼雷快艇母舰也完工,便径运来华。

---

[35] "岳二二"等三艘的其他主要数据,见 Fock, *Schnell-Boote*, Band 2, pp. 222-223,因与 S2-S5 者同,不重列。

它们就是电雷学校编为岳飞中队的"岳二二"、"岳二五三"、"岳三七一"号鱼雷快艇。

七、电雷学校续订德制鱼雷快艇

"岳二二"等三艘既取代 S2-S5，那么 S2-S5 就不能算作未交货之物。这样一来，又造成另一局面，就是那艘快艇母舰建成后会空舰来华，不携带任何鱼雷快艇。故此，中国再向德国订购鱼雷快艇八艘。

这次订购的八艘鱼雷快艇，德国的编号为 S30-S37；其间曾因中国承购，一度编号为 C4-C11（连同 S54-S61，此级共十七艘）。此级鱼雷快艇比 S2-S5 和 C1-C3 威猛多了。它们的主要数据为基准排水量 78.9 公吨（71.3 英吨），满载排水量 100 公吨（90.4 英吨），长 32.76 公尺，宽 5.06 公尺，吃水 1.47 公尺，马力 3960 匹，最高时速 36 浬，续航力 800 浬，备单装 53.3 公分鱼雷发射管二个，20 公厘机关枪一挺[36]。以前订购的鱼雷快艇，受体积之限，每个发射管仅备一枚鱼雷。两枚鱼雷发射后，假如附近没有鱼雷快艇母舰提供再装上鱼雷的服务，便只好返回基地了。此级鱼雷快艇虽仍仅得单装 53.3 公分鱼雷发射管两个，但每艘备鱼雷四枚，就解决了此难题，大大增加作战的地域和停留在战场的时间。

然而订购的时间不易理解。这八艘鱼雷快艇原为 1938 年间德海军部订来自用的。德方纪录说 1938—1939 年期间签约让给中国。1939 年 9 月，德方决定不卖了，情形和那艘鱼雷快艇母舰

36　Schmalenbach, "The Genealogy of the Schnellboat," p. 25; Fock, *Schnell-Boote*, Band 2, pp. 222-223; Whitley, *German Coastal Forces*, p. 178.

和两潜艇一样。问题出于整个 1938 年中国都在烽火连天之下渡过,能让鱼雷快艇活动的空间前一年已早失,况且 1938 年只过了一半,连鼓吹购买鱼雷快艇的电雷学校也寿终正寝了,再过两三个月中央在对鱼雷快艇久欠表现极度失望之余,更把所有体积小、可用火车南运的英制鱼雷快艇遣往广东,而让体积大的德制鱼雷快艇近乎自生自灭地留在长江流域。在这情况下,中国又怎会在 1938 年间还向德国添购体积比岳飞中队三艘还要大的鱼雷快艇达八艘之多?但德方确有续订的纪录,而增置之事又只可能由电雷学校经手,不会与中央海军有关。还有,早在 1937 年 8 月(过了卢沟桥事变),电雷学校已在鱼雷快艇分编队伍的计划中预定了陆秀夫中队和许远中队的编制[37]。这八艘快艇正可分配为两中队。总之不清楚之处仍甚多,实情如何,仍有待澄清。

这八艘成不了中国海军舰只的鱼雷快艇于 1939 年 11 月 23 日至 1940 年 7 月 11 日间次第竣工,编入德国海军。在德海军拥有的鱼雷快艇当中,这十七艘为一级的快艇还是较小的,故德海军利用它们能够通过法国运河水道的特点,分派这些快艇去地中海作战。第二次世界大战结束时,尚存的 S30 和 S36 于 1945 年 5 月 3 日在意大利东岸的安科纳港向盟军投降[38]。

八、结语

总括来说,抗战期间不克来华的外购舰只共十二艘——潜艇

---

37 "国防部"史政编译局,"国军档案",582.3/1071,《电雷学校编制案》。

38 Schmalenbach, "The Genealogy of the Schnellboat," p. 22; Whitley, *German Coastal Forces*, p. 179. Gerhard Hümmelchen, *Die deutschen Schnellboote*, 更全书遍见此八艘鱼雷快艇的资料,逐页注出颇繁,兹从简。

二、鱼雷快艇母舰二、鱼雷快艇八。除了在香港建造（装拼？）的一艘快艇母舰未完工外，其他的都是德制品，且于建成后悉数编入德国海军。

这些舰只之不能来华，中日战争爆发只是原因之一。更重要的原因，当是因为绝大多数舰只是向和日本声气相通的纳粹德国订购的。中日关系愈紧张，德国替中国造舰就会愈拖延（U120、U121和那艘快艇母舰都是这样子）。当时向英国订舰不会比求助德国为难，英日两国之间存有矛盾，建造起来可能会快些，是比德国更好的选择，卢沟桥事变前建成来华的机会也就增加。

卢沟桥事变发生后，日海军迅即控制中国海域。任何外购舰都难以安全运华[39]，但订自英国者还是有较大的来华机会。只要体积不大，就可通过香港用陆运的法子送往长江中段的战区。颜杲卿中队的英制鱼雷快艇虽在卢沟桥事变后好几个月才运抵香港，却仍能及时投入抗日战事便是很好的说明。

这事还可从另一角度去看。1939年3月15—16日德国攻灭捷克，以后转化为第二次世界大战的欧战正式开始。那时中国在德订购的十一艘舰只，只有那艘快艇母舰建成了月余，其他离竣工阶段还很远（两潜艇差一年多，八艘鱼雷快艇中造得最快者也尚差十个月）。虽然德国在欧战开始后半年才宣布接收中国所订的舰艇，其实两潜艇和八鱼雷快艇到那时仍全都未造好，而远运舰只东

---

39 那些德制舰只能够用自己的动力远程东来者，大概仅那艘快艇母舰。小小的鱼雷快艇固不必说，水面最高时速不过13浬，排水量尚不到300公吨的，续航力复有限，两潜艇看来也只有用商船运载才能来华。舰只即使尚不满300吨，要整艘放在商船上运送仍是绝非易事。大有可能需用组件运载，来华后合拢之法才能处理。海岸线已失的中国有配合的船厂设备吗？更何况在抗战以前，哪一家中国的（包括香港的）船厂拥有合拢潜艇的设备和掌握应有的技术本来就是疑问。

来的可能性早已不存在。就算中日两国并未处于战争状态,英德战事的全面化亦绝不容这些德制舰来华。舰只自德来华,不管是自航还是托运,都要经过一连串英人操纵的海港,怎会有顺利全程过关的可能!

问题的关键尚不在此。港制"谭纶"舰和所有德制舰艇不能来华的命运,早在1937年8月中旬中央海军封江西退时已注定。不仅鱼雷快艇母舰无法陆运去战区,连所有德制鱼雷快艇都体积超过陆运的可能。那两艘不能靠自己动力远航的潜艇倘真建成,又克服东来的运输困难,就仅能在毫无后方指导和支援的情形下冒险犯难。就算那两潜艇不是劣货,这样鲁莽一战,白白牺牲舰员,于国防究有何益?这些问题中央政府和中央海军全不着意,一面行封江西退之策,一面让前订舰只在外国拖拖延延地继续造下去。这是矛盾、盲目,愚不可及的策略。

研究未能来华的外购舰,除了补充历史空白外,对理解中央决策阶层的判断能力和中央海军领导人物的素质应有帮助。

——《"中央研究院"近代史研究所集刊》,26期(1996年12月);《海军学术月刊》,31卷8期(1997年8月);31卷9期(1997年9月)

后 记

有三件不必在修订拙文时补进去,但说出来会使全文更充实之事,容在此分别交代。

姚开阳,《电雷学校与其鱼雷快艇队——"史一○二"突击"出云"舰60周年纪念》,《全球防卫杂志》,156期(1997年8月),页76,斩钉截铁地指电雷学校在德国订购的鱼雷快艇母舰取名"戚继光"号,不知何据?自愧孤闻,只知"戚继光"之名仅见不尽不实、正误相混的谢宴池文(见注28),故拙文用存疑态度处理此舰名,迄今多年仍不敢视为确切。学术探讨不是天下文章一大抄凑,更不是不逐点注明史源,便肆意夸张以图博耳目之快的抄凑。从时间上看,姚文较拙文的首次刊出后了大半年,会否因见拙文说这艘鱼雷艇母舰有可能取名"戚继光"号,便干脆把它说实了?

注31、32、39引用的 Gerhard Hümmelchen, *Die deutschen Schnellboote*, pp. 245-253,有二十至四十年代德国海军所属各鱼雷快艇的生产程序日期表,甚便查检。兹录出原为中国订购的十二艘(悉数由 Bremen-Vegesack 地区的 Lürssen 厂承建)诸日期,以供参照:

艇名	安龙骨	下水	建成编入序列
S2	1931年	1932年	1932年4月22日
S3	1931年	1932年	1932年5月27日
S4	1931年	1932年	1932年6月20日
S5	1931年	1932年	1932年7月14日
S30	1939年2月9日	1939年9月10日	1939年11月23日
S31	1939年3月22日	1939年10月21日	1939年12月28日
S32	1939年6月10日	1939年11月22日	1940年3月15日
S33	1939年8月14日	1939年12月27日	1940年3月23日
S34	1939年10月4日	1940年2月29日	1940年4月30日
S35	1939年11月13日	1940年3月19日	1940年5月19日
S36	1939年11月10日	1940年4月20日	1940年6月14日
S37	1939年12月13日	1940年5月15日	1940年7月11日

中国海军退入四川好一段日子以后,S30-S37各号才依次动工。试问建成后如何东运,如何送去前线?主持此计划的陈绍宽准是个没头没脑之人,亏治史者还频频送高帽子给他。

ⅡB 型的潜艇,数目虽有限,大半世纪后的今日竟出乎意料地仍有一艘存世,可供检验中国所订潜艇的素质(明显的分别局限在司令塔)。那艘尚存的姊妹舰 U9 号(见图 61)1944 年 8 月 20 日被苏联空军战机击沉于黑海(Black Sea)君士坦达(Constanta)。后苏人把它捞起,现为斯瓦图博(Sevastopol)黑海舰队博物馆(Marine Museum of the Black Sea Fleet)的展览品。事见 Gerd Enders, *Deutsche U-Boote zum Schwarzen Meer: 1942-1944, Eine Reise ohne Wiederkehr*(Hamburg: E.S. Mitter & Sohn, 1997), pp. 76, 116-117; Möller and Brack, *Encyclopedia of U-Boats*, p. 211.

2007 年 4 月 30 日

汪伪海军舰只初探

一、研究汪伪海军舰只的困难和意义

在抗战研究的大范围里,汪精卫(汪兆铭,1883—1944)伪政权是一个冷门的角落。回忆录和记述传闻之作外,学术论著很少,讲述汪伪政权的军事组织和武装力量者更是寥寥无几,且多止于简介的层次。要是能够在这些难得一见的军事介绍中找到有关海军的消息,通常亦只有三言两语[1]。不同的纪录还会重复那些有限得很的资料。连篇幅浩繁的海军史专书,如陈书麟、陈贞寿,《中华民国海军通史》(北京:海潮出版社,1993 年),和柳永琦编著,《海军抗日战史》(台北:"海军总司令部",1994 年)(简称表作《抗日

---

1 这种情形,左史,《汪伪军事机构及伪军概况》,《江苏文史资料选辑》,12 期(1983 年 6 月),页 149—178,可为代表。此文的长度虽容其讲述汪伪政权的军事组织至不算肤浅的程度,但海军的交代基本只有一段。另外,徐向宸、杨蔚云、张耀寰,《汪伪军事组织和伪军的变迁》,《江苏文史资料选辑》,5 期(1980 年 11 月),页 203—218,虽然性质和深度与左史一文差不多,讲及海军之处却更少,只有几句略提人员的话,舰只全不管。

战史》）也没有讲述这支伪海军的专章专节[2]。这是正统观念作祟的结果。

情形既如此，要想知道汪伪海军究竟有什么舰只就绝不能期望有现成答案。汪伪对其海军鲜作宣传，少留纪录，而汪伪政权本身的短暂和孤立也局限了资料的数量和流通。另外还有一较难想得到的原因。汪伪虽然是名副其实的傀儡政权，日本和欧美各国都没有把汪伪海军看作日本海军的一部分（这并不是说应有这样的看法），因而引致纪录奇缺。

在日本和欧美的军方机构、民间组织、个人活动、长期搜集、研究和刊布下，有关自十九世纪七十年代以来日本海军舰只的资料早已丰备。这种资料的完整程度仅次于美国和英国海军舰只的相应资料而已。因日人要保持汪伪是独立政权的谎话，讲第二次世界大战期间日本海军舰只的书虽愈出愈精详，却始终不列任何汪伪舰只。欧美国家对汪伪海军不屑一顾，连承认汪伪政权者（如德国和意大利）当日也没有利用外交关系去搜集汪伪海军资料[3]。现在即使偶有欧美舰只史专家对汪伪海军有兴趣，事过境迁，已无从入手。

---

2 近年另外一本重要海军史专书，《近代海军》则仅有一短节在讲抗战结束后接收汪伪舰只时，略追述汪伪海军成军的经过（页 999—1002），变成以尾系头。

3 当日欧美各国忽视汪伪海军的情形，可用两书为说之例。一为美国海军情报局（United States, Division of Naval Intelligence）于 1942 年 11 月编刊，次年春季和秋季分发给美海军舰只，作为在不同瞄击角度辨认日舰根据的活页册，*ON141-42, Index to All Japanese Naval Vessels*，书中凭推测，把若干艘前国民政府海军舰只随意拨归日海军和汪伪海军名下，结果是正少误多。二为 Roger Kafka and Roy L. Pepperburg, *Warships of the World*, Victory edition（New York: Cornell Maritime Press, 1946）；这是综述第二次世界大战时期各国海军舰只甚为完备之书。书中虽有讲及汪伪海军舰只的部分（pp. 886-887），却漏得厉害，错得离谱。

　　困难尚不限于这层次。日本在华所设伪政权为数不少,除为时很短的梁鸿志(1882—1946)伪中华民国维新政府外,有海军者仅伪满洲国和汪伪政府。两者比较,分别立见。日本给伪满海军的帮助充实多了。日本虽亦宣传伪满为独立政权的谎言,也没有把伪满洲国的舰只归入日海军之列,但肯借舰给伪满(伪满的"海威"号驱逐舰,835 吨,1917 年,就是日海军的"桃"级二等驱逐舰"樫"号)。因此这艘成为伪满海军皇牌的借舰的资料,不难从数目无法点清的日海军舰只专书中找出来。日政府还安排伪满洲国在日本的造船所订购特制舰只(新设计的,不是依照日本已有的舰式添造几艘便算了事),而日本的造船所通常每家都有不止一种的详细厂史。从这些厂史可以找到该所所制舰只的准确数据。可是日本既不借舰(更不必说赠送)给汪伪,也不安排它在日订舰(这些下文会有解释),那些提供不少伪满海军舰只资料的书籍对研究汪伪舰只也就起不了作用[4]。

　　极难措手的题目虽然不一定值得探讨,但就汪伪海军舰只的研究而言,这项挑战性极高的工作不仅可以补充历史空白,对理解汪伪政权的性质亦可收微中求著之效。

　　任何政权不能没有军事力量做后盾。倘试从军事力量的角度

4　伪满洲国海军舰只的情形,见于中国大陆书刊的报告一般都过简,且犯过分政治化之失。要参考较详细,且以舰只为研究中心的报告,可参阅田村俊夫,《滿洲国江防艦隊始末》,《世界の艦船》,1966 年 3 期(1966 年 3 月),页 62—68;1966 年 4 期(1966 年 4 月),页 50—60;藤川宥二,《滿洲国と日本海軍》(东京:自印本,1977 年);田村俊夫,《往年の滿洲国海上警察隊について》,《世界の艦船》,1982 年第 3 期(1982 年 3 月),页 128—134;马幼垣,《海军与抗战》,《联合文学》,105 期(1993 年 7 月),页 152—161;吴守成,《日本海军在伪满洲国之进出与江上军》,《近代中国》,109 期(1995 年 10 月),页 268—280;吴守成,《伪满洲国江防舰队与江上军》,收入李金强等编,《我武维扬——近代中国海军史新论》(香港:香港海防博物馆,2004 年),页 295—314。

去理解一个政权的性质,散兵游勇少,专业成员多,且必须以设计和结构异于一般船艇的舰只为分配资源(包括人员)、计划组织依据的海军,应比可以因陋就简地编凑成军的陆军为合适。汪伪政权并非例外。理论虽如此,研究起来却异常困难。有关这支海军的资料实在太贫乏了。因为这种情形,目前仅能做到稍备轮廓的程度而已。

海军组织以人员、舰只和基地为三要素。就汪伪海军而言,人员资料虽然数量甚丰(几个主要档案就有两三呎厚),但因悉藏于台北的"国防部"史政编译局,若非长期以台湾为研究基地,诚难细心做分析[5]。然而和舰只比较起来,终还是数量多和庋藏集中。只要条件配合者肯花时间和精神去进行分析,总会较处理舰只容易。基地的情形可以通过人员资料的分析去理解。这些当另文探索。现先处理最难措手的舰只问题。

二、研究汪伪海军舰只的资料

尽管有上述种种困难,现在尚能够探究汪伪海军舰只,因为除有关档案仍有不少存世外,还有些特别的报告可供参稽。解释起来,不妨先讲后者。

以汪伪海军作为研究课题之冷僻,学者却可以利用好几篇由背景特殊的作者执笔的半纪录式文章(绝大多数亦冷僻)。这些作者包括在汪伪海军部工作的张龄九、1942 年毕业于汪伪中央海军

---

5 见张力,《汪伪前期海军人事的分析》,《近代中国》,128 期(1998 年 12 月),页 77—78。

学校第二届的张绍甫⁶，和在华服役的日海军军官田村俊夫。他们的文章各具特色，各有用途。

张龄九《国府还都以来的海军》一文之歌功颂德是意料中事⁷，但此文所记舰只分布情形资料的详确程度是别的报告无法比拟的。张绍甫所著文《我所知道的汪伪海军》分区叙述汪伪海军舰只的来源，扼要简明⁸。可是他对汪伪海军的认识并不够深，偶然提及的个别舰只情形也不够准确⁹。田村俊夫的几篇则截然不同，既不是张龄九文的肆意夸张，更不是张绍甫文的借骂汪伪去漂白自己，而是实事求是地报导舰只的情况。三人的文章配合起来，田村诸文确实弥补了不少两张所撰文的错漏。不过，田村感兴趣的是汪伪海军的主要舰只，小舰艇他当时没有留意，日后也就不易交

6　汪伪政权成立后，旋把维新政府设在上海高昌庙的绥靖部水巡学校改为"中央海军学校"。有关这所替汪伪海军培训人才的学校的情形，见张绍甫，《汪伪中央海军学校亲历记》，收入黄美真编，《伪廷幽影录——对汪伪政府的回忆纪实》（北京：中国文史出版社，1991年），页245—269。张绍甫在此文，以及在随后正文和注7所引述的另一篇文章的篇首注明自己的出身。在汪伪政权覆灭后，他显然和不少与汪伪有关的人一样存姓易名。因为第二届毕业生有姓张者七人，而内无一人名张绍甫，故目前还未能指认他的本名；该届毕业生的名单，见《民国史料》，页1007。

7　张龄九，《国府还都以来的海军》，收入申报年鉴社编，《（民国卅三年度）申报年鉴》（上海：申报社，1944年），页1054—1059。此文所记之事大概止于1943年底，因为该期年鉴刊于1944年7月。

8　该文收入黄美真编，《伪廷幽影录》，页218—244；参看注9。另外，《传记文学》（台北），63卷3期（1993年9月），页91—102转录此文。因转录者有改动，故引用此文时以原刊为据。

9　张绍甫文虽然是局内人之作，但不应夸张此文的价值。汪伪收场时，自海军学校毕业才两三年的张绍甫不仅不可能掌握很多内幕消息，有时还连基本史事也颠倒过来（如谓汪精卫挤走第一任海军部长任援道［1890—1980］来自兼海军部长，就错得离谱），得劳烦《伪廷幽影录》的编者代其加注更正和补充。此外，张绍甫对汪伪海军舰只的认识也很有限，以致弄出不少莫名其妙的错误来。此等错误，本文就其要者分别注明。

代清楚。

档案方面,数量确不少。中国第二历史档案馆近年编刊的《汪伪国民政府公报》和《汪伪政府行政院会议录》,大型精装共四十八册,是研究汪伪海军人员不可或缺的史料。可惜,这些卷帙浩繁的纪录很少直接讲舰只。话虽如此,钩玄显隐的作用还是有的。

倘求更直接的资料,就得找寻汪伪海军部本身的档案和国府海军各部门在抗战胜利后处理汪伪海军的文件。这类档案(特别是国民政府海军和各单位者)不少随国府迁台,现存于"国防部"史政编译局。修订本文时,幸能及时参考这些资料,使不少关键性的事情得到较前明确的认识[10]。

此外,当年不同政权刊行的综合性年鉴,虽然所载海军信息不一定准确,但因这类刊物每提供难求别处的消息,也是应善为利用的[11]。

以上所列各种主要资料,不论丰备与否,还是得配上其他一般性和专题性的资料,始易综贯成文。除引用时注明出处,这些辅助资料不必作特别解释。

三、汪伪海军成立初年舰只的主要来源

汪伪中华民国政府 1940 年 3 月 30 日在南京粉墨登场。汪伪

---

10 这些档案的下落承张力兄惠告,而首次往"国防部"史政编译局调阅档案时,承局长傅应川中将和庶务何淑娴小姐多方协助,均一并志感。其后数年,我再往访两次。

11 西方出版的海军年鉴和舰只总览虽然在一般情形下,是研究中国舰只不可不备的基本工具,但时地的局限使西方对汪伪海军甚为陌生。通常唾手可得的舰只数据,因而弄到即使穷九牛二虎之力,也还是左欠右缺。

海军同日挂上招牌。从数目上看,随后的发展似颇神速。一说以
为汪伪海军到 1941 年年中已拥有舰艇百余艘[12]。另一说则谓 1943
年年底的舰只数字是七十余艘[13]。不管是百余艘还是七十余艘,数
字均不寻常。这些数字可以从两方面去理解。

汪伪政权本身是后起的,结集以前诸伪政权的并合组织[14],故
顺理成章地接收被其取代的伪政权的海军单位和在华日海军在该
等伪政权附设的海军单位。这些单位包括维新政府绥靖水巡队、
广东省水上警察所的水上巡查队,和以青岛为基地的北支特别炮
艇队(又简称北支炮艇队)。原先散布华北、华中、华南沿岸,分属
各伪组织的舰只,便在一段不算长也不算短的时间内分批拨归汪
伪海军所有[15]。这是要说明的第一点。

较易得来的舰只虽为数不少,却包括数目很难确定的武装小
艇小轮。一般海军不会把这类不值一提之物,点算入在非军事性

12　一宫房治郎,《新支那年鉴》(东京:东亚同文会,1942 年),页 405。此书
　　收录军事资料至 1942 年 7 月中旬,见页 408。

13　申报年鉴社,《(民国卅三年度)申报年鉴》,页 1054 (这是该年鉴对"现
　　有"海军实力的介绍,列于张龄九文之前)。

14　费正等,《抗战时期的伪政权》(郑州:河南人民出版社,1993 年),页 205。

15　张绍甫,《我所知道的汪伪海军》,页 218—223。维新政府绥靖水巡队和
　　北支特别炮艇队,张绍甫作维新政府绥靖水上巡队和青岛炮艇队,现从
　　田村俊夫,《青岛における第三舰队の自沉》,*Sea Power*,1984 年 11 期
　　(1984 年 11 月),页 72;田村俊夫,《知られざる海军——南京政府海军
　　について》,*Sea Power*,1985 年 3 期(1985 年 3 月),页 63—64。张绍甫
　　文还有一毛病,就是留给读者汪伪政权甫成立,那些散布在不同地区、分
　　属不同组织的舰只一下子便全归汪伪所有。其实光是华中和华北区舰只
　　的主要移交程序就费时一年半(正文有解释)。这虽不算一段长时间,但
　　从汪伪政权本身只有五年许的寿命的角度去看,这支伪海军的初长期就
　　不能说很短了(日文期刊 *Sea Power* 并非一般图书馆庋藏之物,出版较早
　　者更是难得。本文所引此期刊诸文均承姚开阳、吴余德两位提供,特此志
　　感。后来我乘访日之便,也在旧书店买到若干)。

年鉴之类普通媒体公布的阵容单子内的。汪伪海军这样浮报,显是为了凑出一可观的总数来。百余艘、七十余艘这类数字是不能用作实力的代表的。这是要说明的第二点。

这些现成凑合的舰只假如确达到一可观的总数,就必定包括不少小艇小轮,因为连汪伪海军通过这途径得来的所谓主要舰只也是微不足道之物。得自北支特别炮艇队的"海祥",以及得自维新政府绥靖水巡队的"海绥"和"海靖"便是这种货色的例子。讲得清楚点,这些美其名为主要舰只之物都是原属中国海军的"再生舰"。

四、舰只再生的玩意

什么是再生舰? 说来直教人啼笑皆非。自1937年8月淞沪会战至1940年6月国民政府海军退入四川,中国大小舰只在长江水域、青岛、马尾、珠江流域等处被毁者数目相当。中国官方纪录总是说某舰自沉,某舰为日机炸沉,某舰搁浅后自焚,好像它们都为抗战干净利落地终结生命。事实绝非这样简单。(见图64、图67)

日人在某段战事结束,清理水道时,左拣右选地看看哪些沉舰毁艇可资利用,捞出来,送去上海等地修复,再度用作海军舰只。这就是汪伪海军皇牌舰只的转接来源。说它们是转而得者,因为汪伪海军成立时,上距日人开始打捞沉舰,进行修复工作,已有一段日子了。这些舰只在移交给汪政府前,绝大多数都在较前的伪组织或日海军服役过。换言之,此等舰只不单是再生货,还是二手甚至三手的再生货。

接收再生舰的安排并没有给汪伪海军获得能修复的主要前国民政府舰只的保证。事实上,汪伪所得而充当其海军主要舰只者不仅大部分是多手的再生货,更是再生货中之次品。

中国中央海军自沉于江阴的旧舰以"海圻"(见图45)和"海容"、"海筹"、"海琛"(见图44)三艘姊妹舰排水量最大,知名度亦最高。但日人没有兴趣打捞这些过时已久的古董,即使汪伪觊觎这些按中国标准足称为大舰的舰只,也无机可乘。层次高过这些老爷舰的再生舰,更非汪伪所能奢望。日人掳获的前中国舰只,以"宁海"、"平海"、"逸仙"舰龄最小,火力最强。这等级的舰只再生后悉数编入日本海军序列[16],汪伪虽有染指之意(详后),却无机会可言。那么汪伪所得的再生舰究属何层次?不妨用上面讲过的"海祥"、"海绥"和"海靖"来做说明的例子。

这三艘舰的舰名都是修复后改用的新名。"海祥"原名"永翔"(见图65),"海绥"原名"建康"(见图66),"海靖"原名"湖鹗"(见图67)。这报导看似简单,还原的过程则殊复杂。张龄九文并没有讲任何汪伪海军舰只的原名。讲汪伪政权及其统治区的1942年《新支那年鉴》指出"海祥"原名"永翔"[17]。张绍甫文则讲"海祥"原名"永祥",仅说对了一半[18]。至于"海绥"和"海靖"的原名,《新支那年鉴》和张绍甫都没有交代[19]。近年以深入浅出见称的《近代海军》虽说对了"海祥"和"海绥"的原名,"海靖"则仅指其

16　"宁海"、"平海"、"逸仙"三舰的数据和再生历程,本书所收《大陆上的中国近代海军史研究,1949—2000》有详细讲述,不必在此多说。

17　一宫房治郎,《新支那年鑑》,页404。

18　张绍甫,《我所知道的汪伪海军》,页224。

19　一宫房治郎,《新支那年鑑》,页404、406;张绍甫,《我所知道的汪伪海军》,页220。解释"海祥"、"海绥"、"海靖"的来历时,张绍甫不单未能确认其中两艘的前身,还要恶意歪曲事实。他说这三艘都是国民党投敌舰只!这种凭空捏造的恶毒之言,屡替张绍甫加添补注的《伪廷幽影录》编者竟视而不见,完全照登。把抗战以前的中国海军舰只一股脑儿地说成是执政党私有之物,更是罔顾事实的无理控诉。另外,他还误记"海祥"的原名为"永祥"。

为某"湖"字号舰[20],并不够准确。突破性的发展来自田村俊夫好几篇颇详细的报告(都发表在《近代海军》刊行前相当久的一段日子)。利用田村的纪录和其他资料,这三艘再生舰的大概情形幸尚能整理出来。

"海祥"原为抗战前隶属东北海军(亦称第三舰队)的 780 吨日制炮舰"永翔"号(见图 54),即原名"永丰"的"中山"舰的姊妹舰。1937 年 12 月,日海军势即进犯青岛,市长沈鸿烈(1882—1969)于该月 18 日下令将"永翔"等东北海军尚存的舰只弄沉。正如其他抗战初期为战火所毁或自沉以塞河道海港的中国舰只一样,这些舰只在中国纪录都给说成永别人间了[21]。"永翔"从此便在中国纪录中销声匿迹[22]。事实上,日人把它捞起来,在青岛修

---

20 《近代海军》,页 1000。

21 纪录所以如此失实,关键并不在缺乏情报(虽然这是表面原因),而在抗战期间中国海军领导阶层素质的不如理想。日人在甲午战争打垮北洋海军后,尽量掳劫中国舰只以为己用(连根本没有多少实质用途的旧蚊子船也整批拿去)。十年后,他们在日俄战争扫荡俄国舰队,同样绝不放过修复毁伤俄舰的机会。只要抗战期间的中国海军诸领导人有这点历史常识,和明白日人随时积极备战的心态,情报再缺乏,也应知道日人必故态复萌,设法修复中方留下来的废舰破船。因此在人间消失只可能是部分舰只的结局,而不会是所有舰只的共同命运。

22 抗战期间出版的海军战纪均由中央海军主持的海军总司令部全来包办。在这些刊物内(见注 25),东北海军和广东海军的作战经过处处空白;前者空白的程度尤甚于后者。替中央海军辩护者,或会说中央海军的刊物不谈东北海军的抗日事迹,并不等于中央海军不知道。这辩词是不能成立的。试看随后所举有关中央海军舰只的例子,便会知道对自己留下的舰只发生了什么事不独一无所知,还给它们乱砌结局的中央海军,绝无法子对东北海军舰只的遭遇做出更详确的纪录或更合理的推测。然而东北海军的领导人对自己的舰只的结局又何尝知道多一点!"永翔"舰的后事正是说明这种情形的好例子。关于"永翔"的结局,现在所见较原始的中国纪录为一手栽培东北海军成长的沈鸿烈晚年所著《东北边防与航权》(无出版地[台中?]:自印本,无年份[1953年?]),页 26 ;(转下页)

复(修复期间,归属北支特别炮艇队),并装上二门 80 公厘炮作为新的主炮。待修复工作完毕,汪伪政权已登场,日海军便沿早些时间移交北支炮艇队舰只给汪伪之例,于 1941 年 8 月 21 日拨交"永翔"给汪伪海军。移交后,汪伪易其名为"海祥",归威海卫海军基地部使用(该基地于 1942 年 7 月改称威海卫要港司令部)[23]。

"海绥"原为中国中央海军第一舰队的德制 390 吨古董驱逐舰"建康"号。1913 年底,它和两艘姊妹舰一同建成来华。因清廷订购时所拟舰名"长风"、"伏波"、"飞云"有两名与福州船政局前所制舰之名相同,袁世凯遂易此三舰之名为"豫章"(见图

(接上页)"永翔"舰自沉后如何,书中全无交代。因为此书为沈氏十余年后的追述,书中也讲及某些人抗战以后之事,故可以肯定地说他始终不知道东北海军诸舰艇自沉青岛后究竟发生了什么事。正因如此,到了九十年代,厚近三千页的《抗日战史》竟只有一小段讲东北海军舰只自沉青岛(上册,页 735),而国民政府军方与学术界合编著的《战史兵器辞典》仍说"永翔"舰在青岛寿终正寝(下册,页 906),就不足为奇了。

23 张龄九,《国府还都以来的海军》,页 1056;田村俊夫,《青岛における第三艦隊の自沉》,页 72;田村俊夫,《知られぎる海軍》,页 64;田村俊夫,《續知られぎる海軍——南京政府海軍について》,*Sea Power*,1985 年 4 期(1985 年 4 月),页 74。惟移交日期欠明确交代,《知られぎる海軍》说是 1940 年 12 月 13 日,而《續知られぎる海軍》说是 1941 年 8 月 21 日。一宫房治郎,《新支那年鑑》,页 406,亦说 1940 年 12 月为"永翔"等舰艇的移交期。兹取 1941 年 8 月 21 日为"永翔"的移交日期,因 1941 年 10 月委任为"海祥"号舰长的马云生应是该舰归汪伪政权所有后的首任舰长,见 1941 年 10 月 7 日汪伪行政院第八十次会议纪录,收入中国第二历史档案馆编,《汪伪政府行政院会议录》(北京:档案出版社,1992 年),册 9,页 351、363,而申报年鉴社,《(民国卅三年度)申报年鉴》,页 1054,亦谓移交是 1941 年之事(惜未列月和日)。至于北支特别炮艇其他舰只的移交日期则暂采 1940 年 12 月 13 日,以待后论。

50）、"建康"和"同安"[24]。1937 年江阴之战时，"建康"舰于 9 月
25 日被日机炸伤，搁浅于江阴龙梢港。中国纪录说它被炸沉，与
实情不合[25]。

---

[24] 见《民国史料》，页 190—191，所收 1913 年 11 月 18 日《海军部为"长风"
等三舰命名呈文》。*Conway 1906-1921*, p. 397, 误记袁世凯命名为 1918
年之事（袁世凯逝于 1916 年 6 月 6 日）。舰名重用，且惯常多次重用（但
不容一国海军同时有两舰同名），是世界海军习用的传统。与中国差不多
同时开始发展新海军的日本在甲午战争以前已仿习这传统。这是日本海
军很早便极度西化的表征。袁世凯非海军出身，不明究竟，情有可原。当
时主持海军的大员竟阒然不知（不然就是对袁奉承唯恐不周），正是中国
海军领导阶层素质欠佳的说明。

[25] 国民政府海军进入四川后，着手整理海军抗战的纪录，编写出若干稿本。
其中一种，《海军抗战史料》（写成于 1939 年夏，现藏于中国国民党中央
委员会党史委员会），说"建康"军舰亦因要害中弹（与"逸仙"舰）同告
沉没（页 10）。另一种，《海军抗战军事报告》（写成于 1940 年初，现藏
于中国国民党中央委员会党史委员会），谓"建康"舰"与敌机遭遇，当即
发生剧战……舰体以进水速，抢塞无效下沉"（该稿本不注页码）。此类
未刊稿外，国府于抗战期间刊布两种关于海军抗战，而失实尤甚的官方
报告：海军总司令部，《海军战史》（重庆：海军总司令部，1941），页 7，说
"（'逸仙'）……'建康'为我国唯一之驱逐舰，均不幸继'平'、'宁'二
舰之后，作壮烈之牺牲矣。'逸仙'舰、'建康'下沉后……"，和海军总司
令部编译处，《海军抗战事迹》（重庆：海军总司令部编译处，1944），页
61，说"建康"舰"被炸八弹……各部损坏甚多，各舱同时进水，遂亦倾斜
下沉"，均处处胡言。夸大受创程度外（详见正文），最难置信的是，海军
总司令部竟连中国数目有限的舰只都弄不清楚。此级舰同时购自德国
者共三艘，除"豫章"因 1932 年 1 月 21 日在南通青天礁（120°46′30″E.，
31°59′10″N.）触礁后解体外（见"国防部"史政编译局所藏"国军档案"中
编号 628.2/1723 的《"豫章"军舰沉没审讯案》），卢沟桥事变时，此级舰中
国尚有"建康"和"同安"两艘，怎能说"建康"是中国唯一的驱逐舰？更
何况到了三十年代末期仍称这种毫无反潜装备的古董舰为驱逐舰本来就
是存心误导。"建康"于 9 月 25 日搁浅，而"同安"迟至 12 月 18 日才和
其他东北海军舰只在青岛自沉。在中间近三个月的时间里，"同安"才是
这级舰在中国的唯一服役的一艘。中央海军主持的海军总司令部撰写的
海军抗战史，而且还是事隔几年，尘埃稍定后才写的，竟是这样可怜的表
现！无知之外，这表现更反映中央海军鄙视非主流派海军的心态。

从"建康"入选为再生舰可以看得出日人对这种舰只要求很低。即使从不同角度去看,"建康"都是一艘极度过时,不值得花功夫去打捞,且要求其再承担军事任务的古董。这点要从驱逐舰的发展史去理解。

驱逐舰是十九世纪末才出现,专用来对付鱼雷艇的快速小舰(两者之间有时不易分辨开来),故其早期英文名称为 torpedo boat destroyer。第一次世界大战后,驱逐舰的性能不断多元化发展,体积亦愈来愈大,到了三十年代已脱胎换骨[26]。那时尚存的原始驱逐舰性能简单,排水量又只有三数百吨,就不应仍视为驱逐舰了(因科技进步和观念改变,舰只重新归类是各国海军的常规性活动。抗战前的中国海军,除了在舰只改建后重新归类外,绝少作这种调整,不无替自己脸上贴金的意味)。这就是说,卢沟桥事变前的"建康"是一艘极不起眼,而且够资格入博物馆的小舰。因战伤而搁浅的"建康"舰,纵使还有剩余价值,也不该是军事方面的了。

---

26 驱逐舰自十九世纪八十年代至二十世纪三十年代末的发展,参看昌后,《驱逐舰之历史》,《海事》,1 卷 1 期(1927 年 7 月),页 29—33;昌后,《驱逐舰之种类及其性能》,《海事》,1 卷 5 期(1927 年 11 月),页 31—38;昌后,《驱逐舰之任务》,《海事》,1 卷 6 期(1927 年 12 月),页 17—31;T. D. Manning, *The British Destroyer* (London: Putnam and Company, 1961), pp. 32-46; William G. Schofield, *Destroyers: 60 Years* (New York: Rand McNally and Company, 1962), pp. 23-39; Peter Smith, *Hard Lying: The Birth of the Destroyer, 1893-1913* (Chatham, Kent: W. & J. MacKay, 1971); Antony Preston, *Destroyers* (London: Bison Books, 1977), pp. 6-39; Norman Friedman, *U. S. Destroyers: An Illustrated Design History* (Annapolis: Naval Institude Press, 1982), pp. 7-79; Jean Labayle-Couhat, "Le torpilleur des origines à 1900," *Marine et technique*, pp. 441-451; 福井静夫,《日本驱逐舰物语》(东京:光人社,1993 年),页 123、130—142;华鸣,《海战多面手——驱逐舰,Part I 》,《全球防卫杂志》,135 期(1995 年 11 月),页 83—90;唐志拔,《驱逐舰》(北京:人民出版社,1996 年),页 1—29;David Lyon, *The First Destroyers* (London: Chatham Publishing, 1996)。

日人还是把它捞起来，修复再用作军舰。日人对再生舰要求之低，由是可见。

在续讲"建康"舰的再生经历前，要先补述两件事。

东北海军在卢沟桥事变前，因东北的基地在沈阳事变后为日人所占，主要舰只复叛逃，元气大伤，质量均不足称，故最后在青岛一带自沉者，就以"永翔"素质最高。职是之故，青岛并非日人寻找可以修复的舰只的主要去处。这种活动集中在江阴至镇江之间的长江水道，因为中国海军留下来的舰只（自沉、搁浅、被炸沉等状态）以这一带数目最多，品质也较高。日海军委派两组人员在这一段长江水域专责打捞中国舰只，一组来自"朝日"号修理舰（15,200 吨，1900 年英制主力舰，1921 年改编为海防舰，1928 年改建为潜艇救助舰，1937 年改编为修理舰），一组来自舞鹤造船所[27]。这是第一点补充说明。

中国海军自沉舰只，或撤退时留下伤毁的舰只，每先拆下武器以供别用（但不一定如此）。修复这些舰只除一般修理工程外，还得重新装配武器，才能再负起军事任务。重新装配武器时，日人很少依据原来的装备。掌握不到新装备的资料，便很难判断某艘再生舰究竟火力如何。至今尚不知道"海祥"号除了二门 80 公厘炮外，还有什么武器，便是这种情形的例子。这是第二点补充说明。

补释了有关背景，便可以续述"建康"舰的遭遇。日人开始清理长江下游水道时，发现搁浅的"建康"舰损伤颇轻，很容易就把它拖走。那时日本政府已委三菱造船所管理上海江南造船所。"建康"和大多数的前中国舰只都是在此修复的。修复后，"建康"

---

27 田村俊夫，《雜役船"翠"（やませみ）と"翡"（かわせみ）》，*Sea Power*，1984 年 3 期（1984 年 3 月），页 11；Toshio Tamura, "The Miscellaneous Ships Yamasemi（Ex-Chinese Destroyer Chien Kang）and Kawasemi（Ex-Chinese Torpedo Boat Hu E）," *WI*, 34:1（March 1986），pp. 87-88.

易名杂役船"翠"号,于 1938 年 7 月 13 日编入日本海军。因为它主要承担运输工作,所以在修复时把干舷改建高些。"翠"号的主炮是装在舰前的一门 47 公厘炮。

1939 年 12 月 21 日,"翠"号和另一艘同在江南造船所油漆和装配武器的再生舰一并自日海军除役,移交给维新政府。"翠"号更名"海绥"。汪伪政权出场之首日,这两艘再生舰复同时成为汪伪海军的主要舰只,且并归南京要港司令部管辖。汪伪没有再更改"海绥"的舰名[28]。

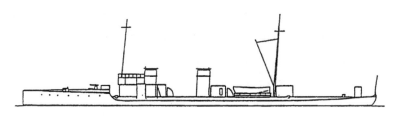

"海绥"号型线图(1940 年)

和"海绥"一同归汪伪所有的另一艘再生舰就是上面提过的"海靖"。这艘原名"湖鹗"的舰艇是四艘一级(其他三艘为"湖鹏"、"湖鹰"和"湖隼"),1907—1908 年间建成来华的日制 96 吨老式鱼雷艇。说其老式,因为迟至三十年代末期已不易在世界各

<hr />

28　张龄九,《国府还都以来的海军》,页 1055 ;田村俊夫,《雜役船"翠"と"翡"》,页 9—12 ;Tamura, "The Miscellaneous Ships Yamasemi and Kawasemi," pp. 86-92 ;田村俊夫,《續知られぎる海軍》,页 74。按时间计,《抗日战史》,上册,页 822,和《战史兵器辞典》,下册,页 771,应能用得到上列著述,但它们仍仅说"建康"中弹沉没。其中《抗日战史》尤其失职,照搬注 25 所引《海军战史》说的"建康"为中国唯一驱逐舰云云那两三句话,便算了事。以后凡遇到此二书把日人修复的舰只说成因战事永别人间,都不再提了,以免批判重复到无聊的程度。

国海军找到艇首的固定鱼雷发射管镶为舰壳一部分的鱼雷艇了。它所用的 14 吋（356 公厘）鱼雷，口径比当时各国海军的鱼雷艇通常所用者小得多。这就是艇的设计过时已久的证明 [29]。

　　这一级四艘原属中央海军第二舰队的古董鱼雷艇，在卢沟桥事变后数月间，便有三艘为战火所毁伤。其中"湖鹗"一艘于 1937 年 10 月 8 日在江阴鲥鱼港因伤搁浅，并不如中国纪录所说的被日机炸沉 [30]。

　　日本查勘可复用的舰只时，发现这艘鱼雷艇容易处理得不应放弃——艇身笔挺地大部分露出水面（见图 67），除了被机关枪射穿的洞外，损坏有限，而且艇上武器虽被中国海军拆走，镶在艇首的固定鱼雷发射管仍在。补好枪洞后，日人趁潮水一涨，就把它拖走。其后它的修复过程（同样弄高干舷以利承担运输工作），以及编入日本海军和拨交给维新政府后又转归汪伪海军的情形，连同几次有关日期都和"建康"舰者一样。它再生后同样更名两次；它归日海军所有时名"翡"，加入维新政府时易名"海靖"。汪伪沿用

29　以日本为例，三十年代建造的"千鸟"级（共四艘）和"鸿"级（共十六艘）水雷艇（即小型驱逐舰）均装配 21 吋（533 公厘）口径的鱼雷发射管；见福井静夫，《（写真）日本の軍艦——ありし日のわが海軍艦艇》（东京：ベストセラーズ，1970 年），页 305；WG, pp. 275-280; JJM, pp. 275-280; 许秋明，页 84、391—392；福井静夫，《日本駆逐艦物語》，页 305；新人物往来社战史室编著，《日本海軍艦艇總覧》（东京：新人物往来社，1994 年），页 208—209；《日艦全史》，别册（资料篇），页 54。

30　《海军抗战史料》稿本说"'湖鹗'鱼雷艇于二十六年十月八日，在鲥鱼港……与敌机猛烈抗战……告沉没"（页 12）。《海军抗战军事报告》稿本则仅说"八日'湖鹗'又告失利"。海军总司令部，《海军战史》，没有"湖鹗"的作战纪录。海军总司令部编译处，《海军抗战事迹》，虽仅有笼统的记述，但仍明言它是被炸沉的，见页 5、62 和书后的《海军现在及抗战损失各舰艇吨位比较一览表》。

"海靖"之名,不再更改[31]。

即使仅算再生后的生涯,"海绥"和"海靖"到汪伪手时已是三手的再生货了。

"海靖"倒有一事别具意义,就是我们侥幸知道它再生后的武装情形。再生舰有什么武器,一般都找不到纪录。追查舰只再生前后武装有无大分别,是探讨日人心态的理想门径。可惜进行这种探讨的机会太少了。

"海靖"一例,可以用表列的方法去处理[32]:

湖鹗		翡	海靖
初建	三十年代		
47公厘/30　三磅弹(实为2.5磅弹)速射炮二门	47公厘/30　三磅弹(实为2.5磅弹)速射炮一门 37公厘/22　一磅弹速射炮一门	40公厘炮一门 7.7公厘机关枪一或二挺	
14吋(356公厘)鱼雷发射管三个,其中一个固定镶在艇首内,二个可调整发射角度的装在上层建筑(一在中部,一在艇尾)		仅有虚设的艇首鱼雷发射管	

31　"湖鹗"在江阴之后的经历,见注 27 所引田村俊夫有日、英两版本的文章。

32　"湖鹗"和其同级姊妹艇在抗战前曾更换炮械的情形,以及"湖鹗"再生后新装配炮械的情形,除注 27 和 31 所引田村俊夫有日、英两版之文外,另参考东亚同文会调查编纂部,《(第二回)支那年鑑》(东京:东亚同文会,1916 年),页 457;申报年鉴社,《申报年鉴——民国二十二年》(上海:申报馆特种发行部,1933 年),页 L30—31;Chao-ying Shih 时昭瀛 and Chi-hsien Chang 张启贤, ed., *The Chinese Year Book, 1936-37*, Second issue(Shanghai: The Commercial Press, 1936), p. 968; Council of International Affairs, *The Chinese Year Book*, 1937 Issue(Shanghai: The Commercial Press, 1937), p. 344;《战史兵器辞典》,下册,页 1000—1003。但这本辞典说这级鱼雷每艘只有两个鱼雷发射管分置前后,就错得离谱。这级鱼雷艇是日海军 67 号级鱼雷艇的改良型(田村俊夫有解释),而 67 号级有三个鱼雷发射管,那么改良型怎会倒退到仅得发射管两个?有关 67 号级鱼雷艇的数据,参看 WG, pp. 236-237; JJM, p. 125; 福井静夫,《日本驱逐舰物语》,页 307—308;《日舰全史》,别册,页 54。

卢沟桥事变前的"湖鹗"和日人修复后的"翡"（以及后来在伪政权的"海靖"），火力差可比拟。最大的分别在日人没有装回拆去的可调整发射角度的鱼雷发射管。这是势所必然之事。日海军（甚至虚有其名的伪政权海军）固然用不着派这样一艘古董鱼雷艇上阵，就算果有意做到十足的还原，还得特别订制早已过时的鱼雷发射管和鱼雷才行。因此，除非改建艇首就不得不留下来的艇首鱼雷发射管便作了空置的装饰品了。这艘再生舰的火力虽减弱了（这是按此级鱼雷艇在中国海军之手时发射管仍能使用而言。说不定这些发射管因过时且口径特小的鱼雷难求早成废物），但不能说这是日人故意安排的结果。从另一角度去看，中国以"湖鹗"及其姊妹艇为战斗性舰只，而日人修改"湖鹗"为承担运输工作的非战斗性舰只（non-combatant）；后来再充当维新政府和汪伪政府的主要舰只是另一回事，双方对这艘舰只的需求根本不同。用"海靖"来做实验，行动只能算是中性的。

在未考虑做别的实验前，"海靖"一例还有应解释清楚的地方。一艘排水量不满百吨，又给废除了发射鱼雷功能，而射击火力并不较前为强的鱼雷艇该如何归类？首先，不足百吨的海军舰只只配称为艇。在 3 时炮只算为微不足道的小口径炮的时代（不能和现在连三千多吨的战斗性舰只也往往仅用一门孤伶伶的 3 时炮

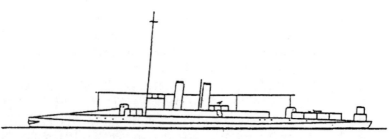

"翡"号（后之"海靖"号）型线图（1938 年）

来充主炮的情形相比),50 公厘以下口径的射击武器只配当舰的辅助性武器。排水量小,主要炮械口径亦小的战斗性舰只充其量只能算作炮艇。汪伪海军却大言不惭地封"海靖"为炮舰(日人称"翡"为杂役船)。此事足证汪伪海军是自欺欺人的把戏。

虽然"海靖"帮不了忙,实验还是可以续做下去的。可供进行这项实验的是汪伪海军的旗舰"海兴"号。这艘皇牌舰的前身是中国中央海军第一舰队的 860 吨炮舰"永绩"号[33]。它的再生经过与上述三艘的情形有同有异,异的地方说不定比相同之处更具显示性。

1938 年,武汉保卫战期间,停泊在武汉上游新堤的"永绩"舰于 10 月 21 日因战伤而搁浅。10 月 26 日,中国海军在撤出岳阳地区时,把"永绩"连同较早在岳阳因遭空袭而搁浅的国产舰"民生"(505 吨,1931 年)和日制舰"江贞"一并焚毁,以免资敌[34]。这是中国纪录的官样文章。

当日人于 11 月 8 日登占"永绩"舰时,发现这艘中国纪录强调先因受重伤而搁浅,后更自行焚毁的舰只不仅可以很容易便拖走,还能够修复[35]。

这里涉及一个不能说不严重的问题。送去江南造船所修理的并不只"永绩"一艘,连"民生"和"江贞"都一齐被送过去。几百吨的小舰,受伤搁浅后("永绩"一例,中国纪录还声明受重伤),复

---

33 张绍甫,《我所知道的汪伪海军》,页 230,竟把此舰的排水量放大两倍有奇,说它重 2,000 吨!

34 海军司令部,《海军战史》,页 26—28;海军总司令编译处,《海军抗战事迹》,页 19。其实"永绩"舰抗战胜利后重为国民政府海军所有,恢复原名,并参加国共内战。《战史兵器辞典》,下册,页 843,误指此舰 1949 年 4 月 23 日毁于南京战事(正文后有交代)。

35 Toshio Tamura, "The Fate of the Chinese Gunboats Yung Chien and Yung Chi," *WI*, 15:2(June 1978), pp. 146-147.

自行焚毁(既是自发的,有计划的行动,干起来就不该有保留),应损坏到无法修复才对。岂料它们还能挨得起被长途拖运去上海!"永绩"也不是这组舰之中的唯一再生舰,起码还有"民生"也被修复,再度以军舰的形式服役[36]。中国纪录的虚报程度,不难想见。

汪伪政权成立后近两个月,"永绩"才修理完竣[37],日人便于 1940 年 5 月 22 日把它移交给汪伪海军[38]。汪伪易其名为"海兴"[39],拨交给南京要港司令部管辖,兼供中央海军学校和中央水兵训练所学员练习之用[40]。整支伪海军的旗舰就是"海兴"(见图

---

36 日人改建"民生"为"飞渡の瀬"号修理船(杂役船的一种),1939 年 12 月命名,1942 年 3 月 5 日重新下水,1942 年 5 月 25 日竣工。1944 年 12 月 22 日,该舰与货轮相撞而沉搁。打捞修复后,卒因触雷而沉没。此舰的再生情形和再生后的经历,见江南造船所史刊行会,《江南造船所——歴史と想い出》(横滨:江南造船所史刊行会,1973 年),页 116;JJM, p. 242; Conway 1922-1946, p. 413;《日艦全史》,下册,#3131。日人送"民生"往江南造船所修理,并非不见中文著述,而是此等著述只作偏颇的报导,强调"民生"在修理将竣时(1939 年 9 月 21 日晚,这日期也不见得准确,见注 37),被船厂工人打开船塞,放水弄沉,使读者产生此舰从未在日军旗下服役的错觉;见上海社会科学院经济研究所,《江南造船厂厂史(1865—1949.5)》(南京:江苏人民出版社,1983 年),页 244—245。这种故意偏差是史学为狭窄民族主义服务的结果。另外, Conway 1906-1921, p. 398,说日人亦打捞"江贞",实情如何,尚待追探。

37 "永绩"的修复时间所以比其他再生舰长,大概由于该舰在江南造船所修理期间曾于 1939 年 12 月因故沉搁;见江南造船所史刊行会,《江南造船所》,页 153。

38 此舰移交汪伪的日期,见 Tamura, "The Fate of the Chinese Gunboats Yung Chien and Yung Chi," p. 147.

39 张绍甫,《我所知道的汪伪海军》,页 230,竟说汪伪海军易"永绩"之名为"海峡"!连同从他把这艘整支伪海军最重要的舰只的排水量也误记到离谱的程度去看(见注 32)(难道他当海军学校学生时从未在这艘练习舰上受过训?),张绍甫对汪伪海军的认识实在成问题。

40 张龄九,《国府还都以来的海军》,页 1053。

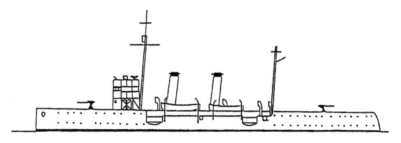

"海兴"号型线图（1940 年）

68 ）[41]。

"海兴"的前身和上述"海祥"、"海绥"、"海靖"的前身不同。"永绩"不是外购舰，而是江南造船所建于 1914 年的国产舰（有一艘姊妹舰"永健"号）。汪伪海军以国产舰为旗舰，未尝不是反讽性的异数。

汪伪海军选旗舰，"海兴"是当然之选。虽然它未必是整支伪海军最大的舰只，但它有明显的优点。首先，它的状态不会比其他再生舰差，加入汪伪海军也不算迟。更重要的是，它没有在日本海军或较早的伪政权服役过，修复后便直接拨归汪伪，原建日期也比别的再生舰晚，因而可容汪伪标榜其为较新和背景较简单的舰只。

---

41 称"海兴"为旗舰需要解释，因为汪伪海军仅说它是练习舰。指其为旗舰有三理由：（一）"海兴"是唯一由上校充舰长的舰只，而且历任舰长官阶均一样，从无例外；见中国第二历史档案馆编，《汪伪国民政府公报》（南京：江苏古籍出版社，1991 年），册 8 所收 457 号公报（1943 年 3 月 12 日），页 12，册 9 所收 499 号公报（1943 年 6 月 18 日），页 9，册 10 所收 555 号公报（1943 年 10 月 27 日），页 9，册 12 所收 666 号公报（1944 年 7 月 14 日），页 6，册 13 所收 747 号公报（1945 年 1 月 22 日），页 8；1943 年 6 月 1 日汪伪行政院第 164 次会议纪录，收入中国第二历史档案馆编，《汪伪政府行政院会议录》，册 19，页 361、373。（二）公布"海兴"舰上各职任免令的次数和这些任免所涉及的官阶的类别都比任何舰只为多；这种消息遍见汪伪政权的政府公报，不必细举。（三）长期实地考察"海兴"舰的田村俊夫即称之为汪伪海军的旗舰。

交代过背景,便可看看这艘再生舰的武装情形能否容许做一次够显示性的实验。方法仍如前,表列处理[42]:

永绩	海兴
4吋/50炮一门	100公厘炮一门
3吋/50 十二磅弹炮一门	90公厘炮一门
47公厘三磅弹炮四门	小口径枪炮九门
40公厘二磅弹高角炮一门	
37公厘一磅弹炮二门	
7.9公厘机关枪一挺	

虽然"海兴"号上的小口径枪炮不知何所指,但"永绩"舰上47公厘及以下诸小口径武器仅得八件,而"海兴"的90公厘副炮比"永绩"的3吋副炮口径大。综合起来,"海兴"的火力应在"永绩"之上(退一步说,总不该比"永绩"差)。如果"永绩"和"海兴"武装的比较不是孤立的例,而确有代表性的话,日人重新装配再生舰上的武器时,虽很少依据原来的模式(炮械的数目、大小和部署,与舰只的设计息息相关,除非大肆改建舰身,或大幅度增减火力,再装配武器仍不致与原来的情形完全脱钩的),并没有刻意减低火力的企图。

话虽如此,九百吨以下的舰只毕竟是小舰;百吨以下者就绝对只该称为艇。即使确实试图增强此等舰艇的火力,也难免受体积的

---

[42] "永绩"的武装情形,据 Chao-ying Shih and Chi-hsien Chang, *The Chinese Year Book, 1936-1937*, p. 966; Council of International Affairs, *The Chinese Year Book*, 1937 Issue, p. 342; *Conway 1906-1921*, p. 399; Tamura, "The Fate of the Chinese Gunboats Yung Chien and Yung Chi," p. 145;《战史兵器辞典》,下册,页842。再生为"海兴"后的武装情形,见 Tamura, "The Fate of the Chinese Gunboats Yung Chien and Yung Chi," p. 147.

限制。汪伪海军充其量只有一艘舰只排水量超过千吨(详后),各艘舰只火力有限是必然之事。这事实正说明这支海军的性质。

五、汪伪海军成军之初拟向日本索取的舰只

汪伪海军用作主力的再生舰虽然数目有限,但仍不只上述四艘。不同来源的报导恒谓汪伪海军共得到九艘这样的舰只[43]。这是个不可靠的数字,但它起码指出汪伪所得的再生舰并不限于上述四艘。汪伪究竟还从日人手上得到什么原属中国的舰只? 追查下去,得先回答汪伪海军有无自订的发展计划,抑或仅被动地任由日人拨给舰只的问题。

汪伪海军成军之初确有既向日本索取舰只,亦谋自建的双轨计划。自建舰只的计划,随后另有专节讲述,现先交代拟索取舰只的情形。

在近年出版的中国海军史论著里,每见日本因为汪伪海军部长之选聘数度难产,遂以移交修复后的"宁海"、"平海"、"逸仙"三舰为饵,引诱前国府海军部海政司少将司长许继祥(1884—?,福州船政局后学堂驾驶班第十二届)出任此职,后食言,而汪伪没有本领追究的说法[44]。惟因未见有关的直接纪录,而目前所见的史料则记述颇异,故暂不宜轻信[45]。

---

43 说见左史,《汪伪军事机构及伪军概况》,页 161;苏时文,《汪伪政府的军事组织和伪军》,《江苏文史资料》,29 期(1989 年 12 月),页 49。两者相隔六年多而文字近似,复见于同一期刊,因此不排除后者只是前者的翻版。这点或者无关宏旨,因为汪伪时期的年鉴已有九艘之说,见一宫房治郎,《新支那年鑑》,页 404、406。

44 如姚开阳,《黄金十年的国府海军建设》,页 83。

45 拙作《海军与抗战》,页 193,亦轻信此传闻之言。

1941 年 3 月 15 日（上距汪伪政权成立和首次接受日人拨舰已差不多一年），汪伪海军部提出《海军部建设新海军五年计划》，其中列出拟向日人索取的六艘舰只[46]：

计划期数	舰种	原名	新名	排水量	年度
第一期 （1941 年 7 月— 1944 年 6 月）	炮舰	鄱阳[47]	鄱阳	600 吨	第一年 （1941 年 7 月—1942 年 6 月）
	巡洋舰	宁海[48]	御藏	2,500 吨	第二年 （1942 年 7 月—1943 年 6 月）
	巡洋舰	平海	见岛	2,500 吨	第二年
	炮舰	竹生[49]		100 吨	第二年

---

46 "国军档案"，003.9/3111，《汪伪海军部会议纪录》中之《海军部建设新海军五年计划——第一期三年计划、第二期二年计划》（1941 年 3 月 15 日）。

47 其实日海军定"鄱阳"为测量舰兼工程船，其排水量应为 569.5 吨；见江南造船所史刊行会，《江南造船所》，页 116。虽然"鄱阳"的前身尚待查明，其原属中国当无可疑。倘容据排水量推测，"鄱阳"的前身或为江南造船所陷落日人之手时尚在施工，预计排水量 610 吨的钢质布雷舰"泰宁"号；参考上海社会科学院经济研究所，《江南造船厂厂史》，页 400—401；《舰艇工业史料》，页 950—951；姚开阳，《黄金十年的国府海军建设》，页 85。JJM, p. 263, 则谓其原为建于 1891 年的英制招商局轮船"鄱阳"号，并谓其于 1940 年 3 月 15 日编入日本海军；然记其排水量为 4,600 吨！抗战胜利后，该舰为国民政府海军所接收，易名"青天"，仍充测量舰；见"国军档案"，771/6010，《日帝汪伪移交舰船接收处理案》中之《海军接收敌伪舰艇命名册》，排水量列为 525 吨，与日舰"鄱阳"的纪录近。

48 日人缴获"宁海"和"平海"后，易前者之名为"御藏"，后者为"见岛"。其他有关诸事，收入本书的《大陆上的中国近代海军史研究》有详细交代。

49 汪伪海军误记"竹生"为原名；其实这是日人起之新名（竹生为日本小岛名）。它是日人就遗留在江南造船所，尚在施工的首都警察厅木质 149 吨巡逻艇"都宁"号改建而成的交通船（杂役船的一种）。日人命名其为"竹生"是 1939 年 7 月 20 日之事。参考上海社会科学院经济研究所，《江南造船厂厂史》，页 400—401；田村俊夫，《江南造船所の佔領と未成艦船》，*Sea Power*, 1985 年 2 期（1985 年 2 月），页 73—75；《舰艇工业史料》，页 950—951；《日艦全史》，下册，#3076；姚开阳，《黄金十年的国府海军建设》，（转下页）

续表

计划期数	舰种	原名	新名	排水量	年度
第二期 （1944年7月— 1946年6月）	炮舰	永健[50]	飞鸟	860吨	第四年 （1944年7月—1945年6月）
	炮舰	民生	飞渡の濑	670吨	第四年

　　汪伪计划在四年间分次向日人索取六艘舰只，涉及的时间不可谓不长。汪伪需要（自愿承担？）负责修理费用当是如此拖延的主因。这些修理费预计为法币一千三百七十万元（并列明新建此六艘要七千余万元，以示物有所值）。自订程序、需款颇巨的条件，

（接上页）页85。抗战胜利后，"竹生"为国民政府海军所接收，易名"崇宁"（而不是复用"都宁"原名；原先的"崇宁"为排水量较大的"海宁"级炮艇），拨交给海道测量局使用；见"国军档案"，771/6010，《日帝汪伪移交舰船接收处理案》中之《接收敌伪废舰二七三艘处理实施情形表》和《海军接收敌伪舰艇命名册》。

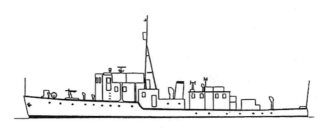

"竹生"号型线图（1939年）

50　"永健"为文中所说"永绩"舰（汪伪易名"海兴"）的姊妹舰。此舰于1937年8月25日在江南造船所被日机炸至沉搁；1938年10月25日，它已被修复为日海军的特种鱼雷炮舰"飞鸟"号。抗战胜利后，此舰重为国民政府所有，恢复原名。资料见 JJM, pp. 269-270; Tamura, "The Fate of the Chinese Gunboats Yung Chien and Yung Chi," pp. 145-146; 马幼垣，《海军与抗战》，页200（日人用日本地名命名该舰，英文作 Asuka；但日本有两地名音均为 Asuka，此文误选另一地名"明日香"，兹更正）。

以及汪伪并未要求移拨"逸仙"舰的事实,都足教人怀疑用"宁海"、"平海"、"逸仙"三舰诱使许继祥出掌海军部的传说之可靠性。上列的拟索舰只名单还显示出四件事:(一)拟向日人索取者均为前属中国之物,虽然未必全为海军舰只,故均有旧名。(二)汪伪没有胆量要求日人移交日海军舰只,更不敢梦想日人会按助伪满海军之前例,安排其在日本订购特别设计的新舰只。(三)这些中国舰船虽被日人拿去好一段时日,均尚未修复,甚至有预计四、五年后仍不会修复者。因此,即使汪伪能取回这些舰只,也得耗资和花费人力和时间去处理修复工程。(四)从表中所列数据漏误均多这点去看[51],汪伪并未向日人要此等舰只的资料,索舰之事也就没有先征求日人的同意了。

半年后(9月),汪伪海军修订五年计划(详后),拟向日人索取的舰只以及索取的次序也有了变动[52]:

第一年:"宁海"

第二年:"鄱阳"、"永健"、"民生"、"竹生"、"江宁"

第三年(1943年7月—1944年6月):"平海"

次序更动外,还增索"江宁"一艘。

"江宁"号(排水量260吨)建成于1933年,为三十年代初中期江南造船所建造的十艘"海宁"级炮艇之一。1937年10月5日(江阴战役期间)为日机炸伤(而沉搁?)于大沙圩[53]。汪伪既拟

---

51 参看注47、49。

52 "国军档案",570.32/3111,《汪伪海军部建设新海军五年计划案》中之《海军部建设海军五年计划》(1941年9月)。

53 失"江宁"号的时地有以下的几种纪录。《海军抗战史料》稿本记"江宁"1937年10月5日沉没于炮子洲(页12)。《海军抗战军事报告》稿本说"江宁"于1937年10月5日在江阴地区牺牲而不注明详细地点。海军总司令部,《海军战史》,没有此事的纪录。海军总司令部编译处,《海军抗战事迹》,书后的《海军现在及抗战损失各舰艇吨位比较一览表》(转下页)

向日人索取"江宁",则此炮艇当时尚存且可修复,而非如中方纪录所强调的已自人间消失[54]。

再过半年多以后(1942年4月1日),汪伪海军部召开第二次会议时,大会通过军令处处长吴兆莲(宣统年间留学日本海军)所提向日人索取"宁海"、"平海"二舰的议案[55]。看来两次索舰方案一开始就自乱阵脚,并没有按自订的程序进行。是否随后果向日本提出索取"宁海"、"平海"的要求,纪录未见。其他五艘有无采取行动,同样不知道,且天网恢恢,汪伪政权也挨不完原先计划建新海军的五年期。

事情的结局倒是明显的。汪伪看上眼的前中国舰船,日人充其量仅交出"江宁"一艘。可是,连这一艘排水量最小的是否真的归还也尚未能确定(详后)。

日人拨交给汪伪的再生舰,数目既超过前述"海祥"等四艘,时间复不局限于汪伪海军成军之初,倘按汪伪的意图(就算汪伪没有正式提出要求,日人亦必知其意图),送一两艘虽稍起眼,却毫无成本可言,又未修复的战利品过去,视为鼓励也好,算作应酬也罢,连九牛一毛都称不上。日人为何竟采不闻不问的态度?可能的解释是日人乘机表态——主人给奴才东西,全凭主人之意,奴才是没有选择权的,更不应妄想主动提出要求。

(接上页)谓"江宁"于1937年10月(不注日)"在江苏炮子洲被敌机炸沉"。兹据《抗日战史》,上册,页833,因消息谅出自档案。炮子洲和大沙圩者是同地异名,这可能性暂不能排除。

54　除上注所引中方纪录强调"江宁"自人间消失外,田村俊夫,《"海宁"级砲艇の建造とその最期》,*Sea Power*,1984年12期(1984年12月),页1—2,亦没有说"江宁"为日人所修复。

55　"国军档案",003.9/3111,《汪伪海军部会议纪录》中之《海军部会议第二次大会议事议程》(1942年4月1日)。

六、日人提供汪伪的其他舰只和再生舰定义的扩展

既然汪伪表示有兴趣的前中国舰船充其量仅取得"江宁"一艘,而日人拨交给汪伪的再生舰并不止于前述"海祥"等四艘,其他的移交舰只便有试图确认的必要。"海祥"等四艘外,《新支那年鉴》另列出"同春"、"江绥"、"江靖"三艘[56]。追查可以从这三艘开始。

"同春"的来历不易追查。《日华基本条约》签署后不久,日人便于1940年12月13日把驻守青岛的北支特别炮艇队的"同春"、"民德"、"东海"、"海和"等舰只"返还"(日文"归还"之义)给汪政府。田村俊夫怀疑"同春"的前身为沈鸿烈下令自沉于青岛的"同安"("建康"的姊妹舰)[57]。

从青岛有十余艘沉舰的角度去推测,"同春"即"同安",自属可能。若从舰名角度分析,此事的可能性则不高。汪伪海军的主要舰只既以海字取名,而"同春"归其所有时,"海绥"已入编列整年了,为何其后得之姊妹舰竟来一个毫无关连的名字?据"同春"、"同安"仅一字之差去立论亦难言之成理。除了"永翔"、"海祥"有一字同音外[58],找不到新名更积极反映旧名的确知例子。还有,汪伪政权所刊英文年鉴 The China Annual, 1944 说"同春"的排水量为322吨,与"同安"的390吨排水量差了不说小的17%

---

56 一宫房治郎,《新支那年鑑》,页404、406。

57 田村俊夫,《青岛における第三艦隊の自沉》,页72;田村俊夫,《知られぎる海軍》,页64;田村俊夫,《續知られぎる海軍》,页74—75。另外,申报年鉴社,《(民国卅三年度)申报年鉴》,页1054,误说这些舰只移交于1942年,日期太后了。

58 这一字同音害得张绍甫,《我所知道的汪伪海军》,页222,把"永翔"写作"永祥"。

强[59]。说"同春"就是"同安",可能性虽存在,然尚未能视为定论。

"同春"、"民德"、"东海"、"海和"移交后(其他三艘的情形,见下文),都归属威海卫海军基地部[60]。

至于"江绥"和"江靖"两艘,中文论著有原为中国海军胜字号炮艇之说[61]。此说纵使正确,也讲得太笼统了,无法据以判断究竟是多艘以胜字命名的炮艇中的哪两艘。那是因为各艘胜字号炮艇排水量和结构互异,根本不同属一级,而是用不同来源的旧舰船改建而成的[62]。

田村俊夫并不以为"江绥"和"江靖"与胜字号炮艇有关。首先,他指出"江绥"、"江靖"和"海绥"、"海靖"是日海军同时于1939 年 12 月 21 日拨交给维新政府的[63]。这交代或可作为他掌握资料程度的反映。从"海绥"和"海靖"曾分别以"翠"和"翡"之名在日海军服役一段时期的史实去看,"江绥"和"江靖"之同样由日海军拨交给维新政府也可证此二舰曾为日海军编列的舰只。可惜田村没有亲验此二舰的机会。从分析"江绥"的照片,他得出"江绥"的前身并非海军舰只,而是海关缉私舰或在长江负责安置水路标识的工作船的结论。他还推定修复后的"江绥"约重 300吨,是炮艇的支援舰[64]。另外还有"江绥"原为建成于 1934 年的

59 *The China Annual, 1944*(Shanghai: Asia Statistics Co., 1945),p. 573(谅为汪伪政权所刊的唯一英文年鉴,厚一千二百余页,罕见)。虽然此书误指"海祥"(仍记"永翔"原名)的排水量为 730 吨,但差额的比例小多了,故不能说 322 吨与 390 吨之别只是误记。

60 张龄九,《国府还都以来的海军》,页 1056;*The China Annual, 1944*, p. 572.

61 《近代海军》,页 1000。因没有注明消息来源,暂无从核对。

62 《近代海军》,页 923;《舰艇工业史料》,页 211。

63 田村俊夫,《知られざる海軍》,页 63。

64 田村俊夫,《續知られざる海軍》,页 74。田村也有交代不够清楚之处。"江绥"、"江靖"和"海绥"、"海靖"的取名显是相应的,而"海绥"(转下页)

280 吨炮艇 "威宁" 号（与 "江宁" 号同级）之说[65]。二说均不正确。

"江绥" 和 "江靖" 其实细小得很。"江绥" 的排水量仅 60 吨，还要小的 "江靖" 号只有 30 吨[66]！

"江绥" 和 "江靖" 归汪伪所有后（日期未详，谅与 "海绥"、"海靖" 同时移交），"江绥" 被分配到南京要港司令部，"江靖" 开始时大概也是这样分配的。后来 "江靖" 转归 1943 年 4 月成立的汉口海军基地部[67]。

"同春"、"江绥"、"江靖" 三舰前身的探讨带来一个新问题。假如此等舰只不是修复的中国海军沉舰或搁浅舰只，而是日人把掳获的未为战火创伤的中国海关缉私舰艇、水警巡逻舰艇、测量舰船，甚至非武装或非军用船艇改建成充当正规单位的舰只，该否仍算作再生舰？因为要把汪伪海军直接和间接（通过较早的伪组织）得自日人的舰只艘艘考明来历是绝不可能之事，又因为要悉数追查为数不少的中国海军沉舰和搁浅舰只的最终结局同样绝难办得到，那么尚未考明来历的舰只总有符合前述再生舰定义的可能。譬如说，随 "同春" 一并 "返还" 汪伪的 "民德"、"东海"、"海和" 等炮舰（同时移交的还有其他舰只，详后）既只可能是排水量有限的小舰只，又全部以青岛为基地，而沈鸿烈下令自沉青岛的小舰只数目并不算少，除非确能考出所有 "返还" 炮艇的前身，要完全否决

（接上页）和 "海靖" 是这两艘舰归维新政府所有后才起的新名。"江绥" 和 "江靖" 前在日海军也该另有名字。倘果如此，会不会是和 "翠"、"翡" 相应的名称？

[65] 说见姚开阳，《黄金十年的国府海军建设》，页 84—85。文内谓 "威宁" 号炮艇（300 吨，1934 年）为日军所俘后，易名 "江绥"，交给汪伪海军使用。

[66] "国军档案"，107.6/3111，《汪伪海军接收清册》中之《南京要港司令部所属各舰艇驻泊地点造具清册》；771/6010，《日帝汪伪移交舰船接收处理案》中之《海军接收敌伪舰艇命名册》。

[67] 张龄九，《国府还都以来的海军》，页 1055—1056。

两组之间的关连是不必要的。何况即使确知某些舰只是就未尝沉搁的前中国舰船改建而成，也很难知道改建的程度，而且改建正是再生的一种方式。因此，凡是汪伪直接间接得自日人而前属中国海军、海关、水警、地方政府的舰只，除非确知没有多大改动过，都广义地归类为再生舰。

定义弄清楚后，不妨按时程提要上面说得颇综错的发展层次，随后续交代辅助性舰艇时，就会较易处理。

如果不算汪伪出场以前日人的行动，上面所讲与汪伪海军置备舰只过程有关的事共四项:(一)汪伪政权成立时，汪伪海军接收日人前拨交给维新政府的"海绥"（"建康"）、"海靖"（"湖鹗"）、"江绥"、"江靖"四艘舰只，名字亦沿用维新政府所取者。（二）日海军于1940年5月12日移交的前"永绩"舰，以"海兴"新名充当汪伪海军主要用作训练用途的旗舰。（三）1940年12月13日，日海军"返还"以青岛为基地的北支特别炮艇队的"同春"、"民德"、"东海"、"海和"等舰只。（四）1941年8月21日，汪伪接受日海军移交的前"永翔"舰，易其名为"海祥"。汪伪政权在开始的一年半时接受日人移交舰只的情形大致如此。对于这些集中在华中和华北的移交活动，还有些补充的话要说。

首先应补说田村俊夫对北支特别炮艇队所拨交"民德"、"东海"、"海和"三炮艇的见解。他以为它们的前身是缉私艇、水警或省用巡逻艇之类[68]。这里要声明的是，他所说的基本上是推测之言，并无实证，但也可以看得出他排除沉舰再生的可能性。

北支特别炮艇队"返还"汪伪者，不限于"同春"、"民德"等四艘。田村俊夫以为汪伪海军用作测量艇的"和风"、"江风"、"绥

---

68 田村俊夫，《續知られぎる海軍》，页75。

和"、"靖平"各号都是得自北支特别炮艇队的[69]。"绥和"的排水量是 20 吨[70]。"和风"、"江风"和"靖平"的排水量谅亦差不多。不管这四艘测量艇是否得自北支特别炮艇队，它们归汪伪后，除"靖平"一艘的分配情形不清楚外，其他都在水路测量局服役[71]。

除"海兴"因充当练习舰，有一定工作量外，一般的汪伪海军舰只都不可能有经常性的繁忙工作。例外就是负责测量的舰只，长期负起沉重的实质任务。这些测量艇虽然体积小，又不能挂上战斗性舰只的招牌，艇长及水路测量领导人员的任免却经常是汪伪行政院会议的议程项目，有关任免令也时见政府公报[72]。这些测量艇所以如此重要很容易理解。日人不能期望汪伪海军有助日海军在太平洋硬碰英美法荷等国海军的能耐，加上国民政府海军尚存的舰只已西退入川，根本无接触的可能，而日本海军在华活动最需要的水路标识早被国民政府海军在卢沟桥事变后大量破坏（特别是长江下游和出口一带），把重建标识的工作交给汪伪海军去做是最适合不过的[73]。为何汪伪海军初成立时大部分的测量艇都可能来自北支特别炮艇队移交的舰只？是否"和风"等艇在日人之

---

69 同注 68。

70 上海军事志编纂委员会，《上海军事志》（上海：上海社会科学院出版社，1994 年），页 505。"国军档案"，771/6010，《日帝汪伪移交舰船接收处理案》中之《海军接收敌伪舰艇命名册》则作 25 吨。现从前者。

71 张龄九，《国府还都以来的海军》，页 1058；上海军事志编纂委员会，《上海军事志》，页 505。按"国军档案"，771/6010，《日帝汪伪移交舰船接收处理案》中之《海军接收敌伪舰艇命名册》的纪录，国民政府在青岛接收了一艘原名"青平"的 150 吨炮艇，后易其名为"海城"。因未能判断"青平"是否"靖平"之音误（服役地区符合），故不收入正文随后开列之接收舰只表内。

72 例子遍见中国第二历史档案馆编的《汪伪国民政府公报》和《汪伪政府行政院会议录》，不必细举。

73 要明白国民政府海军在封锁江阴和沿长江西退前破坏水路标识对日海军所产生的不便和危险性，见上海总税务司公署统计科，《中国沿海及内河航路标识总册》（上海：上海总税务司公署统计科，1935 年）。

手时已负责测量工作？这些舰船的原有结构确有利于改建为测量艇吗？这些问题目前不易回答，也就不必随意推测了。

经过开始一段时间后，日人移交舰只渐渐有集中拨给广东的倾向。这是日人援助汪伪海军的后期特征。

日海军拨舰只给 1940 年 5 月成立的广东江防司令部（1941年 11 月改为广州要港司令部）始于 1941 年 2 月 5 日移交的"协力"、"江亚"、"江复"、"江东"、"江兴"五艘。田村俊夫仅能确定"协力"和"江东"之名以及拨舰的总数，其他三艘他就不能肯定了[74]。这是他宁愿存疑，而不肯随便判断的治学态度的表现。幸而他所说的五艘舰艇果俱确有其物，且还都是以广州为基地者[75]。不过，他所说仍有不尽不实之处。

首先，他列举的四艘江字号炮艇都可以添补些资料。为求简明，这些资料表列如下[76]：

舰艇名	舰种	壳身材料	排水量	长宽吃水	时速	马力	武器
江亚	炮艇	木	55 吨	68 ×11 ×5.5 呎	7 浬	50 匹	7.7 公厘机关枪二挺
江复	炮艇	木	50 吨	64 ×9 ×5.5 呎	7 浬		7.7 公厘机关枪二挺
江东	炮艇	铁	60 吨	70 ×10.5 ×5.5 呎	7 浬	45 匹	7.7 公厘机关枪二挺
江兴	炮艇	木	50 吨	70 ×13 ×6 呎	9.5 浬	60 匹	7.7 公厘机关枪一挺

74　田村俊夫，《續知られざる海軍》，页 75。申报年鉴社，《（民国卅三年度）申报年鉴》，页 1054，说这些舰只是 1942 年归汪伪所有的。田村说得出整个移交日期的年月日，故从田村。

75　张龄九，《国府还都以来的海军》，页 1056。

76　"国军档案"，771/6010，《日帝汪伪移交舰船接收处理案》中之《广州行营接收"江兴"等巡艇六艘电艇乙艘及舰艇缴收表》（1946 年 3 月 19 日）及《海军接收敌伪舰艇命名册》；625.2/2841，《舰艇吨位年龄表》中之《粤桂江防布雷总队经接收使用之舰艇一般性能状况表》。此件归此档显为误植。

这些炮艇虽然命名成一系统,体积亦差不多,但款式则绝不会一致。它们只可能是来源互别的再生舰。

田村俊夫把这四艘江字号艇和"协力"号相提并论,说它们都是炮艇,则未必无误,因为"协力"号有体积不算小的可能。

这五艘中,仅"协力"一艘的舰长任免是作为行政院会议议程项目去处理的,等级显与其他四艘有别。在这些会议纪录和相关的政府公报内,"协力"均被称为炮舰[77]。更重要的是,"协力"是广州要港司令的旗舰。1943年3月27日,"协力"在广东顺德马宁河触雷,乘坐的第二任广州要港司令萨福畴(烟台海军学堂第三届[光绪三十一年,1905])及七名随员为游击队所擒并处决[78]。但该舰并未如田村俊夫所说因触雷而沉没[79]。一年多以后,许耀震(1911— ,黄埔海军学校第十八届[1932年])被任命为已修复的"协力"舰的少校舰长[80]。虽然修复后的"协力"舰未必仍为广州要港司令的旗舰(因为那时下文要说的"和平"舰舰长的官阶为中校),但这艘舰至1944年年中尚存是不成问题的。"协力"号触雷后还能修复的事实,正可引为该舰并不是体积小的炮艇之证。

---

77 中国第二历史档案馆编,《汪伪国民政府公报》,册6所收322号公报(1942年4月29日),页5;1942年4月21日汪伪行政院第108次会议纪录,收入中国第二历史档案馆编,《汪伪政府行政院会议录》,册12,页545、558、648;1944年5月16日汪伪行政院第209次会议纪录,册26,页196、211、291。

78 中国第二历史档案馆编,《汪伪国民政府公报》,册11所收608号公报(1944年2月28日),页4,609号公报(1944年2月29日),页8;李达荣,页21;张力、吴守成、曾金兰访问并记录,《海军人物访问纪录》,第一辑(台北:"中央研究院"近代史研究所,1998年),页153。

79 田村俊夫,《續知られぎる海軍》,页75。国民政府的纪录也说此舰因触雷而告毁,永别人间,见秦孝仪编,《中华民国重要史料初编——对日抗战时期》,第2编,《作战经过》(台北:中国国民党中央委员会党史委员会,1981年),册3,页51。

80 见注77所引汪伪行政院第209次会议纪录。

可是,见纪录的历任"协力"舰舰长的官阶都是少校,和一般炮艇艇长的官阶无异。可能的解释是,"协力"号的排水量虽比其他隶属广州要港司令部的舰只大,体积足用作旗舰,但其舰身设计或不类正规战斗性舰只,故限制其舰长的官阶在少校的层次。

追查"协力"舰的前身是判断这解释是否正确的一法。

"协力"号的排水量据说是 1,609 吨[81]。假如这数字正确,此舰就是整支汪伪海军最大的舰只,而它的前身大有可能为广东海军的 1,600 吨炮舰"海周"号。

"海周"也有它的前史和本史。它原为英国炮舰"元参"(Penstemon,1,250 吨,1916 年)号。该舰于 1920 年售出为商船。南天王陈济棠购入后 1932 年在香港改建为归属广东盐务局的缉私舰"海周"号(改建后备 4.7 吋炮一门、二磅弹炮四门)。1937 年 9 月 14 日,日舰四艘自伶仃洋溯江而上,进犯珠江天险虎门要塞。要塞各炮台与江面的"海周"舰和英制巡洋舰"肇和"号合力应战。激战数小时,日舰因一艘受伤而退。"海周"舰尾中弹,官兵伤亡甚多。此为海军史上的"虎门之役"。整部抗战史找不到另外一次中日海军舰只直接交锋之例。日人不甘受挫,出动飞机连番轰炸,"海周"和另外两艘舰只被炸沉于虎门与黄埔之间[82]。

---

81 赵振愚编,《中外海战大全》(北京 : 海潮出版社,1995 年),页 864。

82 "海周"的来龙去脉,以及其抗日战绩,见许燿震,《陈济棠统治时期的广东海军》,《广州文史资料》,15 期(1965 年 10 月),页 73—83;黄里,《广东抗日第一次海战的"海周"舰》,《广州文史资料》,30 期(1983 年 9 月),页 70—73,并收入广州市人民政府参事室编,《广州八年抗战记——广州地区八年抗日战争史料专辑》(广州 : 广州市人民政府参事室,1987 年),页 22—24;马廷伟,《抗战初期第一次海战亲历记》,《广州八年抗战记》,页 21,不详原刊何处;许燿震,《广东海军》,收入广州市政协文史资料研究委员会,《南天岁月——陈济棠主粤时期见闻实录》(广州 : 广东人民出版社,1987 年),页 190;广东省地方史志编纂委员会,《广东省志——军事工业志》(广州 : 广东人民出版社,1995 年),页 95;林华平,《陈济棠传》(转下页)

要是日人就地取材,把自珠江流域打捞修复的舰只留在广州一带服役,不该是出乎意料之事。"海周"被他们选中亦不足为奇。因为缉私舰"海周"的再前身为英国炮舰,但再修改在虎门之役后拆去了主炮,复被炸至沉搁的"海周"舰为常规炮舰,这多次层层变更的工作可能会带出不少影响舰只性能的技术困难。或者这就是"协力"号舰长的官阶局限于少校层次的原因。

假如"协力"果真原为"海周",这事当是莫大的反讽。在整个抗战期间,中国海军只有两艘军舰和日本正规海军舰只作真正海上交锋,其中一艘竟再生两次,长期替伪政权出力。要说明抗战期间中国海军的时乖运塞,受尽折磨,这是很好的例子。

讲完"协力"舰的公案,便可续谈其他日人移交给汪伪的舰只。

1941 年 4 月 18 日,日海军拨交一艘名为"玉岛"的舰只给广东江防司令部。田村俊夫推测它是日人掳获的中国炮舰[83]。因为玉岛是日本旧地名(现为仓敷市一部分),说不定该舰在移交后另换新名。倘果如此,辨认就不容易了。

1941 年 10 月 15 日,广东江防司令部接收日海军移交的"江

（接上页）（台北:圣文书局,1996 年),页 429—430 ;Archibald, p. 246; *Conway 1906-1921, p. 95; Steam Navy*, p. 162; *Royal Navy Ships*, p. 264。资料看似殊富,实则所言参差之极,得另为一短文来澄清。至于方明,《仇天恨海——海空抗战纪实》（北京:团结出版社,1995 年),页 270,所说"海周"只有四百吨的话,则可视为近年赶市场胡凑成书之作的不经之言。这种反面教材确值得我们留意,因为它们刊售量大(以此书为例,它尚有易名《咆哮海天——海空抗日写实》[台北:日臻出版社,1995 年]的授权台湾重排版),胡言乱语会带来广泛的负面影响(此书页 138 说日制的"中山"舰是英国货,正反映不求甚解的作者究竟能够写出怎样的书)。

83 田村俊夫,《續知られざる海軍》,页 74 ;张龄九,《国府还都以来的海军》,没有"玉岛"号的纪录。

扬"、"江宣"、"江权"三炮艇[84]。它们都是体积相若而出自不同来源的再生舰。广东地区还有其他移交日期待考的再生舰，一并用下表列出来[85]：

舰艇名	舰种	壳身材料	排水量	长宽吃水	时速	马力	武器
江扬	炮艇	木	60吨	74×13×7呎	8.5浬	60匹	7.7公厘机关枪二挺
江宣	炮艇		50吨	64×10.8×5.5呎	7浬		7.7公厘机关枪二挺
江权	炮艇						
百丰	炮艇	木	45吨	57×9×5.5呎	7.5浬	45匹	7.7公厘机关枪二挺
江威	炮艇	木	35吨	58×10×5.5呎	6浬	40匹	
复兴	炮艇						
胜利	炮艇						

表中的"江权"，数据未见。此炮艇挨不到抗战胜利，便于1943年3月10日在马宁河触雷沉没[86]。故与追查这类舰只的消息所主要依赖的战后接收纪录无关。上文所说"协力"舰同样在该

---

84 田村俊夫，《續知られぎる海軍》，页75；张龄九，《国府还都以来的海军》，页1056。

85 "国军档案"，771/6010，《日帝汪伪移交舰船接收处理案》中之《广州行营接收"江兴"等巡艇六艘电艇乙艘及舰艇缴收表》、《海军接收敌伪舰艇命名册》和《海军总司令部广州区海军专员办公处接收敌伪舰船已发还数量表》；625.2/2841，《舰艇吨位年龄表》中之《粤桂江防布雷总队经接收使用之舰艇一般性能状况表》）。

86 田村俊夫，《續知られぎる海軍》，页75。秦孝仪编，《中华民国重要史料初编——对日抗战时期》，第二编《作战经过》，册3，页51，和李达荣，页21，则说是3月19日之事。"江权"号的触雷沉没，和"协力"号的差不多在同一地点触雷致使要港司令及其随员被俘与被杀，按时间计，张龄九应都知道。他只字不提这两件事正是奴才心态的表现。

河触雷,只是几天前的事。

广东所得的再生舰,可考者还有一艘 700 吨的"海虎"号,于 1941 年 11 月 30 日《日华基本条约》签署一周年时移交。移交前, 该舰已在广州[87]。看情形,它就是原属广东海军的"海虎"舰(680 吨,1904 年)[88]。中方纪录说它于 1937 年 9 月下旬被日机炸沉于虎门至黄埔之水道[89]。其实该舰只是沉搁,日人捞它出来后便做个顺水人情,就近送给汪伪海军的广东单位。这艘舰曾在广东某造船厂改建,但不知道是移交前还是后之事。移交后是否仍用原名也不详。它的修复工作一直弄到 1943 年 5 月始在香港的日本海军第二工作部完成[90]。此舰正式派上场时或易名"和平"号(详后),也有可能以"江虎"为新名(见下段,但可能性不高)。

依张绍甫所说,源出中国海军者,还有一艘易名"海安"的舰只[91]。此说恐不正确。这样判断并不是因为张绍甫说不出该舰的原名,而是因为"海安"一名不见别处。

比较之下,田村俊夫所言可靠多了,但也不能尽信。他说日海军因《日华基本条约》签署周年,于 1941 年 11 月 30 日"返还"给汪伪"江宁"、"江虎"两炮舰,前者分配往南京,后者调去广州[92], 便该置疑。"江宁"是新造的炮艇(见后),其归汪伪所有不能说

87 "国军档案",700.6/6010,《日本让渡汪伪海军舰艇武器案》所收日本驻南京武官于 1941 年 11 月 27 日发出的《宁机密第三六号之二〇》件。

88 "海虎"舰的数据只见零星纪录,如东亚同文会,《最新支那年鑑》,页 234 ; Chao-ying Shih and Chi-hsien Chang, *The Chinese Year Book, 1936-37*, p. 975.

89 何应钦,《八年抗战》(台北 : "国防部"史政编译局,1982),页 294。

90 田村俊夫,《續知られざる海軍》,页 75 ;田村误记"海虎"的排水量为约三百吨。

91 张绍甫,《我所知道的汪伪海军》,页 229。

92 田村俊夫,《續知られざる海軍》,页 75。

是"返还",况且南京要港司令部得到不少这级炮舰,"江宁"之编入汪伪海军行列并不是孤立的行动,而广州要港司令部是否果有"江虎"号舰也是迄今无法证实之事。"海虎"和"江虎"的移交时地全同,难道"海虎"移交后易名为"江虎"?但在战后接收广东区日伪舰艇的单子内并未见近似舰只的踪影[93]。

另外还有一艘相当迟才"返还",情形现在尚能说得算清楚的 560 吨测量舰"惠风"号。汪伪海军得到此舰时已是 1944 年 2 月了[94]。此舰原为江南造船所建成于 1933 年,隶属华南缉私区的海关缉私舰"海晏"号。初建成时的数据为:总长 139 呎 9 吋,宽 25 呎 6 吋,吃水 8 呎,443 吨,1,040 匹马力,最高时速 12.65 浬。国民政府海军接收后,交还给江海关,大概复用原名[95]。至于汪伪档案指"惠风"舰的排水量为 560 吨,数字未必一定有问题。易海关缉私舰为海军测量舰必须经过一番改建工程,排水量随而有变动,可能性是存在的。

自"海祥"至"惠风"(除去不能确实的舰艇),上文讲述了二十九艘汪伪海军直接或间接得自日人,而本属中国海军或其他中国机构(竟连香港政府也包括在内,详后)的舰只。它们都是经过不同程度的修理和改建的再生舰。

---

93 广东区接收日伪舰只情形的资料除不少散见"国军档案",771/6010,《日帝汪伪移交舰船接收处理案》所收各件外,584.2/5004,《接收日帝汪伪舰艇编制案》更有三份资料互有重复的单子,专记在广东区缴获的日伪舰只。

94 中国第二历史档案馆编,《汪伪国民政府公报》,册 11 所收 634 号公报(1944 年 5 月 1 日),页 13—14;田村俊夫,《續知られざる海軍》,页 75—76;上海军事志编纂委员会,《上海军事志》,页 505。

95 邓权生,《解放前的华南海关缉私》,《广东文史资料》,9 期(1963 年 8 月),页 73—80;"海军总司令部"编,《海军大事记——第三辑》(台北:"海军总司令部",1968 年),页 2;上海社会科学院经济研究所,《江南造船厂厂史》,页 390—391。

七、汪伪海军的自建舰只计划

用不同程度修复过来的再生舰为舰队主干的汪伪海军倒还有数目不算少的新建舰只。这事的来龙去脉得从汪伪海军成军之初说起。汪伪海军固然仰人鼻息，以日人随意拨交的再生舰为舰队骨干，但这不等于汪伪无自建舰只的计划。

建舰方案最初是在 1941 年 3 月 15 日提出来的。那时汪伪海军成军刚满一年[96]。项目开列得很详细，设计得也蛮周全：

	舰种和排水量	武器	时速（浬）	第一期			第二期		总数
				第1年	第2年	第3年	第4年	第5年	
A	300吨钢壳大型炮艇	80公厘炮一门 30公厘机关炮三门	12	0	0	2	2	2	6
B	100吨钢壳大型炮艇	80公厘炮一门 20公厘机关炮二门	15	1	1	1	1	0	4
C	60吨钢壳中型炮艇	50公厘炮二门 20公厘机关炮二门	12	3	3	5	4	4	19
D	17吨木壳特种炮艇	7.7公厘机关枪二挺	13	4	10	20	20	10	64
E	10吨木壳小型炮艇	7.7公厘机关枪一挺	12	4	8	8	8	0	28
F	15吨木壳大型测量艇	7.7公厘机关枪一挺	8	2	2	3	3	0	10

---

96 本节所讲汪伪海军建舰计划，资料悉见"国军档案"，003.9/3111，《汪伪海军部会议纪录》（1941 年 2 月、1943 年 4 月），和 570.32/3111，《汪伪海军部建设新海军五年计划案》。

续表

	舰种和排水量	武器	时速（浬）	第一期			第二期		总数
				第1年	第2年	第3年	第4年	第5年	
G	5吨木壳小型测量艇	7.7公厘机关枪一挺	8	4	3	4	3	0	14

简言之，第一期三年计划（1941 年 7 月—1944 年 6 月）预计完成八十八艘，第二期二年计划（1944 年 7 月—1946 年 6 月）五十七艘，加上汪伪政权首年（1940 年 3 月—1941 年 2 月）订造的三十六艘，到汪伪海军成军六年（政权七年）后，预期有自建舰只一百八十一艘。不管计划将来能推行至何程度，当时深蛰四川的国民政府海军，甚至伪满海军于九年前初成军之际都不敢梦想推出类似的庞大计划来。

连这些舰只如何分配也有定案：

要港部	基地队	区分队
南京	南京：D4、E4	芜湖：C1、D2、E4
	江阴：C1、D2、E4	天生港：C1、D2、E2
	吴淞：C1、D4	无锡：D2、E4
		闵行：C1、D2、E4
		吴江：D2、E4
		湘州：D2、E4
	定海：A1、C1、D4	乍浦：C1、D4
		杭州：A1、C1、D2、E4
汉口	安庆：C1、D1、E1	湖口：D1、E1
	汉口：B1、C1、D2、E2	九江：C1、D1、E1
		岳州：C1、D2、E2
	沙市：C1、D2	宜昌：C1、D2

续表

要港部	基地队	区分队
威海卫	威海卫：D4	石岛：C1、D2
		龙口：D2
		烟台：C1、D2
		石臼所：C1、D2
	青岛：C1、D2	连云港：C1、D2、E2
马尾	马尾：A1、B1、D4	
厦门	厦门：A1、B1、D4	
广东	广东：A1、B1、D4	
	海口：A1、D4	

另外配给中央海军学校 D2、E2，水路测量局 F10、G20。总数为 A6、B4、C19、D77、E45、F10、G20，共一百八十一艘。从分配各单位舰只溢出于上述按期建造之数的差额去推算，汪伪海军成军首年所订造的三十六艘舰只当以 E 式艇为主，D 式艇为副。

汪伪海军部推出这套方案时，广东江防司令部司令招桂章（1889—1953，黄埔海军学校驾驶班第十四届［1913 年］）于 1941 年 4 月 18 日向军事委员会提出广东江防司令部改组和增加单位的要求。他认为广东应建造 500 吨炮舰二艘（各配 105 公厘 /50 炮二门、机关炮四门）、300 吨炮舰八艘（各配 80 公厘 /50 炮二门、机关炮四门）、21 吨炮艇二十四艘（各配小钢炮一门、机关炮二门）。随后又于 5 月 29 日要求 21 吨的炮艇（长宽吃水为 50×10×3 呎）先行建造。

旋因汪伪海军增设大沽基地队，基地队达十四之数，基地区分队也因加入北街、奇容、横门、淇澳岛，以及尚未选定的四处，数达二十五，舰只需求随而增加。是年 9 月，五年计划的修订本便应运出炉：

A.（改称沿海用大型炮舰）八艘（增二艘），各配 80 公厘炮一门，机关炮（30 公厘？）三门。第二、三、四、五年各造二艘。

B.（改称河用大型炮舰）六艘（增二艘），各配 50 公厘炮一门、机关炮（20 公厘？）二门。第一、三、四年各造二艘。

C. 二十艘（增一艘），各配 50 公厘炮一门、机关炮（20 公厘？）一门。每年造四艘。

D. 七十七艘（增十三艘），各配 7.7 公厘机关枪一挺。按年序造十二、十六、十、二十、十九艘。

E. 四十三艘（增十五艘），各配 7.7 公厘机关枪一挺。按年序造十、十、十五、十五、十五、三艘。

F. 十艘（无增减），各配 7.7 公厘机关枪一挺。每年造二艘。

G. 二十艘（增六艘），各配轻机关枪一挺。按年序造六、五、二、三、四艘。

H. 21 吨广东用小型炮艇十二艘（新增项目），时速 12 浬，各配 7.7 公厘机关枪一挺。按年序造二、二、三、二、三艘。

I. 1,000 吨运输舰二艘（新增项目），时速 12 浬，各配 50 公厘炮一门、机关炮（20 公厘？）二门。第三、五年各造一艘。

J. 30 吨小型运油舰二艘（新增项目），时速 10 浬，各配 7.7 公厘机关枪一挺。第一、四年各造一艘。

除明显的事项外，这修订版有四事值得注意：

（一）计划的第一年仍如前议，从 1941 年 7 月算起。首年度在时间上并未有严重损失。

（二）舰只总数和种类虽增加，计划初版议建的各种舰只之火力则有减无增。这调整或者比较实际。

（三）招桂章增强广东海军力量的要求起码获得部分批准。

（四）修订计划中的拟建舰只，加上三十六艘已订造者，便数逾二百,平均每年约添四十艘(立案前一年因已采行动,亦算在内)。自清季同治筹海以来,从未有过这样的成绩。

计划的规模既如此庞大,进行的时间又不算长,就算时局稳定,资源充足,亦很难期望计划的项目能悉数依次完成。汪伪所处的实际环境,众所周知,不必费辞。最讽刺的莫如天设大限,汪伪政权根本没有机会挨完建舰计划的五年期。这就带出下一个问题,汪伪政权自建舰只的成绩究竟如何?

八、汪伪海军自建舰只的成绩

要讨论汪伪自建舰只和上述建舰计划的关系,得先弄清楚究竟汪伪造了什么舰只。首先要说明的是,用不同程度修复过来的再生舰为主干的汪伪海军确还有数量不算少的新造舰只。

这些新造舰只以江南造船所建造的"江平"级炮艇为主。第一艘"江平"号1940年4月9日下水,第二艘1941年1月16日下水。在通常两三艘同时建造的进度下,到1941年末,造了十五艘,各重17吨,长16.5公尺。归汪伪者共十二艘,计为"江平"、"江安"、"江清"、"江宁"、"江康"、"江通"、"江丰"、"江裕"、"江荣"、"江华"、"江达"、"江澄"[97]。到了1943年底这些炮艇多数在南

---

97 江南造船所史刊行会,《江南造船所》,页115,谓汪伪得了这级炮艇十艘。田村俊夫,《續知られざる海軍》,页75,则说十二艘,但他们所列举之名,有不见别处者,更有遗漏者。兹据张龄九,《国府还都以来的海军》,页1055—1056;"国军档案",107.3/3111,《汪伪海军接收清册》中之《南京要港司令部所属各舰艇驻泊地点造具清册》;771/6010,《日帝汪伪移交舰船接收处理案》中之《海军接收敌伪舰艇命名册》,勘定这十二艘之名。

京要港司令部和汉口基地部服役[98]。

比"江平"级小的是长 11 公尺,重 10 吨的"江一"级炮艇。此级炮艇江南造船所最少造了二十八艘。因为此级炮艇自"江十七"号起用作测量艇,故不排除有先后设计不同的可能。即使如此,各艘的排水量仍是统一的。此级的第一艘建成于 1941 年 2 月 18 日,随后的十七艘在 1941—1942 两年间完成,以后建造的日期就不清楚了。按 1943 年底的分配情形而言,这些炮艇主要在南京要港司令部服役,威海卫要港司令部和汉口海军基地部也各有几艘[99]。

江南造船所另造了长约 8 公尺,重 2.5 吨的"量一"级测量艇十二艘。这些又称为 G 级的测量艇最迟在 1944 年 4 月已全部造好,并悉数分配给水路测量局使用。这些测量艇(艇长的官阶为准尉)大部分集中在上海华龙港基地。负责这基地的是少校阶军官(上尉也可以);他的座艇就是上面说过的"绥和"号[100]。

这几款新造舰只虽然体积小,"江平"级艇和半数的"江一"级艇还大有可能仅用作水警巡逻艇,但和前述那些杂乱无章的再生货比较起来,它们起码具备系统化的应有素质,算得上是有计

98　一宫房治郎,《新支那年鑑》,页 406；张龄九,《国府还都以来的海军》,页 1055—1056、1059；"国军档案",107.6/3111,《汪伪海军接收清册》中之《南京要港司令部所属各舰艇驻泊地点造具清册》;江南造船所史刊行会,《江南造船所》,页 114—115；上海军事志编纂委员会,《上海军事志》,页 505。

99　一宫房治郎,《新支那年鑑》,页 406；张龄九,《国府还都以来的海军》,页 1055—1056、1059；"国军档案",107.6/3111,《汪伪海军接收清册》中之《南京要港司令部所属各舰艇驻泊地点造具清册》;田村俊夫,《續知られざる海軍》75、77（误以为此级炮艇仅造了十八艘）;上海军事志编纂委员会,《上海军事志》,页 505。

100　中国第二历史档案馆编,《汪伪国民政府公报》,册 11 所收 634 号公报（1944 年 5 月 1 日）,页 13—14；田村俊夫,《續知られざる海軍》,页 75—76；上海军事志编纂委员会,《上海军事志》,页 505。

划制造出来的产品。重建水路标识是这些新造舰只的明显任务。

公道的正面话说过了，也该指出此事的负面实质来。

按修订后的方案，汪伪打算在六年内（立案前一年的行动应计算入内）造十款舰只，共 236 艘。结果真造出来的是三款舰只，共 52 艘。数量上尚不到原议的四分之一。

质的缩减还要更厉害。"江平"级即原计划的 D 炮艇。"江一"级就是 E 炮艇。两款仅能说是计划中的下品项目（以 A、B 为上品，C 为中品作衡量准则）。况且"江平"和"江一"级只配备 7.7 公厘机关枪，根本没有资格充当炮艇。准备装配 80 公厘的 A，以及装配 50 公厘炮的 B 和 C（均以修改后的方案为据），三款舰艇均不见成品。测量艇原来计划造 F 和 G 两款，结果仅选用排水量只及 F 三分之一的 G。这还不算。原应重 5 吨的 G 竟缩水成为 2.5 吨之物。

或者有人会说，汪伪政权挨不到六年，故论其造舰成绩，应作比例上的调整。这话虽真，但从量的计算去说，调整后的分别实在有限（汪伪政权差一点儿挨不满五年零五个月）；质的评价更不是区区数月之差能调整出具意义的分别来的。

尽管如此，倘汪伪政权覆灭得稍迟，新建舰只仍会较见成绩的。按张龄九所说，1943 年底正在建造的有排水量比"江平"级炮艇大的"江威"级二艘和"江忠"级四艘，以及"江德"号运油舰一艘[101]。"江威"和"江忠"谅为方案中的 B 和 C 两款（何者为 B，何者为 C，则不必推测）。这些舰只当时只可能在初步建造程序。一年多以后，汪伪政权灰飞烟灭，这些舰只一艘也没有造好。

讲到这里，尚有一事得交代。在汪伪政权的运作程序中，海军

---

101 张龄九，《国府还都以来的海军》，页 1059。广东江防司令部已有炮艇名"江威"。这双包案显示汪伪海军的统领组织并不算完整。

与水警的职责颇有重叠不清之处。水警舰艇应否列入本文讨论范围颇不易解决。困难不全在如何判断。在目前可用的汪伪水警舰艇资料近乎零的情况下,要探讨这些舰只根本无从措手。在这里提及此事,因为汪伪的水警舰只亦必可分为再生与新造两类。说明这一点,希望可减免讨论涵盖不周的误会。

九、背景尚未能确定的汪伪舰只

从汪伪的行政院会议纪录和政府公报,以及其他资料,另得知若干背景不明,未能确定究为再生货还是新制品的舰只。

其中一艘为资料虽缺乏,尚可判断为不能早过 1944 年初才加入汪伪海军的“和平”舰。从其舰长的官阶是中校这点去看(“海绥”、“惠风”的舰长都是中校官阶),它应是汪伪海军中较重要的舰只[102]。按时间计也不能排除它就是前述的“海虎”舰之可能性。

1944 年 9 月才编列的炮艇“江和”号也属于这种缺乏参考资料的新增舰只。它的舰长官阶是上尉,而一般炮艇由少校指挥,故它只可能是排水量很有限的小舰只[103]。

另外还有一艘不能不提的“建国”舰。它的舰长的官阶是中

---

102 中国第二历史档案馆编,《汪伪国民政府公报》,册 12 所收 657 号公报
   (1944 年 6 月 23 日),页 13 ; 1944 年 5 月 16 日汪伪行政院第 209 次会
   议纪录,收入中国第二历史档案馆编,《汪伪政府行政院会议录》,册 26,
   页 196、211、290。

103 中国第二历史档案馆编,《汪伪国民政府公报》,册 12 所收 695 号公报
   (1944 年 9 月 20 日),页 15。

校。最值得注意的是,此舰开始服役时已是 1945 年 1 月了[104];那时汪精卫已死(汪去世于 1944 年 11 月 10 日),伪政权仅余下大半年残喘的生命。

其他零零星星地见于不同文献,而尚无法知道多一点的舰只,汇集起来,并不算少:"江绍"炮舰(60 吨)、"开明"测量艇(34 吨)、"掣电"炮艇、"新亨"(18 吨)、"新贞"(18 吨)、"平安"(10 吨)、"平治"(18 吨)、"新元"小火轮(25 吨)、"新巡"小火轮(25 吨)、"新利"小火轮(25 吨)、"平沼"测量艇[105]。

"建国"等很晚才加汪伪海军的三艘,以及"江绍"等难成系统("新巡"、"新元"、"新利"倒似成系统,且"新巡"和"新利"均为 64 呎长、13 尺宽,时速 6 浬,并同在中央海军学校服务[106]),又无法知道是否很晚才编列的小舰只多是翻新的旧货。在没有找到实证之前,这些只能算是揣测之言,故把这十四艘舰只和上述确知为再生货或新制品的舰只暂时分别开来。

十、抗战胜利后的前汪伪舰只

汪伪政权收场后,其海军舰只何去何从,目前知道得很少。汪伪海军没有参加过战役,除"江权"触雷沉没外,本文所讲的舰只

---

104 中国第二历史档案馆编,《汪伪国民政府公报》,册 13 所收 758 号公报(1945 年 2 月 16 日),页 4。

105 张龄九,《国府还都以来的海军》,页 1055—1056、1058;"国军档案",107.6/3111,《汪伪海军接收清册》中之《南京要港司令部所属各舰艇驻泊地点造具清册》;上海军事志编纂委员会,《上海军事志》,页 505。

106 "国军档案",771/6010,《日帝汪伪移交舰船接收处理案》中之《海军军官学校所属差二七艇概要》和《海军军官学校所属差二八艇概要》。

按理在抗战胜利时都尚存,并悉数为国民政府所接收。这不等于说它们均成为国府海军的舰只。国府海军接收汪伪舰只后,必转让若干给其他政府部门,废弃若干,出售若干,和退还若干本取自非政府机构（或非中国政府机构）者予原物主。国民政府同时亦接收日海军在华的舰只。在当日急剧遽变的环境,加上海军情报向来做得差,日汪来源的舰只在接收时往往分别得不清楚。今日试图追查汪伪舰只的个别下落,自非易事。

进行这项工作的困难程度,可用几种见于长达三十年海峡两岸官方（起码是半官方）书刊中的例子来说明。

由崔之道（1914—　　,军政部电雷学校航海班第一届［1923年］）、宋长志（1915—2002,青岛海军学校第四届“航海”［1937年］）等主持的中国海军之缔造与发展专刊编审委员会所编《中国海军之缔造与发展》（台北：“海军总司令部”,1965年）书后之《海军大事年表》,仅谓1945年5月“接收敌伪舰艇及小型炮艇二百八十艘,分别命名,编组服役”（页226）,讲得实在含糊。日汪混为一体外,难道“小型炮艇”和“舰艇”中的“艇”必须厘为二类？同月前条,另说“海军第一至第八炮艇队相继成立”（页226）。究竟这两条之间所讲的事有何关连？这八支炮艇队的舰只不可能与接收的日汪舰艇完全无关,但得自日汪的舰只在这八支炮艇队内究竟共占比例多少？日汪舰只又分别各占比例多少？这类问题均不理会。

第二例见于权威之作《近代海军》,同样糊涂。书中页1002有《接收中国大陆日伪舰艇表》,内列国民政府自日军和汪伪接收所得,排水量在90吨以上的舰只五十六艘。从数目去看,必遗漏不少。接收一词应指拣选留用以前的移交程序,此表所列者却限于最后编入海军的舰只,显犯了名实不符之失。该表以中国大陆为题,难道在台湾和海南岛接收者并没有包括在内？比起这些,舰名还要更麻烦。此表仅列舰只编列入伍后另起的新名,不注明旧称,又不说何艘得自日军,何艘得自汪伪。观念如此重重混淆,对追查汪伪舰只的工作自然帮不了忙。

近年大陆编刊了不少重今略古的大型新方志,单位或为省或为县或为市,且每按专题分册。如果与汪伪海军有关的县市利用当地独有的资料,出版了这类新方志,而且还包括军事专册的话,自然是追查汪伪舰只下落的理想资料。这种地方性军事志,目前仅见广州和上海者,其他有关地区的尚未见。其中广州市地方志编纂委员会,《广州市志——卷十三:军事志》(广州:广州出版社,1995年),不提汪伪舰只的下落,无法派上用场。本文多次引用的上海军事志编纂委员会,《上海军事志》,则十分有用。书中既有《缴收日军舰艇》表(页503—504),记舰只八十六艘,又有《接收汪伪海军舰艇》表(页505),记舰只二十六艘。可惜连这样详细的报导也说不出汪伪舰只被接收后的情形。二十六艘当中,仅注明"海兴"复用"永绩"原名,其余都没有交代。

探讨汪伪舰只的下落,可从国民政府未接收这些舰只前如何计划利用它们的构想说起。

1945年8月,抗战甫结束,军事委员会军令部部长徐永昌(1887—1959)、军政部部长陈诚(1898—1965)、海军总司令陈绍宽、铨叙厅厅长钱卓伦(1890—1967)四人负责草议《海军分防计划》书。因为此计划仅包括两种来源的舰只——陪都时期原有的舰只,和预期自汪伪及伪满接收的舰只,而没有计算到在华日本海军怎样也会留下若干舰只(至于英美赠舰和日本赔舰则是以后的发展,当时未必能预见),某种程度下或可利用这张单子来辨认日后日汪不分的接收舰只清单中的汪伪舰只。

按照此计划,中国会有四支舰队,兹用不同符号注明有关舰只的来源(○国民政府原有;●汪伪;*伪满);单中的排水量、情况等说明是文件原有的[107]：

　　第一舰队：

　　○"楚观"（炮舰）745 吨

　　○"楚同"（炮舰）745 吨

　　○"楚谦"（炮舰）745 吨

　　●"海祥"（炮舰）844 吨（原为"永翔"，可能由伪组织收回）

　　●"海兴"（炮舰）860 吨（原为"永绩"，可能由伪组织收回）

　　＊"海威"（炮舰）755 吨（可能由伪组织收回）

　　第二舰队：

　　○"永绥"（炮舰）600 吨

　　○"江元"（炮舰）565 吨

　　○"民权"（炮舰）465 吨

　　○"威宁"（炮舰）300 吨

　　○"义宁"（炮舰）300 吨

　　○"湖隼"（鱼雷艇）96 吨

　　○"英德"（浅水炮舰）354 吨

　　○"英山"（浅水炮舰）354 吨

　　○"英豪"（浅水炮舰）185 吨

　　○"美原"（浅水炮舰）350 吨

　　○"法库"（浅水炮舰）196 吨

　　●"海靖"（鱼雷艇）96 吨（原为"湖鹰"，假定可能由伪组

107　"国军档案"，570.32/3815.6，《海军整编计划案》中之《海军分防计划》
　　　（1945 年 8 月）。此档案未及检读原件，承张力兄借用他的笔记。其后始
　　　知此件已收入高晓星编，《陈绍宽文集》（北京：海潮出版社，1994 年），页
　　　382—396。惟所收者虽仍以《海军分防计划》为题，内容则殊异，当是以
　　　后的改稿。

织收回）

　　●"海绥"（驱逐舰）390 吨（原为"建康"）

　　●"江平"（炮舰）；●"江澄"（炮舰）；●"江靖"（炮舰）；
●"江绥"；●"江宁"

　　粤桂舰队（十二艘均可能由伪组织收回）：

　　●"江通"（炮舰）200 吨；●"江康"；●"江兴"；●"江达"；
●"江一"；●"江二"；●"江三"；●"江四"；●"江五"；●"江
六"；●"玉岛"；●"江风"

　　松黑江防舰队（十九艘均可能由伪组织收回）：

　　＊"亲民"（炮舰）290 吨；＊"定边"290 吨；＊"顺天"270
吨；＊"扬民"270 吨；＊"利绥"270 吨；＊"利捷"270 吨；＊"广
宁"200 吨；＊"广庆"200 吨；＊"江通"200 吨；＊"大同"65
吨；＊"利民"65 吨；＊"海龙"（巡防艇）184 吨；＊"海丰"184
吨；＊"海天"42 吨；＊"海瑞"42 吨；＊"海容"42 吨；＊"大吉"42
吨；＊"大利"42 吨；＊"海华"42 吨

　　另外〇"克安"运输舰，无武装，暂不编队。

这张糊里糊涂的单子充分证明前后长期由陈绍宽主持的海军部和
战时缩编的海军总司令部一贯是饭桶衙门，连自己在刚结束的陪都
时期所拥有的舰只的舰种和排水量都说得不够准确[108]。几乎所有汪

108　毛病举两例为代表：（一）按国府海军自定的舰种，"威宁"和"义宁"是
　　炮艇而不是炮舰；见海军总司令部编译处，《海军抗战事迹》书后的《海
　　军现在及抗战损失各舰艇吨位比较一览表》。（二）"英德"的前身是英
　　舰"塘鹅"（Gannet）号，"英山"是英舰"猎鹰"（Falcon）号，二者并不同
　　级，排水量相同的可能性不会大。只要查一下，便知果不同。"塘鹅"号
　　属 310 吨的"海燕"（Peterel，以此字作舰名时，英海军的传统是故意误
　　拼错其字母）级。"猎鹰"号的排水量是 372 吨，自成一级，并无姊妹舰。
　　这些资料并不难找，一检即有，见 Conway 1922-1946, p. 78.

伪和伪满的舰只都开列得毫无把握，处处加上"可能收回"、"假定可能收回"字样。这不是审慎，而是依据做得差劲极的情报工作，根本不能确定那些舰只是否尚存和状况如何。掌握不到汪伪海军的消息，还可以用战争状态等砌词去掩饰。伪满的舰只大部分置备于 1937 年以前，而伪满洲国又喜宣扬其海军实力，准确的情报绝不难得，主持中国中央海军者竟素等闲视之，以致这张单子所列的伪满舰只资料错得离谱[109]。搜集汪伪海军的消息应比全面抗日以前取得伪满海军的资料为难，列出来的单子自然不可能齐全和准确（错误和遗漏之多，与上文提供的各种汪伪海军资料比读，便一目了然，不必重述）。事实上，除了证明田村俊夫所说而不见于别的纪录的"玉岛"舰确有其物外，这张单子既不增加我们对汪伪海军的认识，亦不帮助我们辨别《近代海军》那张全用新舰名的接收单子中何舰为得自汪伪之物，更与国共内战期间国府舰只的分配依据无关（因为加入英美赠舰和日本赔舰后，舰队组配的条件截然不同）。

这样费辞解释无非要说明一事。国民政府接收汪伪舰只前并没有多少资料依据，不能先备清单，然后按单核对实物，接收时遂日汪舰只混杂处理，大增日后分辨之难。

基于这背景，各地处理接收事宜便难有统一程序。现在看来，接收时明确分别登记日本和汪伪舰只的地区也许只有南京和上

---

109 单子所列的伪满皇牌舰"海威"号是驱逐舰，不是炮舰。它不仅早于三年多以前（1942 年 6 月 24 日）已被日海军收回，还于 1944 年 10 月 10 日在琉球海面被美机炸沉；见 WG, p. 252; JJM, p. 136；许秋明，页 257—258；福井静夫，《日本驱逐舰物语》，页 78；《日舰全史》，别册，页 12。另外，单子漏列的伪满舰只且不说，开列出来的，"扬民"是"养民"之误，"利捷"是"利济"之误（"利济"早于 1937 年已废弃，这样一列便是错上错），"海丰"是"海凤"之误，"海容"是"海荣"之误，"海天"是"海光"之误，而"广宁"、"广庆"、"大吉"、"大利"全为乌有之物！这样胡砌资料，排水量之误列更不值一提。有关伪满舰只的资料，见注 4。

海 [110]。研究所受的局限性自不待言。

接收过程的细节既难交代,也与本文的论述范围无直接关系,述事不妨转到接收工程快完结的时候。1947 年初,代海军总司令桂永清(1900—1954,中国国民党陆军军官学校第一期[1924 年])呈报至该年 4 月 26 日的接收工作情形,主要项目为 [111]:

> (一)接收日汪舰艇船舶 1,350 艘,共 78,454 吨(平均每艘仅 58 吨!)。
> (二)移交、发还、拨借、出租、沉没、售出 602 艘。
> (三)尚存舰艇轮舶 748 艘,其中(1)可用舰艇轮舶 277 艘,编入海防舰队、江防舰队、八支炮艇队和海军各机构、学校、厂所等,(2)可修舰艇 198 艘,(3)拟废舰艇船舶 273 艘。
> (四)另有自杀艇 813 艘,不算入接收总数之内,均报废。

此报告的详细程度虽不错,但因分析的角度不同(特别是日汪不分,舰船不辨),仍无助于追查汪伪舰只的下落。待修的舰只当中何艘得自汪伪,更无法指辨。

幸而当时就编入海军服役的日汪舰只而编次的新旧名对照单尚存。虽然单中并未注明日汪来源之别,但既有上文已考出的汪伪舰只资料可资比对,能够指认出来的汪伪舰只并不算少。开列

---

110 南京地区既有汪伪舰只的清册(见注 66 等注释所引用者),当另有相应的接收日本舰只清册。正文前述《上海军事志》分列日本和汪伪舰只当亦依据不同的清册。

111 "国军档案" 771/6010,《日帝汪伪移交舰船接收处理案》中之《国民政府侍海字二一〇七五号》件。此件可能正是上文所引《中国海军之缔造与发展》书中《海军大事年表》的两项之史源。倘果如此,运用者实在不忠于原件。

这些能辨认的舰只时，为求串连本文各节所述诸事，舰名的前后变易亦一并汇录。次序则按本文的讨论先后以便查检。至于国府海军没有接收，或虽接收而没有编入海军行列者，限于资料，都无法收入表内[112]：

接收后新名	汪伪时名	汪伪以前名称*	附释
永翔	海祥	永翔（中）	
建康	海绥	建康（中）—翠（日）—海绥（维）	
湖鹰	海靖	湖鹗（中）—翡（日）—海靖（维）	
永绩	海兴	永绩（中）	
炮一〇一	江绥	不详（中）—不详（日）—江靖（维）	
炮六一	江靖	不详（中）—不详（日）—江绥（维）	
差四五	绥和	不详	
炮三十	江亚	不详	
炮三二	江复	不详	
炮二九	江扬	不详	
炮三一	江宣	不详	
炮三三	百丰	不详	
炮三四	江威	不详	
巡一	江宁		汪伪新造
巡二	江裕		汪伪新造
巡十一	江清		汪伪新造
巡十二	江平		汪伪新造

112 "国军档案"，771/6010，《日帝汪伪移交舰船接收处理案》中之《海军接收敌伪舰艇命名册》《海军接收敌伪舰艇现况更改表》和《海军原有及接收敌伪舰艇表》；584.2/5004，《接收日帝汪伪舰艇编制案》中之《广州区接收敌伪舰船状况表》（两款）。

接收后新名	汪伪时名	汪伪以前名称*	附释
巡十六	江丰		汪伪新造
巡十七	江华		汪伪新造
巡十八	江荣		汪伪新造
巡六九	江达		汪伪新造
巡七十	江澄		汪伪新造
巡八三	江通		汪伪新造
巡一〇三	江康		汪伪新造
巡三	江二		汪伪新造
巡四	江四		汪伪新造
巡五	江二五		汪伪新造
巡六	江二七		汪伪新造
巡十九	江三		汪伪新造
巡二十	江五		汪伪新造
巡二一	江六		汪伪新造
巡二二	江七		汪伪新造
巡二三	江十二		汪伪新造
巡二四	江二十		汪伪新造
巡二五	江八		汪伪新造
巡七一	江十四		汪伪新造
巡七二	江十五		汪伪新造
巡七三	江二一		汪伪新造
巡七四	江二二		汪伪新造
巡一〇一	江十三		汪伪新造
巡一〇二	江二八		汪伪新造
巡一〇五	江九		汪伪新造
巡一〇六	江十		汪伪新造

接收后新名	汪伪时名	汪伪以前名称*	附释
巡一〇七	江十八		汪伪新造
巡一〇八	江十七		汪伪新造
巡一一五	江十九（？）		汪伪新造
巡一〇九	量二		汪伪新造
巡一一〇	量六		汪伪新造
巡一一一	量八		汪伪新造
巡一一二	量十		汪伪新造
巡一一三	量十一		汪伪新造
巡一一四	量十二		汪伪新造
测十四	量五		汪伪新造
测十五	量七		汪伪新造
测十六	量九		汪伪新造
炮一〇二	开明		再生舰？
差一	新亨		再生舰？
差二	新贞		再生舰？
差十七	平安		再生舰？
差二七	新利（新元？）		再生舰？
差二八	新巡		再生舰？
差三二	新元（新利？）		再生舰？

*（中）指中国海军或其他中国机构（如海关、招商局），（日）指日本驻华海军，（维）指
伪中华民国维新政府。

　　这个表带来好些值得留意之事：（一）既然目前仅知道九十五
艘汪伪舰只（再生舰二十九、新舰只五十二、不详新旧者十四），能
追查出六十五艘编入国府海军的情形，应算是颇意外的收获。倘

能找到汪伪舰只报废和转让的数字,确实编入国府海军而尚待考者数目便可减不少。(二)那些待考的却占汪伪海军较大排水量舰只相当高的比例。"协力"、"惠风"、"建国"、"和平"、"玉岛"(编入汪伪海军后,易名的可能性大)、"海虎"(即"和平"?)都是例子。要逐一查明,恐机会不大。(三)有关资料散见不同文件,重复、矛盾、错误(特别是排水量)之处并不算少,综合排次只能按常理去处理。(四)遇到原属中国海军的舰只,原则上在接收后都还原本名。但国府海军竟对自己原有舰只的资料掌握不充分,如误"湖鹗"为"湖鹰",遂出现张冠李戴的情形!故此,不能排除有些舰只因指认不出原为己物另起新名的可能性。

最重要的其实还不是这些,而是表中所记诸事未必是最后的安排。广州区的海军专员在做完调查后,于1946年2月初至6月底之间,把"江扬"、"江复"、"江东"、"江兴"、"百丰"、"复兴"、"胜利"各号,以及前由日本海军用作运输舰的"地和丸"分别归还给原主。"江兴"和"复兴"原来是香港政府之物(也许原为缉私舰或水警轮),而"胜利"号的原主是九龙关[113]!其他地区谅亦有类似的事情发生。因为上引桂永清的报告和此表所据资料所代表的时段差不多(两者所说编入国府海军的日汪舰只总数相若),此表并未反映处理近二百艘待修舰只的结果,故最后的编收情形必与上表所说的起码会有若干距离。况且抗战胜利后旋即爆发长期持续的内战,亦必使编入国府海军的前汪伪舰只遭遇不可免的损失,而这些损失或会带来舰名和编号转配予别舰的结果。总而言之,即使能够详确考出汪伪舰只编入国府海军的情形,答案也是浮动的,因时而异的。

---

[113] "国军档案",771/6010,《日帝汪伪移交舰船接收处理案》中之《海军总司令部广州区海军专员办公处接收敌伪舰船已发还数量表》。

不管前汪伪舰只编入国府海军数目多寡和如何因时而易,确具战斗力者始终只有"永绩"("海兴")和"永翔"("海祥")两艘。它们均参加国共内战。"永绩"于1949年4月23日在南京突围时搁浅被俘[114]。"永翔"随国府迁台,服役至五十年代末期[115]。另有"永翔"毁于国共内战之说[116],则显属误传。

十一、结语

汪伪政权虽备受世人严厉批判,口诛笔伐,随处可见,平情研究还是需要的(中国大陆的近代史研究者尤其不愿意平心静气地看看这伪政权是否有值得肯定的地方)。本文并不试图对汪伪政权作全面探讨,而是希望通过海军舰只的专题研究,查看考察的公平性究竟能至何程度。

伪满洲国和汪伪政府虽同为日人推出来的傀儡政权,但日人对前者的支持具实质多了。就海军而言,日人拨舰给伪满,复安排其在日本订购新设计的舰只。伪满海军虽然不免也有些再生货,但那些绝非其骨干单位。汪伪海军的情形却相反,不仅以小型再生舰充骨干,其中还有不少是再生以后转手复转手之物。这是两

---

114 见收入本书的《甲午战争以后清廷革新海军的尝试》一文的注63。
115 *Conway 1906-1921*, p. 399. 另按黄启庸,《活跃在海上的"永翔"舰》,《中国海军》,3卷4期(1950年4月),页16的记载,"永翔"在五十年代初仍是国府海军倚重、频频调往前线的舰只。然而《战史兵器辞典》,下册,页906,并没有这样说,而仅记此舰自沉于青岛。这本代表国民政府军方纪录的书,竟连此舰重归国府所有,复用原名,且随国民政府迁台后仍服役一段时间,这一连串的大事也全不记下来。并参《甲午战争以后清廷革新海军的尝试》的注42。
116 田村俊夫,《續知られざゐ海軍》,页74。

伪政权背景不同所引致的结果。

日人强占东北有年,积极移民,有长远计划地发展工业,对此地区的感情和认同感自然比对汪伪管治区强烈。日人炮制伪满洲国时,离中日爆发全面性战争近六年,下距其发动太平洋战事时间更长,支持伪满洲国可说从其所欲,不受牵制,大方点也无妨。待汪伪出场,情势已大易,不仅中国战场早成胶漆状,太平洋区更是紧张万分,大战一触即发。在这情况下,日人对汪伪自难慷慨。这是日人替满洲国安排一支具特色的江防舰队,却仅弄几艘吨位小、舰式老旧、武装单薄的再生舰给汪伪便敷衍了事的主要原因。

汪伪海军论质自然不及伪满海军,但倒有一较胜之处。日人对始建的伪满海军慷慨一番后,便后继乏力,而伪满也没有自添舰只的本领。虽然汪伪添置舰只的成绩和其原订计划相差很远,毕竟是准备细水长流地干下去。在日人资源短竭的时候有此表现,总算不简单。

这事还可从另一角度去看。国府海军在退入四川至抗战胜利的五年内,除了接受英美法长期困在四川水域,不得不奉送中国的几艘河用浅水炮舰外,舰只有减无增,和汪伪之能新建几种有系统成级别的舰只比较起来,谁显得逊色,不用多说。

一支没有作战机会,不具备作战条件,主子又不愿动真本钱,只肯就地取材,修复些吨位有限的废舰破船送过去便算了事的海军,当然是自欺欺人的把戏。但这把戏是否在有意无意之间带来正面的效应,还是值得考虑的。

本文记述了九十五艘汪伪舰只,其中起码有二十五艘长期专责重建水路标识。自十九世纪中叶以来,世界任何政权的海军都不会长期拨出如此比例的舰只去标识水路。这项积年累月的工作不可能全无成绩的。汪伪下台时,汪伪海军并没有破坏这些标识。

这对战后国家复员重建,总会有帮助的[117]。以往记述汪伪政权的事物都是只许骂,不容平情分析。这次汪伪海军舰只的考察显示史家的立场不宜过偏。

本文并非为美化汪伪政权或其海军而作,更不是为总评汪精卫或汪伪政权而写,只是希望在存实求真的意图下,为整理出目前纪录一切空白之汪伪海军的真面目,先做首步工作——备一份尽量顾及细节的舰只纪录。这项微观工作倘有助于史家宏观重评汪精卫或汪伪政权,就是额外的收获。

作为海军史的课题,这项工作也有特别意义。从难的角度去看,它或者是个极端的例子,但与研究近代中国其他时期、其他政权的海军舰只所遇到的困难比较起来,程度虽有不同,性质并无分别。搜集中国海军舰只的资料始终是困难重重之事。由于这种因素,本文只能算是初步的工作。

——张玉法主编,《纪念七七抗战六十周年学术研讨会论文集》
（新店：“国史馆”,1998 年）,下册

---

117 安慧编,《梦幻石头城——汪伪国民政府实录》(北京：团结出版社,1995年),页 90,说汪伪海军全部舰艇仅十五艘,聊供粉饰门面之用(意谓毫无实质用途)。大陆史学界谈论汪伪政权的一切恒作极端反面夸张的评述,这是一例。

灵甫舰
——流落异邦的中国海军孤儿

一、灵甫舰来华的经过

抗战胜利后,中国重建海军,舰只来源复杂,良莠不齐,数目却不少。其中以得自英国的"重庆"号巡洋舰最为瞩目,因为自清朝北洋海军"定远"、"镇远"两铁甲舰(见图 10)在甲午战争时一沉毁、一被俘后,中国海军直至抗战胜利就再没有重量超过 4,515 吨("海圻"舰)的战斗性舰只了。

"重庆"舰为英国所赠的"雅瑞托莎女神"(Arethusa)级轻巡洋舰,原名"曙光女神"(Aurora)号[1]。跟它同时来华的,还有因纪

---

[1] 倘以 Aurora 为普通名词,固可译为"震旦",不少海军史论著在记述"重庆"舰时,即谓其原名"震旦"号,如高晓星、时平,《民国海军的兴衰》(北京 : 中国文史出版社,1989 年),页 239 ;陈书麟、陈贞寿,《中华民国海军通史》(北京 :海潮出版社,1993 年),页 457。若以 Aurora 为专有名词,则为罗马神话中曙光女神之名。此级舰的首制舰以及该级的其他二舰(该级舰共四舰)悉依神话女神取名。因此,作为"重庆"舰原名之 Aurora 不能译为"震旦"。此外还应说明,在英国海军史上以 Aurora 为名之舰只,此为第十艘 ;见 *Royal Navy Ships*, p. 26.《"重庆"、"灵甫"接舰专刊》(香港 :长风社,1948年),页 11,则误记其为第八艘。此舰之后还有第十一艘 Aurora。那是一艘于 1964—1990 年间服役的"利安达"(Leander,首制舰为用该舰名的第六代舰)级护卫舰 ;*Conway 1947-1995*, p. 519.

念国共内战期间在山东沂蒙山区孟良崮战役殉职的整编第七十四师（实为一个军，内辖三个旅）师长张灵甫（1903—1947）而取名的"灵甫"号战舰（见图 69）[2]；这艘原名"曼德普"（Mendip）号的"狩猎"级Ⅰ型（Hunt Class TypeⅠ）护航驱逐舰（destroyer escort）是向英国免费借用的，借期五年（条约内有英方可随时以三个月限期收回之款）[3]。虽然在移交前一年，英海军把各型的"狩猎"级舰只（共四型，前后造了八十六艘，内包括Ⅰ型二十三艘）均改编为防空护卫舰（Anti-aircraft frigate），装备上并无很大的变更，所以不妨仍按原来的设计，视"灵甫"号为护航驱逐舰[4]。

---

2 张灵甫的生平，参看罗冰壶，《记张灵甫殉战孟良崮》，《艺文志》，142 期（1977 年 7 月），页 31—37；袁丹武、范茹，《张灵甫其人其事》，《名人传记》，1988 年 10 期（1988 年 10 月），页 92—96、32；蔡惠霖等主编，《百万国民党军起义投诚纪实：续集》（北京：中国文史出版社，1999 年），下册，页 1075—1078；海丝，《张灵甫的遗孀》，《东方日报》（香港），2000 年 4 月 17 日（"龙门阵"）；吴鸢，《我所知道的张灵甫》，收入中国人民政治协商会议全国委员会文史资料委员会编，《文史资料存稿选编》（北京：中国文史出版社，2002 年），"军政人物"，上册，页 930—934。其中出诸大陆人士之手的传记难免有政治色彩，但竟有不惜发明事件以遂中伤目标的。吴鸢说张灵甫遗孀和"灵甫"舰的舰长有染！"灵甫"舰在华时间极短，舰长自始至终只有郑天杰一人（详后正文）。张灵甫遗孀与郑的活动时间和地域并没有让二人有碰头的机会。那些文史资料委员会收录作品时，难道没有审查的责任吗？

3 Mendip 为英国一狩猎区的地名。至于"灵甫"舰的五年借期和借期内英方可随时用三个月通知收回的声明，见"国防部"史政编译局（台北）所藏"国军档案"，626/1010，《"灵甫"舰及商轮发还案》。要明了英国赠舰借舰的背景，则可参考张力，《从四海到一家——国民政府统一海军的再尝试，1937—1948》，《"中央研究院"近代史研究所集刊》，26 期（1996 年 12 月），页 296；张力，《1940 年代英美海军援华之再探》，收入李金强等编，《近代中国海防——军事与经济》（香港：香港中国近代史学会，1999 年），页 285—287。

4 由于这一级四型的舰只颇负盛名，故介绍这组舰的专书起码有两种：Alan Raven and John Roberts, *Hunt Class Escort Destroyers*（London:（转下页）

　　"重庆"（舰长邓兆祥，1903—1998，烟台海军学校第十四届
［1923 年］）、"灵甫"（舰长郑天杰）两舰于 1948 年 5 月 26 日离
开英国朴资茅斯港（Portsmouth），取道来华，途经地中海、红海、
锡兰、星加坡、香港等地[5]。"重庆"号配舰员六百九十四人，内军官
三十八人；"灵甫"号配舰员一百六十八人，内军官十人。舰员年
轻，多仅二十出头，在英国受训有长达两年者，都是当时国府海军
的菁英。"重庆"号的舰员依次以浙江、江苏、广东、四川人为主，
"灵甫"号则主要为浙江、四川、湖北、江苏人士。海军人员一向以
福建和广东籍者为主，在这两舰上，"重庆"号很少闽人，"灵甫"号
则闽人和粤人均甚少[6]。

二、灵甫舰来华之初的情况

　　两舰于 7 月 28 日（星期三）抵达香港，备受港府和侨团的热
烈欢迎，连续几日都有公关节目。"重庆"舰在港稍事修护，"灵
甫"舰则因沿途不断发生故障，要进船坞大修一番，于是两舰在港

　　（接上页）Arms and Armour Press, 1980）; John English, *The Hunts: A History
of the Design, Development, and Careers of the 86 Destroyers of This Class
Built for the Royal and Allied Navies During World War II*（Cumbria: World
Ship Society, 1987）. 级别属于正规驱逐舰以下舰种层次的舰只，整个级别
诸舰如此受注意，殊不寻常。

5　"重庆"、"灵甫"两舰之来华旅程，除《"重庆"、"灵甫"接舰专刊》外，参
据陆宝千访问、官曼荆纪录，《郑天杰先生访问纪录》（台北："中央研究
院"近代史研究所，1990 年），页 89—103；张力、曾金兰访问纪录，《池孟
彬先生访问纪录》（台北："中央研究院"近代史研究所，1998 年），页 69—
79。

6　两舰舰员总名单及籍贯资料，见《"重庆"、"灵甫"接舰专刊》，页 114—140。

停了一段相当时间。原先定 8 月 3 日(星期二)起程赴沪,至 8 月
10 日(星期二)始离港,搁延了一周[7]。在沪迎接的代海军总司令桂
永清(1900—1954),会同两舰于 14 日驶抵南京。首都军民极尽
欢迎之能事,而陆军出身的桂永清也马上真除海军总司令。这一
切均足以说明两舰之来华是抗战胜利后重建海军程序中一件重要
的大事。

两舰的编入队伍,对久乏捷报的国府海军来说,无异于一剂
强心针。在这段日子里,大家的注意力虽然集中在"重庆"舰上,

---

[7] 时为"灵甫"号副舰长的池孟彬(1915—2007,福州海军学校第六届航海
班[1937 年]),在《池孟彬先生访问纪录》,页 310,斩钉截铁地说,"灵甫"
舰抵香港后只做保养工作,并无进坞大修。惟按当日香港几家报纸不约而
同的报导,"灵甫"舰因长途跋涉,乘轴托磨损过甚,抵港后,遂于 7 月 31
日进九龙大角咀黄埔船坞修理,换装新乘轴,而在修换时,复发现有其他
必须修理之处,致留坞期得延长。单是换乘轴一项工程已不能如池孟彬所
说的仅是"保养",而且该舰确曾入坞好一段时间。纪录见《大公报》(香
港),1948 年 8 月 1、2、5、11 日(当时香港的《大公报》尚非左派报纸);《华
侨日报》,1948 年 8 月 11 日。另外,池孟彬提供给《池孟彬先生访问纪录》
的作者一张所谓"灵甫"舰的照片用来设计该书的封面和封底,岂料那竟
是抗战前最新国产舰"平海"号轻巡洋舰的照片,害得该书弄上极张冠李
戴能事的封面和封底!池孟彬与"平海"舰固然不能说全无关系。此舰是
他结束海校教育时实习受训三个月的所在地。但此书讲述此事仅花了半
页纸(页 24),采此舰来设计封面兼封底,怎样说也是失据之举。见于封面
和封底的是什么舰,书中又毫不解释,而任"灵甫"舰副舰长职是池孟彬海
军生涯的重点之一,书中分给"灵甫"舰的篇幅复较任何舰只为长,读者很
易便会径指见于封面封底者为"灵甫"舰。书中页 76—77 却另有一张真
正的"灵甫"舰照片(这张照片是来华时途经星加坡拍的。我也有一张,是
郑天杰送给我的,见本书图 69)。即使再没有舰只知识者,也会一望而知
两张照片所拍的舰只外貌截然不同,绝无可能是同一艘舰的不同照片。很
少读者有指认"平海"舰的本领(不要忘记,治海军史者对舰只无兴趣、
毫无辨认能耐者大不乏人),经他这样一弄,读者就算不错指见于封面封底
者为"灵甫"舰,起码也会视之为无法辨认的神秘舰。此君真是个糊涂副
舰长!

"灵甫"舰其实大可算是第二号主要舰只,因为除了那些作为得自日本的赔偿品而又拆卸炮械才移交的旧舰外(其中还包括抗战初为日本所掳的我国战舰),国府海军当时过千吨而舰龄较轻的战斗性舰只只有三艘:"灵甫"号,以及早于1945年借自美国的"艾华士"(Evarts)级护航驱逐舰"太康"号(原名"魏阜士"[Wyffels]号)和"太平"号(原名"狄克"[Decker]号)。这两艘舰龄差不多的前美舰虽然比"灵甫"号年轻两岁半,但主炮仅各得单装3吋/50炮三门,火力并不如"灵甫"号(见后)[8]。至于"重庆"号,凭其双联6吋/50主炮六门、双联4吋/45副炮八门、三磅弹炮二门,加上三联装21吋鱼雷发射管两座,这些护航驱逐舰自然望尘莫及。但"重庆"号建成于1937年,舰龄虽不大,怎样说来仍是第二次世界大战以前之物[9]。

换言之,"灵甫"号是当时国府海军第二艘最具威力的战舰。它的细节可以简述如下:1939年8月10日安龙骨,1940年4月9日下水,同年10月12日竣工(全部工程历时十四个月十二日,相当神速),基准排水量1,000吨(满载排水量1,415吨);全长280呎,宽29呎,吃水12呎6吋;配双联平高两用4吋/45炮四门、四联40公厘二磅弹炮一座(四门,即俗称pompom之高角机关炮)、单装20公厘厄利康(Oerlikon)高角机关炮二门(左右舷各一)、深水炸弹投射器、285和290型雷达;马力19,000匹,最高时速28

8　"太康"、"太平"两舰的数据及其来华后的服役情形,参见 *Conway 1922-1946*, p. 135;《战史兵器辞典》,下册,页798—800；姚开阳,《骁勇善战的太字号》,《全球防卫杂志》,162期(1998年2月),页81—84。

9　"重庆"舰的基本数据,见本书所收《与香港光复有关的两个海军问题》一文之注113。

浬;备油 240 吨,续航力 2000 浬(时速 12 浬)[10]。这样的一艘战舰如要充当一国海军的主要舰只,最显明的缺点,就是没有鱼雷发射管。

此等炮械的性能还可交代得清楚一点[11]:

四吋 /45 速射 Mk XVI 高角炮——弹头 35 磅;初速 2,660 呎 / 秒;射程 19,850 码 /45°;射高 39,000 呎 /80°

四联 40 公厘二磅弹 pompom——弹头 1.684 磅;初速 2,400 呎 / 秒;射程 6,800 码;射高 13,000 呎

20 公厘厄利康高角机关炮——弹头 0.272 磅;初速 2,750 呎 / 秒;射程 4,800 码;射高 2,725 呎

按当时国府海军的情形,总舰数虽不少,个别特具威力者却有限,"灵甫"号自然不必与"重庆"号并肩活动。据日后所知,"重庆"号原驻北方,曾于辽西大战时在渤海助战,后始调守上海[12],

---

10 "灵甫"舰的数据,参见 Edgar J. March, *British Destroyers: A History of Development, 1892-1953*（London: Seeley Service and Company., 1966）, p.472, 474-482; Elliott, pp. 159, 162; *Conway 1922-1946*, p. 45; A. Raven and J. Roberts, *Hunt Class*, p. 12; J. English, *The Hunts*, pp. 9, 16; *Destroyess Encyclopedia*, pp. 143-144; *British Empire Warships*, p. 193; 姚开阳,《战后英国援舰》,页 84。那两挺厄利康机关枪是开始服役后才添加的。有些同型姊妹舰还增添两挺路易士(Lewis)机关枪,但作为"灵甫"号前身的"曼德普"号并没有。至于《郑天杰先生访问纪录》,页 119,所说四联装的机关炮有两座则显误。不要说所有"狩猎"级 I 型舰均无两座这种炮械(空位显然不足),连排水量较大的 II、III、IV 型各舰也都仅得一座。

11 这几种炮械的资料,参据 John Campbell, *Naval Weapons of World War Two*（London: Conway Maritime Press, 1985）, pp. 51, 56, 75; N.J.M. Campbell, "British Naval Guns 1880-1945, No. 18," *Warship*, 38（April 1986）, p. 119.

12 参据高晓星、时平,《民国海军的兴衰》,页 249—250;《近代海军》,页 1064—1066;《战史兵器之部》,下册,页 769（该书仅有"重庆"舰条,而没有"灵甫"舰条）;姚开阳,《战后英国援舰》,页 84。

"灵甫"号护航驱逐舰型线图

"灵甫"号则一向派驻长江[13]。但因为这类消息当时是不见于报章的,大家在心目中始终把这两舰连在一起。即在当局而言,鉴于两舰来源和人员训练的相同,也觉得它们和别的舰只截然不同,有视为一体的必要。

三、灵甫舰退还给英国的经过

当"重庆"舰在 1949 年 2 月 25 日出走,自吴淞口驶往烟台共区,中外震撼,与此事无关却适在附近的"灵甫"舰也因上述情况,难免给挂上嫌疑之名。添增燃料旋受到限制,并由"长治"舰(前日本"桥立"级炮舰"宇治"号,基准排水量 999 吨,1941 年)停泊在其前面,挡住出港之路[14]。

这顾虑其实确有所需。原来在"重庆"舰出走之前,中共在上海的地下组织已与"灵甫"舰若干人员搭上,并由彼等招揽其他同

---

13 参据谢飞鹏,《回忆国民党"灵甫"号驱逐舰官兵起义》,《天津文史资料选辑》,31 期(1985 年 4 月),页 61 ;《郑天杰先生访问纪录》,页 104、112—113。

14 谢飞鹏,《回忆国民党"灵甫"号驱逐舰官兵起义》,页 62—63。

志,候机行事[15]。

等到当局忙完追踪,并于 3 月 19 日炸毁"重庆"舰,对"灵甫"舰的怀疑有增无减,而英国外交部复于 3 月 23 日照会中国驻英大使郑天赐(1884—1970),援前所签约内之索还条款,要求中国自 3 月 21 日起计三个月内归还"灵甫"舰。待掌管广东省海域的中国海军第四军区司令杨元忠代将和英国驻远东海军总司令白林德(Eric J. P. Brind, 1862—1963)中将相议后,白林德致函桂永清,声明借用"灵甫"舰之原意在供训练之用,不能参加实战,得于 3 月 25 日以前由英舰伴送自长江口南下,驶往广州,拨归华南区海军,由杨元忠节制,作为训练舰之用。中国海军同意此举,殆有希望英方不坚持收回之意。3 月 24 日"灵甫"舰自沪启程后,果有英"Co"级驱逐舰"司酒神"(Comus, 2,510 吨, 1946 年)号一路尾随[16]。议好由英舰尾随之事,舰长郑天杰并不知情,事后向杨元忠大发牢骚。杨以巧合对。(英舰尾随之事,郑之口述历史并无讲及。)[17]原先在英国受训的舰员时尚有百分之九十在舰上。待

---

15 《近代海军》,页 1085;蔡惠霖等主编,《百万国民党军起义投诚纪实:续集》,上册,页 193—194。后者较前者详细,且列出投诚者十四人之姓名。事情的始末,并可参看张兆汉,《记"灵甫"号官兵离舰投奔解放区的经过》,收入《文史资料存稿选编》,"军事机构",上册,页 376。

16 "司酒神"号的数据,见 Conway 1922-1946, pp. 43-44. 陈明福,《"重庆"舰举义纪实》(北京:九洲图书出版社,1997 年),页 383,误记此舰之名为 Compass,并再沿此搬出"康巴斯"之胡乱音译来。若此舰果名 Compass,为何不简简单单意译之为"指南针"号? 这是大陆学者倘遇域外事物便每捉襟见肘,很易导出连环错误之例。英国海军根本从未有一舰取名 Compass。

17 英舰监送"灵甫"舰南下,以及郑天杰事后在杨元忠面前大发牢骚,郑虽然在数十年后参加口述历史时,尚避而不谈(不要忘记,郑经历五十年代在台湾的白色恐怖),代表中国与英国交涉的杨元忠则有毫不含糊的纪录;见杨元忠,《"灵甫"舰风波的回忆与体验》,《传记文学》(台北),42 卷 3 期(1983 年 3 月),页 24。时为"灵甫"舰副长的何树铎(转下页)

该舰抵穗,仅能停泊在白鹅潭,英驻穗领事能目见之处,且须每日下午用无线电话向香港英海军司令罗勃生(Charles L. Robertson)报告情况一次。那时共军早积极准备渡江,长江沿线防务吃紧,沪汉交通且已断绝,正是需用海军之际,却因当局对"灵甫"舰之不信任和英方之态度,而远调这艘首号主要舰只去南方(没有了"重庆"舰,"灵甫"舰就成为威力最大的战舰),充当闲务。这正是大动荡时代主事者经常不按逻辑行事情况之反映。

4月间,杨元忠在获得桂永清批准和知会英方后,拟乘"灵甫"舰赴海南岛巡察。惟该舰在 20 日下午抵港后,即由英海军拖入海军船坞停泊。次日,英方通知,不准"灵甫"舰出航。其后双方洽谈多次,终因英方坚持在港收回该舰,只好于 5 月 27 日(上海失守后两日)把它还给英国。

自 1948 年 5 月 19 日在英国移交算起,该舰归国府海军所有刚满一年。若论抵南京以后的实际服役,则仅得九个多月。这次再返香港,舰长仍是郑天杰,但一切黯然无光,与大半年前的热闹

(接上页)(1917—　,福州海军学校航海班第六届[1936 年])在其口述历史中却强调并无其事;见张力、吴守成、曾金兰访问并记录,《海军人物访问纪录》,第一辑(台北:"中央研究院"近代史研究所,1998 年),页136,且在本文《后记》中讲及的研讨会上仍矢口否认曾有英舰沿途尾随。他显然没有看过上引杨元忠文,也不知道郑天杰事后的反映。《传记文学》畅销四海,杨元忠在该期刊所发布的一系列民国海军史文章在海军界和史学界复曾引起巨大的回响,看来未必为他知见所及。相对其他的纪录尽均说确有英舰尾随的一面倒情形(郑天杰辞世后,其女儿即曾函告,在家中确尝听过英舰尾随南下之事),最明显的结论当是(一)何树铎真的不察觉沿途有英舰尾随,在南下的数日航程中亦未闻舰长郑天杰和其他同船的舰员提及此事,或(二)在南下的数日间,他全在舰仓内工作,不见天日,故无机会发觉舰被尾随。"灵甫"舰在华服务时间很短,舰长始终是郑天杰,副舰长则换了好几个,岂料在这数名副舰长当中,糊涂虫竟占了两名(参看注 7)。

场面,成强烈对比。待最后还给英国时,几分钟的简单仪式一过,英海军人员便立刻在舰上钉回 Mendip 号原名的牌子。

"灵甫"舰归还英国前数日,已有三十名舰员在港乘太古轮船公司商船北上天津解放区。该舰还给英国后,续有两批舰员乘轮赴天津。三批合共七十三人(郑天杰及副舰长何树铎,均不在其中)[18],一个月后在沈阳集合,为中共作一番宣传[19]。

这艘来华前曾在第二次世界大战期间多次参加英伦海峡和地中海诸战役的战舰,在中国的逗留昙花一现,有如过客。把它退还给英国以后,下落如何,在中国文献上是找不到纪录的。与"灵甫"舰有关人士(如郑天杰),亦无一人知道该舰离华后所发生之事。

四、灵甫舰转为埃及所有

研究中国海军史有一不易突破的局限,就是若不娴世界海军

---

18 谢飞鹏,《回忆"灵甫"号驱逐舰官兵起义》,页 69—70,有此七十三人的名单。
19 "灵甫"舰历时二月余的归还英国过程,据"国军档案",626/1010,《"灵甫"舰及商轮发还案》;张力,《1940 年代英美海军援华之再探》,页 292—295(张力除上引"国军档案"外,还参考"国史馆"(新店)所藏"外交部档案",2665,《"灵甫"驱逐舰还英案》);杨元忠,《"灵甫"舰风波的回忆与体验》,页 23—27;《大公报》(香港),1949 年 5 月 28 日;《华侨日报》,1949 年 5 月 28 日。此等资料较近年大陆刊布的回忆录详确多了(《近代海军》等专书讲到此事,消息也源出于下层舰员的回忆)。这些尽出于下层人士之手的纪录,局限性很明显:(一)此等下层舰员当时于内幕消息无所闻(不要忘记,连舰长郑天杰事前都不知道英舰尾随是中英双方议定的安排),事后又因未尝受史学训练,不会查阅档案资料。(二)喜夸张自己及同志们的革命精神。(三)日久记忆有误,日期和事情先后都易弄错。因此,探讨"灵甫"舰归还英国的过程,既有档案可援,复有主事者的自白和当时的香港报纸可征,就不必依赖那些正误参半、恒从政治观点出发的下层人士回忆录,该算十分幸运。

史，便很易会把中国海军的人、事、物孤立起来看。我治海军史，恒以此蔽塞自戒。纵横涉猎，时有惊喜之获。"灵甫"舰离华后有二十多年离奇莫测的新生命，便是这样的一项发现。始末弄清楚后，很值得为中国海军文献填补空白。

英国虽然经过一番波折才取回该舰，该舰第二次隶属英海军却不足四个月，便于 9 月 12 日在星加坡除役。后来该舰在行行停停的情况下，于 11 月 9 日到达埃及的亚力山大港（Alexandria）；六日后（11 月 15 日）卖给埃及，因而改名为"穆罕默德阿里"（Mohamed Ali el Kebir）号，成为埃及海军少数主要舰只之一。两年后，该舰的名称又改为"伊伯拉罕"（Ibrahim el Awal）号 [20]。

第二次世界大战结束以来，中东始终是战火频仍之地，以色列和各阿拉伯国家之间更是纠缠不清。该舰既成为埃及海军的核心舰只，它和以国海军早晚会有接触，本属意料中事。但谁会想象得到，彼等碰头时，事情竟戏剧化得有如游戏？

以色列的军事力量向来以陆军和空军为主，海军现在虽比建国之初强大多了，还是摆脱不了陪衬的味道。历次大战，海军扮演的角色都很有限，和这艘前为国府海军"灵甫"舰有关的两次战争，情形亦如此。

1956 年，埃及采取一连串的极端行动——加紧对以色列的恐怖突击，封锁阿克巴湾（Gulf of Aquba）去断绝以色列通往红海的水路，逐英军出苏彝士运河区，收运河为国有——迫得以色列出兵西奈半岛（Sinai Peninsula），也迫使英法联军进攻运河区和埃及地中海沿岸。在这场自 10 月 29 日开始连续十天的战事里，以埃之

20　C.W. Godwin, et al., "Origin of Israeli Frigate Haifa ex Ibrahim," *WI*, 10:2（June 1973），p. 218; J. English, *The Hunts*, p.83 ; *Conway 1947-1995*, p. 86.

间,陆战空战异常激烈,海军的接触则仅短短的一次。这次交手,埃及方面的主角正是当时称为"伊伯拉罕"号的"灵甫"舰!

五、灵甫舰成为以色列的主要舰只

开战以前,以埃两国的海军实力,和他们之间的陆军及空军力量一样,差得很远。埃及在数字上都强多了。在海军来说,埃及不单在量遥遥领先,质方面也该比甫算成军的以国海军训练有素。但正如他们的陆军和空军一样,埃及海军并没有好好发挥它应有的效能。

战事爆发的次日(10 月 30 日),停泊在塞得港(Port Said)的"伊伯拉罕"号接获命令,添弹加油,准备出击。待黄昏后出港,才得密码,命它破晓时攻击以色列的海法军港(Haifa)。这是莫名其妙的任务。一艘没有飞机和别舰支援的舰只,远道穿过敌人巡防的海域去炮轰海港,危险且不说,究竟能期望它会有多少收获?

该舰抵达目的地时,为 31 日凌晨三时半;不待破晓,舰长即下令开火。4 吋炮射了二百二十发,不少在射程以外发射,故破坏不大,也没有伤人。

该舰一旦采取行动,即为附近的法国驱逐舰"凯尔桑"(Kersaint)号所发现,马上攻击,向它发炮六十四次。大概都没有射中,也就不追击了。

如果该舰要和这艘竣工才半年的新法舰硬拼是不智的,对方不独吨位重了一倍有多,主炮还是双联 127 公厘炮六门,另外更有鱼雷,战斗力相差太远了[21]。法舰既不追,该舰亦无心恋战,且任务

---

21 法舰"凯尔桑"号的数据,见 *Conway 1947-1995*, p. 110.

已完,行踪又曝了光,便准备驶回塞得港去。

那时以国海军部已通知刚在海法港以西约三十浬的驱逐舰队去截击。这就注定了该舰的命运。

当时以国海军最大的舰只是两艘刚得自英国的"Z"级驱逐舰"伊爱列"(Eilat,前英舰"热情"[Zealous]号)号和"叶发"(Yaffa,前英舰"黄道带"[Zodiac]号)号。这两舰,每一艘的条件都比埃及的"伊伯拉罕"号佳——满载排水量约 2,510 吨,4.5时 /45 主炮四门,不少的辅助炮械外,还有四联装 21 吋鱼雷发射管两座,舰龄轻了四五岁,马力倍出有余,速度自然快多了[22]。

遇上两艘这样的劲敌,"伊伯拉罕"号只有一面战,一面向北逃(塞得港在西南)。速度较快的以色列两舰穷追不舍,八门主炮自 0527 起向它射了四百三十六发,多数还在不到九千码的近距离内发射。但因此两舰自英抵以色列才四个月,又备弹不足,很少练靶的机会,炮射得不准,最多仅直接命中一次。炮弹在舰旁爆炸的不少,还是使"伊伯拉罕"号受了些伤。

真正的威胁来自飞机。晨光熹微之际,以色列空军的一架美制达科答(Dakota)螺旋桨运输机已到现场。跟着来的是两架法制奥拉冈斯(Ouragans)喷射战斗机。这些战斗机不待己方的军舰停炮,便俯冲用穿甲火箭(每架携带十六枚,全部射光)和机关枪向"伊伯拉罕"号射击。舰首立刻给击中,随后驾驶系统被毁了,电力和蒸汽供应停了,运弹架也出了故障,舰长遂在和以国海军交锋稍过一小时后挂白旗投降。0703,埃及海军部电令其焚烧文件,毁坏航海仪器,然后把舰弄沉。当他们要打开船塞时,却因生了锈,动不了,而以军已上船。是役,该舰死舰员四人,伤十八人。以色列

---

22 这两艘"Z"级驱逐舰的数据,见 *Conway 1922-1946*, p.43; *Destroyers Encyclopedia*, p.135.

海空两面毫无伤亡,舰只也没有受损,反而多赢了一艘战舰[23]。

自十九世纪中叶,各国海军脱离风帆时代以后,主要水面舰只在汪洋大海作战中竖白旗让对方整条船掳过去的(第二次世界大战时,美海军活捉过一艘德国潜艇),这次虽不见得是独一无二,要多找一例实在不易。

以国海军把这艘损伤并不严重的降舰拖回海法港。修复后,在 1957 年 1 月正式把它编入队伍,就依军港命名,称之为"海法"号。

这次漂亮的一战,干脆利落,以色列自然引以为荣。当时为参谋总长的独眼龙名将戴阳(Moshe Dayan, 1915—1981)事后编刊他的战时日记,专章讲述此役,说得如画如绘,还加上详细的海战过程图[24]。

1956 年的第二次以阿之战并没有改变中东的形势,反使双方更壁垒分明,有如水火,以色列遂于 1967 年 6 月用快刀斩乱麻之法,闪电进军,接连克胜,大幅度扩展领土。这场史称六日之战(Six Day War)的冲突,因为以色列在东西两战线同时和埃及、黎巴嫩、叙利亚交锋,规模和激烈程度均远超过前两次的以阿战争,双方海军却反而没有正面接触。

这是因为充当阿拉伯联盟海军主力的埃及海军采取龟缩政策。虽然以国舰只和两栖部队数度深入埃境,埃及海军还是振作

---

23 这场海战参据 Robert Henrigues, *One Hundred Hours to Suez: An Account of Israel's Campaign to the Sinai Peninsula*(London: Collins, 1957), pp. 203-218; Edgar O'Ballance, *The Sinai Campaign*(London: Faber and Faber, 1959), p.144; Moshe Dayan, *Diary of the Sinai Campaign*(London: Weidenfeld and Nicolson, 1965), pp. 99-114; *Conway 1947-1995*, p. 191; Motti Golani, *Israel in Search of a War*: *The Sinai Campaign, 1955-1956*(Brighton: Sussex Academic Press, 1998), pp. 157-159.

24 见注 23 所引 Dayan 书。

不起来,始终避战。自上次停战以来,埃及海军在数字上确有长足的发展,单是潜艇就有十二三艘,以国海军基本上还是十年前的老样子,仍只能勉强算是远远跟在他们陆军、空军后面的附庸部队[25]。然而弱者挑衅,强者避战,恰好反映了中东问题的矛盾本质。

情形既如此,与"海法"号有关的就只有两事可述。

战事爆发前夕,该舰正在海法港的旱坞内进行例修,全身还是红色的底漆。一日之后,修护工作便全部完成,立刻投入作战行列。对屡创军事奇迹的以色列来说,这并不算是特别令人惊异之事。

战事到了第四天(6月8日),正在巡弋的"海法"号发现附近有潜艇。投掷一轮深水炸弹后,水面浮出大量汽油和杂物,敌舰显然受了伤(按战后纪录,埃及并没有潜艇被击沉)。在这场谈不上有海战的第三次以阿战争中,"海法"号还是有值得一书的功绩[26]。

军舰的能否完成任务,发挥效能,除了与装备有关外,海军人员的素质和情操都是很重要的。这艘战舰在隶属不同海军时的表现悬殊,可以为证。

六、灵甫舰的最后终结

到了七十年代,该舰已半退休。它终于在 1972 年正式除役,

25　Randolph S. Churchill and Winston S. Churchill, *The Six Day War*(Boston: Houghton Mifflin Company, 1967), pp. 97-98; Edgar O'Ballance, *The Third Arab-Israeli War*(Hamden, CN : Archor Books, 1972), pp. 259-262.

26　Israel Ministry of Defence, *The Six Days' War*(Jerusalem: Publishing House, Israel Ministry of Defence, 1967), p. 47; E.O'Ballance, *Third Arab-Israeli War*, pp. 260, 264-265.

后解体,成为以国海军最后的一艘驱逐舰(直到现在,以色列仍没有驱逐舰或护卫舰)。这艘曾凭着国府海军"灵甫"舰的身份,在中国领尽一时风骚的战舰,经历了三十二年的波折,欧亚中东几次大战,数易旗帜,屡换舰名,至此方才得到最后的安息。

这并不是说"灵甫"舰完全自人间消失。它的主炮尚存,现为以色列海法港海军博物馆的陈列品(见图70)[27]。

后 记

此文初于1989年9月3—6日在台北《中时晚报》"时代副刊"发表时,鉴于副刊形式,并未加注。其后数度修订,补入注释。较早的一份修订稿尝于2000年3月31日在高雄左营海军军官学校的第二届"海军与海洋研讨会"上宣读,故曾由会方印发。我亦乘有印件之便,送那版本给几个同道朋友。他们也有用那些资料去写作的。待再续有增补后,因友人谓有"重庆"舰纪念特刊的筹备,遂用此稿以应。未料那是作为专号的《船史研究》15期(1999年)。形式本无问题,问题却在对作者毫不尊重的编辑,全不知会便把拙文胡删乱改,连题目也换了。很明显,这是我必要割弃的版本。此文(已再修补)收入本书者始算是首次正式发表。

2005年12月15日

---

27 Mark Crossman, "Israeli Navy Museum," *WI*, 21:4(December 1984), pp. 348-349; J. Caruana, "Israeli Navy Museum," *WI*, 22:2(June 1985), p. 114.

香港篇

抗战期间中国海军助守香港始末

一、孤岛香港

1941 年底,华北、华中、华南泰半已被日本吞噬了,而香港在三年前随广州之沦陷也早成了孤岛。

英国因参加欧战年余,疲于奔命,无力照顾远东的殖民地,仅能作象征性的增援。添派去香港的是两营仅携随身武器的加拿大兵;他们的战车、炮械等重装备用另船绕道运送,到战事爆发时仍未抵港。派遣去星加坡的是一支勉强组凑的舰队——主力舰"威尔斯亲王"号(Prince of Wales,"英皇乔治五世"[King George V]级,36,730 吨,14 吋主炮十门[四联装八门、双联装二门],1941 年)[1];主力巡洋舰(battlecruiser)"却敌"号(Repulse,"名声"[Renown]级,27,650 吨,双联装 15 吋主炮六门,1916 年)[2];驱逐

---

[1] "威尔斯亲王"号的其他数据,以及这支援星舰队的悲剧收场,收入本书的《与香港光复有关的两个海军问题》一文内多处有交代。

[2] "却敌"号的其他数据,见 Siegfried Breyer, *Battleships and Battlecruisers, 1905-1970* (Garden City: Doubleday and Company, 1970), pp. 156-160; *Conway 1906-1921*, pp. 38-39; *British Empire Warships*, pp. 20-21; Angus Konstam, *British Battlecruisers, 1939-45* (Oxford: Osprey Publishing, 2003), pp. 7-9, 20-22.

舰,"J"级一艘:"木星"号(Jupiter,1,690 吨,双联装 4.7 吋主炮六门、五联装 21 吋鱼雷发射管十个,1939 年)[3],"E"级三艘:"交战"号(Encounter)、"快车"号(Express)、"伊莱杜拉"号(Electra,三艘均建成于 1934 年,1,405 吨,单装 4.7 吋主炮四门、四联装 21 吋鱼雷发射管八个)[4]。

　　派往星加坡的舰队有明暗两层意义。英国远东军事策略的重星轻港十分明显,不用多说。不易看得出来的是这支舰队的金玉其外。"却敌"号是第一次世界大战时代的老爷舰,固难期望其表现特佳。"威尔斯亲王"号虽是建成才几个月的新舰,但建成以后不是担起特别任务,便是入坞维修,舰员缺乏适当训练,作起战来,效果自成问题。那四艘还不算旧的驱逐舰复各有严重毛病——"木星"号满载时倾斜至十度;"交战"号曾因搁浅重损舰壳;"快车"号和"伊莱杜拉"号自欧战以来,屡担重任,已近不支。千呼万唤始出来的东援舰队组合成这样子是英国捉襟见肘,无力东顾之证。加上这支舰队无可能在有足够空护的情况下作战,增援遂成徒具形式[5]。

　　香港的情形更糟,连这层次都办不到。除两营加拿大兵外,不管形势的恶劣发展至何程度,香港根本不能期望任何兵种另有

---

3 "J"级驱逐舰的其他数据以及这艘"木星"号的情形,见 *Conway 1922-1946*, p. 41；Archibald, p. 237; *Destroyers Encyclopedia*, pp. 117-120; *British Empire Warships*, pp. 166-167.

4 "E"级驱逐舰的其他数据以及这三艘"E"级舰的情形,见 *Conway 1922-1946*, pp. 38-39; Archibald, p. 236; *Destroyers Encyclopedia*, pp. 103-104; *British Empire Warships*, pp. 156-157.

5 援星诸舰之不济,见 Martin H. Brice, *The Royal Navy and the Sino-Japanese Incident*(London: Ian Allan, 1973), p. 151.

添增[6]。

如果说当时的香港兵微将寡，绝非言过其实。三军总司令莫德庇（Christopher Michael Maltby, 1891—1980）少将 7 月杪才上任，下距日军来攻仅稍过四个月。负责统筹全局的港督杨慕琦（Mark Aitchison Young, 1886—1974）来得还要晚，到任仅三个月便开战了。备战的仓促程度不难想见。迟至 12 月中旬，各种部队，包括 11 月中旬始赶到的加拿大兵，仅得一万三千人。其中空军和海军更是可怜。空军只有两架水陆两用机和三架不设鱼雷的鱼雷轰炸机（开战后几分钟就全毁了）。海军也强不到哪里去。

二、开战前驻港英海军的阵容

开战前夕英海军的驻港舰艇计有（和上述援星舰队一样，武装

---

6 记述日人攻港前英军的备战以及十八日战事的经过，主要依据防卫厅防卫研修所战史室，《香港·長沙作戰》（东京：朝云新闻社，1971 年），页 99—326; G. B. Endacott, *The Hong Kong Eclipse* (Hong Kong: Oxford University Press, 1978), pp. 69-110; Ted Ferguson, *Desperate Siege: The Battle of Hong Kong* (Toronto: Doubleday Canada, 1980), pp. 55-219; Carl Vincent, *No Reason Why: The Canadian Hong Kong Tragedy—An Examination* (Stittsville, Ontario: Canada's Wings, 1981), pp. 127-198; Robert L. Gandt, *Season of Storms: The Siege of Hong Kong 1941* (Hong Kong: South China Morning Post, 1982), pp. 49-184; 木俣滋郎，《日本軽巡戦史》（东京：图书出版社，1989 年），页 197—204；谢永光，《香港沦陷——日军攻港十八日战事纪实》（香港：商务印书馆，1995 年）;Tony Banham, *Not the Slightest Chance: The Defence of Hong Kong, 1941* (Hong Kong: Hong Kong University Press, 2003); Oliver Lindsay, *The Battle for Hong Kong, 1941-1945: Hostage to Fortune* (Hong Kong: Hong Kong University Press, 2005), pp. 67-143; http://www.hamstat.demon.co.uk/HongKong/html. 各事叙述起来不逐一注明。

仅列主要项目）[7]：

驱逐舰："斥候"（Scout）、"珊奈特岛"（Thanet）、"色雷斯人"（Thracian，三艘分别建成于 1919 年、1919 年、1923 年的"S"级海军部型［Admiralty Design］，1,075 吨，单装 4 吋主炮三门、双联装 21 吋鱼雷发射管四个）[8]。

炮舰（sloop）："矢车菊"（Cornflower，"筷子芥"［Arabis］级，1,250 吨，单装 4.7 吋主炮二门，1916 年，见图 71）[9]。

河用浅水炮舰："蝉"（Cicala，见图 72）、"蛾"（Moth，"昆虫"［Insect］级两艘，625 吨，单装 6 吋主炮二门，1915 年）[10]；"燕鸥"（Tern，该级首制舰，262 吨，单装 3 吋主炮二门，1927 年，见图 73）[11]；"知更鸟"（Robin，该级仅一艘，226 吨，3.7 吋榴弹炮一门、六磅弹炮一门，1934 年，见图 74）[12]。

鱼雷艇：MTB 7、MTB 8、MTB 9（见图 75）、MTB 10、MTB 11、MTB 12（22 吨，单装 18 吋鱼雷发射管二个、双联装 0.303 吋

---

[7] 开战前夕，驻港英海军的阵容，主要根据 Martin Brice, *The Royal Navy and the Sino-Japanese Incident*, pp. 158-159, 163; Tony Banham, *Not the Slightest Chance*, pp. 324-326.

[8] "S"级海军部型驱逐舰的其他数据以及此三舰的情形，见 *Conway 1906-1921*, pp. 84-85; Archibald, p. 233; *Destroyers Encyclopedia*, pp. 83-84; *British Empire Warships*, p. 137.

[9] "矢车菊"号的其他数据以及此舰的情形，见 *Conway 1906-1921*, p. 95; *Royal Navy Ships*, p. 79; Archibald, p. 246.

[10] "昆虫"级河用浅水炮舰的其他数据以及此二舰的情形，见 Tim Carew, *Fall of Hong Kong*（London: Anthony Blond, 1960），p. 75; *Conway 1906-1921*, pp. 99-100; *Royal Navy Ships*, pp. 70, 234; Archibald, p. 147; David Brown, *Warship Losses of World War Two*（London: Arms and Armour Press, 1990），pp. 54、55; *Britith Empire Warships*, p. 268.

[11] "燕鸥"号河用浅水炮舰的其他数据以及该舰的情形，见 *Conway 1922-1946*, p. 78; *Royal Navy Ships*, p. 347; *British Empire Warships*, p. 269.

[12] "知更鸟"号河用浅水炮舰的其他数据以及该舰的情形，见 *Conway 1922-1946*, p. 78; *Royal Navy Ships*, p. 296; *British Empire Warships*, p. 269.

机关枪四组［八管］，1937 年）[13]；MTB 26、MTB 27（即电雷学校订购，原拟编入颜杲卿中队之物）[14]。

布雷舰："红尾鸟"（Redstart，"红雀"［Linnet］级，498 吨，双联装 0.303 吋机关枪二组［四管］，1938 年）[15]。

其他：不同来源，分别颇大的辅助巡逻舰艇十三艘、各款水警舰艇十五艘，以及其他数目有限，而品类杂陈的各式舰船和快艇[16]。另有扫雷艇（165 吨，路易斯机关枪二挺）四艘、武装快艇（76 吨，三磅弹炮一门，路易士机关枪二挺）四艘（均已编号）、三百吨拖船二艘在香港建造或改建中，悉在港岛陷落前自毁[17]。但也有未及毁坏或毁坏不彻底者，日人随后还是会利用来重建（详后）。

其中"矢车菊"号形同废物，降为海军后备人员的练习舰已好几年。河用浅水炮舰用于香港水域之方枘圆凿，以及第一次世界大战期间设计的驱逐舰（虽然"色雷斯人"号建成于战后两年，设计却是沿用大战期间的）之简陋陈旧都不用强调。连那些原可发

---

13 这些鱼雷艇的情形和详细数据，见 A.J.D. North, *Royal Naval Coastal Forces, 1939-1945: MTBs, MGBs, MA/SBs, MLs and HDMLs*（London: Almark Publishing, 1972），pp. 8-9; Lewis Bush, *The Road to Inamure*（Tokyo: Charles E. Tuttle Company, 1972），p. 135; *Conway 1922-1946*, p. 67; *British Empire Warships*, pp. 536, 539；M.P. Cocker, Coastal *Forces Vessels of the Royal Navy from 1865*（Stroud, Gloucestershire: Tempus Publishing, 2006），pp. 127-129.

14 MTB 26 和 MTB 27 既原由电雷学校订购，拟编入颜杲卿中队之物，其数据已见收入本书的《抗战期间未能来华的外购舰》一文中之第三节。

15 "红尾鸟"号布雷舰的数据，见 *British Empire Warships*, pp. 306, 308.

16 这些林林总总的小舰艇，Tony Banham, *Not the Slightest Chance*, pp. 325-326,有一齐全的清单。

17 Martin Brice, *The Royal Navy and the Sino-Japanese Incident*, p. 163; *Conway 1922-1946*, p. 71; *British Empire Warships*, pp. 333, 563, 569-570.

挥作用的鱼雷艇也效能大减,因为到后来连鱼雷也剩余无多了,单靠小口径机关枪威力就有限得很。那些种类繁杂的其他舰船更只是聊胜于无的充数之物。

配合这支几近活博物馆的舰队的海军人员约一千六百人。这是连后补和义务人员都包括在内的数字。海军船坞设在港岛北岸,毫无掩蔽,只会方便敌人,到这时候也成了无法调正的弊端。

事情如何发展下去,完全操在日人之手。

三、日人犯港与中国海军援港的经过

1941 年底,中国中央海军退入川江已多时,广东海军更不复存在,接连香港之地又尽为日人所据,按理中国海军绝无助守香港的可能。此事说来得分间接和直接两方面去讲。

正如上述,防守香港的 MTB 26 和 MTB 27 两艘鱼雷艇就是中国向英订购,原应为电雷学校颜杲卿中队的单位。如果不是发生各艇运抵香港后,先遭扣押,后放运四艘,买下两艘之事[18],英国守卫香港的海军力量还要更薄弱。中国海军无意中增强了香港的防卫力量。

直接的支援就传奇化多了。这事得从广东督军陈济棠落台后,原广东海军司令陈策(见图 43)返粤,任虎门要塞司令说起。1937 年 9 月 14 日虎门之役,陈策打得漂亮。后因糖尿病严重,左足患血管硬化症,且病情恶化,终于 1939 年春辞去要塞司令职,赴

---

18 见本书所收《抗战期间未能来华的外购舰》一文中之第三节。

港就诊,将患足割去,配以义足。出院后,留港休养[19]。

蒋介石以陈策既在香港,乃命其代替吴铁城(1888—1953)主持中国国民党驻港澳总支部、青年团、宣传专员办事处、振济委员会等机构。那时已是 1940 年初矣。

其后一年多,香港局势虽时紧时弛,惟日人趾高气扬之势益甚。香港始终在战云密压下度日。

1941 年 12 月 1 日,日本政府自港撤侨,香港立刻陷入战争状态。

8 日(美国为 7 日),日本对美国不宣而战,派海军偷袭美国太平洋海军重镇珍珠港(Pearl Harbor),揭开太平洋战争的序幕。

珍珠港被袭后六小时,日机即开始轰炸香港。该晚,"斥候"和"珊奈特岛"两驱逐舰奉命开赴马来亚。在英人眼中,为防卫香港报销两艘各仅重千吨的第一次世界大战时代驱逐舰也是太大的牺牲。本来已相当弱的驻港海军实力就变得更单薄了[20]。

日军一旦发动攻势,即借强大火力,直入九龙半岛,攻破英军防线,逼使英军节节南退。其间陈策组织民间力量,协助英军作战,维持治安,搜捕间谍,不遗余力。其从事诸务,时有意想不到的

---

19 陈策留港协助抗日的始末,他有自述,《协助香港抗战及率英军突围经过总报告》,收入杨群,《民族英雄陈策将军事迹》,《文艺复兴月刊》,76 期(1976 年 10 月),页 40—52,为附录(页 43—52)。其助手徐亨后亦笔载其事,见徐亨,《忠勇报国史册光辉——为陈策将军百龄诞辰纪念作》,《海军学术月刊》,32 卷 4 期(1998 年 4 月),页 9—12。在众多讲述香港沦陷的英文书籍当中,最近出版之 Philip Snow, *The Fall of Hong Kong: Britain, China and the Japanese Occupation* (New Haven: Yale University Press, 2003), pp. 48-49, 59-63, 69, 70-71, 73-74, 76-77, 尤用大量篇幅去记述陈策助港抗日的事迹。

20 自第一次世界大战结束至太平洋战事爆发,英国的远东防务政策(特别是涉及海军资源的分配)从来都是厚星薄港,见 Christopher M. Bell, "Our Most Exposed Outpost: Hong Kong and British Far Eastern Strategy, 1921-1941," *Journal of Military History*, 60:1 (January 1996), pp. 61-88.

收效。然而日英之间,一方支援不断,力采猛攻,一方孤绝无援,仅求能守,大局不是陈策及其同志所能改变的。

11 日,英军开始向港岛撤退。

12 日,传来"威尔斯亲王"号和"却敌"号两日前在没有空军掩护的情形下被日机炸沉于马来西亚东海岸的消息。香港不可能再得新支援已成定局。

同日,港府自沉长久以来为英海军驻港及驻华象征之"添马"舰(Tamar,原为排水量 4,650 吨的运兵舰,建于 1863 年,早没有了机动力,自 1897 年就泊在岸边充英国驻远东舰队总部办公场所之用)[21]。

是日傍晚,陈策率三人乘舢板,驶往在维多利亚港(Victoria Harbour)用扬声器做宣传的日船,逼近时命二人游泳过去,用炸药把那条船轰沉。

13 日,陈策收到第七战区司令余汉谋(1897—1981,见图 43)的电报,即通知港府,谓余之先头部队快要开抵香港边境,攻敌之背,可解香港之围。英军不信中国短期内能在香港以北结集大量兵力和日人较量。

是日,新界、九龙全陷入日军之手。

18 日晚,日军渡过维港,在北角和西湾河两处登陆港岛。港岛的战事随即转入巷战阶段。

在日军不断自九龙渡海增援之际,英海军在 19 日晨以鱼雷

---

21 "添马"舰在香港的历史,及其如何与香港同步演进,资料散见 P.J. Melson, *White Ensign~Red Dragon: The History of the Royal Navy in Hong Kong, 1841-1997* (Hong Kong: Edinburgh Financial Publishing [Asia]1997). 另外可参看 *HMS Tamar: Stonecutters Island, Decommissing Ceremony, Friday 11 April 1997*; 梁广福,《岁月无声消逝——香港世纪末照相簿》(香港 : 明窗出版社,1999 年),页 33—39。

艇六艘，用两艘为一组的阵形出击。突击之初，虽有小获，旋即为日军强烈炮火所笼罩，两艘受伤，两艘（MTB 12 和 MTB 26）被击沉。其中以原该属颜杲卿中队的 MTB 26 遭遇最惨，尚未到其依次出击已中敌弹，爆炸沉没，艇员无一生还。

是日黄昏时，港岛海岸线已泰半落入日军手。

挨到圣诞前夕，英军已势难支持下去。

圣诞日晨，又有一艘鱼雷艇（MTB 8）为日军击毁。到此时，除鱼雷艇外英海军舰只已全失（自沉、搁浅、被击毁）。

是日黄昏，港督杨慕琦和三军总司令莫德庇向日军总司令酒井隆（1887—1946）中将无条件投降。

中国政府之遣陈策助英人守卫香港有一默契，就是不能让陈策落入日人之手，故港府事前已有安排陈策及其助手徐亨（1912—2009，黄埔海军学校第十八届［1931 年］）和余兆麒（1902—1996）用鱼雷艇突围之腹稿。

英军投降前通知陈策突围之安排，嘱于是日下午自港岛南岸的香港仔出发，再迟就恐难得脱[22]。

陈策和三个助手（徐、余二人外，另有不会游泳的杨全）会同英军高级军官十数人后，乘车冲破日军防线于下午四时许抵香港仔时，各鱼雷艇已先开行，遂乘"矢车菊"号（该舰先于 12 月 9 日被日机炸伤，后于 19 日自沉）的舰载艇出海。该艇旋为岸上日军击沉。陈策及艇上诸人多中弹受伤，勉力游向港口鸭脷洲旁之小岛（陈策左腕中弹，脱去义足，在天寒水冷、无旁人协助下，游了一小时多）。登岸后又过了两小时多，始与先行之五鱼雷艇（MTB 7、

---

22 陈策率所余鱼雷艇突围的经过，除其自述外，还可加上徐亨的回忆录：迟景德、林秋敏访问，《徐亨先生访谈录》（新店："国史馆"，1998 年），页16—28，以及随陈策逃出的英国军官的纪录，如 Freddie Guest, *Escape from the Bloodied Sun*（London: Jarrolds Publishers, 1956），pp. 60-121.

MTB 9、MTB 10、MTB 11、MTB 27,各艘合共仅得鱼雷三枚）会合。时陈策之随侍仅剩徐亨一人（余兆麒由渔民救获,后潜返大陆,再服役军中）。

在岸上日军猛烈射击之下,陈策乘黑夜率五鱼雷艇（陈策误记为六艘）,共载英军军官及士兵七十余人,冲向大海,再北转大鹏湾,终在午夜后抵南澳岸边。

该地未受收编,国府视为土匪的游击队队长梁永光前曾随陈策服役海军,特予帮助。微晓,将各鱼雷艇凿沉,以免资敌。其中之 MTB 27 就是另一艘原当属颜杲卿中队之物。

后陈策一行众人由梁永光当向导穿过沦陷区和日军防线,经惠州（29 日）,抵韶关。陈策留韶治伤。梁永光所部由陈策安排收编为正式游击队,令回南澳,扩收队伍。英军诸人前赴重庆,再飞往印度。英皇后即授陈策 Knight of the British Empire（K.B.E.）勋爵及为其特制义足,授余兆麒（Commander of the British Empire（C.B.E.）勋衔,授徐亨 Officer of the British Empire（O.B.E.）勋衔,用酬二人协防香港、助英军突围之功。

战后,这些英军军官多撰刊回忆录,赞誉陈策之词溢于言表,且有视其为神明者。近年徐亨安排台湾选手出席奥运,干得有声有色,妇孺皆知。另外,余兆麒战后在香港创办中国联合银行。这些虽是后话,也值得一提。

说完这些,还有二事要交代。

四、日人犯港拨用的海军兵力

日人侵华,涉及海军之处,不管对手实力如何,恒以庞大舰队泰山压顶而来。攻香港却不同,并没有直接倚赖海军（不然陈策所率鱼雷艇也不易在大海随意冲驰），致容“色雷斯人”号、“蝉”号等陈旧或与作战环境不配合的英舰有攻击岸上日军的机会。从另一角度去看，正因为日人没有用海军作为攻港的主要兵种，装设在港岛南岸向海诸堡垒的大炮都变成了废物。

攻港之役并不是完全与日本海军无关，而是海军仅在旁扮演协同作战角色。出动的海军单位由第一遣支舰队司令新见政一（1887—1993）中将率领。涉及的舰只数目有限[23]：轻巡洋舰“五十铃”（“长良”级，5,570吨，单装14公分/50主炮七门；双联装610公厘鱼雷发射管八个，1923年）[24]、二等驱逐舰“梅”（“枞”级，850吨，单装12公分/45主炮三门，双联装533公分鱼雷发射管四个，1920年）[25]、“晓”级驱逐舰二艘：“雷”、“电”（二艘均建成于1932年，1,680吨，双联装127公厘/50主炮六门，三联装610公厘鱼雷发射管九个）[26]、“鸿”级水雷艇四艘（日海军称小型驱逐舰为水雷艇）：“鹊”、“雉”、“雁”、“鹑”（四艘均建成于1937年，840吨，单装12公分/45主炮三门，三联装533公厘鱼雷发射管

23 日人犯港出动的舰只依据防卫厅防卫研修所战史室，《香港·長沙作戰》，页63—64；木俣滋郎，《日本軽巡戦史》，页199。

24 轻巡洋舰“五十铃”号的其他数据及该舰的情形，见 WG, pp. 132-134; JJM, pp. 107-108; *Conway 1906-1921*, p. 239；片桐大自，页98—99; *Cruisers Encyclopedia*, pp. 162-163; 樵野八束编，《日本海軍軍艦總覽》（东京：新人物往来社，1997年），页117; Eric Lacroix and Linton Wells II, *Japanese Cruisers of the Pacific War*（Annapolis: Naval Institute Press, 1997）, pp. 28-29, 171-173, 187-189, 191-192, 794-796.

25 “枞”级驱逐舰的其他数据及该舰的情形，见 WG, pp. 259-261;《丸》编集部，《(写真集)日本の駆逐艦(続)》（东京：光人社，1974年），页156、183; JJM, pp. 107-108; *Conway 1906-1921*, p. 244; 片桐大自, p. 465; 福井静夫，《日本駆逐艦物語》（东京：光人社，1993年），页86—89、295。

26 “晓”级驱逐舰“雷”、“电”的其他数据及该二舰的情形，见 WG, pp. 271-273; JJM, p. 145; *Conway 1922-1946*, p. 193; 片桐大自，页429—432; *Destroyers Encyclopedia*, p. 195.

三个)[27],另配上担承哨戒的"东照丸"和专责切断海底电线的"千洋丸"和"秋津丸"。虽然派驻厦门、广州等邻近地区的海军舰只亦可列作支援,动用的兵力较陆军为此役所调用者毕竟相差很远。海军实际的参与最终只限于封锁海岸线和协助攻击摩星岭、昂船洲等处而已。

日人犯港,没有用海军为主要兵种,原因很简单。一经偷袭珍珠港,战事立刻转为全面化。印度支那半岛、星马、菲律宾等地马上需要海军全力投入。进攻孤立无援的香港,出动有空军配合行动的陆军应足够,不必占用海军实力。海军仅需负起封锁香港附近一带海域。即使如此,调拨的兵力仍远超过驻港英海军所拥有者。如果日海军直接参加此役,英军守卫香港就必不能挨到十八日之久。

五、日人在港掳获的舰只

自日人兴建西式海军以来,凡遇对外战争,必尽量利用掳取过来的舰只。甲午战争、日俄战争、侵华战争,均悉如此。香港以及东南亚诸役的情形亦不例外。

防守香港的英舰本来品质都不高,沉毁后应成狗彘不食之物,日人还是不放过。捞出来的"蛾"号和"色雷斯人"皆修复供其所用。"蛾"号成了驻在长江的侵华利器"须磨"号(炮械屡易,主炮

---

27 "鸿"级水雷艇"鹊"、"雉"、"雁"、"鹑"的其他数据及该四舰的情形,见
WG, pp. 279-280; JJM, pp. 129-130; *Conway 1922-1946*, p. 197; 片桐大
自,页 540、543—544、551—553 ;*Destroyers Encyclopedia*, p. 209; 福井
静夫,《日本驱逐舰物语》,页 259—260 ;樋野八束,《日本海軍軍艦總覽》,
页 169。

最后为 80 公厘炮一门）。1945 年 3 月 19 日该舰在江阴附近碰上美机所布的水雷而沉没[28]。"色雷斯人"号变成"第一〇一号哨戒艇"（三门单装主炮换为 3.9 吋）。终战时，该舰在横须贺军港，即交还英国；数月后在香港抛售，其后解体[29]。

最能表示日人有便宜不放过的心态者，莫如他们要尽量利用几艘开战前不久才在香港黄埔船坞和太古船坞动工建造（均在 7 月间安龙骨），舰名悉用香港地名的"班哥"（Bangor，673 吨，4 吋十二磅弹高角主炮一门，二磅弹高角炮一门或单装 0.5 吋高射机关枪四挺。此级这一型款的舰只于 1941—1945 年间建成数十艘）级扫雷舰的态度[30]。这些舰只的续建都经过很长的时间。"鲤鱼门"（Lyemun）号变成拨归支那方面舰队的"南阳"号炮舰（672吨，3 吋高角主炮一门，1943 年，见图 76）。这艘信手拈来的侵华工具 1943 年 12 月 23 日在台湾海峡被美机炸沉[31]。另外两艘仍续

28　"蛾"在日人之手变成"须磨"的经过和有关数据，见 WG, p. 418; JJM, p. 122; 冈村恒四郎，《香港海军工作部》（无出版地：非卖品，1977 年），页 147、173—176；*Conway 1922-1946*, p. 212; 片桐大自，页 242；长谷川晋编，《帝国陸海軍補助艦艇》（东京：学习研究社，2002 年），页 186；田村俊夫，《英国砲艦"モス"の後身、帝国海軍軍艦"須磨"真実の艦艇史》，收入渡部义之编，《帝国海軍真实の艦艇史》（东京：学习研究社，2004年），页 182—197。

29　"色雷斯人"在日人之手变成"第一〇一号哨戒艇"的经过和有关数据，见 WG, pp. 380-381; JJM, pp. 194-195; 冈村恒四郎，《香港海军工作部》，页 146—147、177—180；*Conway 1922-1946*, p. 207; 福井静夫，《日本補助艦艇物語》（东京：光人社，1993 年），页 387—388；木津彻编，《日本海軍護衛艦艇史》（东京：海人社，1996 年），页 103；长谷川晋，《帝国陸海軍補助艦艇》，页 185；田村俊夫，《英米オランタ"なと"の艦艇を鹵獲改装した 9 隻の哨戒艇》，收入《帝国海軍真实の艦艇史》，页 126—127。

30　"班哥"级扫雷舰有三型，在香港建造的四艘都是往复机（reciprocating engine）型，见 Elliott, p. 302; *Conway 1922-1946*, p. 64; *British Empire Warships*, p. 254.

31　"南阳"号的数据，见 WG, pp. 418-419; JJM, p. 119; *British Empire Warships*, p. 256; http://uboat.net/allies/warships/ship/3195.html.

建为扫雷舰。"大潭"（Taitam）号成了"第一〇一号扫海艇"（580吨，4.7 吋主炮一门，深水炸弹三十六个，1944 年）。该舰 1945 年 1 月 12 日被美机炸沉于越南西贡东北海岸[32]。"横栏"（Waglan）号变成"第一〇二号扫海艇"（数据相同）；战后为盟军所获，1947 年底交还英国，后在日本浦贺解体[33]。较特别的是"烂头"（Lantau）号；日人改建之为商船，先名其为"晓星丸"（Gyosei Maru），后易之为"鹿儿岛丸"（Kagoshima Maru），1950 年前后报废[34]。

这些琐事都说了，与日人攻占香港有关的海军活动才算讲述完毕。

六、余论

在日人攻港的十八日战事中，双方动用的主要兵种都是陆军，以及日人单方面拥有的空军。驻港英海军的阵容只称得上聊备一格，其参战对日军的行动毫无影响可言。出动的日海军虽实力较强，然参役的程度更在这层次之下。背景既如此，加上中国的中央海军已蛰伏四川水域多时，而质量本逊于中央海军的广东海军在

---

32 "第一〇一号扫海艇"的数据，见 WG, p. 440; JJM, p. 210; 福井静夫，《日本補助艦艇物語》，页 121、385—386；木津彻，《日本海軍護衛艦艇史》，页 64；*British Empire Warships*, p. 256; 长谷川晋，《帝国陸海軍補助艦艇》，页 185；http://uboat.net/allies/warships/ship/3196.html。

33 "第一〇二扫海艇"的数据，见 Shizuo Fukui, *Japanese Naval Vessels at the End of World War Ⅱ*（Annapolis: Naval Institute Press, 1991），p. 403（该书原刊于 1947 年）；http://uboat.net/allies/warships/ship/3197.html，余与注 32 同。

34 "烂头"改建为商船后的数据，见 *British Empire Warships*, p. 256; http://uboat.net/allies/warships/ship/3194.html.

抗战期间同样节节西退（当时的自慰式用词称为"西进"），两支海军除分别在长江及西江顺水施放水雷外，就乏善可陈，中国海军的助守香港自然是意想不到，且传奇成分浓厚，值得一记之事。更何况驻港英海军如何抗拒日人来犯，基于地缘等因，亦应视为大中华区海军抗日战史的一部分。鉴于有关史事现已奥晦，遂爬梳串连以成此文，谅为留心海事者所乐闻。

与香港光复有关的两个海军问题

一、前言

　　1945 年 8 月 15 日 [1]，穷途末路的日本向盟军投降。香港的归属问题顿成中英角逐的焦点。这事的争议涉及外交、国势、民情、军事、政治实况等方面，但解决起来最用得上的还是捷足先登、逼成事实的原始法子。日人投降甫半月（如果不是因为外交争拗，可以早不少），英国海军舰队便浩浩荡荡驶入香港维多利亚海港（俗称维港），由是构成接收纳降的事实。中英史家论及此事，恒详于析述外交争辩 [2]，而疏于解释军事行动，故于遣港英舰队充其量仅标出几艘

---

[1] 即美国的 14 日，故美国刊物所记有时会出现一日之别的情形。

[2] 这类论著可以下列诸作为代表：Chan Lau Kit-ching, "The Hong Kong Question during the Pacific War（1941-45），" *Journal of Imperial and Commonwealth History,* 2:1（October 1973），pp.56-78; Aron Shai, *Britain and China 1941-47: Imperial Momentum*（London: The Macmillan Press, 1984），pp.106-125, 170-173; 曾锐生，《蒋介石为何不收回香港》，收入鲁言等著，《香港掌故》，第十集（香港：广角镜出版社，1985 年），页 113—127；Chan Lau Kit-ching, *China, Britain, and Hong Kong 1895-1945*（Hong Kong: The Chinese University Press, 1990），pp. 293-329, 397-406; 黄鸿钊，《中英关系史》（香港：开明书店，1994 年），页 239—245；黎秀石，（转下页）

主要舰只的若干数据，便算足证舰队之强大了。究竟英国动用什么层次的海军力量迄仍是不见于任何学术报导之谜。

专讲驻港英海军的书也不例外。Peter J. Melson, *White Ensign~ Red Dragon: The History of the Royal Navy in Hong Kong, 1841-1997*（Hong Kong: Edinburgh Financial Publishing［Asia］,1997）只提及七艘主要舰只的舰名（pp. A7-A8），和其中若干艘的舰史（pp. 69-71）。书中没有列出足显此七舰实力的数据，连涉及舰只的总数，以及不同舰种的舰只（如潜艇、驱逐舰、扫雷舰）各有几艘这类再基本不过的数据也不管。较早刊行的 Kathleen Harland, *The Royal Navy in Hong Kong, 1841-1980*（Hong Kong: H.M.S. Tamar, The Royal Navy, 1980?）及其修订版 Kathleen Harland, *The Royal Navy in Hong Kong Since 1841*（Liskeard, Cornwall: Maritime Books, 1986）更达不到 Melson 书的层次。

这还不算。英国国防部曾两次延三军中治史者，利用档案资料撰刊第二次世界大战期间的英日战史。二者均为卷帙浩繁的大书，却都不能借以理解遣港舰队的实力。第一次用三军合史式写成的 S. Woodburn Kirby, *The War Against Japan*（London: Her Majesty's Stationery Office, 1957—1969）, 5 volumes, 虽有英人重返香港的专章，讲及遣港舰队时却不过在列出其中九艘舰只之名外，另注明舰队包括八艘潜舰、四艘驱逐舰和六艘扫雷舰而已[3]，甚至连这些数目也不够准确（详后）。英国国防部在九十年代推出全新的英日战史，因三军活动分述为专辑，篇幅随增；其中海军一辑，Ministry of Defence（Navy），*War with Japan*,Volume Ⅵ:

（接上页）《日本投降的前前后后》（香港：明报出版社,1995 年），页 143—150；谢永光，《香港战后风云录》（香港：明报出版社,1996 年）页 6—23。

3　如该书 Volume V: *The Surrender of Japan*（1969），pp. 283-288.

The Advance to Japan（London: Her Majesty's Stationery Office, 1995），虽别立一章来记述日本投降前后之事（pp. 232-239），章内却不提英国急遣舰队赴香港纳降[4]，令人读来有往后倒退之感。

另外，还有其他不利因素，如（一）迄今尚没有详述二十世纪初以来英国海军史事的通史[5]，（二）没有专讲遣港舰队的英文学报论文，（三）国人治海军史者凡遇外国海军史事（特别是和舰只有直接关系者）几必捉襟见肘，遂致虽事逾半世纪，遣港舰队的组配情形与实力层次犹无明确纪录！发现此情形后，难免技痒，乃敢试追探之。这是本文首先要讨论的事。

"海军总司令部"（台北）的研究员陈孝惇（1958—　　）专研四五十年代海军史事，言必有据，据必详列，故时有典范之作。早些时候，她发表一篇讲述抗战胜利后接收在华日军与汪伪船只情形的长文[6]，详尽精彩。文内谓中国在香港设专责办公处，在港接收日军舰船数十艘之多，时间且延至英人返港后大半年[7]。读后觉得此事极不合逻辑。英国既借强大海军重返香港，又怎会容许中国名正言顺地在港接收日本海军舰船？但陈小姐所言，正如其一

4　此书该册末所收，详记终战时英国在西太平洋和印度洋的海军兵力的一组附录倒十分有用，提供很多难求别处的资料。

5　讲二十世纪英国海军史事的通史要达到像 William Laird-Clowes, *The Royal Navy: A History from The Earliest Times to 1900*（London: Sampson Low, Marston and Company, 1891—1903）（简称表作 *Royal Navy History*）的详细程度始有望提供遣港舰只的全单。

6　陈孝惇，《抗战胜利后海军接收日伪降舰始末》，《海军学术月刊》，34 卷 9 期（2000 年 9 月），页 64—74；34 卷 10 期（2000 年 10 月），页 68—77；34 卷 11 期（2000 年 11 月），页 78—90。该文修订本见"海军总司令部"编，《海军舰队发展史》（台北："国防部"史政编译局，2001 年），上册，第三章（陈孝惇），《接收日本及汪伪舰艇》，页 200—280、390—402。

7　陈孝惇，《海军接收日伪降舰始末（中）》，页 71—72、75；修订本见注 6 所引《海军舰队发展史》，上册，页 235、395。

向为文的作风,有档案为据。此事显有追索下去的必要。在香港进行这项工作虽可得若干地利之便,目前仍得以中国档案资料为主要依据。陈小姐在这方面帮了我很大的忙。中国如何在香港接收日本舰船就是本文要讨论的第二事。

此二事均为海军问题,且悉与香港光复有关,处理起来可合为一文。

二、英国赖以接收香港的海军实力

(一)关键性的资料

图理解英国动用何层次的海军力量来争取香港治权,必须掌握遣港船只的全单。正如上述,在现有的书籍和学报里找只会徒劳无功。必具关键作用的英国海军部档案现仅及见存于英国殖民地部档案内者,而有关的英国外交部档案复尚未运港(香港大学已订购多时),要取得这张名单只有求诸舰队抵港后的香港报纸。

然而那时的香港俨如废墟,百业待始,报纸只有几家。时至今日,那些报纸即使有存也难期望其不残缺。况且按当时的中文报纸的性质和篇幅来说,也不可能刊登英国遣港舰只的全单。就算退一步说,中文报纸即使会刊登这种华人读者不可能感兴趣的单子,舰名也必定采用无助于按图索骥的译名。试检当日的《华侨日报》,情形果如此。该报迟至9月初才有尚存者,且所刊英舰队消息既零碎复简略,全帮不上忙。

因为读者要求的不同,英文报纸所刊舰队消息理应较中文报纸为丰,但能帮忙的程度仍有无从预测的成分在。

英人甫返港即有的英文报纸有 *South China Morning Post*

（《南华早报》）和 *China Mail*，两种都历史悠久，信誉超著[8]。只要善用不同资源，要看英军返港后的数月的这两份报纸并不成问题。可惜 *China Mail* 所载有关英舰队的消息零碎片段，并不比《华侨日报》所提供者多。

英舰队抵港后的十来日，*South China Morning Post* 所刊登的消息也不算特别[9]。幸而到了 9 月 13 日峰回路转，刊出一张迄今仍未见更详细的清单。这张单子共列出有名称（其中一艘仅有编号）的舰只共五十五艘。其中不少舰只还有个别描述。

资料虽珍贵，利用起来倒要留意一事：单子记录的是舰队抵港十二三日后，停泊港内舰只的情形，并不完全反映英海军初抵港时的舰队阵容，因为在这十几天内舰只有进出。随后逐艘介绍遣港舰只时，确知属于首批进港者在名后加 * 号注明。此举只是为了考定细节而已，实则无关宏旨。那时首批赴粤的中国军队尚未抵达广州（见后），而得准备应付与中国军队可能发生武装冲突正是英人以强

---

8 切勿误以为那时香港还有一份以 *Hong Kong News* 为名的英文报纸。这是日人陷港后，占用 *South China Morning Post* 的设备而刊印的报纸。英人重返，它自然关门大吉，赖以保存的设备也就让 *South China Morning Post* 可以立刻复刊；见 Robin Hutcheon, *SCMP: The First Eighty Years*（Hong Kong: South China Morning Post, 1983），pp. 92-95. 复刊之初，以 *South China Morning Post and the Hong Kong Telegraph* 为全名，并有早报版与晚报版之别。本文引用时，仅作 *South China Morning Post*，亦不注明早晚版，因现在能看到者都放在同一胶卷之内。

9 舰队进港那天，*South China Morning Post* 马上复刊，傍晚刊出一张介绍进港舰只的号外。此号外后收入 G.B. Endacott, *Hong Kong Ecipse*（Hong Kong: Oxford University Press, 1978），p.234 后的插图。号外务求简求速，所刊消息难免误漏兼鱼。视之为有趣的文献可以，用作研究资料则显不足；其后十一二天该报所刊消息都详确不了多少。另外随舰队来港的一个美国记者日后追述来港途中情形，亦仅提及他乘坐的驱逐舰之名而已（Ursa；该舰的介绍见随后正文）。舰队的其他舰只，他一概不提；见 George Moorad, *Lost Peace in China*（New York: E.P. Dutton and Company, 1949），pp.18-20.

大舰队遣港原因之一。正式纳降日人也还要待一段时间,故舰队遣港过程的结束不应定于签降书之前。其实签降书后三数日,仍有不少船只调来香港,故舰只遣港的行动起码要算至 9 月 21 日左右。

试图开列遣港舰队的全单(百分之百齐全,目前仍不可能),除 South China Morning Post 那张单子外,还得加上该报其他日子所载的消息,以及英国殖民地部档案所提供的资料。待看到英国外交部档案,不免还需作调整。

英人利用海军实力重治香港,涉及的时间稍逾半个月,大小行动也有多次。统计其动用的海军力量,那大半个多月要整体地看,而不能仅看 8 月 30 日进港的阵容(虽然那已是一支十分强劲的舰队)。

(二)英人利用海军为返港工具的部署

英人利用海军作为迅速重返香港的工具远近背景都有。远在1942 年初(即日人陷港后数月,英人被欧亚战情弄到焦头烂额的时候),英人已开始在伦敦分设筹划如何在终战后重治被日人攻占的各东亚及东南亚殖民地之专门办事处。在思维上,英人全作要动武才能取回这些殖民地的打算。至 1944 年 2 月,负责筹策接收香港的办事处已有九个工作人员之多。到了 1945 年 5 月,该组的人数更增至三十八名 [10]。蛰居陪都重庆的中国政府有无此远虑本已是十分值得怀疑之事;即使亦远虑及此,也没有采取相应措施的能耐。事前既乏准备,待日人果投降,而外交途径旋又证实解决不了香港的治权问题,显示军力尚不失为可试一方时,中国又无法

---

10 英国为重治香港,筹备多年的接收工作,见 F.S.V. Donnison, *British Military Administration in the Far East, 1943-46*(London: Her Majesty's Stationery Office, 1956),pp.135-139, 145-152.

捷足先登,在英人未抵港前先遣大军入驻香港(详后)。

从一件现在已很少人知道的事也可揭示中国在抗战胜利时如何窘态百露,绝不具备与英国竞先遣军入港的条件。执政者只有和英人吵得面红耳赤,借表态向国人交代一下的本能而已。

自日人投降至中国能有足够数量的军队开入广州,难免有一段不短的时差。如何处理这段真空时段的治安等急务是大难题。蒋介石的对策是委大汉奸、汪伪军事委员会委员兼海军部中将次长,且掌广东江防的招桂章为广州区先遣军总司令。蒋介石的亲信、广州海军事务特派员兼广州市长陈策(见图43)也采同样策略,任汪伪广州市警备司令部副司令郭卫民(1910—)为代理广州市警察局长[11]。就地理而言,自西而来的中国军队如不先接收广州,给予起码的安顿,如何能接收更南的香港?难道同样祭出在香港找汉奸来代劳的法宝[12]?或又委汪伪官员来完成工作?蒋介石领导的政府在接收沦陷区时,要配上无抗拒、不涉争议、没有决定性的时间规限等友善客观条件方易完成。

情形既如此,接收香港这出戏就只有让英人(以及站在英人背后的美国人)主导演出了。

日人受原子弹洗礼后,投降之速颇出英美预料之外。英国策划多年的重返香港计划虽得急作调整,基本上仍是外交与军事配

---

11 招郭两人不久即遭秋后算账,并入囹圄,那是另一回事。事之始末,见《军委会广州先遣军总司令部筹备处宣告成立》,《华侨日报》,1945 年 8 月 26日;《代广州市警察局长郭卫民就职》,《华侨日报》,1945 年 8 月 26 日;李汉冲,《招桂章的四功》,《广东文史资料》,7 期(1963 年 9 月),页 99—101;黄启华,《蒋汪日在广东勾结及汉奸变成先遣军的经过》,《广东文史资料》,17 期(1964 年 12 月),页 72—87;郜庆时,《日本投降时广东汪伪的活动》,《广州文史》,48 期(1995 年 7 月),页 511—513。

12 人选也是有的。日人犯港前、日治时期,以及英人重治以后,三朝都当华人首席代表,超级社会贤达的华欧混血儿罗旭龢(Robert Kotewall)便是一例。

合运用。英国在日人投降前已开始采取谋及重返香港的外交行动,时贤于此早有讨论[13],本文仅追探彼等向来忽视,且即图研究亦力有所不逮的海军行动问题。

在决定香港的归属问题上,海军是重要的关键,因为中英在这兵种上呈极端的此有彼无现象,而香港又是浮海来易、攀岭来难的地方。此时此地,英国正有分布合度、质量兼足的海军。重返西太平洋已有一段日子,复因欧洲战事结束容其大量东调舰只的英国海军正派上用场。就算好几处被日人夺去的东亚和东南亚前殖民地需要同时收回,英国在西太平洋区的兵力还是足够应付的。

负责接收香港的海军少将夏悫(Cecil Halliday Jepson Harcourt,1892—1959)虽早在第一次世界大战时已担任驱逐舰队司令,至此官阶尚不算高。接受香港任务前,他是英海军第十一航空母舰队(11th Aircraft Carrier Squadron)的司令[14]。在这任务执行过程中归他管辖的遣港舰只,实力远远超过这层次。

夏悫甫受命,即以菲律宾苏比克湾(Subic Bay)美国海军基地为召集地,组配来自不同地方的英舰为一支称为特遣队111.2

---

[13] 注2所列诸作多详叙这些外交活动的发展过程。

[14] 夏悫未担起香港任务前的履历,以见于 "Admiral Harcourt," *South China Morning Post*, 3 September 1945, 者为详确。另外 G. Hermon Gill, *Royal Australian Navy, 1942-1945* (Canberra: Australian War Memorial, 1968), p. 201, 也有他的短传。当时中国报纸称其为哈克特,后来又有哈科达、哈可尔提一类音译之名。这些都犯了名不从主之失。Harcourt 并非名将,连名归典册的资格也成问题;英国可以补列以前各版遗漏人物之旧版 *Dictionary of National Biography* 始终没有他的条项。待 Oxford University Press 于 2004 年刊出新版的 *Oxford Dictionary of National Biography* 才为他立传。但他在香港史上占特别一章,中环旁海大道且有依其命名者。用汉文书其名时,必须名从主人,"夏悫"外别无选择。至于沈永兴主编,《从砵甸乍到彭定康——历届港督传略》(香港:新天出版社,1994 年),页 168,指夏悫为英国太平洋舰队司令,则显误。

（Task Group 111.2）的舰队[15]。

中英美之间往返的外交争论令舰队的出发日期拖延了好些日子。待治权、纳降细节、中国代表问题等争议点都达成妥协，舰队迟至 8 月 27 日早上七时才启程赴港。这拖延使舰队在进港前实力颇有增加[16]。

29 日晨熹之际，舰队抵达香港以南水域，并与应命前来的特遣队 111.4（Task Group 111.4）会合，成为遣港舰只的第一组[17]。夏悫随即安排若干组由十二架战机编为一组的保护伞轮番升空护卫[18]。

除了一艘为应日人所掳欧籍人士医疗所需的医院船外，此组其他单位全是作战性的。简言之，这支先遣舰队包括（下节用 * 号注明的各舰）主力舰一艘、正规航空母舰一艘、轻航空母舰一艘、巡洋舰二艘、防空辅助舰一艘、驱逐舰六艘、扫雷舰七艘、潜艇母舰一艘、潜艇八艘、医院船一艘[19]。相较起来，往东京湾参加日本投降

---

15 C.O. 129/591/18, "War Diary, 29th August to 16th September 1945", Commander. in-chief（即夏悫）, Hong Kong, to Secretary of Admiralty, 6 October 1945.

16 例 如 C.O. 129/591/18, A.M. S.S.O. to Major-General Hayes, Chungking, 24 August 1945, 谓遣港舰队由远洋扫雷舰八艘、驱逐舰四艘、巡洋舰三艘（防空辅助舰一艘算入内）、航空母舰二艘、潜艇母舰一艘和医院船一艘组合而成。与数天后在香港以南与另一支舰队会合才进港的舰队，最大的分别在没有后来进港时的主力舰和潜水艇。

17 同注 15。

18 同注 15。

19 何者属于这支首批进港的舰队，依两档案来决定 :C.O.129/591/18, C.in C.,British Pacific Fleet to Admiralty, 28 August 1945 和注 15 所引夏悫之 "War Diary"。另加 Gill, *Royal Australian Navy*, pp.683-684, 所提供的消息。包括的扫雷舰，数目本该如注 16 所引档案所说为八艘，但因其中一艘在出发前数日，晚间在西里伯岛（Celebes）以东和一艘日本货船驳火，并将之击沉，事后得留在苏比克湾做联络工作，故不能随队出发 ; 见 Gill, *Royal Australian Navy*, p. 684.

典礼虽然是全球注目的大事,英国仅派主力舰一艘、正规航空母舰一艘、巡洋舰二艘、驱逐舰十艘前去[20],因为那是绝无动武可能的场合。从这两支舰队实力之别可以看出,英人为了重获治港权确有不惜一战之心。

30 日上午十一时,扫雷工作清出一条航道以便舰队通过鲤鱼门海峡驶进维多利亚港之际,空护战机突然发现香港本岛以南的南丫岛(Lamma Island)之索罟湾(Picnic Bay)内有日军自杀艇(日本称为震洋艇)约百艘[21],其中有三艘正朝英舰队驶过来。战机立刻把那三艘自杀艇击沉,旋亦尽量击毁其他留在湾内者[22]。

舰队进港后至日人签署降书所发生的事情,习见书籍早有报

---

20 Gill, *Royal Australian Navy*, p. 677.

21 自杀艇是通称,指太平洋战事末期日军在木制快艇艇首装置强烈炸药,用来撞击敌舰的孤注一掷勾当。原先是日海军在 1944 年大量建造的"震洋特攻艇"。后来陆军发展自己的水面特攻艇,种类之繁,数量之多,尤远在海军之上。陆海军的各式自杀艇,见 WG, p.469; JJM, pp.272-273; 殷宪群,《日本海军的特攻艇(下)》,《舰船知识》,262 期(2001 年 7 月),页 24—25。终战时留在香港的自杀艇隶属陆军;见 Cecil Harcourt, "The Military Administration of Hong Kong," p. 8(发表的期刊不详,日期当为 1946 年底至 1947 年初之间;现用香港大学香港文献资料室所藏该文的影印件)。

22 此据注 15 所引"War Diary"。一年多以后(1946 年 11 月 13 日)夏悫在英国向一个社团演讲时,则谓先发现那三艘驶向英舰队的自杀艇,击沉之以后才发现还有约百艘在附近;见 Cecil Harcourt, "The Military Administration of Hong Kong," pp. 7-8. Donnison, *British Military Administration in the Far East*, p.201, 所说亦同。同出夏悫之手的"War Diary"是事后迅即向英国海军部呈交的报告,应较一年多以后的追记为可靠。一般记述则不求作出此等细微的分别,仅谓发现日方自杀艇群后,夏悫即下击毁令,如 Edwyn Gray, *Operation Pacific: The Royal Navy's War Against Japan 1941-1945*(Annapolis: Naval Institute Press, 1990),p. 257.

导,可以不赘[23]。仍要讲明的是这稍过半月间在港英舰质和量的变化。

这半月间,在港英舰并不是滞留不动的,也不是只增不减的,而是有进有出(几艘医院船的进出频密尤为突出;后勤舰只、海军陆战队等单位更是在夏悫抵港后好几天才陆续到达的,明显指出英国确有舰队抵港之初需要急速应变和动武的准备),质和量基本上是增加的。舰只遣港既不限于一次的行动,治权的争议也得待正式纳降方算告一段落,故统计英人遣港舰只得顾及两个层次:8月30日进港的舰船(即使其中有未到签降已离港者),和9月16日签降书时在港以及签降书后三数日才进港者。虽尚未能逐一确指受降日及随后数日在港的舰只,但上述那张 *South China Morning Post* 的单子应颇接近了,因自此至纳降不过三四天而已。然而这几天也确有重要变化。9月14日傍晚,英国太平洋舰队(British Pacific Fleet)总司令费雷泽上将(Bruce Fraser, 1888—1982)乘旗舰自冲绳抵港,准备参加受降典礼,顿使维港内停泊的主力舰达两艘之数[24],便是值得一提的变化。

(三)遣港舰只逐艘看

根据 *South China Morning Post* 的纪录,再配上其他资料,便

---

23 如 Donnnison, *British Military Administration in the Far East*, pp.202-212; Oliver Lindsay, *At the Going Down of the Sun*: *Hong Kong and South-East Asia, 1941-1945* (London: Hamish Hamieton, 1981), pp. 211-217; 高添强、唐卓敏,《香港日占时期》(香港:三联书店,1995年),页 46—153;谢永光,《香港战后风云录》,页 20—28;P.J. Melson, *White Ensign~Red Dragon*, pp. 69-78.

24 "Flagship Here: Admiral Fraser Arrives from Okinawa," *South China Morning Post*, 15 September 1945; "Duke of York in Colony," *China Mail*, 15 September 1945;注 15 所引之 "War Diary"; V.E. Tarrant, *King George V Class Battleships* (London: Arms and Armour Press, 1991), p. 273.

可拼出一张虽尚不齐全,而遗漏不致严重的单子来。研究海军史固然不能仅提提舰名就可以算数,只循例填报些随手检来、可靠性并不高的排水量、马力、炮数一类数字同样不足显示舰只的实力。就算炮械的口径、身倍、设计相同,只要型号(mark)不同,使用起来效应就有分别;两种基本相同的炮械,如果一种是后装(breech loading)炮,另一种是速射(quick firing)炮,效应的分别就会更大。不弄清楚这些数据,就无法准确交代舰只的实力。本文既要说明遣港舰队究竟实力如何,有关数据记录起来乃悉以职业海军界的尺度为准。研究任何一国的海军史均须具备讨论时段的世界性海军专业知识,理由就在这里。

在未逐艘细看这支舰队的舰只前,记录数据之法有几点要说明:(一)根据 *South China Morning Post* 9 月 13 日那张单子定为遣港舰队成员的舰只,不另附说明。依据其他来源者,则加注交代。(二)舰种的区分悉依第二次世界大战时英国所用的准则。与现在用者固然差异很大,即当时其他各国所用者每有不同,连英美之间也有分别。(三)排水量:舰只用基准排水量(standard displacement),轮船用总吨位(gross tonnage)。(四)所据资料记录马力时,原有指示马力(indicated horsepower)、制动马力(brake horsepower)、轴马力(shaft horsepower)之别。现俱仅注为马力,不作区分,因为此等数字本身记于舰只初建之时,并不准确反映日后情况。(五)舰只建成后,辅助武器日后每有改变。就第二次世界大战而言,因防空武器进步殊速,故此类武器日后有改动是时有之事。以下所记尽可能以 1945 年时之情况为据。

A. 主力舰(Battleships)

"英皇乔治五世"级(该级共五艘)"安逊"(Anson,人名)号(见图 77)*:1937 年 7 月 20 日安龙骨,1940 年 2 月 24 日下水,1942 年 6 月 22 日建成;36,730 吨;110,000 匹马力,最高时速 28

浬；14 吋 /45 MkⅧ 主炮十门（四联装八门、双联装二门）、双联装 5.25 吋 /50 MkⅠ 高角速射炮十六门、40 公厘 /40 二磅弹 pompom 高角机关炮八十八门（八联装六十四门、四联装二十四门）、四联装 40 公厘 /60 博福斯（Bofors）高角机关炮八门、20 公厘厄利康高角机关炮四十五门（双联装十二门、单装三十三门）[25]。

"英皇乔治五世"级"约克公爵"（Duke of York）号：英国太平洋舰队总司令的旗舰；1937 年 5 月 5 日安龙骨，1940 年 2 月 28 日下水，1941 年 11 月 4 日建成；39,780 吨；14 吋主炮和 5.25 吋副炮与"安逊"同；防空炮械大致与"安逊"同[26]。

B. 正规航空母舰（Fleet Aircraft Carriers）

"不挠"号 *（Indomitable，该级仅一艘，是"卓越"[Illustrious] 级舰的改良型）：1937 年 11 月 10 日安龙骨，1940 年 3 月 26 日下水，1941 年 10 月 10 日建成；23,000 吨；111,000 匹马力；最高时速

---

25 Parkes, pp. 663-669; Bernard Fitzsimons, ed, *Illustrated Encyclopedia of 20th Century Weapons and Warfare*（New York: Columbia House, 1967），Vol. 2, pp. 121-122; Vol. 15, pp. 1634-1636（以下该书简称 *20th Century Weapons and Warfare*）; Alan Raven and John Roberts, *British Battleships of World War Two*（London: Lionel Leventhal, 1976），pp. 283-284; Robert Dumas, "The King George V Class," *Warship*, 9（January 1979），pp. 13-27; 10（April 1979），pp. 110-122; 11（July 1979），pp. 182-195; *Conway 1922-1946*, p. 15; William H.Garzke, Jr. and Robert O. Dulin, Jr., *Battleships: Allied Battleships in World War Ⅱ*（Annapolis: Naval Institute Press, 1980），pp. 176, 249, 251（以下该书简称 *Allied Battleships*）; Gibbons I, pp. 256-257; Silverstone I, p. 201; B.R. Coward, *Battleships & Battlecouisers of the Royal Navy Since 1861*（London: Ian Allan, 1986），pp. 98-99; Jan Sturton, ed., *Conway's All the World's Battleships, 1906 to the Present*（London: Conway Maritime Press, 1987），pp. 93-97; M.J. Whitley, *Battleships of World War Two: An International Encyclopedia*（London: Arms and Armour Press, 1998），pp. 131-151.

26 同注 25。

30.5 浬；双联装 4.5 吋 /45 MkⅢ速射高角炮十六门、八联装 40 公厘 /40 二磅弹 pompom 高角机关炮四十八门、40 公厘 /60 博福斯高角机关炮二十五门（四联装八门、双联装四门、单装十三门）、20 公里厄利康高角机关炮三十六门、战机四十五架[27]。

C. 轻航空母舰（Light Fleet Aircraft Carriers）

"巨人"级（Colossus, 该级共八艘）"崇敬"（Venerable）号*：1942 年 12 月 3 日安龙骨，1943 年 12 月 30 日下水，1945 年 1 月 17 日建成；13,190 吨；40,000 匹马力；最高时速 25 浬；四联装 40 公厘 /40 二磅弹 pompom 高角机关炮二十四门、20 公厘厄利康高角机关炮六十门（四联装四十四门、双联装十六门）、战机三十七架[28]。

"巨人"级"复仇"（Vengeance）号：1942 年 11 月 16 日安龙骨，1944 年 2 月 23 日下水，1945 年 1 月 16 日建成；余与"崇敬"同[29]。

D. 护航航空母舰（Escort Aircraft Carriers）

"攻击者"级（Attacker, 该级共十一艘）"追逐者"（Chaser）号：1941 年 6 月 28 日安龙骨，1942 年 1 月 15 日下水，1943 年 4 月 9 日建成；10,200 吨；8,500 匹马力；最高时速 18.5 浬；单装美式 4 吋 /50 MkⅨ速射高角炮二门、双联装 40 公厘 /60 博福斯高角机关炮八门、单装 20 公厘厄利康高角机关炮十四门、战机

---

[27] *20th Century Weapons and Warfare*, Vol.13, pp. 1434-1436; *Conway 1922-1946*, p. 20; Norman Friedman, *British Carrier Aviation: The Evolution of the Ships and Their Aircraft*（London: Conway Maritime Press, 1988）, pp. 154, 362, 366-367（以下该书简称 *British Carrier Aviation*）; Roger Chesneau, *Aircraft Carriers of the World, 1914 to the Present: An Illustrated Encyclopedia*（London: Arms and Armour Press, 1992）, pp. 103-107（以下该书简称 *Carriers Encyclopedia*）.

[28] *20th Century Weapons and Warfare*, Vol. 6, pp.611-612; *Conway 1922-1946*, p.22; *British Carrier Aviation*, pp. 362, 366-367; *Carriers Encyclopedia*, p. 131.

[29] 同注 28。

二十架[30]。

"攻击者"级"打击者"（Striker）号：1941 年 12 月 15 日安龙骨，1942 年 5 月 7 日下水，1943 年 4 月 29 日建成；余与"攻击者"同[31]。

"温德思"级（Vindex，该级共二艘）"温德思"号（该级首制舰）：1942 年 7 月 1 日安龙骨，1943 年 5 月 4 日下水，1943 年 12 月 3 日建成；13,445 吨；10,700 匹马力；最高时速 16 浬；双联装 4 吋 /45 Mk Ⅵ 速射高角炮二门、四联装 40 公厘 /40 二磅弹 pompom 高角机关炮十六门、战机二十一架[32]。

E. 巡洋舰（Cruisers）

"狄多"级（Dido，神话人物，该级共十一艘）"尤利卢思"（Euryalus，希腊历史人物）号（第五代）*：1937 年 10 月 20 日安龙骨，1939 年 6 月 6 日下水，1941 年 6 月 30 日建成；5,600 吨；62,000 匹马力；最高时速 32.2 浬；双联装 5.25 吋 /50 Mk Ⅰ 速射炮十门、四联装 40 公厘 /40 二磅弹 pompom 高角机关炮八门、四联装 0.5 吋机关枪八挺、三联装 21 吋鱼雷发射管六个[33]。

"速逐者"级（Swiftsure，该级共二艘）"速逐者"号 *（该级首制舰）：1941 年 9 月 22 日安龙骨，1943 年 2 月 4 日下水，1944 年

---

30 *20th Century Weapons and Warfare*, Vol. 2, pp.193-194; *Conway 1922-1946*, p. 25; *Carriers Encyclopedia*, p. 112; *British Empire Warships*, pp. 115-116.

31 同注 30。

32 *Conway 1922-1946*, p. 24; D.K. Brown, "The Development of the British Escort Carrier," *Warship*, 25（Winter 1983），p. 21; *Carriers Encyclopedia*, p. 126; *British Empire Warships*, p. 121.

33 *20th Century Weapons and Warfare*, Vol. 7, pp. 757-758; *Conway 1922-1946*, p. 33; Alan Raven and John Roberts, *British Cruisers of World War Two*（London: Arms and Armour Press, 1980），pp. 294, 420, 429-430（以下该书简称 *British Cruisers*）; *Cruisers Encyclopedia*, pp. 112-115.

6 月 22 日建成 ;8,800 吨 ;72,500 匹马力 ;最高时速 31.5 浬 ;三联装 6 吋 /50 Mk XXIII 炮九门、双联装 4 吋 /45 Mk XVI 速射炮十门、四联装 40 公厘 /40 二磅弹 pompom 高角机关炮十六门、单装 40 公厘 /60 博福斯高角机关炮十三门、三联装 21 吋鱼雷发射管六个 [34]。

"速逐者"级"安大略"（Ontario）号 :1941 年 11 月 20 日安龙骨,1943 年 7 月 29 日下水,1945 年 5 月 25 日建成 ;余与"速逐者"同 ;此舰隶属加拿大海军 [35]。

F. 驱逐舰（Destroyers）

"Q"级（该级共八艘）"象限仪"（Quadrant）号 * :1940 年 9 月 24 日安龙骨,1942 年 2 月 28 日下水,1942 年 11 月 26 日建成 ;1,705 吨 ;40,000 匹马力 ;最高时速 36 浬 ;单装 4.7 吋 /45 Mk IX 速射炮四门、四联装 40 公厘 /40 二磅弹 pompom 高角机关炮四门、单装 20 公厘厄利康高角机关炮六门、四联装 21 吋鱼雷发射管八个、深水炸弹（七十个）及投射设备 [36]。

---

34 *20th Century Weapons and Warfare*, Vol.22, pp.2438-2439; *Conway 1922-1946*, p.35; *Cruisers Encyclopedia*, pp.127-128.

35 同注 34,而加 Ken Macpherson and John Burgess, *The Ships of Canada's Naval Forces, 1910-1981: A Complete Pictorial History of Canadian Warships*（Don Mills, Ontario: Collins Publishers, 1981）, p. 207.

36 Edgar J. March, *British Destroyers: A History of Development, 1892-1953*（London: Seeley Service and Company, 1966）, pp.390-397（以下该书简称 *British Destroyers*）; Maurice Cocker, *Destroyers of the Royal Navy, 1893-1981*（London: Ian Allen, 1981）, p. 86（以下该书简称 *Royal Navy Destroyers*）; Ross Gillet, *Australia & New Zealand Warships, 1914-1945*（Sydney and Auckland: Doubleday, 1983）, p. 156（以下该书简称 *Australian & New Zealand Warships*）。此处谓该舰及随后所记的"皇后镇"号均于遣港任务完毕后拨归澳洲海军 ;*Destroyers Encyclopedia*, pp. 126-128. 此舰不见 *South China Morning Post* 的单子。

"Q"级"昆博龙"（Quiberon，地名）号：1940 年 10 月 4 日安龙骨，1942 年 1 月 31 日下水，1942 年 7 月 22 日建成，即时移交澳洲海军；余与"象限仪"同[37]。

"Q"级"皇后镇"（Queenborough，地名）号：1940 年 11 月 6 日安龙骨，1942 年 1 月 16 日下水，1942 年 12 月 10 日建成；余与"象限仪"、"昆博龙"同[38]。

"T"级（该级共八艘）"图斯卡尼人"（Tuscan）号＊：1941 年 9 月 6 日安龙骨，1942 年 5 月 28 日下水，1943 年 3 月 11 日建成；1,710 吨；40,000 匹马力；最高时速 36 浬；单装 4.7 吋 /45 MkⅨ 速射炮四门、双联装 40 公厘博福斯高角机关炮二门、双联装 20 公厘厄利康高角机关炮八门、双联装 21 吋鱼雷发射管八个、深水炸弹（三十个）及投射设备[39]。

"T"级"泰尔人"（Tyrian）号＊：1941 年 10 月 15 日安龙骨，1942 年 7 月 27 日下水，1943 年 4 月 8 日建成；余与"图斯卡尼人"同[40]。

"U"级（该级共七艘）"熊星座"（Ursa）号＊：1942 年 5 月 2 日安龙骨，1943 年 7 月 22 日下水，1944 年 3 月 1 日建成；1,777 吨；40,000 匹马力；最高时速 36 浬；单装 4.7 吋 /45 MkⅨ 速射炮四门、双联装 40 公厘博福斯高角机关炮二门、双联装 20 公厘厄利康高角机关炮八门、四联装 21 吋鱼雷发射管八个、深水炸弹（七十

---

37 此舰不见 *South China Morning Post* 的单子，参考资料则与注 36 所列者同。

38 此舰的参考资料与注 36 所列者同，但此舰见于 *South China Morning Post* 的单子。

39 *British Destroyers*, pp.409-410; *Royal Navy Destroyers*, p. 90; *Destroyers Encyclopedia*, pp. 131-132. 此舰不见 *South China Morning Post* 的单子。

40 同注 39。此舰不见 *South China Morning Post* 的单子。

个）及投射设备[41]。

"W"级（该级共八艘）"甘本富"（Kempenfeft，人名）号 *：1942 年 6 月 24 日安龙骨，1943 年 5 月 8 日下水，1943 年 10 月 25 日建成；1,710 吨；40,000 匹马力；最高时速 36 浬；单装 4.7 吋/45 MkIX 速射炮四门、双联装 40 公厘博福斯高角机关炮二门、双联装 20 公厘厄利康高角机关炮八门、四联装 21 吋鱼雷发射管八个、深水炸弹（七十个）及投射设备[42]。

"W"级"旋风"（Whirlwind）号 *：1942 年 7 月 31 日安龙骨，1943 年 8 月 30 日下水，1944 年 7 月 20 日建成；余与"甘本富"同[43]。

G. 防空炮舰（Anti-Aircraft Sloop）

"改良黑天鹅"级（Modified Black Swan，该级共二十九艘）"朱顶雀"（Redpole）号：1942 年 5 月 18 日安龙骨，1943 年 2 月 25 日下水，1943 年 6 月 24 日建成；1,475 吨；4,300 匹马力；最高时速 19.75 浬；双联装 4 吋/45 MkXVI 速射高角炮六门、40 公厘/60 博福斯高角机关炮六或七门（双联装四门、单装二或三门）、20 公厘厄利康高角机关炮六门（双联装四门、单装二门）、深水炸弹

41　此舰不在 *South China Morning Post* 开列之名单内，但其必是最早遣港舰只之一，见注 9 所引 George Moorad, *Lost Peace in China*, pp. 18-20. 此舰之数据，见 *British Destroyers*, pp. 411-413; *Royal Navy Destroyers*, p. 91; *Destroyers Encyclopedia*, p. 132. 此书及 Gill, *Royal Austraian Navy*, p. 684, 亦明列该舰为夏悫所率遣港舰队的成员。

42　*British Destroyers*, pp. 416-418; *Royal Navy Destroyers*, p. 93; *Destroyers Encyclopedia*, p. 134.

43　此舰不见 *South China Morning Post* 的单子，而参考资料与注 42 所列者同。

（一百二十个）及投射设备[44]。

H. 护卫舰（Frigates）

"河"级（River，该级共一百三十五艘）"普里姆"（Plym，河名）号：1942 年 8 月 1 日安龙骨，1943 年 2 月 4 日下水，1943 年 5 月 16 日建成；1,370 吨；5,500 匹马力；最高时速 20 浬；双装 4 吋/40 Mk XIX 速射炮二门、单装 20 公厘厄利康高角机关炮十门、深水炸弹（二百个）及投射设备[45]。

"河"级"芬德汉"（Findhorn，河名）号：1942 年 8 月 23 日安龙骨，1942 年 12 月 5 日下水，1943 年 6 月 25 日建成；余与"普里姆"同[46]。

"河"级"乌士克"（Usk，河名）号：1942 年 10 月 6 日安龙骨，1943 年 4 月 3 日下水，1943 年 7 月 14 日建成；余与"普里姆"、"芬德汉"同[47]。

"河"级"帕勒特"（Parrett，河名）号：1942 年 10 月 31 日安龙骨，1943 年 4 月 30 日下水，1943 年 8 月 31 日建成；余与"普里

---

44 *South China Morning Post* 之名单误列此为扫雷舰。此舰的资料见 *20th Century Weapons and Warfare*, Vol. 4, p. 380; Elliott, p. 141; *Conway 1922-1946*, pp. 57-58; Arnold Hague, *Sloops 1926-1946*（Kendal: World Ship Society, 1993）, pp. 17, 82-83, 105-106; *British Empire Warships*, pp. 247-248. Sloop 作为舰种之称，在世界海军史上（特别在英国海军史上），所指随时代而易，变化殊大。翻译起来，自得照应此等变化。就第二次世界大战期间而言，它是赋旧名词以新义的典型例子。那时此舰种代表的是自驱逐舰分衍为护卫舰的过渡阶段，故其设计专务或为防潜，或为扫雷，或为防空。关于此等特征，除上引 Arnold Hague 书（pp. 9-22）外，参看 Norman Friedman, *British Destroyers & Frigates: The Second World War and After*（London: Chatham Publishing, 2006）, pp. 62-70.

45 Elliott, pp. 211-223; *Conway 1922-1946*, pp.58-59; *British Empire Warships*, pp. 282-287.

46 同注 45。

47 同注 45。

姆"、"芬德汉"、"乌士克"同[48]。

"河"级"奥萨尼"(Odzani,河名)号:1942年11月18日安龙骨,1943年5月19日下水,1943年9月2日建成;余与"普里姆"、"芬德汉"、"乌士克"、"帕勒特"同[49]。

I. 远洋扫雷舰(Fleet Minesweepers)

"巴瑟斯特"级(Bathurst,地名,该级共六十艘)"巴瑟斯特"号*(该级首制舰):1940年2月10日安龙骨,1940年8月1日下水,1940年12月6日建成;815吨;1,750匹马力;最高时速15浬;4吋/45 MkIX炮一门、20公厘厄利康高角机关炮一门、深水炸弹及投射设备(此级舰通常备深水炸弹二十~六十个,因所备弹数艘艘不同,且可以更易,故不必细列)[50]。

"巴瑟斯特"级"玛利镇"(Maryborough,地名):1940年4月16日安龙骨,1940年10月17日下水,1941年6月12日建成;4吋/45 MkIX炮一门、20公厘厄利康高角机关炮一门;余与"巴瑟斯特"同[51]。

"巴瑟斯特"级"巴拉来特"(Ballarat,地名):1940年4月17日安龙骨,1940年12月10日下水,1941年8月30日建成;4吋/45 MkIX炮一门、20公厘厄利康高角机关炮一门;余与上述各艘

---

48 *South China Morning Post* 所刊舰队名单误列此舰为扫雷舰。此舰之数据参考资料与注45所列者同。

49 同注45。

50 这级扫雷舰的基本数据见 *20th Century Weapons and Warfare*, Vol. 3, pp. 283-284; Elliott, pp. 386-389, 392-396; *Conway 1922-1946*, pp. 64-65; *Australian & New Zealand Warships*, pp. 164-169; *British Empire Warships*, pp. 257-260, 280.

51 此舰不见 *South China Morning Post* 的单子,而见 "Australian Ships," *South China Morning Post*, 21 September 1945. 有关参考资料则与注50同。

"巴瑟斯特"级舰同 [52]。

"巴瑟斯特"级"伯尼"（Burnie，地名）号：1940 年 6 月 3 日安龙骨，1940 年 10 月 25 日下水，1941 年 4 月 15 日建成；4 吋 /45 Mk IX 炮一门、单装 20 公厘厄利康高角机关炮三门；0.5 吋高角机关枪二挺；余与上述各艘"巴瑟斯特"级舰同 [53]。

"巴瑟斯特"级"哥本尔"（Goulburn，地名）号：1940 年 7 月 10 日安龙骨，1940 年 11 月 16 日下水，1941 年 2 月 28 日建成；4 吋 /45 Mk IX 炮一门、单装 20 公厘厄利康高角机关炮三门；余与上述各艘"巴瑟斯特"级舰同 [54]。

"巴瑟斯特"级"怀雅勒"（Whyalla，地名）号：1940 年 7 月 24 日安龙骨，1941 年 5 月 12 日下水，1942 年 1 月 8 日建成；4 吋 /45 Mk IX 炮一门、单装 20 公里厄利康高角机关炮三门；余与上述各艘"巴瑟斯特"级舰同 [55]。

"巴瑟斯特"级"图旺霸"（Toowoomba，地名）号：1940 年 8 月 6 日安龙骨，1941 年 3 月 26 日下水，1941 年 10 月 9 日建成；4 吋 /45 Mk IX 炮一门，单装 20 公厘厄利康高角机关炮二门；余与上述各艘"巴瑟斯特"级舰同 [56]。

"巴瑟斯特"级"彭达高"（Bendigo，地名）号：1940 年 8 月 12 日安龙骨，1941 年 3 月 1 日下水，1941 年 5 月 10 日建成；4 吋 /45Mk IX 炮一门、单装 20 公厘厄利康高角机关炮三门；余与上述各

---

52 同注 50。

53 同注 50。

54 此舰不见 *South China Morning Post* 之单子，而见 Gill, *Royal Australian Navy*, p. 685. 有关参考资料则与注 50 同。

55 同注 51。

56 同注 54。

艘"巴瑟斯特"级舰同 [57]。

"巴瑟斯特"级"米尔迪勒"（Mildura，地名）号 *：1940 年 9
月 23 日安龙骨，1941 年 5 月 15 日下水，1941 年 7 月 23 日建成；
4 吋 /45 Mk Ⅸ 炮一门、单装 20 公厘厄利康高角机关炮三门；0.5
吋机关枪三挺；余与上述各艘"巴瑟斯特"级舰同 [58]。

"巴瑟斯特"级"伦斯顿"（Launceston，地名）号：1940 年 12
月 23 日安龙骨，1941 年 6 月 30 日下水，1941 年 4 月 9 日建成；
2,000 匹马力；3 吋 /40 Mk Ⅸ 十二磅弹速射高角炮一门、20 公厘厄
利康高角机关炮一门、0.5 吋高角机关枪二挺；余与上述各艘"巴
瑟斯特"级舰同 [59]。

"巴瑟斯特"级"哥勒"（Gawler，地名）号：1941 年 1 月 24 日
安龙骨，1941 年 10 月 4 日下水，1942 年 8 月 14 日建成；1,750 匹
马力；3 吋 /40 Mk Ⅸ 十二磅弹速射高角炮一门、20 公厘厄利康高
角机关炮一门、0.5 吋高角机关枪二挺；余与上述各艘"巴瑟斯特"
级舰同 [60]。

"巴瑟斯特"级"胡朗冈"（Wollongong，地名）号：1941 年

---

57 同注 51。此舰后与中国海军另结姻缘，借此机会一提以存纪录。此舰除
役后，于 1947 年 5 月在香港售出。用"和乐"、"翔德"、"祥兴"诸名作商
船运作一段时期后，修复为人民海军的"洛阳"舰。该舰装配的苏制炮
械，先为单装 130 公厘炮二门、单装 37 公厘炮二门，后易为单装 100 公厘
/50 炮二门、双联装 35 公厘 /63 炮四门。该舰服役至 1986 年。追寻此事
者，可参看 Siegfried Breyer & Jürg Meister, *Die Marine der Volksrepublik
China*（München: Bernard & Graefe Verlag, 1982），p. 180；*Australian
& New Zealand Warships*, pp. 165-166；*Conway 1947-1995*, p. 65；*British
Empire Warships*, p. 258；唐毓瑨，《人民海军早期护卫舰》，《舰船知识》，
277 期（2002 年 10 月），页 12。

58 同注 50。

59 同注 50。

60 同注 50。

1 月 29 日安龙骨，1941 年 7 月 25 日下水，1941 年 10 月 23 日建成；2,000 匹马力；3 吋 /40 MkⅨ 十二磅弹速射高角炮一门，单装 20 公厘厄利康高角机关炮二门；余与上述各艘"巴瑟斯特"级舰同[61]。

"巴瑟斯特"级"卡斯图梅思"（Castlemaine，地名）号＊：1941 年 2 月 17 日安龙骨，1941 年 8 月 7 日下水，1942 年 6 月 17 日建成；2,000 匹马力；4 吋 /45 MkⅨ 炮一门、单装 20 公厘厄利康高角机关炮三门；余与上述各艘"巴瑟斯特"级舰同[62]。

"巴瑟斯特"级"萨斯诺"（Cessnock，地名）号：1941 年 4 月 16 日安龙骨，1942 年 1 月 26 日建成；2,000 匹马力；4 吋 /45 MkⅨ 炮一门、单装 20 公厘厄利康高角机关炮四门；余与上述各艘"巴瑟斯特"级舰同[63]。

"巴瑟斯特"级"杰拉尔顿"（Geraldton，地名）号：1941 年 3 月 20 日安龙骨，1941 年 8 月 16 日下水，1942 年 4 月 6 日建成；2,000 匹马力；3 吋 /40 MkⅨ 十二磅弹速射高角炮一门、单装 20 公厘厄利康高角机关炮二门；余与上述各艘"巴瑟斯特"级舰同[64]。

"巴瑟斯特"级"布鲁姆"（Broome，地名）号＊：1941 年 5 月 3 日安龙骨，1941 年 10 月 6 日下水，1942 年 7 月 29 日建成；2,000 匹马力；3 吋 /40 MkⅨ 十二磅弹速射高角炮一门、单装 20 公厘厄利康高角机关炮三门；0.5 吋高角机关枪二挺；余与上述各

---

61 此舰不见 *South China Morning Post* 之单子，而见 Gill, *Royal Australian Navy*, p. 684. 有关资料则与注 50 同。

62 同注 50。

63 同注 61。

64 同注 50。

艘"巴瑟斯特"级舰同[65]。

"巴瑟斯特"级"派利"（Pirie，地名）号：1941 年 5 月 19 日安龙骨，1941 年 12 月 3 日下水，1942 年 10 月 10 日建成；2,000 匹马力；3 吋 /40 Mk IX 十二磅弹速射高角炮一门、单装 20 公厘厄利康高角机关炮三门；余与上述各艘"巴瑟斯特"级舰同[66]。

"巴瑟斯特"级"坦瓦夫"（Tamworth，地名）号：1941 年 8 月 25 日安龙骨，1942 年 3 月 14 日下水，1942 年 8 月 8 日建成；2,000 匹马力；3 吋 /40 Mk IX 十二磅弹速射高角炮一门、20 公厘厄利康高角机关炮一门；0.5 吋高角机关枪二挺；余与上述各艘"巴瑟斯特"级舰同[67]。

"巴瑟斯特"级"斐利曼特"（Fremantle，地名）号 *：1942 年 2 月 11 日安龙骨，1942 年 8 月 18 日下水，1943 年 3 月 24 日建成；2,000 匹马力；4 吋 /45 Mk XVI 速射炮一门、0.5 吋高角机关枪三挺；余与上述各艘"巴瑟斯特"级舰同[68]。

"巴瑟斯特"级"沃加"（Wagga，地名）号 *：1942 年 3 月 9 日安龙骨，1942 年 7 月 5 日下水，1942 年 12 月 18 日建成；2,000 匹马力；4 吋 /45 Mk XVI 速射炮一门、单装 20 公厘厄利康高角机关炮三门；余与上述各艘"巴瑟斯特"级舰同[69]。

"巴瑟斯特"级"史塔维"（Stawell，地名）号：1942 年 6 月 18 日安龙骨，1943 年 4 月 3 日下水，1943 年 8 月 7 日建成；2,000 匹马力；4 吋 /40 Mk IX 炮一门、单装 20 厘厄利康高角机关炮二门；

65　同注 57。

66　同注 61。

67　*South China Morning Post* 所刊的舰队名单误列此舰为护卫舰。此舰之数据参考资料与注 50 所列者同。

68　同注 50。

69　同注 50。

余与上述各舰"巴瑟斯特"级舰同[70]。

"巴瑟斯特"级"斯特拉汉"（Strahan，地名）号＊：1942 年 10 月 19 日安龙骨，1943 年 7 月 12 日下水，1944 年 3 月 14 日建成；2,000 匹马力；4 吋 /45 Mk IX 炮一门、单装 20 公厘厄利康高角机关炮三门；余与上述各艘"巴瑟斯特"级舰同[71]。以上同级的扫雷舰二十二艘均隶属澳洲海军。

J. 防空辅助巡洋舰（Auxiliary Anti-Aircraft Cruiser）

"罗拔王子"号＊（Prince Robert，由商船改建）：1930 年 3 月 4 日安龙骨（原先的商船），1930 年下水，1939 年 11 月 26 日购入，1943 年改建并编入序列；5,675 吨；19,500 匹马力；最高时速 22.25 公里；双联装 4 吋 /45 Mk XVI 速射高角炮十门、四联装二磅弹 pompom 高角机关炮八门、20 公厘厄利康高角机关炮十五门（双联装十二门、单装三门）；此舰隶属加拿大海军[72]。

---

70 同注 54。

71 同注 50。

72 Elliott, pp. 499-500; *Conway 1922-1946*, pp. 82, 84; Macpherson and Burgess, *Ships of Canada's Naval Forces*, pp. 33, 156, 208; *British Empire Warships*, pp. 85-86; John Roberts, *British Warships of the Second World War* (London: Chatham Publishing, 2000), pp. 154-155. 另外 Kenneth Poolman, *Armed Merchant Cruisers* (London: Secker and Warburg Limited, 1985), p. 208, 说"罗拔王子"号在 1944 年已改建为步兵登陆舰。从连 Macpherson and Burgess 那种详记加拿大海军大小舰只的专书也不提其曾经改建去看，其在参加遣港行动前一年已改变了舰种的可能性并不大。近见一篇刚出版之文，详说"罗拔王子"号长达三十余年，身份数易，充满浪漫成分的船 / 舰史：David B. Grover, "Remembering Canada's Prince Robert, from Cruise Ship to Armed Merchant Cruiser," *Sea Classics*, 40:7（July 2007），pp. 46-51, 60-61. 此文指出该舰在战时的最后一次大改装，目的在增强其作为一艘辅助巡洋舰的作战能力，而非在改建为步兵登陆舰。Roger Jordan, *The World's Merchant Fleets, 1939: The Particulars and Wartime Fates of 6,000 Ships* (London: Chatham Publishing, 1999), p. 522, 说这次大改装工程的进行日期为 1943 年 1 月至 7 月。（转下页）

K. 潜艇母舰（Submarine Depot Ship）

"梅德斯通"级（Maidstone，地名，该级共二艘）"梅德斯通"号 *（该级首制舰）：1936 年 8 月 17 日安龙骨，1937 年 10 月 21 日下水，1938 年 5 月 5 日建成；8,900 吨；7,000 匹马力；最高时速 17 公里；双联装 4.5 吋 /45 Mk Ⅰ 速射炮八门、四联装二磅弹 pompom 高角机关炮八门、20 公厘厄利康高角机关炮四门；备补给潜艇所需之柴油 1,200 吨，鱼雷一百十七枚 [73]。

L. 潜艇（Submarines）

"S"级（该级共五十艘）"超级"（Supreme）号 *：1943 年 2 月 24 日安龙骨，1944 年 2 月 24 日下水，1944 年 5 月 20 日建成；715 吨；水面 1,900 匹马力，最高时速 14.75 公里；潜水 1,300 匹马力，最高时速 9 浬；4 吋 /40 MkⅫ速射炮一门、20 公厘厄利康高角机关炮一门；21 吋鱼雷发射管七个（前六后一），补充鱼雷六枚 [74]。

（接上页）此舰参加光复香港的行动，除了展示英国实力，促成接收的事实外，有谓还负起另一任务，就是把日人攻港前夕急急遣港，而被日人俘虏，至此尚存的加拿大兵带回去。除了 Grover 此文 p. 61 外，持此说者尚有 Carl Vincent, *No Reason Why: The Canadian Hong Kong Tragedy—An Examination*（Stittsville, Ontario: Canada's Wings, 1981），pp. 214, 237 及书中其他部分所附载的照片。另外战事爆发前急运加拿大兵往香港增援的纽西兰邮船"亚娃替"号（Awatea, 13,482 吨，1936 年）正是由此舰沿途护卫的；事见 Vincent, p. 99, 和 Grover, p. 60. 历史的巧合就是如此。至于记录此舰参加光复香港行动之细节，则以 D.B. Munro, "More on Prince Robert," *Sea Classics*, 40:10（October 2007），p. 4, 最为详确。Grover 文，p. 61 声称此舰赴港另有把战前急援港而被俘的加拿大兵带回去的任务。Munro 则指出，此舰因乏居停空间，仅带回五十余名加拿大兵而已。此文也另记述运送自集中营释出的加拿大兵增加之事。

[73] *Conway 1922-1946*, p. 80; *British Empire Warships*, pp. 588, 591.

[74] Erminio Bagnasco, *Submarines of World War Two*（London: Arms and Armour Press, 1977），pp. 110-115; *Conway 1922-1946*, pp.51-52; *British and Empire Warships*, pp. 216-222.

"S"级"海斥候"（Sea Scout）号*：1943年4月1日安龙骨，1944年3月24日下水，1944年6月19日建成；余与"超级"同[75]。

"S"级"苏格兰人"（Scotsman）号*：1943年4月15日安龙骨，1944年8月18日下水，1944年12月9日建成；余与"超级"、"海斥候"同[76]。

"S"级"月神"（Selene）号*：1943年4月16日安龙骨，1944年4月24日下水，1944年7月14日建成；余与"超级"、"海斥候"、"苏格兰人"同[77]。

"S"级"索伦特"（Solent，地名）号*：1943年5月7日安龙骨，1944年6月8日下水，1944年9月7日建成；余与"超级"、"海斥候"、"苏格兰人"、"月神"同[78]。

"S"级"侦探"（Sleuth）号*：1943年6月30日安龙骨，1944年7月6日下水，1944年10月8日建成；余与"超级"、"海斥候"、"苏格兰人"、"月神"、"索伦特"同[79]。

"S"级"西顿"（Sidon，地名）号*：1943年7月7日安龙骨，1944年9月4日下水，1944年11月23日建成；余与"超级"、"海斥候"、"苏格兰人"、"月神"、"索伦特"、"侦探"同[80]。

"S"级"先锋"（Spearhead）号*：1943年8月18日安龙骨，1944年10月2日下水，1944年12月21日建成；余与"超级"、"海斥候"、"苏格兰人"、"月神"、"索伦特"、"侦探"、"西顿"同[81]。

---

[75] 同注74。
[76] 同注74。
[77] 同注74。
[78] 同注74。
[79] 同注74。
[80] 同注74。
[81] 同注74。

M. 用作后动指挥舰（Flagship of Fleet Train）的驱逐舰母舰（Destroyer Depot Ship）

"福法"级（Forfar，地名；该级共三艘，均由商船改建）"蒙特克莱"（Montclare，地名）号：1922 年 8 月下水，1939 年 10 月 15 日建成；16,314 吨；13,500 匹马力；最高时速 17 浬；单装 5.5 吋炮七门、双联装 0.5 吋高角机关枪八挺[82]。

N. 飞机维修舰（Aircraft Maintenance Ship）

"拓荒者"号（Pioneer，原拟建为"巨人"级轻航空母舰的第六艘"火星"[Mars]号）：1942 年 12 月 2 日安龙骨，1944 年 5 月 20 日下水，1945 年 2 月 8 日建成；13,190 吨；40,000 匹马力；最高时速 25 浬[83]。

O. 舰船修理舰（Repair Ship）

"资源"（Resource，该级仅一艘）号：1928 年 11 月 27 日下水；12,300 吨；7,500 匹马力；最高时速 15 浬；单装 40 公厘 /40 二磅弹 pompom 高角机关炮四门、单装 20 公厘厄利康高角机关炮十门[84]。

P. 大型步兵登陆舰（Landing Ship, Infantry [Large]，简称 LSI[L]）

"格伦盖尔"级（Glengyle，该级共三艘）"格伦盖尔"号：1939 年 7 月 18 日下水，1940 年建成；9,919 吨；12,000 匹马力；最高时速 18 浬；双联装 4 吋 /45 Mk XVI 速射炮六门、四联装 40 公厘 /40 二磅弹 pompom 高角机关炮八门、单装 20 公厘厄利康高角机关炮十二门；携二十四部突击登陆艇（LCA）/ 支援登陆艇（LCS[M]）、

82　*Conway 1922-1946*, p. 82; *British Empire Warships*, pp. 76, 78.

83　*Conway 1922-1946*, p. 22; *British Carrier Aviation*, p. 363; *British and Empire Warships*, pp. 107-108.

84　*Conway 1922-1946*, p. 80; *British Empire Warships*, pp. 587, 591.

三部机动登陆艇（LCM）、兵士七百人 [85]。

Q. 武装机动渔船（Military Fishing Vessel）

MFV410 号：50 吨；120 匹马力；最高时速 9 浬；0.303 吋机关枪一挺 [86]。

R. 宿舍船（Accommodation Ship）

"阿欧朗箕山"（Aorangi）号：1924 年 12 月建成；17,491 吨；11,160 匹马力；最高时速 16 浬；补充岸上住宿设备不足之用 [87]。

S. 拯救拖船（Salvage Tugs）

"拯救王"级（King Salvor，该级共十三艘）"负拯救责者"（Salvestor）号：1941 年 9 月 20 日安龙骨，1942 年 8 月 28 日下水；1942 年 9 月 30 日建成；1,440 吨；1,500 匹马力；最高时速 12 浬；单装 20 公厘厄利康高角机关炮四门 [88]。

"拯救王"级"善于拯救者"（Salvictor）号：1943 年 3 月 11 日安龙骨，1943 年 6 月 27 日下水，1944 年 3 月 31 日建成；余与"负拯救责者"同 [89]。

---

[85] *Conway 1922-1946*, p. 72; *British Empire Warships*, pp. 438, 442, 605. 至于那几款登陆艇，按 *Conway 1922-1946*, p. 77, 所提供的消息，LCA 是 Landing Craft Assault, 11—13.5 吨，携兵士三十五人；LCS（M）是 Landing Craft Support（Mortar），在 LCA 上加配 4 吋烟幕弹臼炮（smoke mortar）一门；LCM 是 Landing Craft Mechanized。英海军当时用的 LCM 主要有三个型款：LCM（1），36 吨，携 16 吨坦克车一部或兵士一百人；LCM（3），52 吨，携 30 吨坦克车一部或兵士六十人；LCM（7），63 吨，携 40 吨坦克车一部。

[86] *British Empire Warships*, p. 687.

[87] *British Empire Warships*, pp. 594, 596.

[88] John Young, *A Dictionary of Ships of the Royal Navy of the Second World War*（Cambridge: Patrick Stephens, 1975），p. 87; *British Empire Warships*, pp. 652-653.

[89] John Young, *A Dictionary of Ships of the Royal Navy*, p. 139; *Britich Empire Warships*, pp. 652-653.

T. 运油船（Oil Tankers）

"谷"级（-dale，该级共八艘）"香柏谷"（Cedardale）号：1939年 3 月 25 日下水，1939 年 5 月 25 日建成；17,000 吨；3,600 匹马力；最高时速 13 浬[90]。

"贝尔高"级（Belgol，该级共九艘）"速递"（Rapidol）号：1917年 4 月 23 日下水，1917 年 8 月 25 日建成；5,050 吨；3,375 匹马力；最高时速 14 浬[91]。

"看守者"级（Ranger，该级共六艘）"棕色看守者"（Brown Ranger）号：1939 年 10 月 28 日安龙骨，1940 年 12 月 12 日下水，1941 年 4 月 10 日建成；4,750 吨；2,700 匹马力；最高时速 12 浬[92]。

"看守者"级"绿色看守者"（Green Ranger）号：1940 年 6 月 24 日安龙骨，1941 年 8 月 21 日下水，1941 年 12 月 4 日建成；余与"棕色看守者"同[93]。

"奥连拿"（Olna，由客轮改建）号：1920 年 6 月 14 日安龙骨，1921 年 6 月 21 日下水，1921 年 10 月 10 日建成；25,096 吨；11,700匹马力；最高时速达 17 浬[94]。

"圣安博西雅"（San Ambrosia）号：1935 年建成；7,410 吨，

---

[90] E.E. Sigwart, *Royal Fleet Auxiliary: Its Ancestry and Affiliations, 1600-1968*（London: Adlard Coles, 1969）, p. 107; *British Empire Warships*, pp. 608, 611.

[91] E.E. Sigwart, *Royal Fleet Auxiliary*, p. 85; John Young, *A Dictionary of Ships of the Royal Navy*, p. 132; *British Empire Warships*, pp. 607, 610.

[92] E.E. Sigwart, *Royal Fleet Auxiliary*, p. 113; John Young, *A Dictionary of Ships of the Royal Navy*, p. 46; *British Empire Warships*, pp. 608, 611.

[93] E.E. Sigwart, *Royal Fleet Auxiliary*, p. 114; John Young, *A Dictionary of Ships of the Royal Navy*, p. 74; *British Empire Warships*, pp.608, 611.

[94] E.E. Sigwart, *Royal Fleet Auxiliary*, pp. 103-104; John Young, *A Dictionary of Ships of the Royal Navy*, p. 121; *British Empire Warships*, pp.608-609, 611.

余未详[95]。

"浪皇帝"（Wave Emperor）号：1943 年 9 月 15 日安龙骨，1944 年 10 月 16 日下水，1944 年 12 月 20 日建成；余未详[96]。

"浪总督"（Wave Governor）号：1943 年 11 月 16 日安龙骨，1944 年 11 月 30 日下水，1945 年 3 月 8 日建成；余未详[97]。

U. 军用商轮（Merchant Liner for Military Use）

"兰史提芬堡"（Llanstephan Castle）号：1914 年建成；11,299 吨；配备登陆艇，可运兵二千名[98]。

V. 医院船（Hospital Ships）

"牛津郡"（Oxfordshire）号 *：第一次世界大战爆发前用商轮改建而成的医院船；8,648 吨；其他基本数据尚待查；第二次世界大战期间备床 500 张、医疗人员 98 名[99]。

"茂甘诺尔"（Maunganui）号：由货船改建的纽西兰医院船；7,500 吨；其他基本数据未详；第二次世界大战期间备床 364 张，

95　Roger Jordan, *The World's Merchant Fleet*, p. 127.

96　E.E. Sigwart, *Royal Fleet Auxiliary*, p. 121; *British Empire Warships*, p. 612.

97　同注 96。

98　*British Empire Warships*, p. 440.

99　此医院船并不见 *South China Morning Post* 之单子，惟其紧接夏悫抵港即至无可疑，且甫抵港即负起照料自赤柱解放出来的英战俘之责，见 "Departures from Stanley to Hospital Ship: Second Batch Delayed," *South China Morning Post*, 3 September 1945; "Hospital Ship to Sail Today," *South China Morning Post*, 5 September 1945. 此船在英国战时救护史上颇有名，故船史纪录不少，如 J.L.S. Coulter, *The Royal Naval Medical Service*（London: Her Majesty's Stationery Office, 1954），Vol. 1, pp. 98, 106-109, 118; H.C.B. Rogers, *Troopships and Their History*（London: Seeley Service and Company, 1963），pp. 164, 167, 174, 199, 202; John H. Plumridge, *Hospital Ships and Ambulance Trains*（London: Seeley Service and Company,1975），pp. 17, 36, 57, 59-60, 166, 170, 172.

医疗人员 112 名[100]。

"佐路莎临"（Gerusalemme）号：1945 年 1 月英国海军部购入意大利商轮"佐路莎临"号，改建为医院船，原名不易；备床388-450 张，其他基本数据待查[101]。

记录这稍过半个月间遣派赴港负起各种任务的英海军舰船，这张单子会有漏列的可能，而绝不会出现报上无关舰船的情形。在这段日子里，哪天确有多少艘舰船在港并不算是关键性指标，因为总倾向在增不在减，而通过上述统计足显英太平洋舰队质量俱强外，调动能力亦高。倘有所需，三几日间于这七十余艘外再增拨并非难事。

（四）海军实力与英人重治香港的关系

在必有遗漏的情形下统计起来，遣港舰只包括主力舰二艘、正规航空母舰一艘、轻航空母舰二艘、护航航空母舰三艘、巡洋舰三艘、防空辅助舰（商船改建）一艘、驱逐舰八艘、防空炮舰一艘、

---

100 *South China Morning Post* 的单子没有医院船的项目。但此医院船在英人重返之初时的在港活动，以及此船设备的报导，见 "Hospital Ship Plans," *South China Morning Post*, 6 September 1945. 另 John Plumridge, *Hospital Ships and Ambulance Trains*, p.170, 也有若干此船的资料。

101 虽然 *South China Morning Post* 的单子没有这艘医院船，它于 1945 年9 月在港照料战俘和意外受伤的澳洲海军人员，并往海南岛接运澳、荷等籍战俘赴港，纪录尚见 "Mercy Ship Back from Hainan," *China Mail*, 14 September 1945; "Gerusalemme Voyage," *South China Morning Post*, 27 September 1945; "Mine Explodes: Australian Corvette off Stanley Damaged, Casualties Put on Hospital Ship," *South China Morning Post*, 27 September 1945; "Few Casualties: Strahan's Wounded in Hospital Ship," *South China Morning Post*, 28 September 1945. 这艘医院船的资料，另见 J.L.S. Coulter, *Royal Naval Medical Service*, Vol. 1, pp. 98, 117, 118; John Plumridge, *Hospital Ships and Ambulance Trains*, pp. 62, 170.

护卫舰五艘、远洋扫雷舰二十二艘、潜艇母舰一艘、潜艇八艘、用作后勤指挥舰的驱逐舰母舰(商船改建)一艘、飞机修理舰一艘、舰船修理舰一艘、大型步兵登陆舰一艘、武装机动渔船一艘、宿舍船一艘、拯救拖船二艘、运油船八艘、军用商船一艘、医院船三艘。这七十七舰船约共 432,100 吨(只能列出约数,因有多艘不知其排水量)。首批舰只抵港后不出两周到达的海军陆战队,加上舰只制配人员可以抽调者,可调派上岸的官兵迅达五千人之数[102]。这是一组数目庞大,配套周全,自战斗至维修到补给和医疗一应全照料的特殊海军力量。

不仅如此,自首批舰只抵港至正式纳降,半月间还有多次海军以外的增援,如 9 月 4 日自新几内亚以北之澳属阿德米拉提群岛(Admiralty Islands)的马奴斯岛(Manus;时为英国太平洋舰队基地之一)调来三千空军技术人员[103]。加起来正是中国缺乏,在沿海地区采军事行动所必须具备的海空兵力。

尽管不算 8 月 30 日以后才抵港者,夏悫率领进港者无疑已是一支相当强大的舰队。组配时间虽很短促,英国并没有露出用尽九牛二虎之力、勉强拼凑的迹象。1945 年初英国海军已重返西太平洋,与美海军并肩作战。8 月 15 日终战时,英国在西太平洋的主要战斗性舰只计有(不算远洋扫雷舰以下层次的舰种,也不算正在维修者和正在航行前来此区者)[104]:主力舰三艘,均为"英皇乔治五世"级;正规航空母舰三艘:"卓越"级(23,000 吨,战机三十三架)一艘、"不挠"级一艘、"无情"级(Implacable,29,4000 吨,战机六十架)一艘;轻航空母舰四艘,均为"巨人"级;护航航空母舰七艘:"攻

102 注 15 所引 "War Diary"; P.J. Melson, *White Ensign~Red Dragon*, pp. 69-75.
103 注 15 所引 "War Diary"; Kirby, *War Against Japan*, Vol. V, pp. 283-284, 287.
104 Ministry of Defence, *War with Japan*, Volume V1, pp. 294-297.

击者"级二艘、"温德思"级一艘、"统帅"级（Ameer，11,400 吨，战机十八～二十四架）四艘；巡洋舰八艘："狄多"级一艘、"速逐者"级一艘、"菲芝"级（Fiji，8,530 吨）三艘、"爱丁堡"级（Edinburgh，10,550 吨）一艘、"利安达"级（Leander，7,036 吨，首制舰为用该舰名的第五代舰）一艘、空防辅助巡洋舰一艘；驱逐舰二十八艘："Q"级五艘、"N"级（1,773 吨）四艘、"战斗"级（Battle，2,325 吨）一艘、"T"级八艘、"U"级二艘、"W"级八艘；防空炮舰五艘，均为"改良黑天鹅"级；护卫舰十三艘："河"级九艘、"海湾"级（Bay，1,600吨）四艘；潜艇十九艘："S"级九艘、"T"级（1,090 吨）十艘；远洋扫雷舰十五艘，均为"巴瑟斯特"级。

简言之，英国抽拨当时在西太平洋区的海军战斗性舰只约三分之一，急遣赴港进行接收工作[105]。重治香港是英国不肯妥协的国策，这点不在本文讨论范围之内。得讨论者是为何需要调拨如此庞大的兵力。原因约言有三：

（一）倘驻港日军顽抗（日军在硫磺岛负隅顽抗，令进攻的美军伤亡惨重，不过是数月前之事，可谓记忆犹新），得有迅速平定的能力。

（二）1941—1942 年英军在香港星马遭日军闪电般横扫。这奇耻大辱需要用昭示世人的方式来清雪。舰队过分庞大的问题并不存在。英国凭海军建立历时四百年的日不落帝国，皇牌舰"英

105　不要忘记的是，英国还有一支东印度舰队（East Indies Fleet）部署在澳洲和亚洲之间，调其舰只来香港只约需三日水程。日本投降时，这支舰队的主要战斗性舰只（也是不算正在维修者和正在航行前往该区者）包括：主力舰一艘（另有一艘附属的法国主力舰）；护航航空母舰十四艘；巡洋舰八艘；驱逐舰二十八艘；炮舰七艘；护卫舰二十六艘；轻护卫舰（corvette）十四艘；潜艇十一艘；远洋扫雷舰三十一艘；见 Ministry of Defence, *War with Japan*, Volume Ⅵ, pp. 287-291.

皇乔治五世"级主力舰"威尔斯亲王"号却竟在没有空护的情况下于1941年12月10日在马来亚东海岸被日机炸沉（此役待后再讲）。这举世触目的耻辱是不能不洗雪的。日本投降时，日海军已没有一艘完整的主力舰、航空母舰和巡洋舰了，但东京湾纳降是美国海军耀武扬威的日子，英海军虽派舰参加，基本上只是聊充陪衬角色而已。对英人在心理上的自慰需求，只有由英人自导自演地以强大海军力量完成一项重要的接收工作才会带来相当的积极作用。大战期间，英海军虽蒙受严重损失，但在美国竭力援助和自身奋发下，终战时海军的质和量均不差[106]。战事结束时，原有的五艘"英皇乔治五世"级主力舰，四艘尚在，且俱保持良好作战状态。这可说是当时英国海军实力的一反映。在港纳降之日，不单维港海面英舰星罗棋布，其中还包括两舰"英皇乔治五世"级主力舰（"安逊"号和"约克公爵"号）。这象征意义对英人来说太重要了。

（三）虽然在蒋介石同意让英国接收香港后，英舰队才自菲律宾出发赴港，但在当时中国民族意识高涨之际，派往接收广东的

---

106 第二次世界大战期间，美国借调给英国的海军舰只达886艘之惊人数目；见 Samuel Eliot Morison, *History of United States Naval Operations in World War II*, Volume 15 :*Supplement and General Index*（Boston: Little, Brown and Company, 1962），p. 115. 至于终战时英国（包括加拿大、澳洲等联邦）海军究竟有多少艘主要战斗性舰只，不妨按航空母舰和舰炮可赖以击岸的几款水面舰种开列总数出来：主力舰十四艘、主力巡洋舰一艘、正规航空母舰七艘、轻航空母舰四艘、护航航空母舰四十一艘、巡洋舰六十二艘、驱逐舰一百零八艘、护航驱逐舰一百四十九艘、护卫舰二百三十五艘、轻护卫舰二百五十七艘、远洋扫雷舰二百七十四艘；见 S. W. Roskill, *The War at Sea, 1939-1945*, Vol. III, Pt. II（London: Her Majesty's Stationery Office, 1961），pp. 436-438. 在和平重现的环境里，这些数目庞大的舰只都要在短期内用各种方法安排其除役。处理起来，复杂程度不难想象。但从另一角度去看，欧洲战事既结束在先，倘东亚有所需，这些舰只大部分都不难往东亚集中。

军队会否全受命于中央？会否擅自企图以武力解决香港的归属问题？这是英国不能不顾虑的事。证以纳降后大半载间中国军队对香港和澳门的不断滋扰（因葡萄牙在澳门仅有象征性的驻军，中国军队对澳门的滋扰甚于香港，竟至携械入境示威）[107]，以及港澳居民对回归要求之声的此起彼落[108]，英国自然会有此顾虑。万一中国军队越界南下，英国就只有用武力解决问题。英人不会重蹈抗日时采陆战应付之失，短期内亦不可能在港结集足量陆军，故必会倚靠海空兵力。

终战时距港最近的中国军队在广西。陆运的迟慢，交通工具的缺乏令新编第二方面军前进指挥所主任高参张励迟至 9 月 7 日才在美国空运下到达广州，较英舰驶进维港迟了整个星期。这还仅是一小组谈不上有战斗能力的先遣人员而已。掌广州接收事宜的张发奎（1896—1980）更到了 9 月 15 日方抵穗。最早开赴广州的新一军 8 月 15 日自云南出发，泛舟浮江地前进，首批抵穗时已是 9 月 7 日矣，第二批还要 10 日晚上才到。这都是原始得很的行军法。待抵穗人马稍齐，更需立刻面对各种庞杂的问题，如怎样处理数达十三余万的日军，治安问题，贪污问题[109]，岂能悉数拨开不理，挥军南下去争夺香港治权？

---

107 谢永光，《香港战后风云录》，页 36—40、63—66。

108 谢永光，《香港战后风云录》，页 60—63。

109 在此不必详述广州受降的细节，读者可参看李汉冲，《广州受降接收纪实》，《广州文史资料》，4 期（1961 年 12 月），页 118—145；张显岐、江莹，《张发奎将军的戎马生涯》，《广东文史资料》，59 期（1989 年 5 月），页 44—45；龙国钧，《新一军进入广州受降记》，《广州文史》，48 期（1995 年 7 月），页 471—476；李汉中（李汉冲），《广州受降接收与肃奸纪实》，《广州文史》，48 期，页 477—499；谢永光，《香港战后风云录》，页 30—32；广州市地方志编纂委员会，《广州市志——卷一：大事记》（广州：广州出版社，1999 年），页 267—268。

日本宣布投降时,日人在太平洋区被美军打得落花流水已有好一段时间了,但日人投降时在华占领区的面积(包括拨给汪伪者)和日军侵华高峰期所占据者并无多大分别[110]。终战时中国军队远离海岸,全国各地均然,完全占不了日军在太平洋区长期节节败退这事实的便宜。一旦日人投降了,便要关山万里地远程赶去接收偌大的半壁山河(且不说还要和八路军争时间,抢地盘),以致接收起来,全无通盘计划可言,只是按概念办事,步骤不紊乱才怪。凭此家当,能逆美国之意去和英国大战一场吗? 提出"蒋介石为何不收回香港"(见注 2)这问题,就等于说相信蒋有此本领,只是不采取行动而已。这是毫无事实根据的一厢情愿之言。且不说这不是蒋介石可借外交途径能办得到之事,他根本就没有足够的兵力(海空军基本上是空白的)容其冒险一试。连地理条件也不配合,如何能强求?

微观情形又何尝不同样如此。通过两广水道、浮江赴穗的陆军只可能配备随身武器,不可能有重型炮械。纵使这些军队能找到若干野战炮,在无空护的情况下,如何抵挡海空攻击(空方面随后解释)?

若以在一般情况下会用来作对岸炮击的六种遣港舰种(主力舰、巡洋舰、驱逐舰、炮舰、护卫舰、远洋扫雷舰)的主炮(包括主力舰的首项副炮和其中两艘巡洋舰的首项副炮)为限,遣港舰只主要炮械的射程和威力可以归纳如下[111]:

---

110 这情形,看武月星,《中国抗日战争史地图集,1931—1945》(北京 : 中国地图出版社,1995 年),页 199、243、253 所收几张描绘抗战不同时段日人占领区面积的地图,便很清楚。

111 此处所列的数据,参照 Robert O. Dulin, "British Naval Guns," *WI*, 3:4(September 1966), p. 310; Alan Raven and John Roberts, *British Battleships of World War Two*, pp. 423-426; *British Cruisers*,(转下页)

14 吋 /45 Mk Ⅶ 炮 二 十 门（射程 38,560 码 =21.9 哩，弹头 1,590 磅）

6 吋 /50 Mk XXⅢ 炮十八门（25,480 码 =14.47 哩，112 磅）

5.25 吋 /50 Mk Ⅰ 速射炮四十二门（24,070 码 =13.67 哩，80 磅）

4.7 吋 /45 Mk Ⅸ 速射炮三十二门（16,970 码 =9.64 哩，50 磅）

4 吋 /45 Mk Ⅸ 炮十三门（13,840 码 =7.86 哩，31 磅）

4 吋 /45 Mk XVI 速射炮二十八门（19,850 码 =11.27 哩，35 磅）

4 吋 /40 Mk XIX 速射炮十二门（9,700 码 =5.51 哩，35 磅）

3 吋 /40 Mk Ⅸ 十 二 磅 弹 速 射 炮 七 门（11,750 码 =6.67 哩，12.94 磅）

香港深圳边界东西长 14.42 哩（直线计），新界东西两岸海湾最宽点长 24.6 哩（东岸西贡黄竹湾与西岸大榄烂角咀的直线距离），而新界两边傍海，舰只即使不驶近岸边以防搁浅，整个港深边区以及新界都重重复复地笼罩在这一百七十二门舰炮的射程之内。当时中国境内所用的一般野战炮不易超越 4 吋舰炮的射程和威力。倘有增强火力的必要，防空辅助巡洋舰 "罗拔王子" 号的十门 4 吋 /45 Mk XVI 高角炮、潜艇母舰 "梅德斯通" 号的八门 4.5/45 Mk Ⅰ 速射炮（19,000 码 =11.30 哩，14.69 磅）和那组 "S" 级潜艇的八门 4 吋 /40 Mk XⅡ 速射炮（10,450 码 =5.93 哩，35 磅）还可加入对岸射击[112]。

（接上页）pp. 434-436; *Australian & New Zealand Warships*, pp. 112, 117, 120; *Allied Battleships*, p. 227; John Campbell, *Naval Weapons of World War Two*（London: Conway Maritime Press, 1985），pp. 28-30, 34-36, 39, 41-46, 48-51, 56, 59-60, 63; David Brown, *Warship Losses of World War Two*（London: Arms and Armour Press, 1990），pp. 204-207.

[112] 那两种前未交代数据的炮械，数据资料来自 Alan Raven and John Roberts, *British Battleships of World War Two*, p.424; John Campbell, *Naval Weapons of World War Two*, pp. 55, 60.

如要确实评估以上所说的事情，还需套上中国的角度去看。1948 年英国赠中国"雅瑞托莎女神"级轻巡洋舰"重庆"号[113]，并借用"狩猎"Ⅰ型护航驱逐舰"灵甫"号[114]。区区二舰已足教中国震撼一时，连政局的均衡都受影响。以此二舰与遣港舰队相较，因涉及的全是英制舰，轩轻立判。"灵甫"舰的火力在"改良黑天鹅"级舰和"河"级舰之间；遣港舰队多一艘少一艘这层次的舰只对舰队的实力毫无分别可言。"雅瑞托莎女神"级舰则明显逊于"狄多"级舰和"速逐者"级舰[115]。单靠配备简单的陆军是无法应付这组质量并佳的舰只的。可是在英舰队抵港后才到粤的中国军队竟不时起不顾中央政策，图自行武力收回香港的念头！英国遣舰赴港，组配不仅求象征意义，而务要其确有足够应付武装冲突的力

---

113 "重庆"舰的基本资料如下：1935 年 7 月 23 日安龙骨，1936 年 8 月 20 日下水，1937 年 11 月 12 日建成；5,270 吨；64,000 匹马力；最高时速 32.3 浬；双联装 6 吋 /50 Mk ⅩⅩⅢ 炮六门、双联装 4 吋 /45 Mk ⅩⅥ 高角连射炮八门、四联装 40 公厘二磅弹高射机关炮八门、单装 20 公厘厄利康高角机关炮八门、三联装 21 吋鱼雷发射管六个。据《"重庆"、"灵甫"两舰抵港，侨团明天开会欢迎》，《大公报》（香港），1948 年 7 月 29 日；《介绍"重庆"、"灵甫"两舰的设备》，《华侨日报》，1948 年 7 月 30 日；*20th Century Weapons and Warfare*, Vol. 2, pp. 146-147; *Conway 1922-1946*, p. 31; *Cruisers Encyclopedia*, pp. 100-101; *British Empire Warships*, pp. 58-59;《"重庆"舰知识问答题》，《舰船知识》，232 期（1999 年 1 月），页 9—10；"海军总司令部"编，《海军舰队发展史》，上册，页 181—182；欧阳欣，《英国"林仙"级巡洋舰》，《舰船知识》，321 期（2006 年 6 月），页 58—61；欧阳欣，《皇家海军中的"阿罗拉"号》，《舰船知识》，321 期，页 62—64。

114 "灵甫"舰的基本数据，见本书所收《灵甫舰——流落异邦的中国海军孤儿》一文。

115 "雅瑞托莎女神"级舰排水量和马力均逊于"狄多"级舰和"速逐者"级舰。其主炮口径虽较"狄多"级舰者大，炮数却是六对十之比；它与"速逐者"级舰虽用同样的主炮，炮数却少了三门。舰龄倒比此两级舰大了很多。

量,不能不说有先见之明。

以上所说遣港舰只的实力还漏了很重要的一面——那六艘航空母舰的舰载机。现虽尚未能确定当时该六舰所载战机的机种和数目,可用的信息还是有的。六艘当中,情形可说得较准的是"不挠"号。该舰四五个月前参加冲绳战役时携带"地狱猫"(Hellcat)战斗机二十九架、"复仇者"(Avenger)鱼雷轰炸机(用作轰炸机)十五架,共四十四架[116];遣港时所携战机的数目和组合谅不会有大改变。其他五舰的载机数目可用平常编制的数字来计算,如此这六艘空母约共有战机一百八十架。数目绝对不少。

目前虽尚不知道这些舰载机的机种数目如何分配,机种本身则并不成问题,约略的比例亦不成问题,自1945年初便在西太平洋区作战的英国航空母舰所携的战机共六种。日本投降前,英空母在西太平洋的两次大规模行动是进攻冲绳和轰炸日本本土;那时各空母所配机种的比例不可能与遣港时差别太大。从这角度去看,遣港舰队的空战实力是不难明了的。以下列所携战机的数据,就按该等战机数目的约略比例排次[117]:

---

116 Ministry of Defence, *War with Japan*, Volume Ⅵ, p. 276.

117 下述战机资料主要采自 Daniel J. March, ed., *British Warplanes of World War Ⅱ*(New York: Barnes & Noble Books, 2000)pp. 107-109, 126-130, 207-209, 238-239; 并参考 *20th Century Weapons and Warfare* Vol. 2, pp. 204-209; Vol. 6, pp. 638-641; Vol. 9, pp. 945-947; Vol. 12, pp. 1289-1290; Vol. 21, pp. 2288-2289; *British Carrier Aviation*, pp. 370-371; Barett Tillman, *Hellcat: The F6F in World War Ⅱ*(Annapolis: Naval Institute Press, 1979), pp. 238-239; Enzo Angelucci, ed., *The Rand McNally Encyclopedia of Military Aircraft:1914 to the Present*(New York: Crescent Books, 1990), pp. 195, 204, 278; Chris Chant, *Aircraft of World War Ⅱ*(New York: Barnes and Noble Books, 1999), pp. 148, 152-153, 298, 307; Michael Sharpe, *Biplanes, Triplanes, and Seaplanes*(New York: Barnes or Noble Books, 2000), p. 295.

"海盗"（Corsair）战斗轰炸机（美制）：全名为 Vought Corsair；英太平洋舰队所用者主要为 F4U-4 型；2,250 匹马力；最高时速 415 哩；升限 35,100 呎；续航力 1,560 哩；备 0.5 吋机关枪六挺、炸弹 2,000 磅。

"复仇者"鱼雷轰炸机（美制）：全名为 Grumman Avenger；英太平洋舰队用者主要为 TBF-1B 型；1,850 匹马力；最高时速 259 哩；升限 23,000 呎；续航力 1,020 哩；备 0.5 吋机关枪三挺、0.303 吋机关枪一挺、1,921 磅鱼雷一枚或 2,000 磅炸弹的组合。

"海上萤火"（Seafire）战斗机轰炸机（英制）：全名为 Supermarine Seafire；此种战机各型款当中以 LF. Mk Ⅲ 型最适合空母之用；1,470 匹马力；最高时速 362 哩；升限 35,000 呎；续航力 465 哩；备 20 公厘机关炮二门、0.303 吋机关枪四挺、炸弹及火箭合共 500 磅。

"地狱猫"战斗轰炸机（美制）：全名为 Grumman Hellcat；英太平洋舰队主要用 NF. Mk Ⅱ 型；2,000 匹马力；最高时速 371 哩；升限 35,000 呎；续航力 1,040 哩；备 0.5 吋机关枪六挺、60 磅火箭六枚或 1,000 磅炸弹两个。

"萤火虫"（Firefly）战斗轰炸机（英制）：全名为 Fairey Firefly；英太平洋舰队所备者为 Mk Ⅰ 型；1,730 匹马力；最高时速 316 哩；升限 29,000 呎；续航力 1,300 哩；备 20 公厘机关炮四门、60 磅火箭八枚或 500 磅炸弹两个或 1,000 磅炸弹一个。

"海象"（Walrus）水陆两用侦察轰炸机（英制）：全名为 Supermarine Walrus；775 匹马力；最高时速 135 哩；升限 18,500 呎；续航力 600 哩；备 0.303 机关枪二 / 三挺、炸弹及 / 或深水炸弹 600 磅。

倘用数月前英太平洋舰队参加攻击冲绳群岛和轰炸日本本土时英空母舰载机机种的比例为依据，遣港六空母所携战机的机种比例可约推算为："海盗" 30%、"复仇者" 25%、"海上萤火" 25%、"地狱猫" 12%、"萤火虫" 8%，另加大概不会超过两架的"海象"

机。就算完全不计算舰炮的火力,单是这一百八十架战机已绝非没有空护,配备简单的陆军所能应付。战机还可调正舰炮射击的偏差,使舰只发挥更佳效能。

遣港舰只的特殊程度还可另从两个角度看得出来。

星马于 1941 年底告急时,英国穷九牛二虎之力才能抽拨一艘第一次世界大战时期的老爷主力巡洋舰"却敌"号和四艘各有严重毛病的驱逐舰,去和"威尔斯亲王"号配搭为一支组合既不周全(如无空护),规模复过小的急援舰队。这支连虚有其表都谈不上的舰队结果惨成日本战机的练靶物[118]。事隔不到五年,遣港舰只同样是急配组合,却能达到如此周全强大之境。这是因为英海军在美国大力支持下迅速复元,故重返太平洋时能担起应负的任务。

另还有一个角度也可用作分析比较的依据。太平洋战事一旦在 1941 年秋爆发,英军在日军攻击下之溃败绝不亚于国军节节"西进"的惨烈。然待英海军再度东来,旋即达到质量均可观、可与美海军在西太平洋并肩纵横作战的层次。反观中国海军,硕果仅存的舰船在英舰队开进香港时仍远离海岸,蛰伏四川水域。舰船适在何处还不是核心问题所在。究竟抗战胜利时,中国尚有些什么舰船才是核心问题。当时中国海军还拥有的舰船质弱量

---

118 这场战役的详细报导很多,如 Alan Raven and John Roberts, *British Battleships of World War Two*, pp. 361-364; Martin Middlebrook and Patrick Mahoney, *Battleship: The Sinking of the Prince of Wales and Repulse* (London: Allen Lane, 1977); *Allied Battleships*, pp. 191-209; A.E. Jacobs, "The Loss of Repulse and Prince of Wales, December 10, 1941," *WI*, 23:1 (March 1986), pp. 12-28; Angus Konstam, *British Battlecruisers, 1939-45* (Oxford: Osprey Publishing, 2003), pp. 41-43, 46; Andrew Field, *Royal Navy Strategy in the Far East, 1919-1939: Preparing for War against Japan* (London: Frank Cass, 2004), pp. 213-229; Arthur Nicholson, *Hostages to Fortune: Winston Churchill and the Loss of the Prince of Wales and Repulse* (Stroud, Gloucestershire: Sutton Publishing, 2005).

稀，组合完全是受环境支配的结果。那时有的只是十五艘老旧残破，来源复杂，总吨位仅稍过七千吨的小舰船。这样讲还未道出真相来。那十五艘中有五艘是清朝遗物："楚泰"级日制炮舰三艘（"楚同"、"楚观"、"楚谦"）、"江元"级日制炮舰一艘（"江元"）、"湖鹏"级日制鱼雷艇一艘（"湖隼"），四艘抗战前建造的国产舰艇（"永绥"号炮舰，600吨，1929年；"民权"号炮舰，494吨，1930年；"义宁"号炮艇，300吨，1934年；"威宁"号炮艇），一艘中国凭第一次世界大战到了末期才参战的取巧行动，因而乘机没收，后改为（无武装？）运输舰的德国在华商船（"克安"，1,242吨，约1904年），五艘因战事而长期困在四川水域，终采送给中国之法来解决运作困难的英美法驻华河用浅水炮舰（"英山"，372吨，1921年；"英德"，310吨，1931年；"英豪"，185吨，1933年；"美原"，370吨，1928年；"法库"，210吨，1920年，都用编入中国海军后的新名）[119]。这是杂乱得无以复加的组合。这些舰船的总吨位其实较上

---

119 抗战胜利之际中国尚存的十五艘舰船之名见"国防部"史政编译局所藏"国军档案"，编号570.32/3815.6，《海军整编计划书》。一般读者难查对档案原件，他们容易找来看者以张力访问、纪录，《黎玉玺先生访问纪录》（台北："中央研究院"近代史研究所，1991年）最为权威。该书页157说胜利时尚存的海军舰船计有"楚观"、"楚谦"、"楚同"、"永绥"、"民权"、"克安"、"定安"、"甘露"、"义宁"、"咸宁"、"江元"、"江鲲"、"江岸"、"湖隼"，共十五艘。按黎玉玺（1914—2003，军政部电雷学校航海班第一届［1934年］）的经验、身份和地位，所言自应可信。自卢沟桥事变至抗战胜利，整段时间黎氏都在海军服务；国府迁台后不久，出任"海军总司令"，那时抗战胜利之际尚存的舰只仍有若干艘在台服役，而其本人又自膺推重海军史研究，认为"海军史迹是海军的精神根源"（页216），其为口述历史所提供的人、事、物、时资料，复十分齐全，显有详细日记为据。岂料他所说的存舰情况竟错得一塌糊涂。十五艘当中，他仅说对了九艘，稍过半数而已。其余就错到难以置信的程度。他的错误包括：（一）完全不提陪都时期，英美法雪中送炭地赠予的五舰。（二）以为五艘已战毁的舰只继续存在，有的还延长其生命（转下页）

开和见于纪录的数字还要低,因为那九艘清朝遗物和国产舰在未退入四川前已拆卸主要炮械,移为岸用(其他当时尚存的舰只的主要炮械均作同样处理)[120],真正的吨位遂随减。

不论在首批英舰抵港前或后,倘企图派遣这支杂弱得不成体统的舰队远道来港宣示一下,就算不计必引发的外交问题,也绝非易事。自四川东航至长江口出海,再沿海南下,路程固长,这更是非常时期,沿途补给站尚未恢复,小舰容量有限,粮水燃料不知要补充多少次才能自川抵港。困难尚不止此。陪都时期的中国海军唯一能做之事就是朝长江顺水布雷。待胜利了,不先清除这些水雷,如何沿长江顺流东航?归根究柢,中英虽同为向日受降的胜利者,中国却没有足与英国平起平坐的条件。两国海军状态呈天渊之别便是这种情况的最佳写照。

英国人遣港舰只的实力可作如下的综合观察。自十九世纪六十年代,各国海军以蒸汽代风力,铁壳汰木壳,后装来福线炮替换前装滑膛炮的世界性大转型以来,时至今日,中国沿海各海港仍从未出现过海空潜兼顾,在总吨位、舰种组配、舰数上都超过这次遣港海军实力的任何一国之舰队。

(接上页)达七年之久。"咸宁"1938 年 7 月 1 日毁于江西武穴。"甘露"1940 年 9 月 3 日沉于巴东台子湾。"江鲲"和"江犀"同于 1941 年 8 月 24日沉于巴东台子湾。"定安"1942 年 12 月 17 日毁于长江三峡附近。涉及的日子全都离开抗战胜利之日甚为遥远,理无全部误记的可能。(三)无中生有。中国自同治末年发展西式海军迄今,从无一艘军舰取名"江岸"!以上所举悉为唾手可得的消息,绝不该难倒一个当完"海军总司令"以后,复出任"参谋总长"的海军耆宿。

120 抗战初期,海军舰只在退入四川途中拆下主要炮械的情形有详细纪录,见"国军档案",782/3815,《海军舰炮卸制长江两岸炮台案》。

三、中国在香港接收日方舰船的实况

（一）研究资料的配合

探索日本遗留在香港的舰船如何为中国所接收是个比遣港英海军更冷僻的小课题，可供专研的资料不会多，更大多数不可能是习见之物。然就小课题的性质而言，倘资料配备不足根本就不必在此等问题上浪费精力，做徒劳无功的事。

探讨这课题可分三个阶段按序或在某程度下同步进行：先弄清楚日本在港遗留些什么舰船，然后追查其中何者为中国所接收，再设法查考该等舰船的数据、前史，甚至接收后的经历。进行起来显然非得中日资料相配运用始可为功。

日方资料的掌握系于福井静夫（1913—1993）一人。终战后盟军委托这位前日海军造船中尉（终战时为技术少佐）负责调查日本境内外残存舰只的情形。福井静夫对日海军舰只的历史兴趣早浓，勤于搜集有关资料（特别是照片），终生不渝，著述汗牛充栋。如说追查自光绪年间至抗战胜利与中国有关的日舰必须先从福井入手，不然研究者必蒙受难以弥补的损失，绝非夸张之言。直接与接收在港日舰有关的福井静夫著作起码有五种：

1. 福井静夫接受盟军任命后，用每舰一卡片之法，替终战时尚存的日舰（不管残破至何程度）按预订的项目做纪录，且多附型线图（画得不算精美，但附释多数尚称齐备）。这套手写卡片完成后不久即由盟军在日本的 Second Demobilization Bureau, Administrative Division 于 1947 年 4 月 25 日油印出来。这种军方临时参考物早可遇不可求。幸而事隔数十年仍有专门出版海军研究书籍的大机构肯以影印的办法将之公诸于世：Shizuo Fukui, *Japanese Naval Vessels at the End of World War II*（Annapolis: Naval Institute Press, 1991）。筹备重刊时，福井静夫健康已甚差，无法作任何修改。

Naval Institute Press 是国际性大机构，所刊书籍每畅销全球。这本由其出版已十数载之书可说早是研究者唾手可得之物矣。

2. 其实福井静夫早就其集得的资料写成一本按项分述，且以英文出之的专书：Shizuo Fukui, *Japanese Naval Vessels Survived: Their Post War Activities and Final Disposition* (Tokyo: Shuppan Kyodo Publishers Ltd., 1961) (以下该书简称 *Japanese Naval Vessels Survived*)。此书之名虽与 Naval Institute Press 出版者颇近，内容却截然不同；Institute 者是资料笔记，此书才是有系统的研究报告。可惜这本厚二百余页之书，因出版年代的关系，不仅印刷用纸均差，且早凤毛麟角，极难一见。

3. 自七十年代中期开始，福井静夫就其所藏数以万计的海军舰只照片选其精罕者，各备注释，并加数据附册，编为大型专集。惟因工程繁浩，终至他逝世后才能刊为《（写真）日本海軍全艦艇史》（东京：KK ベストセラーズ，1994 年）（简称表作《日舰全史》）。这是我历年购书中最大（连同两层外盒，46.5×35.5×12 公分）、最重（8.96 公斤，用纸之精也）、最贵（出版时正值美元急跌，连同邮费，共耗九百美元）者。自日本始备西式海军至第二次世界大战终结，凡与中国有关的日舰以及被日人掳去的中国军舰，此书均能提供宝贵资料。

4. 研究日本海军舰只者都集中注意力在主要舰只，辅助性的杂舰和小舰艇鲜有人愿意费神顾及。但残留在港者全是此等不起眼之物。福井静夫有本《日本補助艦艇物語》（东京：光人社，1993 年），正是提供此等舰只资料的专书。福井静夫前此数月另出版了《日本駆逐艦物語》（东京：光人社，1993 年），内也有直接相关的资料。

其他讲日本海军舰只，成绩不错的书当然尚有不少（内还有若干是福井静夫的作品，称其著作等身，绝不为过），可串连运用。这些无需特别介绍,在注释中列明便够了。

相辅的是中国档案。其重要性在英国档案之上,因(一)英国档案必将舰名拉丁化,发音依据不可能够准确,够划一(发音所依或为粤语,或为国语,或为国粤相混,甚至或为日语),大增辨识之难。(二)不可能提供舰只接收后如何处置的消息。关键性的中国档案未闻南京的中国第二历史档案馆有藏,台北的"国防部"史政编译局则库藏不少。最近七年间我三次专程去该局看海军档案,每次两周,收获殊丰,内包括与在港接收日舰有关者(第三次去前已看过上引陈孝惇文,故留意此事)。陈孝惇也不厌其烦地为我解答她在文内没有提及的事。

如果不是因为有机缘能配合运用这两组中日资料,我不会有胆量试图追查中国在港接收日舰的细节。

(二)中国可以在香港接收日舰的原因

在英国凭海军的实力迅速接收香港后,日人留港的舰船却归中国所有。此事虽看似不近逻辑,但既有中方档案为证,自不必置疑。要追查的是事情的原委和涉及的舰船的真相。

要明白英国为何容许中国在香港接收日舰并不难。重治香港这一点,英国绝不妥协,其他则可以商量。让中国在香港设立办事处(即军政部香港区特派员办公处)来处理接收日人留港的军火不仅正是可以商量,而且还是乐于奉陪之事。欧洲和太平洋的战争既已前后结束,如何安全处理剩下的军火是一大难题。一般枪炮还易解决。怎样适当地弃置那些超过战后正常国防所需,而合起来以数千艘计的各式舰只本已是十分棘手之事[121],何必复要

---

121 英国(连同加拿大等英联邦)海军在终战时拥有各式海军舰只共 9,896 艘,这是一个庞大至极的数目;见 Roskill, *War at Sea*, Vol. III,(转下页)

了日人留港烂铜破铁般的小舰船来自添烦恼？中国的处境却正相反。对内战爆发在即的中国来说，军火的需求极为殷切，哪会不乐于接受这安排？在不能取回香港治权之余，能在港公开接收日人军火总算可以弥补若干面子上的损失。这安排本身并非秘密，当时的报章已公开报导[122]，只是事过境迁，今人早不明其事，遂致以为此事不可解。然而事情的细节，不可解之处仍不少。

就接收的日本舰船而言，最明显的问题包括：究竟中国在香港接收了什么舰船？那些舰船的个别情况（甚至舰史）能够知道多少？

在找寻这些问题的答案前，所用名词要先澄清。"舰"和指小型舰时所用的"艇"（或统称为"舰只"）是武装海军单位；这点不成问题。非武装的海军单位可以称为"船"（上列英国遣港舰只当中虽有不装配武器而仅宜以船称之的［如那些运油船］，但全隶属英海军部），"舰"、"艇"（上述含义）和"舰只"则只可以留给海军单位专用。日人留在香港的不可能全是海军单位，故用"舰船"这概括性的名词。

（接上页）pt. II, pp. 436-438. 这数字代表 1945 年 5 月 8 日（即日本宣布投降前三个月）的情况。治中国海军史者津津乐道英国战后送给中国八艘海岸巡防快艇（harbour defence motor launch），军中且戏称之为"八小舰"，以与称为"八大舰"的战后首批美援舰相应。谁想到这类玩意儿英国在终战时各种型款竟尚有 940 艘之多！一番交涉才送八艘，真是极九牛一毛之能事。

122 如 "China's Requests: Japanese War Materials Solicited in Hong Kong," *South China Morning Post*, 15 September 1945; 黎秀石，《日本投降的前前后后》（香港：明报出版社，1995 年），页 144—147，所录重庆版《大公报》1945 年 9 月 18 日的报导；《我接收港九日军武器，包括船舶飞机车辆等》，《华侨日报》，1945 年 9 月 28 日；"Arms for China: Japanese Surrender in Hong Kong," *South China Morning Post*, 29 September 1945.

（三）日人遗港舰只的纪录

盟军委派福井静夫做日本残余舰只的纪录，而他的调查成绩又有不止一次的公开出版机会。要想知道从日海军的角度去看，究竟在香港留下些什么舰只，答案找来不难。从福井静夫诸书和其他资料集得如下的纪录（舰只炮械时有增减更易，兹以最接近终战时的情况为据）：

"满珠"（见图 78）："择捉"级甲型海防舰（该级共十四艘）；1943 年 2 月 15 日安龙骨，1943 年 7 月 31 日下水，1943 年 11 月 30 日建成；870 吨；4,200 匹马力；最高时速 19.7 浬；单装 120 公厘 /45 炮三门、三联装 25 公厘高角机关炮十五门、深水炸弹（六十个）及投射设备；1945 年 4 月 3 日在香港被美机击伤搁浅；1945 年 5 月 11 日捞起，终战时正在修理中；1946 年解体；1947 年 5 月 3 日自日本海军除籍[123]。

海防舰"满珠"号型线图

123 Fukui, *Japanese Naval Vessels at the End of World War II*, p. 35; *Japanese Naval Vessels Survived*, p. 76; WG, pp. 378-379; JJM, p. 187; *Conway 1922-1946*, p. 205; 片桐大自，页 618；福井静夫，《日本補助艦艇物語》，页 99—100、382—383；《日艦全史》，别册（资料篇），页 22；木津彻，《日本海軍護衛艦艇史》（《世界の艦船》增刊 45 集）（东京：海人社，1996 年），页 10—11；椎野八束，《日本海軍軍艦總覽》（东京：新人物往来社，1997 年），页 187；杂志《丸》编集部，《哨戒、護衛艦艇——海防艦、水雷艇》（东京：光人社，1998 年），页 12、43。

"输送舰一〇八"：第一〇三号型二等输送舰（该型共五十二艘），此型实为日制之 LST（Landing Ship, Tank；坦克登陆舰）；1944年4月28日安龙骨，1944年5月25日下水，1944年7月31日建成；870吨；2,500匹马力；最高时速16浬；80公厘/40高角炮一门、25公厘高角机关炮二十二门（三联装六门、双联装四门、单装十一门）、深水炸弹（十二个）及投射设备；可携（1）7吨轻型坦克十四部，或（2）15吨中型坦克九部（3）12.5吨型两栖战车七部，或（4）28.3吨型两栖战车五部；均андре配弹药、坦克燃料、粮水等67.4吨，及海军陆战队等人员一百二十名；1945年1月16日在香港被美机击伤，受中度损坏；英军接收后解体；1947年5月3日自日本海军除籍[124]。

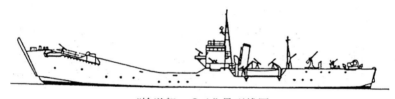

"输送舰一〇八"号型线图

"初雁"（见图79）："千鸟"级水雷艇（该级共四艘），三四十年代日人的水雷艇其实是小型驱逐舰；1933年4月6日安龙骨，1933年12月9日下水，1934年7月15日建成；535吨；11,000

124 Fukui, *Japanese Naval Vessels at the End of World War II*, p. 40; 朝长溶、横井忠俊,《(写真集)帝国の海軍》(东京：出版协同社, 1960年), 下册, 页100；*Japanese Naval Vessels Survived*, p. 76; WG, p. 488; 杂志《丸》编集部,《(写真集)日本の小艦艇》(东京：光人社, 1975年), 页175、182；JJM, p. 228; *Conway 1922-1946*, pp. 214-215; Hans Lengerer, Sumie Kobber-Edamatsu, and Tomoko Rehm-Takahara, "The Special Fast Landing Ships of the Imperial Japanese Navy, Part 2," *Warship*, 39（July 1986）, pp. 179-184; 福井静夫,《日本補助艦艇物語》, 页110—116、369、382—383；《日艦全史》, 别册, 页25。

匹马力;最高时速 28 浬;单装 120 公厘 /50 炮三门、25 公厘高角机关炮十门(双联装四门、单装六门)、21 吋鱼雷发射管一个(备鱼雷二枚)、深水炸弹(四十八个)及投射设备;终战时在香港;1947年 5 月 3 日自日本海军除籍;1948 年在香港解体[125]。

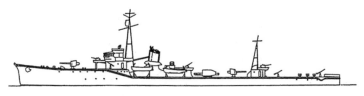

水雷艇"初雁"号型线图

"神威":原为新泽西州康登市(Camden, New Jersey)美国纽约造船厂(New York Shipbuilding Company.)所建的燃油补给舰(该级仅一艘,亦为日本向外订购海军舰只最后的一艘);1921 年 9 月14 日安龙骨,1922 年 6 月 8 日下水,1922 年 9 月 12 日建成;17,000吨;8,000 匹马力;最高时速 15 浬;因 1932 年一二八淞沪事变显示有增加水上机母舰的必要,遂改建之为水上机母舰,1933 年 2 月改建竣工;1944 年初因伤在星加坡修理时,再改建为运油舰(8 月 29日竣工);时配备三联装、双联装、单装 25 公厘高角机关炮若干门(数目不详),及双联装、单装 13 公厘高角机关枪若干挺(数目不详);

125 Fukui, *Japanese Naval Vessels at the End of World War II*, p. 42; *Japanese Naval Vessels Survived*, p. 76; WG, pp. 275-277; JJM, pp. 128-129; *Conway 1922-1946*, p. 197;片桐大自,页 533;瀬名尭彦,《軍艦のルーツをさぐね(4)續——水雷艇》, *Sea Power*, 1985 年 7 期(1985 年 7 月),页 71;*Destroyers Encydopedia*, pp. 208-209(此舰收入此书内,可见从世界海军史的角度去看,那段时期日海军的水雷艇应归入驱逐舰的族系内);福井静夫,《日本補助艦艇物語》,页 368;福井静夫,《日本駆逐艦物語》,页256—259、304—305;《日艦全史》,别册,页 28;椎野八束,《日本海軍軍艦總覽》,页 168;杂志《丸》编集部,《哨戒、護衛艦艇》,页 84—85、87—91、119—120。

1945 年 4 月 5 日在香港遭美机击致重伤,不断入水,终在 4 月 13 日
着底;终战后由英军解体;1947 年 5 月 3 日自日本海军除籍 [126]。

　　"驱潜特务艇十一"、"二四"、"一九一":驱潜特务艇第一号型
(该型共二百艘),舰种层次较一般驱潜艇低;此三艘于 1943 年 3
月至 1944 年 7 月间建成;130 吨;400 匹马力;最高时速 11 浬;单
装 25 公厘高角机关炮二门、深水炸弹(十个)及投射设备。三艘终
战时均在香港 [127],但可能为日本货的只有"二四"一艘,"十一"和
"一九一"都是日人就英人留下未建成的水警轮改建而成的。驱潜
特务艇第一号型长 84 呎 8 吋(垂直线间),而"十一"和"一九一"
仅长 60 呎 [128]。

驱潜特务艇第一号型型线图

---

[126] Fukui, *Japanese Naval Vessels at the End of World War II*, p. 48; *Japanese Naval Vessels Survived*, p. 76; WG, pp. 211, 505; 杂志《丸》编集部,《日本の小艦艇》,页 26—29、182;JJM, p. 64; *Conway 1922-1946*, p. 212; 许秋明,页 294;片桐大自,页 654—655;福井静夫,《日本補助艦艇物語》,页 372—373、388—389;《日艦全史》,别册,页 7。

[127] Fukui, *Japanese Naval Vessels at the End of World War II*, p. 57; *Japanese Naval Vessels Survived*, p. 76; WG, pp. 476-479; JJM, pp. 217-221; 福井静夫,《日本補助艦艇物語》,页 302、369、392—393;木津彻,《日本海軍護衛艦艇史》,页 118—119、123、125。

[128] 驱潜特务艇第一号型的长度,见 JJM, p. 217. 英人收回"十一"和"一九一"后,还原为水警轮 707 和 708 两号,其长度见 Iain Ward, *Sui Geng: The Hong Kong Marine Police, 1841-1950*（Hong Kong: Hong Kong University Press, 1991）, p. 192.

开出这张以福井静夫的调查为据的日人遗港舰只单子带来好些问题。试先回答以下三个问题。

问题一：单中所列大小舰只舰种层次均甚低，数目又极有限，难道日海军驻港舰队就是这可怜的格局？这问题可分两个角度去解答。太平洋战争末期，日海军左支右绌，已无法在非前线区（整个中国沿海，包括台湾都不是可能发生重要海战的非前线区）部署多少还像个样子的舰只。此其一。福井静夫做调查时，既不管非海军单位的船只，也不分列鱼雷艇、登陆艇、自杀艇那类小海军舰艇。按此原则点算，他只在香港名下列出遗留舰只七艘。此其二。

问题二：下沉着底的"神威"号，按常理该算是已报销之物矣，为何仍列作留港舰只？福井静夫点算遗港日舰时（1945 年 9 月 5 日），"神威"号尚未自日本海军除役也。

问题三：纵使按福静井夫的准则去点算，有没有点漏的？这可能确实存在。西方纪录说 1945 年 3 月 14 日在台湾马公海面为盟军战机击伤之"驱潜特务艇二三五"（建成于 1944 年 9 月 18 日）终战时在香港，为英军所获，时战伤尚未修复[129]。数十年后，日人终亦查出真相，知道此艇终战时果在香港，并于 1947 年 5 月 3 日自日本海军除役[130]。

总而言之，尽管不算"神威"以及很久以后才弄清楚实情的"驱潜特务艇二三五"，日人实际遗留在香港的舰船怎也不会只有六七艘而已。若要统计得准确，就得算入福井静夫不记录的低层次舰艇和特别注意非海军单位的"船"了。中国究竟在香港接收了什么自是一个得待回答的问题。

129　JJM, p. 221.
130　木津彻，《日本海軍護衛艦艇史》，页 125。

（四）中国在香港接收的日本舰船

虽然英国殖民地部档案香港专档（C.O.129）中之591—595号收的是这段时期的文件，内并没有中国在香港接收的日本舰船的单子[131]。究竟同时期的英国外交部档案在有无这些单子，还要待看到此等档案才知道。

可幸中国方面纪录尚在，接收单子且有四份之多，现均存于"国防部"史政编译局所藏"国军档案"，705/6010，《日本赔偿舰船接收处理案》，（十三）内。寻求中国在港接收什么日本舰船的答案，这些是目前可用的主要资料。这四张单子（随后依次用A、B、C、D代号）分别为：

A.《军政部香港区特派委员办公处接收船舰一览表》（1945年11月11日）

B.《军政部香港区特派委员办公处接收各种船舶总表》（1945年12月上旬）[132]

C.《驻港军事代表团接收日舰船总表》（1946年2月28日）

D.《军政部海军处驻广州区专员办公处香港接收组现有接收舰艇清册》（1946年8月29日）

从呈件时间的差距和标题的注称可以看出A、B、C三表同属一组，反映接收工作的进度；其中有一事值得留意，即在1946年2月底以前接收单位已易名为驻港军事代表团。D表所记者则为最后拨归海军部诸物。这就是说，D表记录者是接收后的处理情况，

---

131 其中C.O.129/592/5的标题虽然是"Reports on Custody of Enemy Properties"（7-11 Dec., 1945），内却全无日人所遗舰船的资料。

132 此表所载并见于"国军档案"，771.4/0824，《敌伪舰船接收案》，（二），中所收之《军政部香港区特派委员办公接收舰船一览表》；该档案中之《全国各区接收日伪舰艇船舶吨位装备性能清册》的香港区部分所载亦与此表基本相同。

工作性质已与前有别。

兹先综合 A、B、C 三表所载,排列出中国在香港接收所得之物,并就各艘编号以利统计。词汇稍作更改,以与本文所用者配合。需考释之处则多留待下节交代:

（1）"阳海丸":货船,2,800 吨;船尾装 2 吋炮一门;曾被炸沉,捞起;初船身破坏不堪,后修理。

（2）"宝昭丸":油船;2,800 吨;机舱淹水。

（3）"南海丸七"号:油船;834 吨;1944 年 2 月建成;1944 年 6 月,主机拆去另外存放。

（4）"南海丸八"号:油船;834 吨;1944 年 2 月建成;机件多损坏,惟修理后可用。

（5）"南海丸九"号:油船;834 吨;机房水浸,机件多损坏;B 表误作"夕九"号。

（6）"战车运送舰":无舰名;800 吨;有高角炮、高角机关枪各一、俱坏;机件亦坏。

（7）"海防巡舰":Manju;800 吨,又作 1,000 吨;三联装机关炮二座,另一机关炮移自"驱潜艇三四"号（"驱潜艇二四"号之误）,俱坏;舰首各部曾被炸坏;C 表谓其在修理中。

（8）"晓虎丸":由内河炮舰改装而成的货船（C 表误作"烧虎丸"）;700 吨;机件及炮械被拆去。

（9）"万山丸":由渔船改装而成的油船（武装？）;100 吨;机件多损坏;已拨交建兴船务公司。

（10）"驱潜艇二四"号:由渔船改装而成;100 吨;1941 年 11 月建成;原有机关炮二门,后与机件一并拆去;身修妥后已拨交建兴船务公司。

（11）"F4"货船:约 1,000 吨;新装未完工（改建之物？）。

（12）无名货船:约 400 吨,又作 600 吨;由巡河舰改装,未完工。

（13）无名货船：约 500 吨；机件拆去，船面损坏。

（14）趸船：1,000 吨；谓其名为 Manju。

（15）"需五五"号：货船；600 吨；新装未完工（改建之物？）；谓其名为 Manju。

（16）"日东丸"：由渔船改装而成的武装油船；100 吨；机件多损坏。

（17）"宏记 No.3"拖船；30 吨；1933 年 9 月建成；稍修后已拨交建兴船务公司。

（18）"海利"：机动帆船；30 吨；可用。

（19）"生利"：机动帆船；30 吨；可用。

（20）"大多利"（"千岛丸"）：小轮船；约 50 吨；机件损坏。

（21）鱼雷艇：15 吨，又作 10 吨；艇首艇尾均损坏入水，惟稍修可用；谓其名为 Manju。

（22）鱼雷艇：10 吨，艇首损坏入水；谓其名为 Manju。

（23）"普一"：鱼雷艇；10 吨；1937 年建成，又作 1938 年；有各种损坏。

（24）"普三"：鱼雷艇；10 吨；1937 年建成，又作 1938 年；原有各种损坏，后修复可用。

（25）"普四"：鱼雷艇；10 吨；1937 年建成，又作 1938 年；原有各种损坏，后修复可用。

（26）"普六"：鱼雷艇；10 吨；1937 年建成，又作 1938 年；原有各种损坏，后修复可用。

（27）"普七"：鱼雷艇；10 吨；1937 年建成，又作 1938 年；原有各种损坏，后修复可用。

（28）"特一"：鱼雷艇；10 吨；1938 年建成，机器附件全损，后进行修理。

（29）快艇：算作鱼雷艇；10 吨；修理可用。

（30）小电艇：3 吨；原残旧漏水，修妥后代表团办公处使用。

（31）小型登陆艇：机件损坏。

（32）小型登陆艇：机件损坏。

（33）小型登陆艇：机件损坏。

（34）小型登陆艇：机件损坏。

（35）小型登陆艇：机件损坏。

（36）小型登陆艇：无机件。

（38）小型登陆艇：无机件。

（39）小型登陆艇：无机件。

（40）小型登陆艇：无机件。

（41）小型登陆艇：无机件。

（42）小型登陆艇：无机件。

（43）小型登陆艇：无机件。

（44）小型登陆艇：无机件。

（45）小型登陆艇：无机件。

（46）小型登陆艇：无机件。

（47）小型登陆艇：无机件。

（48）小型登陆艇：无机件。

（49）小型登陆艇：无机件。

（50）小型登陆艇：无机件。

（51）小型登陆艇：无机件。

（52）自杀艇：无机件。

（53）自杀艇：无机件。

（54）自杀艇：无机件。

（55）自杀艇：无机件。

（56）自杀艇：无机件。

（57）自杀艇：无机件。

（58）自杀艇：无机件。

（59）自杀艇：机件损坏。

（60）自杀艇：机件损坏。

（61）自杀艇：机件损坏。

（62）自杀艇：机件损坏。

（63）自杀艇：机件损坏。

（64）自杀艇：机件损坏。

（65）自杀艇：残旧漏水，不能用，机件则尚可。

（66）"M266"（又作"M166"）：小电船；1 吨；机件或不全。

六十六艘之数固然大，其中甫接收便能使用的不过两艘各重30 吨的机动帆船（18, 19）和那艘没有动力的戽船（14）而已！看了这张废物单子就不难明白英国为何大大方方地让中国在香港设立由军界人士主持的办公处来接收日本舰船。给中国在未能取回香港治权之余，少许挽回点面子的机会，固未尝不是值得一玩的外交把戏。最重要的作用还是在请来个义务清道夫替其扫除垃圾！

虽然这张单子还有项目可以加上去（详后），但这并不改变英人让中国在港接收之日人所遗舰船整体是堆垃圾的事实。

另有一事可在此说明。日人在香港的舰只和船舶，除了不易远调的鱼雷艇、小型登陆艇、自杀艇之属外，固定性并不高。英军服务团（British Army Aid Group, China, 简称 BAAG）的特务于1944 年 11 月 8 日绘画了当日在港的日人舰船（并记下其名字）共八艘[133]。那八艘不仅与上面开列者全异，舰船的层次也较它们高。自此至日人投降有九个多月的时差，这不长不短的时差或者可以

---

[133] Edwin Ride, *BAAG: Hong Kong Resistance, 1942-1945*（Hong Kong: Oxford University Press, 1981）, Appendix A: "Shipping Sketches," among the illustrations between p. 224 and p. 225.

用来解释在港舰船调动的程度。这就是说,日人投降时留在香港的舰船适在其地的巧合成分相当高。

(五)拨归海军的接收舰只

C 表和 D 表之间相差约八个月,而 D 表所列诸物声明归海军部所有。看来进行已快一年的接收工作终到了结束阶段。

在货船、油船、机帆之类一般水上交通工具就近拨交香港招商局后[134],余下来尚具军事价值的自该属海军了。D 表就是这份纪录,现开列如下(编号看来是未接收前原有者):

炮舰	十二号:400 吨;1946 年 5 月 16 日接收;舰身霉旧,机件损坏不全。
战车运输舰	六号:800 吨;长 267 呎;阔 31 呎;1946 年 5 月 27 日接收;舰身霉旧,机件损坏。
海防巡舰	七号:1,000 吨;长 192.8 呎;阔 22.7 呎;1946 年 5 月 27 日接收;舰身霉旧,机件损坏。
鱼雷艇	A. 十号:10 吨;1946 年 5 月 16 日接收;艇身霉烂入水。 B. 六五号:10 吨(?);1946 年 5 月 27 日接收;艇身霉旧,机件损坏。 C. 二十号(?):10 吨;1946 年 6 月 14 日接收;艇身完好,机件损坏。
小型登陆艇	A. 三一号:铁质;1946 年 5 月 16 日接收;艇身完好,机件损缺。 B. 四九、五一号,共二艘:铁质;1946 年 5 月 16 日接收;艇身完好。 C. 六一、六二号,共二艘:木质;1946 年 5 月 16 日接收;艇身破裂,机件损坏。 D. 三二、五三、五四、五五、五六、五七、五八、六三、六四号,共九艘:木质;1946 年 5 月 16 日接收;艇身均霉旧破裂。 E. 未编号十艘:两艘被台风打去者不入此数;木质;1946 年 5 月 16 日接收;艇身悉霉旧破裂,均在半浮沉状态。 F. 未编号一艘:木质;1946 年 5 月 16 日接收;艇身渗漏,机件损坏。

---

134 "国军档案",705/6010,《日本赔偿舰船接收处理案》,(十三),中之《交通部航京字第七二二号代电》(1946 年 2 月 22 日)。

续表

自杀艇	A. 未编号五艘：1946 年 5 月 16 日接收；艇身悉霉旧破裂。 B. 未编号一艘：1946 年 5 月 16 日接收；艇身破裂，机件损坏。 C. 未编号一艘：1946 年 5 月 27 日接收；机件损坏。 D. 未编号六艘：两艘被台风打碎者不入此数；1946 年 5 月 27 日接收；艇身悉破裂。
炮艇	A. "普五"：木质；1946 年 7 月 26 日接收；艇身完好，机件损坏。 B. "特六"：铁质；1946 年 7 月 26 日接收；艇身完好，机件损坏。
电扒	"致富"号：1946 年 7 月 11 日接收；艇身完好，机件损坏。
拖船	"川岛丸"：1946 年 7 月 17 日接收；破烂待拯。

这张列出四十八艘舰船的单子很不易理解[135]，疑点实在太多：

1. 各项接收日期全在 C 表呈发之后，难道这表示此表所载与综合 A、B、C 之表所列者全无共通之物？

2. 虽然两表所列在数量上均以鱼雷艇、自杀艇和小型登陆艇为主，但此等小艇个别识认性很低，难指其中何者确实并见二表。

3. 或问 A、B、C 综表之"战车运送舰"（6）和"海防巡舰"（7）分明见于 D 表，怎能说没有共载的项目？这正是问题之所在。这两艘就是上据日本和西方纪录开出日人遗港舰只时所列的"输送舰一〇八"和海防舰"满珠"。"满珠"没有归中国所有，铁案如山，前说过了。那艘输送舰的情形何尝不亦如此，前面也已有交代。D 表和以前的 A、B、C 三表颇有时差，假如此两舰果真早已接收，为何到了 D 表所记录的时段还要重新再接收？虽然不同的接收表重复记录这两艘舰，但谁能道出此两舰归中国后的任何事迹？还有，那艘输送舰日海军编为"一〇八"号，怎会变成了"六号"？此事最荒谬之处，莫如把两艘根本没有接收的舰只，重复在

---

135 不是该单末尾所说的数为五十二艘，因该数目会包括那四艘被台风吹毁的自杀艇和小型登陆艇。

不同时间的档案内记录它们接收了一次之后，还要重新再接收一次！第二次竟还配上年月日俱全的所谓接收日期，可谓演戏演全套。究竟负责的官员在存纪录，还是在编故事？

4. 编入中国海军的接收舰只，只要舰种层次不太低，理应总可找到若干服役纪录。目前记录抗战胜利后接收汪伪舰只和日本驻华舰只最详细者为陈孝惇考备的一张清单[136]。D 表所列者仅一艘见于这张单子："普五"巡艇，10 吨，中国海军收编为"巡八四"[137]。为何收入率如此低？其他 D 表所列诸物跑到哪里去了？

5. A、B、C 三表说"普 X"和"特 X"都是鱼雷艇。D 表则说"普五"和"特一"同为炮艇。教读者如何取舍？在陈孝惇的表中，"特 X"为炮艇，"普 X"是巡艇。

6. 那艘编号二十、重 400 吨的不知名炮舰又是另一笔糊涂账，不仅在陈孝惇的单子内找不到此舰，日方及西方的资料根本就没有日人在香港留下一艘 400 吨炮舰的纪录！那个年月日俱全的接收日期究竟是什么把戏？真是天晓得！

总之，尽管 A、B、C、D 四张接收表看似相当详细，根据此四表仍无法说实究竟中国海军自香港得到些什么舰只！

（六）末段的接收工作及其所得

D 表呈发时正是英舰队抵港一周年的日子，看似已没有什么再可以接收了。其实接收工作还继续一段时间，所得之物更打破以前踪迹难寻的僵局。

上面说过日人遗留在港的驱潜特务艇最少有三艘，甚至有四

---

136 《海军接收日伪舰艇编入海防江防舰队炮艇队一览表》，见注 6 所引《海军舰队发展史》，上册，页 250—280。

137 《海军舰队发展史》，上册，页 274。

艘,而 A、B、C 三表仅讲"二四"号一艘,并说它被拨交商用。其他两或三艘就全不提及。真相是确有两艘终为中国海军所得,而且其中一艘还有一段不寻常的舰史。

1947 年 6 月,马公巡防处处长汪济(军政部电雷学校航海班第一届)奉命至港,接收前日驱潜特务艇"十一"号及"一九一"号两艘。29 日两艇驶抵虎门,命名"高明"、"高要",编入海军第六炮艇队服役[138]。至于两者之中,哪一艘原先是"十一"号,哪一艘本为"一九一"号,现尚未见到有关纪录。这样一来,却弄出了双包案。究竟该从中方档案,视"驱潜特务艇十一"和"一九一"两号成了"高明"、"高要",还是当依英方所记,指它们被还原为香港水警轮707、708 两号(见注 128)? 各上纪录,待新资料出现才定夺应是目前可行之权宜之方。

随后震荡事件连接发生。

1949 年 10 月初,国府自广州撤退时,"高明"号因适在维修,未及带走,遂为解放军所获。编入广东军区江防部队后,其名易为"先锋"号(见图 80)[139]。它是 1950 年 5 月 25 日万山海战时共方主

---

138 "国史馆"(新店)藏"外交部档案",2660,《向英交涉接收日本驱潜艇案》;"国军档案",625.3/2841,《舰艇种类性能表》,(二),《海军第六炮艇队现服务各艇要目表》(民国卅六年九月);"海军总司令部",《海军大事记——第三辑》(台北:"海军总司令部",1968 年),页 22。

139 "国军档案",623/2841,《舰艇服役案》,(三),台肃如字第 3008 号件(1949 年 11 月 4 日)。文鹏、玉海,《共和国海战内幕》(北京:团结出版社,1993 年),页 41—42,所记亦同。但代表台湾军方意见的《粤南群岛战斗》(台北:"海军总司令部",1963 年),页 37,及《海军舰队发展史》,上册,页 696,则误指"高明"为叛艇。共方纪录同样误记,并无中生有地指"高明"是于 1949 年 10 月在汕头投共的,说见李怀章,《江防部队和万山群岛海战》,收入中国人民解放军历史资料丛书编审委员会,《海军——回忆史料》(北京:解放军出版社,1999 年),页 171。那时李怀章任广东军区江防司令部参谋长,连这种人物说话都不可靠! (转下页)

要作战单位之一,有在靠近国府"二五"号炮艇时(该炮艇原为在广州接收的前日人 40 吨警备艇 [140]),战员跳过去,用刺刀逼降,掳夺整艘炮艇的纪录 [141]。国府海军的战报却截然不同,谓护航驱逐舰

(接上页)王冀城,《海猎——共和国海战纪实》(北京:西苑出版社,1999 年),页 41,所说亦同。其实"高明"之易帜经过另有真相。当其未及自穗撤走时,艇上官兵即移驻"吉利"炮艇(商轮改装),且随队迁往海军秀英(海南岛)巡防处。该艇之易帜及其人员的行动均与叛逃无关;见"国军档案",581.4/3815.15,《海军单位撤销裁并案》,(五),中之海军秀英巡防处代电(1950 年 1 月 26 日)。国共对外发表的战情报导"各自表述",本不足为奇,不时却演成朝不同方向信口雌黄。国府方面可核对档案,尚有找出真相的机会。共方则无了期地不肯公开有关档案,研究者和一般读者就只有长期面对那些真假莫辨,而必起码夸张战迹和互相抄袭的所谓实录报导。另外,唐毓瑨,《初创时期的人民海军南海舰队》,《舰船知识》,285 期(2003 年 6 月),页 8,说"先锋"号的前身为"光民"号,所言虽与见于档案的信息不符,但若"驱潜特务艇十一"和"一九一"两号果真还原为香港的水警轮,则又未尝不是一种可消弭矛盾的说法。

140 "国军档案",584.2/5004,《接收日帝汪伪舰艇编制案》中之《广州区接收敌伪舰船状况表》。为了盛称"先锋"号的战功,有不惜夸报这艘不可能特别到哪里去的原日人警备艇(相当低层次之物也)为"海上霸王"者;见邓礼峰,《建国后军事行动全录》(太原:山西人民出版社,1992 年),页 126。

141 此战是万山战役(1950 年 5 月 25 日至 8 月 4 日,共七十一日)的首日战事。万山群岛在珠江口外海,由一百四十六个岛屿组成,东望香港大屿山,西临澳门,台湾称此役为"南山卫保卫战",所包括的日期也短得多(1950 年 5 月 25 至 29 日)。大陆所刊此役之报告一般均颇长,内容却重重复复(显有轻易抄袭之嫌),资料也有显误之处(特别是关舰只来源的资料),而台湾者则往往甚短。两岸的有关报告包括:《粤南群岛战斗》,页 37—51;海军总司令部,《海军大事记——第三辑》,页 69;陆其明,《大海的骄傲——人民海军纪事之一》(北京:海洋出版社,1983 年),页 90—100;邓礼峰,《建国后军事行动全录》,页 122—130;文鹏、玉海,《共和国海战内幕》,页 38—66;雷华健、王冀城,《新中国海战内幕》(北京:中国对外翻译出版公司,1993 年),页 51—69;胡彦林主编,《威震海疆——人民海军征战纪实》(北京:国防大学出版社,1996 年),页 91—99;高晓星,《执与争锋——海上战争纪实》(哈尔滨:哈尔滨工程大学出版社,1998 年),(转下页)

"太和"号(原美国侦探级"Det"护航驱逐舰"汤马士"［Thomas］号，1,253 吨，1943 年)击沉"先锋"号，救回"二五"号炮艇[142]。然而"先锋"号拍于此役后之照片尚可见[143]；另还有不同报告谓"先锋"号徐役后运往黄埔岛(黄埔军校遗址所在地)作陈列品[144]。"太和"舰上的人员显有捏造战功之嫌。

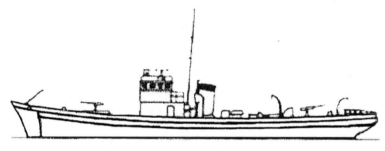

"先锋"号型线图

"高要"也参加此役，在返台途中遇风沉没[145]。

（接上页）页 72—80 ；李怀章，《江防部队和万山群岛海战》，页 169—179 ；童能，《共和国海军写真》(北京：军事科学出版社，1999 年)，页 28—33 ；王冀城，《海猎》，页 33—34，广东省地方史志编纂委员会，《广东省志——军事志》(广州：广东人民出版社，1999 年)，页 556—561 ；黄传会、舟欲行，《海军征战纪实》(北京：解放军文艺出版社，2000 年)，页 72—82 ；《海军舰队发展史》，上册，页 695—697。

142 《海军舰队发展史》，上册，页 696。

143 那张照片为陆其明，《大海的骄傲》，书首插图的第十四张。"先锋"只是艘稍过百吨，原先并不起眼的炮艇，如非在那场海战有特别表现不会有照片留下来的("高明"时期的它就有没有照片流传)，故那张照片必拍摄于万山海战之后。

144 说见陆其明，《大海的骄傲》，页 100 ；李怀章，《江防部队和万山群岛海战》，页 179。

145 "高要"号的终结，见"国军档案"，623/2841.2，《舰艇性能暨服役案》，《海军停除役及损失舰艇统计表(卅九年一至七月份)》。至今（转下页）

（七）观察与考释

A. 非海军单位船只的来源

除了那些状态普遍低劣的鱼雷艇、自杀艇和小型登陆艇外，中国在香港接收所得之物每为非海军单位，且多体积细小。它们本身原属日本机构的可能性并不高。查考日本（包括殖民地和战时占领区）所建非军用船只有一资料齐全，且易于检阅的参考书可用：日本舶用机关学会、舶用机关调查研究委员会编，《本邦建造船要目表（1868—1945）》（东京：海文堂，1976 年）。可惜收录的下限是排水量一千吨，而中国在香港接收所得诸船只（不算那艘无动力的趸船）当中仅两艘合此规限："阳海丸"（1）和"宝昭丸"（2）。其中见于《要目表》者只有"阳海丸"一艘[146]。然而它并不是建于日本本土者，而是由香港船渠（又称香港造船所，即日人占领香港后，据用太古船坞时所易新名）建造。这样说来，《要目表》不收的"宝昭丸"就连在占领区建造的层次都称不上。它和其他非海军单位船只一样，均大有可能是日人在侵华（包括香港）期间夺来的。纪录散失，以及日人每每在夺取后加以改装，遂容战后接收者煞有介事地视此等船只为战利品！

B. 接收工作的素质

所谓"爱国名将"陈绍宽（见图 3）长期（1927 年 5 月至 1945

（接上页）虽仍未知"高明"、"高要"究竟哪一艘原为"驱潜特务艇十一"，哪一艘本是"驱潜特务艇一九一"，但"十一"号艇先由英军征用，再归入国府海军这点是不成问题的。木津彻，《日本海軍護衛艦艇史》，页 118，谓"十一"号于 1948 年 4 月 27 日由舞鹤汽船购得，易其名为"舞鹤丸"，则属显误。

[146]《本邦建造船要目表》，页 198—199。另可参考龟谷隆行，《日本軍政期間の香港造船工業》，《立命館文學》，418—421 合期（1980 年 7 月），页 640—642。

年 12 月）管领下的海军部 / 海军总司令部从不正视情报工作，却爱做白日梦，漫无止境地搬出一套又一套空中楼阁、信口雌黄式的建军计划，以致对敌人的底蕴知道得少之又少[147]。在这种环境下培训出来的海军人员一旦应命到香港做接收工作，对需处理之事物遂所知极有限。

声称那艘"战车运送舰"（6）没有舰名便是彼等无知之一例。他们知否海军大国的各类型登陆舰艇从来都是用舰种缩写（如 LST、LSI 之属；但当时日本用的是舰种名称）加编号来作识别的？那艘日舰没有舰名才是常规[148]！遇到确有舰名者，他们反说不出来了。Manju 就是错得莫名其妙之例。他们不仅说不出 Manju 即"满珠"，更乱点鸳鸯谱地指四艘不同类型的其他舰船也名 Manju。这已不是知识丰寡的问题，而是基本逻辑本领具备与否的问题了。同一时间巧聚于香港弹丸之地的日本舰船怎会有五艘之多同名 Manju，而它们还分属鱼雷艇（甚至说同名 Manju 的鱼雷艇有两艘之多）、海防舰、趸船、货船等截然不同的舰种船种？选派这种人出国办外务，究竟海军界人才凋零至何程度？

---

147 饭桶将军陈绍宽长期发表的这种愚己愚人、漫无边际之论，高晓星编，《陈绍宽文集》（北京：海潮出版社，1994 年）收了不少。对长期侦察日本驻华海军的动态和洞悉伪满洲国、汪伪政权的海军力量此等有切肤关系的急要之务，陈绍宽却漠不关心，鲜有所言。结果一谈到对方的阵容，就难免错漏百出，尽暴其短；这样的一例，见马幼垣，《汪伪海军舰只初探》，收入纪念七七抗战六十周年学术研讨会筹备委员会编，《纪念七七抗战六十周年学术研讨会论文集》（新店："国史馆"，1998 年），下册，页715—719（此文收入本书）。

148 抗战胜利以前，中国海军从未拥有过正规登陆舰艇。胜利后从美国得到不少此类舰只，便急急替它们起上"中兴"（原美舰 LST-557）、"美平"（LSM-471）、"合群"（LCU-281）一类名字。当时的中国海军固然规模甚少，但采用与世界潮流格格不入的命名方法，则无异自贬。

这控诉尚未够严厉，更严重的错失在彼等对未确已接收之物言之凿凿。彼等处理那艘确名 Manju 的海防舰（不是海防巡舰）"满珠"之法便是这种情形的显例。原属日海军各舰艇当中，这艘彼辈讲得最详细，颇似视之为接收诸舰船中之皇冠。A、B、C 三表都记下此舰。D 表说其接收日期为 1946 年 5 月 27 日；这等于说 A、B、C 三表犯了列入未接收之物之失！这不是胡乱呈报是什么？真相简单得很。西方和日本的资料都统一地说，此舰并没有移交给中国，便在香港解体[149]！这些接收大员原来擅长撰写"天方夜谭"！

接收报告一旦出现无中生有的情形，整组报告的诚信程度都难免受影响。

C. 处理日舰"初雁"号方法的难以解释

日人纪录所说遗留在港的舰只（不算鱼雷艇那类小物）共四款六艘（除了在日人投降前几个月已下沉的补给舰"神威"和那艘当时尚未能确指的"二三五"号驱潜特务艇），终归中国海军所有者仅得两艘驱潜特务艇。用残破不能修复来解释拿不到其他四艘，理由很勉强。在那几张接收单内既破烂又细小之物多的是，都认为非尽法修复不可，怎会轻易放弃重几百吨、有正式舰名者？这本已是很难理解之事。处理那艘水雷艇"初雁"号之方就更莫名其妙。

日本海军的水雷艇就是小型驱逐舰。按日本和西方的纪录，此舰并未受了明显的伤，而当时中国海军没有任何一舰在火力、设计和舰龄上能和它稍接近。稍看此舰的型线图便不难明白它较其他日人留港舰只分明在层次上高出不少。况且此舰迟至 1948 年才在香港解体，那时中国在港接收日舰的工作怎也该结束了一段

---

[149] 见注 123 所据诸件。

时间。

此舰从未在现在知见的任何接收单子内出现过（连试图指说拥有"满珠"和"输送舰一〇八"的情形也称不上）。按目前看得到的资料来说，除了负责接收者懦弱无能外，不易找到别的解释。

即使从整个接收工作中最大的收获的两艘驱潜特务艇（收编后的"高明"、"高要"）的接收过程去看，亦察觉得出办事人员本领的大成问题。自英舰队抵港至汪济取得此二艇，差不多两年时间过去了！那两艇充其量仅各重 130 吨而已（这还是就"十一"和"一九一"两艘确为驱潜特务艇第一号型而言。假如它们原为短了几乎十五呎的香港水警轮，吨位必远在 130 吨之下）！当然自辩之辞是可以找得到的。那就是英人征用此二艇，迄今始拨交[150]。虽然英人早为这种行动单方面备设法据[151]，彼等欢迎中国替其当清道夫，却留用极少数尚堪用之物，而自以为凭抗战胜利，

---

150 英人让中国接收此二艇前确曾在港征用它们一段不短时期；见"外交部档案"，2660，《向英交涉接收日本驱潜艇案》。

151 夏悫在率领舰队驶进维港的前一日（8 月 29 日）在致驻港日军总司令的电报中，即强调日方在港舰船虽会交予中方，但 "Equipment required by Admiral Harcourt for operating of the port and airport will be released to him"；见香港历史档案馆所藏 Confidential Series, 3200/45, "Surrender of Japanese Forces, Miscellaneous Papers Regarding the". 另外，C.O. 129/591/19, Admiralty to C. in C. Hong Kong, 4 September 1945, 亦云："All Japanese ships captured or taken over by the British in the Hong Kong waters are to be turned over to the Chinese. The Chinese will release to Admiral Harcourt, during the period of his need, such shipping as he requires for the rehabilitation of the port. The ultimate disposal of Japanese shipping will be according to agreements by the powers concerned." 倘依此进行，当是先由中方接收，然后再按英方之需，抽借若干给英方。事情没有按此版本进行，当然是中方接收人员能耐和在背后支持他们的国力究属何层次的反映。

跻身五强,可望与英国平行平坐的中国全处于被动状态则始终是事实。

"初雁"号虽迟至1948年(月份未详)方由英人在港解体,却从没有拨交中国的安排,是否亦因英人长期征用,而到了1948年内战已使中国形势大变,遂有干脆就地解体的决定,要待看到相关史料始有知道的可能。

此事还提供另外一个考察角度。英舰队抵港之初,派战机尽量击毁英人颇有顾忌的日军自杀艇。最后落入中国人之手的二十七艘(A、B、C三表列出十四艘、D表另列十三艘,假设两组并不重复)均破烂不堪。接收人员不放弃这些在英人轰炸扫射后尚存,但必近乎废物的小艇,本无可厚非,因残余价值多少总会有些。对一穷二白、厚颜自封为"五强之一"的所谓战胜国来说,办事人员这坚持还可称得上是尽责呢!然而破烂不堪者不肯放过,完好且威猛如"初雁"却不闻不问,除了办事者能力不逮、畏首畏尾外,还有怎么更好的解释?更何况中国从各地接收所得,数以百计的自杀艇最终的命运只是拆下可用物料后报废而已[152]。香港区能得到者不过寥寥二十余艘残破之极的,怎值得舍要逐末地为它们伤脑筋!

D. "驱潜特务艇二三五"之谜

日人原先的纪录仅说在港遗下"驱潜特务艇"三艘("十一"、"二四"、"一九一")。这三艘的下落都够明确:中国接收"二四"号后拨归商用;"十一"和"一九一"被英海军留用一段时间后,终变成中国海军的"高明"和"高要"号(会否用作水警轮一段日子以后才让中国海军接收?)。那艘西方纪录说终战时在港,日人亦

---

152 自杀艇的最终处理法,见《海军舰队发展史》,上册,页235—237、395—396。

终查清楚其确在港的"二三五"号艇[153]，情形又如何？英人留用"十一"和"一九一"，并还原为水警轮时，给它们的编号是"707"和"708"（也尚说不出哪一艘是哪一艘）[154]。幸而"二三五"号还是有迹可寻。

"驱潜特务艇二三五"可能曾一度用作英军的"添马"舰！"添马"舰之名在香港老少皆知；它长期是英海军驻港的总部和象征。香港光复以后，原来的"添马"舰已毁，这名词的涵义就随历史的演变而转化（现在的"添马"舰是维港中环海旁一块价值连城的钻石填海地）。谁会想到，夏悫在率舰队驶进维港后的第八天（9月7日），为了保持"添马"舰的象征传统，选了一艘日人遗下的"驱潜特务艇"，易其名为"添马"舰[155]！既然"十一"、"二四"、"一九一"都下落清楚，难道那艘入选的就是"二三五"？ 现在虽不能凭见到的史料下断语，那艘"添马"舰之为"二三五"还是有可能的。

至于以日舰充作"添马"舰的日子维持了多久，也得待看到有关史料才会有答案。

从这件事也可以看出中国在港办理接收事宜人员的能耐和处事态度。中国各种重重复复的纪录全不提这艘终战时在港，而状态又必不会差（否则英人也不会征用）的"二三五"号艇。纪录的空白表示他们怕和英人冲突，并没有争取（起码没有积极争取）此艇，宁采视而不见的态度，任由英人摆布。

---

153 见注 127 及 128。

154 见"外交部档案"，2660，《向英交涉接收日本驱潜艇案》;Iain Ward, *Sui Geng*, p. 192.

155 注 15 所引夏悫之"War Diary"在该日项下说："An ex-Japanese submarine chaser was commissioned as H.M.S. Tamar, Base Ship, Hong Kong." 可惜遍查各种记述英国海军舰只的专书仍尚找不到进一步的消息。

四、结语

海军史事，一经探研，每峰回路转，带出意想不到的信息。刺激感确较不少正规历史课题为强烈。治史忌预设答案，病陈陈相因，患奢言放论，更痛沦为政教工具，而应以寻求真相为尚，凭资料之独得为追探利器，借缜密分析以穷其事之秘。此等特质，海军史事之考索均可表达无遗。本文讨论之二事，固不必自膺成绩，然于发掘资料与平情论析则自问已竭尽所能。

中国近代海军史事的涉外因素比比皆是。不善用境外资料（外国及海峡彼岸者，加上不易流入大陆和台湾的香港资料）无异划地自限，而在香港运用中外资料之便捷确非别地所易比拟。此点本文所谈二事均足为说明。

资料的搜集与运用确属永无止境。本文首先所说的英国遣港舰只按理尚可补入已公开的英国海军档案。研究程序或得如此，实际则未必有此需。此等档案所能增补者谅限于解答如何选定参与的舰只和领导的将领，何舰何时发自何港，何时各舰悉集于苏比克湾，如何选定舰队自苏比克湾出发之日期等旁支资料。此等额外消息固可富文章之所言，实则无关宏旨。有机缘时不妨补入，现并无特意追索的必要。

中国在港接收日舰一事也需在此补充几句。日本海军舰只纪录之齐备本不亚于英国者，但中国在港接收的舰只，就算以战争末期日本海军已溃不成军之情况为衡量准则，也只能算是垃圾堆中的零碎物。此等极次要的舰只隶属日本海军时的资料尚且不易得，编入国府海军后资料更是可遇不可求。台湾所藏的档案资料幸遇了，大陆上尚未公开的档案，有生之年是否能遇，无从预言。在好一段时间内，本文所说的恐仅能稍事修订而已。

总括而言，因撰写本文而进行的探索带给笔者异常丰厚的满足感。冷僻的小题目开拓起来竟可以展示一番新天地。在中国近代海军史的领域里,待志同道合者去开拓的冷僻题目一定还有不少。

> ——李金强等编,《我武维扬——近代中国海军史新论》(香港:香港海防博物馆,2004 年)

后 记

注 21 谓资料十分重要,其文却不详出处之 Cecil Harcourt,"The Military Administration of Hong Kong," 现已知刊于 *Journal of the Royal Central Asian Society,* 34:1(January 1947),pp. 7-18. 此文为夏悫于 1946 年 11 月 13 日在英国皇家中亚学会演讲的讲稿。主席介绍讲者时说出一项很有趣的掌故。原来夏悫于 1942—1944 年间在地中海督领英国第十、十二、十五巡洋舰队(10th、12th, and 15th Crusier Squadrons)时,他的旗舰正是不久即成为在中国近代史上震撼一时的名舰"重庆"号之"曙光女神"号轻巡洋舰。他还说,英皇乔治六世(George VI, 1895—1952)在夏悫仍任该职时,巡察地中海战区,选为其座舰者同样是这艘"曙光女神"号。但他没有说出此次巡察的日期。John W. Wheeler-Bennett, *King George VI: His Life and Reign*(New York: St. Martin's Press, 1958),pp. 576-578, 686,记为 1943 年 6 月之事。注 14 所说见新版 *Oxford Dictionary of National Biography* 之夏悫传(Vol. 25, pp. 120-121)亦无提及"曙光女神"号作为夏悫旗舰和英皇座舰此等细节。中国海军史与世界海军史的串连倘非碰到这种巧遇的机会往往是不容易得知的。

2009 年 1 月 21 日

评论篇

大陆上的中国近代海军史研究,1949—2000

一、讨论的范围

海军指兵种而言,故本文的讨论不会涉及"海防经济"那类虚无缥缈、随意衍生、难立明确定义、无法指出与海军这兵种有何直接关系的事物。时间上的规限则有二。一是涵盖时段自同治年间至 1949 年 9 月中华人民共和国成立前夕。目前大陆方面的档案还未公开,故 1949 年 9 月对研究者之为不易突破之关卡势必会维持一段时间的。二是所收研究作品的出版期以 2000 年为下限。这是客观情形使然,不必拘泥五十年之整数(即若以 1999 年为下限),因为本文脱稿时(2001 年 4 月)已得见 2000 年有若干种必须记录的作品。

讨论的作品以书籍为限。学报论文并不反映从书籍看不到的情形,故仅作若干概括性的评论。

二、海军史研究肇始期

北洋政府海军部聘请海军耆宿严复任监督,委副官池仲祐编撰的一系列书籍,如《海军大事记》(民国七年海军部本)、《海军实纪——购舰篇、造舰篇》(民国七年海军部本)等书。这些书(首版往往是线装本)基本上都很简陋,而且误漏百出,遗害无穷。

其后,郝培芸(1899—?,烟台海军学校第十六届 [1924 年])有本字大书薄的《中国海军史》(北平:武学书馆,1929 年)。此书除了排比池著各书所有者外,所增新知极有限。

以后就是抗战期间海军总司令部在大后方所编刊的《海军抗战事迹》(重庆:海军总司令部编译处,1944 年)、《海军战史》(重庆:海军总司令部,1941 年)等战地报告性的书(这类报告有不少仅编就稿本,并未刊行 [1]),以及抗战期间海军人士偶可一见的私家著述 [2]。

这些海军界出的书籍在当时都说不上有影响力。海军人士的私家著述(如郝培芸的)流通有限,而官方书刊又只是军方的内部读物,都带动不出广泛的兴趣。此等刊行有年之物有些现在已颇常见,那是拜五六十年代以来各种影印本和转载品所赐(如池仲祐《海军大事记》已称得上用者人人有之)。但若怀疑排印出来的转载品有刊误,要找原版来看的话,便会十分困难。从未公开复制发售的,如《海军战史》及其续编,用者就只有自想法子了。

谈得上有影响的是海军圈外的学者偶尔发表的文章。张荫麟

---

1 现藏中国第二历史档案馆(南京)的《海军战史续集(卅年至卅四年)》,以及现藏中国国民党党史委员会(台北)的《海军抗战史料》(1939 年)、《海军抗战军事报告》(1940 年)可代表这类抗战时期编写而迄今仍未刊行的稿本。

2 例如曾国晟用翁仁元笔名出版的《抗战中的海军问题》(无出版地:黎明书局,1938 年)。

即曾写过这样一篇屡被引用的论文[3]。惜史家长于发掘资料的本领却掩盖不了彼等缺乏海军知识的弱点[4]。

大抵而言，肇始期研究成果的影响力要待翻印、复印、转载这类衍生工具流行后，助其播布，始显现出来。

三、"文革"前的史料准备期

1949 年台湾海峡两岸分治，研究近代史者遂久断交往，而大陆学者更长期陷于闭门造车之境。海军史的研究，台湾在五六十年代已有严正的成绩[5]。大陆方面却不能这样说，彼等有者只是几种涉及海军史事的史料集，即中国史学会主编之《中国近代史料丛刊》中的《中法战争》（上海：新知识出版社，1955 年），七册；《中日战争》（上海：新知识出版社，1956 年），七册；《洋务运动》（上海：上海人民出版社，1961 年），八册。这些史料集固然很有用（正因它们有用，杨家骆［1912—1991］不独在他经营的世界书局［台北］公然盗印［1963］，还冠以自己的姓名充编者），但所收资料的奇罕程度还是不及"中央研究院"近代史研究所编刊的《海防

3　张荫麟，《甲午中国海军战迹考》，《清华学报》，10 卷 1 期（1935 年 1 月），页 61—96；后收入包遵彭、李定一、吴相湘编，《中国近代史论丛》，第一辑，第六册《第一次中日战争》（台北：正中书局，1956 年），页 245—277；并收入《张荫麟文集》（台北：中华丛书委员会，1956 年），页 170—200。

4　郑天杰、赵梅卿，《中日甲午海战与李鸿章》（台北：华欣文化事业中心，1979 年），页 185—205，就花了不少篇幅去更正张荫麟所犯的错失，而这些错失大多与张荫麟这个宋史专家的海军知识贫乏有关。

5　虽然这段时间，在台研究海军史者可说仅得包遵彭一人，颇似独力支撑大局，但其一册本初版《中国海军史》（左营：海军出版社，1951 年）、两册本增订版《中国海军史》（台北：中华丛书编审委员会，1970 年），以及《清季海军教育史》（台北："国防研究院"，1969 年），确均为创导行头之作。

档》(1951 年),九册。

　　"文革"爆发(1965 年秋)前是中华人民共和国的扎根期,历史研究的工作由前朝旧人来承担。此辈学人并没有专志海军史者,而推动大型人力密集式的文史工作又是庆新朝的传统[6],遂有上列史料集的涌现(当时推出的史料集尚有与海军无直接关联或关联不大的《太平天国》、《戊戌变法》等,整个系列总数达十一种)。另值得一提的是整理清季筹海大员文牍的先例。刘坤一四任两江总督兼南洋大臣、一任两粤总督,是发展南洋海军和粤洋海军(特别是前者)的关键人物。中国科学院历史研究所第三所主编的六册本《刘坤一遗集》(北京:中华书局,1959 年)开整理此类文牍之先河。

　　在这段史料准备期里,真正的海军史研究除在当时尚数目有限的学报内偶见之文章外,当推戚其章《中日甲午威海之战》(济南:山东人民出版社,1962 年)。此书确是大陆近五十年来研究海军史的开山之作。

四、"文革"结束至今的研究成果

　　大陆学者治中国近代海军史,研究见成绩主要还是八十年代中期以来之事。成绩可分三方面来说。

6　宋初编刊《文苑英华》、《太平御览》、《太平广记》这类大型书刊可说是这传统的开端。明初以《永乐大典》继续此传统。清初编集《四库全书》,编刊《古今图书集成》,撰写《四库全书总目提要》更把人力密集地编刊大型书籍的传统推到高峰。

（一）编刊史料

编刊出来的史料集性质与"文革"前的工作承接相连，数量亦可观，具代表性者计有：

季平子、齐国华编，《甲午中日战争——盛宣怀档案资料选辑》（上海：上海人民出版社，1980、1982 年），三册[7]。

＊张侠等编，《清末海军史料》（北京：海洋出版社，1982 年）（简称表作《清末史料》）。

《申报》（上海：上海书店，1982—1986 年），四百册。

顾廷龙、叶亚廉编，《李鸿章全集——电稿》（上海：上海人民出版社，1985—1987 年），三册（简称表作《李鸿章电稿》）[8]。

＊杨志本主编，《中华民国海军史料》（北京：海洋出版社，1987 年）（简称表作《民国史料》）。

蒋廷黻编，《筹办夷务始末补遗》（北京：北京大学出版社，1988 年），九册[9]。

---

[7] 此书的重要性已因出版后之发展而颇减，用者因而需并观其他较近刊布的盛宣怀（1844—1916）文件。事缘 1983 年旅日文献家程伯奋以所藏盛宣怀与亲友往来函电七十七册售予香港中文大学。该校随即委托王尔敏（1927—   ）、吴伦霓霞等选辑整理，按主题分集出版（每集均相当厚）。已刊且与海军关系较密者包括吴伦霓霞、王尔敏编，《盛宣怀实业函电稿》（香港：香港中文大学中国文化研究所，1993 年），二册；吴伦霓霞、王尔敏编，《清季外交因应函电资料》（香港：香港中文大学中国文化研究所，1993 年）。此套资料虽已刊出六集，据云尚可用主题方式再出五集。关心此事者应继续留意。

[8] 近人刊印李鸿章文牍的复杂情形，本书自序有说明。

[9] 此书据蒋廷黻（1895—1965）在三十年代就故宫军机处档案抄录，以补《筹办夷务始末》的稿本影印而成。其涵盖范围（道光元年［1821］至同治四年［1865］）视始自道光十六年（1836）的原本《筹办夷务始末》早十五年，较"中央研究院"近代史研究所 1966 年用费正清所提供以道光二十年（1840）至咸丰十一年（1861）为范围的抄件编刊而成的《道光咸丰两朝筹办夷务始末补遗》增出尤多。

　　* 中法镇海之役资料选辑编委会，《中法战争镇海之役史料》（北京：光明日报出版社，1988 年）。

　　戚其章主编，《中日战争》（《中国近代史资料丛刊续编》）（北京：中华书局，1989—1996 年），十二册[10]。

　　Second Historical Archives of China,（and）Institute of Modern History, CASS, complied, *Archives of China's Imperial Maritime Customs Confidential Correspondence Between Robert Hart and James Duncan Campbell, 1894-1907*（Beijing: Foreign Languages Press, 1990—1993），4 vols（简称表作 *Customs Archives*）。

　　中国第二历史档案馆、中国社会科学院近代史研究所编，《中国海关密档——赫德、金登幹函电汇编（1874—1907）》（北京：中华书局，1990—1996 年），九册（简称表作《海关密档》）[11]。

　　中国第二历史档案馆编，《汪伪政府公报》（南京：江苏古籍出版社，1991 年），十五册。

　　中国第二历史档案馆编，《汪伪政府行政院会议录》（北京：档案出版社，1992 年），三十一册。

　　万仁元、方庆秋编，《中华民国史史料长编》（南京：南京大学出版社，1993 年），七十册。

　　* 高晓星编，《陈绍宽文集》（北京：海潮出版社，1994 年）[12]。

　　* 中国舰艇工业历史资料丛书编辑部编，《中国近代舰艇工业

10　此书赓续 1956 年新知识出版社首刊，后被杨家骆盗印为《中日战争文献汇编》之《中日战争》七册本资料集。因两集之间无重复，故应合为一套大书来用。

11　这套书是上列一书的中译本。收此二书入目内并非谓海关为海军的一部分，而是因为总税务司赫德和其助手金登幹直接间接曾多次参与清季筹海活动，故此二书保存不少独得的海军史料。

12　自同治末年开始筹海以来，掌中国海军者以陈绍宽为最久。他在不同头衔下，实际掌管中央海军差不多十九年（1927 年 5 月至 1945 年 12 月）。

史料集》(上海：上海人民出版社,1994年)(简称表作《舰艇工业史料》)。

　　* 谢忠岳编,《北洋海军资料汇编》(北京：中华全国图书馆文献缩微复制中心,1994年),二册[13]。

　　* 王洁玉编,《道光间广东防务未刊文牍六种》(北京：中华全国图书馆文献缩微复制中心,1994年),二册[14]。

　　卫藤沈吉、李廷江编,《近代在华日人顾问资料目录》(北京：中华书局,1994年)。

　　张振鹍主编,《中法战争》(《中国近代史资料丛刊续编》)(北京：中华书局,1995—2005年),五册[15]。

　　中国第一历史档案馆编,《光绪宣统两朝上谕档》(桂林：广西师范大学出版社,1996年),三十七册。

　　中国第一历史档案馆编,《光绪朝朱批奏折》(北京：中华书局,1996年),一百二十册。

　　秦国经主编,《中国第一历史档案馆藏清代官员履历档案全

13　此书收录之物有稀见者,也有习见者。上册收：《丁汝昌海军函稿》、《贺总宪议海防折》(贺总宪即贺寿慈,1810—1891)。下册收：周馥《醇亲王巡阅北洋海防日记》、《北洋海军章程》、《海军大事记》、《海军实纪——述战篇》、《海军战役阵亡死难群公事略》(以上三种均出池仲祐之手)。

14　此书所收文牍虽限于道光二十一年(1841)至三十年(1850)者,时清廷尚未发展新海军,然文牍所讲虎门等地的新防御设施每每下迄抗战仍使用者,故收此书入书目内。

15　此书与1995年新知识出版社首刊之七册本《中法战争》资料集串连,两者之间并无重复。惟此书尚未刊完,也不知还有几册待刊。这是大陆近年出版大套学术书籍的常见现象,既不公布出版时间表,又不明言全套共有几册(连计划出几册的话也往往不肯说),只是断续地偶出一册(此书已出版各册之间均遥遥相去三、四年,且整套书看来尚未刊毕),有时甚至颠倒册数次序地出版(上列同属一丛刊之《中日战争》资料集便有此毛病),致读者穷追久候,疲倦不已,而在买齐全套前仍无法知道有无漏购。为什么不可以一开始就简简单单告诉读者待整套出齐会有几册?

编》(上海:华东师范大学出版社,1997 年),三十册。

　　* 戚俊杰、王记华编校,戚其章审订,《丁汝昌集》(济南:山东大学出版社,1997 年) [16]。

　　苑书义等主编,《张之洞全集》(石家庄:河北人民出版社,1998 年),十二册 [17]。

　　此等史料集中的海军史料一般都相当零散,须细心爬梳,始能有获。专为海军史研究而编者仅冠以 * 号之八种,其中《中国近代舰艇工业史料集》为拼凑现成资料之物,所增新件极有限。

(二)海军史研究书刊

　　仅列专讨论海军史事,且具代表性者,通论李鸿章、严复、中国近代军事活动、近代军事教育之类题目者,以及论述与中国海军无直接关联之外国史事者和翻译之作均不收。陈陈相因、篇幅有限的所谓海军通史亦不收 [18]:

　　孙克复、关捷,《甲午中日海战史》(哈尔滨:黑龙江人民出版社,1981 年)。

　　戚其章,《北洋舰队》(济南:山东人民出版社,1981 年)。

　　戚其章,《中日甲午战争史论集》(济南:山东教育出版社,1983 年)。

　　上海社会科学院经济研究所,《江南造船厂厂史(1865—

16　陆军出身的丁汝昌是李鸿章委派自始至终负责发展北洋海军的亲信。此书我曾作书评,见《岭南学报》,新 2 期(2000 年 10 月),页 356—358。

17　张之洞是发展粤洋海军和南洋海军(特别是前者)的关键人物。此书较许同莘(?—1922 前后在世)编的传统《张文襄公全集》增出五百余万字。

18　这种研论时不必参考(更无需引用)之通史包括:张墨、程嘉禾,《中国近代海军史略》(北京:海军出版社,1989 年);吴杰章等编,《中国近代海军史》(北京:解放军出版社,1989 年)。这些都是浪费资源去出版的废物。

1949.5）》（南京：江苏人民出版社，1983年）[19]。

林萱治主编，《福州马尾港图志》（福州：福建省地图出版社，1984年）。

孙克复、关捷主编，《甲午中日战争人物传》（哈尔滨：黑龙江人民出版社，1984年）。

福建社会科学院历史研究所，《中法战争史学术讨论会论文集——纪念马江战役一百周年》（福州：福建论坛杂志社，1984年）。

福建省博物馆《福建文博》编辑部，《中法战争闽台战场专辑》（《福建文博》，1985年第1期［1985年］）[20]。

戈今、陆其明，《南京江面上的壮举——记林遵将军率国民党第二舰队起义》（北京：海洋出版社，1986年）[21]。

林庆元，《福建船政局史稿》（福州：福建人民出版社，1986年）。有1999年书名和出版社均仍旧的修改本。

山东省历史学会编，《甲午战争九十周年纪念论文集》（济南：齐鲁书社，1986年）。

卢汉超，《赫德传》（上海：上海人民出版社，1986年）[22]。

汪敬虞，《赫德与近代中西关系》（北京：人民出版社，1987年）。

---

19 前此还有一本"文革"时期所写，内容简略得多，且专从政治角度出发的，现在只宜作反面教材式史料看的《江南造船厂史》编写组，《江南造船厂史，1865—1949》（上海：上海人民出版社，1975年）。

20 此册虽为学报《福建文博》的一期，但该册自封面至封底讲的全是中法战争期间闽台区战事，且厚二百四十余页（十六开），故宜以专书视之。

21 此书或从未向大陆以外发售，幸承海军航空工程学院（烟台）教授苏小东复印寄赠。前此有一篇题目几全同，内容亦差可比拟，而文字较略的陈务笃，《南京江面上的壮举——国民党海军第二舰队起义前后》，《江苏文史资料》，8期（1982年1月），页152—193。此不易一见之文承海军指挥学院（南京）海军史馆馆长高晓星寄赠。

22 赫德所任职虽为中国海关总税务司，其与中国早期西式海军的发展却深有关系。这种关系尤以见于北洋海军筹建时期者为最明显。

《当代中国》丛书编辑部,《当代中国海军》(北京:中国社会科学出版社,1987 年)[23]。

沈传经,《福州船政局》(成都:四川人民出版社,1987 年)。

王植伦、高翔,《萨镇冰》(福州:福建教育出版社,1988 年)。

陈书麟编著,《陈绍宽与中国近代海军》(北京:海洋出版社,1989 年)。

周宏冰、方舟,《海军上将之恋——南京中华民国国民政府海军总司令陈绍宽纪事》(北京:海军出版社,1989 年)[24]。

杨东梁,《大清福建海军的创建与覆没》(北京:中国人民大学出版社,1989 年)。

卢如春等,《海军史》(北京:解放军出版社,1989 年)[25]。

鲍忠行,《中国海防的反思——近代帝国主义从海上入侵史》(北京:国防大学出版社,1990 年)。

张晞海、王翔,《中国海军之谜》(北京:海军出版社,1990 年)。

程浩,《中山舰传奇》(广州:广东旅游出版社,1990 年)。

驻闽海军军事编纂室,《福建海防史》(厦门:厦门大学出版社,1990 年)。

于辉(于耀明)、张东甲,《大沽炮台》(天津:百花文艺出版社,1990 年)。

关捷、刘志超,《沉沦与抗争——甲午中日战争》(北京:文物

---

23 此书虽以"当代"为标题,且述事至 1985 年底,对 1949 年国共内战期间的海军活动仍有相当叙述。书中对为数甚众的国府舰只在投共后如何易名,如何改编,仅提供很零碎的消息。

24 此书虽以小说体出之,实则为根据访问陈绍宽两得力助手曾国晟、周应骢的访问纪录而写成,故可视为口述历史。另外一本讲陈绍宽传记的书,林纯,《孤独的将军》(厦门:鹭江出版社,1987 年),则当视作纯小说。

25 此书情形与《当代中国海军》一样,在其述事偶至 1988 年间的范围内包括 1949 年的海军活动。其所提供国府舰只投共后的消息亦很零碎。

出版社, 1991 年)。

姜鸣,《龙旗飘扬的舰队——中国近代海军兴衰史》(上海 : 上海交通大学出版社, 1991 年)。

汤锐祥,《护法舰队史》(广州 : 中山大学出版社, 1992 年)。

陈书麟、陈贞寿,《中华民国海军通史》(北京 : 海潮出版社, 1993 年)。

海斌,《留美海军风云录》(北京 : 海潮出版社, 1992 年)。

张序三主编,《海军大辞典》(上海 : 上海辞书出版社, 1993 年)[26]。

---

26 此书对理解基本和现代海事 / 海军的专门词汇很有用, 但涉及海军历史的部分则处理得马虎之极, 十分令人失望。这样下评语, 可就三方面指出其严重不足 :(一) 舰种、武器、舰只细部 : 加护巡洋舰、鱼雷炮舰、蚊子船、护航驱逐舰、杆雷 (详后)、X 磅弹炮、早期舰用机关枪 / 炮 (如自光绪中期至抗战胜利好一段漫长时间普遍用于中国舰艇的各款努登飞、哈乞开斯、格林、路易士、马克沁 [Maxim] 产品)、冲角、战盘、露炮塔 (barbette)、舰首炮 (chaser)、舰载武装小艇 (armed vedette)、舷台、中央炮台、舷装炮台 (broadside battery)、舰壳内倾等有关十九世纪最后三十年和二十世纪首二十年海军舰只的词汇均应各有条项。(二) 舰只 : 自同治末年开始筹海至抗战胜利, 中国海军舰只数目不算少, 此书仅用不到四页的篇幅 (页 942—945) 来让十四艘舰有专条, 少得离谱, 每条的长度也短得可怜。整个清季时期的南洋海军、闽洋海军、粤洋海军合起来竟没有一舰上得此名单! 这张舰只单连最起码的代表性也谈不到。这本辞典对舰只的忽视严重到连中国在抗战胜利分得数十艘日本赔舰, 这样大的事也只字不提。最荒谬者如解放军海军到此书出版时虽已有四十多年历史, 所属舰只除三艘 “投诚” 舰外竟没有一艘有专条 (同时期的海军人物却传列二百余人之多 [见后], 难道这几十年的中国海军有人无舰)! 就算讲 “黄安”、“重庆”、“长治” 这三艘 “投诚” 舰, 说的也仅限于它们的 “起义” (页 983—984), 而不提它们如何在解放军海军中服役 ; 其中 “重庆” 和 “长治” 还在书中其他部分另立条项 (页 945)。为此等舰只立条项, 标题用的全是 “投诚” 前的舰名, 而不采编入解放军海军后的新名 (“重庆” 舰没有选择, 可以不算)。这就显得连立场也糊涂了。“重庆” 号虽获得两条项的优待, 与其同时来华的另一艘英援舰 “灵甫” 号却全书无只字提及 ; 无他, 一 “起义”, 一不 “起义”, 政治挂帅也。“黄安” 的前身正是上面提及的日本赔舰 (原为日舰 “海防八十一” 号); 此书说 “黄安” 易帜后 (转下页)

林伟功、黄国盛编,《中日甲午海战中方伯谦问题研讨集》(北京 :知识出版社,1993 年)。

汤锐祥,《孙中山与护法海军论集》(广州 :广东教育出版社,1993 年)。

郑剑顺,《甲申中法马江战役》(厦门 :厦门大学出版社,1993 年)。

(接上页)更名"沈阳",其他就不说了。这里看得出编撰者的思维,即使对历史有交代必要的话,倘说了而收不到政治效益,还是不说为佳。(三)人物 :自鸦片战争时期至抗日战争结束,海防 / 海军人物在此书得立传者三十八人(页 957—966) ;这个只嫌不足的数字还包括不少相当边缘性的人物。高晓云、梁梓芳、叶琛、林森林、陈善元、丁兆申等(此等人物起码收了十个,占所收近代海军人物总数百分之二十六),这种人物之不必收入篇幅虽未必需要严控,但收录人物必须按事功定取舍的辞典,而不能单凭战殁(那些小小人物的共同点)便替他们立传入册。反过来说,无论李鸿章、左宗棠、刘坤一、张之洞诸人功过如何,倘他们未尝参与筹海,自光绪初年至抗战期间的中国海军根本就不会是那样子(他们安排置备的舰只不少服役至二十世纪三十年代,甚至到了五十年代仍有存者)。一本厚达一千五百多页的海军辞典竟容不下他们的专条,却有篇幅留给那组鲜有事功可述的小小人物,本末倒置的程度不可谓不极。其实除李鸿章等若干大员外,一本足用的、以中国为中心的海军辞典绝对没有理由不替以下诸人立传的 :裴荫森、许景澄、魏瀚、叶祖珪、刘冠雄、程璧光(1861—1918)、蔡廷幹、杜锡珪(1874—1933)、杨树庄(1882—1934)、陈季良(1883—1945)、汤芗铭(1883—1975)、高宪申(1888—1948)、曾以鼎(1888—1958)、招桂章、陈训泳(1890—1949)、任援道、陈策、李世甲(1894—1970)、欧阳格(1895—1941)、巴玉藻(1892—1929)。(注意 :在辞典中立传不等于立牌坊。凡够代表性者,不论其事迹正反意义如何,均需立传,不然辞典就会失去供查检资料的作用沦为可悲的政教工具。)外人对中国筹海事业确有贡献者,如日意格、琅威理,至因而捐躯者,如马吉芬,亦应有传,以示中国人念情的美德。与上述严重缺漏情形成极端对比的是选与解放军海军有关人物时所采的宽容尺度。此书用七十多页的浩大篇幅(页 328—336、994—1060)来为 237 个此等军人立传。新旧人物之间比重的极度分歧显为编者有意识的选择。如果值得拨七十多页给1949 年以后始见事功的人物,记录自同治末年至国共内战时期的人物就一百页也绝不够用(即使此部分过百页也当没有篇幅容得下高晓云那类小小人物)。比例失调应是不难避免的缺点。

郑剑顺，《福建船政史事纪要编年》（厦门：厦门大学出版社，1993年）。

姜鸣，《中国近代海军史事日志（1860—1911）》（北京：生活·读书·新知三联书店，1994年）（简称表作《海军日志》）[27]。

萨本仁，《萨镇冰传——一生跨越四个历史时期的近代爱国海军宿将》（北京：海潮出版社，1994年）。

中日甲午战争博物馆、北京图书馆阅览部，《中日甲午战争研究论著索引（1894—1993）》（济南：齐鲁书社，1994年）。

海军司令部《近代中国海军》编辑部，《近代中国海军》（北京：海潮出版社，1994年）（简称表作《近代海军》）。

赵振愚主编，《中外海战大全》（北京：海潮出版社，1995年）[28]。

林濂藩，《中日甲午海战百年祭》（北京：中国社会科学出版社，1995年）。

戚其章、王如绘编，《甲午战争与近代中国和世界——甲午战争100周年国际学术讨论会文集》（北京：人民出版社，1995年）。

马昌华主编，《淮系人物列传——文职·北洋海军·洋员》（合肥：黄山书社，1995年）[29]。

27　此书为姜鸣，《中国近代海军史事编年（1860—1911）》（［北京］：海军军事学术研究所，1991年）之修订本。美观而且较充实之修订本比起试行本倒有一不足之处。试行本每条均注明史源，很有用，修订本却全删去。可惜试行本是军方机构的内部发行品，不公开发售，故十分难得，因此本文不另列试行本。

28　此书原计划由海潮出版社依上中下三编，分三册出版。上册刊于1990年，中册刊于1991年，下册则从未单独发行。此处开列者为三册之合订本（即下编部分仅见合订本）。中国海军史事见上编及下编。

29　马昌华另编有此书之姊妹作：《淮系人物列传——李鸿章家族成员·武职》（合肥：黄山书社，1995年）。书内有若干与北洋海军有关人士的传记，可一并参用。

海军军事学术研究所、中国军事科学学会办公室,《甲午海战与中国海防》(北京 :解放军出版社,1995 年)。

福建船政学校史志编纂委员会,《福建船政学校校志》(厦门 :鹭江出版社,1996 年)。

戚俊杰主编,《中国甲午战争博物馆》(济南 :山东大学出版社,1995 年)[30]。

王宜林,《甲午海将方伯谦》(北京 :海潮出版社,1997 年)。

关捷主编,《甲午国耻丛书》(北京 :中央民族大学出版社,1997 年),包括以下六书,不分列 :李晓菲等,《忠魂——甲午战争的故事》;杨惠萍等,《国殇——甲午战争至甲辰战争》;龟井滋明(高永学等译),《血证——甲午战争亲历记》;郭铁桩,《恨海——甲午大连之战》;关捷,《觉醒——甲午风云与近代中国》;韩俊英等,《史鉴——甲午战争研究备要》。

方杰,《沉浮中山舰》(武汉 :武汉大学出版社,1997 年,修订本)(初版亦同年出版)。

施占秀等,《中山舰》(北京 :中国言实出版社,1997 年)。

曾铮、曾宪,《风雨中山舰》(广州 :花城出版社,1997 年)。

陈明福,《"重庆"舰举义纪实》(北京 :九洲图书出版社,1997 年)。

黄振南,《中法战争诸役考》(桂林 :广西师范大学出版社,1998 年)。

戚其章,《晚清海军兴衰史》(北京 :人民出版社,1998 年)。

中国海军百科全书编审委员会,《中国海军百科全书》(北京 :

30　此书虽非正规史学著述,且有导游成分,然于现存甲午战争文物(特别是存于该馆及刘公岛一带者)以及北洋海军人物后人的近况,消息颇有独得之处。

人民出版社,1998年),二册[31]。

皮明麻等,《中山舰风云录》(武汉：武汉出版社,1998年)。

戚俊杰、刘玉明编,《北洋海军研究》(天津：天津古籍出版社,1999年)。

苏小东,《中华民国海军史事日志(1912.1——1949.9)》(北京：九洲图书出版社,1999年)(简称表作《民国海军日志》)。

王宏斌,《赫德爵士传——大清海关洋总管》(北京：文化艺术出版社,2000年)。

陈明福,《中山舰沉浮纪实》(北京：海潮出版社,2000年)。

山大柏,《我是日军翻译官——伪满"江上军"亲历记》(沈阳：春风文艺出版社,2000年)。

董晨鹏,《炮打紫石英号——中英长江事件始末》(昆明：云南人民出版社,2000年)。

沈顺根、钱秀贞,《中国炮台风云》(北京：海潮出版社,2000年)。

以上两组书目内有一出版社需略作解释。八十年代的海洋出版社和九十年代以来的海潮出版社同是一家,名称更换而已,即中国海军部刊行对外公开发售书籍的机构。两者之间还有一段短短时期取名海军出版社。周宏冰、方舟的《海军上将之恋》即用该出版社名称刊行[32]。

---

31 注26所说《海军大辞典》的缺点,这部百科全书都悉数承袭了。编写此两书所采的思维方式基本上是一样的。还有,这类辞书对国共内战时期投共的国府海军人物特别苛刻,试看那时期蜂拥投共者有几人的传记见于此等辞书,便知究竟了。

32 1989年出版之唐志拔《中国舰船史》亦用此出版社名称。此书不列入《海军史研究书刊》内,一因其为浅谈性的普及读物,二因自晚清(转下页)

（三）争议性的课题

因为书刊多数是通史性质的，连学报论文亦多如此（以学报篇幅的有限，当以迈进求新为务，却仍充斥魏源（1794—1857）海防思想、沈葆桢伟大贡献、李鸿章海防策略、福州船政局为海军摇篮、中国海军长江抗日之类，千篇一律，无聊透顶，浪费资源，只谋简介，不图深思，弗求突破，麻木读者思考的所谓论文），影响所及，甚至在处理专题时亦往往用写通史的手法，不管如何，可简就简，能略便略，以致愈钻愈深、愈谈愈广的争议性课题并不多见。

见到者，可举二例：

1. 甲午战争黄海海战中方所采阵法的正误问题 [33]
2. 北洋海军将领方伯谦枉死与否问题

前者可能是最早的海军史争辩专题，谈了几十年，但许多基本问题始终未论及，如中方所采阵法最初是谁建议的和最后是谁敲定的，以及两版本之间异同如何；组成首阵的舰只（特别分配在阵旁的次要舰只）是怎样选出来的；日方有无预知中方所采阵法的可能；当时世界先进海军国家遇到同样舰只组配成分时会采用什么阵法。

后者是乡土观念作祟，以致小题大做的好例子。在闽省学者

（接上页）至国共内战结束好一段漫长时间的新式海军发展阶段，该书仅在书末用粗枝大叶、草草带过的方式略说而已。注 18 提及的《中国近代海军史略》也是海军出版社的刊物。

33　在本文的讨论年限内，首次讨论北洋海军在黄海海战所采用阵形的是郭沫，《黄海大战中北洋舰队的阵形是否正确》，《文史哲》，1957 年 10 期（1957 年 10 月），页 63—65。以后笔战之局成，讨论连延数十载，参加的也就包括好几代的学者。

的思维逻辑里，闽籍海军将领平庸苟且，甚至变成败类，是不可思议、绝不可能发生的事情，于是不惜强辩，在别无实证的情况下，硬要封懦夫方伯谦为才智胆识俱优的大英雄。晚清民初海军将领，闽人以外，以粤省人士为最多。幸而迄今未常见粤人学者竭力为粤籍海军将领夸耀、申辩之举（偶例有，如中山人乱捧笨蛋蔡廷干）。

五、今后研究受制于严重的局限性

从最近几年所出版的刊物去看，大陆上的近代海军史研究有已达终极、变成原地踏步之象，不单难谋突破，且有往后倒退之迹。导致这种状况的原因不算少。

（一）研究近代史而不注重外国史料和论著

不懂甲骨文和不娴考古而治商代史是匪夷所思之事。可是遇到同样情形，不能直接运用英、法、日等外文史料和论著而治近代史，在大陆上却天经地义，绝不会令人侧目。近代史事有涉外成分者几避无可避。要么仅通过别人翻出来，零零碎碎，复无品质保证的译件去作研究。不然便凭远远不足用的外文本领，乱作解释，随意发明。这种自欺欺人的所谓研究不弄也罢，何必劳民伤财！

在日本刊行的论文集里，经常会除日文文章外，用原文直刊的法子发布以中、英、法、德文写成的论文，怎会弄出设立专门期刊去发表外文论文译件，那种丢人现眼的勾当[34]！不先具备足够的外

---

[34] 中国社会科学院近代史研究所于 1982 年 6 月创刊的《国外中国近代史研究》是专为翻译外文论文而设的期刊。

文修养,便去治近代史,根本就是儿戏之极。

自鸦片战争时期至二十世纪五十年代海峡两岸分治初期的海军史(以后的事情,因档案多未公开,研治方法不同,可暂不论),处处都是涉外因素,没有本领除网罗中外学者已参据的外国资料外,还能发掘前人(包括洋人)所未用过的外国资料,却能够臻达通盘贯彻、巨细无遗的境界,可能性有多少,不待明言。大陆学者那套治学法宝能办得到的,已差不多都做到了。再弄下去,恐不过把已有的认识东移西砌,变变组合,换换形式,充作新著而已。

以为仅看大陆刊物,甚至连台湾、香港的书刊也不理,便可充专家之害,看看下列之例便知道。

出版不久的《中国海军百科全书》是中国海军司令部配合十余个分布各地的海军学术单位合力推出来的煌然巨著(外表可如此说),该可代表大陆上顶尖儿的学术成就。成绩究竟如何,下开诸"真相"栏自有解释:

页 1827,"逸仙"号条:

> "逸仙"舰(Light Cruiser Yixian) 近代中国海军的著名轻巡洋舰。由江南造船所建造,为纪念孙中山(号逸仙)而命名。1930 年 11 月 12 日(孙中山诞辰日)举行下水典礼,1931 年 11 月竣工,编入中华民国海军第一舰队建制。排水量 1,550 吨,航速 18 节;舰体长 82.29 米,宽 10.36 米,吃水 3.5 米;主机功率 2,940 千瓦;装备有舰首 150 毫米主炮一门,舰尾 140 毫米副炮一门,75 毫米高炮四门,47 毫米高炮二门。1933 年 12 月,参加镇压福建人民革命政府的活动。抗日战争中,1937 年 8 月,为加强江阴阻塞线,海军第一舰队司令陈季良率领"平海"(旗舰)、"逸仙"、"宁海"、"应瑞"等舰部署在阻塞线前沿。9 月 22—23 日遭日军飞机轮番攻击,"宁

海"、"平海"二舰先后被炸沉。陈季良移驻"逸仙"，继续指挥舰队作战。25 日上午 9 时，"逸仙"舰又遭日军十六架飞机轮番攻击，其高射炮被炸失效后，用舰首主炮射击，击落日军飞机两架。"逸仙"舰机舱、舵舱被炸弹击穿进水沉没，舰员阵亡十四名、负伤八名。（全锡珂）

真相：日人占据江阴后，捞起沉搁（不是沉没）的"逸仙"舰后，送去日本修理和改建。1938 年 5 月 12 日编入日本海军，易名"阿多田"号。改建工程于 1939 年 9 月完成后，该舰便成为海军兵学校（在内海江田岛）的练习舰。战后该舰在日本修复后，送还上海，由上海舰队指挥部于 1946 年 8 月 22 日代表中国收回，恢复原名，参役内战。后随国府迁台，1958 年 6 月 1 日除役。1959 年 5 月 19 日，当铁料售予拆船商。参考《申报》，1946 年 8 月 25 日，《参观"逸仙"号军舰，禁不住感慨回忆》条；"国防部"史政编译局（台北）所藏"国军档案"，623/2841，《舰艇服役案》中之《"逸仙"接收事转报总部》（1946 年 9 月 2 日）等件；WG, pp. 414-415; JJM, p.271 ; Shizuo Fukui, *Japanese Naval Vessels at the End of World War II* (Annapolis: Naval Institute Press, 1991), p. 92 ;《战史兵器辞典》，下册，页 773—774 ；姚开阳，《黄金十年的国府海军建设》，《全球防卫杂志》，153 期（1997 年 5 月），页 82。

页 1382，"宁海"号条：

"宁海"号（Light Cruiser Ninghai） 中华民国海军的轻巡洋舰之一。1931 年，向日本订购进该舰成套部件、设备，由江南造船所进行装配，于翌年 6 月建成。编入中华民国海军第一舰队建制。排水量 2,600 吨，航速 30 节；舰体长 109.8 米，宽 11.89 米，型深 6.71 米，吃水 4.57 米；主机功率 5,145

千瓦;装备140毫米双联主炮三座,80毫米副炮六门,鱼雷发射管四具。配载水上飞机一架。1933年底"宁海"舰参加对福建人民革命政府的镇压活动。抗日战争爆发后,1937年8月,"宁海"与"平海"等舰部署在江阴阻塞线前沿,作为保卫阻塞线的第一线机动兵力。8月22日,"宁海"舰击落日机一架。9月22日,日军飞机三十余架轮番攻击阻塞线前沿各舰,"宁海"等舰集中火力抗击,持续六小时,击落日机一架。翌日,日军又出动数十架飞机重点攻击"平海"、"宁海",二舰奋力抗击,击落日军飞机五架,"宁海"舰锚链舱、弹药舱被弹片击穿进水,舰长陈宏泰重伤,高射炮手伤亡过半,终被日军飞机炸沉。(全锡珂)

页1399,"平海"号条:

"平海"号(Light Cruiser Pinghai) 中华民国海军的轻巡洋舰之一。1931年6月,由江南造船所承造,1937年4月建成。编入中华民国海军第一舰队建制,为该舰队旗舰。排水量2,600吨,航速30节;舰体长109.7米,宽11.89米,型深6.71米,吃水3.96米;主机功率5,145千瓦;装备140毫米双联装主炮三座,76毫米副炮六门,鱼雷发射管四具;配载水上飞机一架。抗日战争爆发后,1937年8月,与"逸仙"、"宁海"等舰部署在江阴阻塞线前沿,作为保卫江阴阻塞线的第一线机动兵力。舰队司令陈季良驻舰指挥作战。9月22日,遭日军飞机轮番攻击,"平海"舰受伤,舰长高宪申重伤,阵亡九人;击落日机一架。23日,日军飞机继续攻击,"平海"与"宁海"等舰奋力抗击,击落日军飞机五架。"平海"号重伤,向江岸拖滩搁浅。后被日军飞机炸毁。(全锡珂)

真相:"宁海"的建造过程全部在日本播磨造船所完成,1931年2月10日安龙骨,同年10月10日下水,1932年7月31日竣工,费时共十七个月。全部炮械也是日制品。1932年8月26日驶抵上海,在这日期以前该舰与江南造船所毫无关系。所谓购日本组件,在江南造船所装配,全是凭空捏造的胡言。该条所说的细目待补订者还有:排水量2,526吨(不是2,600吨);马力10,579匹,最高时速23.207浬(试航时),续航力5,000浬/时速12浬;副炮是单装76公厘/40高角炮六门(不是80公厘);53公分双联装鱼雷发射管二座(要说得够清楚);布雷架二具;机关枪十挺;扫雷具一套(以上三项全漏讲);除原有的一架水上侦察机"海宁一号"外(机库设在中后段主杆下),江南造船所后于1933—1934年间另仿制一架"宁海二号"。

"平海"原拟按"宁海"的绝大部分蓝图在江南造船所建造。1931年6月28日安龙骨,旋发生九·一八沈阳事变,1932年复发生一·二八淞沪事变,向日本订购之锅炉等件迟迟不到,日本并于1933年召回驻厂技术指导人员,工程由是停顿达半年之久。1935年获德国海军顾问团之助(故该舰终除日制炮械外,还配上德制炮械),终于在1935年9月15日下水。随后开往日本相生港装配日制炮械。1936年6月18日返回上海,始算工竣,前后历时五年,与其纯日制姊妹舰"宁海"号之仅需时十七个月,不能不说有天渊之别。该舰虽与"宁海"为同级舰,但因上述种种事故,和不携舰载机,以及德人的参与,故其上层结构、武器数目和分布与"宁海"颇有分别,该条所说的细目亦因而得作不少补订:排水量2,448吨;马力7,488匹,最高时速21.256浬,续航力5,000浬/时速12浬;副炮为德制单装88公厘高角炮三门。

作者无中生有(如谓"宁海"在上海建造,指"平远"有舰载机),和有而不讲(如日人和德人之高度参与),在在给人企图高夸二舰国产成分的印象。为这类刊物撰写资料贫乏、识见严重落伍的稿件本已不可谅，倘扭曲史实以图为狭隘民族主义张目尤不可恕。

日人缴获"宁海"和"平海"后，易前者之名为"御藏"，后者为"见岛"，悉拟改建为练习舰。二舰虽被拖去日本，修复工程却一直搁延。至 1943 年底，日人因南太平洋战事屡告失利，舰只补充维艰，始积极进行二舰之修建，并拟均改建为以防空为主要任务的海防舰。"御藏"之修建期为自 1943 年 12 月至 1944 年 6 月 28 日，"见岛"者为 1944 年 1 月 4 日至同年 6 月 10 日。其间两舰于 1944 年 6 月 1 日又另换新名；"御藏"易名为"五百岛"号，"见岛"易名为"八十岛"号。"五百岛"于 1944 年 9 月 19 日在日本本州御前崎以南 60 浬（33°40'N., 138°18'E.）被美国潜水艇"鲥鱼"（Shad）号用鱼雷击沉。同年 9 月 25 日，"八十岛"号改称为轻巡洋舰。该舰后于是年 11 月 25 日在菲律宾吕宋岛圣地库鲁滋湾（Santa Cruz Bay）被美机炸沉（15°26'N., 119°20'E.）；或谓其残骸后运回中国解体。这些事情，中国纪录可说是处处空白。

上述四段所用的参考资料包括"国防部"史政编译局所藏，771/1040.2,《"平海"舰建造案》和 771.1/3020,《"宁海"舰建造案》；WG, p. 158; JJM, p. 113; *Conway, 1922-1946*, pp. 412-413；许秋明，页 214—215、574—575；田村俊夫，《中国巡洋艦"寧海"と"平海"の建造》, Sea Power, 1984 年 2 期（1984 年 2 月），页 16—23；Toshio Tamura, ed., "The Chinese Light Cruisers Ning Hai and Ping Hai（1930-1936），" *WI*, 22:2（June 1985），pp.118-131; C.C. Wright, ed., "The Chinese Light Cruisers Ning Hai and Ping Hai（1930-1936）: Documentary Annex," *WI*, 22:3（September 1985）, pp. 228-249；田村俊夫，《中国巡洋艦"寧海"と"平海"の引揚げ》, *Sea Power*, 1987 年 1 期（1987 年 1 月），页 54—61；木俣滋郎，《日本軽巡戦史》

（东京：图书出版社, 1989 年）, 页 588—596、662—663、666、671、675 ; Erwin Sieche, *Die Kreuzer der K. und K. Marine*（Wölferscheim-Berstadt: Podzun-Pallas-Verlag, 1994）, pp. 47-48; 福井静夫,《世界巡洋艦物語》（东京：光人社, 1994 年）, 页 184—187 ;《日艦全史》, 上册, #0739、下册, #2373、2374 ;《战史兵器辞典》, 下册, 页 853—855 ; Eric Lacroix and Linton Wells Ⅱ, *Japanese Cruisers of the Pacific War*（Annapolis: Naval Institute Press, 1997）, pp. 684-695, 835-836; 姚开阳,《黄金十年的国府海军建设》, 页 83—84。

三条既无独有偶地, 同出一人之手 [35], 或有人会指为未必够代表性。但这本辞典并非个人书刊, 编撰过程广涉全国主要海军研究机构, 既有人强马众的编委组织, 也少不了有严密的审稿制度, 绝不会一成不变地来稿照登。这些条项之错得一塌糊涂, 除作者的孤陋寡闻外, 编审者看不出错误来当亦是原因。不少对海军史有兴趣的台湾大学生都能写得出扎实、准确不知多少倍的文章来, 主因很清楚, 在台吸纳境外新知容易得多也。大陆学界弄到这般田地, 根由于研究者和研究机构闭关自守, 以为大陆境内万样足, 不屑外求, 不肯沟通。这种心态的作祟, 机构的军方背景愈是浓厚愈是明显。问题的症结其实很简单。用上举三条项为例, 资料的稀少和陈旧、信息的迟慢和隔绝, 简直到了匪夷所思的境界！有关的消息好些早在七十年代初已公开了, 大陆上的专家竟过了二十多年仍一无所知。欧美书刊不理, 台湾刊物不管, 还可以试用砌词来强辩, 那么不看八十年代中期在北京出版的许秋明书又该怎样解释（那时我远在夏威夷, 也可以用邮购办法自香港买得）？ 要求

35　此三条的作者全锡珂是这本《中国海军百科全书》的副主编之一, 又是该书"海军后勤门类"两主编之一。他也是前此出版的《海军大辞典》的副主编之一。研著海军史对他来说, 不该是牛刀初试之举, 以致写得错到令人不堪卒读。

一本由国家海军部编刊的大型书籍起码能反映出版前五年世界性行头的知识水平不是不合理的。

"海军史研究书刊"最后所列的董晨鹏（1966—　）《炮打紫石英号》代表另一种格局。书末占纸两页的《重要参考文献》（页361—362）列的全是英方档案和英文书。虽已公开而尚未正式刊行的档案绝非易见之物，一般国家情形均如此；要看此等档案通常都要远道去相关国家的档案馆取经。涉及"紫石英"（Amethyst，1,350吨，1934年）号事件的英方档案均属此类，但董晨鹏显然未在英国档案局（Public Record Office）消磨过任何时间。书中的注也丝毫不解释何处用了英方何档何件以及所引用文件的个别编号、日期和标题。该书述事如何得益于参考那些英文资料复基本上不作交代。董晨鹏仅说他参考过近二十万字的英文资料（意指档案和书刊），一半是他自己翻译的，另一半是朋友代翻译的（《后记》，页368）。这样一说真够显示性。英文资料不能随看随用，要翻译出来才能用，可见此君英文程度之低。那么读者还能信任他对这些英文资料的理解和依据此理解所作的结论吗？况且翻译者还不足二十万字，又何其少！单是一本西方研究此役最新最全的 Malcolm H. Murfett, *Hostage on the Yangtze: Britain, China, and the Amethyst Crisis of 1949*（Annapolis: Naval Institute Press, 1991）就何止二十万字！如此就不能不问此君曾否详用其所开列的英文资料？会否某英文书仅抽译若干段落便算用过该书？会否某英文书引用某英方档案他就算自己用了该档？更严重的是不开列与英方档案和英文书刊相对的中方档案（仅在页248之注一类地方有些蛛丝马迹般的消息）和中文专书。难道中方的相对资料称不上是"重要参考文献"吗？书中各注仅引中文资料，但所列者大率为无关痛痒之物。这现象要解释并不难。正如上述，他究竟真正用过些什么英文资料并无明确交代，而有关该役的中方档案多尚未公开,大陆上的研究者又从未用此课题写过符合学术要求的书。这客观情况并非作者应负责的。为何不在显眼的地方开宗明义地说明? 其实就算中方档案未公开,又无够水平的中文书刊可参看,起码还有很多不容忽略,且不难得读的资料。那就是"紫石英"事件发生的三个多月间(1949年4月20日至7月30日)上海、香港等地报纸天天都有的详细报导。此等报导等同一手资料,而当日上海的《申报》、*North China Daily News* 等,香港的《华侨日报》、《星岛日报》、《大公报》、《文汇报》、*South China Morning Post* 等都不是研究者可以砌词说看不到之物。《申报》不就整套复制,公开发售了快二十年! 其他都有显微胶卷和光盘供应。此书书首用整页的篇幅排印出"军事科学院军史专家"对此书的审读意见,称其"整理国内外有关档案资料"。这种浮夸之言,窃不敢苟同。

大陆上的学者当然不是全部都是这样差劲的。上开"海军史研究书刊"中所列诸书,以姜鸣者最能给读者留下新鲜感。除了时有创见和肯用较清楚的注释(虽然在程度上和海外的要求还有好一段距离)外,他之偶引些罕见的西方资料,如 *Naval Annual* 和 *Warship International*,确别树一格,令人刮目相看(虽然他所用的西方资料还不算多)。姜鸣虽已改行从事股票业,去夏(2000年)有幸和他结识,他对海军史的兴趣并无减易,且正锐意增修其《龙旗舰队》,再闯江湖,指日可待。

(二)不懂世界海军史和不具备断代性的海军知识

自十九世纪六十年代至二十世纪五十年代,海军是发展最快速的兵种,三年一小变,五年一大变,十年一剧变。连职业海军人士都会不大明了四五十年前的装备(舰种、武器、后勤设备等)和战术(装备更进,战术观念随而变化,故战术正确与否,并无永恒不变的衡量法则,而仅能按涉及时段的观念作有时间规限性的断语),更遑论时间更久者。研究某国某段时期的海军史,绝不能孤立地看,一定要明了那时段世界海军的发展情况(特别是敌对国家的情况),以及掌握各种有关装备的细节知识,始能达到中外贯通,宏观微观兼顾之境。没有符合这条件而谈论技术性的事,不大放厥词才怪。

例一:中法甲申战争马江之役(1884 年 8 月 23 日),法方用鱼雷攻击闽洋海军舰只"扬武"和"福星"(515 吨,1870 年),大陆出版的各种研究报告都说法方舰只逼近"发射"鱼雷[36]。后来法方在 1895 年 2 月 14—15 日晚上用同样的武器攻击困于浙江石浦港的南洋海军舰只"驭远"和"澄庆"(1,268 吨,1880 年;法方指该舰为中方所自沉),大陆上的研究报告照样说法方"发射"鱼雷[37]。哪晓得法方用的并不是什么新颖武器,而是已经过时的,不能发射的杆雷(spar torpedo,法文作 porte-torpille,日文译作"外装水

---

[36] 这种糊涂事,举三例就够了。(一)杨东梁,《大清福建海军的创建与覆没》,页 80,指"当'扬武'舰发炮还击时,法国的第 46 号鱼雷艇向其左舷中间部分冲去,并发射一枚水雷(装有十三公斤绵火药),'扬武'被水雷击中后……"。(二)《近代海军》,页 269—270,说"46 号、45 号鱼雷艇在"伏尔达"号掩护下迅速冲向上游,向"扬武"号、"福星"号发射鱼雷。……"福星"号……就被(中略)45 号鱼雷艇发的鱼雷击中……。(三)赵振愚主编,《中外海战大全》,页 258,谓"敌 46 号鱼雷艇发射的鱼雷又击中'扬武'号左舷"。首例不仅错指那次法方所用的鱼雷可以发射,还此雷与彼雷不分地误记鱼雷(torpedo)为绝对不能发射的水雷(mine)。这种反映毫无海军知识的错误或可解释为私家著述,囿于见闻,勉强写海军史,不自量力,是过分热心之失。但后两者都不是私家著述,而是中国海军部组配国内海军史专家所编写之物,足反映大陆数十年来一贯的培训和研究体系容成绩臻至何层次的大型书刊。

[37] 《近代海军》,页 296,即用"发射鱼雷"字样。

雷"[38]。杆雷只可以"引爆"，而不可以"发射"）。马江和石浦两役竟

38　译 spar torpedo 为杆雷早有近似的例子。许景澄译之为"竿雷"，并就其
　　性能作若干解释；见《许文肃公遗稿》（民国七年外交部图书馆本），"外
　　集附录"，叶 39 下至 40 上。早期鱼雷艇所用的杆雷究竟是什么玩意，为
　　何不能发射，以及法人如何在这两次中法海役使用 porte-torpille，让我卖
　　弄关子。想知道答案者看了下列西方十九世纪六十至八十年代的海军专
　　书，自然会知分晓：W.R. King, *Torpedoes: Their Invention and Use, From
　　the First Application to the Art of War to the Present Time*（Washington,
　　1866），pp. 7-9; Edward W. Very, *Navies of the World*（New York: John
　　Wiley and Sons, 1880），pp. 334-338, 340, 352-353; *A Naval Encyclopedia
　　Comprising a Dictionary of Nautical Words and Phrases, Biographical
　　Notices and Records of Officers*（Philadelphia: L.R. Hamersly and
　　Company,1881），pp. 766, 813; J.W. King, *The Warships of Navies of the
　　World*（Boston: A. Williams and Company, 1882），pp.582, 585-595; W.W.
　　Reisinger, "Torpedoes," *USNIP*, 14:3（1888），pp. 484, 490-492, 499-501;
　　C. Sleeman, *Torpedoes and Torpedo Warfare*, Second edition（Portsmouth:
　　Griffin and Company, 1897），pp. 224-228; Fred Jane, *The Torpedo in Peace
　　and War*（London: W. Thacker and Company, 1898），p. 16; R.O. Crowley,
　　"The Confederate Torpedo Service," *Century Magazine*, 56:2（June 1898），
　　pp. 290-330. 其实杆雷的研论从未停顿过，不一定要看十九世纪的古董
　　刊物才能知晓。二十世纪初以来的讨论就有 G.E. Armstrong, *Torpedoes
　　and Torpedo Vessels*（London: George Bell and Sons, 1901），pp. 71-78;
　　Nathaniel Barneby, *Naval Development in the Century*（Tornoto: Linscott
　　Publishing Company, 1904），p. 166; Hovgaard, pp. 51, 440, 451; Eleanor
　　C. Barnes, *Alfred Yarrow: His Wife and Work*（New York: Longmans,
　　Green and Company, 1923），pp. 71-73; Peter Bethell, "The Development
　　of the Torpedo（Part 1），" *Engineering*, 159（May 1945），p. 443; Jack
　　Coggins, *Arms and Equipment of the Civil War*（Garden City: Doubleday
　　and Company, 1962），pp. 149-150; Donald Macintyre and B.W. Bathe,
　　Man-of-War: A History of the Combat Vessel（New York: McGraw Hill
　　Book Company, 1969），p. 157; I.A. Grant, "The Herreshoff Spar Torpedo
　　Boats of 1878-1880," *WI*, 14:3（July 1977），pp. 253-261; *Conway 1860-
　　1905*, pp.132, 136, 330-331; David Lyon, *The Ship: Steam, Steel and
　　Torpedoes, The Warships of the 19th Century*（London: Her Majesty's
　　Stationery Office, 1980），pp. 46-48; Colin White, *Victoria's Navy: The
　　Heyday of Steam*（Havant, Hampshire: Kenneth Mason, 1983），（转下页）

还是世界海军史上的一个里程碑：杆雷最后两次用于实战[39]。我以前问过 1931 年毕业于福州海军学校，后复留英深造的郑天杰什么是 spar torpedo，他根本不知道曾经有过这样的玩意；刚在注中征引的好一些中外资料（以他在世时已出版者为限）显然他全都未看过。只要讨论的时段过了四五十年，职业海军人士研究海军史并不占多大便宜，这是一显例。

例二：大陆上出版的海军史论著谈到北洋海军的两艘德制铁甲舰"定远"、"镇远"时，必定盛称它们如何威猛，如何空前。哪想到它们是中国出资，让德国海军做失败实验的产品！把主炮装置成 *en échelon* 的梯型斜置模式不仅大大缩减射界，发炮时还会对甲板造成很大的破坏！况且，按当日世界海军发展的速度而言，这

（接上页）p. 59; Peter Pry and Richard Zeitlin, "Torpedo Boats: Secret Weapons of the South," *WI*, 21:4（December 1984）, pp. 384-393; Jean Labayle-Couhat, "Le torpilleur des origines à 1900," *Marine et technique*, p. 445; Edwyn Gray, *The Devil's Device: Robert Whitehead and the History of the Torpedo*, Revised editon（Annaplois: Naval Institute Press, 1991）, pp. 74-75, 275; David Lyon, "Underwater Warfare and the Torpedo Boat," *SSS*, pp. 134-136, 138-139, 141; Lincoln P. Paine, *Warships of the World to 1900*（Boston: Houghton Mifflin Company, 2000）, pp. xix, 45,118; Richard Hill, *War at Sea in the Ironclad Age*（London: Cassell and Company, 2000）, pp. 61-63, 132-133, 137; R. Thomas Campbell, *Hunters of the Night: Confederate Torpedo Boats in the War Between the States*（Shippensburg, PA: Burd Street Press, 2000）, pp. 14-17, 44, 58, 67, 74, 92-94, 103-104; 115-116; *Steam Navy*, pp. 64-65; Lawrence Sondhaus, *Naval Warfare, 1815-1914*（London: Routledge, 2001）, pp. 81, 83, 110, 123; Silverstone II, pp. 165-167; Richard V. Simpson, *Building the Mosquito Fleet: The U.S. Navy's First Torpedo Boats*（Charleston, SC: Tempus Publishing, 2001）, pp. 14-17; Augus Konstam, *Confederate Submarines and Torpedo Vessels, 1861-65*（Oxford: Osprey Publishing, 2004）, pp. 5-7, 20-21. 此注开列的资料，寒斋悉数齐备，绝大多数都不能说是梦寐难求之物。

39 Edwyn Gary, *The Devil's Device*, pp. 75, 275.

两舰的设计到了甲午战争时已是相当落伍的了。何威猛之有[40]？

（三）忽略舰只的中心性地位

没有舰只就没有海军，没有海军就谈不上海防，更不必说海权了。大陆上这半世纪所刊的海军史研究报告能充分照料舰只者，尚未得见。谈到舰只时，充其量仅稍交代舰种、排水量、马力、建造期和炮数（至多也只能说到某口径的炮有几门，便无法再作说明了），便算任务完毕。即使资料的提供果可以此程度为满足，资料也往往是辗转传抄回来的，准确程度足堪见疑。

这种乱抄乱说的情形，可举一例来说明。粤洋海军北调以致悉于甲午战争或告毁或被掳的"广甲"、"广乙"、"广丙"三舰，有说均为巡洋舰[41]；有说"广甲"是巡洋舰，"广乙"是鱼雷炮舰，而"广乙"的姊妹舰"广丙"则是炮舰[42]；有先说"广甲"是炮舰，"广乙"

40　此事很复杂，且若不从世界造舰史的角度入手，绝不可能道出真相，容另文解说。

41　孙克复、关捷，《甲午中日海战史》，页32、89、112；《海军日志》，页284、307—308。

42　林濂藩，《中日甲午海战百年祭》，页51、71。此书作者林濂藩虽然旅美前久任国民政府海军军官，却看不出其曾利用长居美国之便网罗西方资料，大陆上的姜鸣直接引用西方资料就比他丰富得多，珍贵得多（详后正文），其书又刊于大陆，故没有必要视其为海外研究者。他真正直接用过的西方书刊仅一种，即 Allen Westcott, *A History of Sea Power* (New York: Doubleday, 1920). 这是不交代史源且老旧的一般性读物，严肃的学术研究不会引用这类书刊的。他却引用再四，还在页98引录一大段，且加上中译，作为论证，真是莫名其妙之极。Westcott（林虽引用其书多次，却从不提此君之名）究竟是何方神圣，为何足奉为权威，林濂藩也不作只字解释（看情形，他根本不知道 Westcott 是谁）。难道凡是洋人就是权威（清末李鸿章辈的思维！）。或者因为包遵彭早在初版《中国海军史》中已引用此书，林遂以为是非引不可之物。他没有想清楚，五十年代初在台湾和八九十年代在美国找西方资料，寡丰之异与难易之分，何啻天渊之别。（转下页）

和"广丙"都是鱼雷快（舰？），然而再说"广甲"是巡洋舰，而"广乙"和"广丙"同为鱼雷巡洋舰[43]。单看诸人说得如此分歧，便知彼等对舰种如何缺乏认识，以致漫不经意替此等舰只乱贴舰种标记。若按十九世纪八九十年代的舰只分类法，"广甲"是木壳铁胁通报舰，"广乙"和"广丙"则是鱼雷炮舰[44]。当时的通报舰虽然可视为低层次的巡洋舰，但巡洋舰现已演进为最大型的水面战斗性舰只，称通报舰为巡洋舰必会引起今人不必要的误解。鱼雷巡洋舰（torpedo cruiser）又是另一种存在时间甚短的玩意；它是大型而速度不足的远航鱼雷艇，却由此而演变成后来的轻巡洋舰[45]。只要明白在西方称为鱼雷巡洋舰的舰只是怎样子的，就会知道"广乙"、"广丙"显然不属此舰种。不明白有关舰只的性能，如何理解它们作战时的表现！

理解舰只性能所必须掌的资料，除了容易想得到的舰种、排水量、马力和时速外，还得包括：级别（class；特别是外购舰多有设计所赖的模型，故指出其级别是有意义的）、安龙骨日期、下水日期、建成日期、长宽吃水、储燃料量、续航力、护甲情况（各部分不同）、炮塔情况（形式、分布、位置）、炮械数据（前装／后装／来福线、

（接上页）其实 Westcott 书那类通俗读物在西方何止恒河沙数，有关甲午诸海役而真正值得参据的西方资料（从原始史料到学术著述），数以百计，他却全不管。不把林看作海外研究者，理所当然。

43 戚其章，《北洋舰队》，页 10、26。

44 见当时英国海军部的舰只情报和分类定则，*China War Vessels*, pp. 60-61, 123. 并参考 *Conway 1860-1905*, p. 399.

45 鱼雷巡洋舰存在的时间短，艘数有限，参考资料随亦稀少。下开资料尚足提供基本认识：*Conway 1860-1905*, p. 80-81, 324, 346-347; Archibald, p. 144; Michael Burgess, *Cruisers of the World, 1873-1981*（Wellington, New Zealand: Burgess Media Services, 1985）, p. 21; David Lyon, "Underwater Warfare and the Torpedo Boat," pp. 74-74; Marshall, pp. 18, 247.

口径／身倍、单装／双联、数目／分布／位置、射界／仰角／俯角／
旋回角度、炮弹种类／弹头重量／抛射火药量、初速／炮口能量、
有效射程／最大射程、发射速度、备弹数）、鱼雷发射管数据（口径、
数目、分布／位置／装置法［固定／活动］、鱼雷射程、备鱼雷数）。
四十年代新添的舰只还得加上雷达和导火设备。

其中武器诸项最值得费神追查，殆因舰只用以歼敌，以及海军
赖以生存者是武器。在一般近代史或洋务运动史（甚至军事通史）
著述中谈到参战某海役的舰只时，仅谓某舰有某口径主炮若干门、
某口径副炮若干门、速射门若干门、机关枪／炮若干挺／门，通常已
足。写海军史则绝不容如此马虎了事。单说炮之口径并不能确实
反映舰只的火力，速射炮和机关枪／炮的实情尤易弄到笼统不清。
机关枪／炮可以用来举一不太占篇幅的例。清季中国海军喜用哈
乞开斯、努登飞、格林诸厂所制机关枪／炮（添用路易士、马克沁制
品是入民国以后之事）。此等名字在原始史料和近人研究中都不
时出现，故读者并不陌生。但倘拟在新旧中国刊物中寻找有关这
些武器性能之资料就难了。如迄今尚仅说某舰有机关枪／炮若干
挺／门固然严重不足，点出用的是某厂制品仍是帮忙有限，因必须
要追查到用的是何型（model）何款（variant）这层次，才能清楚交
代那些武器的性能。要这样做的原因并不复杂。单是格林枪／炮
便仅于1883—1900年间出产了供海军用而性能有别的四基型和
三别款之多（专供陆军用者尚未算在内）[46]。要理解一艘海军舰只的
作战能力，除了追查其大小武器的性能外，别无他法。

当然不是每艘舰都需要如此费神处理，但舰队的主线舰只、
参加战役的舰只、其行动影响政局的舰只（如民国时期的"海圻"、

46　见 Joseph Berk, *The Gatling Gun: 19th Century Machines Gun to 21st Century Vulcan*（Boulder, CO: Paladin Press, 1991）, p. 16.

"海容"、"肇和"、"中山"、其添置足（起码在心理上）提升中国海军力量的舰只（如抗战前增置的"宁海"、"平海"），均应在史料（指天地间尚存的史料，不是井蛙自限地仅管中国大陆有者，或向朋友借点洋资料来充场面者）和篇幅容许下尽量朝此方向走。

撰述有焦点，选用的范围也必须有所偏重，不是每个题目都得用寻根究柢的方式去处理舰只（这种情形，学报论文比书尤显）。但知见所及，大陆半世纪以来所刊中国近代海军史著述从未对任何舰只作过全面接触式的探讨（仅姜鸣的《海军日志》书后所录的诸舰型线图可算是例外，但该部分所提供的舰只数据仍是止于某舰有某口径炮若干门的层次，且不时连口径也不说）。即使在专研甲午战争诸海役的书里，舰只的照料亦仅限于弄些简陋的中日参战舰只表。连"定远"、"镇远"这样重要的主线舰只也得不到稍佳的照应，却偏要强调此二舰如何威猛，如何空前！这样的研究程序绝对马虎，绝对不健全。在大陆上从事海军史研究者集体长期漠视舰只的中心地位是不容否认的事实。

全面接触的要求亦不应限于中国舰只。与海军有关的武装冲突必然涉及起码两个相对的武力集团。就处理舰只而言，中国的内战（军阀间的战事、国共内战等）尚算较易应付，因涉及外舰的可能性不高。研究涉外战事则不同，给予外舰的注意力绝不该比花在中国舰者少。试问考述中法战争诸海役者有几人确对当时的法国远东舰队做过逐舰研究的功夫？讨论中苏海军同江之战者有谁真能道出苏方诸舰的细节？这两问题的答案只可能是否定的。单从这点便不难看出大陆上迄今的中国海军研究偏颇不全的程度。

不拥有有关的专业知识（指研究时段的专业知识，不是指日后的专业知识，故上云职业海军人士治海军史所占便宜颇有限）而写化学史、音乐史、股市史是无法想象之事。治海军史所需专业知识的程度虽不比上举诸例为低，不具备此先决条件而写中国海军史者却竟占从事者的大多数（海内外情形均同）。此事最教人吃惊之例莫如汤锐祥的《护法舰队史》。按书的标题，舰只的描述总该占不少篇幅才对。岂料参加护法运动的舰只竟完全没有得到丝毫照料——不提供任何舰只数据（最起码不过的舰种、排水量、马力、建造年、总炮数也不管），连张参役舰只舰名总单亦没有，层次较高的舰只数据和照片、型线图更莫问了。书中提及舰只的作用只是让该舰之名在述事中穿插而已，并不求提供读者知道参役的舰只是怎样子的信息（那些舰只的大小、火力和重要性均分别很大，此等差异绝非靠提供舰名可以反映出来的）。封面还画了一艘根本不可能是舰的东西。读者绝不必费神去猜作者究竟企图用它来代表哪一艘护法舰只。那艘画得长宽高度和各种上层建筑全不合比例、悉不符规格的所谓舰，倘果有此物，一旦试航，必沉没无疑。舰上还画了一个像雷达的大圆网形装备；护法运动时期（1917—1923），雷达尚未发明，此举岂非成了杨贵妃吃冰淇淋的笑话！

大陆上的研究者倘不突破缺乏讨论时段的海军舰只专业知识（特别是世界性的知识）的困局，就难脱离原地踏步的窘境。

（四）不重视注释和不提供追查外文资料的机制

不重视注释是在大陆发展学术的大障碍。在彼等眼中，注释是浪费篇幅的乏味无聊之物，随便弄几条，满足一下形式就算。于是乎"注5、9、15、36、70、102见《筹办夷务始末》卷11、34、21、8、50、46"，这种荒唐绝伦，写了等于不写的交代参考资料法便司空见惯，俯拾皆是。哪知道愈是精深的研究，详尽的注释愈是不可或缺。要求详细的注释既可以使文抄公和胡乱杜撰者无所遁形，更可以保障学术传承，明确地给后学提供按图索骥、继续探求之路。

其中胡乱杜撰者所闯的祸害较文抄公者尤烈，殆因彼辈凭空捏

造之事可以借转抄而散播开去，致被视为事实。这种荒唐事举一例
就够。上海人民出版社所刊的《中国近代舰艇工业史料集》（简称
表作《舰艇工业史料》）外貌十分足观。其述"逸仙"舰史事竟谓：

> "逸仙"舰后被日军打捞，修复，编入汪伪海军。抗日战
> 争胜利后，"逸仙"编入国民政府海军海防舰队，作为旗舰服
> 务（页 926）。

"逸仙"舰从未在汪伪海军服役过[47]，自然不可能自汪伪海军
收编入国府海军。该舰自日本运还给中国后亦从未用作旗舰[48]。
要是学术刊物必须事事用注明确交代史源，这种胡言乱语自难有
存在的空间。

还有一近似的情形，就是引用欧文和日文资料时，题目（论文、
书籍、期刊、档案等名称）总是一翻了之，而不提供原题。不同作
者翻译相同的题目可以翻成不同的样子。欧美人员的姓名处理得
同样笨拙，必然一音一汉字，每单位之间加小圆黑点，机械化地翻
（欧美姓氏时有不按成规发音之例，谁保证那些音译者能读得准？
附加原名，起码提供一层保障），翻出来的也无法统一，而肯附原名
者毕竟只是极少数。结果就是无端端制造乱局。其实遇到外文题
目，根本就不必翻，原题照录就是，何必做徒耗篇幅，而得不到丝毫
实益之事（欧美人士姓名可以音译，但首见处必须附原名）。对不
懂外文者而言，翻得再准也带不出按图索骥的作用。原题照抄，懂

---

47 片桐大自，页 593—594；马幼垣，《汪伪海军舰只初探》，收入张玉法主编，
　《纪念七七抗战六十周年学术研讨会论文集》（新店："国史馆"，1998 年），
　下册，页 665—727（此文收入本书）。
48 参考《战史兵器辞典》，下册，页 774；姚开阳，《黄金十年的国府海军建
　设》，页 81—82。

外文者就受惠不浅,不必猜测原文是什么,可即径去追查原件。试想如果本文注 38 所列的洋资料仅汉翻出之,而不列原题,不必待多久,连我自己也会看不懂。道理这样简单,竟无人鼓励外文资料原题照列的办法!

(五)刊物倾向商业化

在金钱挂帅的大环境下,恐怕以后连再出版《近代海军》、《中华民国海军通史》那类差强人意,而有显明局限性的书也不容易。代之而兴的是随意说说故事,只求销路的货色。装作学术模样的书刊,因为市场没有要求严格注释,很易便可以拼凑出炉。要出版质量均优而市场有限的书(如苏小东的《民国海军日志》),困难的程度也就不必多说了。

(六)不避免无谓重复

在上举"海军史研究书刊"项中开列的书籍,有关"中山"舰者异常瞩目。数目多,而且除了一本较早期者外,全是打捞"中山"舰以后才出版的,明显是为了赶市场。此等书籍极重复之能事,毫不足奇。比重复更严重的是好些重要事项各书都不照料。譬如说,这么多讲述"中山"舰舰史的书籍竟没有一本能为该舰提供张像个样子的型线图!层次较高的剖面图更莫问了。这些书又全都说不出日本设计"永丰"("中山"舰的原名)、"永翔"两姊妹舰时所用的模型是日海军的"嵯峨"号炮舰(785 吨,1912 年;该级舰仅一艘)[49]。在修复出水后的"中山"舰的过程中,闻说找不到"永丰"、"永翔"的原建蓝图来作依据。那么设计原出于"嵯峨"

---

49 "永丰"、"永翔"舰在设计上和"嵯峨"舰的关连,见片桐大自,页 244;福井静夫,《日本補助艦艇物語》(東京:光人社,1993 年),页 73—74。

舰的消息就很重要。倘知道这消息，就可试觅"嵯峨"的蓝图。争前恐后地推出的一大堆"中山"舰专书，却没有一本能照料到这些基本事情，研究偏颇的程度，和以为虚量足以代表研究水平的误解程度，不用多说。

（七）选题受政治因素影响

选择民国时期的课题所受政治因素的影响较清季为严重。北伐时期的海军活动、伪满洲国海军、汪伪海军、抗战后期海军所受英美的援助等项目，由于早有牢定的政治评价，都不容易吸引大陆学者选作大规模研究计划的课题。

六、观察

大陆上治近代海军史者人数相当，出版量也可观，成绩如何，上面说够了。欧美目前虽有积极从事研究中国海军史的学者，但因为他们没有汉学训练的底子，研究角度与取材范围与中国学者殊别，成绩非三言两语可以下公平判断，宜另文申说。港台两地从事者人数或可说不少，但见到那些所谓从事者偶尔发表的论文每为选谈某筹海人士海防思想之作，便知究竟矣。彼等的惯用手法为自文集抄录些段落，配上连接文字，便算讨论了某人的海防思想[50]。扩大至某时段的海防思想者亦好不到哪里去，不过是引文段落抄录自多几

---

50 这种玩意有一极品可引以为例。张涛光，《论康有为发展海军的战略思想》，收入广东炎黄文化研究会编，《岭峤春秋——岭南文化论集（三）》（广州：广东人民出版社，1996 年），页 110—120。文内所引康有为的见解全部出自《物质救国论》和《请计全局筹款以行新政筑铁路起海陆军折》两篇仅偶谈及海军事宜的文章。

本习见之书而已,写出来的仍难免是文章略注释稀之物。写这类文章者几乎绝不会想到要带入当时世界各国流行的海防论的讨论,以及当时与中国同步发展海军,或在过去某历史时段曾走过当时中国经历的发展阶段的国家之情形的考察,文章才会有意义。彼等习惯性地挪用海防、海权那类泛而虚的皇然大名词来企图遮掩自己压根儿对海军无认识的缺漏。这伙人打响治学招牌,其实只是排凑一下现成资料。虚张声势,实则是求简得简的冒充货,绝对没有鼓励的必要。

例外不能说没有。本人和"中央研究院" / 华东大学(花莲)教授张力(1954—   )有几个共同之处,值得特别说明:尽量网罗大陆、香港、台湾、日本、欧美的新旧刊物,以尽看大陆和台湾已公开的未刊档案为必须的研究程序(欧美和日本的档案则还未真正接触),以详尽交代细节和史源为责任所在(因此注释比正文字数多是常有之事),遇到编辑用经费不足,篇幅不够等不成理由的理由妄加删削时(却一定有经费和篇幅去刊登劣文),便采"宁为玉碎,不为瓦存"的态度,宁可不登,也不容制造谬种。另外"海军总司令部"的陈孝惇尽量利用台湾富藏的海军档案(公开至六十年代初者),勤于著述,每引档案必详细交代史源,从不苟且省略。在大陆上治海军史者有几人对行头,对自己会力持这种固执!

后 记

此文脱稿至今已有好一段时间。虽然并没有把考察时段下延的必要,补充的话还是要说的。这些话可分三方面来讲。

不定期分册出版的史料集倘见续刊的新册,就在文内补足。张振鹍主编的《中法战争》史料集便是一例。

专题史料集虽续有出版,与海军有关者则数目有限,但包括十分重要者。可举为例者包括：

陈旭麓、顾廷龙、汪熙主编，《轮船招商局——盛宣怀档案资料选辑之八》（上海：上海人民出版社，2002年）。招商局与海军在发展上经常互有关系。

国家图书馆分馆，《清代军政资料选粹》（北京：全国图书馆文献缩微复制中心，2002年），十册。

国家清史编纂委员会，《庚子事变清宫档案汇编》（北京：中国人民大学出版社，2003年），十八册。

国家图书馆分馆，《清光绪兵部奏稿》（北京：全国图书馆文献缩微复制中心，2004年），十三册。

国家图书馆编，《张文襄公（未刊）电稿》（北京：全国图书馆文献缩微复制中心，2005年），四十册。此为张之洞于光绪九至十四年间（1883—1888）所发电报的原稿，时间上大部分与张的两广总督任期（光绪十年四月至光绪十五年七月）合，而此亦为清季粤洋海军发展最迅速之期。但此等电稿并未收入正文所列苑书义等主编的《张之洞全集》内，且数量惊人，复仅印售六十份，故看似珍贵异常。岂料这竟是一套编辑功夫绝劣，内收可用文件甚少的假大空玩意；真相如何，见马幼垣，《尽信书不如无书——读新刊〈张文襄公（未刊）电稿〉》，《华学》，9、10合期（2008年8月），页1404—1411。

中国第一历史档案馆编，《清代军机处电报档汇编》（北京：中国人民大学出版社，2006年），四十册。

非看不可的新书很有限，下面开列者足为代表。正因为要介绍的书数目不多，而2000年毕竟有分水作用（这点随后再讲），故稍易前文的体例，各书分别置评。

戚俊杰、刘玉明主编，《北洋海军研究》，第二辑（天津：天津古籍出版社，2001年）；第三辑（2006年）。前此不注明辑数，亦并不声明会成为系列的首辑,故于1999年刊行时,应视为专书。现既知其出版模式,则全当按不定期期刊来归类。

姜鸣,《龙旗飘扬的舰队——中国近代海军兴衰史》,修订本(北京:生活·读书·新知三联书店,2002年)。此书与1991年首刊者,书名虽同,章节的处理亦近似,然改写的程度很大,宜以新书视之。

陈诗启,《中国近代海关史》(北京:人民出版社,2002年)。这是作者就其前著中国海关史晚清部分(1993)和民国部分(1999)合并增修而成之作。因为上文末收专治海关史之书,而海关与海军虽各自发展,实则处处盘根互结,有此一本巨细兼顾、篇幅浩瀚之著在手,可助治海军史而无暇深究海关史事者理解种种背景情况。

陈贞寿,《图说中国海军史(古代~1955)》(福州:福建教育出版社,2002年),三册。图多字少,与书名配合,但图片质量多恶劣,印刷技术亦差,可说是糟蹋题目,浪费资料。

刘传标,《中国近代海军职官表》(福州:福建人民出版社,2004年)。此书虽仍有错误(如页1首段把英人李泰国[Horatio Nelson Lay, 1832—1898]之名弄成Horatain Nelsomlay,就教人怀疑究竟作者懂得多少英文。同页"中英联合舰队职官表"的错误也够明显,Burgo Yne[出现两次]和Salwey二名就必错无疑),整体而言则异常有用,提供很多不见别处的资料。

苏小东,《甲午中日海战》(天津:天津古籍出版社,2004年)。这是该出版社和山东威海市中国甲午战争博物馆合作出版的《勿忘甲午丛书》中的一种(除上述《北洋海军研究》三辑外,迄今见书九本)。这套丛书显然限定作者必须严守的篇幅长度。试看各书厚度很统一,不论题目的性质如何,厚的薄的最多相差五六十页,便可知矣。以此书而言,这么复杂的大题目,一般开本还用不到二百页，实在太局促了。结果一本讲海战的书全不交代双方出动的舰只的战斗力量（仅若干中方舰只提提排水量，日方舰只一般连这丁点儿消息也没有），亦不提供海战进展图，连一般的地图也不见一张，更不要说上文提出的要求，讲海战一定要详细交代双方参战舰只的各项数据。如果出版条件太苛刻，左限右制，写不出符合题目性质的书来，作者宁可放弃合约，未尝不是慎重之举。

孙修福、何玲编，《中国近代海关史大事记》（北京：中国海关出版社，2005 年）。以这本自 1840 年记录至 1949 年的大事记与姜鸣的《海军日志》和苏小东之《民国海军日志》合用，必三得益彰。

汤锐祥，《孙中山与海军护法研究》（北京：学苑出版社，2006 年）。基本上只是作者把 1993 年刊行的《孙中山与护法海军论集》重组起来，加入若干可有可无的所谓史料而已。书中放入不少照片，却没有几张符合最低的清晰标准。作者虽写过好几本护法海军之书，对舰只却一窍不通，毫无认识可言。在页 6 的照片里，"肇和"舰有两个烟囱，见于页 22 的"肇和"舰却有四个烟囱。那么那两张照片孰正孰误？正确答案是两个烟囱，见本书图 52 和页 453 的该级舰型线图！"飞鹰"舰有四个烟囱（见本书图 32 及页 371 的型线图），但见于该书页 22 的"飞鹰"却只得烟囱两个！其实见于页 6 的"肇和"照片和见于页 22 的"飞鹰"照片根本就是同一张照片！那是"肇和"的照片。见于页 22 的那张所谓"肇和"照片却是"飞鹰"的。此君无疑是魔术师，对见于照片的舰只特征视若无睹，全没有领会能力，却勇于张冠李戴，胡乱指认。任由此等不知舰只为何物者一本接一本地写海军史，反映出来的是极可悲的学界现象。

戚其章，《走近甲午》（天津：天津古籍出版社，2006 年）。戚其章专研甲午战争近五十年，此书是其自选讲述范围的总报告。

陈悦，《北洋海军舰船志》（北京：现代舰船杂志社，2006 年）

(简称表作《北洋舰船》)。这本图文并茂的书开风气之先,不仅以舰只为讨论的核心,更从技术层面去讨论舰只,要是能够细诉史源就更理想了。此书的出版标志中国海军史研究开新纪元的契机已至,甚至足令不懂舰只为何物者从此却步。

江岩,《船政学堂》(北京:科学出版社,2007年)。此书编排看似新鲜,实则仅是只识吹捧,陈陈相因之作。所用资料复奇少,英、法文史料悉欠奉(几届船政学生留学英、法,涉的英、法文史料怎可能不会数量相当),英、法、日文研究报告(书籍和论文)了无踪影,连中文学报文章也全不见。资料较前人(如林庆元、庞百腾)所有者少得太离谱了。

上文说过2000年是分水岭。关键在最近几年国际资讯网站大大开展了大陆学者的视野,加上年青一代外文能力较高,阅读范围遂大幅推扩。与此配合的是印刷、用纸均佳,图文并茂的军事杂志争相出炉,大增出版园地。有关的网站和杂志都显以舰只为焦点,带来的好处也够明显,即修正以前不管舰只便大谈海军史事的流弊。改变的时间虽尚短,只要维持下去就必会带出可喜的新局面来。

不过光靠网站,抄凑成章,进景仍有明限。网站绝大多数都是玩票性质。何时见过有网站每说一事必详细注明史源?每陈一见必反复辩证?互相抄袭更是网站的特色。单靠网站而不直接从文献资料求取知识始终是危险之事,故网站只应视为补充性的工具,而不应用作资料的主要来源。

网站的生命可以很短。站主不再支付维持费用或者死去,那网站就会消失。正式出版的刊物怎也可以期望会有一两百年的生命。这就是为何严格的学者不会花时间去组织网站的原因。大陆学者如想有确实的、能持久的突破,就得在善用网站之余,尽量直接阅读可助理解研究时段的世界海军情况的资料(档案、书籍、学报、报纸），并视此等资料为信息的主要来源。单靠网站分明是取巧的懒惰行径，而且还是准确程度无保证的行径。况且真正的突破应是指通过发掘西方学者未及利用的史料去达到西方学者尚未理解的认识。通常只是用简介方式集大成的网站绝不是可借以达到突破境界的工具。

——《海军学术月刊》，37 卷 8 期（2003 年 8 月）；修订本刊
《岭南学报》，新 3 期（2006 年 9 月）（此版原已补正多
处，并加入后记，兹又再增修，后记遂大异）

参考资料简称表

* 符号注明研究者绝对得自备,以便随时查阅,不能靠图书馆提供
的最基本用书

DANFS	* Department of the Navy(United States of America), Naval Historical Center, *Dictionary of American Naval Fighting Ships*(Washington, D.C.: Government Printing Office, 1959—1987), 8 volumes. Revised edition (1991—,仅出版了第一册)
GJM	* Erich Gröner, *German Warships, 1815-1945*, Volume One: *Major Surface Vessels*, Revised and expanded by Dieter Jung and Martin Maas(London: Conway Maritime Press, 1990); Volume Two: *U-Boats and Mine Warfare Vessels*(1991)
JJM	* Hansgeorg Jentschura, Dieter Jung, and Peter Mickel, *Warships of the Imperial Japanese Navy, 1869-1945*, Translated by Antony Preston and J.D. Brown(London: Arms and Armour Press, 1977)
MM	*Mariner's Mirror*
SNAME	*Transactions of the Society of Naval Architects and Marine Engineers*

SSS   * Robert Gardiner, ed., *Steam, Steel & Shellfire: The Steam Warship, 1815-1905*（London: Conway Maritime Press, 1992）

TINA   *Transactions of the Institution of Naval Architects*

USNIP   *Proceedings of the United States Naval Institute*

WG   * Anthony J. Watts and Brian G. Gordon, *The Imperial Japanese Navy*（London: Macdonald, 1971）

WI   * *Warship International*

Archibald   * E.H.H. Archibald, *The Fighting Ship of the Royal Navy, 1897-1984*, Revised edition（Poole, Dorset: Blandford Press, 1984）

British Empire Warships   * H.T. Lenton, *British and Empire Warships of the Second World War*（London: Greenhill Books, 1998）

China War Vessels   * Admiralty（Great Britain）, Intelligence Department, *China: War Vessels and Torpedo Boats*（London: Her Majesty's Stationery Office, 1891）（此书是英国海军部在甲午战争前不久调查中国海军实况的情报汇报）

Conway 1860-1905   * Roger Chesneau and Eugene M. Kolesnik, ed., *Conway's All the World's Fighting Ships, 1860-1905*（London: Conway Maritime Press, 1979）

Conway 1906-1921   * Randal Gray, ed., *Conway's All the World's Fighting Ships, 1906-1921*（London: Conway Maritime Press, 1985）

Conway 1922-1946   * Roger Chesneau, ed., *Conway's All the World's Fighting Ships, 1922-1946*（London: Conway Maritime Press, 1980）

Conway 1947-1995   * Stephen Chumbley, ed., *Conway's All the World's Fighting Ships, 1947-1995*（London: Conway Maritime Press, 1995）

Cruisers   * Douglas Morris, *Cruisers of the Royal and Commonwealth Navies since 1879*（Liskeard, Conwall: Maritime Books, 1987）

Cruisers Encyclopedia	M.J. Whitley, *Cruisers of World War Two: An International Encyclopedia* (London: Arms and Armour Press, 1995)
Customs Archives	* Second Historical Archives of China, (and) Institute of Modern History, CASS, compiled, (Chen Xiafei 陈霞飞 and Han Rongfang 韩荣芳, ed.) *Archives of China's Imperial Maritime Customs Confidential Correspondence between Robert Hart and James Duncan Campbell, 1874-1907* (Beijing: Foreign Languages Press, 1990—1993), 4 volumes
Destroyers Encyclopedia	M.J. Whitley, *Destroyers of World War Two: An International Encyclopedia* (London: Cassell and Company, 1988)
Elliott	Peter Elliott, *Allied Escort Ships of World War Ⅱ: A Complete Survey* (London: Macdonald and Jane's Publishers, 1977)
Export	* Peter Brook, *Warships for Export: Armstrong Warships, 1867-1927* (Gravesend, Kent: World Ship Society, 1999)
Galuppini	Gino Galuppini, *Warships of the World: An Illustrated Encyclopedia* (New York: Military Press, 1989)
George	James L. George, *History of Warships: From Ancient Times to the Twenty-First Century* (Annapolis: Naval Institute Press, 1998)
Gibbons Ⅰ	* Tony Gibbons, *The Complete Encyclopedia of Battleships: A Technical Directory of Capital Ships from 1860 to the Present Day* (London: Salamander Books, 1983)
Gibbons Ⅱ	Tony Gibbons, *Warships and Naval Battles of the Civil War* (London: Dragon's World, 1989)
Hovgaard	* William Hovgaard, *Modern History of Warships* (London: E. & F.N. Spon, 1920)

Jane   Fred T. Jane, *The Imperial Japanese Navy* (London: W.
                        Thacker and Company, 1904)

Lecky   * Halton Stirling Lecky, *The King's Ships* (London:
                        Horrace Muirhead, 1913—1914)（计划六册, 仅出了三
                        册, 收至 Jupiter)

Mach   * Andrzei Mach, "The Chinese Battleships," *Warship*, 29
                        (January 1984), pp. 9-18

McGiffin   * Philo N. McGiffin, "The Battle of Yalu: Personal
                        Recollections by the Commander of the Chinese Ironclad
                        Chen Yuen," *Century Magazine*, 50:4 (August 1895), pp.
                        585-604

Marine et technique   *Marine et technique au XIXe siécle: Actes du Colloque
                        International* (Paris: Service historique de la marine,
                        Institut d'histoire des conflits contemporaines, 1988)

Marshall   * Chris Marshall, *The Encyclopedia of Ships: The History
                        and Specifications of over 1200 Ships* (New York: Barnes
                        and Noble Books, 1995)

Parkes   * Oscar Parkes, *British Battleships: Warrior 1860 to
                        Vanguard 1950*, Second edition (London: Seeley Service
                        and Company, 1966)

Pulling Strings   * William Ferdinand Tyler, *Pulling Strings in China*
                        (London: Constable and Company, 1929)

Royal Navy History   * William Laird-Clowes, *The Royal Navy: A History from
                        the Earliest Times to 1900* (London: Sampson Low,
                        Marston and Company, 1897—1903), 7 volumes

Royal Navy Ships   * J.J. Colledge and Ben Warlow, *Ships of the Royal Navy:
                        The Complete Record of All Fighting Ships of the Royal
                        Navy from the 15th Century to the Present* (London:
                        Chatham Publishing, 2006)

Sail-Steam List   * David Lyon and Rif Winfield, *The Sail and Steam Navy
                        List: All the Ships of the Royal Navy, 1815-1889* (London:
                        Chatham Publishing, 2004)

Silverstone I	* Paul H. Silverstone, *Directory of the World's Capital Ships*（New York: Hippocrene Books, 1984）
Silverstone II	* Paul H. Silverstone, *Civil War Navies, 1855-1883*（Annapolis: Naval Institute Press, 2001）
Steam Navy	* Richard N.J. Wright, *The Chinese Steam Navy*（London: Chatham Publishing, 2000）
Struggle	John L. Rawlinson, *China's Struggle for Naval Development, 1839-1895*（Cambridge, MA: Harvard University Press, 1967）
《廿七八年》	* 海军军令部编纂,《廿七八年海战史》(东京:春阳堂,1905年),三册
《日海軍史》	* 海军历史保存会,《日本海军史》(东京:第一法规出版株式会社,1995年),十一册(最详尽,非自备不可的一套完整的日本海军史)
《日艦全史》	* 福井静夫,《(写真)日本海军全艦艇史》(东京:KKベストセラーズ,1994年)
片桐大自	* 片桐大自(陈宝莲等译),《联合舰队军舰大全》(台北:麦田出版有限公司,1997年)(日文原书刊于1988年)
《北洋舰船》	* 陈悦,《北洋海军舰船志》(北京:现代舰船杂志社,2006年)
《北洋舰队》	王家俭,《李鸿章与北洋舰队——近代中国创建海军的失败与教训》(台北:台北编译馆,2000年)
《民国史料》	* 杨志本主编,《中华民国海军史料》(北京:海洋出版社,1987年)
《民国海军日志》	* 苏小东,《中华民国海军史事日志(1912.1—1949.9)》(北京:九洲图书出版社,1999年)
《抗日战史》	* 柳永琦编著,《海军抗日战史》(台北:"海军总司令部",1994年),二册
沈传经	沈传经,《福州船政局》(成都:四川人民出版社,1987年)
李达荣	李达荣,《粤桂区海军抗战纪实》(铅印本,不注明出版

时地和出版者,作于 1945 年以后)

《李鸿章电稿》　　　顾廷龙、叶亚廉编,《李鸿章全集——电稿》(上海：上海人民出版社,1985—1987 年),三册(第二册刊于 1986 年)

《近代海军》　　　　海军司令部《近代中国海军》编辑部,《近代中国海军》(北京：海潮出版社,1994 年)

《洋务运动》　　　　＊中国史学会主编(中国科学院近代史研究所史料编辑室、中央档案馆明清档案部编组编辑),《洋务运动》(上海：上海人民出版社,1961 年),八册。杨家骆(1912—1991)盗印之为《洋务运动文献汇编》(台北：世界书局,1963 年,八册,连每册起迄均同),并自署为编者

《海军日志》　　　　＊姜鸣,《中国近代海军史事日志(1860—1911)》(北京：生活·读书·新知三联书店,1994 年)

《海军史论集》　　　王家俭,《中国近代海军史论集》(台北：文史哲出版社,1984 年)

《海军职官表》　　　＊刘传标,《中国近代海军职官表》(福州：福建人民出版社,2004 年)

《海关密档》　　　　＊中国第二历史档案馆、中国社会科学院近代史研究所合编,《中国海关密档——赫德、金登幹函电汇编(1874—1907)》(北京：中华书局,1990—1996 年),九册

《清末史料》　　　　＊张侠、杨志本等编,《清末海军史料》(北京：海洋出版社,1982 年)

《船政造船表》　　　林庆元,《福建船政局史稿》,修订本(福州：福建人民出版社,1999 年),页 488—505,《福建船政局造船一览表》

许秋明　　　　　　　许秋明,《日本海军装备》(北京：国防工业出版社,1985 年)。

《图说海军史》　　　陈贞寿,《图说中国海军史(古代～1955)》(福州：福建教育出版社,2002 年),三册

《战史兵器辞典》　　＊《中国战史大辞典兵器之部》编辑委员会,《中国战史

	大辞典——兵器之部》(台北："国防部" 史政编译局，1996 年)，二册
《战备航行》	* 钟坚，《惊涛骇浪中战备航行——海军舰艇志》(台北：麦田出版有限公司，2003 年)
《龙旗舰队》	* 姜鸣，《龙旗飘扬的舰队——中国近代海军兴衰史》(上海：上海交通大学出版社，1991 年)。同名修订本(北京：生活·读书·新知三联书店，2002 年)。引用修订本时注明
《舰艇工业史料》	中国舰艇工业历史资料丛书编辑部，《中国近代舰艇工业史料集》(上海：上海人民出版社，1994 年)

参考书目

Ⅰ. 中日文原始资料

一宫房治郎，《新支那年鑑》(东京：东亚同文会，1942年)。

《大公报》(香港)，1948年8月，1949年5月。

川崎三郎，《日清戦史》(东京：博文馆，1897年)，七册。

上海总税务司公署统计科，《中国沿海及内河航路标识总册》(上海：上海总税务司公署统计科，1935年)。

"中央研究院"近代史研究所编，《海防档》(台北："中央研究院"近代史研究所，1957年)，九册。

"中央研究院"近代史研究所编，《中法越南交涉档》(台北："中央研究院"近代史研究所，1962年)，七册。

中法镇海之役资料选辑编委会，《中法战争镇海之役史料》(北京：光明日报出版社，1988年)。

中国史学会主编，《中法战争》(上海：新知识出版社，1955年)，七册。

中国史学会主编，《中日战争》(上海：新知识出版社，1956年)，七册。

中国史学会主编，《洋务运动》(上海：上海人民出版社，1961年)，八册(简称表作《洋务运动》)。

中国近代经济史资料丛刊编辑委员会编，《中国海关与中日战争》(北京：科学出版社，1957年）。

中国第一历史档案馆编，《光绪朝朱批奏折》（北京：中华书局，1996年），一百二十册。

中国第一历史档案馆，《光绪宣统两朝上谕档》（桂林：广西师范大学出版社，1996年），三十七册。

中国第一历史档案馆，《清代军机处电报档汇编》（北京：中国人民大学出版社，2006年），四十册。

中国第二历史档案馆（南京）所藏档案：

全宗号787/案卷号578—580，《海军沿革史初稿》。

全宗号787/案卷号16824，《全国海军舰艇表和备炮一览表》（1937年2月）。

全宗号787/案卷号16825，《抗战前海军原有舰艇吨位武装及舰艇长姓名一览表》（1937年）。

全宗号790/案卷号04，《海军部关于所属舰艇编制及雷炮统计表》（1930年）。

中国第二历史档案馆、中国社会科学院近代史研究所编，《中国海关密档——赫德、金登幹函电汇编（1874—1907）》（北京：中华书局，1990—1996年），九册（简称表作《海关密档》）。

中国第二历史档案馆编，《汪伪国民政府公报》（南京：江苏古籍出版社，1991年），十五册。

中国第二历史档案馆编，《汪伪政府行政院会议录》（北京：档案出版社，1992年），三十一册。

中国舰艇工业历史资料丛书编辑部编，《中国近代舰艇工业史料集》（上海：上海人民出版社，1994年）（简称表作《舰艇工业史料》）。

王尔敏、吴伦霓霞等编，《盛宣怀实业函电稿》（香港：香港中文大学中国文化研究所，1993年），二册。

（王毓礼编），《北洋水师大沽船坞资料选编》（编于1928年），《天津历史资料》,9 期（1980 年），页 1—61。

王洁玉编,《道光间广东防务未刊文牍六种》（北京：全国图书馆文献缩微复制中心,1994 年）,二册。

《申报》（上海：上海书店,1982—1986 年）,400 册。

申报年鉴社,《申报年鉴——民国二十二年》（上海：申报馆特种发行部,1933 年）。

申报年鉴社,《（民国卅三年度）申报年鉴》（上海：申报社,1944 年）。

池仲祐,《西行日记》（光绪二十四年商务印书馆）。

江南造船所史刊行会,《江南造船所——歷史と想い出》（横滨：江南造船所史刊行会,1973 年）。

朱寿朋编（张静庐等校点）,《光绪朝东华录》（北京：中华书局,1958 年）,五册。

《每日新闻》（东京）,1886 年。

吴汝纶编,《李文忠公全集》（光绪乙巳［三十一］年金陵刊本）。

金思诒,《楼船日记》（光绪三十二年《航海琐记》本）。

李达荣,《粤桂区海军抗战纪实》（铅印本,不注明出版时地和出版者,作于 1945 年以后）（简称表作李达荣）。

沈鸿烈,《东北边防与航权》（无出版地［台中？］：自印本,无年份［1953 年？］）。

季平子、齐国华主编,《甲午中日战争——盛宣怀档案资料选辑》（上海：上海人民出版社,1980、1982 年）,三册。

冈村恒四郎,《香港海军工作部》（无出版地：非卖品,1977 年）。

东亚同文会调查编纂部,《（第二回）支那年鑑》（东京：东亚同文会,1916 年）。

周应聪（李蓬洲记）,《海军生活见闻》,《文史资料选辑》,110 期（1987 年 8 月）,页 168—196。

《"重庆""灵甫"接舰专刊》（香港：长风社,1948 年）。

故宫博物院编,《清光绪朝中日交涉史料》(故宫博物院民国二十一年刊本)。

秦孝仪编,《中华民国重要史料初编——对日抗战时期》,第二编《作战经过》(台北:中国国民党中央委员会党史委员会,1981年),四册。

秦国经编,《中国第一历史档案馆藏清代官员履历档案全编》(上海:华东师范大学出版社,1997年),三十册。

容尚谦(王敏若译),《创办出洋局及官学生历史》(珠海:珠海出版社,2006年)。

高宗鲁编译,《中国留美幼童书信集》(台北:传记文学出版社,1986年)。

高晓星编,《陈绍宽文集》(北京:海潮出版社,1994年)。

袁世凯,《养寿园电稿》(文海出版社本)。

袁昶,《于湖题襟集》(《丛书集成初编》本)。

《海军各学校历届毕业生姓名录》,第一辑(台北:"海军总司令部",1996年)。

《海军抗战史料》,(油印稿本,1939年夏,现藏中国国民党中央委员会党史委员会[台北])。

《海军抗战军事报告》(油印稿本,1940年初,现藏中国国民党中央委员会党史委员会[台北])。

海军军令部编纂,《廿七八年海戦史》(东京:春阳堂,1905年),三册(简称表作《廿七八年》)。

海军军令部编纂,《明治三十七八年海戦史》(东京:春阳堂,1909年),三册。

海军参谋部,《清国北洋海軍實況一斑》(东京:海军参谋部,1890年)。

海军总司令部,《海军战史》(重庆:海军总司令部,1941年)。

海军总司令部,《海军大事记》(重庆:海军总司令部,1943年),二册。

海军总司令部编译处,《海军抗战事迹》(重庆:海军总司令部编译处,1944年)。

海军总司令部,《海军战史续集(卅年至卅四年)》(重庆:海军总司令部,1945 年)。

海军总司令部,《海军大事记——第三辑》(台北:"海军总司令部",1968 年)。

苑书义等编,《张之洞全集》(石家庄:河北人民出版社,1998 年),十二册。

徐建寅,《欧游杂录》(长沙:湖南人民出版社,1980 年)。

徐润,《徐愚斋自叙年谱》(民国十四年香山徐氏印本)。

张力访问纪录,《黎玉玺先生访问纪录》(台北:"中央研究院"近代史研究所,1991 年)。

张力、吴守成、曾金兰访问纪录,《海军人物访问纪录》,第一辑(台北:"中央研究院"近代史研究所,1998 年)。

张力、曾金兰访问纪录,《池孟彬先生访问纪录》(台北:"中央研究院"近代史研究所,1998 年)。

张侠、杨志本等编,《清末海军史料》(北京:海洋出版社,1982 年)(简称表作《清末史料》)。

张绍甫,《汪伪中央海军学校亲历记》,收入黄美真编,《伪廷幽影录——对汪伪政府的回忆纪实》(北京:中国文史出版社,1991 年),页 245—269。

张佩纶,《涧于集》(宣统十年[?]家刻本)。

张荫麟,《甲午中日海战见闻记》,《东方杂志》,28 卷 6 期(1931 年 3 月),页 65—76;28 卷 7 期(1931 年 4 月),页 63—72;并收入伦伟良编,《张荫麟文集》(台北:中华丛书委员会,1956 年),页 551—585。

张龄九,《国府还都以来的海军》,收入申报年鉴社编,《(民国卅三年度)申报年鉴》,页 1054—1059。

张振鹍主编,《中法战争》(北京:中华书局,1995—2006 年),五册(尚未刊完)。

陈旭麓、顾廷龙、汪熙主编,《轮船招商局——盛宣怀档案资料选辑之八》(上海:上海人民出版社,2002 年)。

戚其章主编,《中日战争》(北京:中华书局,1989—1996 年),十二册。

戚俊杰、王记华编校,《丁汝昌集》(济南:山东大学出版社,1997 年)。

"国史馆"(新店)所藏"外交部档案":

 2660,《向英交涉接收日本驱潜艇案》

 2665,《"灵甫"驱逐舰还英案》

"国防部"史政编译局(台北)所藏"国军档案":

 003.9/311,《汪伪海军部会议纪录》

 107.3/1071.3,《电雷学校撤销移交案》

 107.6/311,《汪伪海军接收清册》

 153.42/3815,《海军学校沿革汇编》

 570.32/3111,《汪伪海军部建设新海军五年计划案》

 570.32/3815.6,《海军整编计划案》

 581.4/3815.15,《海军单位撤销裁并案》

 582.3/1071,《电雷学校编制案》

 584.2/5004,《接收日帝汪伪舰艇编制案》

 623/2841,《舰艇服役案》

 623/2841.2,《舰艇性能暨服役案》

 625.3/2841,《舰艇种类性能表》

 626/1010,《"灵甫"舰及商轮发还案》

 628.2/1723,《"豫章"军舰沉没审讯案》

 628.4/3111,《"江犀"、"江鲲"两舰打捞案》

 700.6/6010,《日本让渡汪伪海军舰艇武器案》

 705/6010,《日本赔偿舰船接收处理案》

 771/1040.2,《"平海"舰建造案》

 771/6010,《日帝汪伪移交舰船接收处理案》

 771.06/2423,《德国承造"长风"、"伏波"、"飞云"三舰案》

 771.06/6015,《国外订购舰艇案》

771.1/3020,《"宁海"舰建造案》

771.4/0824,《敌伪舰船接收案》

782/3815,《海军舰炮卸制长江两岸炮台案》

国家清史编纂委员会,《庚子事变清宫档案汇编》(北京:中国人民大学出版社,2003年),十八册。

国家图书馆编,《张文襄公(未刊)电稿》(北京:全国图书馆文献缩微复制中心,2005年),四十册。

国家图书馆分馆,《清代军政资料选粹》(北京:全国图书馆文献缩微复制中心,2002年),十册。

国家图书馆分馆,《清光绪兵部奏稿》(北京:全国图书馆文献缩微复制中心,2004年),十三册。

许景澄,《外国师船图表》(光绪丙申[二十二]年浙江官书局本)。

许景澄,《许文肃公遗稿》(民国七年外交部图书馆本)。

《郭嵩焘日记》(长沙:湖南人民出版社,1982年),三册。

参谋本部,《香港兵要地志》(东京:参谋本部,1938年)。

陆宝千访问、官曼荆纪录,《郑天杰先生访问纪录》(台北:"中央研究院"近代史研究所,1990年)。

《邮便报知新闻》,1886年。

曾纪泽,《出使英法俄国日记》(长沙:岳麓书社,1985年)。

曾国荃,《曾忠襄公奏议》(光绪二十九年刊本)。

《朝野新闻》,1886年。

《华侨日报》(香港),1945年8月,1948年8月,1949年5月。

万仁元、方庆秋编,《中华民国史史料长编》(南京:南京大学出版社,1993年),七十册。

杨志本主编,《中华民国海军史料》(北京:海洋出版社,1987年)(简称表作《民国史料》)。

福州船政局,《船政奏议汇编》(光绪十四年刊本)。

裴荫森,《裴光禄遗集》(宣统三年刊本)。

刘名誉,《越事备考》(光绪二十一年[桂林]慕盦氏刊本)。

《刘坤一遗集》(北京:中华书局,1959 年),六册。

蒋廷黻编,《筹办夷务始末补遗》(北京:北京大学出版社,1988 年),九册。

迟景德、林秋敏访问,《徐亨先生访谈录》(新店:"国史馆",1998 年)。

卫藤沈吉、李廷江编,《近代在华日人顾问资料目录》(北京:中华书局,1994 年)。

谢忠岳编,《北洋海军资料汇编》(北京:全国图书馆文献缩微复制中心,1994 年),二册。

总理海军事务衙门编,《北洋海军章程》(光绪十四年)。

聂士成,《东征日记》,收入中国史学会主编,《中日战争》(上海:新知识出版社,1959 年),册 6,页 1—18。

顾廷龙、叶亚廉编,《李鸿章全集——电稿》(上海:上海人民出版社,1985—1987 年),三册(简称表作《李鸿章电稿》)。

《龚照瑗往来官电》,收入戚其章主编,《中日战争》(北京:中华书局,1993 年),册 6,页 565—606。

Ⅱ. 欧文原始资料

A Naval Nobody, "On Naval Education," *Macmillan's Magazine*, 37 (November 1877-April 1878), pp. 315-322.

Admiralty (Great Britain), Intelligence Department, *China: War Vessels and Torpedo Boats* (London: Her Majesty's Stationery Office, 1891) (简称表作 *China War Vessels*).

Aide-memoire de l'officier de Marine, 1900 (Paris: Henri Charles Larauzelle, 1900).

Aide-memoire de l'officier de Marine, 1903 (Paris: Henri Charles Larauzelle, 1903).

Philip R. Alger, "The Development of Ordnance and Armor in the Immediate Past and the Future," *USNIP*, 22:4 (November 1896), pp. 777-793.

Annual Report of the Secretary of the Navy for the Year 1895 (Washington: Government Printing Office, 1895).

Edward Belcher, *Narrative of a Voyage Round the World Performed in Her Majesty's Ship Sulphur during the Years 1836-1842, Including Details of the Naval Operations in China from December 1840 to November 1841* (London: Henry Colburn, 1843).

William Dallas Bernard, *Narrative of the Voyages and Services of the Nemesis, from 1840 to 1843, and the Combined Naval and Military Operations in China* (London: Henry Colburn, 1844), 2 volumes.

L.E. Bertin, *Chandiéres marines: Cours de Machines à vapeur professé à e'Ecole d'application du Génie Machine* (Paris: E. Bernad, 1896).

Biographical Record of the Classes of '79, '80, '81, Sheffield Scientific School, Yale University (New Haven: The Class Secretaries Bureau, 1913).

Raymond V.B. Blackman, ed., *Jane's Fighting Ships, 1951-1952* (London: Sampson Low, Maraton and Company, 1951-1952).

Raymond V.B. Blackman, ed., *Jane's Fighting Ships, 1967-1968* (London: Sampson Low, Marston and Company, 1967-1968).

Lord Brassey, ed., *Naval Annual, 1886* (Portsmouth: J. Griffin and Company, 1886).

Lord Brassey, ed., *The Naval Annual, 1894* (Portsmouth: J. Griffin and Company, 1894).

T.A. Brassey, ed., *The Naval Annual, 1895* (Portsmouth: J. Griffin and

Company, 1895).

T.A. Brassey, ed., *The Naval Annual, 1897* (Portsmouth: J. Griffin and Company, 1897).

F.E. Chadwick, *Report on the Training Systems for the Navy and the Mercantile Marine of England and on the Naval Training System of France* (Washington: Government Printing Office, 1880).

The China Annual, 1944 (Shanghai: Asia Statistics Company, n.d.[1945?]).

China Mail (Hong Kong), September 1945.

Chinese Repository, 9 (1840)-11 (1842).

The Chinese Times (Tientsin), November 1886-March 1891.

P.H. Colomb, *Memoirs of Admiral the Right Honble. Sir Astley Cooper Key* (London: Methuen and Company, 1898).

Council of International Affairs, *The Chinese Year Book*, 1937 Issue (Shanghai: The Commercial Press, 1937).

R.O. Crowley, "The Confederate Torpedo Service," *Century Magazine*, 56:2 (June 1898), pp. 290-330.

Department of State (United States), *Papers Relating to the Foreign Relations of the United States, 1885* (Washington: Government Printing Office, 1886).

"Despatches from U.S. Consult in Tientsin, 1868-1906," Vol. 4: June 1890-Dec. 14, 1894.

Division of Naval Intelligence, United States, *ONI 41-42, Index to All Japanese Naval Vessels* (November 1942).

C.C. Dix, *the World's Navies in the Boxer Rebellion* (China, 1900) (London: Digby, Long and Company, 1903).

James Dredge, *Modern French Artillery: The St. Chamond, de Bange, Canet & Hotchkiss Systems* (London: Offices of Engineering, 1892).

S. Eardley-Wilmot, *the Development of Navies during the Last Half Century* (London: Seeley and Company, 1892).

John King Fairbank, et al., *The I.G. in Peking: Letters of Robert Hart, Chinese Maritime Customs, 1867-1907* (Cambridge, MA: Harvard University Press, 1975), 2 volumes.

E.R. Fremantle, "Naval Aspects of the China-Japan War," *Journal of the Royal United Service Institution*, 216 (February 1896), pp. 119-134.

E.R. Fremantle, *The Navy As I Have Known It* (London: Cassell and Company, 1904).

Great Britain, Historical Section of the Committee of Imperial Defence, *Official History (Naval and Military) of the Russo-Japanese War* (London: His Majesty's Stationery Office, 1912), 2 volumes.

[Lewis R. Hamersly], *A Naval Encyclopedia* (Philadelphia: L.R. Hamersly, 1884).

Cecil Harcourt, "The Military Administration of Hong Kong, " *Journal of the Royal Central Asian Society*, 34:1 (January 1947), pp.7-18.

J. Herrings, *Taku: Die deutsche Reichmarine in Kampf And Sieg* (Berlin: J. Meidinger, 1903).

Philip Hichborn, *Report on European Dock-yards* (Washington: Government Printing Office, 1886).

Philip Hichborn, "Sheathed or Unsheated Ships," *USNIP* 15:1 (1889), pp. 21-56.

Hong Kong Daily Press (《香港孖剌西报》), July 1887-August 1917 (中有缺).

Hong Kong Public Records Office, *Confidential Series, 3200/451.*

Hong Kong Telegraph (《士蔑新闻》), January 1890-May 1911 (中有缺).

Honolulu Advertiser, 24 July 2004, and 5 January 2006.

Viscount Hythe (Thomas Allutt Brassey), *Naval Annual, 1913* (Portsmouth: J. Griffin and Company, 1913).

Information from Abroad (*General Information Series*), 1 (1883)-21 (July 1902).

Fred T. Jane, *The Torpedo in Peace and War* (London: W. Thacker and Company, 1898).

Fred T. Jane, *All the World's Fighting Ships* (London: Sampson Low, Marston and Company, 1898).

Fred T. Jane, *Fighting Ships* (London: Sampson Low, Marston and Company, 1905-06).

Fred T. Jane, *Fighting Ships* (London: Sampson Low, Marston and Company, 1914).

Roger Keyes, *Adventures Ashore and Afloat* (London: George G. Harrap and Company, 1936).

J.W. King, *The Warships of Navies of the World* (Boston: A.W. Williams and Company, 1882).

Paul King, *In the Chinese Customs Service: A Personal Record of Forty-Seven Years* (London: Heath Cranton, 1924).

W.R. King, *Torpedoes: Their Invention and Use, From the First Application to the Art of War to the Present Time* (Washington, 1866).

J.F. von Kronenfels, *Die Kriegsschiffbauten, 1881-1882: Mit Nachträgen aus früheren Jahren* (Wien: A. Hartleben's Verlag, 1883).

W. Laird-Clowes, *The Naval Pocket Book*, Second year (London: Neville Books, 1897).

John Knox Laughton, *Studies in Naval History: Biographies* (London: Longmans, Green and Company, 1887).

A. Ledieu et Ernest Cadiat, *Le nouveau materiel naval* (Paris: Dunrod,

1889）.

"Log Book of the USS Baltimore, Attached to the Asiatic Squadron, Commencing March 4, 1894 and Ending Sept. 12, 1894".

"Log Book of the USS Charleston, Attached to the Pacific Squadron, Commencing July 1, 1894 and Ending Dec. 31, 1894".

"Log Book of the USS Monocacy, Attached the Asiatic Squadron, Commencing June 18, 1894 and Ending Dec. 28, 1894".

"Log Book of the USS Yorktown, Attached to the Asiatic Squadron, Commencing Jan. 1, 1894 and Ending June 30, 1895".

Maurice Loir, *L' Escadre de l'Amiral Courbet*（Paris: Berger-Levrault, 1886）.

Philo N. McGiffin, "The Battle of Yalu: Personal Recollections by the Commander of the Chinese Ironclad Chen Yuen," *Century Magazine*, 50:4（August 1895）, pp. 585-604（简称表作 McGiffin）.

Spencer Miller, "Coaling Bunkers and Coaling Ships," *SNAME,* 1（1893）, pp. 91-115.

Spencer Miller, "Coaling Vessels at Sea," *SNAME*, 7（1899）, pp. 1-18.

Spencer Miller, "Coaling of the U.S.S. Massachusetts at Sea," *SNAME*, 8（1900）, pp. 155-165.

Spencer Miller, "Coaling Warships at Sea," *SNAME*, 12（1904）, pp. 177-200.

W.A. Morgan, *The Thames Nautical Training College H.M.S. Worcester, 1862-1919*（London: Charles Griffin and Company, 1929）.

Navy Department, United States, *Bombardment of the Taku Forts in China*（Washington: Navy Department, 1902）.

The New York Supplement, Volume 148（13 July-7 September 1914）（i.e., *New York State Report*, Volume 182）, "In Re Amiden"（#6009）, pp.680-691.

A.P. Niblack, "Tactical Considerations Involved in Torpedo-Boat Design," *SNAME*, 7（1899）, pp. 245-266.

Henry Norman, *The Peoples and Politics of the Far East*（New York: Charles Scribner's Sons, 1895）.

Office of Naval Intelligence, Bureau of Navigation, Navy Department, United States, *Characteristics of Principal Foreign Ships of War*（Washington: Government Printing Office, 1885）.

Official Records of the Union and Confederate Navies in the War of the Rebellion, Series I and II（Washington: Government Printing Office, 1895—1921）, various volumes.

J.R. Perrett, "Some Notes on Warships Designed and Constructed by Sir W.G. Armstrong, Whitworth & Co., Ltd.," *Transactions of the Institution of Engineers and Shipbuilders in Scotland*, 57（1913—1914）, pp. 405-428.

J.B. Powell, ed., *Who's who in China*, Vol. 1（Shanghai: Millard Review, 1919）.

Public Record Office, Great Britain, *C.O. 129/591-595.*

W.W. Reisinger, "Torpedoes," *USNIP*, 14:3（1888）, pp. 484-501.

J. D'A. Samuda, "The Riachuelo Brazilan Armour-Clad Turret Ship: Its Construction and Performances," *TINA*, 15（1884）, pp. 1-16.

J. D'A Samuda, "The Almirante Brown: Argentine Cased-Corvette and the Effect of Steel Hulls and Steel-Faced Armoured on Future Warships," *TINA*, 22（1881）, pp.1-11.

Baron Saneyoshi, ed., *The Surgical and Medical History of the Naval War Between Japan & China*, Translated by S. Suzuki（Tokio: Tokio Printing Company, 1901）.

Seaton Schroeder, *A Half Century of Naval Service*（New York: D.

Appleton and Company, 1922).

Second Historical Archives of China, (and) Institute of Modern History, CASS, compiled, *Archives of China's Imperial Maritime Customs Confidential Correspondence between Robert Hart and James Duncan Campbell, 1874-1907* (Chen Xiafei 陈霞飞 and Han Rongfang 韩荣芳, ed.) (Beijing: Foreign Languages Press, 1990—1993), 4 volumes (简称表作 *Customs Archives*).

Chao-ying Shih 时昭瀛 and Chi-hsien Chang 张启贤, ed., *The Chinese Year Book, 1936-1937*, Second issue (Shanghai: The Commercial Press, 1936).

C. Sleeman, *Torpedoes and Torpedo Warfare*, Second edition (Portsmouth: Griffin and Company, 1897).

R.C. Smith, "Miscellaneous Torpedo Vessels," *Cassier's Magazine*, 14:4 (August 1898), pp.335-340.

James Russell Soley, *Report on Foreign Systems of Naval Education* (Washington: Government Printing Office, 1880).

James Russell Soley, *The Blockade and the Cruisers* (New York: Scribner, 1883).

South China Morning Post (Hong Kong), Sept. 1945.

W.H.H. Southerland, "Notes on Ordnance and Armor," *Information from Abroad* (*General Information Series*), 9 (June 1890), pp. 73-138.

Frederick H. Stafford, *The History of the Worcester: The Official Account of the Thames Nautical Training College, H.M.S. Worcester, 1862-1929* (London: Frederick Warne and Company, 1929).

(Marie Maurice Clement Raoul Tetsu) de Balincourt, *Les flottes de combat en 1903* (Paris: Berger-Levrault Cie., 1903). 作者的姓氏为 Tetsu de Balincourt.

Tsing Hua College 清华学校, *Who's Who of American Returned Students* 《游美同学录》(Peking: Tsing Hua College, 1917).

William Ferdinand Tyler, *Pulling Strings in China* (London: Constable and Company, 1929)（简称表作 *Pulling Strings*).

Edward W. Very, *Navies of the World* (New York: John Wiley and Sons, 1880).

Edward W. Very, "The Development of the Armor for Naval Use," *USNIP*, 9:3 (July 1883), pp. 349-591.

J. G. Wong, "Memoir of Tiem Yow Jeme," *Transactions of the American Society of Civil Engineers*, 83 (1920), pp. 2246-2256.

Warships Built by Kawasaki Dockyard (N. pl.: N. publ, n.d.).

Philip Watts, "Elswick Cruisers," *TINA*, 41 (1899), pp. 286-308. 另有简本 :Philip Watts, "On Elswick Cruisers," *USNIP*, 25:3 (1889), pp. 669-676.

Philip Watts, "Warship Building (1860-1910)," *TINA*, 53:2 (1911), pp. 291-337.

B. Weyer, *Taschenbuch der Deutschen Kriegsfflotte: Mit teilweiser Benutzung amtlichen Materials* (München: J.F. Lemann, 1900).

Bruno Weyer, *Taschenbuch der Kriegsflotten XV. Jahrgang 1914* (München: J.F. Lehmann's Verlag, 1914).

H.G.W. Woodhead, ed., *The China Year Book, 1933* (Shanghai: China Daily News & Herald, 1933).

C.C. Wright, ed., "The Chinese Light Cruisers Ning Hai and Ping Hai (1930-1936): Documents," *WI*, 22:2 (June 1985), pp. 228-249.

Yung Shang Him 容尚谦, "The Chinese Educational Mission and Its Influence," *T'ien Hsia Monthly* 天下月刊, 9:3 (October 1939), pp. 225-256.

Ⅲ. 近人中日文专书

山大柏,《我是日军翻译官——伪满"江上军"亲历记》(沈阳:春风文艺出版社,2000年)。

山东省历史学会编,《甲午战争九十周年纪念论文集》(济南:齐鲁书社,1986年)。

上海社会科学院经济研究室,《江南造船厂厂史(1865—1949.5)》(南京:江苏人民出版社,1983年)。

上海军事志编纂委员会,《上海军事志》(上海:上海社会科学院出版社,1994年)。

《上海船舶工业志》编纂委员会,《上海船舶工业志》(上海:上海社会科学院出版社,1999年)。

小笠原长生,《聖將東鄉全傳》(东京:圣将东乡全传刊行会,1940年)。

小笠原长生,《元帥伊東祐亨》(东京:南方出版社,1942年)。

三菱造船株式会社,《創業百年の長崎造船所》(东京:三菱造船株式会社,1957年)。

《丸》编集部,《(写真集)日本の駆逐艦(続)》(东京:光人社,1974年)。

于辉(于耀明)、张东甲,《大沽炮台》(天津:百花文艺出版社,1990年)。

戈今、陆其明,《南京江面上的壮举——记林遵将军率国民党第二舰队起义》(北京:海洋出版社,1986年)。

日本工业会,《明治工業史——火兵・鐵鋼篇》(东京:启明会,1929年)。

日本工业会,《明治工業史——造船篇》,修订本(东京:启明会,1931年)。

日本近代史料研究会,《日本陸海軍の制度・組織・人事》(东京:东京大学出版会,1971年)。

水田信利,《黎明期の我が海軍と和蘭》(东京:雄风馆书房,1940年)。

水田信利,《揺籃時代の日本海軍》(东京:海军有终会,1943年)。

日本舶用机关学会、舶用机关调查研究委员会编,《本邦建造舶船要目表(1868—1945)》(东京 : 海文堂, 1976 年)。

王正华,《抗战期间外国对华军事援助》(台北 : 环球书局, 1987 年)。

王守中,《德国侵略山东史》(北京 : 人民出版社, 1988 年)。

王宏斌,《赫德爵士传——大清海关洋总管》(北京 : 文化艺术出版社, 2000 年)。

王宜林,《甲午海将方伯谦》(北京 : 海潮出版社, 1997 年)。

王家俭,《中国近代海军史论集》(台北 : 文史哲出版社, 1984 年)(简称表作《海军史论集》)。

王家俭,《李鸿章与北洋舰队——近代中国创建海军的失败与教训》(台北 : 台北编译馆, 2000 年)(简称表作《北洋舰队》)。

王家俭,《洋员与北洋海防建设》(天津 : 天津古籍出版社, 2004 年)。

王培,《晚清企业纪事》(北京 : 中国文史出版社, 1997 年)。

王远明主编,《风起伶仃洋——香山人物谱》(广州 : 广东人民出版社, 2006 年)。

王植伦、高翔,《萨镇冰》(福州 : 福建教育出版社, 1988 年)。

王冀城,《海猎——共和国海战纪实》(北京 : 西苑出版社, 1999 年)。

方杰,《沉浮中山舰》,修订本(武汉 : 武汉大学出版社, 1997 年)。

方明,《仇天恨海——海空抗战纪实》(北京 : 团结出版社, 1995 年)。

木俣滋郎,《日本軽巡戦史》(东京 : 图书出版社, 1989 年)。

木津彻,《日本海軍護衛艦艇史》(东京 : 海人社, 1996 年)。

中国甲午战争博物馆、北京图书馆阅览部编,《中日甲午战争研究论著索引(1894—1993)》(济南 : 齐鲁书社, 1994 年)。

中国社会科学院近代史研究所翻译室,《近代来华外国人名辞典》(北京 : 中国社会科学出版社, 1981 年)。

中国海军之缔造与发展专刊编审委员会,《中国海军之缔造与发展》(台北 : "海军总司令部", 1965 年)。

中国海军百科全书编审委员会,《中国海军百科全书》(北京 : 海潮出版社,1998年),二册。

犬冢孝明,《薩摩藩英国留學生》(东京:中央公论社,1974年)。

方汉奇编,《中国新闻事业通史》,第一卷(北京:中国人民大学出版社,1992年)。

公爵岛津家编纂所,《薩藩海軍史》(东京:原书房,1968年)。

文鹏、玉海,《共和国海战内幕》(北京:团结出版社,1993年)。

外山操,《陸海軍將官人事總覽(海軍篇)》(东京:芙蓉书房,1981年)。

平田晋策,《われ等の海戦史》(东京:大日本雄辩讲谈社,1935年)。

永村清,《造艦回想》(东京:出版协同社,1957年)。

史和等编,《中国近代报刊名录》(福州:福建人民出版社,1991年)。

皮明麻等,《中山舰风云录》(武汉:武汉出版社,1998年)。

片桐大自(陈宝莲等译)《联合舰队军舰大全》(台北:麦田出版有限公司,1997年)(日文原书刊于1988年)(简称表作片桐大自)。

包遵彭,《中国海军史》(左营:海军出版社,1951年)(初版一册本);《中国海军史》(台北:中华丛书编审委员会,1970年)(二册,增修本)。

包遵彭,《清季海军教育史》(台北:"国防研究院",1969年)。

包遵彭、李定一、吴相湘编,《中国近代史论丛》,第一辑,第六册,《第一次中日战争》(台北:正中书局,1956年)。

池田清,《日本の海軍》(东京:至诚堂,1966年)。

池仲祐,《海军大事记》(民国七年海军部本)。

池仲祐,《海军实纪——购舰篇、造船篇》(民国七年海军部本)。

池仲祐,《海军实纪——述战篇》(民国十五年海军部本)。

《江南造船厂史》编写组,《江南造船厂史,1865—1949》(上海:上海人民出版社,1975年)。

西乡宏道,《元帥西鄉從道》(东京:芙蓉书房,1981年)。

安慧编,《梦幻石头城——汪伪国民政府实录》(北京:团结出版社,1995年)。

伊藤正德,《大海軍を想う》(东京:文艺春秋新社,1956年)。

辛元欧,《中国近代船舶工业史》(上海:上海古籍出版社,1999年)。

沈永兴主编,《从砵甸乍到彭定康——历届港督传略》(香港:新天出版社,1994年)。

沈岩,《船政学堂》(北京:科学出版社,2007年)。

邦枝完二,《日本海軍建設の人々》(东京:潮文阁,1943年)。

秀岛成忠,《佐賀藩海軍史》(东京:知新会,1917年)。

坂野正高,《中国近代化と馬建忠》(东京:东京大学出版会,1985年)。

李新达主编,《中国军事制度史——武官制度卷》(郑州:大象出版社,1997年)。

吕实强,《中国早期轮船经营》(台北:"中央研究院"近代史研究所,1962年)。

沃丘仲子(费行简?),《近代名人小传》(上海:崇实书局,1926年)。

沈顺招、钱秀贞,《中国炮台风云》(北京:海潮出版社,2000年)。

汪敬虞,《赫德与近代中西关系》(北京:人民出版社,1987年)。

沈传经,《福州船政局》(成都:四川人民出版社,1987年)(简称表作沈传经)。

防卫厅防卫研修所战史室,《香港・長沙作戦》(东京:朝云新闻社,1971年)。

宋路霞,《百年家族——李鸿章》(台北:立绪文化事业公司,2004年)。

何应钦,《八年抗战》(台北:"国防部"史政编译局,1982年)。

松下芳男,《近代日本軍人傳》(东京:柏书房,1976年)。

武月星,《中国抗日战争史地图集》(北京:中国地图出版社,1995年)。

长谷川晋编,《帝国陆海軍補助艦艇》(东京:学习研究社,2002年)。

周志初,《晚清财政经济》(济南:齐鲁书社,2002年)。

周宏冰、方舟,《海军上将之恋——南京中华民国政府海军总司令陈绍宽纪事》(北京:海军出版社,1989年)。

长牧野元,《創業百年の長崎造船所》(东京:三菱造船株式会社,1957年)。

林伟功、黄国盛编,《中日甲午海战中方伯谦问题研讨集》(北京:知识出版社,1993年)。

林华平,《陈济棠传》(台北:圣文书局,1996年)。

林萱治主编,《福州马尾港图志》(福州:福建省地图出版社,1984年)。

林庆元,《福建船政局史稿》(福州:福建人民出版社,1986年);修改本(1999年)。

林濂藩,《中日甲午海战百年祭》(北京:中国社会科学出版社,1995年)。

施占秀等,《中山舰》(北京:中国言实出版社,1997年)。

柳永琦编著,《海军抗日战史》(台北:"海军总司令部",1994年),二册(简称表作《抗日战史》)。

胡彦林主编,《威震海疆——人民海军征战纪实》(北京:国防大学出版社,1996年)。

茅海建,《天朝的崩溃——鸦片战争再研究》(北京:生活·读书·新知三联书店,1995年)。

故宫博物院明清档案部、福建师范大学历史系合编,《清季中外使领年表》(北京:中华书局,1985年)。

胡道静,《新闻史上的新时代》(上海:世界书局,1946年)。

姜鸣,《龙旗飘扬的舰队——中国近代海军兴衰史》(上海:上海交通大学出版社,1991年),修订本(北京:生活·读书·新知三联书店,2002年)(简称表作《龙旗舰队》)。

姜鸣,《中国近代海军史事编年(1860—1911)》([北京]:海军军事学术研究所,1991年)。

姜鸣,《中国近代海军史事日志(1860—1911)》(北京:生活·读书·新知三联书店,1994年)(简称表作《海军日志》)。

翁仁元(曾国晟),《抗战中的海军问题》(无地名:黎明书局,1938年)。

宫永孝,《幕末オラング留学生の研究》(东京:日本经济评论社,1990年)。

唐志拔,《中国舰船史》(北京:海军出版社,1989年)。

唐志拔,《驱逐舰》(北京:人民出版社,1996年)。

唐德刚,《晚清七十年(叁)——甲午战争与戊戌变法》(台北:远流出版事业公司,1998年)。

高添强、唐卓敏,《香港日占时期》(香港:生活·读书·新知三联书店,1995年)。

高晓星、时平,《民国海军的兴衰》(北京:中国文史出版社,1989年)。

高晓星,《孰与争锋——海上战争纪实》(哈尔滨:哈尔滨工程大学出版社,1998年)。

孙克复、关捷,《甲午中日海战史》(哈尔滨:黑龙江人民出版社,1981年)。

孙克复、关捷主编,《甲午中日战争人物传》(哈尔滨:黑龙江人民出版社,1984年)。

孙建军,《丁汝昌研究探微》(北京:华文出版社,2006年)。

孙修福、何玲编,《中国近代海关史大事记》(北京:中国海关出版社,2005年)。

马昌华主编,《淮系人物列传——文职·北洋海军·洋员》(合肥:黄山书社,1995年)。

马昌华主编,《淮系人物列传——李鸿章家族成员·武职》(合肥:黄山书社,1995年)。

秦郁彦编,《日本陆海军総合事典》(东京:东京大学出版会,1991年)。

海军司令部《近代中国海军》编辑部,《近代中国海军》(北京:海潮出版社,1994年)(简称表作《近代海军》)。

海军历史保存会,《日本海军史》(东京:第一法规出版社株式会社,1995年,十一册)(简称表作《日海军史》)。

海军编集委员会,《海军》,第九卷:《驱逐舰、海防舰、水雷艇、哨戒艇》(东京:诚文图书株式会社,1981年)。

海军军事学术研究所、中国军事科学学会办公室,《甲午海战与中国海防》（北京：解放军出版社，1995 年）。

"海军总司令部"，《粤南群岛战斗》（台北："海军总司令部"，1963 年）。

"海军总司令部"编，《海军舰队发展史》（台北："国防部"史政编译局，2001 年），二册。

"海军舰队司令部"，《老军舰的故事》（台北："海军总司令部"，2001 年）。

海斌，《留美海军风云录》（北京：海潮出版社，1992 年）。

珠海容闳与留美幼童研究会编，《容闳与科教兴国——纪念容闳毕业耶鲁大学 150 周年论文集》（珠海：珠海出版社，2006 年）。

郝培芸，《中国海军史》（北平：武学出版社，1929 年）。

徐启恒、李希泌，《詹天佑和中国铁路》，增订本（上海：上海人民出版社，1978 年）。

凌鸿勋，《詹天佑先生年谱》（台北：中国工程师学会，1961 年）。

凌鸿勋、高宗鲁合编，《詹天佑与中国铁路》（台北："中央研究院"近代史研究所，1977 年）。

堀元美，《駆逐艦——その技術の回顧》（东京：原书房，1969 年）。

张序三主编，《海军大辞典》（上海：上海辞书出版社，1993 年）。

野村直郎，《元帥東郷平八郎》（东京：日本海防协会，1968 年）。

陈存恭，《列强对中国的军火禁运（民国八年—十八年）》（台北："中央研究院"近代史研究所，1983 年）。

陈昕、郭志坤主编，《香港全纪录，卷一：远古～ 1959 年》（香港：中华书局，1997 年）。

陈明福，《"重庆"舰举义纪实》（北京：九洲图书出版社，1997 年）。

陈明福，《中山舰沉浮纪实》（北京：海潮出版社，2000 年）。

陈贞寿，《图说中国海军史（古代～ 1955）》（福州：福建教育出版社，2002 年），三册（简称表作《图说海军史》）。

陈悦，《北洋海军舰船志》（北京：现代舰船杂志社，2006 年）（简称表作《北洋舰船》）。

陈书麟编著,《陈绍宽与中国近代海军》(北京 : 海洋出版社,1989 年)。

陈书麟、陈贞寿,《中华民国海军通史》(北京 : 海潮出版社,1993 年)。

陈诗启,《中国近代海关史》(北京 : 人民出版社,2002 年)。

陆其明,《大海的骄傲——人民海军纪事之一》(北京 : 海洋出版社,1983 年)。

戚其章,《中日甲午威海之战》(济南 : 山东人民出版社,1962 年)。

戚其章,《北洋舰队》(济南 : 山东人民出版社,1981 年)。

戚其章,《中日甲午战争史论集》(济南 : 山东教育出版社,1983 年)。

戚其章,《晚清海军兴衰史》(北京 : 人民出版社,1998 年)。

戚其章,《走近甲午》(天津 : 天津古籍出版社,2006 年)。

戚其章、王如绘编,《甲午战争与近代中国和世界——甲午战争 100 周年国际学术讨论会文集》(北京 : 人民出版社,1995 年)。

戚俊杰主编,《中国甲午战争博物馆》(济南 : 山东大学出版社,1995 年)。

许秋明,《日本海军装备》(北京 : 国防工业出版社,1985 年)(简称表作许秋明)。

造船协会,《日本近世造船史》(东京 : 弘道馆,1911 年)。

张晞海、王翔,《中国海军之谜》(北京 : 海军出版社,1990 年)。

许毅等,《清代外债史论》(北京 : 中国财政经济出版社,1996 年)。

梁广福,《岁月无声消逝——香港世纪末照相簿》(香港 : 明窗出版社,1999 年)。

野泽正,《日本軍艦 100 選》(东京 : 秋田书店,1971 年)。

费正等,《抗战时期的伪政权》(郑州 : 河南人民出版社,1993 年)。

朝长溶、横井忠俊,《(写真集)帝国の海軍》(东京 : 出版协同社,1960 年),二册。

程浩,《中山舰传奇》(广州 : 广东旅游出版社,1990 年)。

童能,《共和国海军写真》(北京 : 军事科学出版社,1999 年)。

乔伟、李喜所、刘晓琴,《德国克虏伯与中国的近代化》(天津 : 天津古籍出版社,2001 年）。

黄振南,《中法战争诸役考》（桂林 : 广西师范大学出版社,1998 年）。

渡部义之编,《帝国海軍真实の艦艇史》（东京 : 学习研究社,2004 年）。

黄传会、舟欲行,《海军征战纪实》（北京 : 解放军文艺出版社,2000 年）。

黄鸿钊,《中英关系史》（香港 : 开明书店,1994 年）。

汤锐祥,《护法舰队史》（广州 : 中山大学出版社,1992 年）。

汤锐祥,《孙中山与护法海军论集》（广州 : 广东教育出版社,1993 年）。

汤锐祥,《孙中山与海军护法研究》（北京 : 学苑出版社,2006 年）。

曾铮、曾宪旻,《风雨中山舰》（广州 : 花城出版社,1997 年）。

新人物往来社战史室编著,《日本海軍艦艇總覽》（东京 : 新人物往来社,1994 年）。

《当代中国》丛书编辑部,《当代中国海军》（北京 : 中国社会科学出版社,1987 年）。

杨光辉等,《中国近代报刊发展概况》（北京 : 新华出版社,1986 年）。

詹同济,《詹天佑——大江南北主持筑路文献资料集》（成都 : 四川大学出版社,1992 年）。

詹同济编译,《詹天佑文选》（北京 : 燕山出版社,1993 年）。

詹同济,《詹天佑照片手迹故事集》（澳门 : 澳门出版社,2003 年）。

詹同济、黄志扬、邓海成,《詹天佑生平志——詹天佑与中国铁路及工程建设》（广州 : 广东人民出版社,1995 年）。

杨东梁,《大清福建海军的创建与覆没》（北京 : 中国人民大学出版社,1989 年）。

董晨鹏,《炮打紫石英号——中英长江事件始末》（昆明 : 云南人民出版社,2000 年）。

雷华健、王冀城,《新中国海战内幕》（北京 : 中国对外翻译出版公司,1993 年）。

福川秀树,《日本海軍将官辞典》（东京 : 芙蓉书房,2000 年）。

福井静夫，《（写真）日本の軍艦——ありし日のわが海軍艦艇》（东京：KK ベストセラーズ，1970 年）。

福井静夫，《日本補助艦艇物語》（东京：光人社，1993 年）。

福井静夫，《日本駆逐艦物語》（东京：光人社，1993 年）。

福井静夫，《世界巡洋艦物語》（东京：光人社，1994 年）。

福井静夫，《（写真）日本海軍全艦艇史》（东京：KK ベストセラーズ，1994 年），三册（简称表作《日艦全史》）。

福建省博物馆《福建文博》编辑部，《中法战争闽台战场专辑》（《福建文博》1985 年第 1 期）。

福建社会科学院历史研究所，《中法战争史学术讨论会论文集——纪念马江战役一百周年》（福州：福建论坛杂志社，1984 年）。

福建船政学校史志编纂委员会，《福建船政学校校志》（厦门：鹭江出版社，1996 年）。

赵振愚主编，《中外海战大全》（北京：海潮出版社，1995 年）。

郑天杰、赵梅卿，《中日甲午海战与李鸿章》（台北：华欣文化事业中心，1979 年）。

刘申宁，《中国兵书总目》（北京：国防大学出版社，1990 年）。

刘传标，《中国近代海军职官表》（福州：福建人民出版社，2004 年）（简称表作《海军职官表》）。

广州市地方志编纂委员会，《广州市志——卷一：大事记》（广州：广州出版社，1999 年）。

广州市地方志编纂委员会，《广州市志——卷十三：军事志》（广州：广州出版社，1995 年）。

广州市荔湾区地方志编纂委员会办公室编，《广州西关风华》，第四册：《西关与詹天佑》（广州：广东省地图出版社，1997 年）。

广州黄埔造船厂，《广州黄埔造船厂简史》（广州：广州黄埔造船厂，2001 年）。

广东省地方史志编纂委员会,《广东省志——军事志》(广州:广东人民出版社,1999 年)。

广东省地方史志编纂委员会,《广东省志——军事工业志》(广州:广东人民出版社,1995 年)。

黎秀石,《日本投降的前前后后》(香港:明报出版社,1995 年)。

蔡惠霖等主编,《百万国民党军起义投诚纪实:续集》(北京:中国文史出版社,1999 年),二册。

驻闽海军军事编纂室,《福建海防史》(厦门:厦门大学出版社,1990 年)。

刘增合,《鸦片税与清末新政》(北京:生活·读书·新知三联书店,2005 年)。

郑剑顺,《甲申中法马江战役》(厦门:厦门大学出版社,1990 年)。

郑剑顺,《福建船政史事纪要编年》(厦门:厦门大学出版社,1993 年)。

邓绍辉,《晚清财政与中国近代化》(成都:四川人民出版社,1998 年)。

邓礼峰,《建国后军事行动全录》(太原:山西人民出版社,1992 年)。

横山宏章,《中国砲艦“中山艦”の生涯》(东京:汲古书院,2002 年)。

桦山爱辅,《父桦山资纪》(东京:大空社,1988 年)。

鲍忠行,《中国海防的反思——近代帝国主义从海上入侵史》(北京:国防大学出版社,1990 年)。

篠原宏,《海軍創設史——イギリス軍事顧問團の影》(东京:リプロポート,1986 年)。

篠原宏,《日本海軍お催ひ外人——幕末から日露戦争まて》(东京:中央公论社,1988 年)。

樋野八束编,《日本海軍軍艦總覽》(东京:新人物往来社,1997 年)。

横须贺海军工厂编,《横須賀海軍船廠史》(横须贺:横须贺海军工厂,1913 年),三册。

卢如春等,《海军史》(北京:解放军出版社,1989 年)。

卢汉超,《赫德传》(上海:上海人民出版社,1986 年)。

钱实甫，《清季新设职官年表》（北京：中华书局，1961 年）。

钱实甫，《清代职官表》（北京：中华书局，1980 年），四册。

谢永光，《香港沦陷——日军攻港十八日战事纪实》（香港：商务印书馆，1995 年）。

谢永光，《香港战后风云录》（香港：明报出版社，1996 年）。

黛治夫，《海軍砲戰史談》（东京：原书房，1972 年）。

黛治夫，《艦砲射擊の歴史》（东京：原书房，1977 年）。

韩俊英、王若、辛欣编著，《史鉴——甲午战争研究备要》（北京：中央民族大学出版社，1997 年）。

钟坚，《惊涛骇浪中战备航行——海军舰艇志》（台北：麦田出版有限公司，2003 年）（简称表作《战备航行》）。

萨本仁，《萨镇冰传——一生跨越四个历史时期的近代爱国海军宿将》（北京：海潮出版社，1994 年）。

魏秀梅，《清季职官表》（台北："中央研究院"近代史研究所，1997 年），二册。

杂志《丸》编集部，《（写真集）日本の小艦艇》（东京：光人社，1975 年）。

杂志《丸》编集部，《哨戒、護衛艦艇——海防艦、水雷艇》（东京：光人社，1998 年）。

藤川宥二，《滿洲国と日本海軍》（东京：自印本，1977 年）。

罗香林，《香港与中西文化之交流》（香港：中国学社，1961 年）。

关捷主编，《甲午国耻丛书》（北京：中央民族大学出版社，1997 年），六册。

关捷、刘志超，《沉沦与抗争——甲午中日战争》（北京：文物出版社，1991 年）。

关捷等主编，《中日甲午战争全史》（长春：吉林人民出版社，2005 年），六册。

苏小东，《中华民国海军史事日志（1912.1—1949.9）》（北京：九洲图书出版社,1999 年)(简称表作《民国海军日志》)。

苏小东等,《怒海惊涛——中国共产党人与民国时期的海军》(北京 : 解放军出版社,2002 年)。

Ⅳ. 近代欧文专书

Alfredo Aguilera, *Buques de Guerra Expanoles, 1885-1971* (Madrid: Libreria Editorial San Martin, 1972).

Bern Anderson, *By Sea and By Land: The Naval History of the Civil War* (New York: Knopf, 1962).

Enzo Angelucci, ed., *The Rand McNally Encyclopedia of Military Aircraft: 1914 to the Present* (New York: Crescent Books, 1999).

E. H. H. Archibald, *The Fighting Ship of the Royal Navy, 897-1984*, Revised edition (Poole, Dorset: Blandford Press, 1984)(简称表作 Archibald).

G. E. Armstrong, *Torpedoes and Torpedo Vessels* (London: George Bell and Sons, 1901).

Cecil Aspinalt-Oglander, *Roger Keyes: Being Biography of Admiral of the Fleet Lord Keyes of Zeebrugge and Dover* (London: Hogarth Press, 1951).

Erminio Bagnasco, *I Mas e le Motosiluranti Italiane, 1906-1968* (Roma: Ufficio Storico Marina Militare, 1969).

Erminio Bagnasco, *Le Motosiluranti della Seconda Guerra Mondiale* (Parma: Tuttostoria, 1977).

Erminio Bagnasco, *Submarines of World War Two* (London: Arms and Armour Press, 1977).

G. A. Ballard, *The Black Battlefleet* (Lymington and Greenwich:

Nautical Publishing Company and The Society for Nautical Research, 1980）.

Tony Banham, *Not the Slightest Chance: The Defence of Hong Kong, 1941*（Hong Kong: Hong Kong University Press, 2003）.

Nathaniel Barneby, *Naval Development in the Century*（Toronto: Linscott Publishing Company, 1904）.

Eleanor C. Barnes, *Alfred Yarrow: His Life and Work*（New York: Longmans, Green and Company, 1923）.

Marshall J. Bastable, *Arms and the State: Sir William Armstrong and the Remaking of British Naval Power, 1854-1914*（Aldershot, Hants: Ashgate Publishing Company, 2004）.

John Bastock, *Ships of the Australia Station*（Frenchs Forest, New South Wales: C. & A. Child and Associates Publishing, 1988）.

John Batchelor and Christopher Chant, *The Complete Encyclopedia of Warships, 1798 to the Present: Steam, Turbine, Diesel, Nuclear*（Edison, NJ: Chartwell Books, 2007）.

Charles Beresford, *The Memoirs of Admiral Lord Charles Beresford*（Boston: Little, Brown and Company, 1914）, 2 volumes.

Joseph Berk, *The Gatling Gun: 19th Century Machine Gun to 21st Century Vulcan*（Boulder, CO: Paladin Press, 1991）.

L. E. Bertin, *Évolution de la puissance defensive des navires de guerre*（Paris: Berger-Levrault & Cie, 1907）.

L. E. Bertin, *La marine moderne: Ancienne histoire et guestions neuves*（Paris: Ernest Flammarion, 1910）.

Franz F. Bilzer, *Die Torpedoschiffe und Zerostörer der k.u.k. Kriegsmarine, 1867-1918*（Graz: H. Weishaupt Verlag, 1990）.

Clay Blair, *Hilter's U-Boat War: The Hunters, 1939-1942*（New York:

Random House, 1996）.

Georges Blond, *L'Amiral Togo: Samouraï de la mer*（Paris: Artheme Fayard, 1958）.

R. V. C. Bodley, *Admiral Togo: The Authorized Life*（London: Jarrolds, 1935）.

Cyrus Townsend Brady, *Under Tops'ls and Tents*（New York: Charles Scribner's Sons,1917）.

Siegfried Breyer, *Battleships and Battlecruisers, 1905-1970*（Garden City: Doubleday and Company, 1970）.

Siegfried Breyer, *Die deutschen Kriegsmarine, 1935-1945*, Band 2: *Zerostörer, Torpedoboote, Kleine Kampfeinheiten, Hiefsschiffe, Küstenartillerie*（Friedberg: Podzun-Pallas Verlag, 1986）.

Siegrried Breyer & Jurg Meister, *Die marine der Volksrepublik China*（Munchen: Bernard & Graefe Verlag, 1982）.

Martin H. Brice, *The Royal Navy and the Sino-Japanese Incident*（London: Ian Allan, 1973）.

Bernard Brodie, *Sea Power in the Machine Age*（Princeton: Princeton University Press, 1941）.

Peter Brook, *Warships for Export: Armstrong Warships, 1867-1927*（Gravesend, Kent: World Ship Society, 1999）（简称表作 *Export*）.

D. K. Brown, *A Century of Naval Construction: The History of the Royal Corps of Naval Constructions*（London: Conway Maritime Press, 1983）.

David Brown, *Warship Loses of World War Two*（London: Arms and Armour Press, 1990）.

David K. Brown, *Before the Ironclad: Development of Ship Design, Propulsion, and Armament in the Royal Navy, 1815-60*（London: Conway

Maritime Press, 1990).

David K. Brown, *Paddle Warships: The Earliest Steam Powered Fighting Ships, 1815-1850* (London: Conway Maritime Press, 1993).

David K. Brown, *Warrior to Dreadnought: Warship Development, 1860-1905* (London: Chatham Publishing, 1997).

Michael Burgess, *Cruisers of the World, 1873-1981* (Wellington, New Zealand: Burgess Media Services, 1983).

Robert N. Burr, *By Reason or Force: Chile and the Balancing of Power in South America, 1830-1905* (Berkeley: University of California Press, 1965).

Noel F. Busch, *The Emperor's Sword: Japan vs Russia in the Battle of Tsushima* (New York: Funk and Wagnalls, 1969).

Lewis Bush, *The Road to Inamure* (Tokyo: Charles E. Tuttle Company, 1972).

Boyd Cable, *A Hundred Year History of the P. & O.: Peninsular and Oriental Steam Navigation Company, 1837-1937* (London: Ivor Nicholson and Watson, 1937).

Holger Cahill, *A Yankee Adventurer: The Story of Ward and the Taiping Rebellion* (New York: The Macaulay Company, 1930).

John Campbell, *Naval Weapons of World War Two* (London: Conway Maritime Press, 1985).

R. Thomas Campbell, *Southern Fire: Exploits of the Confederate States Navy* (Shippensburg, PA: Burd Street Press, 1997).

R. Thomas Campbell, *Hunters of the Night: Confederate Torpedo Boats in the War Between The States* (Shippensburg, PA: Burd Street Press, 1997).

Eugene B. Canfield, *Notes on Naval Ordnance of the American Civil*

War, 1861-1865（Washington, D.C.: The American Ordnance Association, 1960）.

Donald Canney, *The Old Steam Navy,* Volume 1: *Frigates, Sloops, and Gunboats, 1815-1885*（Annapolis: Naval Institute Press, 1990）.

Donald L. Canney, *Lincoln's Navy: The Ships, Men, and Organization, 1861-1865*（London: Conway Maritime Press, 1998）.

Tim Carew, *Fall of Hong Kong*（London: Anthony Blond, 1960）.

Caleb Carr, *The Devil Soldier: The Story of Frederick Townsend Ward*（New York: Random House, 1992）.

Chan Lau Kit-ching 陈刘洁贞, *China, Britain, and Hong Kong, 1895-1945*（Hong Kong: The Chinese University Press, 1990）.

Hsin-Pao Chang 张馨保, *Commissioner Lin and the Opium War*（Cambridge, MA: Harvard University Press, 1964）.

Christopher Chant, *The History of the World's Warships*（Edison, NJ: Chartwell Books, 2000）.

M. de Chasseloup-Laubat, *Les Marines des guerre modernes*（Paris: Dunod, 1903）.

Roger Chesneau, ed., *Conway's All the World's Fighting Ships, 1922-1946*（London: Conway Maritime Press, 1980）（简称表作 *Conway 1922-1946*）.

Roger Chesneau, *Aircraft Carriers of the World, 1914 to the Present: An Illustrated Encyclopedia*（London: Arms Armour Press, 1992）.

Roger Chesneau and Eugene M. Kolesnik, ed., *Conway's All the World's Fighting Ships, 1860-1905*（London: Conway Maritime Press, 1979）（简称表作 *Conway 1860-1905*）.

Stephen Chumbley, ed., *Conway's All the World's Fighting Ships, 1947-1995*（London: Conway Maritime Press, 1995）（简称表作 *Conway 1947-1995*）.

Randolph S. Churchill and Winston S. Churchill, *The Six Day War* (Boston: Houghton Miffin Company, 1967).

Austin Coates, *Whampoa: Ships on the Shore* (Hong Kong: South China Morning Post, 1980).

Maurice Cocker, *Destroyers of the Royal Navy, 1893-1981* (London: Ian Allan, 1981).

M. P. Cocker, *Coastal Forces Vessels of the Royal Navy from 1865* (Stroud, Gloucestershire: Tempus Publishing, 2006).

Jack Coggins, *Arms and Equipment of the Civil War* (New York: Doubleday and Company, 1962).

J. J. Colledge and Ben Warlow, *Ships of the Royal Navy: The Complete Record of All Fighting Ships in the Royal Navy from the 15th Century to the Present* (London: Chatham Publishing, 2006)（简称表作 *Royal Navy Ships* ）.

T. Garth Connelly and David L. Krakow, *Schnellboote in Action* (Corrollton, TX: Squadron/Signal Publications, 2003).

Julian S. Corbett, *Maritime Operations in the Russo-Japanese War, 1904-1905* (Annapolis, Naval Institute Press, 1994), 2 volumes.

J. L. S. Coulter, *The Royal Naval Medical Serivce* (London: Her Majesty's Stationery Office, 1954).

B. R. Coward, *Battleships and Battlecruisers of the Royal Navy Since 1861* (London: Ian Allan, 1986).

Reginald Custance, *The Ship of Line in Battle* (Edinburgh: William Blackwood and Sons, 1912).

Robert Harding Davis, *Real Soldiers of Fortune* (New York: C. Scribner's Sons, 1906).

Moshe Dayan, *Diary of the Sinai Campaign* (London: Weidenfeld and Nicolson, 1965).

Department of the Navy（United States of America）, Naval Historical Center, *Dictionary of American Naval Fighting Ships*（Washington, D. C.: Government Printing Office, 1959—1987）, 8 volumes. Revised edition（1991—　, 仅出了一册）（简称表作 *DANFS*）.

J. F. Dittmar and J. J. Colledge, *British Warships, 1914-1919*（London: Ian Allan, 1972）.

Conrad Dixon, *Ships of the Victorian Navy*（Southampton: Ashford Press Publishing, 1987）.

Feng Djen Djang 张凤桢, *The Diplomatic Relations between China and German since 1898*（Shanghai: The Commercial Press, 1936）.

G. Dollé, *Frégates et croiseurs*（Paris: Horizons de France, 1948）.

F. S. V. Donnison, *British Military Administration in the Far East, 1943-46*（London: Her Majesty's Stationery Office, 1956）.

Jeffery M. Dorwart, *The Office of Naval Intelligence: The Birth of America's First Intelligence Agency, 1865-1918*（Annapolis: Naval Institute Press, 1979）.

David Douglan, *The Great Gunmaker: The Life of Lord Armstrong*（Northumberland: Sandhill Press, 1970）.

Francis Dousset, *Les navires de guerre français de 1850 à nos jours*（Brest: Editions de la Cité, 1975）.

Robert O. Dulin, Jr., *Battleships: Allied Battleships in World War Ⅱ*（Annapolis: Naval Institute Press, 1980）.

Trevor N. Dupuy, et al., *The Harper Encyclopedia of Military Biography*（New York: HarperCollins Publishers, 1992）.

Bernard Edward, *Salvo! Classic Naval Gun Actions*（Annapolis: Naval Institute Press, 1995）.

Peter Ellliott, *Allied Escort Ships of World War Ⅱ: A Complete Survey*

(London: Macdonald and Jane's Publishers, 1977)（简称表作 Elliott）.

G. B. Endacott, *The Hong Kong Eclipse*（Hong Kong: Oxford University Press, 1978）.

Gerd Enders, *Deutsche U-Boote zum Schwarzen Meer: 1942-1944, Eine Reise ohne Wiederkehr*（Hamburg: E. S. Mittler & Sohn, 1997）.

John English, *The Hunts: A History of the Design, Development, and Careers of the 86 Destroyers of the Class Built for the Royal and Allied Navies During World War II*（Cumbria: World Ship Society, 1987）.

David Evans, *Building the Steam Navy: Dockyards, Technology and the Creation of the Victorian Battle Fleet, 1830-1906*（London: Conway Maritime Press, 2004）.

David C. Evans and Mark R. Peattie, *Kaigun: Strategy, Tactics, and Technology in the Imperial Japanese Navy, 1887-1941*（Annapolis: Naval Institute Press, 1997）.

Edwin A. Falk, *Togo and the Rise of the Japanese Sea Power*（New York: Longmans, Green and Company, 1936）.

Peter Ward Fay, *The Opium War, 1840-1842: Barbarians in the Celestial Empire in the Early Part of the Nineteenth Century and the Way by which They Forced Her Gates Ajar*（Chapel Hill: University of North Carolina Press, 1975）.

Ted Ferguson, *Desperate Siege: The Battle of Kong Kong*（Toronto: Doubleday Canada, 1980）.

Andrew Field, *Royal Navy Strategy in the Far East, 1919-1939: Preparing for War Against Japan*（London: Frank Cass, 2004）.

G. Fioravanzo, *et al., I Cacciatorpediniere Italiani, 1900-1966*（Roma: Ufficio Storico della Marina Militare, 1966）.

Bernard Fitzsimons, ed., *Illustrated Encyclopedia of 20th Century*

Weapons and Warfare（New York: Columbia House, 1967）, 24 volumes.

Charles, R. Flint, *Memories of an Active Life: Men, and Ships, and Sealing Wax*（New York: G. P. Putnam's Sons, 1923）.

Harald Fock, *Schnell-Boote*, Band 1: *Von den Anfängen bis zum Ausbruch des 2. Weltkrieges*（Herford: Koehlers Verlagsgesellschaft, 1973）.

Harald Fock, *Schnell-Boote*, Band 2: *Entwicklung und Einsatz im 2. Weltkrieg*（Herford: Koehlers Verlagsgesellschaft, 1974）.

Harald Fock, *Schwarze Gesellen*, Band 1: *Torpedoboote bis 1914*（Herford: Koehlers Verlagsgellschaft, 1979）.

Harald Fock, *Schwarze Gesellen*, Band 2: *Zerostörer bis 1914*（Herford: Koehlers Verlagsgesellschaft, 1979）.

Aldo Franccaroli, *Italian Warships of World War II*（London: Ian Allan, 1968）.

Aldo Franccaroli, *Italian Warships of World War I*（London: Ian Allan, 1970）.

E. R. Fremantle, *The Navy As I Have Known It*（London: Cassell and Company, 1904）.

Norman Friedman, *U. S. Destroyers: An Illustrated Design History*（Annapolis: Naval Institute Press, 1982）.

Norman Friedman, *British Carrier Aviation: The Evolution of the Ships and Their Aircraft*（London: Conway Maritime Press, 1988）.

Norman Friedman, *British Destroyers and Frigates: The Second World War and After*（London: Chatham Publishing, 2006）.

Yukiko Fukasaku, *Technology and Industrial Development in Pre-War Japan: Mitsubishi Nagasaki Shipyard, 1884-1934*（London: Routledge, 1992）.

Shizuo Fukui 福井静夫, *Japanese Naval Vessels Survived: Their Post*

War Activities and Final Disposition (Tokyo: Shupppan Kyodo Publishers Limited, 1961).

Shizuo Fukui, *Japanese Naval Vessels at the End of World War II* (Annapolis: Naval Institute Press, 1991).

Gino Galuppini, *Warships of the World: An Illustrated Encyclopedia* (New York: Milittary Press, 1989)（简称表作 Galuppini）.

Robert L. Gandt, *Season of Storms: The Siege of Honk Kong 1941* (Hong Kong: South China Morning Post, 1982).

William H. Garzke, Jr. and Robert O. Dulin, Jr., *Battleships: Allied Battleships in World War II* (Annapolis: Naval Institute Press, 1980).

James L. George, *History of Warships: From Ancient Times to the Twenty-First Century* (Annapolis: Naval Institute Press, 1998)（简称表作 George）.

Jack J. Gerson, *Horatio Nelson Lay and Sino-British Relations, 1854-1864* (Cambridge, MA: Harvard University Press, 1972).

Tony Gibbons, *The Complete Encyclopedia of Battleships: A Technical Directory of Capital Ships from 1660 to the Present Day* (London: Salamander Books, 1983)（简称表作 Gibbons I）.

Tony Gibbons, *Warships and Naval Battles of the Civil War* (London: Dragon's World, 1989)（简称表作 Gibbons II）.

G. Hermon Gill, *Royal Australian Navy, 1942-1945* (Canberra: Australian War Manorial, 1968).

Ross Gillet, *Australia and New Zealand Warships, 1914-1945* (Sydney and Auckland: Doubleday, 1983).

Motti Golani, *Israel in Search of a War: The Sinai Campaign, 1955-1956* (Brighton: Sussex Academic Press, 1998).

Sidney John Gooding, *An Introduction to British Artillery in North America* (Ottowa: Museum Restoration Service, 1972).

W. P. Gosset, *The Lost Ships of the Royal Navy, 1793-1900* (London: Mansell Publishing, 1986).

Terrell D. Gottschall, *By Order of the Kaiser: Otto von Diederichs and the Rise of the Imperial German Navy, 1965-1902* (Annapolis: Naval Institute Press, 2003).

Gerald S. Graham, *The China Station: War and Diplomacy* (Oxford: Charendon Press, 1978).

Edwyn Gray, *Operatin Pacific: The Royal Navy's War Against Japan 1941-1945* (Annapolis: Naval Institute Press, 1990).

Edwyn Gray, *The Devil's Device: Robert Whitehead and the History of the Torpedo*, Revised edition (Annapolis: Naval Institute Press, 1991).

Randal Gray, ed., *Conway's All the World's Fighting Ships, 1906-1921* (London: Conway Maritime Press, 1985) (简称表作 *Conway 1906-1921*).

Jack Greene and Alessandro Massignani, *The Ironclads at War: The Origin and the Development of the Armored Warships, 1854-1891* (Conshohocken, PA: Combined Publishing, 1998).

Basil Greenhill and Ann Gifford, *Steam, Politics and Patronage: The Transformation of The Royal Navy, 1815-54* (London: Conway Maritime Press, 1994).

Rene Greger, *Austro-Hungarian Warships of World War I* (Shepperton, Surrey: Ian Allan, 1976).

Erich Gröner, *Die deutschen Kriegsschiffe, 1815-1945, Band 2: Spezial, Hilfskriegs, Hiefsschiffe, Kleinshiffsverbande* (Munchen: J. F. Lehmanns, 1968).

Erich Gröner, *German Warships, 1815-1945,* Volume One*: Major Surface Vessels*, Revised and expanded by Dieter Jung and Martin Maas (London: Conway Maritime Press, 1990); Volume Two: *U-Boats and Mine*

Warfare Vessels（1991）（简称表作 GJM）.

Freddie Guest, *Escape from the Bloodied Sun*（London: Jarrolds Publishers, 1956）.

Arnold Hague, *Sloops 1926-1946*（Kendal: World Ship Society, 1993）.

C. I. Hamilton, *Anglo-French Naval Rivalry, 1840-1870*（Oxford: Clarendon Press, 1993）.

David Harding, ed., *Weapons: An International Encyclopedia from 5000 B.C. to 2000 A.D.*（New York: Saint Martin's Press, 1980）.

Katheleen Harland, *The Royal Navy in Hong Kong, 1841-1980*（Hong Kong: H.M.S. Tamar, The Royal Navy, 1980?）.

Katheleen Harland, *The Royal Navy in Hong Kong Since 1841*（Liskeard, Cornwall: Maritime Books, 1986）.

Robert A. Hart, *The Great White Fleet: Its Voyage Around the World, 1907-1909*（Boston: Little, Brown and Company, 1965）.

D. J. Hasting, *The Royal Indian Navy, 1612-1950*（Jefferson, NC: McFarland and Company, 1988）.

Chester G. Hearn, *Gray Raiders of the Sea: How Eight Confederate Warships Destroyed the Union's High Seas Command*（Baton Rouge: Louisiana State University Press, 1992）.

Robert Henrigues, *One Hundred Hours to Suez: An Account of Israel's Campaign to the Sinai Peninsula*（London: Colins, 1957）.

Richard Hill, *War at Sea in the Ironclad Age*（London: Cassell and Company, 2000）.

Peter Hodges and Norman Friedman, *Destroyer Weapons of World War II*（London: Conway Maritime Press, 1979）.

Ian Hogg, *A History of Artillery*（London: Hamlyn Publishing Group, 1974）.

Ian Hogg and John Batchelor, *Naval Gun* (Poole, Dorset: Blanford Press, 1978).

Frederic B. M. Hollyday, *Bismarck's Rival: A Political Biography of General and Admiral Albrecht von Stosch* (Durham: Duke University Press, 1960).

Hong Kong and Whampoa Dock Company Limited, Hong Kong (1948).

William Hovgaard, *Modern History of Warships* (London: E. & F. N. Spon, 1920)（简称表作 Hovgaard ）.

Edwin P. Hoyt, *Three Military Leaders: Heihachiro Togo, Isoroku Yamamoto, Tomoyuki Yamashita* (Tokyo: Kodansha International, 1993).

Wayne P. Hughes, Jr., *Fleet Tactics: Theory and Practice* (Annapolis: Naval Institute Press, 1986).

Richard Humble, *Before the Dreadnought: The Royal Navy from Nelson to Fisher* (London: Macdonald and Jane's Publishers, 1976).

Richard Humble, *Naval Warfare: An Illustrated History* (London: Orbis Publishing, 1983).

Gerhard Hümmelchen, *Die deutschen Schnellboote im zweiten Weltkrieg* (Hamburg: E.S. Mittler and Sohor, 1996).

Archibald Hurd, *The German Fleet* (London: Hodder and Stoughton, 1915).

Archibald Hurd and Henry Castle, *German Sea Power: The Rise, Progress, and Economic Basis* (London: John Murray, 1913).

Robin Hutcheon, *SCMP: The First Eighty Years* (Hong Kong: South China Morning Post, 1983).

Angelo Iachino, *La Campaign Navale di Lissa 1866* (Milano: Casa editrice Il Saggiatore, 1966).

Intelligence Department, Admiralty (Great Britain), *China: War*

Vessels and Torpedo Boats（London: Her Majesty's Stationery Office, 1891）
（简称表作 *China War Vessels*）.

Israel Ministry of Defence, *The Six Days' War*（Jerusalem: Publishing House, Israel Ministry of Defence, 1967）.

Robert Jackson and Steve Crawford, *Fighting Ships of the World*（Kent: Grange Books, 2004）.

Fred T. Jane, *The Imperial Japanese Navy*（London: W. Thacker and Company, 1904）（简称表作 Jane）.

H. L. Jenkin, *Ocean Passages for the World*, Third edition（London: Hydrographer of the Navy, 1973）.

Hansgeorg Jentschura, Dieter Jung, and Peter Mickel, *Warships of the Imperial Japanese Navy, 1869-1945*, Translated by Antony Preston and J. D. Brown（London: Arms and Armour Press, 1977）（简称表作 JJM）.

Roger Jordan, *The World's Merchant Fleets, 1937: The Particulars and Wartime Fates of 6,000 Ships*（London: Chatham Publishing, 1999）.

Roger Kafka and Roy L. Pepperburg, *Warships of the World*, Victory edition（New York: Cornell Maritime Press, 1946）.

Paul J. Kemp, *British Coastal Forces of World War II*（London: ISO Publications, 1997）.

E. V. G. Kiernan, *British Diplomacy in China, 1800 to 1885*（Cambridge: Cambridge University Press, 1939）.

Frank H. H. King 景复朗 and Prescott Clarke, *A Research Guide to China-Coast Newspapers, 1822-1911*（Cambridge, MA: Harvard University Press, 1965）.

S. Woodburn Kirby, *The War Against Japan*（London: Her Majesty's Stationery Office, 1957—1969）, 5 volumes.

Ushisaburo Kobayashi, *War and Armament Loans of Japan*（New York:

Oxford University Press, 1922）.

Angus Konstam, *British Battlecruisers 1939-45*（Oxford: Osprey Publishing, 2003）.

Eric Lacroix and Linton Wells II, *Japanese Cruisers of the Pacific War*（Annapolis:Naval Institute Press, 1997）.

William Laird-Clowes, *Four Modern Naval Campaigns: Historical, Strategical, and Tactical*（London: Unit Library, 1902）.

William Laird-Clowes, *The Royal Navy: A History from the Earliest Times to 1900*（London: Sampson Low, Marston and Company, 1897—1903）, 7 volumes（简称表作 *Royal Navy History*）.

Andrew Lambert, *Battleships in Transition: The Creation of the Steam Battlefleet, 1815-1860*（London: Conway Maritime Press, 1984）.

Andrew Lambert, *The Last Sailing Battlefleet: Maintaining Naval Mastery, 1815-1850*（London: Conway Maritime Press, 1991）.

Ivo Nikolai Lambi, *The Navy and German Power Politics, 1862-1914*（Boston: Allen and Unwin, 1984）.

Michael R. Lane, *The Rendel Connection: A Dynasty of Engineers*（London: Ouiller Press, 1989）.

Bernd Langensiepen and Ahmet Guleryüz, *The Ottoman Steam Navy, 1828-1923*, Edited and translated by James Cooper（London: Conway Maritime Press, 1995）.

Brian Lavery, *The Ships of the Line,* Volume 1: *The Development of the Battlefleet, 1650-1850*（London: Conway Maritime Press, 1983）.

Brian Lavery, *The Arming and Fitting of English Ships of War, 1600-1815*（London: Conway Maritime Press, 1987）.

John Leather, *World Warships in Review 1860/1906*（London: Macdonald and Jane's, 1976）.

Halton Stirling Lecky, *The King's Ships*（London: Horrace Muirhead, 1913—1914）, 3 volumes（简称表作 Lecky）.

Steven A. Leibo, *Transferring Technology to China: Prosper Giquel and the Self-Strengthening Movement*（Berkeley: Institute of East Asian Studies, University of California, 1985）.

H. T. Lenton, *German Submarines*（London: Macdonald, 1965）, 2 volumes.

H. T. Lenton, *British and Empire Warships of the Second World War*（London: Greenhill Books, 1998）（简称表作 *British Empire Warships*）.

Oliver Linsay, *At the Going Down of the Sun: Hong Kong and South-East Asia, 1941-1945*（London: Hamish Hamilton, 1981）.

Oliver, Linsay, *The Battle for Hong Kong, 1941-1945: Hostage to Fortune*（Hong Kong: Hong Kong University Press, 2005）.

Arthur Lloyd, *Admiral Togo*（Tokyo: Kinkodo Publishing, 1905）.

Carlos Lopez, *Chile: A Brief Naval History*（Valparaiso, Chile: Private Publication, 2001）.

David Lyon, *The Ships: Steam, Steel and Torpedoes—The Warship in the 19th Century*（London: Her Majesty's Stationery Office, 1980）.

David Lyon, *The Sailing Navy List: All the Ships of the Royal Navy—Built, Purchased, And Captured, 1688-1860*（London: Conway Maritime Press, 1993）.

David Lyon, *The First Destroyers*（London: Chatham Publishing, 1996）.

David Lyon and Rif Winfield, *The Sail and Steam Navy List: All the Ships of the Royal Navy, 1815-1889*（London: Chatham Publishing, 2004）（简称表作 *Sail-Steam List*）.

William M. Lytte and Forrest R. Holdeamper, *Merchant Steam Vessels of the United States, 1790-1868*, Revised and edited by C. Bradford Mitchell (Staten Island, NY: The Steamship Historical Society and Association, 1975).

Donald Macintyre and Basil W. Bathe, *Man-Of-War: A History of the Combat Vessel* (New York: McGraw-Hill Book Company, 1968).

Henri Le Masson, *Histoire du torpilleur en France* (Paris: Émile Deschanel, n.d. [1966]).

Ken Macpherson and John Burgess, *The Ships of Canada's Naval Forces, 1910-1981: A Complete Pictorial History of Canadian Warships* (Don Mills, Ontario: Collins Publishers, 1981).

J. P. Mallman-Showell, *U-Boats under the Swastika: An Introduction to German Submarines, 1935-1945* (London: Ian Allan, 1973).

Frederic Manning, *The Life of Sir William White* (London: John Murray, 1923).

T. D. Manning, *The British Destroyer* (London: Putnam and Company, 1961).

T. D. Manning and C. F. Walker, *British Warship Names* (London: Putnam and Company, 1959).

Edgar J. March, *British Destroyers: A History of Development, 1892-1953* (London: Seeley Service and Company, 1966).

Daniel J. March, ed., *British Warsplanes of World War II* (New York: Barnes & Noble Books, 2000).

Marine et technique au XIX siecle: Actes du Colloque International (Paris: Service Historique de la marine, Institut d'histoire des conflits contemporains, 1988)（简称表作 *Marine et technique*）.

Chris Marshall, *The Encyclopedia of Ships: The History and Specifications of over 1200 Ships* (New York: Barnes & Noble Books, 1995)（简称表作 Marshall）.

Ian Marshall, *Ironclads and Paddlers* (Charlottesville, VA: Howell Press, 1993).

Franklin Matthews, *Back to Hampton Road: Cruise of the U. S. Atlantic Fleet from San Francisco to Hampton Road, July 7, 1906-February 22, 1909* (New York: B. W. Huebsch, 1909).

H. C. G. Matthew and Brian Harrison, ed., *Oxford Dictionary of National Biography* (Oxford: Oxford University Press, 2004), 61 Volumes.

Newton A. McCully, *The McCully Report: The Russo-Japanese War, 1904-05*, Edited by Richard von Doenhoff (Annapolis, Naval Institute Press, 1977).

Lee McGiffin, *Yankee of the Yalu: Philo Norton McGiffin, American Captain in the Chinese Navy (1885-1895)* (New York: E. P. Dutton and Company, 1968).

Hans Mehl, Naval Guns: *500 Years of Ship and Coastal Artillery* (London: Chatham Publishing, 2002).

Peter J. Melson, *White Ensign~Red Dragon: The History of the Royal Navy in Hong Kong, 1841-1997* (Hong Kong: Edinburgh Financial Publishing [Asia], 1997).

Martin Middlebrook and Patrick Mahoney, *Battleship*: *The Sinking of the Prince of Wales and the Repulse* (London: Allen Lane, 1977).

Norman L. Middlemiss, *British Shipbuilding Yards* (Newcastle-Upon-Tyne: Shield Publications, 1993—1995), 3 volumes.

David Miller, *The Illustrated Directory of Warships from 1860 to the Present Day* (London: Salamander Books, 2001).

E. C. Millington, *Seamen in the Making: A Short History of Nantical Training* (London: J. D. Potter, 1935).

Eberhard Moller and Werner Brack, *The Encyclopedia of U-Boats: From*

1904 to the Present Day, Translated by Andrea Battson and Roger Chesneau （London: Greenhill Books, 2004）.

George Moorad, *Lost Peace in China*（New York: E. P. Dutton and Company, 1949）.

Elting E. Morison, *Admiral Sims and the Modern Navy*（Boston: Houghton Mifflin Company, 1947）.

Samuel Eliot Morison, *History of United States Naval Operations in World War II*, Volume 15: *Supplement and General Index*（Boston: Little, Brown and Company, 1962）.

Douglas Morris, *Cruisers of the Royal and Commonwealth Navies since 1879*（Liskeard, Cornwall: Maritime Books, 1987）（简称表作 *Cruisers*）.

H. B. Morse, *The International Relations of the Chinese Empire*（Shanghai: Kelly and Walsh, 1918）, 2 volumes.

H. B. Morse, *The Chronicles of the East India Company Trading to China, 1635-1834*（Oxford: Charendon Press, 1926—1929）, 5 volumes.

John Munday, *Naval Cannon*（Aylesbury, Bucks: Shire Publications, 1987）.

Malcolm H. Murfett, *Hostage on the Yangtze: Britain, China, and the Amethyst Crisis of 1949*（Annapolis: Naval Institute Press, 1991）.

Ivan Musicant, *Divided Waters: The Naval History of the Civil War*（New York: HarperCollins Publishers, 1995）.

Colin Narbeth, *Admiral Seymour's Expedition and Taku Forts, 1900*（Chippenham, Wiltshire: Picton Publishing, 1980）.

Navy Department（United States）, Naval History Division, *Civil War Chronology, 1861-1865*（Washington, D. C.: Government Printing Office [?], 1961）.

Arthur Nicholson, *Hostages to Fortune: Winston Churchill and the*

Loss of the Prince of Wales and Repulse (Stroud, Gloucestershire: Sutton Publishing, 2005).

Axel Niestlé, *German U-Boat Loses during World War II* (Annapolis: Naval Institute Press, 1998).

Sachiko Noguchi and Alan I. Davidson, *The Mikado's Navy and Australia: Visits of His Imperial Japanese Majesty's Training Ships, 1878-1912* (Melbourne: Japanese Studies Centre, 1993).

A. J. D. North, *Royal Naval Coastal Forces, 1939-1945: MTBs, MGBs, MA/SBs, MLs and HDMLs* (London: Almark Publishing Company, 1972).

Edgar O'Ballance, *The Sinai Campaign* (London: Faber and Faber, 1959).

Edgar O'Ballance, *The Third Arab-Israeli War* (Hamden, CT: Archor Books, 1972).

Dvid H. Oliver, *German Naval Strategy, 1856-1888: Forerunners of Tirpitz* (London: Frank Cass, 2004).

Giichi Ono, *War and Armament Expenditures of Japan* (New York: Oxford University Press, 1922).

Eric W. Osborne, *Destroyers: An Illustrated History of Their Impact* (Santa Barbara: ABC-CL10, 2005).

Peter Padfield, *Battleship*, Revised edition (Edinburgh: Birlinn Limited, 2000).

Peter Padfield, *Guns at Sea* (London: Hugh Evelyn, 1973).

Lincoln P. Paine, *Warships of the World to 1900* (Boston: Houghton Mufflin Company, 2000).

George Paloczi-Horvath, *From Monitor to Missile Boat: Coastal Defence Ships and Coastal Defence since 1860* (London: Conway Maritime Press, 1996).

Oscar Parkes, *British Battleships: Warrior 1860 to Vanguard 1950,* Second edition（London: Seeley Service and Company, 1966）（简称表作 Parkes）.

John H. Plumridge, *Hospital Ships and Ambulance Trains*（London: Seeley Service and Company, 1975）.

Paolo M. Pollina, *Le Torpediniere Italiane, 1881-1964*（Roma: Ufficio Storico della Marina Militare, 1964）.

David Pong 庞百腾, *Shen Pao-chen and China's Modernization in the Nineteenth Century*（Cambridge: Cambridge University Press, 1994）.

Kenneth Poolman, *Armed Merchant Cruisers*（London: Secker and Warburg, 1985）.

David Poyer, *The Return of Philo T. McGiffin*（Annapolis: Naval Institute Press, 1997）.

Antony Preston, *Destroyers*（London: Bison Books, 1977）.

Antony Preston, *Cruisers: An Illustrated History, 1880-1980*（London: Bison Books, 1980）.

Alan Raven and John Roberts, *British Battleships of World War Two*（London: Lionel Leventhal, 1976）.

Alan Raven and John Roberts, *British Cruisers of World War Two*（London: Arms and Armour Press, 1980）.

Alan Raven and John Roberts, *Hunt Class Escort Destroyers*（London: Arms and Armour Press, 1980）.

John L. Rawlinson, *China's Struggle for Naval Development, 1839-1895*（Cambridge, MA: Harvard University Press, 1967）（简称表作 *Struggle*）.

Edwin Ride, *BAAG: Hong Kong Resistance, 1942-1945*（Hong Kong: Oxford University Press, 1981）.

John Roberts, *British Warships of the Second World War*（London: Chatham Publishing, 2000）.

Frederick Leslie Robertson, *The Evolution of Naval Armament*（London: Constable and Company, 1921）.

H. C. B. Rogers, *Troopships and their History*（London: Seeley Service and Company, 1963）.

Jürgen Rohwer, *Axis Submarine Successes 1939-1945*（Annapolis: Naval Institute Press, 1985）.

Theodore Ropp, *The Development of a Modern Navy: French Naval Policy, 1871-1904*, Edited by Stephen S. Roberts（Annapolis: Naval Institute Press, 1987）.

S. W. Roskill, *The War at Sea, 1939-1945*, Volume Ⅲ, Part Ⅱ（London: Her Majesty's Stationery Office, 1961）.

Eberhard Rössler, *The U-Boat: The Evolution and Technical History of German Submarines*, Translated by Harold Esenberg（London: Arms and Armour Press, 1981）.

A. H. Ryley, *The Thames Nautical Training College H.M.S. Worcester, 1862-1919*（London: Charles Griffin, 1929）.

Stanley Sandler, *The Emergence of the Modern Capital Ship*（Newark: University of Delaware Press, 1979）.

William Sater, *Arturo Prat and the Historical Image in Chile*（Berkeley: University of California Press, 1973）.

Robert L. Scheina, *Latin America: A Naval History*（Annapolis: Naval Institute Press, 1987）.

Robert L. Scheina, *Latin America's Wars,* Volume 1: *The Age of the Caudillo,*（Washington, D. C.: Brassey's, Inc., 2003）.

J. D. Scott, *Vickers: A History*（London: Weidenfeld and Nicolson, 1962）.

Aron Shai, *Britain and China: 1941-47: Imperial Momentum*（London:

The Macmillan Press, 1984）.

Michael Sharpe, *Biplanes, Triplanes, and Seaplanes*（New York: Barnes and Noble Books, 2000）.

William G. Shofield, *Destroyers: 60 Years*（New York: Rand McNally and Company, 1962）.

Erwin Sieche, *Die Kreuzer der K. und K. Marine*（Wolferscheim-Berstadt: Podzun-Pallas Verlag, 1994）.

E. E. Sigwart, *Royal Fleet Auxiliary: Its Ancestry and Affiliations, 1600-1968*（London: Adlard Coles, 1969）.

Paul H. Silverstone, *Directory of the World's Capital Ships*（New York: Hippocrene Books, 1984）（简称表作 Silverstone Ⅰ）.

Paul H. Silverstone, *Civial War Navies, 1855-1883*（Annapolis: Naval Institute Press, 2001）（简称表作 Silverstone Ⅱ）.

Richard V. Simpson, *Building the Mosquito Fleet: The U. S. Navy's First Torpedo Boats*（Charleston, SC: Tempus Publishing, 2001）.

Anthony Smith, *Machine Gun: The Story of the Men and the Weapon that Changed the Face of War*（New York: St. Martin's Press, 2002）.

Peter Smith, *Hard Lying: The Birth of the Destroyer, 1893-1913*（Chatham, Kent: W. & J. MacKay, 1971）.

Richard J. Smith, *Mercenaries and the Mandarins: The Ever-Victorius Army in Nineteenth Century China*（Millwood, NY: KTO Press, 1978）.

Philip Snow, *The Fall of Hong Kong: Britain, China and the Japanese Occupation*（New Haven: Yale University Press, 2003）.

Anthony E. Sokel, *The Imperial and Royal Austro-Hungarian Navy*（Annapolis: United States Naval Institute, 1968）.

Lawrence Sondhaus, *The Habsburg Empire and the Sea: Austrian Naval Policy, 1797-1866*（West Lafayette: Purdue University Press, 1989）.

Lawrence Sondhaus, *The Naval Policy of Austria-Hungary, 1867-1918: Navalism, Industrial Development, and the Politics of Dualism*（West Lafayette: Purdue University Press, 1994）.

Lawrence Sondhaus, *Preparing for Welpolitik: German Sea Power before the Tirpitz Era*（Annapolis: Naval Institute Press, 1997）.

Lawrence Sondhaus, *Naval Warfare, 1815-1914*（London: Routledge, 2001）.

William T. Spencer, *Confederate Navy in Europe*（Tuscaloosa: University of Alabama Press, 1983）.

Philip Van Doren Stern, *The Confederate Navy: A Pictorial History*（Garden City: Doubleday, 1962）.

Jan Sturton, ed., *Conway's All the World's Battleships, 1906 to the Present*（London: Conway Maritime Press, 1987）.

Jean Sutton, *Lords of the East: The East India Company and Its Ships*（London: Conway Maritime Press, 2000）.

H.M.S. Tamar: Stonecutters Island, Decommissing Ceremony, Friday, 11 April 1997.

V. E. Tarrant, *King George V Class Battleships*（London: Arms and Armour Press, 1991）.

J. C. Taylor, *German Warships of World War I*（London: Ian Allan, 1969）.

J. M.Thornton, *Men-of-War, 1770-1970*（Watford, Hertfordshire: Argus Books, 1978）.

Barett Tillman, *Hellcat: The F6F in World War II*（Annapolis: Naval Institute Press, 1979）.

Captaine Togari（户苅隆治）, *Louis-Émile Bertin: Son rôle dans la création de la marine japonaise*（Paris: Libraire du Recueil Sirey, 1935）.

Tom Tompkins, *Yokosuka: Base of an Empire* (Novato, CA: Presido Press, 1981).

George G. Toudouze, *La vie heroïque de l'Amiral Courbet* (Paris: Militaires illustrees, 1944).

Spencer Tucker, *Arming the Fleet: U. S. Navy Ordnance in the Muzzle-Loading Era* (Annapolis: Naval Institute Press, 1989).

Spencer C. Tucker, *Handbook of the 19th Century Naval Warfare* (Strouds, Gloucestesshire:Sutton Publishing, 2000).

Jacques Vihot, *Repertoire des navires des guerre francais* (Paris: L'Association des Ames des musées de la marine, 1967).

Carl Vincent, *No Reason Why: The Canadian Hong Kong Tragedy—An Examination* (Stittsville, Ontario: Canada's Wings, 1981).

Vladimir (Zanoni Hind Volpicelli), *The China-Japan War* (New York: Charles Scribner's Sons, 1896).

Paul Wahl and Don Toppel, *The Galting Gun* (New York: Arco Publishing Company, 1965).

Iain Ward, *Sui Geng: The Hong Kong Marine Police, 1841-1950* (Hong Kong: Hong Kong University Press, 1991).

Chris Ware, *The Bomb Vessel: Shore Bombarment Ships of the Age of Sail* (London: Conway Maritime Press, 1994).

Kenneth Warren, *Armstrongs of Elswick: Growth in Engineering and Armaments to The Merger with Vickers* (London: Macmillan, 1989).

Anthony Watts, *Axis Submarines* (New York: Arco Publishing Company, 1977).

Anthony J.Watts and Brian G. Gordon, *The Imperial Japanese Navy* (London: Macdonald, 1971)（简称表作 WG）.

Alan Westcott, *A History of Sea Power* (New York: Doubleday, 1920).

John W. Wheeler-Bennett, *King George VI: His Life and Reign* (New York: St. Martin's Press, 1958).

Colin White, *Victoria's Navy: The Heyday Steam* (Emsworth: Kenneth Mason, 1983).

M. J. Whitney, *Destroyers of World War II : An International Encyclopedia* (London: Cassell and Company, 1988)（简称表作 *Destroyers Encyclopedia*）.

M. J. Whitney, *German Coastal Forces of World War Two* (London: Arms and Armour Press, 1992).

M. J. Whitney, *Cruisers of World War Two: An International Encyclopedia* (London: Arms and Armour Press, 1995)（简称表作 *Cruisers Encyclopedia*）.

M. J. Whitney, *Battleships of World War Two: An International Encyclopedia* (London: Arms and Armour Press, 1998).

David L. Williams, *White's of Cowes* (Peterborough: Silver Link Publishing, 1993).

Gordon Williamson, *Kriegsmarine U-Boats, 1939-45 (1)* (Oxford: Osprey Publishing, 2002).

Gordon Williamson, *German E-Boats, 1939-45* (Oxford: Osprey Publishing, 2002).

H. W. Wilson, *Ironclads in Action: A Sketch of Naval Warefare from 1855 to 1895* (Boston: Little, Brown and Company, 1896), 2 volumes.

H. W. Wilson, *Battleships in Action* (Boston: Little, Brown and Company, 1926), 2 volumes.

Robert J. Winkleareth, *Naval Shipbuilders of the World: From the Age of Sail to the Present Day* (London: Chatham Publishing, 2000).

Donald E. Worcester, *Sea Power and Chilean Independence* (Gainesville: University of Florida Press, 1962).

David Wragg, *Royal Navy Handbook, 1914-1918*（Stroud, Gloucestershire: Sutton Publishing, 2006）.

Richard N. J. Wright, *The Chinese Steam Navy*（London: Chatham Publishing, 2000）（简称表作 *Steam Navy*）.

Stanley F. Wright, *Hart and the Chinese Customs*（Belfast: Wm. Mullan and Son, 1950）.

John Young, *A Dictionary of Ships of the Royal Navy of the Second World War*（Cambridge: Patrick Stephens, 1975）.

V. 近人中日文论文 / 报导

于醒民,《一八六二年亨利华尔购买炮舰案》,《史林》（上海）,1986 年 2 期（1986 年）,页 62—71。

及川清,《"ウースター"商船學校と東郷元帥の學籍簿》,《東郷》,141 期（1979 年 7 月）,页 8—10。

王民,《裴荫森与福建船政局的重振及发展》,《福建师范大学学报》（哲学社会科学版）,1989 年 3 期,页 120—124、114。

中名生正己,《明治以降日本か輸出した艦艇について》,《世界の艦船》,1982 年 11 期（1982 年 11 月）,页 98—104。

王如绘,《讨论马建忠的海防思想》,《东岳论丛》,24 卷 1 期（2003 年 1 月）,页 70—75。

王家俭,《清末海军留英学生的派遣及其影响（一八七六～一八八五）》,《历史学报》（台湾师大）,2 期（1974 年 2 月）,页 161—187；修订本收入《海军史论集》,页 27—59。

王家俭,《中日长崎事件之交涉（一八八六～一八八七）》,《历史学报》（台湾师大）,5 期（1977 年 4 月）,页 335—378；修订本收入《海军史论集》,

页 147—198。

王家俭,《琅威理(Capt. William Metcalfe Lang)之借聘来华及其辞职风波》,《历史学报》(台湾师大),6 期(1978 年 5 月),页 182—207 ;修订本收入《海军史论集》,页 61—93。

王家俭,《借将练兵惹来的麻烦——从李鸿章向英借聘琅威理说起》,《历史月刊》,72 期(1994 年 1 月),页 74—78。

王家俭,《李鸿章的海军知识与海权思想》,收入台湾师范大学历史研究所、历史学系编,《甲午战争一百周年纪念学术研讨会论文集》(台北 : 该所该系,1995 年),页 307—320。

王家俭,《英国对于清季创设现代海军的影响——近代中国军事之传统与蜕变》,收入郝延平、魏秀梅编,《近世中国之传统与蜕变——刘广京院士七十五岁祝寿论文集》(台北 : “中央研究院” 近代史研究所,1998 年),上册,页 375—394。

王家俭,《国际科技转移与北洋海防建设——论洋员在洋务运动中的角色与作用》,《中华文史论丛》,58 期(1999 年 5 月);并收入《北洋海军研究》,1 期(1999 年 11 月),页 62—83。

王家俭,《〈中华民国海军史事日志〉评介》,《军事历史研究》,2000 年 4 期(2000 年),页 175—177。

王家俭,《甲午战争前英国远东海军 “中国舰队” 在华之活动与影响》,《北洋海军研究》,3 期(2006 年 8 月),页 541—562。

木泽静男,《御召艦 “迅鯨”(初代)曲折の建造始末記》,《東郷》,367 期(1999 年 9 月),页 34—36 ;368 期(1999 年 10 月),页 12—14 ;369 期(1999 年 11 月),页 20—22。

巴斯蒂(Marianne Bastid-Bruguiere)(张富强、赵军译),《清末赴欧的留学生们——福州船政局引进近代技术的前前后后》,《辛亥革命史丛刊》,8 期(1991 年 9 月),页 189—202。

巴斯蒂,《福州船政的技术引进(1866—1912)》,收入张寄谦编,《素馨集——纪念邵循正先生学术论文集》(北京:北京大学出版社,1993 年),页 236—257。

正木幹人,《初期海軍の留學生》,《東鄉》,217 期(1985 年 11 月),页 13—17;219 期(1986 年 1 月),页 44—47;220 期(1986 年 2 月),页 32—34;221 期(1986 年 3 月),页 41—43;222 期(1986 年 4 月),页 43—46。

左史,《汪伪军事机构及伪军概况》,《江苏文史资料选辑》,12 期(1983 年 6 月),页 149—178。

古坂典久,《日本軍艦史,1. 明治編,(2)日清戰争終結まで》,《世界の艦船》,229 期(1976 年 7 月),页 10—33。

田宏,《我国海岸线的东起点——鸭绿江口》,《海洋世界》,230 期(1996 年 9 月),页 4—5。

田村俊夫,《滿洲国江防艦隊始末》,《世界の艦船》,1966 年 3 期(1966 年 3 月),页 62—68;1966 年 4 期(1966 年 4 月),页 50—60。

田村俊夫,《往年の滿洲国海上警察隊について》,《世界の艦船》,1982 年 3 期(1982 年 3 月),页 128—134。

田村俊夫,《中国巡洋艦"寧海"と"平海"の建造》,*Sea Power*,1984 年 2 期(1984 年 2 月),页 16—23。

田村俊夫,《雜役船"翠"(やませみ)と"翡"(かわせみ)》,*Sea Power*,1984 年 3 期(1984 年 3 月),页 9—12。

田村俊夫,《"海龍"級驅逐艦と義和團の亂》,*Sea Power*,1984 年 4 期(1984 年 4 月),页 10—11。

田村俊夫,《歷史から消え去つた艦——水電砲艦"飛霆"》,*Sea Power*,1984 年 7 期(1984 年 7 月),页 11—13。

田村俊夫,《50 年前のフラム艦"大同"と"自强"》,*Sea Power*,1984 年 9 期(1984 年 9 月),页 10—11。

田村俊夫,《青島における第三艦隊の自沉》,*Sea Power*,1984 年 11 期(1984 年 11 月),页 72—74。

田村俊夫,《"海宁"级炮舰の建造とその最期》, *Sea Power*, 1984 年 12 期(1984 年 12 月), 页 1—2。

田村俊夫,《江南造船所の佔領と未成艦船》, *Sea Power*, 1985 年 2 期(1985 年 2 月), 页 72—75。

田村俊夫,《知られぎる海軍——南京政府海軍について》, *Sea Power*, 1985 年 3 期(1985 年 3 月), 页 63—64。

田村俊夫,《續知られぎる海軍——南京政府海軍について》, *Sea Power*, 1985 年 4 期(1985 年 4 月), 页 74—77。

田村俊夫,《中国巡洋艦"寧海"と"平海"の引き揚げ》, *Sea Power*, 1987 年 1 期(1987 年 1 月), 页 54—61。

田村俊夫,《海難史上の艦艇》, *Sea Power*, 1987 年 8 期(1987 年 8 月), 页 62—64。

田村俊夫,《英米オランタ"なと"の艦艇を鹵獲改装した 9 隻の哨戒艇》, 收入渡部義之編,《帝国海軍真実の艦艇史》(东京 : 学习研究社, 2004 年), 页 125—131。

田村俊夫,《英国砲艦"モス"の後身、帝国海軍軍艦"須磨"真実の艦艇史》, 收入《帝国海軍真実の艦艇史》, 页 182—197。

包遵彭,《对凌著〈詹天佑先生年谱〉的几点商榷》,《新时代》, 1 卷 7 期 (1961 年 7 月), 页 41—46。

安艺一郎,《東郷さんの英国留學》,《東郷》, 4 期(1967 年 11 月), 页 24—28。

吴守成,《日本海军在伪满洲国之进出与江上军》,《近代中国》, 109 期 (1995 年 10 月), 页 268—280。

吴守成,《伪满洲国江防舰队与江上军》, 收入李金强等编,《我武维扬——近代中国海军史新论》(香港 : 香港海防博物馆, 2004 年), 页 295—314。

吴鸢,《我所知道的张灵甫》, 收入中国人民政治协商会议全国委员会文史资料委员会编,《文史资料存稿选编》(北京:中国文史出版社,2002 年),"军政人物",上册,页 930—934。

佐伯为藏,《坪井航三小傳》,《防長史學》,4 卷 1 期(1933 年),页 36—42。

沈波,《从清朝海防看鸦片战争失败的原因》,《杭州大学学报》(哲学社会科学版),1993 年 2 期(1993 年 6 月),页 86—91。

沈来秋,《我们知道的刘冠雄》,《福建文史资料》,8 期(1984 年 10 月),页 158—161。

并河义孝,《東鄉平八郎と伊地知弘一》,《東鄉》,369 期(1999 年 11 月),页 15—17。

李忠兴,《中日长崎事件及其交涉》,《历史教学问题》,1994 年 3 期(1994 年 6 月),页 21—24。

李汉冲,《广州受降接收纪实》,《广州文史资料》,4 期(1961 年 12 月),页 118—145。

李汉冲,《招桂章的四功》,《广东文史资料》,7 期(1963 年 9 月),页 99—101。

李汉中(李汉冲),《广州受降接收与肃奸纪实》,《广州文史》,48 期(1995 年 7 月),页 477—499。

李刚、万龙,《"浪速"与"高千穗"——日本海军第一级防护巡洋舰》,《现代舰船》,244 期(2005 年 7 月),页 43—56。

李钢、李玉生,《阿姆斯特朗的造船帝国》,《舰船知识》,318 期(2006 年 2 月),页 58—61。

李怀章,《江防部队和万山群岛海战》,收入中国人民解放军历史资料丛书编审委员会,《海军——回忆史料》(北京:解放军出版社,1999 年),页 169—179。

何耀光,《民国服役之清朝长江舰队舰只史迹初探》,《海军学术月刊》,36 卷 1 期(2002 年 1 月),页 87—103。

冈光吉彦，《東郷さんの英国留學（5）——練習艦"ウースター"號ての研究》，《東郷》，358 期（1998 年 10 月），页 2—3。

昌后，《驱逐舰之历史》，《海事》，1 卷 1 期（1927 年 7 月），页 29—33。

昌后，《驱逐舰之种类及其性能》，《海事》，1 卷 5 期（1927 年 11 月），页 31—38。

昌后，《驱逐舰之任务》，《海事》，1 卷 6 期（1927 年 12 月），页 17—31。

《東郷》编集部，《戊辰戦争の海軍——宮古海戦》，《東郷》，342 期（1997 年 3 月），页 29—31。

《東郷》编集部，《戊辰戦争の海軍——函館海戦》，《東郷》，343 期（1997 年 5 月），页 25—27。

林家有，《孙中山与"中山"舰》，《中山大学学报》（社会科学），1998 年 6 期（1998 年 11 月），页 74—82。

林庆元，《对〈洋务运动〉丛刊本若干史料的订正和补遗》，《社会科学战线》，1982 年 4 期（1982 年 10 月），页 140—141。

林献炘，《载洵萨镇冰出国考察海军》，《文史资料选辑》，23 期（1961 年 11 月），页 187—191。

茅海建，《鸦片战争时期的中英兵力》，《历史研究》，1985 年 5 期（1985 年 10 月），页 28—46。

姚开阳，《"中山"舰传奇》，《全球防卫杂志》，151 期（1997 年 3 月），页 84—88。

姚开阳，《黄金十年的国府海军建设》，《全球防卫杂志》，153 期（1997 年 5 月），页 78—85。

姚开阳，《战后英国援舰》，《全球防卫杂志》，154 期（1997 年 6 月），页 80—87。

姚开阳，《电雷学校与其鱼雷快艇队——"史一〇二"突击"出云"舰 60 周年纪念》，《全球防卫杂志》，156 期（1997 年 8 月），页 72—77。

姚开阳，《抗战 60 周年纪念——战后接收日本在华降舰》，《全球防卫杂志》,158 期（1997 年 10 月），页 74—79。

姚开阳,《海军其它投共舰艇》,《全球防卫杂志》,176 期（1999 年 4 月），页 80—85。

姚开阳,《"镇远"与"定远"——中国空前绝后的战斗舰》,《全球防卫杂志》,182 期（1999 年 10 月），页 78—83。

姚开阳,《甲午海战时的北洋舰队巡洋舰》,《全球防卫杂志》,183 期（1999 年 11 月），页 74—79。

姚开阳,《甲午海战时的北洋水师与蚊炮船》,《全球防卫杂志》,184 期（1999 年 12 月），页 74—79。

姚开阳,《中国清末民初时期的巡洋舰》,《全球防卫杂志》,185 期（2000 年 1 月），页 76—81。

姚开阳,《中国早年的鱼雷艇与驱逐舰》,《全球防卫杂志》,186 期（2000 年 2 月），页 82—89。

姚开阳,《全世界最大的内河舰队——中国浅水炮舰队》,《全球防卫杂志》,187 期（2000 年 3 月），页 82—87。

胡道静,《上海的日报》,《上海市通志馆期刊》,2 卷 1 期（1934 年 6 月），页 219—326。

纪荣松,《清法战争孤拔提督的"八野"座舰》,《台湾风物》,52 卷 4 期（2002 年 12 月），页 9—37。

《"重庆"舰知识问答题》,《舰船知识》,232 期（1999 年 1 月），页 9—10。

姜鸣,《"定远"和"镇远"铁甲舰述略》,《船史研究》,2 期（1986 年），页 77—86。

姜鸣,《清末的伦道尔式炮艇》,《舰船知识》,274 期（2002 年 7 月），页 14—16；另有简本收入《中国甲午战争博物馆馆刊》,2003 年 3 期（2003 年 9 月），页 23—24。

袁丹武、范茹,《张灵甫其人其事》,《名人传记》,1998 年 10 期（1998 年 10 月），页 92—96、32。

唐有淦,《蔡廷幹》,收入珠海市政协编,《珠海人物传》(广州：广东人民出版社,1992 年),页 163。

唐毓瑨,《人民海军早期护卫舰》,《舰船知识》,277 期(2002 年 10 月),页 11—13。

唐毓瑨,《初创时期的人民海军南海舰队》,《舰船知识》,285 期(2003年 6 月),页 8—9。

高岩(高宗鲁),《怀念民族杰出铁路专家——詹天佑》,《明报月刊》,107期(1974 年 11 月),页 39—48。

高宗鲁,《有关詹天佑的史料问题》,收入凌鸿勋、高宗鲁编,《詹天佑与中国铁路》(见Ⅲ),页 253—281。

容尚谦(李喜所译),《中国近代早期留美学生小传》,《南开史学》,1984年 1 期(1984 年),页 172—188(此为加注的节译。容氏原文见Ⅱ,Yung Shang Him 条)。

《海將の履歷調(其十八)——故海軍中將男爵坪井航三》,《有終》,29卷 9 期(1942 年 9 月),页 93—96。

海丝,《张灵甫的遗孀》,《东方日报》(香港),2000 年 4 月 17 日("龙门阵")。

凌鸿勋,《我怎样写詹天佑年谱》,《新时代》,1 卷 5 期(1961 年 5 月),页54—55;并收入凌鸿勋、高宗鲁编,《詹天佑与中国铁路》(见Ⅲ),页 157—166。

凌鸿勋,《詹天佑先生曾否参加马江战役问题之商榷》,《新时代》,1 卷 9期(1961 年 9 月),页 25—26;并收入凌鸿勋、高宗鲁编,《詹天佑与中国铁路》(见Ⅲ),页 191—215。

凌鸿勋,《关于詹天佑的三个问题》,《传记文学》(台北),25 卷 6 期(1974 年 12 月),页 41—45;并收入《广东文献》,5 卷 2 期(1975 年 9 月),页 67—73。

马幼垣,《鸦片战争期间的侵华英舰》,收入林启彦、朱益宜编,《鸦片战争的再认识》(香港:中文大学出版社,2003 年),页 171—188。

马幼垣,《海军与抗战》,《联合文学》,105 期(1993 年 7 月),页 151—201。

马幼垣,《切勿让"中山"舰重见天日》,《联合报》,1993 年 7 月 23 日("联合副刊")。

马幼垣,《中日甲午战争黄海海战新探一例——法人白劳易与日本海军三景舰的建造》,《清华学报》,新 24 卷 3 期(1994 年 9 月),页 297—318(见于其他刊物者都有不同删节)。

马幼垣,《抗战时期未能来华的外购舰》,《"中央研究院"近代史研究所集刊》,26 期(1996 年 12 月),页 317—338。

马幼垣,《汪伪海军舰只初探》,收入张玉法主编,《纪念七七抗战六十周年学术研讨会论文集》(新店:"国史馆",1998 年),下册,页 665—727。

马幼垣,《甲午战争以后清廷革新海军的尝试——以向外购舰和国内造舰为说明之例》,《岭南学报》,新 1 期(1999 年 10 月),页 501—538。

马幼垣,《严复在英国习海军时受训所上的"新堡"舰》,《海军学术月刊》,35 卷 5 期(2001 年 5 月),页 84—90。

马幼垣,《马吉芬与北洋海军》,《北洋海军研究》,2 期(2001 年 12 月),页 435—458。

马幼垣,《大陆上的中国近代海军史研究,1949—2000》,《海军学术月刊》,37 卷 8 期(2003 年 8 月),页 4—27;修订本收入《岭南学报》,新 3 期(2006 年 9 月),页 304—336。

马幼垣,《与香港光复有关的两个海军问题》,收入李金强等编,《我武维扬——近代中国海军史新论》(香港:香港海防博物馆,2004 年),页 38—86。

马幼垣,《詹天佑曾否参加甲申中法海军马江战役平议》,《海军学术月刊》,38 卷 6 期(2004 年 6 月),页 18—35;修订本收入丁新豹、周佳荣、黄嫣梨编,《近代中国留学生论文集》(香港:香港历史博物馆,2006 年),页

178—195。

马幼垣,《亨利华尔代沪所购美制舰考》,《九州学林》,2 卷 4 期(2004 年冬季),页 201—219 ;《海军学术月刊》,39 卷 6 期(2005 年 6 月),页 4—12。

马幼垣,《甲午战争期间李鸿章谋速购外舰始末》,《九州学林》,3 卷 2 期(2005 年夏季),页 130—183 ;3 卷 3 期(2005 年秋季),页 118—182。

马幼垣,《刘步蟾和东乡平八郎——中日海军两主将比较研究四题》,《九州学林》,4 卷 2 期(2006 年夏季),页 178—234。

马幼垣,《北洋海军送舰只往长崎入坞怎样看也是极度愚笨之举——敬答孙建军先生》,《九州学林》,5 卷 3 期(2007 年秋季),页 212—265。

马廷伟,《抗战初期第一次海战亲历记》,收入广州市人民政府参事室编,《广州八年抗战记——广州地区八年抗日战争史料专辑》(广州 :广州市人民政府参事室,1987 年),页 21。

马振犊,《抗战爆发前德国军火输华评述》,《民国档案》,1996 年 3 期(1996 年 8 月),页 76—85。

徐向宸、杨蔚云、张耀寰,《汪伪军事组织和伪军的变迁》,《江苏文史资料选辑》,5 期(1980 年 11 月),页 203—218。

徐亨,《忠勇报国史册光辉——为陈策将军百龄诞辰纪念作》,《海军学术月刊》,32 卷 4 期(1998 年 4 月),页 9—12。

殷宪群,《日本海军的特攻艇(下)》,《舰船知识》,262 期(2001 年 7 月),页 24—25。

陈存恭,《从贝里咸合同到禁助中国海军协议》,《"中央研究院"近代史研究所集刊》,5 期(1996 年 6 月),页 369—407。

陈孝惇,《甲午战争后清政府海军之重建》,《海军学术月刊》,29 卷 4 期(1995 年 4 月),页 80—93。

陈孝惇,《抗战胜利后海军接收日伪降舰始末》,《海军学术月刊》,34 卷 9 期(2000 年 9 月),页 64—74 ;34 卷 10 期(2000 年 10 月),页 68—77 ;34

卷 11 期（2000 年 11 月），页 78—90；修订本见"海军总司令部"编，《海军舰队发展史》（台北："国防部"史政编译局，2001 年），上册，页 200—280、390—402。

陈孝惇，《抗战胜利后国府海军旧有舰艇的最后岁月》，《海军学术月刊》，37 卷 2 期（2003 年 10 月），页 79—100。

陈孝惇，《抗战胜利前后海军接收英舰始末》，《海军学术月刊》，39 卷 10 期（2005 年 10 月），页 83—99；39 卷 11 期（2005 年 11 月），页 73—83。

陈贞寿、黄国盛、谢必震，《"济远"舰炮械损毁考》，《福建论坛》（文史哲版），1993 年 1 期（1993 年 2 月），页 25—29。

陈悦，《失落的辉煌——"定远"级铁甲舰》，《现代舰船》，232 期（2004 年 11 月），页 48—56、封底。

陈悦，《扭曲的利刃——"济远"级穹甲巡洋舰》，《现代舰船》，236 期（2005 年 3 月），页 44—55；修订本收入《北洋舰船》，页 30—43。

陈悦，《迷途武士——北洋海军装备的蚊子船》，《现代舰船》，246 期（2005 年 8 月），页 43—56；修订本收入《北洋舰船》，页 94—105。

陈务笃，《南京江面上的壮举——国民党海军第二舰队起义前后》，《江苏文史资料》，8 期（1982 年 1 月），页 152—193。

陈崇桥，《清末甲午战后重建海军述略》，《辽宁大学学报》（哲学社会科学版），1993 年 2 期（3 月），页 88—91、103。

陈道章，《甲午战败的替罪羔羊——论方伯谦之死》，收入林伟功、黄国盛编，《中日甲午海战中之方伯谦问题研讨集》（北京：知识出版社，1993 年），页 141—163。

郭浒，《黄海大战中北洋舰队的阵形是否正确》，《文史哲》，1957 年 10 期（10 月），页 63—65。

张一文、皮明勇，《评〈近代中国海军〉》，《历史研究》，1996 年 4 期（8 月），页 162—170。

张力，《柳永琦编〈海军抗日战史〉》，《近代中国史研究通讯》，19 期

（1995 年 3 月），页 124—126。

张力，《中国海军的整合与外援，1928—1938》，收入国父建党革命一百周年学术讨论集编辑委员会编，《国父建党革命一百周年学术讨论集》（台北：近代中国出版社，1995 年），册 2，页 444—474。

张力，《从四海到一家——国民政府统一海军的再尝试》，《“中央研究院”近代史研究所集刊》，26 期（1996 年 12 月），页 265—316。

张力，《汪伪前期海军人事的分析》，《近代中国》，128 期（1998 年 12 月），页 77—80。

张力，《1940 年代英美海军援华之再探》，收入李金强等编《近代中国海防——军事与经济》（香港：香港中国近代史学会，1999 年），页 273—302。

张玉法，《甲午战后的海军重建（1895—1911）》，《北洋海军研究》，1 期（1999 年 11 月），页 547—565。

张兆汉，《记“灵甫”号官兵离舰投奔解放区的经过》，收入《文史资料存稿选编》，“军事机构”，上册，页 376。

张鸣，《“济远”号上的大炮》，《舰船知识》，65 期（1985 年 2 月），页 7—8。

张显岐、江莹，《张发奎将军的戎马生涯》，《广东文史资料》，59 期（1989 年 5 月），页 16—46。

张荫麟，《甲午中国海军战迹考》，《清华学报》，10 卷 1 期（1935 年 1 月），页 61—96；后收入包遵彭、李定一、吴相湘编，《中国近代史论丛》，第一辑，第六册《第一次中日战争》（台北：正中书局，1956 年），页 245—277；并收入《张荫麟文集》（台北：中华丛书委员会，1956 年），页 170—200。

戚其章，《琅威理与北洋海军》，《近代史研究》，1988 年 6 期（1998 年 11 月），页 65—74，并收入《北洋海军研究》，1 期（1999 年 11 月），页 447—458（添列毕华健为副作者）。

戚其章，《论庚子大沽口之战》，《近代史研究》，1997 年 1 期（1997 年 1 月），页 116—131。

常广荣一，《戊辰戦争における海の戦い——東郷平八郎三等士官の活

躍》,《東郷》,396 期（2002 年 7—8 月），页 14—19；397 期（2002 年 9 月），页 4—11。

常广荣一,《軍艦"畝傍"の亡没》,《東郷》,415 期（2004 年 6 月），页 11—16。

许华,《近代史上的中国巡洋舰（上）》,《舰船知识》,237 期（1999 年 6 月），页 33—34、39。

许燿震,《陈济棠统治时期的广东海军》,《广州文史资料》,15 期（1965 年 10 月），页 73—83。

筑土龙男,《初代"大和"の東郷初代艦長》,《東郷》,126 期（1978 年 4 月），页 10—12。

筑土龙男,《提督東郷と清国》,《東郷》,140 期（1979 年 6 月），页 8—9。

筑土龙男,《東郷大佐の鬥病譜》,《東郷》,174 期（1982 年 4 月），页 18—19。

筑土龙男,《東郷平八郎滯英七年の足迹》,《東郷》,246 期（1988 年 4 月），页 4—8。

黄里,《广东抗日第一次海战的"海周"舰》,《广州文史资料》,30 期（1983 年 9 月），页 70—73,并收入《广州八年抗战记》,页 22—24。

曾国晟,《记陈绍宽》,《福建文史资料》,8 期（1984 年 10 月），页 170—185。

黄启华,《蒋汪日在广东勾结及汉奸变成先遣军的经过》,《广东文史资料》,17 期（1964 年 12 月），页 72—87。

黄启庸,《活跃在海上的"永翔"舰》,《中国海军》,3 卷 4 期（1950 年 4 月），页 16。

黄毓泌,《黄鸣球的海军生涯》,《福建文史资料》,8 期（1984 年 10 月），页 208—213。

华鸣,《海战多面手——驱逐舰,Part Ⅰ》,《全球防卫杂志》,135 期（1995 年 11 月），页 83—90。

华鸣,《昨日黄花——中国巡洋舰》,《全球防卫杂志》,149 期（1997 年 1月）,页 72—81。

曾金兰,《沈鸿烈与东北海军的建立》,《"国史馆"馆刊》,新 15 期（1993年 12 月）,页 121—144。

曾锐生,《蒋介石为何不收回香港》,收入鲁言等著,《香港掌故》,第十集（香港：广角镜出版社,1985 年）,页 113—127。

冯丽,《长崎事件》,《中国甲午战争博物馆馆刊》,2001 年 1 期（2001 年5 月）,页 49。

杨元忠,《"灵甫"舰风波的回忆与体验》,《传记文学》（台北）,42 卷 3期（1983 年 3 月）,页 23—27。

杨群,《民族英雄陈策将军事迹》,《文艺复兴月刊》,76 期（1976 年 10月）,页 40—52。

詹同济,《詹天佑和他在甲申海战中的几点史实》,《福建史志》,1987 年1 期（1987 年 2 月）,页 46、73。

叶芳骐,《我国首批留英海军生与甲午海战》,《福州师专学报》（社会科学版）,14 卷 1 期（1994 年 3 月）,页 65—69。

邬庆时,《日本投降时广东汪伪的活动》,《广州文史》,48 期（1995 年 7月）,页 511—513。

福本诚,《坪井（航三）海軍中將小傳》,《有終》,24 卷 9 期（1937 年 9月）,页 98—107。

赵幼雄,《第一艘国产装甲巡洋舰"平远"号》,《舰船知识》,142 期（1991 年 7 月）,页 27。

赵幼雄,《鸦片战争中的英国军舰》,《舰船知识》,213 期（1997 年 6 月）,页 26—27。

嘉赖秀彦,《東郷平八郎——日本海海戰に勝利》,收入《日本陸海軍名將名參謀總覽》（東京：新人物往来社,1995 年）,页 70—74。

欧阳欣,《英国"林仙"级巡洋舰》,《舰船知识》,321 期（2006 年 6 月）,

页 58—61。

欧阳欣，《皇家海军中的"阿罗拉"号》，《舰船知识》，321 期，页 62—64。

欧阳煦，《我舰队训练最早最高的外籍顾问——琅威理（Capt. William Metcalfe Lang, 1843—1906）》，《海军学术月刊》，22 卷 2 期（1988 年 2 月），页 88—97。

刘申宁，《关于李鸿章文稿的发掘和整理》，《中华文史论丛》，52 期（1993 年 12 月），页 168—182。

郑国珍，《马江海战时詹天佑在福建船政学堂并未参战》，收入福建社会科学院历史研究所编，《中法战争史学术讨论会论文集——纪念马江战役一百周年》（福州：福建论坛杂志社，1984 年），页 209—216；并以《甲申马江海战时詹天佑在福州船政学堂当教员并未参战》为题，另刊《福建文博》，1985 年 1 期（1985 年），页 59—62。

邓权生，《解放前的华南海关缉私》，《广东文史资料》，9 期（1963 年 8 月），页 73—80。

龟谷隆行，《日本軍政期間の香港造船工業》，《立命館文學》，418—421 合期（1980 年 7 月），页 640—642。

萧致治，《孙中山与"中山"舰》，收入张磊编，《孙中山与中国近代化——纪念孙中山诞辰 130 周年国际学术讨论会文集》（北京：人民出版社，1999 年），下册，页 531—541。

龙国钧，《新一军进入广州受降记》，《广州文史》，48 期（1995 年 7 月），页 471—476。

薛玉琴，《马建忠与近代中国海军建设》，《史林》（上海），2002 年 1 期（2002 年），页 51—54、32。

谢飞鹏，《回忆国民党"灵甫"号驱逐舰官兵起义》，《天津文史资料选辑》，31 期（1985 年 4 月），页 59—70。

谢宴池，《鱼雷快艇在南京保卫战中》，收入中国人民政治协商会议全国委员会文史资料研究委员会南京保卫战编审组编，《南京保卫战——原国民党将领抗日战争亲历记》(北京：中国文史出版社，1987 年)，页 64—67。

归与，《中日海战评论撮要》，《海事》，10 卷 3 期 (1936 年 9 月)，页 37—44。

罗冰壶，《记张灵甫殉战孟良崮》，《艺文志》，142 期 (1977 年 7 月)，页 31—37。

瀬名尭彦，《軍艦のルーツをさぐね (4) 續——水雷艇》，*Sea Power*，1985 年 7 期 (1985 年 7 月)，页 71。

关捷、陈勇，《论留学生与北洋舰队》，收入辽宁大学科研处编，《中日关系史论文集》(沈阳：辽宁大学，1984 年)，页 41—56。

关德懋，《抗战前夕孔特使团访德之前因后果》，《传记文学》(台北)，47 卷 1 期 (1985 年 7 月)，页 69—75。

罗尔纲，《琅威理辞职事考》，《星岛日报》(香港)，1949 年 3 月 20 日、4 月 3 日 ("文史"，16、17 期)。

苏小东，《抗日战争中中国海军的战略战术》，《抗日战争研究》，1996 年 1 期 (1996 年 2 月)，页 90—104。

苏小东，《北洋海军管带群体与甲午海战》，《近代史研究》，1999 年 2 期 (1999 年 3 月)，页 151—172。

苏时文，《汪伪政府的军事组织和伪军》，《江苏文史资料》，29 期 (1989 年 12 月)，页 49。

VI. 近人欧文论文 / 报导

A Naval Nobody, "On Naval Education," *Macmillan's Magazine*, 37 (November 1877 – April 1878), pp. 315-322.

R. C. Anderson, "Captain McGiffin and the Battle of the Yalu," *American Neptune*, 9:4 (October 1948), p. 301.

Richard M. Anderson, "Flatirons: The Rendel Gunboats," *WI*, 13:1 (March 1976), pp. 49-78.

G. A. Ballard, "The Fighting Ship from 1860 to 1890," *MM*, 38:1 (February 1952), pp. 23-33.

H. Baumruck, C. H. Bogart, *et al.*, "U. S. Torpedo Boats and Auxiliary Cruisers of 1898," *WI*, 9:4 (December 1972), pp. 439-440.

Christopher M. Bell, "Our Most Exposed Outpost: Hong Kong and the British Far Eastern Strategy, 1921-1941," *Journal of Military History*, 60:1 (January 1996), pp. 61-88.

Peter Bethell, "The Development of the Torpedo (Part 1)," *Engineering* (London), 159 (25 May 1945), pp. 403-405.

W. Biental, *et al.*, "Brazilian Turret Ship Aquidaban," *WI*, 8:3 (September 1971), pp. 303-307.

W. Bille, "French Small Cruisers Forbin and Surcouf," *WI*, 6:4 (December 1969), pp. 330-331.

Wolf H. Bille, "The Torpedo Vessels of the Imperial and Royal Austro-Hungarian Navy, 1875 to 1918," *WI*, 8:1 (March 1971), pp. 53-81.

C. H. Bogart, "Fu-So," *WI*, 9:3 (September 1972), pp. 276-279.

Richard H. Bradford, "That Prodigal Son: Philo McGiffin and the Chinese Navy," *American Neptune*, 38:3 (July 1978), pp. 159-169.

C. Brook, "Chinese Torpedo Gunboat Fei Ting," *WI*, 8:4 (December 1971), p.444.

C. Brook, *et al.*, "Some South American Ironclads," *WI*, 8:2 (June 1971), pp. 203-206.

Peter Brook, "The Elswick Cruisers," *WI*, 7:2 (June 1970), pp. 154-176; 8:3 (September 1971), pp. 246-289; 9:3 (September 1972), pp. 236-253; 10:3 (September 1973), pp. 270-293.

Peter Brook, "Armstrong Torpedo Gunboats," *WI*, 15:2 (June 1978), pp. 134-144.

Peter Brook, "Elswick Cruiser Services, Amendments and Additions," *WI*, 16:3 (September 1979), pp. 201-202.

Peter Brook, "Armstrong Battleships Built for Japan," *WI*, 22:3 (September 1985), pp. 268-282.

Peter Brook, "Two Unfortunate Warships: Unebi and Reina Regente," *MM*, 87:1 (February 2001), pp. 53-62.

P. Brook, et al., "Russian Destroyers at Port Arthur," *WI*, 8:3 (September 1971), pp. 301-302.

D. K. Brown, "The Introduction of Iron Warships into the Royal Navy," *The Naval Architect*, 1977, No. 2 (March 1977), pp. 49-51.

D. K. Brown, "The Development of the British Escort Carrier," *Warship*, 25 (Winter 1983), pp. 18-24.

David K. Brown, "The Era of Uncertainty, 1863-1878," *SSS*, pp. 75-94.

N. J. M. Campbell, "British Naval Guns 1880-1945, No. 18," *Warship*, 38 (April 1986), pp. 117-120.

J. Caruana, "Israeli Navy Museum," *WI*, 22:2 (June 1985), p. 114.

Chan Lau Kit-ching 陈刘洁贞, "The Hong Kong Question during the Pacific War (1941-45)," *Journal of Imperial and Commonwealth History*, 2:1 (October 1973), pp. 56-78.

Lau Kit Ching Chan, "Britain and the Sino-Japanese War: Arms Traffic to China through Hong Kong, 1937-1941," *Asia Quarterly*, 1977, No. 3 (1977), pp. 175-202.

Lewis M. Chere, "Great Britain and the Sino-French War: The Problems of an Involved Neutral, 1883-1885," *Selected Papers in Asian Studies* (Western Conference of the Association of Asian Studies), NS 7 (Npl: N.d.

〔1979?〕）.

J. Cornic, H. Le Masson, *et al.*, "The Four Chinese Schichau Built Destroyers," *WI*, 10:1（March 1973）, pp. 112-113.

Mark Crossman, "Israeli Navy Museum," *WI*, 21:4（December 1984）, pp. 348-349.

V. Dahl, *et al.*, "Chinese Ironclads during the Sino-Japanese War of 1895," *WI*, 3:1-4（Winter 1966）, pp. 68-70.

Jeffrey Michael Dorwart, "A Mongrel Fleet: America Buys a Navy to Fight Spain, 1898," *WI*, 17:2（June 1980）, pp. 128-155.

Boris V. Drashpil, Toshio Tamura, and C. C. Wright, "The Fate of the Four Chinese Torpedo Boat Destroyers," *WI*, 24:2（June 1987）, pp. 193-198.

J. Duerkop, F. W. Merker, *et al.*, "The Greek Cruiser Helle," *WI*, 6:2（June 1969）, pp.147-148.

Jöst Dülffer, "The German Reich and the Jeune École," *Marine et technique*, pp. 499-516.

Robert O. Dulin, Jr., "British Naval Guns," *WI*, 3:4（December 1966）, p. 310.

Robert Dumas, "The King George V Class," *Warship*, 9（January 1979）, pp. 13-27; 10（April 1979）, pp. 110-122; 11（July 1979）, pp. 182-195.

J. M. Ellicott, "Japanese Students at the United States Naval Academy," *USNIP*, 73:3（March 1947）, pp. 302-307.

René Estienne, "Dupuy de Lôme et le Napoléon," *Marine et technique*, pp. 201-257.

Earle R. Forrest, "Captain Philo McGiffin at the Battle of the Yalu," *American Neptune*, 8:4（October 1948）, pp. 267-278.

C. Francois, "A la mémoire de Dupuy de Lôme," *Revue maritime*, 211（Juillet 1937）, pp. 1-32.

Harding Ganz, "The German Navy in the Far East and Pacific: The Seizure of Kiautschou and After," in John A. Moses and Paul M. Kennedy, ed., *German in the Pacific and Far East, 1870-1914* (St. Lucia: University of Ouensland Press, 1977), pp. 115-136.

C. A. Gibson-Hill, "The Steamers Employed in Asian Waters, 1819-39," *Journal of the Malayan Branch of the Royal Asiatic Society*, 27:1 (May 1954), pp. 120-162.

C. W. Godwin, *et al.*, "Origin of Israeli Frigate Haifa ex Ibrahim," *WI*, 10:2 (June 1973), p. 218.

I. A. Grant, "The Herreshoff Spar Torpedo Boats of 1878-1889," *WI*, 14:3 (July 1977), pp. 253-261.

Jack Greene, "The Re d'Italia," *WI*, 13:4 (December 1976), pp. 308-313.

Jack Greene, "The Re d'Italia," *WI*, 16:1 (March 1979), pp. 10-14.

David B. Grover, "Remembering Canada's Prince Robert, from Cruise Ship to Armed Merchant Cruiser," *Sea Classics*, 40:7 (July 2007), pp. 46-51, 60-61.

Edward Kenneth Haviland, "American Steam Navigation in China, 1845-1878, Part I," *American Neptune*, 16:3 (July 1956), pp. 157-179.

Edward Kenneth Haviland, "American Steam Navigation in China, 1845-1878, Part IV," *American Neptune*, 17:2 (April 1957), pp. 134-151.

Edward Kenneth Haviland, "American Steam Navigation in China, 1845-1878, Part V," *American Neptune*, 17:3 (July 1957), pp. 212-230.

William R. Hawkins, "The Emperor's Confederate Ironclad," *Naval History*, 18:6 (December 2004), pp. 57-61.

Jiro Itani, Hans Lengerer, and Tomoko Rehm-Takahara, "Sankeikan: Japan's Coast Defence Ships of the Matsushima Class," in Robert Gardiner, ed., *Warship 1990* (London: Conway Maritime Press, 1990), pp. 35-55.

A. E. Jacobs, "The Loss of Repulse and Prince of Wales, December 10, 1941," *WI*, 23:1 (March 1986), pp. 12-28.

Harold Johnson, "Fates of German Warships in Chinese Waters (Untitled)," *WI*, 33:3 (September 1996), p. 322.

Kato Katsuji, "Japanese Students at Annapolis," *The Japanese Student*, 3:2 (October 1918), pp. 57-61.

Samuel Thomas Kay, "Sinking Greek Cruiser Helle," *WI*, 13:1 (March 1976), pp. 13-14.

Lee Kennett, "The Strange Career of the Stonewall," *USNIP*, 94:2 (February 1968), pp. 74-85.

Hyman Kublin, "Admiral Enomoto and the Imperial Restoration," *USNIP*, 79:4 (April 1953), pp. 409-419.

Jean Labayle-Couhat, "Évolution du cuirassé de 1865 à 1900/Le torpilleur des origines à 1900," *Marine et technique*, pp. 419-440, 441-451.

W. Laird-Clowes, "Naval Battle between China and Japan," in T. A. Brassey, ed., *The Naval Annual, 1895* (Portsmonth: J. Griffin and Company, 1895), pp. 90-125.

William Laird-Clowes, "The Naval Campaign of Lissa: Its History, Strategy and Tactics," *USNIP*, 27:2 (June 1901), pp. 311-370; reprinted in William Laird-Clowes, *Four Modern Naval Campaigns: Historical, Strategical and Tactical* (London: Unit Library, 1902), pp. 1-71.

John Laudermilk, "I Fought at Yalu," *Naval History*, 8:5 (October 1994), pp. 22-27.

Hans Lengerer, Sumie, Kobber-Edamatsu, and Tomoko Rehm-Takahara, "The Special Fast Landing Ships of the Imperial Japanese Navy, Part 2," *Warship*, 39 (July 1986), pp. 179-184.

Christopher Lloyd, "The Royal Naval Colleges at Portsmonth and

Greenwich," *MM*, 5:2（May 1966）, pp. 145-156.

David Lyon, "Underwater Warfare and the Torpedo Boat," *SSS*, pp. 134-146.

David J. Lyon, "The Royal Navy and the Torpedo," *Marine et technique*, pp. 527-531.

Andrzei Mach, "The Chinese Battleships," *Warship*, 29（January 1984）, pp. 9-18（简称表作 Mach）.

Michael B. McClosky, "The United States and the Brazilian Naval Revolt, 1893-1894," *America*, 2（January 1946）, pp. 296-321.

S. McKenzie, "Japanese Cruiser Naniwa," *WI*, 6:4（December 1969）, pp. 339-341.

S. McKenzie and C. Bogart, "Chinese Cruiser Chih Yuen," *WI*, 6:4（Fall 1969）, pp. 341-342.

Wladimir V. Mendl, "Notes on Old Guns," *USNIP*, 63:10（October 1937）, pp. 1479-1483.

J. Duerkop, F.W. Merker, *et al.*, "The Greek Cruiser Helle," *WI*, 6:2（June 1969）, pp. 147-148.

Kathrin Milanovich, "Naniwa and Takachiho: Elswick-Built Protected Cruisers of the Imperial Japanese Navy," in Martin Robson and Stephen Dent, comp., *Warship 2004*（London: Conway Maritime Press, 2004）, pp. 29-56.

Victor F. L. Millard, "Ships of India, 1834-1934," *MM*, 30:3（July 1944）, pp. 144-153.

Terry Morr, "Been Blown to Atoms," *Naval History*, 10:3（June 1996）, pp. 34-36.

D. B. Munro, "More on Prince Robert," *Sea Classics*, 40:10（October 2007）, p. 4.

"Naval Lore Corner: Floating Batteries," *WI*, 41:4（June 2004）, p. 172.

Sachiko Noguchi and Alan Davidson, "The Makado's Navy and Australia: Visits of the Imperial Japanese Majesty's Training Ships, 1878-1912," as *Working Papers in Japanese Studies*, 3（October 1993）, pp. 3-4.

Richard Ollard, "Greenwich," *History Today*, 5:11（November 1955）, pp. 777-784.

Paolo Pasqualucci, "Sinking of Helle," *WI*, 11:3（September 1974）, pp. 277-279.

Richard Oakes Patterson, "The Mandarin from Salem," *USNIP*, 79:2（February 1953）, pp. 156-167.

Richard O. Patterson, "A Commander for China," *USNIP*, 80:12（December 1954）, pp. 1366-1375.

John Curtis Perry, "Great Britain and the Imperial Japanese Navy, 1858-1905"（Unpublished Ph.D. dissertation, Harvard University, 1961）.

R. Podhorsky, "French Coastal Defense Ship Fusée," *WI*, 6:2（June 1969）, p. 155.

R. Podhorsky, "French Coastal Defense Armored Ships," *WI*, 8:3（September 1971）, pp. 472-473.

Peter Prey and Richard Zeitlin, "Torpedo Boats: Secret Weapons of the South," *WI*, 21:4（December 1984）, pp. 384-393.

Robert S. Rantoul, "Frederick Townsend Ward," *Historical Collections of the Essex Institute*, 44:1（January 1908）, pp. 1-49.

John Roberts, "Warships of Steel, 1879-1889," *SSS*, pp. 95-111.

Stephen S. Roberts, "The Imperial Chinese Steam Navy, 1862-1895," *WI*, 11:1（March 1974）, pp. 19-57.

William Roberts, "That Imperfect Arm: Quantifying the Carronade," *WI*, 33:3（September 1996）, pp. 231-240.

C. de Saint Hubert, "Notes on the French Protected and Unprotected Cruisers, 1860-1900," *The Belgian Shiplover*, 149（January 1974）, pp. 89-92.

C. de Saint Hubert, "French Protected and Unprotected Cruisers（1860-1900），" *The Belgian Shiplover*, 150（February 1974）, pp. 282-331.

Charles Schedel, "Rendel Gunboats," *WI*, 14:1（March 1977）, pp. 8-9.

Paul Schmalenback, "The Genealogy of the Schnellboat," *WI*, 6:4（December 1969）, pp. 10-25.

Paul Silverstone and C. de Saint Hubert, "The Chinese Navy（1870-1937），" *Warships Supplement*, 39（August 1975）, pp.11-32.

Philip J. Sims and James S. Webster, "Tumblehome Warships," *SNAME*, 104（1996）, pp. 475-490.

Andrew Smith, "On Chinese Naval Vessels Ordered from Foreign Builders during 1936-1941," *WI*, 15:2（June 1978）, pp. 155-158.

J. D. Spek, "Chinese Naval Shipbuilding in Germany during Late 1930s," *WI*, 8:1（March 1971）, p. 93.

I. A. Sturton, "The Imperial Chinese Steam Navy, 1862-1895," *WI*, 12:1（March 1975）, pp. 5-10.

John E. Talbot, "The Rise and Fall of the Carronade," *History Today*, 39（August 1989）, pp. 24-30.

Toshio Tamura 田村俊夫, "The Fate of the Chinese Gunboats Yung Chien and Yung Chi," *WI*, 15:2（June 1978）, pp. 145-150.

Toshio Tamura, "The Chinese Light Cruisers Ning Hai and Ping Hai（1930-1936），" *WI*, 22:2（June 1985）, pp. 118-131.

Toshio Tamura, "The Miscellaneous Ships Yamasemi（Ex-Chinese Destroyer Chien Kang）and Kawasemi（Ex-Chinese Torpedo Boat Hu E），" *WI*, 34:1（March 1986）, pp. 86-92.

Toshio Tamura, "The Fate of the Chinese Torpedo Gunboat Fei Ting,"

WI, 24:2（June 1987）, pp. 190-192.

Bruce F. Thompson, "Legacy of a Fourth-Rate Steam Screw," *Naval History*, 10:3（June 1996）, pp. 36-39.

David F. Trask, "William Sowden Sims: The Victory Ashore," in James C. Bradford, ed., *Admirals of the New Steel Navy*（Annapolis: Naval Institute Press, 1990）, pp. 282-299.

Spencer Tucker, "The Carronade," *USNIP*, 99:8（August 1973）, pp. 65-70.

Georg von Rauch, "Cruisers for Argentina," *WI*, 15:4（December 1978）, pp. 314-317.

John Winton, "Life and Education in a Technically Evolving Navy, 1815-1925," in J. R. Hill, ed., *The Oxford Illustrated History of the Royal Navy*（Oxford: Oxford University Press, 1995）, pp. 250-279.

C. C. Wright, "The Four Fusée Class Armored Gunboats（untitled）," *WI*, 19:1（March 1983）, pp. 88-90.

Richard N. J. Wright, "After the Yalu: The Fu Ching and Other Chinese-Built Steam Warships of the 1890s," in Robert Gardiner, ed., *Warship 1989*（London: Conway Maritime Press, 1989）, pp. 196-200.

Richard N. J. Wright, "The Peiyang and Nanyang Cruisers of the 1880s," in David McLean and Antony Preston, ed., *Warship 1996*（London: Conway Maritime Press, 1996）, pp. 95-110.

Eames L. Yates, "Philo McGiffin Lore," *USNIP*, 81:9（September 1955）, p. 1051.